ENZYKLOPÄDIE DER PFERDE & PONYS

Parragon
Queen Street House
4 Queen Street
Bath BA1 1HE
Großbritannien

Realisation der englischen Originalausgabe für Parragon:
Foundry Design & Production, a part of
The Foundry Creative Media Company Ltd,
Crabtree Hall, Crabtree Lane,
Fulham, London SW6 6TY

Dank an Polly Willis

Sonderausgabe für den Krone Verlag, Leichlingen

Übersetzung und Realisation: thebigword, Leeds und London

ISBN 3-933241-89-8

Printed in Indonesia

ENZYKLOPÄDIE DER PFERDE & PONYS

KRONE

Inhaltsverzeichnis

Wie ist dieses Buch aufgebaut?

Dieses Buch ist durch einige wichtige Merkmale gekennzeichnet:

- **Acht Kapitel enthalten ausführliche Informationen** zu allen Aspekten der Haltung und Pflege von Pferden, zur Geschichte des Pferdes sowie seinem Platz in der Welt des Menschen. Fotografien, Abbildungen, informative Bildunterschriften und Kästchen der Rubrik „Wissenswertes" bieten zusätzliche Informationen auf jeder Seite.
- **Beschreibung von annähernd 200 Pferderassen.** Dieses Kapitel ist in drei Abschnitte gegliedert, in denen Ponys, schwere und leichte Pferde aufgelistet werden.
- **Symbole** liefern zusätzliche Informationen über Kategorie, vorwiegenden Einsatzzweck und Temperament jeder Pferde- und Ponyrasse.
- **Kästchen mit Rasseinformationen** geben Größe, Farbe des Fells und Ursprungsland jeder Rasse an.
- **Das abschließende Kapitel** beinhaltet eine Literaturliste, hilfreiche Ansprechpartner, wie z. B. verschiedene Reitervereinigungen, ein Glossar mit elementaren Pferdebegriffen sowie einen umfangreichen Index.

IN DIESER ENZYKLOPÄDIE VERWENDETE SYMBOLE

Bestimmte Symbole, die in den Abschnitten über die einzelnen Pferderassen zu finden sind, stellen dem Leser auf einen Blick zusätzliche Informationen zur Verfügung. Hierbei handelt es sich um die drei verschiedenen Kategorien von Pferden und Ponys, die primäre Nutzart der Tiere (ob sie beispielsweise zum Dressurreiten, als Zugpferde, zum Ausreiten im Gelände, beim Traben oder Springen eingesetzt werden oder wild leben) sowie um Hinweise über ihr Temperament (Gekennzeichnet durch Stufen von Eins bis Vier, je nach dem für die jeweilige Rasse typischen Charakter. Dabei kennzeichnet das Symbol, das nur ein Pferd zeigt, die Rassen, die am stärksten zu Eigensinn und solitärer Lebensweise neigen.).

BEDEUTUNG DER IN DIESER ENZYKLOPÄDIE VERWENDETEN SYMBOLE

KATEGORIE

Vollblut

Warmblut

Kaltblut

EINSATZARTEN

Dressur

Traben

Zugarbeit

Springreiten

Gelände

Leben in freier Wildbahn

TEMPERAMENT

Häufig temperamentvoll

Im Allgemeinen gutwillig

Gelegentlich etwas verspielt, aber meist ruhig

Leicht zu handhabende, gesellige Rasse

Einleitung

„GOTT BEHÜTE MICH DAVOR, in einen Himmel zu kommen, in dem es keine Pferde gibt," schrieb Robert Bontine Cunningham-Graham im Jahre 1917, und dies ist, dessen bin ich mir sicher, die wahre Gesinnung aller Pferdeliebhaber. Seit Tausenden von Jahren gelingt es dem Pferd, im Menschen großartige Emotionen zu erwecken, und diese haben im Laufe der Jahrhunderte in unzähligen Kunstwerken, in der Literatur und in Mythen und Legenden ihren Ausdruck gefunden. Es gibt kaum etwas Schöneres anzusehen als das Schauspiel, wenn Pferd und Reiter in gegenseitigem Verständnis eins geworden zu sein scheinen. Ich liebe Pferde von ganzem Herzen und könnte mich ohne Ende über ihre Qualitäten auslassen, habe aber versucht, objektiv zu bleiben und in diesem Buch einen unsentimentalen Überblick über das Pferd zu geben.

IM VORLIEGENDEN BUCH werden alle wesentlichen Bereiche des Pferdesports behandelt, sodass eine umfassende Enzyklopädie über die vielen unterschiedlichen Rassen des Pferdes und des Ponys entstanden ist, die zugleich einen Einblick in die Rolle bietet, die das Pferdes im Laufe der Geschichte in der Gesellschaft gespielt hat. Das Buch ist in mehrere Abschnitte gegliedert, die Ihnen das Auffinden bestimmter Informationen erleichtern sollen. Das Pferd ist seit Urzeiten von enormer Bedeutung für den Menschen, ganz gleich, ob als Nahrungsquelle, zur Fortbewegung oder bei der Landarbeit. Ich habe versucht, die Beziehung zwischen dem Menschen und dem Pferd zu einem zentralen Thema der verschiedenen Abschnitte zur Geschichte zu machen, aber auch Legenden über Pferde anzusprechen und die Rolle des Pferdes in der Kunst zu betrachten.

Darüber hinaus soll dieses Buch dem Anfänger und unerfahrenen Reiter einige Grundlageninformationen bieten, die für den Umgang mit dem Pferd notwendig sind. Dies umfasst neben verschiedenen Bereichen des Stallmanagements auch Grundlagen der Ersten Hilfe und des Gesundheitsschutzes. Außerdem werden Sie in knapper Form über die Ursprünge des Reitens informiert, wobei hervorzuheben ist, dass es sich hierbei nur um die allerwichtigsten Grundlagen des Reitens handelt und dass dieser Abschnitt keinesfalls als umfassende Anleitung zum Reiten zu betrachten ist. Auch der Abschnitt über die Ausbildung junger Pferde bietet nur einige grundlegende Schritte und allgemeine Hinweise. Das vorliegende Buch ist kein umfassendes Ausbildungshandbuch. Weniger erfahrene Reiter sollten nicht versuchen, junge Pferde zu schulen, sollten sich jedoch der hierbei angewandten Prinzipien und Verfahren bewusst sein (was hoffentlich in diesem Abschnitt zum Ausdruck kommen wird). Die zahlreichen Fachleute in der Welt des Pferdesports bitte ich um Nachsicht für eventuelle Auslassungen oder Unvollkommenheiten; dieses Buch zielt darauf ab, einen breit gefächerten und allgemeinen Einblick in die wichtigsten Aspekte der Welt des Pferdes zu geben und ist keine detaillierte akademische Studie.

Eine Welt voller Pferde

PFERDE sind die wahrscheinlich vielseitigsten Tiere, die derzeit auf der Erde leben. Es gibt sie bereits seit Millionen von Jahren. Sie dienen seit Jahrhunderten als Nahrungsquelle, zur Herstellung von Lederwaren, als Arbeitstiere in der Landwirtschaft, im produzierenden Gewerbe und in der Industrie, als Kriegswerkzeug und Transportmittel und werden im Rennsport, beim Springreiten und in anderen Wettbewerben sowie nicht zuletzt im Hobby-reitsport eingesetzt. Sie sind äußerst anpassungsfähige Tiere und können in den unterschiedlichsten Klimazonen und Regionen leben.

DIE BHUTAN- und Spiti-Ponys beispielsweise, die im indischen Himalaya-Gebirge leben, gedeihen prächtig in großer Höhe und eignen sich ideal für diese Bergregion, kommen aber mit der höheren Luftfeuchtigkeit und den hohen Temperaturen des Flachlands nur schwer zurecht. Der Achal-Tekkiner aus der Wüste Karakum in Turkmenistan widersteht der extremen Hitze und Kälte des Wüstenklimas. Diese Pferde-rasse ist unter anderem durch einen Ritt von Aschkabad nach Moskau im Jahr 1935 berühmt geworden. In 84 Tagen absolvierte eine Gruppe dieser Pferde eine Strecke von 4.000 km, davon ein 376 km langes Teilstück durch eine Wüstenlandschaft, das die Tiere ohne Wasser in nur drei Tagen bewältigten – ohne Frage ein Beleg für ihre extreme Widerstandskraft und Ausdauer.

Oben
Springreiten ist eine Sportart, bei der die Fähigkeiten des Pferdes bis zum Äußersten geprüft werden.

Mitte
Ein mythologisches Pferd ist in Der Zentaur Chiron lehrt den jungen Achilles das Bogenschießen *von Lo Spagnulo zu sehen.*

Unten
Eine Achal-Tekkiner-Stute und ihr Fohlen grasen auf der Weide.

DIE ENTWICKLUNG VON PFERDERASSEN

ÜBER DIE JAHRHUNDERTE HINWEG haben es die Pferde geschafft, sich durch Herausbildung verschiedener Pferderassen ihrem jeweiligen Lebensraum bestens anzupassen, was zum Teil erklärt, warum ihre Evolution so erfolgreich verlaufen ist. Stellen Sie sich nur einmal vor, welche enormen Auswirkungen es gehabt haben muss, als das Pferd domestiziert wurde, geritten und als Zugtier genutzt werden konnte. Man nimmt an, dass der Mythos des Zentauren, eines Fabelwesens mit menschlichem Oberkörper und Pferdeleib, auf den Anblick des ersten Reiters auf einem Pferd zurückgeht. Aus der Ferne müssen beide wie ein Tier ausgesehen haben, halb Mensch und halb Pferd, und die ersten Reiter haben sicher Angst und Schrecken ausgelöst. Plötzlich wurde unsere kleine Welt viel größer, und mit der Zähmung des Pferdes eröffneten sich der Menschheit ganz neue Welten.

DIE ERSTEN REITER

DSCHINGIS KHAN (1162–1227) ist wahrscheinlich einer der berühmtesten Reiter der Vergangenheit. Als unbeugsamer Kämpfer eroberte er Nordchina und drang später in Richtung Westen vor – stets zu Pferd und gefolgt von seinen hervorragend ausgebildeten nomadischen Kriegern, die ebenfalls geschickte Reiter waren. Schriften von Marco Polo (1254–1324) zufolge schuf Dschingis Khans Enkel Kublai Khan ein unvergleichliches Nachrichtennetz, das 10.000 Stationen in einem Abstand von rund 50 Kilometern entlang aller wichtigen Straßen seines Reiches umfasste. Jede Station beherbergte 400

Pferde: Die Hälfte davon durfte ausruhen, die anderen standen in Bereitschaft, um in einer Art Staffellauf die Nachrichten zu überbringen.

MENSCH UND PFERD

DIE BEZIEHUNG zwischen Mensch und Pferd reicht bis in die Anfänge der Menschheit zurück, wurde im Verlaufe der Geschichte noch gefestigt und besteht bis heute. In einigen Regionen, wie z. B. den von Kasachen bewohnten Teilen Eurasiens, ist das Pferd aus dem Alltag nicht wegzudenken. In anderen Ländern wird das Pferd immer noch in der Landwirtschaft und als Transportmittel eingesetzt, und es wird stets Gebiete geben, in denen das Pferd einem Traktor überlegen ist. In unserer modernen, privilegierten Gesellschaft hat sich die Rolle des Pferdes jedoch geändert. Die moderne Technik hat das Pferd in Industrie und Landwirtschaft ersetzt, und die Anzahl der eindrucksvollen, als Zugpferde gezüchteten Rassen sinkt ständig. Einige sind sogar ganz vom Aussterben bedroht, obwohl die Zuchtvereine alles in ihrer Macht Stehende tun, um dies zu verhindern.

Viele der als Zugpferde gezüchteten Rassen werden häufig mit leichteren Rassen gekreuzt, z. B. mit Vollblutpferden, wobei ein Qualitätsreitpferd mittleren Gewichts entsteht. Verschiedene Brauereien überall in Europa werden auch heute noch per Pferd beliefert, z. B. von Shires, Clydesdales und Jütländern, die gelegentlich auch auf größeren Agrarausstellungen oder Werbeveranstaltungen für die Brauereien beim Ziehen von Brauereiwagen zu sehen sind.

DAS PFERD HEUTE

HEUTE werden Pferde und Ponys vorwiegend im Hobbybereich eingesetzt. Sie bereiten dem Menschen, unabhängig von seinen Reitfähigkeiten, Freude – vom einfachen Reiturlaub bis hin zum Springreiten auf internationaler Ebene. Um die neue Rolle des Pferdes in der Gesellschaft an lediglich einem Beispiel zu verdeutlichen, seien hier die Oldenburger und Hannoveraner genannt, die einst als Wagenpferd gesucht waren, inzwischen jedoch als Spring- und Reitpferde große Beliebtheit erlangt haben. Viel Zeit und Geld fließen in die Zucht von edlen Spring- und Rennpferden, und jeder Züchter träumt heimlich davon, einmal *den* Champion zu züchten.

Oben
Dschingis Khan, der Begründer des mongolischen Weltreiches, zu Pferd auf einer Falkenjagd.

Mitte
Ein wunderhübsch ausstaffierter Hannoveraner mit seinem Reiter im Dressurring

Unten
Shire-Pferde – hier mit prächtig anzusehendem Zuggeschirr – dienen auch heute noch zum Ziehen von Brauereiwagen.

Die Anatomie des Pferdes

DAS SKELETT des Pferdes bestimmt zugleich seine Leistungsfähigkeit, sein Wohlbefinden und sein Aussehen. Es trägt den Körper, bestimmt die Körperform, ermöglicht Bewegungen und bietet Befestigungspunkte für Muskeln und Sehnen – es ist praktisch das Gerüst, das den Aufbau des Pferdekörpers bestimmt. Bestimmte Teile des Skeletts schützen wichtige Organe; beispielsweise schützt der Schädel das Gehirn und der Brustkorb die Lunge und das Herz.

KÖRPERTEILE DES PFERDES

EINIGE KÖRPERTEILE des Pferdes tragen Namen, die für den Pferdeneuling vielleicht etwas merkwürdig klingen. Die folgende Abbildung veranschaulicht die wesentlichen Körperteile des Pferdes, mit denen Sie sich vertraut machen sollten, da sie in diesem Buch häufiger vorkommen.

Unten
Darstellung des Pferdes mit Bezeichnung der Körperteile

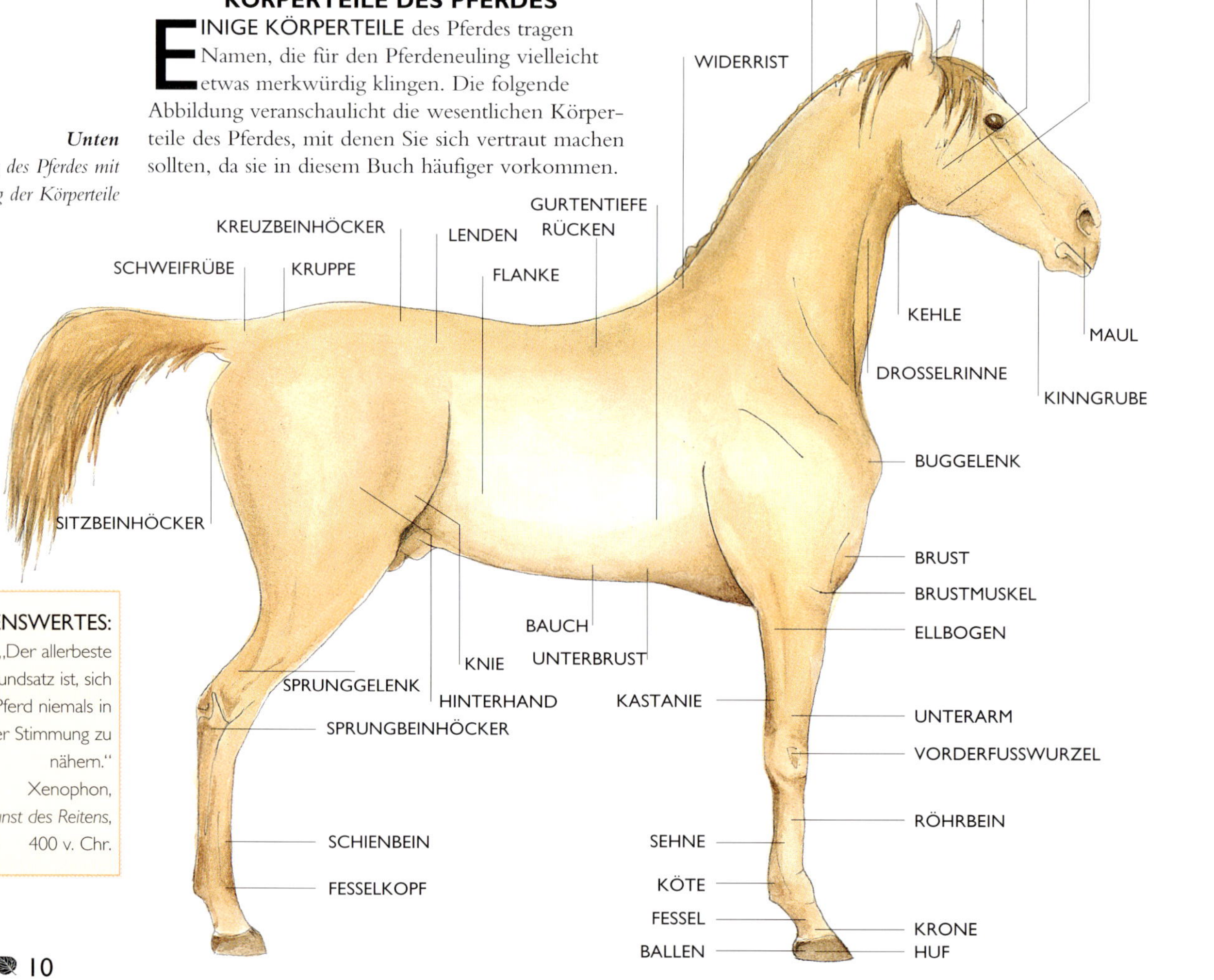

WISSENSWERTES:
„Der allerbeste Grundsatz ist, sich einem Pferd niemals in zorniger Stimmung zu nähern."
Xenophon,
Die Kunst des Reitens,
400 v. Chr.

Exterieur

Oben
Dieses Pferd hat ein gutes Exterieur. Seine Knochenstruktur lässt auf ein ausgezeichnetes Reitpferd schließen.

GRÖSSE

DIE GRÖSSE VON PFERDEN und Ponys wird in Zentimetern gemessen. Dabei wird zwischen „Stockmaß" und „Bandmaß" unterschieden. Wie der Name schon sagt, wird das Stockmaß mit einem Stockmaßstab vom Boden zum Widerrist gemessen, das Bandmaß hingegen mit einem flexiblen Maßband vom Boden über die Brustmuskulatur zum Widerrist. Im Allgemeinen gilt ein Stockmaß von bis zu 120 cm als Pony, ein Stockmaß von 120 bis 148 cm als Kleinpferd und jedes Stockmaß über 148 cm als Pferd. Das Bandmaß ist jeweils ungefähr 8 bis 10 cm länger. Um ein genaues Messergebnis zu erzielen, sollte das Pferd unbeschlagen sein und auf einer ebenen Fläche stehen.

EXTERIEUR

DAS ÄUSSERE Erscheinungsbild des Pferdes wird als „Exterieur" bezeichnet. Das Exterieur eines Pferdes beschreibt, wie das Pferd gebaut ist und bezieht sich somit im Wesentlichen auf das Knochengerüst unter der Haut. Ein Pferd hat ein „gutes Exterieur", wenn es korrekt gebaut ist und es hinsichtlich seiner Proportionen und Ausgewogenheit seinem Züchtungszweck entspricht. Ein „schlechtes" oder „mangelhaftes" Exterieur beschreibt hingegen ein Pferd, dessen Gerüst gewisse Schwächen aufweist, die zu Verletzungen führen oder das Pferd zumindest an der Erfüllung seines Züchtungszwecks hindern können. Bei Betrachtung des Exterieurs eines Pferdes ist es wichtig, zwischen dem Knochengerüst und der Kondition des Pferdes zu unterscheiden.

KONDITION

DIE „KONDITION" eines Pferdes wird von verschiedenen Faktoren bestimmt, wie z. B. der Arbeit, die es verrichtet, dem Futter, das es erhält, sowie seinem Gesundheits- und Pflegezustand. Ein Pferd, das gut trainiert und gesund ist und die richtige Futtermenge erhält, hat eine gut ausgebildete Muskulatur. Seine Kondition kann somit als „gut gearbeitet" beschrieben werden. In ähnlicher Weise könnte die Kondition eines gut gefütterten Pferdes, das keine harte Arbeit leistet und daher keine so gut entwickelte Muskulatur hat, als „gut, jedoch schlecht gearbeitet" beschrieben werden. Das ungeübte Auge kann eine nicht so gut entwickelte Muskulatur leicht mit einer schlechten Kondition verwechseln oder ein übergewichtiges Pferd mit besonders viel Fett an Hinterhand und Mähnenkamm für ein Pferd mit guter Kondition halten. Es ist wichtig, sich dessen bewusst zu sein, dass „Exterieur" und „Kondition" zwei völlig verschiedene Dinge sind.

Oben
Pferde, die an Rennen, Vielseitigkeitsprüfungen und Springturnieren teilnehmen, sollten eine optimale Kondition haben.

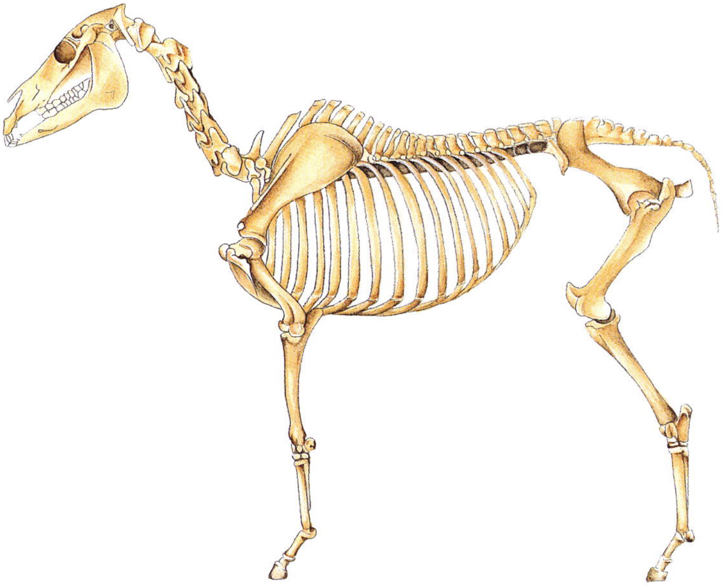

Links
Das Pferdeskelett setzt sich je nach Rasse aus ungefähr 250 Knochen zusammen.

WISSENSWERTES:
Das größte dokumentierte Maultier heißt Apollo. Es wurde 1977 geboren, misst 1,94 m und ist das Ergebnis einer Kreuzung zwischen einer belgischen Stute und einem Mammoth Jack.
Guinness-Buch der Rekorde

GROBE RICHTLINIEN FÜR EIN GUTES EXTERIEUR

BEI DER Beurteilung des Exterieurs eines Pferdes sollten Sie zunächst feststellen, um welche Art oder Rasse es sich handelt. Jede Rasse hat unterschiedliche Merkmale, auf die Sie achten sollten. Sind sie nicht vorhanden, weist dies auf einen Mangel hin. Araber haben z. B. einen hohen Schweifansatz, da sie einen Rückenwirbel weniger haben als andere Rassen. Wenn Sie also ein Araberpferd betrachten und es einen niedrigen, für die Rasse untypischen Schweifansatz hat, können Sie mit Sicherheit annehmen, dass dieser Bereich des Exterieurs einen Mangel aufweist.

Es gibt noch zwei weitere Punkte, die Sie berücksichtigen sollten, bevor Sie mit der Beurteilung des Exterieurs beginnen. Zunächst einmal stellt sich die Frage nach dem Geschlecht. Stuten haben grundsätzlich einen etwas längeren Rücken als Wallache, und das sollten Sie berücksichtigen. Weiterhin ist auch das Alter von Bedeutung. Bei sehr alten Pferden hängt der Rücken von Natur aus ein wenig durch, und die Muskulatur ist nicht mehr so ausgeprägt. Dies muss bei der Beurteilung auf jeden Fall berücksichtigt werden.

Der Kopf sollte mit den Proportionen des übrigen Körpers übereinstimmen, und die Ohren sollten aufmerksam nach vorne gerichtet sein. Ein Pferd sollte eine breite und flache Stirn haben – ein Ramskopf deutet im Allgemeinen auf ein schlechtes Temperament und Unberechenbarkeit hin. Die Augen sollten groß und „sanft“ sein und weit auseinander liegen, um eine gute Rundumsicht zu gewährleisten. Die Nüstern sollten groß genug sein, um eine maximale Luftaufnahme zu ermöglichen. Das Maul sollte weder zu lang noch zu kurz sein. Bei Pferden mit sehr kleinem Maul kann es schwierig sein, ein passendes Gebiss zu finden, und ein Pferd mit großem Maul ist häufig recht stark und „zieht“. Die Schneidezähne von Ober- und Unterkiefer sollten vorne im Maul genau aufeinander treffen, wobei der Oberkiefer um Einiges breiter sein sollte als der Unterkiefer. Zwischen den beiden Knochen des Unterkiefers sollte mindestens eine Faustbreit Platz sein, um zu gewährleisten, dass der Eingang zum Atmungstrakt nicht blockiert ist.

Kopf und Hals sollten im Genick leicht beweglich verbunden sein. Zu enge Ganaschen und ein kurzes, breites Genick erschweren die Biegung. Der Hals sollte lang genug sein, d. h. einer „guten Zügellänge“ entsprechen. Die obere Halslinie sollte ausgeprägt sein und vom Widerrist bis zum Genick in einem leichten Bogen verlaufen. Als Faustregel gilt, dass die Länge des Halses dem eineinhalbfachen Abstand zwischen Genick und Unterlippe entsprechen sollte. Der Hals sollte gut auf der Schulter liegen und weder zu hoch noch zu tief angesetzt sein.

Die Schulter sollte leicht abfallen, um dem Pferd größte Bewegungsfreiheit zu ermöglichen. Im Idealfall sollte die Schulter zwischen Widerrist und Buggelenk in einem Winkel von 45 Grad zur Bodenlinie verlaufen. Das Schulterblatt bzw. die Scapula muss länger als der Humerus sein, um ein langes, tiefes und weiches Ausschreiten zu ermöglichen.

Der Widerrist sollte wohlgeformt und weder zu ausgeprägt noch zu flach sein. Bei jungen Pferden scheint der Widerrist in der Wachstumsphase höher zu sein als die Kruppe. Wenn sie jedoch heranwachsen, gleicht sich dies aus. Pferde mit sehr flachem und muskulösem Widerrist sind zum Reiten weniger gut geeignet, können jedoch gut als Wagenpferde eingesetzt werden. Sie neigen dazu, auf der Vorderhand zu liegen, und lassen sich möglicherweise schlecht satteln.

Oben rechts
Es ist wichtig, dass die Ohren des Pferdes aufgestellt und nach vorne gerichtet sind und die Augen gesund glänzen.

Rechts
Insgesamt gesehen sollte der Kopf des Pferdes den Körperproportionen entsprechen.

Ganz rechts
Diese Vollblutjährlinge haben einen wohlgeformten Widerrist – weder zu steil noch zu flach.

Die Brust sollte breit und tief sein, sodass bequem eine Reitermelone zwischen die beiden Vorderbeine passt. Dadurch haben Herz und Lunge ausreichend Raum. Die Beine des Pferdes sollten sich scheinbar „genau an den Ecken" befinden, um einen fehlerfreien, geraden Gang zu gewährleisten. Wenn die Brust jedoch zu breit ist, liegt das Pferd möglicherweise wiederum auf der Vorderhand, was nicht wünschenswert ist. Ein gesundes Mittelmaß ist ideal. Die Vorderbeine sollten gerade und gleich proportioniert sein und einen langen, gut bemuskelten Unterarm und ein kurzes kräftiges Röhrbein aufweisen. Zwischen Ellbogen und Rippen sollte so viel Platz sein, dass Sie eine Hand dazwischen schieben können. Die Vorderfußwurzeln sollten gleich proportioniert, breit und flach sein, und die Fesseln sollten in gleichem Winkel zur Schulter abfallen. Wenn die Fesseln zu lang sind, könnte eine potenzielle Schwäche vorliegen. Sind sie hingegen zu kurz, können sie Stöße weniger gut abfangen. Die Hufe sollten gleich proportioniert und direkt nach vorne gerichtet sein und einen wohlgeformten, widerstandsfähigen Eindruck machen.

WEITERE ZU BERÜCKSICHTIGENDE PUNKTE

DAS PFERD sollte eine große Gurtentiefe besitzen, sodass es von der Seite gesehen viel Raum für Herz und Lunge bietet. Als Richtlinie gilt, dass der Abstand zwischen dem Widerrist und einem direkt hinter und unter dem Ellbogen liegenden Punkt genauso groß sein sollte wie zwischen Ellbogen und Boden, sodass das Pferd kurzbeinig erscheint. Im Idealfall sollten die ersten acht „echten" Rippen, die mit den Wirbeln und dem Brustbein verbunden sind, lang und flach sein, sodass die Beine des Reiters gut hinter dem Trizeps anliegen. Die zehn „falschen" Rippen, die mit den Wirbeln und über Knorpel mit dem Brustbein verbunden sind, sollten rund und weit gebogen sein und dem Brustkorb ein rundes wohlgeformtes Aussehen verleihen. Zwischen der letzten Rippe und dem Hüftknochen sollte

Links
Pferde wie dieser Palomino sollten einen breiten und tiefen Brustkorb mit ausreichend Raum für Herz und Lunge haben.

niemals mehr als eine Handbreit Platz sein. Andernfalls liegt ein schwerer Mangel vor, der als „Rippenmangel" bezeichnet wird.

Die Länge des Rückens sollte der Gesamtgröße des Pferdes entsprechen, d. h. der Abstand zwischen Nase und Gurtentiefe sollte genauso groß sein wie zwischen Gurtentiefe und Sitzbeinhöcker. Der Rücken sollte kräftig und weder zu schmal noch zu breit sein. Die Lenden und Oberschenkel sollten muskulös sein. Von hinten sollte die Hinterhand des Pferdes wohlgeformt aussehen, gleichmäßig durch das Becken verlaufen und einen gut proportionierten Schweifansatz aufweisen. Was die Hintergliedmaßen angeht, so sollten die Sprunggelenke möglichst nahe am Boden und die Oberschenkel lang und muskulös sein. Sitzbeinhöcker, Sprunggelenk und Fesselgelenk müssen eine gerade Linie bilden. Sowohl Sprunggelenk als auch Fesselgelenk sollten deutlich ausgeprägt sein und keine Schwellungen oder Knoten aufweisen, und die hinteren Fesseln sollten in einem Winkel von 50 Grad zu den Hufen abfallen.

WISSENSWERTES:
Die erste Live-Fernsehübertragung beim Springreiten erfolgte 1948 in Großbritannien während der Olympischen Spiele in London.

Links
Das Profil dieses Pferdes zeigt eine große Gurtentiefe mit viel Raum für gesunde Organe, wie Herz und Lunge.

Farben

PFERDE GIBT ES in einer Vielzahl von Farben, die von den dominanten und rezessiven Farbchromosomen der Eltern bestimmt werden. Die Wissenschaft hat sich eingehend mit den Fellfarben beschäftigt, und diese Forschungen erlangten große Bedeutung, da sich die Beliebtheit bestimmter Farben über die Jahre immer wieder ändert. In der Tat wird bei einigen Rassen neben korrektem Exterieur und Temperament auch eine bestimmte Haarfarbe verlangt. Dies ist z. B. bei Palomino und Appaloosa der Fall. Interessant ist auch die Annahme, das gepunktete und mehrfarbige Fell (z. B. Schecke) sei ursprünglich auf den Andalusier zurückzuführen, obwohl diese Art der Färbung bei dieser Rasse heute überhaupt nicht vorkommt.

Seite 14
Pferde gibt es in einer Vielzahl von Farben. Die Farbe des Deckhaars kann bei der Zucht eine wichtige Rolle spielen.

Rappe: Das Deckhaar muss eindeutig schwarz sein und darf keine Brauntöne aufweisen. Mähne und Schweif müssen ebenfalls schwarz sein. Beine und Kopf können jedoch weiße Abzeichen aufweisen.

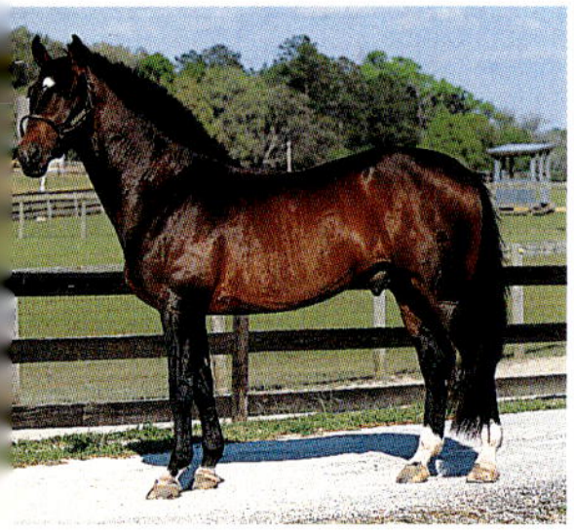

Brauner: Die Deckhaare sind braun, Mähne und Schweif jedoch schwarz. Fessel und Fuß können in einigen Fällen weiß sein, und auch der Kopf weist gelegentlich ein weißes Abzeichen auf. Einige Bereiche sind häufig schwarz, wie z. B. Maul, Ohrspitzen, Mähne und Schweif sowie der untere Teil der Beine. Bei dieser Färbung gibt es verschiedene Schattierungen. Man unterscheidet zwischen Braunen, Dunkelbraunen, Hellbraunen und Schwarzbraunen. Diese Farben werden durch den helleren oder dunkleren Braunanteil im Fell bestimmt.

Fuchs: Das Deckhaar ist rotbraun ohne dunkle Stellen. Mähne und Schweif sind entweder heller (flachsfarben) oder dunkler als das Deckhaar. Beine oder Kopf können weiße Abzeichen aufweisen. Es gibt unterschiedliche Arten von Füchsen, wie Hellfuchs, Fuchs und Dunkelfuchs. Die verschiedenen Farbabstufungen werden von den rotgoldenen Haarschattierungen bestimmt. Der Dunkelfuchs hat ein dunkles, leberfarbenes Fell.

Schwarzbrauner: Das Deckhaar ist schwarzbraun. Mähne und Schweif sind dunkelbraun.

Grauschimmel: Die Hautpigmente von Grauschimmeln sind dunkel, und das Deckhaar enthält schwarze und weiße Haare. Grauschimmel werden gewöhnlich mit dunklem Fell geboren, das mit dem Alter immer heller wird. Es gibt verschiedene Arten von Grauschimmeln: Fliegenschimmel, Eisenschimmel und Apfelschimmel. Der Fliegenschimmel hat ein weißes Fell mit kleinen dunklen Flecken, die wie Sommersprossen aussehen. Der Eisenschimmel zeichnet sich durch ein dunkelgraues Fell aus. Das Fell des Apfelschimmels ist grau und weist dunkle Ringe auf.

Stichelhaar: Weiße Haare sind gleichmäßig in der Grundfarbe verteilt, und auch Mähne und Schweif weisen einige weiße Haare auf. Auch hier treten unterschiedliche Schattierungen auf. So gibt es z. B. fuchsfarbene, braune und graue Pferde mit weißen Stichelhaaren sowie schwarze oder schwarzbraune Pferd mit grauen Stichelhaaren, die dem Fell einen Blaustich verleihen.

Isabell: Das Deckhaar ist golden und sollte die Farbe einer neuen Kupfermünze haben. Mähne und Schweif sind jedoch heller. Das Pferd kann unterhalb des Vorderfußwurzel- bzw. Sprunggelenks sowie am Kopf weiße Abzeichen aufweisen.

Fuchs- oder Braunschecke: Das Deckhaar weist unregelmäßige Flecken auf, die entweder weiß sind oder mit Ausnahme von Schwarz alle möglichen Farbtöne haben können. Die Hautpigmente unter den weißen Flecken sind rosa und die unter den dunklen Flecken dunkel. Mähne und Schweif sind grundsätzlich zweifarbig, und in der Mähne setzt sich die Färbung des Halses fort: Wenn der Hals zum Teil weiß und zum Teil braun ist, sieht die Färbung der Mähne entsprechend aus.

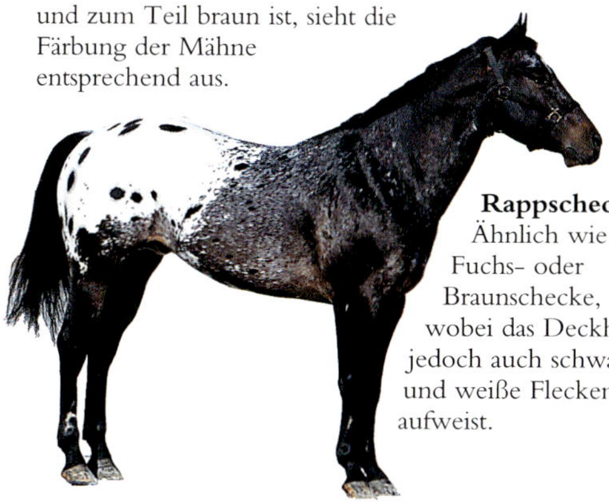

Rappschecke: Ähnlich wie der Fuchs- oder Braunschecke, wobei das Deckhaar jedoch auch schwarze und weiße Flecken aufweist.

Falbe: Die Haut ist dunkel pigmentiert, das Deckhaar jedoch beige bis cremefarben. Falben haben schwarze Beine, Mähne und Schweif sowie einen Aalstrich. Auch können sie ein Schulterkreuz oder Zebrastreifen an den Beinen aufweisen. Falben gibt es in unterschiedlichen Schattierungen. Pferde mit cremegelbem Fell werden als Goldfalben bezeichnet.

Schimmel: Die Hautpigmentierung ist hell, und Deckhaar, Mähne und Schweif sind weiß bis cremefarben. In manchen Fällen lassen sich weiße Bein- und Kopfabzeichen erkennen.

Appaloosa: Der Appaloosa tritt anerkanntermaßen in fünf Farbschattierungen auf, doch nicht alle gescheckten Pferde sind auch wirklich Appaloosas. Man unterscheidet die folgenden Färbungen: Den Schabrackenscheck erkennt man an der weißen Grundfarbe, die insbesondere an der Hinterhand häufig mit dunklen Flecken durchsetzt ist. Der Marmorscheck ist ein stichelhaariges braunes oder schwarzes Pferd mit dunklen Flecken im Deckhaar und weißen Flecken in der Mitte. Die Grundfarbe des Tigerschecks ist weiß und weist dunkle Flecken auf. Der Schneeflockenscheck hat eine dunkle Grundfarbe mit weißen Flecken (insbesondere im Bereich der Hinterhand). Beim Frostscheck ist hingegen das gesamte dunkle Deckhaar mit weißen Flecken bedeckt. Alle Appaloosas zeichnen sich durch eine marmorierte Haut an Nase und Genitalien sowie durch viel „Weiß" in den Augen aus. Die Hufe sind häufig senkrecht gestreift.

Rechts und links oben
Ein Araberschimmel und ein isabellfarbener Palomino.

Mitte links und unten rechts
Rappschecken sind schwarzweiß, während es bei der Appaloosa-Rasse fünf verschiedene Farbvariationen gibt.

Links unten
Der Falbe ist eine primitive Fellfarbe, die häufig von einem dunklen Aalstrich auf dem Rücken begleitet wird.

WISSENSWERTES:
Das kleinste dokumentierte Pferd war ein Hengst namens Little Pumpkin. Das am 15. April 1973 geborene Pferd maß 1975 im ausgewachsenen Zustand 35,5 cm und wog lediglich 9 kg.
Guinness-Buch der Rekorde

Abzeichen

Glasauge: In diesem Fall hat eines der Augen nicht die gewöhnliche Augenfarbe, sondern ist weiß oder blauweiß.

Sklera: Weiße Außenmembran des Augapfels – tritt häufig beim Appaloosa auf.

VIELE PFERDE haben weiße Abzeichen. Da sie sich gut zur Identifizierung eines Pferdes eignen, werden sie von Zuchtverbänden sorgfältig protokolliert. Viele Zuchtverbände haben strenge Vorschriften in Bezug auf die Größe des Weißanteils, um ein Pferd zur Eintragung zu berechtigen.

Oben rechts
Ein Auge, das nicht die gewöhnliche Augenfarbe hat, sondern weiß oder blau ist oder einen anderen ungewöhnlichen Farbton aufweist, bezeichnet man als „Glasauge".

Rechts und ganz rechts
Diese Pferde haben weiße Abzeichen am Kopf (Laterne und breite Blesse). Das Pony hat hochschwarze Füße.

Ganz rechts und unten rechts
Ein Aalstrich und Apfelflecken. Letzteres ist häufig bei Schimmeln zu finden.

Unten
Ein Mehlmaul ist ein Merkmal des Exmoor-Ponys.

KOPFABZEICHEN

Stern: Kleiner weißer Fleck an der Stirn, oft rautenförmig.

Schmale Blesse: Durchgängiger weißer Strich, der sich über die gesamte Frontfläche des Kopfes erstreckt.

Breite Blesse: Breiter weißer Strich in der Mitte des Kopfes, der sich gewöhnlich von der Stirn bis zur Oberlippe zieht.

Laterne: Ähnlich wie eine breite Blesse, deckt jedoch einen breiteren Bereich ab.

Schnippe: Kleines weißes Abzeichen zwischen den Nüstern.

Milchnase: Weiße Abzeichen um die Nüstern, ähnlich wie eine Schnippe.

Milchmaul: Komplett weißes Maul.

Mehlmaul: Hellbraunes Maul – tritt häufig bei Exmoor-Ponys auf.

Krötenmaul: Weiße Flecken am Maul.

KÖRPERABZEICHEN

Schwarze Bereiche: Schwarze Fesseln oder Füße, schwarze Langhaare, schwarzes Maul und schwarze Ohrspitzen – häufig bei braunen Pferden zu sehen.

Flachsfarbene Langhaare: Mähne und Schweif weisen eine helle, cremefarbene Färbung auf – häufiges Kennzeichen von Füchsen.

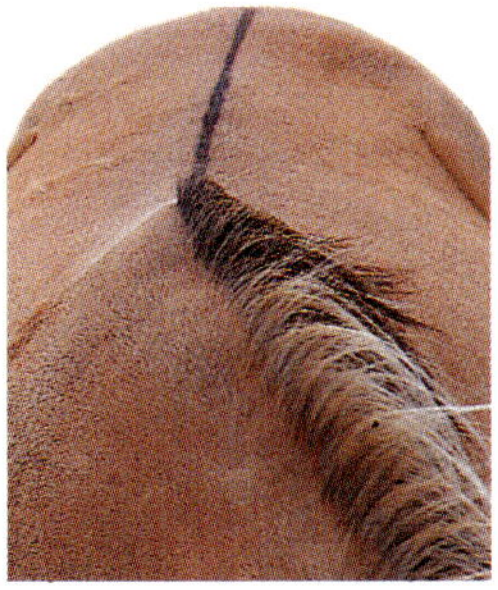

Aalstrich: Schwarzer oder dunkelbrauner Strich vom Widerrist zum Schweif - tritt häufig bei Falben auf. Der Aalstrich wird manchmal von einem Schulterkreuz begleitet, d. h. Strichen, die sich zu beiden Seiten des Widerrists erstrecken.

Apfelflecken: Dunkle Ringe auf helleren Bereichen des Deckhaars. Sind meistens bei Schimmeln zu sehen, treten jedoch auch in anderen Farbtönen auf, insbesondere bei braunen Pferden. Sind während des Fellwechsels im Frühling oder Herbst gewöhnlich ausgeprägter.

WISSENSWERTES:
Das älteste dokumentierte Pferd hieß Old Billy. Es wurde 1760 geboren und starb am 27. November 1822. Es erreichte somit ein unglaublich hohes Alter von 62 Jahren.
Guinness-Buch der Rekorde

Wirbel: Werden manchmal auch als „Kuhlecken" bezeichnet. Diese Muster werden durch ungleichmäßiges Haarwachstum gebildet und nehmen häufig eine rosettenartige Form an, wobei das Haar um einen Mittelpunkt herum herauswächst. Sie treten zumeist am Mähnenkamm oder an der Halsunterseite auf, können jedoch auch an beliebigen anderen Körperstellen vorkommen. Sie werden als Identifizierungsmerkmal verwendet. Interessanterweise legen indische und arabische Kulturen großen Wert auf die Position und Art der Wirbel. Das geht sogar so weit, dass Wirbel, die sich an einer bestimmten Stelle befinden, als Warnung angesehen werden und das Pferd aus diesem Grund nicht gekauft wird. Das Asva Sastra, ein Hindu-Buch aus dem 14. Jahrhundert, erläutert die Bedeutung der Wirbel und anderer Körperabzeichen.

BEINABZEICHEN

Weiße Fessel bzw. weißer Fuß: Vorder- oder Hintergliedmaßen sind vom Kronenrand bis zu einem beliebigen Punkt unterhalb des Vorderfußwurzel- oder Sprunggelenks weiß.

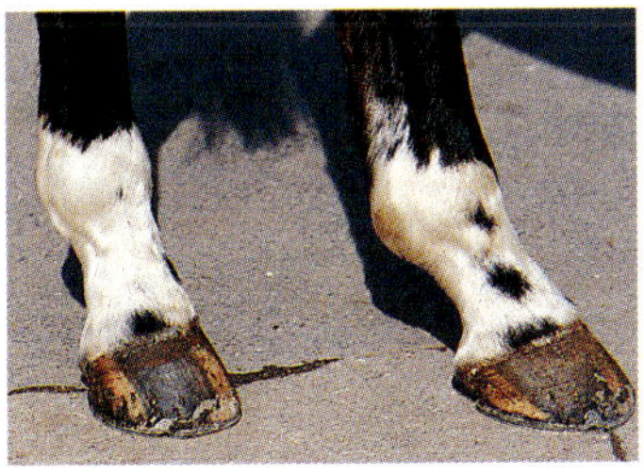

Hochweißer Fuß: Vorder- oder Hintergliedmaßen sind vom Kronenrand bis über das Vorderfußwurzel- oder Sprunggelenk weiß.

Weiße Krone: Der Bereich um den Kronenrand ist weiß.

Hermelinflecken: Schwarze oder braune Flecken, die bei einer weißen Fessel bzw. einem weißen Fuß im Kronen- oder Fesselbereich sichtbar sind.

Zebrastreifen: Dunkle Ringe um den unteren Beinbereich – treten gewöhnlich bei primitiven Rassen auf.

HUFABZEICHEN

Blauer Huf: Die Hufe sind schieferblau. Blaue Hufe gelten als widerstandsfähiger und kräftiger als weiße Hufe, obwohl es dafür keinen wissenschaftlichen Beleg gibt.

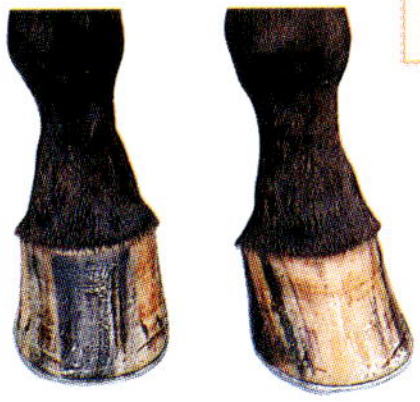

Weißer Huf: Der Huf hat weißes Horn. Tritt häufig bei weißen Beinabzeichen auf, wie weißer Fessel oder weißem Fuß.

Gestreifter Huf: Die Hufe weisen schwarze und weiße senkrechte Streifen auf. Dies ist häufig beim Appaloosa oder anderen gescheckten Pferden der Fall.

KÜNSTLICHE ABZEICHEN (MARKIERUNGEN)

Kaltbrand: Schmerzloses Verfahren, wobei mit einem in flüssigem Stickstoff gekühlten Brandeisen ein Brandzeichen angebracht wird. Die Kälte zerstört die Pigmentzellen in der Haut, sodass das Haar weiß nachwächst. Die Zahlen und Buchstaben des Brandzeichens werden dann als permanente Markierung eingetragen.

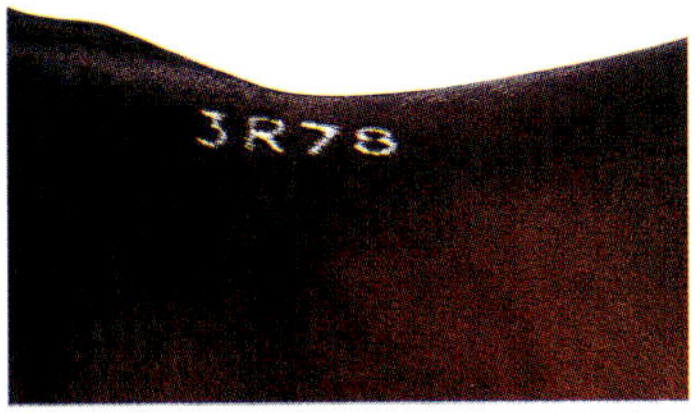

Heißbrand: Besonders bei Warmblutrassen wie Hannoveraner und Oldenburger sowie bei manchen Ponyrassen üblich. Einige Brandzeichen stehen für eine bestimmte Rasse, während andere das persönliche Kennzeichen des Besitzers darstellen. Sie werden gewöhnlich an Schulter oder Oberschenkel angebracht und sind dauerhaft.

Hufbrand: Der Code des Besitzers wird mit einem Heißbrandverfahren in die Hufwand eingebrannt. Es handelt sich dabei um einen schmerzlosen Vorgang, der jedoch alle sechs Monate wiederholt werden muss, da das Brandzeichen mit der Zeit aus dem Huf wächst.

Mikrochip: Ein Tierarzt schießt dem Tier am Hals einen Mikrochip in die Haut. Dieses Verfahren ist nicht nur bei Hunden und Katzen, sondern auch bei Pferden üblich. Die Daten des Pferdes, das mit dem Mikrochip versehen wurde, werden in einem Computersystem registriert, und der Chip kann mit einem Lesegerät gelesen werden.

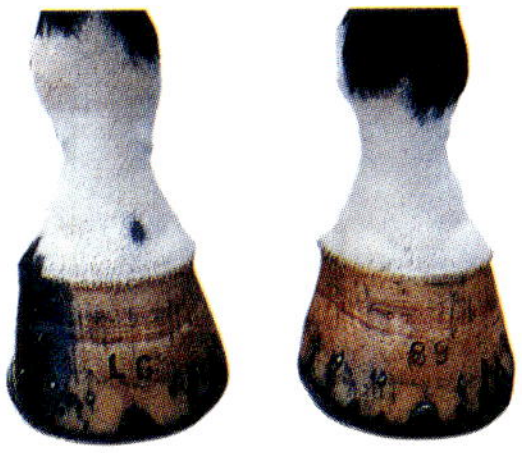

WISSENSWERTES:
Das älteste Vollblutrennpferd hieß Tango Duke. Es wurde 1935 geboren und starb am 25. Januar 1978 im Alter von 42 Jahren.
Guinness-Buch der Rekorde

Ganz oben
Gestreifte Hufe sind beim Appaloosa und bei anderen gescheckten Pferderassen häufig.

Rechts oben
Kaltbrand ist eine schmerzlose Methode, um Pferde dauerhaft mit einem Brandzeichen zu versehen.

Links Mitte
Die weißen Füße reichen bei diesem hübschen Fuchs bis zu Vorderfußwurzel- und Sprunggelenk.

Links unten und unten
Der Hufbrand ist eine alternative schmerzlose Methode zum Markieren eines Pferdes.

Zähne und Altersbestimmung des Pferdes

ES IST SEHR WICHTIG, die Zähne des Pferdes regelmäßig zu untersuchen. Sie sollten daher lernen, das Maul des Pferdes zu öffnen, ohne sich selbst oder das Pferd zu verletzen. Üben Sie dies am besten unter der Aufsicht eines erfahrenen Pferdekenners, der Ihnen genau zeigen kann, wie man dabei vorgeht.

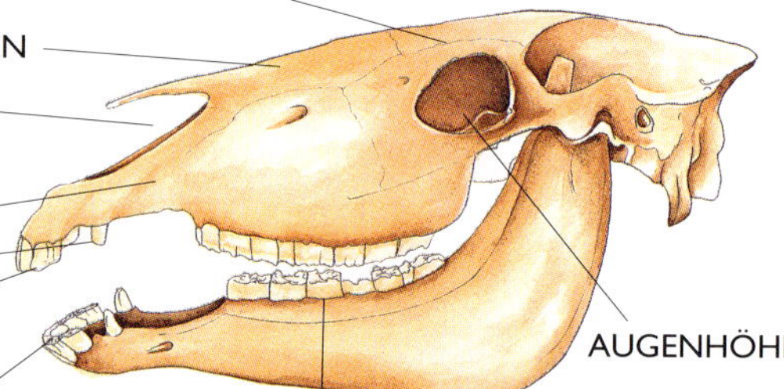

Oben rechts, Mitte und unten rechts
Der Pferdeschädel ist lang, um den Zähnen ausreichend Platz zu bieten.

Unten
Das Alter eines Pferdes kann durch die Untersuchung seiner Zähne recht genau bestimmt werden.

ALTERSBESTIMMUNG DES PFERDES

DIE ZÄHNE IHRES PFERDES müssen sorgfältig gepflegt und regelmäßig untersucht werden. Eine gute Ernährung ist dabei äußerst hilfreich. Die Zähne sind wichtig, weil sie sich mit dem Alter des Pferdes stark verändern und es ermöglichen, anhand ihrer Form und Anzahl das Alter des Pferdes zu bestimmen.

ÖFFNEN DES PFERDEMAULS

WENN SIE DAS GEBURTSDATUM eines Pferdes nicht kennen, stellt ein Blick auf die Zähne die genaueste Methode zur Altersbestimmung dar. Diese Aufgabe erfordert jedoch ein wenig Übung und gute Kenntnisse – nicht nur, um beim Öffnen des Mauls zu vermeiden, gebissen zu werden. Versuchen Sie dies nur unter Aufsicht, oder lassen Sie sich von einem erfahrenen Pferdekenner helfen. Wenn Sie selbst das Pferdemaul öffnen möchten, stellen Sie sich nicht direkt vor das Pferd, sondern seitlich neben seinen Kopf. Legen Sie die linke Hand auf die Oberlippe unterhalb der Nüstern und die rechte Hand unter den Kiefer. Um das Pferdemaul zu öffnen, schieben Sie die Finger der rechten Hand in die Lücke hinter den Schneidezähnen. Das Pferd sollte nun das Maul öffnen. Greifen Sie niemals die Zunge, da dies dem Pferd ernsthafte Verletzungen zufügen könnte.

AUFBAU DES MAULS

EIN AUSGEWACHSENES männliches Pferd hat insgesamt 40 Zähne, die sich aus 24 Backenzähnen, 12 Schneidezähnen und 4 Hakenzähnen zusammensetzen. Es kann außerdem bis zu vier Wolfszähne besitzen. Ausgewachsene weibliche Pferde haben gewöhnlich keine Hakenzähne und besitzen daher insgesamt 36 Zähne. Außerdem können sie bis zu vier Wolfszähne haben.

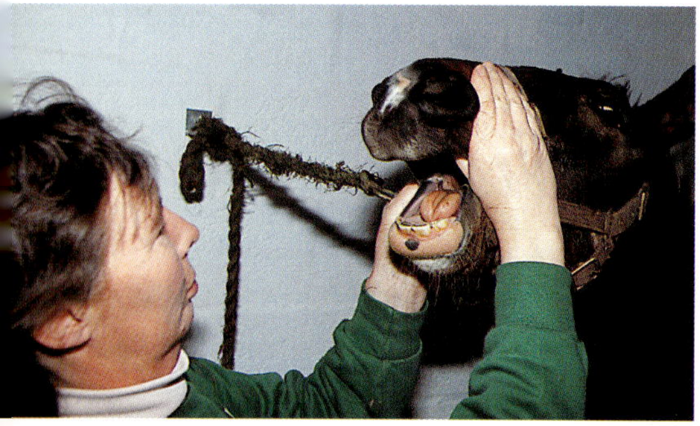

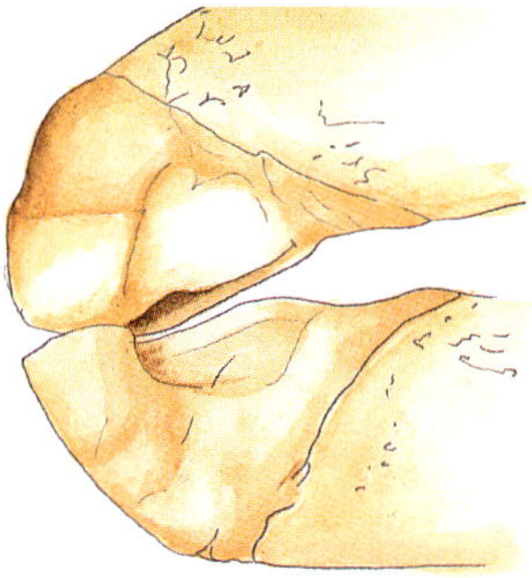

ZÄHNE EINES FOHLENS

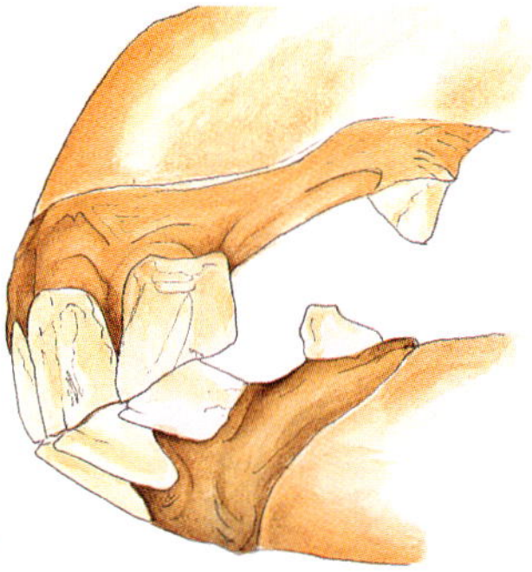

ZÄHNE EINES 8-JÄHRIGEN

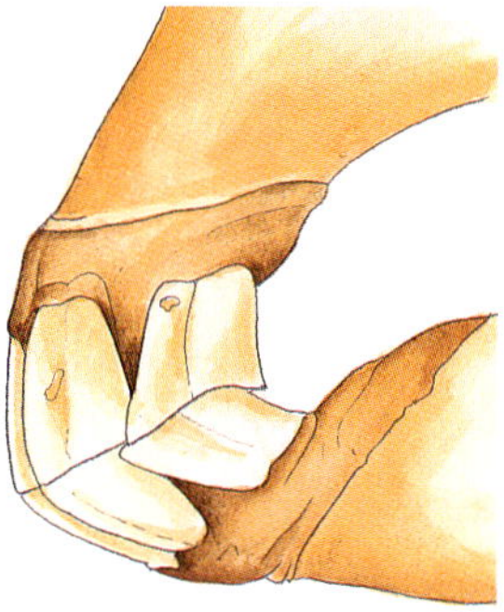

ZÄHNE EINES 15-JÄHRIGEN

Pferde sind von Natur aus Weidetiere und kauen ihr Futter. Beim Zermahlen des Futters nutzen sich die Zähne im Laufe der Zeit ab. Im Alter von ungefähr fünf Jahren sind die bleibenden Zähne des Pferdes auf ihre volle Länge herangewachsen. Von da an werden die Zähne allmählich nach oben gedrückt, um den kontinuierlichen Abrieb an der Krone auszugleichen. Während die Zähne langsam nach oben gedrückt werden, kommen verschiedene Zahnbereiche zum Vorschein, und daran können Sie erkennen, wie alt das Pferd ungefähr ist.

Weiterhin sollte berücksichtigt werden, dass der Oberkiefer des Pferdes breiter ist als sein Unterkiefer. Das heißt, dass sich die Zähne im Laufe der Zeit durch das Zermahlen des Futters ungleichmäßig abnutzen. An den Außenseiten der Backenzähne im Oberkiefer und an der Innenkante des Unterkiefers bilden sich scharfe Kanten, die in die Backen schneiden und dadurch Schmerzen und Unwohlsein verursachen können. Daher ist es sehr wichtig, die Zähne des Pferdes raspeln zu lassen.

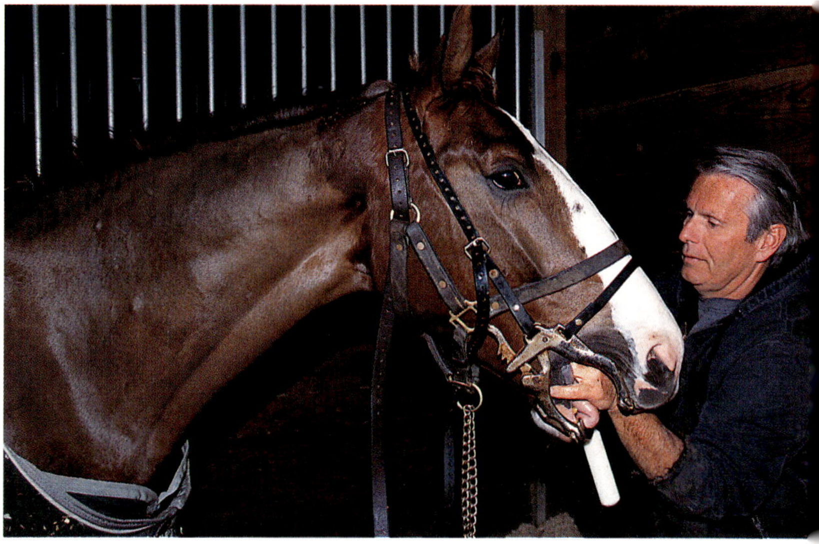

Pferdezähne müssen ungefähr zwei Mal pro Jahr mit der Raspel behandelt werden. Diese Aufgabe wird von einem Veterinärchirurgen oder Pferdezahnarzt übernommen, der die Zähne untersucht und gegebenenfalls alle scharfen Kanten abraspelt, die sich in der Zwischenzeit gebildet haben.

FOHLEN

WIE BEI DEN MENSCHEN wachsen auch Pferden vor dem Dauergebiss zunächst Milchzähne. Fohlen kommen mit vorläufigen Backenzähnen zur Welt, doch kommen die mittleren Schneidezähne gewöhnlich nach ungefähr einer Woche durch. Im Alter von ungefähr neun Monaten ist das Milchgebiss eines Fohlens voll entwickelt. Es besteht aus sechs Schneidezähnen in Ober- und Unterkiefer und drei Prämolaren zu beiden Seiten von Ober- und Unterkiefer. Pferde haben somit insgesamt 12 Schneidezähne und 12 Prämolare. Vorläufige Hakenzähne wachsen ihnen nicht.

Oben
Die Zähne des Pferdes als Fohlen und im Alter von 8 und 15 Jahren.

Mitte
Das Raspeln der Zähne ist erforderlich, um zu verhindern, dass scharfe Kanten in das Pferdemaul schneiden.

Unten
Pferde bilden zunächst Milchzähne aus. Im Alter von neun Monaten ist das Milchgebiss voll entwickelt.

ZWEIEINHALB BIS DREI JAHRE

IM ALTER von zweieinhalb bis drei Jahren fallen die vorläufigen mittleren Schneidezähne aus und werden durch bleibende Schneidezähne ersetzt. Die bleibenden Zähne sind leicht zu erkennen, da sie länger, breiter und häufig gelber sind als die Milchzähne. Ungefähr zu diesem Zeitpunkt kommen an den Seiten von Ober- und Unterkiefer zwei bleibende Backenzähne durch.

Rechts
Dieses Fuchsfohlen wurde mit einer Reihe von Prämolaren geboren, wird aber schon bald ein Milchgebiss ausbilden.

Unten
Im Altern von viereinhalb Jahren sollten einem Pferd gewöhnlich die letzten beiden bleibenden Backenzähne gewachsen sein.

DREIEINHALB JAHRE

DIE SEITLICHEN VORLÄUFIGEN Schneidezähne werden durch bleibende Schneidezähne ersetzt, und an den Seiten von Ober- und Unterkiefer kommen zwei weitere bleibende Backenzähne durch.

VIER BIS VIEREINHALB JAHRE

DIE VORLÄUFIGEN Eckschneidezähne werden durch bleibende Eckschneidezähne ersetzt, und an den Seiten von Ober- und Unterkiefer kommen die letzten beiden bleibenden Backenzähne durch. Ungefähr zu diesem Zeitpunkt bilden sich bei männlichen Pferden die Hakenzähne aus. Im Alter von ungefähr fünf Jahren sollte das Dauergebiss eines Pferdes voll entwickelt sein.

SECHS JAHRE

DIE FLACHEN Zahnoberseiten werden „Kauflächen" genannt, und das Alter eines Pferdes wird gewöhnlich anhand des Verschleißes der Kauflächen an den Schneidezähnen im Unterkiefer bestimmt. Wenn das Pferd sechs Jahre alt ist, sind an den Kauflächen der Schneidezähne drei wesentliche Veränderungen zu erkennen. Erstens erscheint eine schwarze Vertiefung an den Kauflächen der Eckschneidezähne des Pferdes, die als „Kunde" bezeichnet wird. Zweitens zeichnet sich auf den Kauflächen der mittleren Schneidezähne eine dunkelbraune Linie ab, der sogenannte „Zahnstern". Drittens bildet sich an den Kauflächen der seitlichen Schneidezähnen eine Kunde aus, deren Umfang abnimmt. Zwischen dieser Kunde und der Vorderseite des Zahns zeichnet sich ein Zahnstern ab.

WISSENSWERTES:
„Der allerbeste Grundsatz ist, sich einem Pferd niemals in zorniger Stimmung zu nähern."
Xenophon, Die Kunst des Reitens, 400 v. Chr.

SIEBEN JAHRE

IM ALTER von sieben Jahren treten drei wesentliche Veränderungen auf: Erstens zeichnet sich der Zahnstern an den Kauflächen der mittleren und seitlichen Schneidezähnen deutlicher ab. Zweitens verschwindet die Kunde an den mittleren und seitlichen Schneidezähnen und nimmt an den

Links
Ab einem Alter von acht Jahren wird es zunehmend schwieriger, das Alter eines Pferdes anhand seiner Zähne zu bestimmen.

Unten
Wenn das Pferd das Teenageralter erreicht, beginnt sich die Form der Kauflächen an den Schneidezähnen zu ändern.

Eckzähnen ab. Drittens bildet sich am hinteren Rand der oberen Eckschneidezähne ein Haken aus, der auf die ungleichmäßige Abnutzung der Zähne zurückzuführen ist. Er verschwindet im Allgemeinen im Alter von acht Jahren.

ACHT JAHRE

ZU DIESEM ZEITPUNKT ist der Haken gewöhnlich verschwunden, und auch die Kunden sollten nicht mehr zu sehen sein. Die dreieckigen Kauflächen der Zähne beginnen allmählich, eine rundere Form anzunehmen – zunächst an den mittleren Schneidezähnen. Ab dem achten Lebensjahr wird es zunehmend schwieriger, das Alter des Pferdes genau zu bestimmen.

ZEHN JAHRE

BEI EINIGEN PFERDEN bildet sich im Alter von etwa zehn Jahren eine Galvayne-Rinne aus. Diese Rinne erscheint im oberen Bereich der oberen Eckschneidezähne und wächst nach unten.

ELF BIS DREIZEHN JAHRE

AN DEN ECKSCHNEIDEZÄHNEN bildet sich manchmal ein vorstehender Haken aus, der nicht mit dem Haken verwechselt werden sollte, der beim siebenjährigen Pferd entsteht. Dieser größere Haken bleibt normalerweise bestehen und verschwindet nicht, wie es bei dem anderen der Fall ist.

FÜNFZEHN JAHRE UND ÄLTER

WENN DAS PFERD 15 JAHRE ALT IST, sollte sich die Galvayne-Rinne ungefähr über die Hälfte des Zahnes erstrecken. Im Alter von 20 Jahren hat sie gewöhnlich die Unterseite erreicht. Von da an beginnt die Rinne allmählich von oben nach unten zu verschwinden. Im Alter von 30 Jahren sollte sie nicht mehr zu sehen sein. Während der Teenagerjahre nehmen die dreieckigen Kauflächen der Schneidezähne allmählich eine runde Form an, die Zähne scheinen sich nach vorne zu strecken und sehen länger aus. Die Größe des Zahnsterns verringert sich immer mehr, bis er nur noch als kleiner Punkt in der Mitte der Kauflächen der Schneidezähne auszumachen ist.

WISSENSWERTES:
Das größte dokumentierte Pferd war ein Shire namens Sampson. Der Wallach, der 1846 geboren wurde, maß 1850 2,15 m und wog 1524 kg.
Guinness-Buch der Rekorde

Das Verhalten des Pferdes

WIE BEI jedem anderen Tier besteht auch der Instinkt des Pferdes in erster Linie darin, zu überleben und sich zu vermehren. Wildpferde leben in Herden, die von einem dominanten Hengst geführt werden und in denen es gewöhnlich auch eine dominante Stute gibt. Interessanterweise zeichnen sie sich durch den ihnen eigenen, grundlegenden Instinkt aus, langfristige Beziehungen aufzubauen und Bindungen einzugehen. Dadurch wird die Herde bzw. der „Harem" zu einem sicheren Umfeld.

DER HAREM

WENN SICH EIN DOMINANTER HENGST erst einmal einen Harem zugelegt hat, sucht er kaum noch nach neuen Stuten. In der Tat haben jüngste Studien zu Wildpferden in Amerika belegt, dass ein Harem durchschnittlich aus lediglich fünf Pferden besteht: einem dominanten Hengst, zwei oder drei Stuten und ihrem Nachwuchs. Diese Bindungen sind nicht nur auf Hengst und Stute beschränkt. Häufig befreunden sich auch zwei Stuten eng miteinander und verbringen die Zeit damit, sich gegenseitig das Fell zu pflegen. In ähnlicher Weise finden sich auch junge Hengste, die noch keinen Harem gebildet haben, zu Junggesellengruppen zusammen. In der Harems- oder Herdenstruktur geht das schwächste Mitglied der Gruppe, das möglicherweise geschlagen oder gebissen wird, häufig eine enge Beziehung zu einem dominanten Mitglied ein, indem es in seiner Nähe bleibt. Auf diese Weise wird es von den Schlägern in Ruhe gelassen und nicht vom Futter vertrieben.

Oben rechts
Wildpferde leben normalerweise in der sicheren Umgebung eines Harems oder einer Herde, die einen gegenseitigen Schutz bietet.

Oben links
Ein dominanter Hengst hat normalerweise zwei oder drei Stuten, die er beschützt und mit denen er sich paart. Die Tiere gehen untereinander eine enge Bindung ein.

Rechts
Die gegenseitige Fellpflege ermöglicht es einem Pferd, innerhalb einer Herde Beziehungen zu knüpfen.

DER HERDENTRIEB

DIES IST eine stark vereinfachte Bezeichnung für die Verhaltensweise von Pferden in freier Wildbahn. In einer Herde oder Beziehung zu leben ist jedoch ein Urinstinkt aller Pferde und sollte bei der Haltung eines Hauspferdes berücksichtigt werden. Pferde sind von Natur aus gesellige Tiere, und wenn keine Herde vorhanden ist, suchen sie sich einen Ersatzpartner. Beim Hauspferd ist dieser Ersatzpartner häufig der Besitzer.

Wenn Sie eine Gruppe von Hauspferden auf die Weide lassen, ist es im Allgemeinen ratsam, Stuten und Wallache voneinander zu trennen. Dies gilt insbesondere zur Frühlingszeit, wenn die Stuten allmählich in die Rosse kommen und die Wallache möglicherweise ein hengstähnliches Verhalten an den Tag legen. Sie können einen Wallach zusammen mit mehreren Stuten auf dieselbe Koppel lassen, sollten jedoch davon absehen, mehrere Wallache mit einer Stute zusammenzustellen.

Pferde, die Bindungen eingehen, zeigen ihre Zuneigung auf verschiedene Weise, z. B. durch die gegenseitige Fellpflege. Sie stehen dabei Kopf an Schweif und beknabbern sich gegenseitig an Hals und Rücken. Diese Prozedur beruht fast immer auf Gegenseitigkeit, und wenn das eine Pferd aufhört, tut das andere dies auch. Die gegenseitige Fellpflege ist eine effektive Methode, um Parasiten zu entfernen und die Freundschaft zu vertiefen. Im Sommer sieht man auch häufig befreundete Pferde Kopf an Schweif stehen und sich gegenseitig mit dem Schweif die Fliegen weg wischen.

VERHALTEN BEI GEFAHR

AUCH HAUSPFERDE auf der Koppel behalten ihre angeborenen Herdeninstinkte. Pferde stehen beim Grasen im Allgemeinen recht dicht beieinander, und wenn ein Pferd verhältnismäßig weit abseits steht, ist dies oft ein Zeichen dafür, dass irgendetwas nicht in Ordnung ist, und dieser Sache sollte auf den Grund gegangen werden. Die Herdenstruktur stellt für das Pferd eine grundlegende Sicherheit dar – den Schutz der großen Zahl. Das Pferd ist ein Fluchttier, das bei drohender Gefahr Angst bekommt und davon rennt. Wenn ein Mitglied der Herde eine Gefahr spürt und los rennt, folgen ihm die übrigen Pferde.

Pferde sind dem Leben in der Herde bestens angepasst und kommunizieren über Körpersprache wie z. B. Ohrenspiel und über Laute miteinander. Sie schlafen im Stehen, sodass sie im Falle einer Gefahr schnell flüchten können. Wenn ein Pferd liegt, wird es häufig von ein oder zwei anderen Pferden „bewacht", die den Rest der Herde notfalls warnen.

Pferde verbringen den größten Teil des Tages mit Grasen und stellen ein klassisches Beispiel für weniges, aber häufiges Fressen dar. Ihre Mägen sind die ganze Zeit über ungefähr zur Hälfte gefüllt, damit sie im Falle einer Flucht nicht mit vollem Magen rennen. Eine weitere evolutionäre Anpassung des Pferdes an sein Leben als Fluchttier ist sein Blickwinkel. Er beträgt fast 360 Grad, und der Abstand zwischen Augen und Maul ermöglicht es dem Pferd, zu grasen und gleichzeitig seine gesamte Umgebung im Blick zu behalten. Pferde sind zwar Fluchttiere, doch wenn sie in die Enge getrieben werden und nicht fliehen können, verteidigen sie sich durch Treten und Beißen.

Es ist wichtig, den starken Herdentrieb beim Umgang mit Hauspferden zu berücksichtigen. So sollten Sie z. B. auf jeden Fall vermeiden, alle Pferde auf einmal von der Koppel zu holen und ein Pferd allein zurückzulassen. Das zurückgelassene Pferd zeigt dann Anzeichen von Nervosität, rennt am Zaun hin und her, wiehert und versucht in einigen Fällen sogar, über die Einfriedung zu springen, um sich seinen Artgenossen anzuschließen. Es verhält sich so, weil ihm die Sicherheit seiner „Herde" genommen wurde und es sich daher schutzlos fühlt.

Oben
Wenn ein Pferd die Ohren anlegt, fühlt es sich normalerweise bedroht und wird sich möglicherweise aggressiv verhalten.

Links unten
Dieses Pferd sieht seinen Artgenossen nach. Ein Pferd sollte möglichst nicht allein auf einer Koppel zurückgelassen werden.

Rechts unten
Diese Pferde zeigen gegeneinander ein aggressives Verhalten gegeneinander. Dies ist am häufigsten zwischen Hengsten zu beobachten.

WISSENSWERTES:
Das älteste Pferd, das jemals ein Rennen gewann, war der 18-jährige Revenge, der 1790 den Sieg im englischen Shrewsbury davontrug.
Guinness-Buch der Rekorde

Die Sinnesorgane

PFERDE SIND GESELLIGE TIERE und setzen ihre Sinnesorgane ein, um miteinander zu kommunizieren. Sie besitzen ein außerordentlich gutes Gehör, und ihre Ohren sind fast ständig in Bewegung, um mögliche Anzeichen einer Gefahr wahrzunehmen. Die Ohren sind auch ein guter Hinweis auf die Stimmung oder die Gedanken des Pferdes: Wenn sie flach angelegt sind, kann dies ein Zeichen von Aggression, Angst oder Nervosität sein. Aufgestellte und nach vorn gerichtete Ohren deuten auf ein aufmerksames Pferd hin, das seine Umgebung sondiert.

GEHÖR UND GERUCHSSINN

WENN SIE EIN HAUSPFERD an der Longe laufen lassen, dreht es häufig das innere Ohr in ihre Richtung und stellt das äußere Ohr auf. Das heißt, dass es sich konzentriert und lauscht. Pferde in der Herde beobachten das Spiel der Ohren ihrer Artgenossen und reagieren entsprechend. Auch ihr Geruchssinn ist sehr ausgeprägt. In freier Wildbahn kann der Hengst mit Hilfe seines Geruchssinns rossige Stuten aufspüren und Rivalen anhand ihres Kotgeruchs erkennen, was eine wichtige Form der Kommunikation darstellt. Das vielleicht interessanteste Sinnesorgan des Pferdes sind jedoch seine Augen.

SEHVERMÖGEN

DER UMFANG des Sehvermögens eines Pferdes und die Art und Weise, wie es seine Umgebung wahrnimmt, sind bis heute der Gegenstand vieler Diskussionen und Forschungen. Da sich die Augen seitlich am Kopf des Pferdes befinden, hat es ein Blickfeld von fast 360 Grad. Es gibt jedoch zwei tote Winkel: Der eine liegt direkt vor der Nase und der andere erstreckt sich über einige Meter hinter dem Rumpf. Der Abstand zwischen Augen und Maul ermöglicht es dem Pferd, beim Grasen gleichzeitig nach Raubtieren Ausschau zu halten. Aufgrund der Tatsache, dass das Pferd ein so enorm großes Blickfeld hat, erschreckt es leicht, wenn es plötzlich etwas sieht, das zuvor in seinem toten Winkel lag. Auch in Bezug auf Scharfsicht, Farb- und Tiefensehvermögen des Pferdes werden viele Forschungen betrieben. Da die Augen des Pferdes so grundverschieden von denen des Menschen sind, sehen sie die Welt auf eine völlig andere Weise als wir. Dies sollte grundsätzlich berücksichtigt werden.

Oben
Pferde in einer Herde beobachten das Ohrenspiel der anderen. In diesem Fall haben alle ihre Ohren aufgestellt und blicken in dieselbe Richtung.

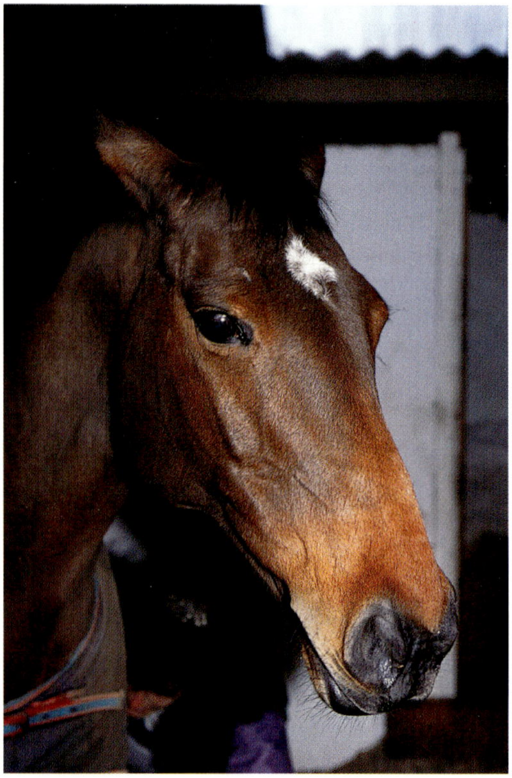

Unten
Die Evolution hat das Pferd mit einem Blickwinkel von fast 360 Grad bedacht.

VERSTÄNDIGUNG DURCH LAUTE

DIE STUDIEN zur Bedeutung der Stimme des Pferdes sind immer noch nicht abgeschlossen, und es gibt nur wenige handfeste Erkenntnisse über die eigentliche Bedeutung der verschiedenen Laute. Aufgrund der Nähe, in der Wildpferde innerhalb der Herde leben, ist keine umfassende Lautverständigung erforderlich. Daher ist die stimmliche Bandbreite des Pferdes relativ beschränkt. Beim Pferd wird im Wesentlichen zwischen drei Lautarten unterschieden: dem Wiehern, dem Schnauben und dem Quieken. Alle werden verwendet, um unterschiedliche Dinge „mitzuteilen". Ein Wiehern kann z. B. das Verlangen nach Futter ausdrücken oder ein Paarungsruf sein, und ein Schnauben ist möglicherweise ein Zeichen von Furcht oder Aufregung.

DAS KLUGE PFERD

DAS GEHIRN EINES PFERDES ist im Verhältnis zu seiner Körpergröße relativ groß, doch wird angenommen, dass der Großteil des Hirns zur Koordination der Bewegungen dient. Es ist schwer, die Intelligenz eines Pferdes zu definieren. Beim Menschen wird die Intelligenz an seiner natürlichen Fähigkeit, Probleme zu lösen, gemessen. An Pferden wurden Studien durchgeführt, bei denen sie verschiedenen Problemlösungstests unterzogen wurden.

So mussten sie z. B. ihren Weg durch ein Labyrinth finden, um an ihr Futter zu gelangen. Bei diesen Tests „erlernte" das Pferd die Lösung, und mit jeder Wiederholung desselben Tests reagierte das Pferd schneller.

Pferde lernen durch Gewohnheit. Ein Hauspferd, das z. B. einer täglichen Routine unterworfen wird, erkennt die Fütterungs- und Arbeitszeiten, den Stall, in dem es lebt, usw. Es lernt im Rahmen seiner Ausbildung, auf Hilfen zu reagieren, und je mehr Fortschritte es macht, desto komplizierter werden die Hilfen und Bewegungen, die es erlernt. Pferde haben ein Erinnerungsvermögen. Sie können nicht nur einander erkennen, sondern auch verschiedene Orte, und sie zeigen häufig einen verblüffenden Stallinstinkt. Der Großteil der Hauspferde lässt sich relativ einfach ausbilden, anders als es z. B. von den „Filmpferden" gezeigt wird, die ein ganz spezielles, äußerst anspruchsvolles Training absolvieren und dabei zumeist völlig unnatürliche Handlungen ausführen müssen.

Die Intelligenz eines Tieres ist auch mit seinem Instinkt verknüpft. Eine Herde von Wildpferden behält eine soziale Struktur bei, d. h. die Tiere kümmern sich umeinander, vermehren sich, finden Futter und Wasser und fliehen vor Raubtieren. All dies sind Urinstinkte, die jedoch auch Intelligenz beweisen.

Wie beim Menschen sind einige Pferde intelligenter als andere. Dem Quarter Horse wird häufig ein hohes Maß an Intelligenz zugeschrieben. Es ist jedoch wesentlich sicherer, davon auszugehen, dass Pferde zwar über ein gutes Lern- und Erinnerungsvermögen verfügen, nicht aber über eine Einstein-mäßige natürliche Intelligenz.

WISSENSWERTES:
Das schnellste dokumentierte Pferd hieß Big Racket. Es erreichte am 5. Februar 1945 bei einem Viertelmeilenrennen in Mexico City die sagenhafte Geschwindigkeit von 69,6 km/h.
Guinness-Buch der Rekorde

Links
Beim Grasen achten Pferde auf Anzeichen von Gefahr. Die Ohren dieser Pferde sind aufgestellt und ihre Augen offen.

Oben und links
Pferde innerhalb einer Herde schützen einander instinktiv. Einige bleiben wachsam, während die anderen grasen.

Pflege und Haltung

BEVOR SIE SICH ZUM KAUF eines Pferdes oder Ponys entschließen, sollten Sie sich darüber im Klaren sein, dass die Haltung eines solchen Tieres Zeit, Arbeit und Geld erfordert. Die Anschaffungskosten für ein Pferd sind im Verhältnis zu den Haltungskosten vergleichsweise niedrig. Wenn Sie das Pferd bei sich zu Hause halten möchten, müssen Sie sicherstellen, dass Sie über geeignete Einrichtungen verfügen. Ansonsten können Sie Ihr Pferd auch in einem Mietstall unterstellen. Das kann zwar teurer sein, ist in manchen Fällen jedoch die bessere Alternative.

AUSWAHL UND KAUF EINES PFERDES

WENN SIE EIN PFERD kaufen, werden Sie es wahrscheinlich über mehrere Jahre besitzen. Sie sollten sich daher vergewissern, dass das Pferd für Sie geeignet ist und nicht nur Ihren Lebensbedingungen, sondern auch Ihrem Wissen und Ihrem Können entspricht. Reitanfänger oder erstmalige Pferdebesitzer sind gut beraten, einen erfahrenen Freund zur Pferdebeschau mitzunehmen; diesem werden häufig Dinge auffallen, die Sie selbst möglicherweise übersehen. Es kann auch hilfreich sein, eine Liste der Voraussetzungen aufzustellen, die Ihr Pferd erfüllen sollte, bevor Sie mit der Suche beginnen. Auf diese Weise können Sie sich auf den Pferdetyp konzentrieren, der Ihren Vorstellungen entspricht, und andere außer Acht lassen. Der Kauf eines Pferdes kann ein langwieriger Prozess sein. Möglicherweise verbringen Sie Monate damit, sich verschiedene Pferde anzusehen, bevor Sie das richtige finden. Dieser Zeitaufwand ist die Sache jedoch wert und auf alle Fälle besser, als überstürzt zu handeln und „irgendetwas" zu kaufen. Wenn Sie sich ein Pferd ansehen, ist häufig gerade das, was der Händler Ihnen nicht erzählt, von großer Wichtigkeit. Stellen Sie also möglichst viele Fragen, um so viel wie möglich über das Pferd und seine Vergangenheit zu erfahren.

WICHTIGE PUNKTE FÜR DIE SUCHE NACH DEM RICHTIGEN PFERD

Temperament: Dies ist eines der wichtigsten Kriterien. Es ist äußerst wichtig, dass Sie nach einem Pferd suchen, auf dem Sie sich sicher fühlen und das Ihnen Vertrauen gibt. Das Pferd, das für Sie geeignet ist, muss ruhig, gelassen und umgänglich sein.

Alter: In diesem Fall Sie sollten sich für ein ausgebildetes Reitpferd entscheiden, das bereits über umfassende Erfahrungen verfügt und Ihren Anforderungen somit am ehesten gerecht werden kann.

Oben rechts
Ein ungehorsames oder unerfahrenes Pferd ist für Reitanfänger ungeeignet.

Oben links
Ein Pferd erfordert eine Reihe von Einrichtungen, wie eine Koppel und einen Stall. Dies sollte beim Pferdekauf berücksichtigt werden.

Rechts
Es ist wichtig, dass die Wesensart des Pferdes dem Reiter ein sicheres und vertrauensvolles Gefühl gibt.

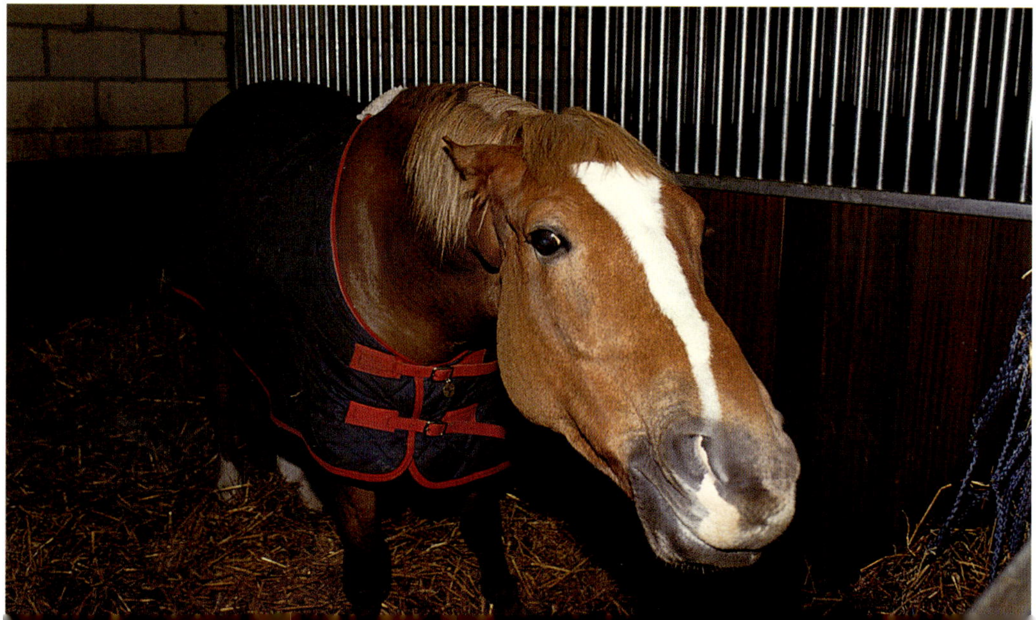

Oben links
Die Höhe spielt beim Kauf eines Pferdes eine große Rolle. Der Reiter sollte dem Pferd nicht schon nach kurzer Zeit entwachsen.

Ein solches Pferd ist in der Regel mindestens acht oder neun Jahre alt. Der Kauf eines ausgebildeten Reitpferdes macht den Reiter gewöhnlich ein wenig selbstsicherer (z. B. beim ersten Sprung im Gelände).

Geschlecht: Erwägen Sie auf keinen Fall den Kauf eines Hengstes. Stuten können in den Frühlings- und Sommermonaten temperamentvoll sein, da sie in dieser Zeit in regelmäßigen Abständen rossig werden. Einige Stuten scheinen hiervon jedoch gänzlich unberührt zu bleiben und zeigen keine Änderungen in ihrem Verhalten. Ein Wallach ist im Allgemeinen nicht so temperamentvoll wie eine Stute. Letztendlich ist der Kauf eines Pferdes jedoch eine Frage des gesunden Menschenverstandes. Wenn Sie erst einmal das ideale Pferd gefunden haben, sollte es keine Rolle spielen, ob es sich dabei um eine Stute oder einen Wallach handelt.

Höhe: Halten Sie nach einem Pferd Ausschau, dem Sie nicht schon in ein paar Monaten entwachsen. Es sollte jedoch auch nicht zu groß für Sie sein.

Fähigkeiten: Wie bereits erwähnt, sollten Sie ein Pferd kaufen, das erfahrener ist als Sie und von dem Sie lernen können. Aber auch hier bleibt es letztendlich Ihnen überlassen zu beurteilen, ob das Können und die Fähigkeiten für einen unerfahrenen Reiter angemessen sind oder nicht.

Preis: Sie sollten grundsätzlich bestimmte Preisvorstellungen haben. Jede Woche werden Tausende von Pferden per Inserat zum Verkauf angeboten, und häufig hört sich gerade dasjenige gut an, das außerhalb Ihres Preisrahmens liegt. Sie sollten lieber gar nicht erst in Erwägung ziehen, sich ein Pferd anzuschauen, das sich nicht mit Ihrem Budget vereinbaren lässt. Es ist jedoch immer einen Versuch wert, den Verkäufer zu fragen, ob er unter Umständen zu Verhandlungen bereit wäre.

Unten
Beim Kauf eines Pferdes oder Ponys sollten Sie berücksichtigen, ob es sich um ein Freizeitpferd oder ein Turnierpferd handeln soll.

Links
Ein erfahrenes Pferd kann einem jungen Reiter das Springen beibringen.

Die Suche nach dem richtigen Pferd

NACHDEM Sie sich ein genaueres Bild von Ihren Vorstellungen gemacht haben, können Sie mit der Suche beginnen. Am besten lässt sich das richtige Pferd durch Mundpropaganda oder persönliche Empfehlung finden. Rufen Sie doch einfach Ihren Pferdeclub oder Reitverein an. Es könnte gut sein, dass Ihnen dort jemand weiterhelfen kann. Sie können auch Ihren Reitlehrer fragen, da er jeden Tag mit einer Vielzahl von Pferden zu tun hat und vielleicht ein passendes Pferd kennt, das zum Verkauf steht. Je mehr Leute Sie fragen, desto besser. Wenn Sie ein Pferd kaufen, das Ihnen von jemandem empfohlen wurde, den Sie kennen, können Sie kaum einen Fehler machen.

KAUF ÜBER EIN INSERAT

WIE IN JEDEM BEREICH gibt es leider auch hier immer wieder Menschen, die leere Versprechungen machen, um ihre Pferde zu verkaufen. Wenn Sie sich ein Pferd anschauen, müssen Sie versuchen, herauszufinden, ob es auch wirklich dem glanzvollen Text des Inserats entspricht. Es ist ratsam, die Augen offen zu halten und viele Fragen zu stellen. Auch sollten Sie die Preise und Auszeichnungen prüfen, die das Pferd angeblich gewonnen hat. Wenn ein Pferd mit FN-Auszeichnungen angeboten wird, könnten Sie z. B. bei der Deutschen Reiterlichen Vereinigung nachfragen, ob diese Auszeichnungen wirklich für das entsprechende Pferd verliehen wurden.

Genauso können Sie auch in Erfahrung bringen, ob das Pferd in Pferdeclubs oder Reitvereinen aktiv war. Ist dies der Fall, können Sie das Sekretariat des Clubs oder Vereins anrufen, um mehr über das Pferd herauszufinden. Es gibt viele Zeitschriften, in denen Pferde zum Verkauf angeboten werden. Das Fachblatt „Pferdemarkt“ bietet z. B. einen umfangreichen Anzeigenteil mit einem großen Angebot von Pferden aller Art. Häufig hängen Verkaufsangebote auch am Schwarzen Brett von örtlichen Futtermittel- oder Reiterbedarfsgeschäften aus.

KAUF BEI EINEM PFERDEHÄNDLER

SIE KÖNNEN Ihr Pferd auch über einen Händler kaufen, sollten dabei jedoch zunächst den Ruf des Händlers überprüfen. Viele Händler arbeiten seriös und korrekt, doch gibt es leider auch hier „schwarze Schafe“. Für den Kauf bei einem Händler spricht der Vorteil, dass Sie das Pferd in vielen Fällen ein paar Tage zur Probe mitnehmen können. Es gibt auch viele Händler, die sich auf verschiedene Pferdearten spezialisieren, wie z. B. Spring- oder Turnierpferde.

Oben
Es ist wichtig zu wissen, an welche Art von Gebiss das Pferd gewöhnt ist.

Oben rechts
Das Pferd sollte von dem potenziellen Besitzer geritten werden, bevor eine Vereinbarung getroffen wird.

Rechts
Diese potenzielle Käuferin prüft das Verhalten des Pferdes auf der Koppel.

Außerdem finden im ganzen Land immer wieder zahlreiche Pferdemärkte und -messen statt, auf denen Pferde aller Art für die verschiedensten Ansprüche angeboten werden.

Ein Pferd auf einem solchen Markt zu kaufen ist jedoch nur ratsam, wenn Sie äußerst fundierte Pferdekenntnisse besitzen oder einen Experten mitnehmen. Lassen Sie sich nicht von einem scheinbar günstigen Angebot zum Kauf hinreißen. Wenn ein Pferd zu einem besonders niedrigen Preis verkauft wird, hat dies gewöhnlich einen guten Grund. Andererseits gibt es auch immer mehr Märkte, auf denen lediglich Leistungspferde angeboten werden. Diese Märkte sind mit strengen Vorschriften belegt, und für gewöhnlich erhalten Sie beim Kauf eine Garantie. Außerdem haben Sie hier die Gelegenheit, viele verschiedene Qualitätspferde durch den Ring gehen zu sehen. Erstkäufer sollten Märkten jedoch mit Vorsicht begegnen und sich grundsätzlich von einem erfahrenen Pferdefachmann dorthin begleiten lassen.

WORAUF SIE ACHTEN MÜSSEN

NACHDEM SIE ein Treffen vereinbart haben, um sich ein Pferd anzuschauen, bitten Sie einen erfahrenen Pferdekenner (z. B. Ihren Reitlehrer), Sie zu begleiten. Bei der Ankunft sollten Sie das Pferd im Stall beobachten und zuschauen, wie der Besitzer es einfängt und ihm das Halfter anlegt. Auf diese Weise erhalten Sie einen ersten Eindruck von dem Temperament und der Wesensart des Pferdes. Sie sollten das Pferd ohne Sattel und Zaumzeug und ohne Bandagen oder Galoschen an den Beinen sehen.

Überprüfen Sie das Exterieur des Pferdes auf größere Gebäudemängel – hier könnte Ihr fachlich versierter Begleiter von Nutzen sein. Tasten Sie die Beine des Pferdes auf ungewöhnliche Knoten, Beulen oder Wärmeherde ab. Heben Sie nacheinander alle Hufe hoch. (Gehen Sie immer äußerst vorsichtig vor, wenn Sie an ein unbekanntes Pferd herantreten.) Bitten Sie den Verkäufer, das Pferd laufen zu lassen, d. h. es von Ihnen weg, zu Ihnen heran und an Ihnen vorbei zu führen.

Überprüfen Sie den Gesamteindruck des Pferdes, und beobachten Sie seine Bewegungen: Hat es einen fehlerfreien und geraden Gang? Wenn Ihnen das Pferd immer noch gefällt, bitten Sie darum, es aufzuzäumen und zu satteln, und beobachten Sie, wie es reagiert. Sträubt es sich z. B. gegen den Sattel? Dies kann Ihnen weiteren Aufschluss über sein Temperament geben. Es ist normalerweise üblich, dass der Verkäufer das Pferd zuerst reitet. Beobachten Sie, wie es sich verhält, und wenn Sie immer noch interessiert sind, reiten Sie es selbst. Sie sollten das Pferd in allen Gangarten probieren und auch einen Sprung versuchen. Ein Ritt an der Straße entlang sollte ebenfalls in Erwägung gezogen werden. Inzwischen sollten Sie sich ein gutes Bild davon gemacht haben, ob dieses Pferd für Sie geeignet ist oder nicht.

KAUF DES PFERDES

WENN IHNEN das Pferd gefällt und Sie es kaufen möchten, fragen Sie den Verkäufer, ob er es Ihnen probeweise für eine Woche überlassen würde. Wenn der Verkäufer zustimmt, haben Sie die Möglichkeit, das Pferd in Ihrer gewohnten Umgebung auszuprobieren und zu sehen, ob es wirklich das Richtige für Sie ist. Sie sollten dies nur tun, wenn Sie ernsthaft am Kauf des Pferdes interessiert sind. Ansonsten wäre es dem Verkäufer gegenüber nicht fair. Vor dem Kauf sollten Sie das Pferd einer Ankaufsuntersuchung unterziehen. Dabei handelt es sich um eine professionelle Untersuchung durch einen Tierarzt, der den Bewegungsapparat, das Atmungssystem, das Herz usw. auf Mängel überprüft. Der Kauf des richtigen Pferdes kann ein langwieriger Prozess sein, und es ist durchaus nicht ungewöhnlich, mehrere Pferde in Augenschein zu nehmen, bevor man sich für eines entscheidet. Es ist jedenfalls ratsam, nichts zu überstürzen und sorgfältig alle Vor- und Nachteile abzuwägen, bevor Sie eine Entscheidung fällen.

Oben
Es ist wichtig, das Temperament des Pferdes zu erkennen, um herauszufinden, ob es für Sie geeignet ist.

Unten
Als Erstes stellt sich ganz offenkundig die Frage, wie hoch und wie alt das gewünschte Pferd sein sollte.

Fragen an den Verkäufer

NEHMEN WIR AN, Sie haben ein Pferd gefunden, das Sie gerne ausprobieren würden. Bevor Sie es sich ansehen, sollten Sie dem Verkäufer jedoch ein paar Fragen stellen. Es gibt natürlich Hunderte von Fragen, die Sie stellen können, und sicher auch einige Punkte, die sich auf Ihre persönlichen Umstände beziehen. Der Erfolg beim Pferdekauf hängt davon ab, dass Sie mit gesundem Menschenverstand an die Sache herangehen und Fragen stellen, die für Ihre Umstände relevant sind. Denken Sie immer daran, dass es das „perfekte" Pferd nicht gibt. Jedes Pferd hat seine guten und seine schlechten Seiten. Sie müssen sich nur darüber im Klaren sein, mit welchen dieser schlechten Seiten Sie leben können und mit welchen nicht. Im Folgenden finden Sie einige allgemeine Fragen und Hinweise, die Sie berücksichtigen sollten:

- Versuchen Sie herauszufinden, aus welchen Gründen das Pferd verkauft wird.
- Das Inserat sollte Angaben zu Alter, Geschlecht und Höhe enthalten. Falls nicht, klären Sie diese Punkte. Fragen Sie auch nach der Rasse des Pferdes.
- Erkundigen Sie sich nach der Wesensart des Pferdes. Ist es ruhig, stark, schwierig, leicht erregbar usw.? Schlägt es aus oder beißt es? Wie verhält es sich im Stall und auf der Koppel? Ist es ein Schläger, oder verträgt es sich gut mit anderen Pferden?

- Hat es irgendwelche Untugenden? Untugenden, wie z. B. Weben, Koppen, Kehlkopfpfeifen, Deckenbeißen und Scharren sind keine wünschenswerten Eigenschaften eines Pferdes und sollten im Preis berücksichtigt werden.

Oben rechts
Es könnte hilfreich sein, das Pferd in Aktion zu sehen, bevor Sie sich zum Kauf entschließen.

Unten
Vor dem Kauf eines Pferdes sollten Sie wissen, ob es an Straßenverkehr gewöhnt ist, da dies die Einsatzmöglichkeiten des Tieres für Sie einschränken könnte.

• Finden Sie heraus, wie sich das Pferd im Verkehr verhält. Wenn Sie vorhaben, Straßen entlang zu reiten, müssen Sie auf alle Fälle sicherstellen, dass das Pferd sicher und an Straßenverkehr gewöhnt ist.

• Fragen Sie, wie sich das Pferd beim Beschlagen, Einfangen, Scheren und Verladen verhält.

• Versuchen Sie, so viel wie möglich über die Vergangenheit des Pferdes zu erfahren. Welche Art von Arbeit hat es verrichtet? Hat es an Turnieren teilgenommen? Hat es Preise gewonnen? Wurde es im Gelände geritten? Geht es durch Wasser, und springt es über Gräben? Hat es an Springturnieren teilgenommen? Wie sieht ein einfacher Arbeitstag für das Pferd aus?

• Wenn es sich bei dem Pferd um eine Stute handelt, fragen Sie nach ihrem Verhalten während der Rosse.

• Finden Sie heraus, ob das Pferd döst.

• Fragen Sie, ob das Pferd auf Jagden geritten wurde. Falls ja, fragen Sie, wie es sich verhält, wie stark es ist und mit welchem Gebisstyp es geritten wird. Geht es an erster oder letzter Stelle, hat es gute Manieren, können problemlos Gatter vor ihm geöffnet und geschlossen werden?

• Finden Sie heraus, mit welchem Gebisstyp das Pferd gewöhnlich geritten wird.

• Fragen Sie, ob das Pferd jemals an einer schwereren Erkrankung oder Verletzung litt und ob es irgendwelche sichtbaren Narben aufweist. Wenn Sie an Schauveranstaltungen teilnehmen möchten, sollte das Pferd keine narbigen Beine o. Ä. haben.

• Erkundigen Sie sich, ob das Pferd schon mal eine Kolik hatte. Falls ja, fragen Sie, ob dies öfter vorgekommen ist. Einige Pferde sind anfällig für Koliken, und in diesem Fall sollten Sie darüber Bescheid wissen.

• Finden Sie heraus, in welcher Umgebung das Pferd lebt. Wird es z. B. privat oder in einem großen Reitstall gehalten? Steht es allein? Ist es größtenteils draußen auf der Weide oder in einem Stall?

• Fragen Sie, welches Futter das Pferd erhält und welche Menge es braucht.

• Der Erfolg beim Pferdekauf hängt größtenteils davon ab, dass Sie mit gesundem Menschenverstand an die Sache herangehen und Fragen stellen, die für Sie und Ihre Umstände relevant sind. Denken Sie immer daran, dass es das „perfekte“ Pferd nicht gibt. Jedes Pferd hat seine guten und seine schlechten Seiten. Sie müssen sich nur darüber im Klaren sein, mit welchen dieser schlechten Seiten Sie leben können und mit welchen nicht.

Unten
Dieses Pferd wird in einem engen Bogen geführt, um es auf Lahmheit zu untersuchen.

WISSENSWERTES:
Charles Pahud de Mortanges (Niederlande) gewann in der dreitägigen Vielseitigkeitsprüfung bei den Olympischen Spielen 1924 (Mannschaftswertung), 1928 (Mannschafts- und Einzelwertung) und 1932 (Einzelwertung) insgesamt vier Goldmedaillen und hält damit den olympischen Rekord.
Guinness-Buch der Rekorde

Fütterung des Pferdes

DAS FÜTTERN DES PFERDES ist ein komplexer und anspruchsvoller Vorgang, der Kenntnisse des Nährstoffbedarfs des jeweiligen Pferdes und des Nährwerts der verschiedenen erhältlichen Futtermittel voraussetzt. Eine Unter- oder Überfütterung kann schwerwiegende Folgen haben. Es ist daher sehr wichtig, dass das Pferd eine ausgewogene Ernährung mit der richtigen Menge an Vitaminen und Mineralstoffen erhält. Erstmalige Pferdebesitzer oder Reitanfänger sollten um Rat fragen, um die Art und Menge des Pferdefutters zu bestimmen. Es gilt jedoch die Faustregel, dass der Appetit eines Pferdes ungefähr 2,5 Prozent seines Körpergewichts entspricht.

WISSENSWERTES:
Das Vollblutpferd Janus, das 1756 in die USA importiert wurde, gilt als einer der Stammväter des Quarter Horse.

VERHÄLTNIS ZWISCHEN GEWICHT UND FUTTER

AM GENAUESTEN lässt sich das Gewicht eines Pferdes mittels einer Wiegebrücke bestimmen. Wenn diese Möglichkeit jedoch nicht zur Verfügung steht, können

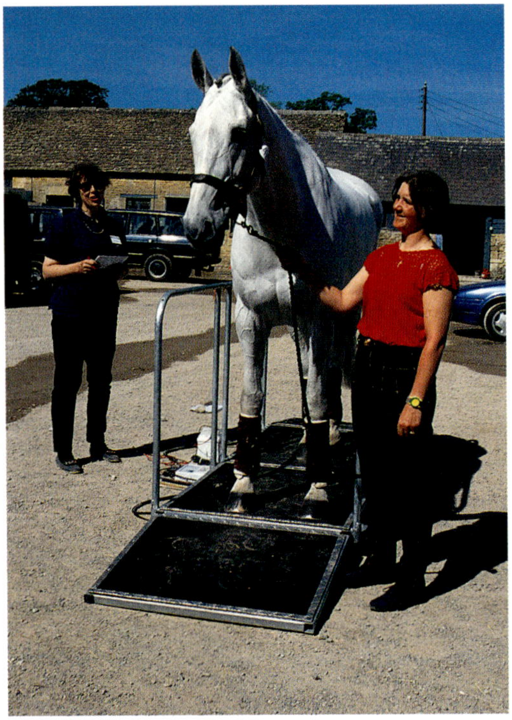

Sie auch ein Gewichtsband verwenden, wie es in den meisten Futtermittelgeschäften erhältlich ist. Nachdem Sie das Gewicht des Pferdes festgestellt haben, müssen Sie eine einfache mathematische Berechnung durchführen. Teilen Sie das Gewicht des Pferdes durch 100, und multiplizieren Sie das Ergebnis mit 2,5. Auf diese Weise erhalten Sie das Gewicht des Futters, das Ihr Pferd erhalten sollte. Wenn Sie Formeln wie diese verwenden, sollten Sie zunächst etwas weniger als die errechnete Zielmenge füttern und beobachten, wie dies dem Pferd bekommt. Das Gesamtfuttergewicht bezieht sich sowohl auf das Kraftfutter als auch auf das Raufutter für das Pferd. Im nächsten Schritt muss also herausgefunden werden, zu welchen Anteilen diese beiden Futtersorten gefüttert werden sollten.

Diese Futtermengen werden in Prozent berechnet. Als grobe Richtlinie gilt, dass ein Pferd, das nicht bewegt wird, 100 Prozent Raufutter (Heu, Gras usw.) und kein Kraftfutter erhalten sollte. Pferde, die leichte Arbeit leisten, sollten ungefähr 75 Prozent Raufutter und 25 Prozent Kraftfutter erhalten. Bei mittelschwerer Arbeit sollten ungefähr 60 Prozent Raufutter und 40 Prozent Kraftfutter gefüttert werden, während das Verhältnis zwischen Rau- und Kraftfutter bei schwerer Arbeit ungefähr 50:50 betragen sollte. Das ist im Grunde genommen gar nicht so verwirrend wie es klingt. Berechnen Sie zur Übung das Futterverhältnis für Pferde verschiedener Größe. Auf diese Weise wird es Ihnen schon bald ganz leicht fallen.

Oben rechts
Dieses Pferd frisst Hartfutter aus einer Schüssel, das Vitamine und Mineralstoffe für eine ausgewogene Ernährung enthält.

Unten rechts
Ein drehbarer Futtertrog in einem Stall.

Unten links
Dieses Pferd wird auf einer Wiegebrücke gewogen.

RICHTLINIEN FÜR DAS FÜTTERN UND TRÄNKEN

• Füttern Sie häufiger kleinere Mengen, da dies am ehesten der natürlichen Art der Nahrungsaufnahme des Pferdes entspricht und es ihm ermöglicht, seinen relativ kleinen Magen konstant halb gefüllt zu halten.

• Passen Sie das Futter der Arbeitsleistung des Pferdes, der Jahreszeit, dem Alter des Pferdes, seiner Größe und Konstitution, der Haltungsart (Weide oder Stall), dem Temperament des Pferdes und dem Können des Reiters an. All diese Faktoren beeinflussen die Art und Menge des Futters.

• Achten Sie beim Futter auf gute Qualität. Futter minderwertiger Qualität kann zu Atembeschwerden führen und zu wenig Nährstoffe enthalten. Dies kann hohe Folgekosten nach sich ziehen.

• Stellen Sie sicher, dass Sie jeden Tag zu regelmäßigen Zeiten füttern. Das Pferd gewöhnt sich schnell an eine Routine und erwartet sein Futter zu bestimmten Zeiten. Werden diese nicht eingehalten, kann das zu frustrationsbedingten Untugenden führen.

• Füttern Sie das Pferd niemals unmittelbar vor dem Bewegen. Der Magen des Pferdes liegt hinter dem Zwerchfell und schränkt in vollem Zustand die Ausdehnung der Lungenflügel ein. Sie sollten nach dem Füttern mindestens eine Stunde warten, bevor Sie das Pferd bewegen – am besten sogar noch länger.

• Aus demselben Grund sollten Sie das Pferd vor der Arbeit keine großen Mengen Wasser trinken lassen. Falls dass Pferd hierzu neigt, sollten Sie das Wasser ungefähr eine Stunde vor dem Bewegen entfernen.

• Ihr Pferd sollte ständig mit sauberem frischem Wasser versorgt werden. Ist dies nicht möglich, lassen Sie es auf alle Fälle vor dem Füttern trinken, nicht unmittelbar danach. Andernfalls könnte das unverdaute Futter durchgespült werden und eine Kolik oder Verdauungsstörungen verursachen.

• Ausreichende Mengen an Futtermitteln und Raufutter fördern die Verdauung des Pferdes und halten den Verdauungstrakt in Gang.

• Füttern Sie jeden Tag Saftfutter, um die Verdauung zu unterstützen und Vitamine und Mineralstoffe zuzuführen.

• Verwenden Sie nur saubere Behältnisse zum Füttern und Tränken.

• Vermeiden Sie eine plötzliche Umstellung der Ernährung des Pferdes, da sonst das bakterielle Gleichgewicht des Darms gestört werden kann und es möglicherweise zu Verdauungsstörungen und Koliken kommt. Eine Umstellung sollte allmählich über mehrere Tage hinweg erfolgen.

• Nach anstrengender Arbeit sollte Ihr Pferd in Abständen von je 20 Minuten maximal nur 2 bis 3,5 Liter lauwarmes Wasser auf einmal trinken. Auf diese Weise wird verhindert, dass das Verdauungssystem in der Erholungsphase durch große Mengen kalten Wassers gereizt wird.

• Füttern Sie grundsätzlich nicht mehr als 1,8 bis 2,7 kg Kraftfutter pro Fütterungsgang - eine größere Menge kann den Magen überlasten und Verdauungsstörungen bzw. in einigen Fällen sogar Koliken verursachen.

• Wiegen Sie das Futter grundsätzlich ab, damit Sie genau wissen, wie viel Ihr Pferd zu fressen bekommt.

WISSENSWERTES:

„Duplice corde – zwei Herzen, die im Gleichtakt schlagen und ein einzelner Verstand: die perfekte Kombination von Pferd und Reiter.“

Alessandro Alvisi

Oben links
Ein Pferd sollte niemals vor dem Bewegen gefüttert werden.

Oben
Dieser Pferdebesitzerin wiegt das Heu in einem Heunetz ab, um eine Überfütterung zu vermeiden.

Unten links
Messen Sie das Futter sorgfältig ab, um sicherzustellen, dass Ihr Pferd richtig ernährt wird.

Grundfutterarten

Heu (oder Gras) deckt einen Großteil des Raufutter- und Gesamtfuttermittelbedarfs ab. Füttern Sie nur hochwertiges, staub- und unkrautfreies Heu. Selbst gutes Heu kann Staubsporen enthalten, die jedoch entfernt werden können, wenn das Heu 20 Minuten vor der Fütterung in Wasser eingeweicht wird. Im Allgemeinen wird Wiesenheu gefüttert, das weich und wohlschmeckend ist. Es gibt jedoch auch Alternativen, wie z. B. Gärheu. Dabei handelt es sich um halbwelkes, vakuumverpacktes Gras, das staubfrei und nährstoffreicher als Heu ist. Es wird in kleineren Mengen gefüttert.

Hafer sollte in Form von Flocken, gemahlen oder zerstoßen gefüttert werden, da er in dieser Form einen nahrhaften und ballaststoffreichen Energiespender darstellt. Wird er jedoch ganz gefüttert, ist er weniger gut verdaulich, und das Pferd kann die in ihm enthaltenen Nährstoffe nicht richtig verwerten. Hafer sollte nur an Pferde verfüttert werden, die harte Arbeit leisten müssen, und kann einige Pferde übermäßig reizbar machen. Aus diesem Grund wird er nur selten an Ponys verfüttert.

Gerste wird gewöhnlich in Form von Flocken oder zerstoßen gefüttert, kann je nach Zubereitungsverfahren des Herstellers jedoch auch gekocht, geraspelt, extrudiert oder pulverisiert sein. Gerste ist ebenfalls ein Energiespender und fördert den Fettaufbau. Sie wird manchmal statt Hafer gefüttert, da sie nicht dazu neigt, Pferde reizbar zu machen, wie es bei Hafer der Fall sein kann. Einige Pferde reagieren auf Gerste jedoch allergisch.

Mais wird gekocht und geraspelt gefüttert, ist ein sehr guter Energiespender, fördert den Fettaufbau und kann Pferde reizbar machen.

Pressfutter ist in verschiedenen Sorten erhältlich, z. B. als Einzelfuttermittel, Leistungsfutter, Zuchtfutter usw. Alle Sorten sind so zusammengesetzt, dass sie eine ausgewogene Ernährung gewährleisten, und enthalten alle notwendigen Vitamine und Mineralstoffe. Ihr Nähr- und Energiewert ist je nach Sorte unterschiedlich, hat jedoch selten dieselbe reizende Wirkung wie Hafer.

Mischfutter ist ebenso wie das Pressfutter in verschiedenen Sorten erhältlich. Es gewährleistet eine ausgewogene Ernährung und wird im Allgemeinen von den meisten Pferden gerne genommen.

Zuckerrüben sind gewürfelt oder geraspelt erhältlich. Sie müssen vor dem Füttern in Wasser eingeweicht werden. Dies ist absolut notwendig, da sie sonst im Magen aufquellen und schwere Koliken verursachen. Geraspelte Zuckerrüben sollten mindestens 12 Stunden in reichlich Wasser eingeweicht werden, gewürfelte Zuckerrüben 24 Stunden. Zuckerrüben sind sehr ballaststoffhaltig und außerdem saftig und wohlschmeckend. Sie stellen für viele Pferden einen ausgemachten Leckerbissen dar. Nach dem Einweichen sollten die Rüben sofort verfüttert werden. Andernfalls gären sie und verderben. Dieser Vorgang wird in warmem Wasser noch beschleunigt. Das zum Einweichen verwendete Wasser muss hinterher entsorgt werden.

WISSENSWERTES:
Ab September beginnt den Pferden ein Winterfell zu wachsen, das dicker ist, rauer und glanzloser aussieht und stärker haart. Aus diesem Grund entstand wahrscheinlich auch das Sprichwort „Wo das Pferd liegt, da lässt es auch Haare".

Oben rechts
Drei Heuarten aus biologischem Anbau: Saatheu (links), Gärheu (Mitte) und Wiesenheu (rechts).

Unten rechts
Pferde mögen Zuckerrüben, da sie saftig und wohlschmeckend sind.

Häcksel besteht aus zerkleinertem Heu oder Stroh oder einer Mischung aus beidem. Manchmal wird auch Melasse beigemischt. Häcksel stellt ein gutes Futtermittel dar, regt das Pferd zum Kauen an und zwingt Pferde, die zum Schlingen neigen, zum langsamen Fressen. Häcksel darf nur aus hochwertigem Heu und Stroh hergestellt werden.

Kleie ist reich an Ballaststoffen und absorbiert Wasser gut. Sie kann als Brei gefüttert werden und hat dann eine abführende Wirkung. Mischen Sie in einem Eimer 0,5 bis 1 kg Kleie mit kochendem Wasser zu einem Brei von krümeliger Konsistenz, decken Sie diesen ab, und lassen Sie ihn abkühlen und ausdampfen. Sie können auch einen Löffel Salz, ein wenig Hafer oder ein bisschen Bittersalz hinzufügen. Verfüttern Sie den Brei, solange er noch warm ist. Kleie sollte nicht in großen Mengen gefüttert werden, da sie wenig Kalzium und viel Phosphor enthält, was für Pferde nicht wünschenswert ist.

Leinsamen haben einen sehr hohen Ölgehalt, dienen zur Verbesserung der Kondition und sorgen für glänzendes Deckhaar. Sie müssen vor dem Füttern gekocht werden, da sie ansonsten giftig sind. Weichen Sie ungefähr 0,5 kg Leinsamen 12 Stunden lang in 7 bis 10 cm hohem Wasser ein. Bringen Sie sie anschließend zum Kochen, und lassen Sie sie dann mehrere Stunden lang köcheln. Auf diese Weise bildet sich eine geleeartige Masse, die dem normalen Futter oder einem Kleiebrei hinzugefügt werden kann. Leinsamen sollten nicht in großen Mengen gefüttert werden. Im Allgemeinen gilt, nicht mehr als 0,5 kg (Trockengewicht) pro Woche zu füttern.

VITAMINE UND MINERALSTOFFE

PFERDE SOLLTEN JEDEN TAG ein wenig Saftfutter wie Grünfutter, Karotten, Äpfel usw. erhalten. Dies stellt nicht nur eine schmackhafte Nahrungsergänzung dar, sondern liefert vor allem wertvolle Vitamine und Mineralstoffe. Außerdem sorgt es für Abwechslung und stillt das Bedürfnis des Pferdes nach Gras, sofern keines vorhanden ist.

Pferde brauchen für eine ausgewogene Ernährung bestimmte Vitamine und Mineralstoffe. Die meisten davon sind im Kraftfutter zu finden, und zwar insbesondere im Misch- und Pressfutter. Häufig mangelt es jedoch an Salz, das daher in den Ernährungsplan aufgenommen werden sollte. Ansonsten können Sie auch eine Salzlecke anbringen, an der sich das Pferd selbst bedienen kann. Seien Sie mit den zahlreichen Futterzusätzen vorsichtig, die heutzutage auf dem Markt angeboten werden. Lassen Sie sich vorher von einem Tierarzt oder Ernährungsfachmann beraten, bevor Sie derartige Zusätze füttern. In vielen Fällen kann die Fütterung zu großer Mengen oder mehrerer verschiedener Sorten von Zusätzen schädlich sein.

WISSENSWERTES:
Im englischsprachigen Raum bezeichnet man jemanden, der viele harte Zeiten durchgemacht hat und auf den man sich immer verlassen kann, als „War Horse" (Kriegspferd).

Oben rechts
Zum Ausgleich des Salzhaushalts wird vielen Pferden ein Salzblock zum Lecken gegeben.

Oben links
Kleie kann für Pferde wie auch für den Menschen als natürliches Abführmittel verwendet werden.

Unten
Dieses Pferd genießt den Geschmack seiner Salzlecke.

Weidehaltung

BEVOR SIE IHR Pferd auf die Weide lassen, müssen Sie sicherstellen, dass diese ihm ein sicheres und gesundes Umfeld bietet. Dabei sind eine Reihe von Aspekten zu berücksichtigen.

FLÄCHE

PRO PFERD MÜSSEN mindestens 0,6 Hektar (vorzugsweise 0,8 Hektar) Weidefläche zur Verfügung stehen. Pferde sind von Natur aus gesellige Tiere und sollten daher möglichst in Gruppen gehalten werden. Allerdings müssen Sie die Fläche dementsprechend mit der Anzahl der Pferde multiplizieren. Im Idealfall sollte die Fläche so groß sein, dass sie unterteilt werden kann und einen systematischen Wechsel der beweideten Fläche ermöglicht. Auf diese Weise kann sich die Grasnarbe der einen Hälfte erholen, während Ihr Pferd auf der anderen Hälfte weiden kann. Dabei sollte die Fläche, die am leichtesten trocknet, während der nasseren Monate genutzt werden. Der feuchtere Teil der Weidefläche kann in den Sommermonaten genutzt werden, in denen er die Möglichkeit hat, zu trocknen.

Oben
Halten Sie Ihr Pferd auf einer abgrenzbaren Fläche, damit das Gras nachwachsen kann.

Oben rechts
Eine von einem sicheren Zaun und einer Hecke umgebene Koppel bietet natürlichen Schutz.

Unten links
Dieser viehsichere Zaun ist zwar mit einer sicheren Oberlatte versehen, doch könnte sich ein Pferd mit dem Huf im Maschendraht verfangen.

Unten rechts
Vermeiden Sie Stacheldrahtzäune, da sie für Pferd und Reiter gefährlich werden können.

ZÄUNE

ALS EINZÄUNUNG eignet sich am besten eine ungiftige dichte Hecke, die als natürlicher Schutz vor den Elementen dient und von innen durch einen einfach gelatteten Zaun abgeschirmt wird. Wo dies jedoch nicht möglich ist, kann auch ein dreifacher Lattenzaun oder eine Umzäunung aus straff gespanntem Draht verwendet werden. Der Draht muss regelmäßig überprüft werden, damit er nicht durchhängt und somit zu einer Gefahr werden kann. Pferde haben vor Stacheldraht zwar Respekt, doch kann dieser schwere Verletzungen verursachen und selbst widerstandsfähigste Pferdedecken beschädigen. Er sollte daher möglichst nicht verwendet werden.

Auch Maschendraht kann gefährlich sein, wenn ein Pferd im Boden scharrt und sich sein Fuß dabei im Draht verfängt. Es gibt viele verschiedene Arten von Zäunen, doch sind dies die gängigsten. Breitband-Elektrozäune sollten möglichst in Verbindung mit einem Lattenzaun und nicht als alleinige Begrenzung verwendet werden. Da Lattenzäune teuer sind, sollten Sie beim Kauf sicherstellen, dass das Holz mit Konservierungsmittel behandelt wurde, um eine lange Lebensdauer zu gewährleisten. Das Gatter sollte sich grundsätzlich in Richtung Koppel öffnen und breit genug für ein Fahrzeug sein. Sichern Sie die Gatter an beiden Seiten mit einem Vorhängeschloss, um einen Diebstahl zu vermeiden, und vergewissern Sie sich, dass die Riegel sicher und für Pferde ungefährlich sind.

WASSERVERSORGUNG

DIE VERSORGUNG mit frischem, sauberem Wasser ist äußerst wichtig. Ein natürlicher Wasserlauf ist perfekt, sofern er einer reinen Quelle entspringt und der angrenzende Boden fest genug ist, um dem Pferd einen sicheren Halt zu bieten. Kleine stehende Gewässer oder Wasserläufe mit sandigem Boden sind nicht geeignet. Selbstfüllende Tröge sind eine gute Lösung, müssen jedoch regelmäßig gereinigt und im Winter von Eis befreit werden. Bringen Sie die Tröge nicht in unmittelbarer Nähe des Gatters an und auch nicht in einer Ecke, in der die Pferde einander bedrängen könnten. Ebenfalls ungeeignet sind Standorte direkt unter Bäumen. Wenn Sie zwei aneinander grenzende Koppeln nutzen, die durch einen Zaun voneinander getrennt werden, sollten Sie den Trog in der Mitte des Zauns anbringen, sodass er von beiden Seiten für die Pferde zugänglich ist. Vergewissern Sie sich, dass der Trog keine scharfen Kanten aufweist. Eimer können ebenfalls verwendet werden, sofern das Pferd sie nicht ständig umstößt. Stellen Sie sicher, dass genug große Eimer mit reichlich Wasser für alle Pferde auf der Koppel zur Verfügung stehen. Eimer sind im Allgemeinen dort angebracht, wo nur wenige Pferde getränkt werden müssen. Im Sommer sollten Sie mindestens zweimal am Tag nach den Eimern bzw. Trögen sehen. Falls es sehr warm ist, müssen die Eimer im Laufe des Tages mehrmals neu aufgefüllt werden.

SCHUTZ VOR DER WITTERUNG

AUF DER KOPPEL sollte es eine Art Schutz oder Unterstand geben. Bäume und Hecken stellen den besten natürlichen Schutz dar. Selbstgebaute Unterstände müssen drei Wände haben, um Schutz vor der Witterung zu bieten und für die Pferde leicht zugänglich zu sein. Sie sollten auf einem Untergrund errichtet werden, der das Wasser gut ableitet, und dem Wind abgewandt sein. Der Unterstand muss groß genug sein und muss regelmäßig inspiziert werden. Achten Sie darauf, dass das Dach solide und wasserdicht ist.

GIFTIGE PFLANZEN

ES IST UNBEDINGT ERFORDERLICH, die Koppel regelmäßig auf giftige Pflanzen abzusuchen. Halten Sie Ihr Pferd grundsätzlich nicht auf Flächen, auf denen eine große Anzahl von giftigen Bäumen, wie z. B. Eichen, zu finden ist. Das Pferd könnte die Eicheln fressen und dadurch eine schwere Kolik bekommen. Wenn eine Koppel von einer Hecke umgeben ist, vergewissern Sie sich, dass diese nicht giftig ist. Untersuchen Sie auch die benachbarten Flächen auf giftige Pflanzen, da sich die Sporen auf Ihrer Koppel aussäen könnten. Genauso wichtig ist es, auch die für die Heuernte vorgesehenen Felder zu prüfen, da giftige Pflanzen im Heu ebenso tödlich sein können, als wenn sie frisch auf der Weide gefressen werden.

GRAS

SIE SOLLTEN DIE QUALITÄT des Grases auf der Pferdekoppel durch regelmäßigen Wechsel der Weidefläche aufrechterhalten, damit sich die Grasnabe zwischendurch erholen kann. Außerdem sollten Sie die Weide systematisch durch Eggen, Säen und Düngen pflegen, sie regelmäßig von Pferdekot befreien und auf schädliche Abfälle (z. B. Scherben) und giftige Pflanzen absuchen.

WISSENSWERTES:
Das Jagdreiten mit der Meute ist eine Sportart, die sich im 14. Jahrhundert als gesellschaftliches Vergnügen für die Eliten voll entfaltete. Kenntnisse in der Jagdkunst galten als wesentlicher Bestandteil des gesellschaftlichen Lebens und waren außerdem Teil der Kriegs- und Ritterausbildung.

Oben rechts
Dieser Trog wurde an einem idealen, gut zugänglichen Ort angebracht. Er sollte jedoch regelmäßig gereinigt werden. Außerdem ist darauf zu achten, dass das Wasser nicht absteht.

Unten
Dieser Bretterunterstand schützt die Pferde vor Wind und Wetter.

PFLEGE DER WEIDEFLÄCHE

EINE SORGFÄLTIGE Pflege der Weideflächen ist äußerst wichtig, damit sie sicher und nahrhaft für Ihr Pferd bleiben. Pferdekot sollte möglichst täglich entfernt werden. Sollte dies jedoch nicht möglich sein, sollte er einmal pro Woche mit der Egge in den Boden eingearbeitet werden – allerdings nur bei trockenem Wetter. Auch die Umzäunung sollte möglichst täglich überprüft werden. Bei Heckeneinfriedungen sollten Sie auf Hasen- oder Dachshöhlen achten. Außerdem sollten Sie die Koppel auf Unrat absuchen, der möglicherweise hierher gelangt sein könnte.

Wenn Sie eine neue Koppel anmieten oder das Gefühl haben, dass Sie bei der Pflege Ihrer derzeitigen Weideflächen Hilfe benötigen, wenden Sie sich an den zuständigen landwirtschaftlichen Beratungsdienst oder an die örtlichen Landwirtschaftsunternehmen, Saatguthändler oder Düngemittelunternehmen. Diese lassen Ihre Weideflächen im Allgemeinen von einem Fachmann begutachten und beraten Sie über die zu treffenden Maßnahmen.

BODENTYP

ZUNÄCHST einmal sollte der Bodentyp berücksichtigt werden: Er bestimmt, welche Grasarten am besten wachsen, wie gut die Entwässerung funktioniert und welche Auswirkungen die Jahreszeiten auf Ihre Weidefläche haben. Es kann hilfreich sein, einen Bodentest durchführen zu lassen. Auf diese Weise erfahren Sie, welches Düngemittel am besten geeignet ist und wie die Fläche gepflegt werden sollte. Die besten Bodentypen enthalten besonders viele Nährstoffe, können ausreichend Wasser zur Bewässerung von Pflanzen speichern und verfügen gleichzeitig über eine effiziente Entwässerung. Gras wächst am besten auf Böden mit einem pH-Wert von 6,5. Der pH-Wert gibt den Säuregrad des Bodens an. Ein Wert von 6,5 kennzeichnet einen leicht säuerlichen Boden; der neutrale pH-Wert liegt bei 7,0.

ENTWÄSSERUNG

ES IST ÄUSSERST WICHTIG, dass die Entwässerung Ihrer Weidefläche gut funktioniert. An sehr feuchten Stellen ist es erforderlich, eine Drainage zu legen. Diese Methode ist zwar recht kostspielig und zeitaufwendig, im Allgemeinen jedoch sehr wirkungsvoll. Dabei werden in der Erde Rohre verlegt, die in Gräben am Rand der Weidefläche münden. Die Oberseite dieser Rohre ist mit kleinen Öffnungen versehen, über die das Wasser in die Rohre gelangt und in die Gräben abgeleitet wird. Häufig wird ein Entwässerungsgraben um die Weidefläche gezogen, was in der Regel sehr gut funktioniert.

Wenn auf einer Koppel viele Pferde gehalten werden, kann es vorkommen, dass der Boden so stark verdichtet wird, dass das Wasser nicht ablaufen kann. Dieses Problem kann gewöhnlich einfach durch eine Unterbodenlockerung beseitigt werden, bei der eine Pflugschar durch den Unterboden gezogen wird, was das Ablaufen des Wassers ermöglicht, ohne dass der Oberboden beschädigt wird. Eine weitere Entwässerungsmethode, die sich insbesondere bei lehmigen Böden bewährt hat, ist die Maulwurfsdränung. Dabei werden mit Hilfe eines Maulwurfspflugs in ungefähr 1 m Tiefe Entwässerungskanäle gezogen.

Oben links
Fingerhut sollte von der Pferdekoppel entfernt werden, da er sehr giftig ist.

Oben rechts
Blüte und Frucht des tödlichen Nachtschattens. Diese Pflanze ist extrem giftig und sollte von Pferden auf keinen Fall gefressen werden.

Unten rechts
Die Beeren dieser Esche können Pferden ebenfalls schaden.

UNKRAUTKONTROLLE

UNKRAUTKONTROLLE ist sehr wichtig, da Unkraut sich sehr schnell ausbreiten und somit schnell überhand nehmen kann. Viele Unkrautarten lassen sich durch Spritzen von Herbiziden in den Griff bekommen. Aufgrund der gefährlichen Natur dieser Chemikalien sollte das Spritzen jedoch grundsätzlich einem Fachmann überlassen werden. In den meisten Fällen ist es nach dem Spritzen erforderlich, die Pferde für eine gewisse Zeit von der betroffenen Weidefläche fernzuhalten. Kleinere Mengen von Unkraut lassen sich mit der Hand herausziehen und sollten verbrannt werden.

Vor dem Einsatz von Düngemitteln sollten Sie sich grundsätzlich von einem Fachmann beraten lassen. Es gibt viele verschiedene Arten von Düngemitteln, von denen jedoch einige besser für Pferde geeignet sind als andere. Sofern erforderlich sollte im Frühling und im Herbst gedüngt werden. Diese Jahreszeiten sind auch zum Kalken des Bodens am besten geeignet. Kalk ist nur erforderlich, wenn der Boden zu säurehaltig ist, und sollte nur alle drei bis vier Jahre verwendet werden. Nach dem Düngen müssen die Pferde von der betroffenen Weidefläche ferngehalten werden, bis das gesamte Düngemittel in den Boden geschwemmt wurde.

Im Frühling und Sommer sollten die Weideflächen gestutzt werden. Das heißt im Grunde genommen, das Gras relativ kurz zu halten, um ein dichteres Wachstum zu fördern. Das Stutzen kann entweder durch Abweiden oder mit Hilfe eines Aufsitzmähers erfolgen. Versuchen Sie, das Gras in möglichst regelmäßigen Abständen zu stutzen.

Die Weideflächen sollten das ganze Jahr über regelmäßig mit der Egge bearbeitet werden. Bei trockenem Wetter sorgt das Eggen für eine Verteilung des Pferdekots. Außerdem werden dabei abgestorbene Gräser herausgezogen, sodass das neue Gras besser nachwachsen kann.

GRASSORTEN

ES GIBT VIELE verschiedene Grassorten, von denen jedoch einige besser für Pferde geeignet sind als andere. Im Allgemeinen ist es am besten, über eine Mischung von nahrhaften Grassorten zu verfügen, wie deutsches Weidelgras, Wiesenlieschgras, Wiesenrispengras, Kammgras, Rotschwingel und wilden Weißklee. Auch sollten möglichst einige Kräuter gepflanzt werden, wie wilder Knoblauch, Beinwell, Schafgarbe, Wurzelzichorie und Breitwegerich, da sie von den meisten Pferden sehr gerne gefressen werden und vermutet wird, dass sie medizinische Eigenschaften besitzen. Idealerweise sollten die Rasen-, Gras- und Kräutersorten zu verschiedenen Zeiten blühen, um ein kontinuierliches nahrhaftes Wachstum zu gewährleisten.

Oben links
Ein weiterer giftiger Busch ist der Goldregen.

Oben rechts
Nach dem Spritzen von Herbiziden zur Beseitigung von Unkraut, wie z. B. Schierling, müssen die Pferde von der Weidefläche ferngehalten werden.

Unten
Wenn Unkräuter wie z. B. Kreuzkort nicht unter Kontrolle gebracht werden, greifen sie schnell auf die gesamte Weidefläche über.

WISSENSWERTES:
In Europa begann man erst ab dem Mittelalter, das Pferd vermehrt in der Landwirtschaft einzusetzen. Vorher galt das Pferd in erster Linie als Transport- und Kriegsmittel, während die landwirtschaftliche Arbeit von Ochsen verrichtet wurde.

Stallhaltung

EIN STALL ENTSPRICHT nicht dem natürlichen Umfeld des Pferdes, auch wenn es sich in den meisten Fällen problemlos an ihn gewöhnt. Damit sich das Pferd wohl fühlt, müssen Sie für eine sichere und gesunde Stallumgebung sorgen.

LAGE UND GRÖSSE

GANZ GLEICH, ob Sie einen eigenen Stall bauen oder einen vorhandenen Stall verwenden - die Lage spielt eine entscheidende Rolle. Der Stall sollte sich vorzugsweise in einem windgeschützten Bereich mit gut funktionierender Entwässerung befinden. Außerdem muss er über eine Strom- und Wasserversorgung verfügen und für ein Fahrzeug zugänglich sein. Aus Sicherheitsgründen ist es von Vorteil, wenn sich der Stall auf einem eingefriedeten Gelände befindet. Beim Einstellen von Pferden sollte die Sicherheit oberste Priorität haben. Der Stall sollte sich in sicherer Entfernung vom Heuschober befinden, da dies ein feuergefährlicher Bereich ist. Der Abstand zwischen gegenüberliegenden Stallreihen sollte mindestens 18 m betragen, damit gegebenenfalls kein Feuer von der einen auf die andere Reihe überspringen kann.

Der Stall muss groß genug sein, um Ihrem Pferd ausreichend Platz zu bieten. Als Richtlinie gilt, dass ein Pony mit einer Größe von 110 cm einen Stall von mindestens 3 x 3 m benötigt. Für Ponys von 110 bis 120 cm muss die Stallgröße mindestens 3,6 x 3,6 m betragen und für Kleinpferde und Pferde ab 120 cm mindestens 3,6 x 4,3 m. Fohlboxen oder Boxen für besonders große Pferde müssen Mindestabmessungen von 4,8 x 4,8 m haben. Die Höhe und Breite des Türrahmens und die Dachhöhe sind ebenfalls zu berücksichtigen. Türen sollten mindestens 1,2 m breit und insgesamt mindestens 2,1 m hoch sein. Die untere Hälfte der Tür variiert je nach der Größe des Ponys oder Pferdes, für das die Box konstruiert wurde. Die Wände müssen vom Boden bis zum Dachsims mindestens 2,4 m messen, um ausreichenden Kopfraum zu bieten.

MATERIALIEN

STÄLLE BESTEHEN HÄUFIG aus Holz, das sich zwar durchaus als Baumaterial eignet, jedoch nicht feuerfest ist. Aus Ziegeln gebaute Ställe sind ideal, aber sehr teuer. Holz und Ziegel lassen sich gut kombinieren, z. B. durch den Bau eines Holzbaus auf einem Ziegelfundament. Schlackenstein stellt eine gute Alternative zu Ziegelsteinen dar und ist natürlich genauso feuerfest und widerstandsfähig. Der Wandsockel muss mit einer Entwässerungsöffnung versehen sein, und die Wände sollten mit einer Holzbande von ungefähr 1,2 m Höhe ausgekleidet werden.

Der Stallboden besteht in der Regel aus Beton mit

WISSENSWERTES:
„Bei einem guten Pferd kommt es nicht allein auf das Aussehen an", erwiderte Mr. Thouroughgood. „Sie nehmen ihn nur probeweise und ich bin überzeugt, Sie werden Ihre Meinung ändern, junger Mann. Wenn er nicht so sicher läuft wie jedes andere Pferd, mit dem Sie je gefahren sind, können Sie ihn gern zurückschicken."
Anna Sewell, Black Beauty

Oben
Diese Pferde sind gut untergebracht: Die Stalltür reicht bis zum Dach, und die Pferde haben eine gute Sicht und ausreichenden Bewegungsfreiraum.

Unten
Der Stall sollte sich in sicherer Entfernung vom Heuschober befinden, da dieser im Brandfall eine ernste Gefahr darstellen kann.

gefurchter Oberfläche, um ein Ausrutschen zu verhindern. Die Entwässerung des Stalls ist äußerst wichtig und lässt sich auf verschiedene Weise erreichen. Einige Böden werden mit einem leichten Gefälle zur Vorder- oder Hinterseite der Box gebaut, das in einen Entwässerungskanal mündet. Diese Methode funktioniert recht gut, doch muss hier stark auf Sauberkeit geachtet werden. Derartige Entwässerungskanäle sind leicht zu reinigen, sofern sie sich vor der Box befinden. Leider heißt dies jedoch häufig auch, dass das Pferd im feuchtesten Teil der Box steht. Wenn sich die Abläufe an der Rückseite der Box befinden, sind sie zwar schwerer zu reinigen, doch steht das Pferd dann wahrscheinlich trockener. Bei einigen Stallböden mündet das Gefälle in einen Ablauf in der Mitte der Box, was mit einigen Vor- und Nachteilen verbunden ist. Der Boden geht gewöhnlich über die Vorderseite der Box hinaus, sodass außerhalb des Stalls ein fester Stand gewährleistet ist.

Das Dach muss hoch und schräg sein und sollte über die Vorderseite der Box hinausragen, damit es nicht hinein-regnen kann. Es sollte aus geeigneten Materialien konstruiert und mit Entlüftungsöffnungen versehen sein. Dachziegel sind ideal, jedoch recht teuer. Dachpappe lässt sich zwar durchaus verwenden, ist jedoch nicht feuerfest und besitzt keine besonders guten Isoliereigenschaften. Auch Wellkunststoff oder Wellblech können verwendet werden, doch bieten diese Materialien ebenfalls keinen guten Isolierschutz und sind auch recht laut.

Die Fenster der Box sollten sich auf derselben Seite befinden wie die Tür und sich mit der Unterseite nach außen kippen lassen, um Zugluft zu vermeiden. Die Scheiben sollten aus Sicherheitsglas bestehen und die Fenster durch Fliegengitter geschützt sein. Der Stall muss über eine Versorgung mit sauberem Wasser verfügen, das den Pferden über Eimer oder automatische Tränken zugeführt werden kann. Alle Lampen im Stall sollten sich außer Reichweite des Pferdes befinden und mit einer Schutzabdeckung versehen sein, um zu vermeiden, dass gegebenenfalls Glasscherben in die Boxstreu fallen. Auch alle elektrischen Schalter und Leitungen sollten außerhalb der Reichweite des Pferdes liegen. Armaturen und Einrichtungen wie z. B. Ringe zum Anbinden, Heuraufen oder Futterspender sollten frei von scharfen Kanten sein und so angebracht werden, dass sie keine Verletzungen verursachen können.

Wenn Sie Ihr Pferd in einem Mietstall einstellen möchten, prüfen Sie die Koppeln und Ställe, in denen die Pferde gehalten werden, und vergewissern Sie sich, dass sie sicher und sauber sind.

WISSENSWERTES:
Der am häufigsten für Rennen benutzte römische Streitwagen wurde von vier Pferden gezogen und hieß Quadriga.

Oben rechts
Dieser zweckmäßige Stall besteht aus Ziegelsteinen, die zwar teurer als Holz, dafür jedoch feuerfest sind.

Oben links
Dies ist ein amerikanischer Pferdestall auf einem Gestüt in Kentucky.

Unten
Dieser Stallhof bietet Möglichkeiten zum Anbinden der Pferde und besitzt außerdem einen gefurchten und somit rutschfesten Betonboden.

WISSENSWERTES:
Für die frühesten Einspannmethoden wurden immer zwei Tiere verwendet, die sich zu beiden Seiten einer Mitteldeichsel befanden. Die Idee, ein Tier zwischen zwei Deichseln einzuspannen, entwickelte sich erst im zweiten Jahrhundert im alten China.

STREU UND MATRATZEN

ES GIBT VIELE UNTERSCHIEDLICHE Arten von Streu und Matratzen, die in einem Stall verwendet werden können, wie z. B. Stroh, Späne, Papier, Gummi und Torf, und jede besitzt verschiedene Vor- und Nachteile. Stroh ist eine der gebräuchlichsten und kostengünstigsten Streuarten. Dabei unterscheidet man drei Sorten: Hafer-, Gersten- und Weizenstroh. Weizenstroh stellt die beste Streu dieser drei dar, da es nicht nur widerstandsfähig und in großen Mengen erhältlich ist, sondern auch Flüssigkeit sehr gut ablaufen lässt. Pferde fressen gern Haferstreu, das sehr wohlschmeckend, weich und porös ist und daher sehr schnell durchweicht. Gerstenstroh ist als Streu durchaus geeignet, enthält jedoch häufig stachelige Grannen, die zu Hautreizungen führen können. Gierige Pferde fressen möglicherweise jegliche Art von Stroh.

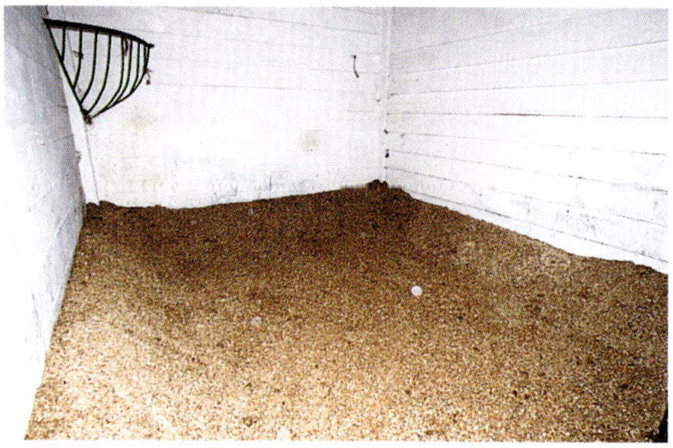

WISSENSWERTES:
Kublai Khan, Enkelsohn von Dschingis Khan, hielt eine Herde von ungefähr 10.000 schneeweißen Stuten und Hengsten, die als heilige Tiere verehrt wurden.

Oben links
Diese Spänestreu ist hervorragend für Pferde mit Atembeschwerden geeignet.

Oben rechts
Stroh ist das kostengünstigste Streumaterial und lässt Flüssigkeit sehr gut ablaufen.

Unten links
Dieses Pferd steht in einer Papierstreu. Papier ist besonders gut geeignet für Pferde, die Allergien haben oder ihre Streu fressen.

Späne eignen sich insbesondere für Pferde mit Atembeschwerden sehr gut. Sie sind nicht teuer, nehmen Feuchtigkeit jedoch sehr gut auf und lassen sich leicht verteilen. Bei sorgfältiger Verarbeitung geben Späne eine gute tiefe Streu ab. Sägespäne haben den Vorteil, dass sie in Plastiksäcken verpackt und gegebenenfalls im Freien gelagert werden können. Andererseits verrotten Sägespäne jedoch nur sehr langsam, auch wenn sie anschließend einen sehr guten Kompost abgeben.

Papierstreu ist wie Sägespäne in Plastiksäcken erhältlich und wird aus zerkleinertem, staubfreiem Papier hergestellt. Sie eignet sich sehr gut für Pferde mit Allergien und Atembeschwerden sowie für Pferde, die dazu neigen, ihre Streu zu fressen – diese Streu wird sie mit großer Wahrscheinlichkeit nicht dazu reizen. Papierstreu ist extrem saugfähig, muss jedoch sorgfältig verarbeitet werden, damit es sich nicht verdichtet und zu nass und schwer wird.

Relativ neu sind Matratzen aus Gummi, die ursprünglich für Anhänger- und Boxenböden entwickelt wurden. Es handelt sich dabei um dicke Gummimatten, die der Größe des Stallbodens entsprechen. Als alleinige Unterlage verwendet, sind sie leicht zu reinigen und können mit einem Wasserschlauch abgewaschen werden. Außerdem sind sie sehr rutschsicher und besitzen gute Isoliereigenschaften. Darüber hinaus reduzieren sie die Menge des anfallenden Mistes. Eine Stroh- oder Spanschicht auf dem Gummiboden, die dünner als normal ausfallen darf, gibt eine effektive Matratzenstreu ab.

Torf ist eine altmodische Art von Streu und wird heute nur noch selten verwendet. Er ist sehr saugfähig, und nasse Stellen müssen regelmäßig entfernt werden, um ein Durchweichen zu verhindern. Die Verarbeitung von Torf ist recht beschwerlich, und er verrottet nur sehr langsam.

AUSMISTEN

ES IST SEHR WICHTIG, den Stall stets sauber und hygienisch rein zu halten. Aus diesem Grund muss er regelmäßig ausgemistet und gesäubert werden. Der Stall sollte jeden Morgen gründlich ausgemistet und im Laufe des Tages regelmäßig von Pferdekot befreit werden. Am Abend sollte die Streu nochmals geprüft, ordentlich verteilt und von Pferdekot befreit werden.

Für ein gründliches Ausmisten sollten Sie das Pferd aus dem Stall entfernen. Beseitigen Sie zuerst sämtlichen sichtbaren Pferdekot. Beginnen Sie dann, die saubere Streu in einer Ecke anzuhäufen, und entfernen Sie dabei nach und nach die schmutzige Streu. Am Ende sollte sich ein Haufen sauberer Streu in der Ecke befinden. Fegen Sie den Stall aus, und verteilen Sie dann die Streu wieder auf dem Boden. Häufen Sie die saubere Spreu jeden Tag in einer anderen Ecke an, damit innerhalb von vier Tagen jede Ecke einmal gesäubert und gefegt wird. In einigen Fällen wird nur ein Teil der Streu auf dem Boden verteilt und der Rest die Wand entlang angehäuft. Dies bezeichnet man als „Tagesbett". Am Abend wird dann der Rest der Streu zu einem dickeren „Nachtbett" verteilt.

Ein anderes Verfahren ist die so genannte „Tiefenstreu", die insbesondere bei Verwendung von Spänen effektiv ist. Dabei wird der Pferdekot tagsüber regelmäßig beseitigt, die übrige Streu jedoch unangetastet gelassen und nur mit frischer Streu bedeckt. Bei Verwendung dieses Systems muss der Stall mindestens einmal pro Monat komplett ausgemistet werden, wobei die Streu entfernt und der Boden abgespült und geschrubbt bzw. desinfiziert werden sollte.

Bevor er neu eingestreut werden kann, muss er vollständig getrocknet sein. Einmal pro Woche sollten übermäßig feuchte Stellen beseitigt werden, ohne die übrige Streu zu wechseln. Auf diese Weise ist das monatliche Wechseln der Streu ein wenig einfacher. Bei sorgfältiger Vorgehensweise kann sich diese Art des Ausmistens durchaus lohnen, auch wenn das monatliche Wechseln der Streu mit schwerer Arbeit verbunden ist.

SAUBERHALTEN VON STÄLLEN

Entfernen Sie beim Ausmisten grundsätzlich die Wassereimer aus dem Stall. Stellen Sie sie zurück, wenn Sie fertig sind.

Binden Sie das Pferd an, wenn es während des Ausmistens im Stall bleibt.

Gehen Sie vorsichtig mit der Mistgabel um. Verwenden Sie sie in sicherer Entfernung von Ihrem Pferd, um es nicht zu verletzen.

Halten Sie Stall und Stallgang sauber.

Streuen Sie großzügig ein. Durch eine dicke Streu wird Ihr Pferd vor dem Betonboden geschützt.

Häufen Sie den Misthaufen grundsätzlich sauber auf.

Oben links
Eine Gummimatratze ist relativ einfach zu reinigen.

Oben rechts
Dieses Mädchen fegt die Späne in den Stall. Die Streu muss einmal im Monat komplett gewechselt werden.

Unten
Dieses Pferd wird durch eine dicke Papierstreu vor dem Betonboden geschützt.

WISSENSWERTES:
„Kumyss" ist der Name eines Getränks, das aus vergorener Stutenmilch hergestellt wird und bei dem Nomadenvolk der Kasachen in Kasachstan in Eurasien als Spezialität gilt. Für die Kasachen gilt dieses Getränk als Allheilmittel gegen eine Vielzahl von Krankheiten.

Fellpflege

DAMIT DAS PFERD SAUBER und gesund bleibt, muss es regelmäßig geputzt bzw. gestriegelt werden. Das Striegeln regt außerdem die Durchblutung an, verleiht dem Pferd ein gepflegtes Aussehen und fördert die Beziehung zwischen Mensch und Tier. Gründliches Striegeln gibt Ihnen außerdem die Möglichkeit, das Pferd auf Knoten, Beulen oder Wärmeherde zu untersuchen. Aus diesem Grund sollten Sie bei dieser Arbeit keine Handschuhe tragen, damit Sie eventuelle Anomalien besser ertasten können. Sie sollten das Pferd grundsätzlich anbinden, bevor Sie mit dem Putzen beginnen. Falls Sie diese Arbeit im Stall verrichten, entfernen Sie vorher die Wassereimer des Pferdes bzw. säubern Sie anschließend seinen automatischen Wasserspender, da das Wasser durch den aufgewirbelten Staub verunreinigt sein kann.

WISSENSWERTES:
Hyperion hieß ein Vollblut-Rennpferd, dessen Züchter und Besitzer Lord Derby war. Es gewann 1930 das English Derby und das St. Leger.

Oben rechts
Diese Pferdebesitzerin säubert die Nase ihres Pferdes mit einem Schwamm.

Rechts
Zum Putzzeug gehören Bürsten, Kämme, Schere und Hufkratzer.

Unten rechts
Diese Pferdebesitzerin putzt das Fell ihres Pferdes mit Kardätsche und Striegel.

PUTZZEUG

Kardätsche: Weiche Bürste, mit der das Fell von tief sitzendem Staub und Fett befreit wird. Für Pferde, die auf der Weide gehalten werden, wird sie im Allgemeinen kaum verwendet. Sie wird grundsätzlich zusammen mit einem Striegel benutzt, der zum Abstreifen dient.

Wurzelbürste: Bürste mit harten Borsten, mit der grober Schmutz oder Schweiß aus dem Fell entfernt wird. Sie stellt das primäre Werkzeug für Pferde in Weidehaltung dar. Die Wurzelbürste sollte nicht für Mähne und Schweif verwendet werden, da das Haar dadurch gebrochen wird.

Wasserbürste: Am besten sollten zwei verschiedene Wasserbürsten verwendet werden. Die eine wird nach dem Striegeln angefeuchtet und kann dann dazu benutzt werden, das Fell von Staub zu befreien und die Mähne am Hals zu glätten. Mit der anderen können die Füße von Schmutz befreit werden.

Plastik-/Gummistriegel: Diese eignen sich sehr gut zum Entfernen von Schmutz und getrocknetem Schweiß. Gleichzeitig stimulieren sie die Haut und bringen Fett an die Oberfläche des Fells.

Gummi-Putzhandschuh: Dieser Handschuh kann für den ganzen Pferdekörper verwendet werden und dient zum Entfernen von Schmutz und getrocknetem Schweiß. Er wirkt ähnlich wie ein Gummistriegel und bringt ebenfalls das Fett an die Oberfläche.

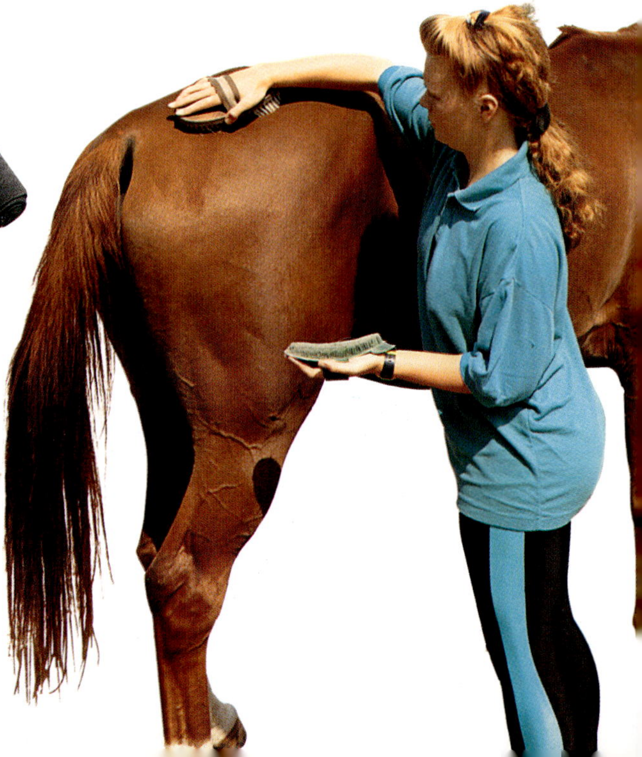

Kaktustuch: Hierbei handelt es sich um ein Stück haariges Sacktuch, mit dem der gesamte Pferdekörper von getrocknetem Schweiß und Schmutz befreit werden kann. Wenn es vor der Verwendung leicht angefeuchtet wird, kann damit der Oberflächenschmutz abgewischt und das Fell zum Glänzen gebracht werden.

Metallstriegel: Wird nur zum Abstreifen der Kardätsche verwendet, jedoch niemals am Pferd.

Hufkratzer: Dient zum Säubern der Hufe. Kratzen Sie den Huf immer von der Ferse zum Zeh aus, um den Strahl oder die Ferse nicht versehentlich zu verletzen.

Mähnenkamm: Zum Auskämmen von Mähne und Schweif wird ein langzinkiger Kamm verwendet. Zum Verziehen der Mähne sollte jedoch ein Kamm mit kurzen Zinken verwendet werden.

Wisp oder Massagekissen: Ein Wisp wird aus einem geflochtenen Heuseil hergestellt, das anschließend verknotet wird. Es sollte vor der Verwendung leicht angefeuchtet werden. Bei dem Massagekissen handelt es sich um ein Lederkissen mit einem Riemen am Rücken. Beide werden in Verbindung mit einem Stalltuch verwendet, um die Muskulatur zu verbessern und das Fell zum Glänzen zu bringen. Das Pferd sollte sehen können, wie Sie das Kissen heben, und wird dann seine Muskeln anspannen. Schlagen Sie das Kissen herunter, und reiben Sie mit dem Stalltuch hinterher. Dadurch bringen Sie das Pferd dazu, die Muskeln zu entspannen. Wenn dieser Vorgang in einem regelmäßigen Rhythmus erfolgt, hilft das kontinuierliche Anspannen und Lockern, die Muskulatur zu verbessern. Wenden Sie dieses Verfahren jedoch nur in muskulösen Bereichen an, wie Flanken, Oberschenkeln und Hals. Vermeiden Sie knochige Bereiche. Das Kissen sollte nicht zu heftig heruntergeschlagen werden, da das Pferd sonst Angst bekommen oder sich verletzen könnte. Sie sollten bei der Anwendung jedoch energisch vorgehen.

Schwämme: Im Allgemeinen ist es am besten, zwei Schwämme unterschiedlicher Farbe zu verwenden. Der eine dient zum Abwischen von Augen, Mund und Nase und der andere zum Säubern des Afterbereichs.

Stalltuch: Das Stalltuch ähnelt äußerlich einem Geschirrhandtuch und wird im Anschluss an das Striegeln verwendet, um dem Fell besonderen Glanz zu verleihen.

Schweißmesser: Dieses Werkzeug sieht ähnlich aus wie ein gebogener Fensterwischer mit einem Gummiblatt auf der einen und einem Metallblatt auf der anderen Seite. Nach dem Waschen des Pferdes kann damit wirkungsvoll überschüssiges Wasser aus dem Fell entfernt werden. Die Gummiseite sollte in knochigeren Bereichen verwendet werden, während die Metallseite mit entsprechender Vorsicht für den übrigen Körper benutzt werden kann.

Huffett: Wird zur äußeren Pflege der Hufe verwendet.

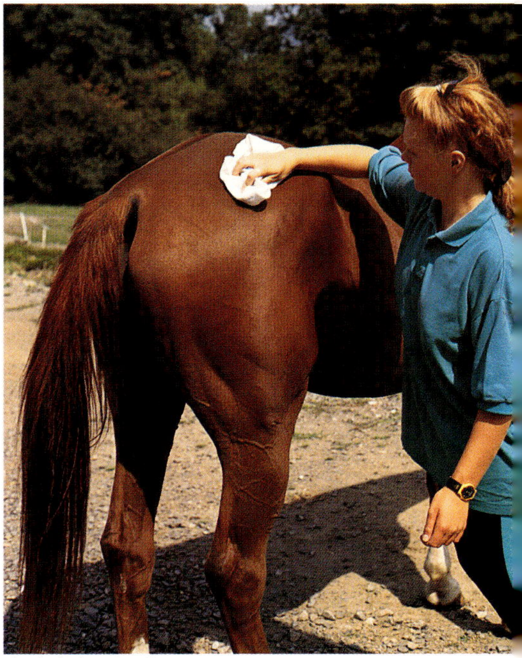

Shampoo: Manchmal kann es erforderlich sein, den Schweif zu waschen. Verwenden Sie dazu ein geeignetes Pferdeshampoo.

Schere: Eine Schere mit abgerundeten Spitzen sollte grundsätzlich Bestandteil des Putzzeugs sein. Sie dient zum allgemeinen Trimmen von Schweif und Mähne.

Elektrostriegel: Auf dem Markt sind verschiedene Typen von Elektrostriegeln erhältlich. Für große Reitställe kann ein solches Gerät eine nützliche Anschaffung darstellen. Es funktioniert im Grunde genommen wie ein Staubsauger und saugt den Schmutz aus dem Fell. Führen Sie das Pferd jedoch zunächst behutsam an das Gerät heran, da es anfangs Angst haben könnte.

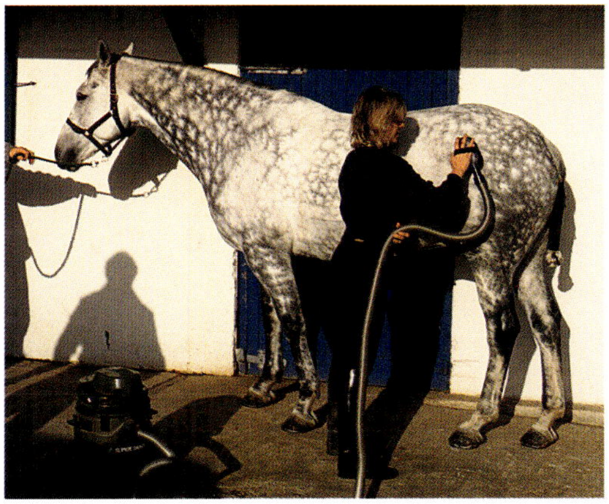

Oben
Die Pferdepflegerin reibt das Fell des Pferdes nach dem Striegeln mit einem Stalltuch ab, um ihm einen schönen Glanz zu verleihen.

Links
Die Stirnlocke des Pferdes wird mit einem langzinkigen Mähnenkamm gekämmt.

Unten
Das Fell dieses Apfelschimmels wird mit einem Elektrostriegel von Schmutz befreit.

WISSENSWERTES:
Alten Pferden wächst im Gesicht und um das Maul häufig weißes Haar.

Beschlagen eines Pferdes

„OHNE HUFE KEIN PFERD“ – natürlich sind die Hufe eines Pferdes äußerst wichtig für die Gesundheit und Leistungsfähigkeit eines Pferdes, und wie Ihnen jeder erfahrene Hufschmied sagen wird, spielt es keine Rolle, wie gut ein Pferd ist – wenn seine Hufe nicht in Ordnung sind, bringt Ihnen sein Können rein gar nichts.

GRÜNDE FÜR DAS BESCHLAGEN

EIN PFERD IST im Verhältnis zu der Größe seiner Hufe sehr groß und schwer. Die Hauptaufgabe der inneren Hufstruktur ist es, die Stöße abzufangen, die bei jedem Auftreten des Pferdes entstehen. Die verschiedenen Pferdearten haben jeweils unterschiedliche Hufe. Vollblutpferde sind beispielsweise dafür bekannt, dass sie dünne Sohlen haben und ihre Hufe somit anfällig für Prellungen sind. Das Iomudpferd hingegen hat wie viele der russischen Ponyrassen extrem harte Hufe. Die Hufe können sehr viel über das Pferd aussagen – sind seine Hufe im Verhältnis zu seiner Größe klein, kann es Stöße schlechter abfangen und anfällig für Lahmheiten sein, wenn es übermäßig viel auf hartem Gelände geritten wird. Sehr große flache Hufe können ebenfalls empfindlich auf harte Stöße reagieren.

Wenn der Huf vorstehende Rillen oder Ringe aufweist, kann dies auf eine Hufkrankheit oder Überfütterung hinweisen und sollte auf jeden Fall untersucht werden.

Steht das Pferd „zeheneng“, d. h. mit nach innen gedrehten Zehen, kann es wahrscheinlich nicht gerade laufen. Eine „zehenweite“ Beinstellung, d. h. nach außen gedrehte Zehen, deuten auf dasselbe Problem hin. Mit dieser Beinstellung können die Beine des Pferdes beim Laufen aneinander reiben und Verletzungen verursachen.

Die Hufe eines Beinpaares sollten grundsätzlich dieselbe Größe und Form aufweisen und mit demselben Winkel zum Boden stehen. Der Hufpflege sollte grundsätzlich besondere Beachtung geschenkt werden.

Rechts
Ein Tier mit schlechten Hufen hätte nicht das gesunde und lebhafte Aussehen dieses Pferdes.

WISSENSWERTES:
Vaqueros ist die Bezeichnung für einen spanischen Cowboy. Sie gehörten zu den ersten Cowboys Amerikas.

AUFBAU DES PFERDEHUFS

DER HUF LÄSST SICH in die drei Bereiche Zehe, Seiten und Ballen unterteilen, auch wenn es im Grunde genommen keine natürliche Unterteilung gibt. Die Hornwand ist der Teil des Hufes, der beim stehenden Pferd sichtbar ist, und trägt den größten Teil des Pferdegewichts. Sie besteht aus unempfindlichem Horn, das an den Ballen nach innen gebogen ist und die Trachten bildet. Die Trachten befinden sich an der Unterseite des Hufes zwischen Strahl und Sohle. Da die Hornwand keinen vollständigen Kreis bildet, kann sich der Huf ausdehnen, sobald er beim Laufen den Boden berührt.

Die Außenseite der Wand weist häufig schmale Rillen auf, die waagerecht zum Kronenrand verlaufen und als „Wachstumsringe“ bezeichnet werden. Das Horn wächst vom Kronenrand aus nach unten und besteht aus Tausenden von Röhrchen, zwischen denen sich als Bindesubstanz das Zwischenröhrchenhorn befindet. Die Hornwand ist von einer dünnen Schutzhaut umgeben, die als „Lederhaut“ bezeichnet wird und deren wesentliche Funktion darin besteht, den Bereich zwischen Kronenrand und Hufwand zu schützen.

Die Lederhaut an der unteren Hälfte der Wand nutzt sich auf natürliche Weise ab und spielt daher nur eine untergeordnete Rolle bei der Reduzierung der Feuchtigkeitsverdunstung in diesem Bereich. Die Unterseite des Hufs besteht größtenteils aus der Sohle, die konkav zum Boden verlaufen sollte, der weißen Linie zwischen Sohlenrand und Hornwand und dem Strahl, der gewissermaßen als „Stoßdämpfer“ fungiert und das Pferd vor dem Ausrutschen bewahrt. Der Strahl besteht aus elastischem keilförmigem Horn und sollte Bodenkontakt haben. Es ist sehr wichtig, den Strahl gesund zu erhalten und vor Infektionen (z. B. Strahlfäule) zu schützen.

Im Inneren des Hufes sind die unempfindlichen Hornschichten der Wand fest mit der empfindlichen Lamellenstruktur verbunden, die wiederum das Hufbein trägt. Im Hufinneren befinden sich drei Knochen: das Hufbein, das Strahlbein und der untere Teil des kurzen Fesselbeins. Oberhalb der Sohle liegt das Hufpolster und über dem Strahl das Strahlpolster. All diese empfindlichen Innenstrukturen helfen dem Pferd, beim Laufen den Boden zu spüren. Strahl, Trachten, Strahlpolster und Hufknorpel sind elastische Strukturen und spielen beim Abfangen von Stößen eine äußerst wichtige Rolle.

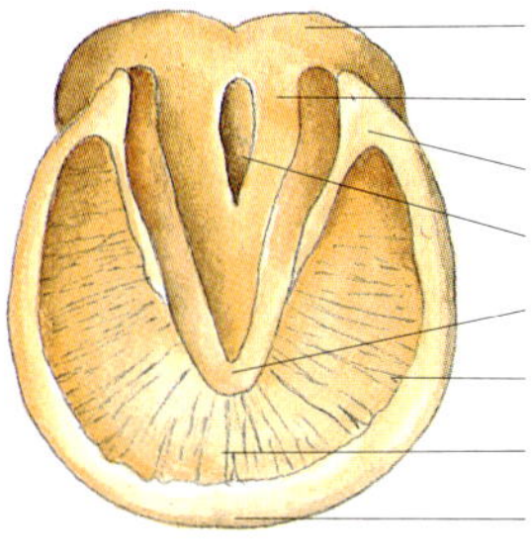

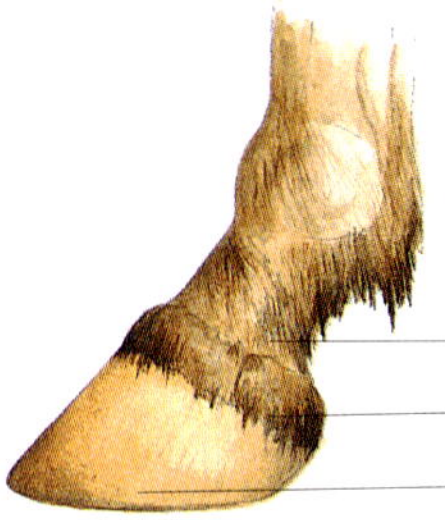

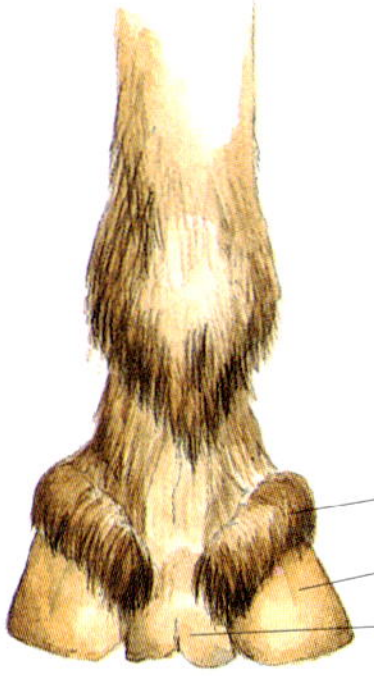

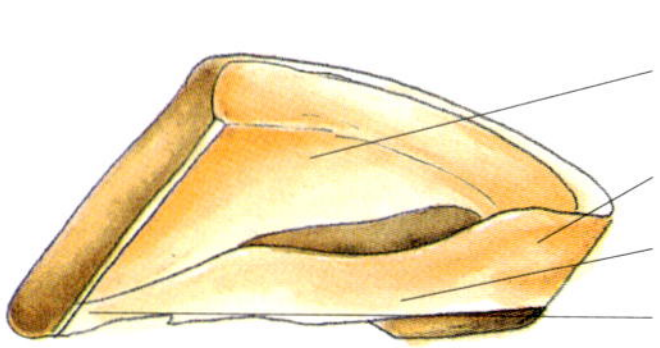

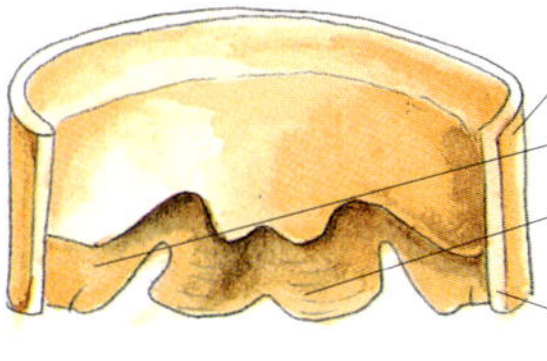

WISSENSWERTES:
Die ersten Straßenbahnen wurden von Pferden gezogen. Gewöhnlich wurden ein bis vier Pferde vorgespannt. Sie fuhren mit einer Geschwindigkeit von ungefähr 9 – 11 km/h und wurden bis in die zweite Hälfte des 19. Jahrhunderts hinein verwendet.

Oben
Unterseite eines Pferdehufs.

Mitte
Seitenansicht eines Pferdehufs (siehe Mitte oben) und Rückansicht eines Pferdehufs (siehe Mitte unten).

Unten
Querschnitt (unten links) und Längsschnitt (unten rechts) durch einen Pferdehuf.

WISSENSWERTES:
Rustam, der Hauptheld des monumentalen persischen Werks Shahnameh, dem Buch der Könige, ritt ein Pferd namens Rakush, das der Legende zufolge das beste Kriegspferd der Welt war.

BESCHLAGEN DES PFERDES

ES IST ÄUSSERST WICHTIG, dass sich Ihr Pferd beim Schmied gut benimmt und gewohnt ist, die Hufe zu heben. Bei jungen Pferden sollten Sie das Hufeheben jeden Tag üben und ihnen dabei mit der flachen Hand auf die Sohlen schlagen, um sie an Aktivitäten und Geräusche in diesem Bereich zu gewöhnen. Pferde müssen gewöhnlich alle 4 bis 6 Wochen neu beschlagen werden. Fragen Sie Ihren Hufschmied. Vor der Ankunft des Schmieds sollten Sie Ihr Pferd auf eine harte ebene Oberfläche stellen und darauf achten, dass die Hufe sauber, trocken und ausgekratzt sind. Stellen Sie auch einen Eimer mit Wasser in die Nähe, falls der Schmied heiß beschlägt.

Zunächst entfernt der Schmied die alten Hufeisen. Er beginnt dabei mit dem Umbiegen der Krampen. Dazu platziert er seinen Bock unter der jeweiligen Krampe und bearbeitet sie mit dem Hammer, bis sie aufgebogen ist, oder er trennt die Krampenspitze mit der Zange ab. Als Nächstes hebelt er das Eisen mit der Zange vorsichtig vom Huf. Er beginnt dabei am Ballen und arbeitet sich dann mit nach innen gerichteten Ziehbewegungen zum Zeh vor. Beim Entfernen der Eisen muss mit sehr viel Sorgfalt vorgegangen werden, damit keine Hornteile abgerissen werden.

Nachdem die Eisen entfernt wurden, müssen die Hufe für das Beschlagen vorbereitet werden. Der Hufschmied beschneidet überschüssiges Horn gegebenenfalls mit einer Hufschere oder einem Zieh- oder Hufmesser und bearbeitet alle unebenen Teile des Strahls oder der Sohle. Dann raspelt er den Huf gerade und schneidet mit der Raspel oder einem Ziehmesser die Kerbe für die Zehenkappe ein.

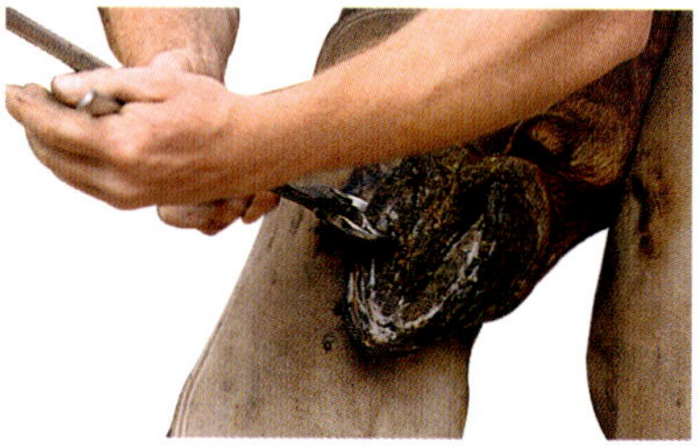

DIE NEUEN HUFEISEN

DER HUFSCHMIED erhitzt Hufeisen geeigneter Größe in der Esse, sodass das Metall eine bestimmte Temperatur erreicht und biegsam wird. Dann nimmt er eines der heißen Eisen mit Hilfe der Schmiedezange aus der Esse und steckt es auf einen Dorn, mit dem es zum Pferd getragen wird. Das heiße Eisen wird gegen den Huf gehalten und brennt eine Markierung in das unempfindliche Horn. Anhand dieser Markierung kann der Hufschmied erkennen, welche Anpassungen er an dem Hufeisen vornehmen muss. Anschließend legt er das Hufeisen auf den Amboss, wo er es mit dem Schmiedehammer formen und dem Huf anpassen kann. Sobald er der Ansicht ist, dass das Hufeisen perfekt passt, wird es zum Abkühlen in kaltes Wasser getaucht und dann auf den Huf genagelt.

Oben links
Dieser mobile Schmied führt Hufeisen verschiedener Größe in seinem Wagen mit sich.

Rechts und oben
Ein Schmied beim Formen eines neuen Hufeisens (siehe oben und unten rechts) und beim Entfernen eines alten Hufeisens (siehe Mitte links und unten).

Der Hufschmied beginnt mit dem Nageln normalerweise an der Zehe, wobei er die Nägel mit dem Beschlaghammer wechselseitig einschlägt. Die meisten Hufeisen sind mit vier Außen- und drei Innennägeln versehen. Die vorderen Hufeisen haben gewöhnlich eine Zehenkappe, während die hinteren Hufeisen mit Seitenkappen versehen sind. Sie halten die Eisen in Position und vermeiden, dass es sich dreht oder verrutscht. Nachdem alle Nägel eingeschlagen wurden, dreht der Schmied die spitzen Enden mit dem Klauenende seines Hammers ab. Nach dem Einschlagen müssen die Nägel zu Krampen umgeschlagen werden. Der Schmied bereitet mit der Raspel ein Krampenbett vor und schlägt die herausragenden Nagelspitzen in das Bett ein, um

sie zu Krampen zu formen. Nachdem die Krampen mit dem Hammer in die richtige Position geschlagen wurden, sichert der Schmied sie zusätzlich, indem er sie mit der Krampenzange flach umbiegt. Anschließend wird der gesamte Huf mit der Raspel geglättet. Der Hufschmied raspelt überstehende Kanten zwischen Hufeisen und Horn glatt.

GUT BESCHLAGENE HUFE

DAS HUFEISEN SOLLTE DEM Huf angepasst werden – nicht umgekehrt. Die Hufe sollten gut proportioniert sein und der Gestalt des Pferdes entsprechend ausgewogene Paare ergeben. Der Winkel zwischen Huf und Fessel muss gerade sein. Ein unterbrochener Winkel beeinträchtigt die natürliche Bewegung des Pferdes und belastet die innere Struktur des Hufs und der unteren Gliedmaßen. Als grobe Richtlinie gilt, dass die Zehe des Vorderhufs einen Winkel von 45 Grad aufweisen muss und die des Hinterhufs einen Winkel von 50 bis 55 Grad. Die tragende Fläche des Hufs sollte eben sein und lückenlos am Hufeisen anliegen. Es darf keine Anzeichen für einen übermäßigen Einsatz des Messers an der Sohle oder dem Strahl geben, die Bodenkontakt haben sollten. Auch eine übermäßige Verwendung der Raspel oder Verwerfung der Zehe darf nicht erkennbar sein.

Die Krampen sollten gleichmäßig aussehen und sich ungefähr am oberen Rand des unteren Drittels des Hufes befinden. Sie sollten glatt sein und keine scharfen Kanten aufweisen. Die Enden des Hufeisens sollten nicht zu kurz sein, da der Huf sonst nicht ausreichend gestützt wird und die Eisen brechen. Zu lange Enden sind ebenfalls zu vermeiden, da sich das Pferd die Eisen durch einen Ballen- oder Kronentritt herausreißen könnte. Es ist wichtig, die richtige Nagelgröße für das Hufeisen zu wählen. Wenn die Nägel zu klein sind, füllen Sie die Nagellöcher nicht aus. Zu große Nägel hingegen nutzen sich zu schnell ab. Beides führt zum Verlust der Eisen. Das Pferd sollte mit Hufeisen beschlagen werden, deren Gewicht und Art für die Arbeit des Pferdes geeignet sind. Zehen- und Seitenkappen sollten gut ausgebildet sein und genau in die vorgesehene Kerbe im Huf passen.

Oben links
Ein Schmied raspelt einen Pferdehuf.

Rechts oben und links unten
Ein Hufschmied bei der Arbeit. Hier wird ein neues Hufeisen geformt.

Unten
Gut beschlagene Hufe.

Tägliche Pflege

HIER FINDEN SIE eine ausführliche Beschreibung der Pflegemaßnahmen für stallgehaltene Pferde, für die täglich eine halbe bis Dreiviertelstunde aufgewendet werden sollte. Am besten eignet sich dafür die Zeit nach dem Bewegen des Pferdes, wenn die Haut warm ist. Schuppen lösen sich dann leichter, und die Poren sind geöffnet. Das Striegeln ist dann wesentlich wirkungsvoller.

WISSENSWERTES: Wenn ein Pferd oder Pony ein Hufeisen verliert, heißt es manchmal, es hätte „ein Eisen geschmissen".

PFLEGESCHRITTE BEI ANGEBUNDENEM PFERD

BINDEN SIE DAS PFERD zunächst an, und nehmen Sie ihm die Decke ab. Falls es kalt ist, legen Sie sie so über den Rücken, dass die Vorderhand frei bleibt.

Kratzen Sie die Hufe gründlich aus, und untersuchen Sie Hufe und Eisen bei dieser Gelegenheit auf Abnutzungserscheinungen und Schäden. Die Hufe sollten morgens und abends ausgekratzt werden sowie immer dann, wenn das Pferd aus dem Stall oder von der Koppel geholt wird. Sie sollten nicht jeden Tag gewaschen werden, besonders nicht mit kaltem Wasser. Wenn sie jedoch sehr schmutzig sind und abgespült werden müssen, vermeiden Sie, dass die Ballen zu nass werden, und trocknen Sie sie sorgfältig ab. Entfernen Sie als Nächstes mit der Wurzelbürste eingetrockneten Schweiß und Schmutz aus dem Fell. Beginnen Sie dabei am Genick und arbeiten Sie sich dann nach unten und hinten vor, bis der gesamte Körper gebürstet wurde. Wenn Ihr Pferd besonders empfindlich ist oder geschoren wurde, ist es manchmal besser, statt der Wurzelbürste einen Gummistriegel zu verwenden.

Nachdem der schlimmste Schmutz entfernt wurde, entwirren Sie die Mähne mit der Kardätsche. Legen Sie die Mähne auf die „falsche" Seite des Halses, und bürsten Sie den Mähnenkamm. Legen Sie die Mähne anschließend wieder auf die richtige Seite, und bürsten Sie sie strähnenweise aus. Beginnen Sie dabei am Genick. Arbeiten Sie sich den Hals entlang, bis die Mähne komplett durchgebürstet ist. Striegeln Sie als Nächstes den Pferdekörper mit der Kardätsche, die Sie zusammen mit dem Metallstriegel verwenden. Beginnen Sie auch hier am Genick, und führen Sie die Bürste in kurzen Strichen. Streifen Sie die Kardätsche nach zwei oder drei Strichen am Metallstriegel ab. Wenn Sie beim Bürsten zur Linken des Pferdes stehen, halten Sie die Kardätsche in der linken Hand. Wenn Sie die andere Seite bearbeiten, nehmen Sie sie in die rechte Hand.

Oben rechts
Auf der Weide gehaltene Pferde sollten die Fettschicht auf ihrem Fell behalten, da sie einen natürlichen Schutz vor den Elementen darstellt.

Unten links
Diese junge Pferdebesitzerin wischt die Augen ihres Pferdes vorsichtig mit einem Schwamm aus.

Rechts unten
Dieses Pferd wird mit einem Elektrostriegel gebürstet.

PFLEGESCHRITTE BEI LOSGEBUNDENEM PFERD

IM NÄCHSTEN SCHRITT wird das Pferd losgebunden und das Halfter nach hinten geschoben und um den Hals gelegt. Bürsten Sie mit der Kardätsche die Stirnlocke und dann vorsichtig den Bereich um den Kopf. Vergewissern Sie sich, dass Sie getrockneten Schweiß um die Ohren und im Stirnriemenbereich entfernen. Binden Sie das Pferd anschließend wieder an.

Beginnen Sie nun, das Pferd wie beschrieben mit einem Wisp oder Massagekissen zu massieren (siehe Abschnitt „Fellpflege"). Wenn Sie damit fertig sind, waschen Sie mit dem einen Schwamm Augen, Maul und Nase ab. Spülen und wringen Sie den Schwamm nach jedem Wisch aus. Reinigen Sie anschließend mit dem zweiten Schwamm den Afterbereich. Feuchten Sie die Wasserbürste leicht an, und legen Sie die Mähne flach und gleichmäßig an die richtige Seite des Halses an. Reiben Sie zum Abschluss das ganze Pferd mit einem Stalltuch ab, um das Fell zum Glänzen zu bringen. Wenn Sie es anfeuchten, wird dabei gleichzeitig oberflächlicher Staub entfernt.

Nehmen Sie nun die Kardätsche zur Hand, und beginnen Sie, den Schweif zu bearbeiten. Stellen Sie sich neben das Pferd, nehmen Sie den gesamten Schweif in die eine Hand, und bürsten Sie ihn mit der anderen Hand strähnenweise aus. Befeuchten Sie dann ganz leicht die Schweifrübe, und legen Sie eine Schweifbandage an. Wenn die Hufe trocken sind, können Sie sie zum Schluss mit Hufõl einpinseln.

KURZPFLEGE

UM EIN MIT DECKE VERSEHENES Pferd im Stall vor dem Bewegen noch schnell zu putzen, wird die Decke nach und nach zurückgeschlagen und der jeweils frei liegende Bereich bearbeitet. Kratzen Sie die Hufe aus, und bürsten Sie die einzelnen Bereiche nach und nach durch, einschließlich Mähne und Schweif. Hartnäckige Flecken müssen gegebenenfalls mit einer angefeuchteten Wasserbürste entfernt werden. Wischen Sie Augen, Maul, Nase und Afterbereich mit einem Schwamm ab. Vergessen Sie nicht, die Decke hinterher wieder ordentlich aufzulegen.

PFLEGE VON PFERDEN IN WEIDEHALTUNG

ES IST WICHTIG, auf der Weide gehaltene Pferde sauber zu halten, doch sollten Sie niemals das gesamte Fett aus dem Fell entfernen, da es natürlichen Schutz vor Regen und Kälte bietet. Wenn Sie mit gesundem Menschenverstand vorgehen, reicht es zumeist aus, das Pferd mit der Wurzelbürste von überschüssigem Schmutz und Staub zu befreien. Verwenden Sie die Kardätsche für den Kopf, jedoch nur sparsam am Körper. Sie können die Muskulatur des Pferdes durch Wispmassage verbessern, brauchen wahrscheinlich jedoch kein Stalltuch, sofern das Pferd nicht für ein Turnier vorbereitet werden soll. Mähne und Schweif müssen natürlich gekämmt werden, und Sie müssen Augen, Maul, Nase und Afterbereich sauber halten und die Hufe auskratzen.

WISSENSWERTES: Mr. Ed, das sprechende Pferd in der bekannten Fernsehserie aus den 60er Jahren, war ein goldfarbener Palomino. Er lernte eine enorme Menge von Tricks für seine Rolle, wie z. B. ans Telefon zu gehen, Türen zu öffnen, Nachrichten mit einem Bleistift zu schreiben und den Stecker einer Lampe herauszuziehen. Wie es sich für einen Star gehört, hatte auch Mr. Ed ab und zu Temperamentausbrüche. Er stand dann stocksteif da, schnaubte und weigerte sich, auch nur einen Schritt zu tun.

Scheren, Trimmen und Einflechten

IM WINTER ist das Pferdefell wesentlich dicker. Dadurch besteht die Gefahr, dass das Pferd beim Bewegen stark schwitzt oder sich überanstrengt und somit seine Kondition verliert. Indem ein Teil oder das gesamte Fell des Pferdes entfernt wird, kann es auch weiterhin hart und schnell arbeiten, ohne übermäßig in Schweiß zu geraten.

GRÜNDE FÜR DAS SCHEREN

EIN GESCHORENES PFERD wird nach dem Schwitzen schnell wieder trocken und ist somit weniger anfällig für Erkältungskrankheiten. Außerdem ist ein geschorenes Pferd wesentlich leichter zu putzen und macht somit deutlich weniger Arbeit. Darüber hinaus lassen sich Anomalien wie Schwellungen, Wärmeherde oder Verletzungen an einem geschorenen Pferd leichter erkennen. Aus rein kosmetischer Sicht sehen viele geschorene Pferde ohne ihr dickes Winterfell einfach eleganter aus. Geschoren wird meistens im Winter, obwohl es auch in heißen Sommern erforderlich sein kann, Pferde zu scheren, die von Natur aus ein dickes Fell haben und hart arbeiten müssen (z. B. beim Vielseitigkeitsreiten). Die erste Schur erfolgt gewöhnlich um den Oktober herum, wenn das Winterfell voll ausgebildet ist. Insgesamt muss ein Pferd ungefähr zwei- bis dreimal pro Winter geschoren werden. Die letzte Schur sollte nicht später als in der letzten Januarwoche erfolgen, da sonst das Wachstum des Sommerfells beeinträchtigt wird.

SCHERAUSRÜSTUNG

WIE IN ALLEN BEREICHEN des Pferdesports ist Sicherheit auch hier oberstes Gebot, und Sie sollten gewisse Vorsichtsmaßnahmen treffen, bevor Sie mit dem Scheren des Pferdes beginnen. Denken Sie daran, dass das Geräusch und die Vibrationen von Schergeräten auf einige Pferde Furcht einflößend wirken. Wenn Sie das Pferd also zum ersten Mal scheren, finden vorher Sie heraus, wie es darauf reagiert. Vor dem Scheren sollten Sie sich einen geeigneten Ort suchen. Es sollte sich dabei um einen abgeschlossenen Bereich handeln, vorzugsweise einen Extrastall. Der Boden muss rutschfest sein – Gummimatten sind ideal. Die Lichtverhältnisse müssen gut sein, damit Sie sehen können, was Sie tun. Auch sollte der Ort vor Wind und Regen geschützt sein.

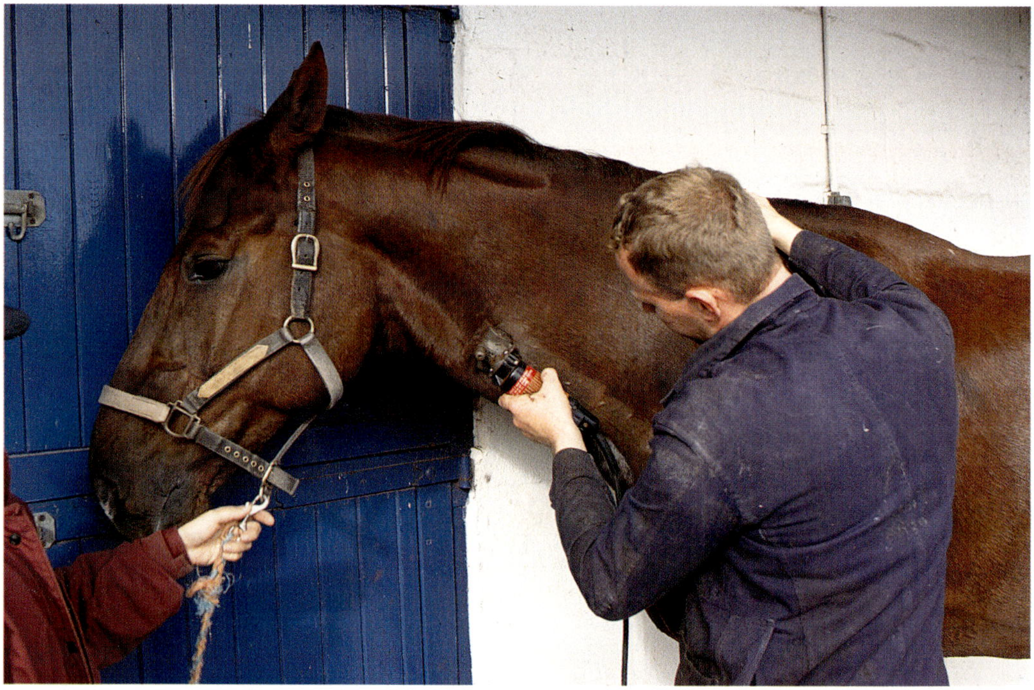

Rechts
Hier wird das Winterfell eines Pferdes geschoren.

WISSENSWERTES:
William F. Cody, besser bekannt als „Buffalo Bill", bekam von der Malerin Rosa Bonheur ein schneeweißes Pferd namens Isham geschenkt, mit dem zusammen sie ihn auch malte. Isham war angeblich eines der Lieblingspferde von Buffalo Bill und trat wiederholt in dessen fahrender „Wild West Show" auf. Als die Show bankrott ging und schließen musste, kaufte ein Freund Isham bei einer Auktion und gab ihn an Buffalo Bill zurück.

Die meisten Schergeräte arbeiten elektrisch, doch sind auch Geräte mit Batteriebetrieb erhältlich. Wenn Sie ein elektrisches Schergerät verwenden, muss eine Steckdose (gegebenenfalls mit Schalter) in der Nähe sein. Ein Haken an der Decke ist ebenfalls nützlich, um das Kabel aufzuhängen, damit es nicht im Weg ist. Beim Scheren sollten Sie sich grundsätzlich von einer zweiten Person helfen lassen, um das Pferd zu halten und zu beruhigen. Sowohl Sie als auch Ihr Helfer sollten möglichst schützende Kleidung tragen, wie z. B. Arbeitsanzüge. Darüber hinaus sollten Sie Gummistiefel, einen Hut und einen Atemschutz tragen.

Überprüfen Sie das Schergerät, bevor Sie mit der Arbeit beginnen. Die Klingen müssen scharf sein und sollten nach jedem Vollschnitt bzw. nach zwei Teilschnitten geschärft werden. Lassen Sie das Schergerät grundsätzlich zum Ende des Winters warten, um seine volle Funktionsfähigkeit sicherzustellen. Sie sollten das Schergerät nach jedem Gebrauch sorgfältig reinigen, damit die Lüftungsschlitze und Mechanismen nicht durch Haare verstopft werden. Geben Sie vor dem Scheren einen Tropfen Öl auf die Klingen, und prüfen Sie die Klingenspannung, die von Schergerät zu Schergerät unterschiedlich sein kann. Beim Scheren erwärmen sich die Klingen, und es ist wichtig, regelmäßig zu prüfen, dass sie nicht zu heiß werden. Auf dem Markt sind verschiedene Kühlflüssigkeiten erhältlich, die verwendet werden können. Ansonsten können Sie auch zwei Schergeräte im Wechsel benutzen, sodass das eine zwischendurch abkühlen kann.

DAS SCHEREN

DAS PFERD MUSS völlig trocken und sauber sein, bevor Sie mit dem Scheren beginnen können. Auch ist es ratsam, den Schweif zu bandagieren, damit er nicht im Weg ist. Ein Vollschnitt kann eine Weile dauern – erfahrene Pferdekenner benötigen dazu rund 45 Minuten. Vergewissern Sie sich, dass Ihnen genug Zeit zur Verfügung steht, um das Scheren in einem Gang durchzuführen. Beginnen Sie an der Schulter, und legen Sie das Schergerät sanft am Fell an. Arbeiten Sie sich dann mit langen gleichmäßigen Bewegungen gegen den Strich vor. Arbeiten Sie so schnell und effizient wie Sie können, und wenden Sie in schlecht zugänglichen Bereichen, wie zwischen den Vorderbeinen und hinter den Ellbogen, besondere Sorgfalt an. Ziehen Sie die Haut gegebenenfalls mit der freien Hand glatt. Die Scherstriche müssen sich leicht überlappen, damit keine sichtbaren Haarränder zurückbleiben. Achten Sie darauf, keine Teile der Mähne oder des Schweifs abzuschneiden, und lassen Sie über der Schweifrübe ein kleines Dreieck als schönen Abschluss stehen. Damit Sie den oberen Rückenbereich und den Kopf besser erreichen können, sollte ein Hocker bereit stehen. Seien Sie im Kopfbereich besonders vorsichtig, da das Pferd hier am empfindlichsten ist. Legen Sie auf die geschorenen Körperbereiche eine Decke, damit sich das Pferd nicht erkältet.

WISSENSWERTES:
Red Rum, ein Nationalheld, war eines der großartigsten Rennpferde aller Zeiten. Beim Grand National holte er dreimal den Sieg (1973, 1974 und 1977) und belegte zweimal den zweiten Platz (1975 und 1976) – ein unvergleichlicher Rekord. Er starb 1995 im Alter von 30 Jahren und wurde zum Gedenken an seine Erfolge neben dem Zielpfosten in Aintree begraben.

Oben
Die Klingen dieses Schergeräts werden vor dem Gebrauch gespannt.

Unten
Die Klingen des Schergeräts sollten mit einem geeigneten Öl geschmiert werden, um ein effizientes und reibungsloses Funktionieren zu gewährleisten.

VERSCHIEDENE SCHNITTE

ES IST NICHT IMMER erforderlich oder ratsam, das gesamte Haar zu entfernen, und es stehen verschiedene Arten von Schnitten zur Auswahl.

Vollschnitt: Dabei wird das gesamte Haar von Körper, Kopf und Beinen entfernt. Es ist sehr wichtig, einem vollständig geschorenen Pferd zum Ausgleich eine Decke aufzulegen.

Oben rechts und rechts
Ein Pferd mit Schabrackenschnitt. Einem vollständig geschorenen Pferd muss eine Decke aufgelegt werden.

Rechts Mitte
Bei einem Streifenschnitt wird das Fell oberhalb der Schulter stehen gelassen.

Unten und unten rechts
Pferde mit Jagdpferdeschnitt und Steeplerschnitt.

Jagdpferdeschnitt: Eine beliebte Art von Schnitt, bei der das Haar an Kopf und Körper entfernt wird. Die Beine und der Sattelbereich werden jedoch von der Schur ausgenommen. Das an den Beinen stehen gelassene Haar schützt das Pferd bei der Jagd vor Dornen und auch vor Kälte. Das Haar an den Beinen kann getrimmt werden, damit es ordentlicher aussieht (siehe „Trimmen").

Schabrackenschnitt: Das Haar wird von Kopf, Hals und Bauch entfernt, sodass ein deckenförmiger Bereich am Körper zurückbleibt. Das Haar vom Kopf zu entfernen, ist Geschmackssache. Manchmal wird der Kopf nur zur Hälfte geschoren und das Haar an der Stirnseite um die Wangenknochen stehen gelassen.

Streifenschnitt: Bei diesem Schnitt gibt es verschiedene Varianten, wobei das Haar unterhalb des Halses und auf halber Höhe horizontal von den Schultern bis zum Sitzbeinhöcker geradlinig geschoren wird. Es gibt hoch und niedrig angesetzte Streifenschnitte, d. h. es wird einfach mehr oder weniger Haar nach demselben Muster entfernt.

Steeplerschnitt: Dies ist eine Variante des Streifenschnitts, wobei das Haar am Kopf und in einem geradlinigen Bereich zwischen Genick und Ellbogengelenk geschoren wird. Das gesamte Haar an Rücken und Beinen wird stehen gelassen.

Bauch- und Halsschnitt: Dabei wird lediglich das Haar an der Halsunterseite und unterhalb des Bauches entfernt.

TRIMMEN

DAS TRIMMEN ist eine Art des grundlegenden Versäuberns und erfordert eine Schere mit abgerundeten Enden und einen Kamm. Es kann das Aussehen eines Pferdes erheblich verbessern und sollte auf jeden Fall durchgeführt werden, wenn Sie hin und wieder an Turnieren teilnehmen.

Beginnen Sie im Kopfbereich, und schneiden Sie vorsichtig das Genick frei. Der Schnitt sollte nicht länger als 4 cm sein. Bevor Sie das Genick freischneiden, teilen Sie das Haar sauber mit einem Kamm zwischen Mähne und Stirnlocke. Pferden wachsen häufig große Haarbüschel aus den Ohren. Das Trimmen dieser Büschel verschönert das Aussehen des Kopfes. Nehmen Sie das Ohr vorsichtig in die Hand, drücken Sie es zusammen, und schneiden Sie das Haar am Rand ab. Schneiden Sie niemals im Ohr selbst, und seien Sie beim Trimmen im Ohrbereich besonders vorsichtig.

Vielen Pferden wachsen lange schnurrbartähnliche Haare unter dem Unterkiefer, die abgeschnitten werden können, um dem Kopf insgesamt ein attraktiveres Aussehen zu verleihen. Lange „Schnurrbarthaare" wachsen auch am Maul und am Kinn und in manchen Fällen sogar um die Augen. Manche Reiter schneiden diese Haare ab, auch wenn dies nicht unbedingt erforderlich ist.

Wenn Sie mit dem Kopf fertig sind, sollten Sie die Mähne verziehen. Dies ist insbesondere dann notwendig, wenn Sie an Turnieren teilnehmen und die Mähne einflechten müssen. Beim Verziehen wird die Mähne gekürzt und ausgedünnt. Kämmen Sie die Mähne zunächst gründlich aus. Beginnen Sie dann, am Genick einige Haare zu teilen. Nehmen Sie den Verziehkamm, und drücken Sie die kürzeren Haare nach oben. Wickeln Sie die längeren Haare um den Kamm, und ziehen Sie sie ruckartig heraus. Verziehen Sie die Mähne des Pferdes möglichst nach dem Bewegen. Wenn die Haut warm ist, sind die Poren geöffnet, und die Haare lassen sich leichter herausziehen. Ziehen Sie immer nur ein paar Haare zur Zeit heraus. Falls die Mähne sehr lang und dick ist, führen Sie das Verziehen an mehreren Tagen hintereinander durch. Verwenden Sie niemals eine Schere, um die Mähne auf Länge zu schneiden. Es gibt inzwischen verschiedene spezielle Verziehkämme, die mit einer Schneide versehen sind. Der Gebrauch dieser Kämme ist jedoch schwieriger als

ihr Aussehen vermuten lässt, und die herkömmliche Verziehmethode bringt immer noch die besten Ergebnisse. Nach dem Verziehen der Mähne können Sie gegebenenfalls vorsichtig alle Haarzotteln trimmen, die über den Widerrist hinaus wachsen und Sattel und Satteldecke möglicherweise im Wege sind.

Mähnen können auch gestutzt werden, d. h. die gesamte Mähne wird geschoren. Beginnen Sie dabei am Widerrist und arbeiten Sie sich zum Genick vor. Das geht am besten, wenn eine zweite Person den Kopf des Pferdes nach unten hält, sodass der Mähnenkamm gestreckt ist. Das Stutzen muss ungefähr alle drei Wochen wiederholt werden, damit die Mähne ordentlich aussieht, und ist insbesondere bei Cobs üblich.

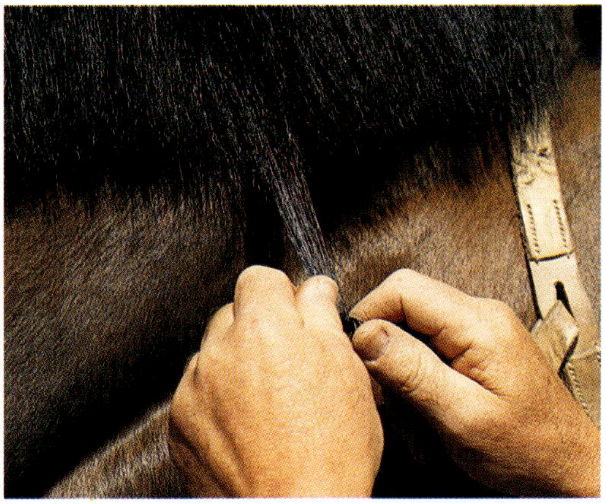

WISSENSWERTES:
Wenn ein Pferd geschoren werden soll, sollte die erste Schur im Oktober und die letzte Schur nicht später als in der letzten Januarwoche erfolgen. Ansonsten wird das Wachstum des Sommerfells beeinträchtigt.

Oben links
Bei diesem Pferd wird das Schweifhaar zu einem „geraden Schweif" verzogen und getrimmt.

Oben rechts
Ein gut geputztes Pferd sieht elegant und schick aus.

Rechts Mitte
Bei Dressurprüfungen muss das Aussehen eines Pferdes einem äußerst hohen Standard entsprechen.

Rechts
Bei diesem Pferd wird die Mähne verzogen, wobei das Haar getrimmt und ausgedünnt wird.

Das Ende des Schweifs sollte getrimmt sein und wird als „gerader Schweif" bezeichnet. Stellen Sie sich neben das Pferd, und heben Sie den Schweif mit einem Arm vorsichtig auf die Höhe an, auf der das Pferd ihn bei der Arbeit normalerweise trägt. Trimmen Sie das Ende des Schweifs so, dass er ungefähr bis 10 cm unterhalb des Sprunggelenks reicht. Er sollte am Ende absolut gerade geschnitten werden. Ein gut verzogener Schweif sieht sehr attraktiv aus, doch ist das Verziehen eines Schweifs eine Kunst für sich. Gehen Sie dabei immer äußerst behutsam vor – nicht alle Pferde schätzen diesen Vorgang. Beginnen Sie am Ansatz der Schweifrübe, und ziehen Sie die unteren Seitenhaare heraus, allerdings immer nur ein paar auf einmal. Bringen Sie den Schweif auf diese Weise nach und nach in Form. Verwenden Sie dazu niemals eine Schere oder ein Schergerät, da das Ergebnis schrecklich aussehen würde! Verziehen Sie den Schweif auf einer Länge von ungefähr 18 cm. Feuchten Sie ihn anschließend an, und bandagieren Sie ihn.

WISSENSWERTES:
Das erste in Amerika gezüchtete und beheimatete Rennpferd, das das Grand National gewann, hieß Battleship und war der Sohn von Man O'War. Battleship gewann das legendäre Rennen im Jahre 1938 und wurde dabei von einem 17-jährigen Jockey geritten.

Um längeres unansehnliches Haar von den Beinen zu entfernen, benötigen Sie einen Kamm und eine Schere. Kämmen Sie das Haar gegen den Strich, halten Sie den Kamm in der einen Hand, und schneiden Sie das Haar mit der anderen Hand über dem Kamm ab. Sie können um die Köten und Ballen herum schneiden und sich dann die Beine entlang nach oben vorarbeiten, um alles derbe Haar zu entfernen. Das Trimmen ist schwerer als man annehmen mag, und das Haar sollte am Ende gleichmäßig aussehen, ohne dass man ihm die Bearbeitung mit der Schere ansieht.

Oben rechts
Bei diesem Pferd wird das Haar an den Beinen mit Schere und Kamm getrimmt.

Unten links
Eine eingeflochtene Mähne sieht eleganter aus und gilt in vielen Turnierklassen und Wettkämpfen als Standardanforderung.

Unten links
Dieser Schweif wurde verzogen, um ihm ein ordentliches Aussehen zu verleihen.

EINFLECHTEN

BIS AUF WENIGE AUSNAHMEN ist eine eingeflochtene Mähne für fast alle Turnierklassen und Wettkämpfe ein Muss. Das Einflechten verbessert das Aussehen des Pferdes und bietet eine uneingeschränkte Sicht auf Mähnenkamm und Hals. Schweife können entweder verzogen oder eingeflochten sein. Beides sieht gut aus und betont die Formen der Hinterhand.

DIE MÄHNE

DIE MÄHNE MUSS VOR DEM Einflechten ausgedünnt und verzogen werden. Bürsten Sie die Mähne sorgfältig durch, und feuchten Sie sie an, damit sie glatt anliegt. Teilen Sie die Mähne zum Einflechten mit Hilfe von Gummibändern in Büschel ein. Als grobe Richtlinie gilt, dass jedes Büschel ungefähr der Breite des Mähnenkamms entsprechen sollte. Sie müssen wahrscheinlich ein wenig herumprobieren, bis Sie die Mähne in eine ungerade Anzahl von Büscheln unterteilt haben.

Beginnen Sie anschließend am Genick mit dem Einflechten: Feuchten Sie das erste Büschel an, um es zu glätten, teilen Sie es in drei Strähnen, und flechten Sie es zu einem strammen Zopf. Umwickeln Sie das Ende mit einem Band oder Faden, und

rollen sie den Zopf auf bzw. schlagen Sie ihn nach oben um. Stechen Sie mit einer Zopfnadel in die Rolle und sichern Sie sie, indem Sie sie mit dem Faden umwickeln und diesen dann von oben nach unten durch den Zopf führen. Schneiden Sie überstehende Fäden ab. Dünne Haarsträhnchen sollten Sie jedoch stehen lassen. Wenn Sie die Mähne einen Abend vorher einflechten müssen, bedecken Sie sie mit einem Strumpf, den Sie über jedem Zopf mit einem Gummiband befestigen. Auf diese Weise bleiben die Zöpfe sauber und geschützt.

EINFLECHTEN DES SCHWEIFS

BÜRSTEN SIE DEN SCHWEIF DURCH, und feuchten Sie das Haar anschließend an. Teilen Sie zu beiden Seiten und in der Mitte eine dünne Haarsträhne ab, und beginnen Sie mit dem Flechten. Nehmen Sie beim Flechten nach und nach von jeder Seite einige weitere Haare dazu, und flechten Sie sie ein. Verfahren Sie auf diese Weise, bis Sie das Ende der Schweifrübe erreichen, und flechten Sie dann die verbleibenden Strähnen in Ihrer Hand zu einem Zopf. Binden Sie das Ende zu, schlagen Sie es nach hinten um, und befestigen Sie es im Zopfende. Der Trick beim Einflechten eines Schweifs besteht darin, ihn so straff wie möglich zu flechten und das Haar bei der Arbeit möglichst feucht zu halten.

TIPPS FÜR TURNIERE

WEISSE KREIDE eignet sich sehr gut, um in letzter Minute Flecken an Pferden mit weißen Abzeichen abzudecken. Um Maul und Augen eingeriebenes Babyöl sieht sehr attraktiv aus und verleiht der Haut einen glänzenden Schimmer. Pinseln Sie die Hufe mit Hufðl ein, bevor Sie auf den Turnierplatz reiten. Dadurch erhalten sie einen schönen Glanz.

Glätten Sie Mähne und Schweif mit Haargel. Als Alternative kann auch Eiweiß verwendet werden. Bürsten Sie ein Muster auf die Kruppe. Bürsten Sie dazu das Haar mit dem Strich, legen Sie eine Schablone auf die Kruppe, und bürsten Sie das Haar dann in die andere Richtung. Wenn Sie die Schablone entfernen, haben Sie ein Muster. Es geht übrigens auch ohne Schablone.

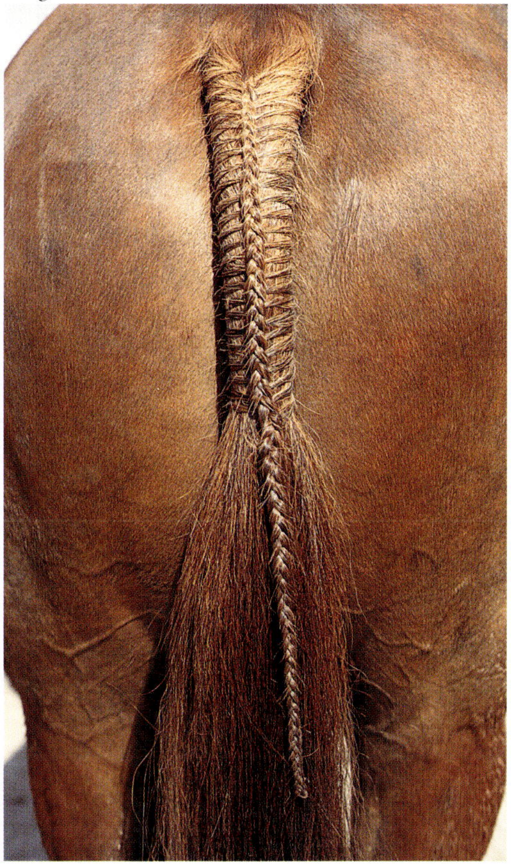

Links
Das Verziehen einer Mähne kann sehr zeitaufwendig sein. Vor dem Einflechten muss das dicke grobe Haar unbedingt ausgedünnt und versäubert werden.

Unten
Ein Schweif sieht nach dem Einflechten elegant und ordentlich aus. Das Haar lässt sich am leichtesten handhaben, wenn es leicht angefeuchtet wird.

Unten rechts
Das Erscheinungsbild von Pferd und Reiter ist bei Turnieren – insbesondere bei Dressurprüfungen – von entscheidender Bedeutung.

Reisen mit Pferden

BEVOR SIE MIT EINEM PFERD reisen, sollten Sie gewisse Vorbereitungen treffen, die wie alle Aspekte eines guten Stallmanagements auf gesundem Menschenverstand beruhen. Es spielt keine Rolle, ob Sie einen Pferdetransporter oder einen Anhänger verwenden – Sie müssen das Fahrzeug auf jeden Fall sorgfältig auf seine Sicherheit hin überprüfen. Besondere Aufmerksamkeit sollte dem Boden geschenkt werden, um sicherzustellen, dass er solide ist und keine Anzeichen von Verrottung aufweist.

Oben rechts
Das Innere eines Transporters mit Trennwänden zur Unterteilung der einzelnen Pferdestellplätze.

Unten
Dieses Pferd wird in einen Pferdetransporter verladen.

VORBEREITUNGEN

DER BODEN DER MEISTEN PFERDEFAHRZEUGE ist an den Seiten mit Ablauföffnungen versehen. Diese sollten grundsätzlich sauber und frei von Verstopfungen gehalten werden. Sowohl Boden als auch Rampe müssen eine rutschfeste Oberfläche haben, wie z. B. Gummimatten, die zum Reinigen entfernt werden können, jedoch recht schwer sind. Stroh kann ebenfalls verwendet werden, doch muss das Fahrzeug in diesem Fall vor jedem Gebrauch ausgemistet werden. Vergewissern Sie sich, dass die Anbinderinge mit Stricken versehen sind, an denen das Pferd festgebunden werden kann.

Binden Sie den Führstrick niemals direkt an den Anbindering an. Überzeugen Sie sich davon, dass sich alle Trennwände in ordnungsgemäßem Zustand befinden und die zugehörigen Befestigungen und Scharniere gut geölt sind, um eine möglichst leichte Handhabung zu gewährleisten.

Überprüfen Sie, dass alle Leuchten an dem Fahrzeug funktionieren. Dies gilt insbesondere für Anhänger, bei denen manchmal Probleme mit den elektrischen Steckverbindungen auftreten können. Auch die Innenbeleuchtung sollte überprüft werden. Wenn Sie einen Pferdetransporter fahren, vergewissern Sie sich, dass der TÜV noch nicht abgelaufen ist. Schwere Transporter oder Gespanne erfordern einen Führerschein der Klasse B bzw. BE (früher: Klasse 2). Tanken Sie möglichst vor dem Verladen und der Abreise. Dies gilt insbesondere, wenn Sie mit einem ängstlichen oder ungeduldigen Pferd reisen, dass durch längere Pausen stark beunruhigt werden könnte. Wenn Sie mit Pferden reisen, sollten Sie grundsätzlich einen Erste-Hilfe-Kasten (für Pferd und Mensch) sowie Eimer und Wasser mitführen.

FAHREN MIT DEM PFERD

WENN SIE MIT EINEM ANHÄNGER oder Pferdetransporter reisen, seien Sie sich grundsätzlich dessen bewusst, dass Sie ein Tier an Bord haben, und fahren Sie entsprechend vorsichtig. Durchfahren Sie Kurven und Verkehrskreisel langsam, damit das Pferd nicht das Gleichgewicht verliert, und bremsen Sie möglichst sanft. Je angenehmer die Reise für das Pferd verläuft, desto besser. Fahren Sie in gemäßigtem Tempo und vermeiden Sie Zweige usw., die Geräusche auf dem Dach verursachen und das Pferd erschrecken könnten. Achten Sie auch auf die Wetterbedingungen. Starker Wind sollte möglichst vermieden werden. Viele Pferde werden beim Reisen aufgrund von Aufregung oder Nervosität warm, und wenn sich mehrere Pferde in dem Transporter befinden, kann sich dieser erwärmen. Sorgen Sie also für eine ausreichende Belüftung, und legen Sie den Pferden eine Decke auf.

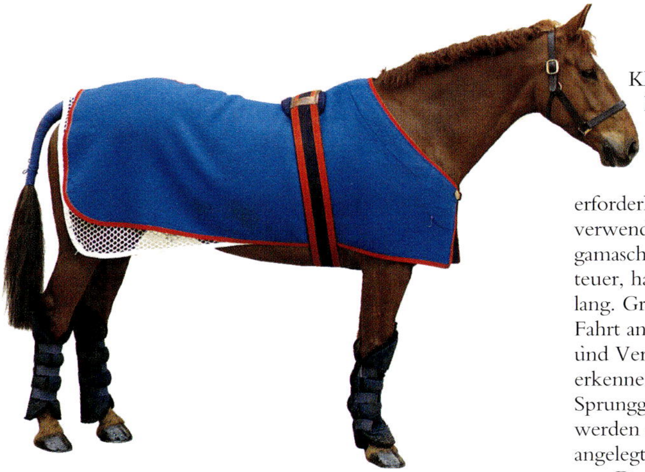

AUSRÜSTUNG

ES IST ÄUSSERST WICHTIG, die Pferde während der Fahrt in geeigneter Weise zu schützen. Das Angebot an geeigneten Schutzausrüstungen ist heutzutage sehr groß. Grundsätzlich sollte Folgendes zur Reiseausstattung gehören:

Ein Beinschutz ist äußerst wichtig. Das Bandagieren der Beine ist eine sehr gute Sache, sofern es von jemandem getan wird, der damit Erfahrung hat. Es bietet einen guten Schutz und stützt die Beine, ist jedoch recht zeitaufwendig. Es sind zahlreiche Beinschoner erhältlich, die so geformt sind, dass Sie Vorderfußwurzeln, Sprunggelenke und den unteren Beinbereich bis zu den Hufen schützen. Sie werden normalerweise mit Klettverschlüssen befestigt und bieten ebenfalls einen guten Schutz. Sie lassen sich schnell und einfach anlegen, haben jedoch den Nachteil, dass sie sich manchmal spontan von alleine lösen – insbesondere, wenn die Klettverschlüsse schon etwas älter ist. Sie haben keine stützende Wirkung und sind nur in einer Einheitsgröße erhältlich. Daher passen Sie nicht immer genau.

Knie- und Sprunggelenkgamaschen sind erforderlich, wenn Sie statt Beinschonern Bandagen verwenden. Die besten Knie- und Sprunggelenkgamaschen sind aus filzgefüttertem Leder. Sie sind zwar teuer, halten jedoch bei sorgfältiger Pflege ein Leben lang. Große Pferde versuchen häufig, sich während der Fahrt an der Rampe „anzulehnen", was sich an Kratzern und Verschleißspuren an den Sprunggelenkgamaschen erkennen lässt. Aus diesem Grund ist es wichtig, die Sprunggelenke des Pferdes zu schützen. Manchmal werden den Pferden für die Reise auch Glocken angelegt, die ebenfalls einen wirksamen Schutz bieten.

Der Schweif ist ebenfalls ein empfindlicher Bereich, wenn das Pferd dazu neigt, auf der Rampe zu „sitzen". Er sollte durch eine Schweifbandage und einen Schweifschoner geschützt werden. Es gibt verschiedene Arten von Schweifschonern. Schoner aus Leder bieten jedoch den besten Schutz und sind sehr haltbar.

Es ist sinnvoll, dem Pferd für den Transport einen Genickschutz anzulegen. Bei kleinen Ponys ist dies jedoch nicht notwendig. Genickschutze sind in vielen Variationen erhältlich, bieten jedoch alle guten Schutz für diesen empfindlichen Bereich.

Ob Sie dem Pferd während der Reise eine Decke auflegen, hängt einzig vom Wetter ab und davon, wie viele Pferde in dem Fahrzeug mitgeführt werden. Welche Art von Decke Sie auch immer verwenden, vergewissern Sie sich, dass sie sicher befestigt ist und es keine flatternden Enden gibt, die sich verfangen oder das Pferd nervös machen könnten.

Oben links
Dieses Pferd ist für die Reise gerüstet: mit Beinschonern, Schweifbandage und Decke.

Oben
Die Strohstreu in diesem Doppelanhänger sollte nach jeder Reise gewechselt werden.

Unten
Ein Pferd beim Ausladen aus einem Pferdeanhänger.

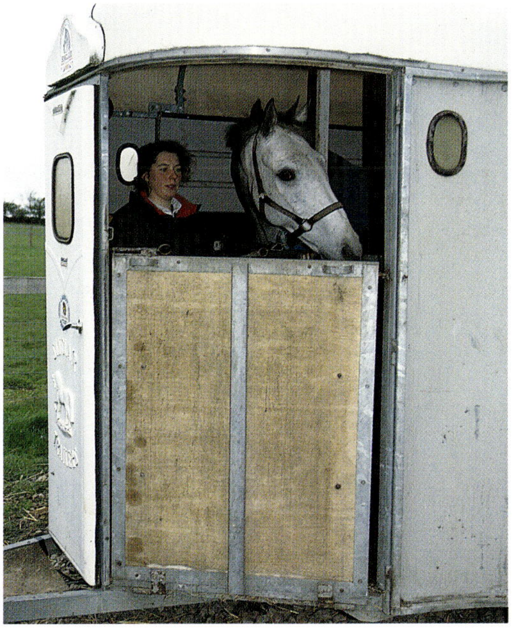

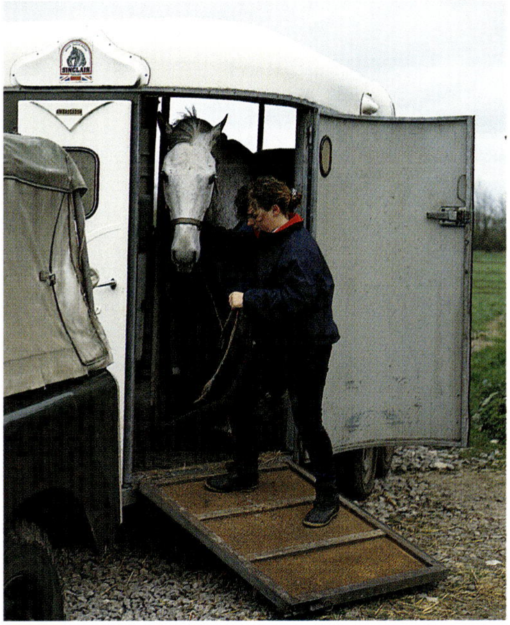

WISSENSWERTES:
Die Kelten betrachteten das Pferd als heiliges Tier.

Gesundheit und Zucht

DIE TRÄCHTIGKEIT dauert bei Pferden durchschnittlich 340 Tage, aber es kann durchaus vorkommen, dass eine Stute früher oder später fohlt. Vollblutstuten bekommen ihre Fohlen (zukünftige Rennpferde) häufig recht früh im Jahr. Die meisten Stuten fohlen jedoch ab März. Um diese Zeit verbessert sich das Wetter, und das Gras fängt wieder an zu wachsen – Faktoren, die zum Wohlbefinden von Stute und Fohlen beitragen.

Oben rechts
Dieses junge Fohlen läuft bereits neben seiner Mutter. Im Gegensatz zum Menschen kann ein Pferd bereits unmittelbar nach der Geburt stehen.

Mitte
Der Fötus eines Fohlen im Mutterleib.

Unten
Dieses Fohlen hat recht kräftige Beine und kann deshalb bereits von klein auf stehen und laufen.

LEBENSZYKLUS DES PFERDES

IM GEGENSATZ ZUM MENSCHEN können Fohlen sofort nach der Geburt stehen und laufen, wenn auch anfangs etwas unsicher. Sie werden gewöhnlich nur mit den vorläufigen Prämolaren geboren, doch nach zehn Tagen sollten sie bereits ihre beiden mittleren Schneidezähne haben. Fohlen werden von der Mutter gesäugt und beginnen im Alter von sechs Wochen, feste Nahrung zu sich zu nehmen. Im Allgemeinen versuchen Sie zu grasen, indem sie ihre Mutter imitieren, und es kann vorkommen, dass sie den Kopf in den Futtereimer der Mutter stecken wollen.

Fohlen haben im Verhältnis zu ihrer Größe sehr lange Beine und müssen diese beim Grasen häufig einknicken, um mit der Nase an den Boden zu gelangen. Sie werden im Alter von ungefähr sechs Monaten abgesetzt, und Hengstfohlen werden häufig auch in diesem Alter kastriert. Es ist allerdings nicht immer ratsam, beide Vorgänge zum gleichen Zeitpunkt durchzuführen, da es sich in beiden Fällen um traumatische Erlebnisse handelt.

EIN BIS VIER JAHRE

VOLLBLUTPFERDE werden früh geboren und entwickeln sich schnell, sodass sie bereits mit zwei Jahren an Flachrennen teilnehmen können. Unabhängig von dem eigentlichen Geburtsdatum wird das offizielle Alter von Vollblutpferden grundsätzlich ab dem 1. Januar gerechnet, das aller anderen Pferdearten ab dem 1. Mai. Jährlinge zeichnen sich häufig durch ihre Unbeholfenheit aus und haben im Verhältnis zu ihrer Gesamtgröße immer noch sehr lange Beine. Sie durchlaufen gewöhnlich mehrere Wachstumsphasen, wobei sie sich mit zunehmendem Alter in Aussehen und Form oft drastisch verändern.

Während der Wachstumsphasen ist die Kruppe häufig höher als der Widerrist, obwohl sich dies mit zunehmendem Alter allmählich ausgleichen sollte. Einige der „Epiphysen", der Wachstumsfugen an den langen Knochen der Beine, hören nicht auf zu wachsen, bis das Pferd zwei bis zweieinhalb Jahre alt ist. Es ist daher nicht ratsam, Jungtiere zu überfordern. Andernfalls können sie bleibende Schäden an den Beinknochen davontragen. Aus diesem Grund sind Zweijährigenrennen stark umstritten. Das junge Pferd muss sich nicht nur physisch, sondern auch mental entwickeln, und das geht bei einigen Pferden schneller als bei anderen. Manch ungeduldiger Reiter wartet selbst bei einem dreizehnjährigen Pferd noch immer darauf, dass es endlich zu mentaler Reife gelangt!

Jeder Ausbilder hat seine eigene Verfahrensweise, doch ist es üblich, Zwei- oder Dreijährige einer Grundausbildung zu unterziehen und sie anschließend wieder auf die Weide zu schicken. Dabei wird das junge Pferd an Sattel und Reiter gewöhnt und lernt, unter dem Sattel im Schritt, Trab und Galopp zu gehen und einfache Übungen auszuführen. Danach wird es für einige Monate wieder auf die Weide gelassen. Im Alter von drei oder vier Jahren, wenn das Pferd sowohl physisch als auch mental entwickelt ist, wird mit der Hauptausbildung begonnen.

VIER BIS ZEHN JAHRE

JEDES PFERD entwickelt sich in seinen mentalen und physischen Eigenschaften unterschiedlich schnell, und genauso gibt es auch einige Rassen, die sich von Natur aus schneller oder langsamer entwickeln. Vollblutpferde und der Suffolk Punch entwickeln sich z. B. recht schnell, während der Lipizzaner im Gegensatz dazu als Spätentwickler gilt, dafür jedoch lange lebt und bis in seine Zwanziger hinein athletische Arbeit verrichten kann. Mit fünf Jahren dürften sich die physischen Proportionen des Pferdes jedoch voll ausgebildet haben, und je nach Pferd sollten die besten und produktivsten Jahre seines Arbeitslebens zwischen dem fünften und zwölften Lebensjahr liegen.

FÜNFZEHN UND ÄLTER

UNGEFÄHR AB DEM ALTER von 15 Jahren beginnen die meisten Pferde, ein wenig steifer zu werden – genau wie wir Menschen dies mit zunehmendem Alter tun. Natürlich gibt es trotzdem einige Pferde, die noch im Alter von 20 Jahren oder mehr auf höchster Ebene an Wettkämpfen teilnehmen, und dies ist größtenteils auf die Pflege zurückzuführen, die sie in ihrem bisherigen Leben erhalten haben.

Das Aussehen des Pferdes verändert sich, wenn es auf die späten Teenagerjahre zugeht. Häufig kommt es zum „Hohlkreuz", da sich der Rücken in der Mitte durchbiegt. Die Muskeln verschwinden größtenteils und das Rückgrat tritt deutlich hervor. Der Bauch beginnt durchzuhängen, über den Augen bilden sich Höhlen, und die Zähne nutzen ab. Das Verdauungssystem arbeitet weniger effizient, und es ist schwer, die gute Kondition des Pferdes zu erhalten. Pferde werden 20 bis 30 Jahre alt, Ponys leben etwas länger, und Esel haben im Vergleich zu beiden die höchste Lebenserwartung.

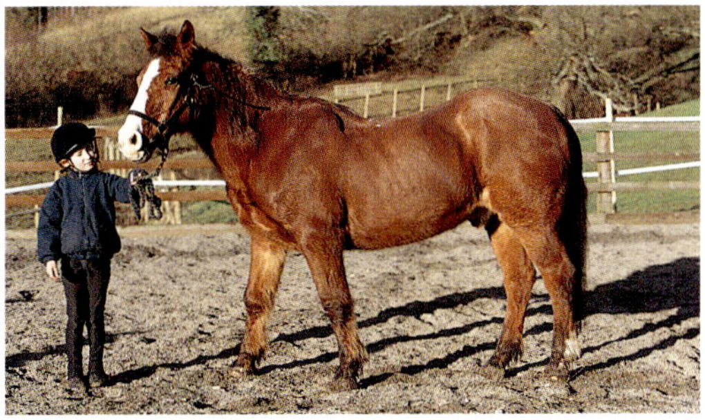

WISSENSWERTES:
Pferdehufe wachsen ungefähr 6 mm pro Monat. Bis sich der Huf vom Kronenband bis hin zum Boden erneuert hat, vergeht beinahe ein Jahr.

Oben links
Dieser Dreijährige hat bereits mit der Grundausbildung begonnen, wird jedoch danach wieder auf die Weide gelassen, bis er sich mental entwickelt hat.

Mitte
Dieses 28 Jahre alte Pony zeigt Alterserscheinungen. Es hat ein Hohlkreuz, und das Rückgrat steht hervor.

Unten
Dieser siebenjährige Hannoveraner steht in der Blüte seiner Jahre.

Die Gesundheit des Pferdes

SIE SOLLTEN Ihr Pferd jeden Tag regelmäßig beobachten – unabhängig davon, ob es im Stall oder auf der Weide gehalten wird. Die erste Überprüfung am Morgen ist am wichtigsten, da das Pferd wahrscheinlich die ganze Nacht über unbeaufsichtigt war und Sie sich vergewissern sollten, dass es gesund ist. Sie sollten sich schnell mit den üblichen Anzeichen von Problemen vertraut machen und erkennen können, wie sich die einzelnen Pferde normalerweise verhalten. Was bei einem Pferd normal ist, könnte bei einem anderen auf ein Problem hindeuten.

WISSENSWERTES:
Im amerikanischen Bundesstaat Arizona ist es Cowboys gesetzlich verboten, mit Sporen durch die Hotellobby zu laufen!

TEMPERATUR, PULS UND ATMUNG

DIE TEMPERATUR eines Pferdes liegt im Ruhezustand normalerweise bei 38 °C. Um die Temperatur zu messen, schütteln Sie das Quecksilber in dem Thermometer herunter, und fetten Sie die Messspitze mit ein wenig Vaseline ein. Lassen Sie das Pferd von einem Helfer halten, und stellen Sie sich dann neben die Hinterhand. Heben Sie den Schweif, und führen Sie das Thermometer mit einer Drehbewegung mit der

ANZEICHEN FÜR EINEN SCHLECHTEN GESUNDHEITSZUSTAND

- Hängender Kopf, keine Ohrreaktion
- Eingesunkene Augen, Ausfluss aus Augen oder Nüstern, Augen nicht ganz geöffnet oder sichtbares drittes Augenlid
- Gespannte Haut und kaum Reaktion auf Spannkrafttest
- Stumpfes, starres Fell oder Anzeichen für heftige Schweißausbrüche (nasser oder getrockneter Schweiß)
- Kein Fressen oder Trinken
- Anomaler Stuhl (sehr weich oder sehr hart) oder überhaupt kein Stuhlgang
- Verfärbter Urin (schwarz, braun oder rot)
- Gelbe, blasse oder blaue Schleimhäute, die jeweils auf Gelbsucht, Anämie oder Sauerstoffmangel hinweisen
- Schonen eines Vorderbeins oder langsame, ungleichmäßige Schritte
- Anomales Verhalten und Anzeichen von Unwohlsein, wie Tritte gegen den Bauch, Unruhe, Scharren, übermäßiges Wälzen
- Kapillartest ergibt eine zu langsame Rückführung des Bluts in die Kapillaren
- Flaches oder schnelles Atmen
- Temperaturanstieg oder -abfall um 0,5 °C
- Anomale Pulsfrequenz
- Übermäßiges Über- oder Untergewicht
- Beißender Hufgeruch

Oben rechts
Eines der Anzeichen für eine Kolik ist übermäßiges Wälzen.

Unten
Diesem Fohlen sieht man seinen schlechten Gesundheitszustand an. Es hält den Kopf gesenkt, die Augen sind eingesunken und nur teilweise geöffnet.

ANZEICHEN FÜR EINEN GUTEN GESUNDHEITSZUSTAND

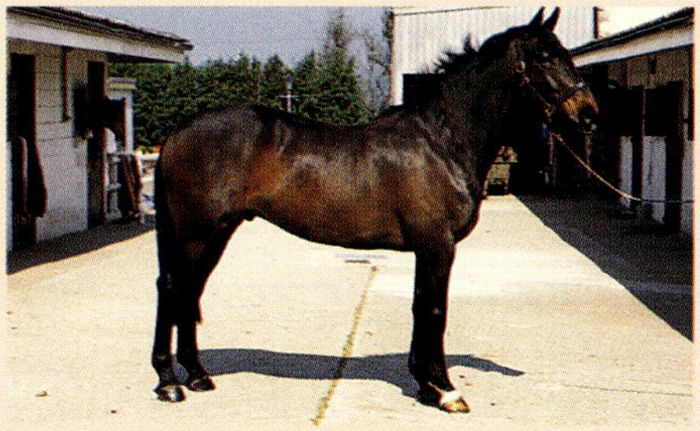

- Aufmerksamer Blick mit aufgestellten Ohren und klaren glänzenden Augen
- Weiches, glänzendes und glattes Fell
- Lachsfarbene Schleimhäute
- Die Haut sollte sich über der Knochenstruktur leicht und problemlos verschieben lassen.
- Der Stuhl sollte normal aussehen (grünbraun, je nach dem Futter des Pferdes) und der Stuhlgang regelmäßig sein (ungefähr 15 Mal über einem Zeitraum von 24 Stunden).
- Normales Wasserlassen mit farblosem oder blassgelbem Urin
- Belastung aller vier Beine. Einige Pferde entlasten ein Hinterbein, sollten jedoch niemals ein Vorderbein schonen.
- Keine Wärmeherde, Schwellungen, Verletzungen oder Anomalien
- Aufnahme der für das Pferd normalen Futter- und Wassermengen
- Normale Pulsfrequenz, Temperatur und Atemfrequenz
- Die Haut sollte elastisch sein und auf einen Spannkrafttest reagieren. (Greifen Sie mit Daumen und Zeigefinger ein Stück Haut und lassen Sie es los. Die Haut sollte sofort zurückschnellen.)
- Der Kapillartest sollte normal ausfallen. (Drücken Sie mit dem Daumen auf das Zahnfleisch, um den Blutfluss zu beschränken. Wenn Sie den Daumen entfernen, sollten sich die Kapillaren sofort wieder mit Blut füllen.)
- Das Pferd sollte nicht übermäßig über- oder untergewichtig sein.
- Es sollten keine Anzeichen für außergewöhnliche Störungen während der Nachtruhe in Box und Streu vorhanden sein.

WISSENSWERTES:
Eine der ältesten bekannten Beschreibungen eines Wagenrennens findet sich in Homers *Illias*, die ca. 750 v. Chr. geschrieben wurde und die Ereignisse des Trojanischen Kriegs behandelt.
Das Rennen wurde anlässlich der Trauerfeier für Patroklos, einem engen Freund des Achilles, veranstaltet. Die fünf Wettkämpfer mussten ihre Wagen zu einem Zielpfosten und wieder zurück lenken, und der Gewinner wurde von Achilles bestimmt.

Messspitze voran in den After ein. Das Thermometer sollte so eingeführt werden, dass die Messspitze an der Mastdarmwand anliegt. Halten Sie das Thermometer fest, damit es nicht vollständig in den After hineinrutscht. Ziehen Sie es nach einer Minute heraus, wischen Sie es sauber, und lesen Sie das Ergebnis ab.

Der Puls eines Pferdes liegt in der Ruhephase normalerweise bei 35 bis 42 Schlägen pro Minute, bei Fohlen jedoch ein wenig höher. Um den Puls zu messen, suchen Sie die Arterie, die vor dem Ellbogen an der Innenseite des Vorderbeins liegt, oder aber die Arterie am Unterkiefer und drücken sanft ihre Finger darauf. Zählen Sie die Anzahl der Pulsschläge über einen Zeitraum von 30 Sekunden, und multiplizieren Sie das Ergebnis mit Zwei.

Ein Pferd im Ruhezustand sollte normalerweise acht bis zwölf Mal pro Minute ein- und ausatmen. Beobachten Sie die Flanken des Pferdes, und zählen Sie die Bewegungen beim Ein- und Ausatmen jeweils als eins.

Oben
Dieses Pferd ist in einem ausgezeichneten Gesundheitszustand. Es ist aufmerksam, hat ein glänzendes Fell und steht mit allen vier Beinen gleichmäßig auf dem Boden.

Unten
Dieser Hannoveraner Belucci zeigt die typischen Merkmale eines gesunden Pferdes. Seine Ohren sind aufgestellt, die Augen glänzen, und das Fell ist glatt und seidig.

WISSENSWERTES: Die Offenbarung in der Bibel spricht von vier symbolischen Reiterfiguren, die die vier Plagen darstellen, durch welche die Endzeit eingeläutet wird. Die Figur, die das falsche Christentum symbolisiert, reitet ein weißes Pferd, die Hungersnot ein schwarzes Pferd, der Krieg ein rotes Pferd und die Pestilenz ein fahles Pferd. Diese Figuren werden häufig als die Vier Reiter der Apokalypse bezeichnet.

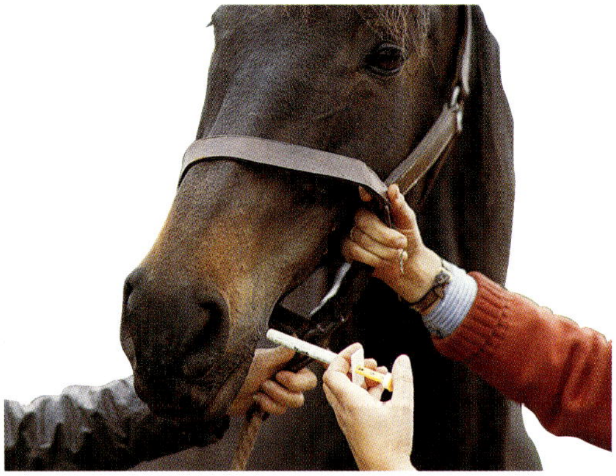

WURMKUR

ES GIBT EINIGE Routinemaßnahmen, die zur Erhaltung der Gesundheit Ihres Pferdes erforderlich sind, wie z. B. regelmäßige Wurmkuren. Alle Pferde werden von Natur aus von Würmern befallen. Sollte der Wurmbefall jedoch zu stark sein, kann er schwerwiegende Folgen haben, wie z. B. die Beschädigung innerer Organe, oder sogar zum Tod führen. Pferde sollten bereits als Fohlen ab dem Alter von sechs Wochen mindestens alle sechs bis acht Wochen entwurmt werden. Da es verschiedene Wurmkuren gegen unterschiedliche Arten von Würmern gibt, sollten Sie ein Entwurmungsprogramm anwenden, das alle Wurmarten effektiv bekämpft, d. h. verschiedene Entwurmungsmittel einsetzen.

IMPFUNGEN

ES IST NOTWENDIG, Ihr Pferd regelmäßig gegen Tetanus und Pferdegrippe impfen zu lassen. Häufig sind beide Impfstoffe in einer Injektion enthalten. Pferde, die an Turnieren der Kategorien A und B teilnehmen, müssen gegen Pferdegrippe geimpft sein.

ZÄHNE

DER OBERKIEFER des Pferdes ist breiter als der Unterkiefer. Beim Kauen nutzen sich die Zähne des Pferdes ab, und aufgrund der unterschiedlichen Kiefergrößen bilden sich außen an den Backenzähnen im Oberkiefer und innen an den Backenzähnen im Unterkiefer häufig scharfe Kanten. Sie sollten alle sechs Monate einen Termin mit einem Pferdezahnarzt oder einem Tierarzt vereinbaren, um die Zähne des Pferdes gerade raspeln zu lassen.

Oben
Dieses Pferd wird entwurmt. Ausgewachsene Pferde sollten alle sechs bis acht Wochen einer Wurmkur unterzogen werden.

Unten
Die Symptome eines kranken Pferdes sollten für den Tierarzt notiert werden. Dieser Cleveland Bay macht keinen gesunden Eindruck.

WANN SIE DEN TIERARZT RUFEN SOLLTEN

- Wenn sich das Pferd verletzt hat und stark blutet. Stillen Sie die Blutung. Tragen Sie vor der Ankunft des Tierarztes keine Cremes oder Puder auf die Wunde auf.
- Wenn Ihr Pferd Anzeichen einer Kolik zeigt, ist professionelle Hilfe erforderlich.
- Wenn sich Ihr Pferd eine Stichverletzung zugezogen hat, rufen Sie den Tierarzt. Solche Verletzungen entzünden sich häufig und erfordern die Behandlung mit einem Antibiotikum.
- Wenn Ihr Pferd lahm ist und Sie keine Erfahrungen im Umgang mit Lahmheiten besitzen und nicht wissen, wie sie zu behandeln ist.
- Wenn sich die Temperatur des Pferdes um mehr als 0,5 °C erhöht hat.
- Wenn das Pferd hustet oder dicken gelben Schleim aufweist und im Allgemeinen matt aussieht.

Halten Sie stets die Telefonnummer Ihres Tierarztes in der Sattelkammer oder in der Nähe des Telefons bereit, damit Sie sie im Notfall schnell zur Hand haben.

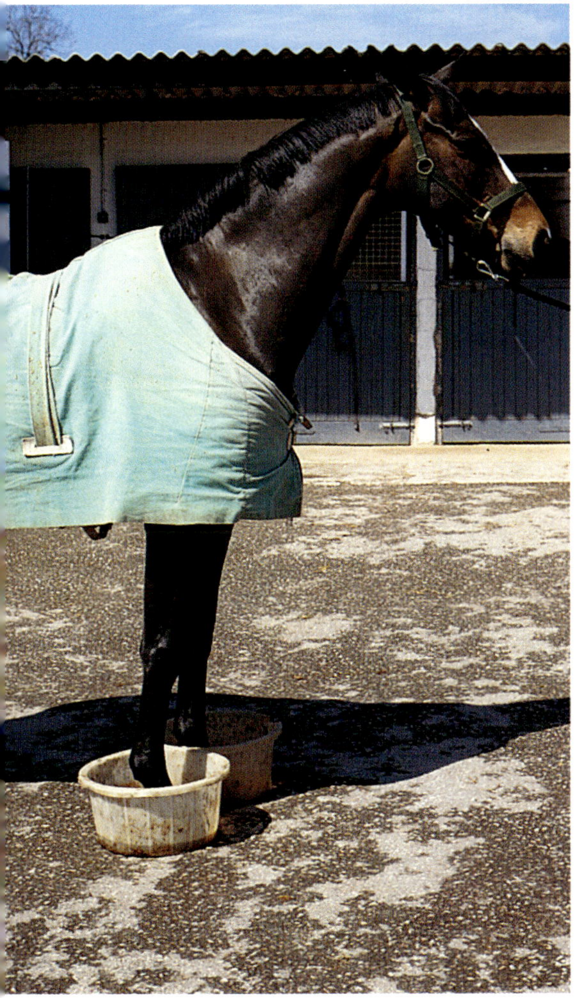

ERSTE-HILFE-KASTEN

BEI KLEINEREN WUNDEN ist es häufig nicht nötig, den Tierarzt zu rufen. Mit ein wenig gesundem Menschenverstand können Sie sie selbst behandeln. Jeder Reitstall sollte über einen Erste-Hilfe-Kasten verfügen, das außer Reichweite von Tieren und Kindern aufbewahrt wird. Er sollte im Wesentlichen folgendermaßen bestückt sein:

- Veterinärbandagen, selbsthaftende Bandagen, Krepp- und Stallbandagen
- Verbandmull
- Sterile Wundabdeckung
- Leukoplast
- Wundschutzpuder, -spray und -creme
- Watte
- Animalintex-Umschläge
- Kaolinpaste für Wickel
- Bittersalz
- Schere
- Thermometer
- Vaseline
- Reiner Alkohol oder Hamamelis gegen Schwellungen
- Holzteer

Wenn Sie mit Pferden reisen, müssen Sie grundsätzlich einen Erste-Hilfe-Kasten mitführen. Bewahren Sie ihn am besten im Auto auf, und ersetzen Sie alles, was sie daraus verwenden. Zu den wichtigsten Dingen gehören Bandagen bzw. Verbände, Verbandmull, Watte, Wundschutzpuder, Leukoplast, Schere, sterile Wundabdeckung und Animalintex-Umschläge.

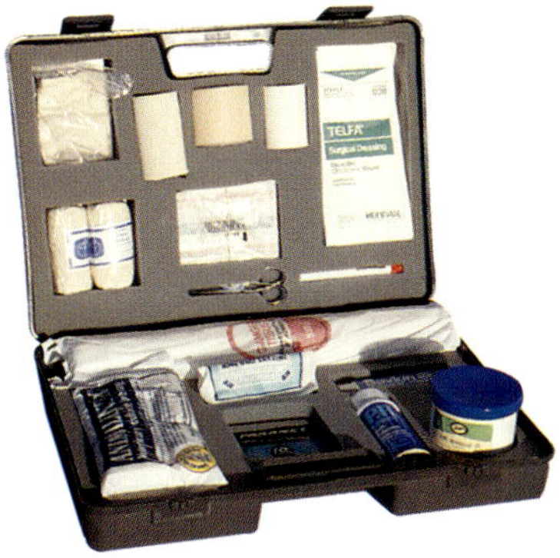

Oben links
Diese Pferdebesitzerin untersucht die Zähne Ihres Pferdes, um festzustellen, ob sie scharfe Kanten aufweisen und geraspelt werden müssen.

Links
Dieses Pferd nimmt ein Fußbad, das den Schmerz in der Sohle lindern soll.

Oben und unten
Auf Reisen sollte immer ein Erste-Hilfe-Kasten mitgeführt werden. Beim Transport in einem Pferdetransporter sollten Sie Ihrem Pferd grundsätzlich eine Decke auflegen.

Oben links
Dieses Pferd bekommt einen kalten Guss, der Wärmeherde und Schwellungen an dem verletzten Bein mindert.

Oben rechts
Ein Kleie- und Bittersalzwickel ist gut für Hufe, von denen die Hufeisen entfernt wurden.

Unten
Nach dem kalten Guss kann der betroffene Bereich mit warmem Wasser abgespült werden, um den Schmerz zu lindern und die Wunde zu säubern.

Unten rechts
Wickelmaterial.

GÄNGIGE BEHANDLUNGSMETHODEN

ES GIBT EINIGE Verfahren, die häufig bei der Behandlung kleinerer Wunden angewendet werden können und mit denen Sie sich vertraut machen sollten:

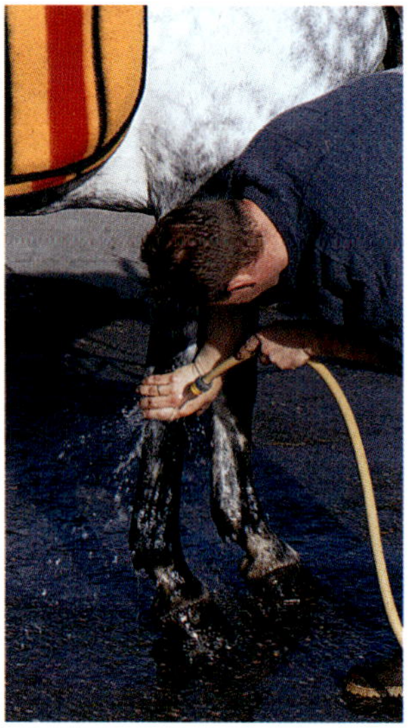

Kalte Güsse dienen vor Allem zum Kühlen und Mindern von Schwellungen an den Beinen. Fetten Sie zuvor die Hufe mit Vaseline ein, damit sie sich nicht entzünden, und beginnen Sie zunächst mit einem schwachen Wasserstrahl, um das Pferd nicht zu erschrecken. Richten Sie den Strahl gegen den Huf, und führen Sie ihn allmählich das Bein entlang bis zu der betroffenen Stelle. Nachdem sich das Pferd an den Strahl gewöhnt hat, können Sie den Wasserdruck erhöhen. Auf diese Weise können Sie Schmutz aus einer offenen Wunde entfernen und Druckstellen reduzieren. Richten Sie den Wasserstrahl nicht direkt auf die Wunde, sondern auf einen darüber liegenden Punkt. Um wirksam zu sein, muss diese Behandlung ungefähr zweimal am Tag je 20 Minuten lang durchgeführt werden. Nach dem Abspülen trocknen Sie die Ballen sorgfältig ab und fetten die Hufe nochmals ein, damit sie nicht brüchig werden.

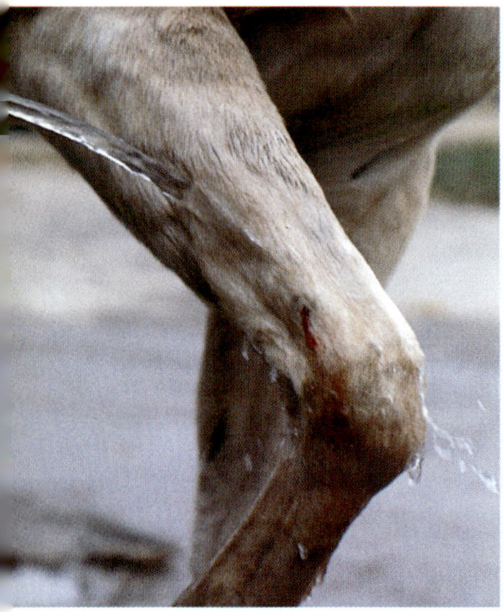

Heiße Umschläge können nach kalten Güssen angelegt werden, helfen gegen Schmerzen und Schwellungen und haben eine entzündungshemmende Wirkung. Lösen Sie in einem Eimer mit heißem Wasser (nicht zu heiß) ein wenig Bittersalz auf, tränken Sie ein Handtuch darin, wringen Sie es aus, und legen Sie es auf die betroffene Stelle. Wiederholen Sie diesen Vorgang mehrmals, und halten Sie das Wasser im Eimer warm, indem Sie regelmäßig heißes Wasser nachgießen. Um wirksam zu sein, muss diese Behandlung mindestens 20 Minuten lang durchgeführt werden. Sie eignet sich insbesondere für Stellen, die nicht verbunden werden können.

Wickel stellen eine großartige Methode dar, um eine schmutzige Wunde zu säubern, Entzündungen zu hemmen und die Wunde zu schützen. Es gibt unterschiedliche Arten von Wickeln, die gängigsten sind jedoch Animalintex und Kaolin. Animalintex ist eine sterile Wundabdeckung, die feucht oder trocken angewendet werden kann. Für die Trockenanwendung legen Sie es als sterile Wundabdeckung auf, die Sie dann mit einem Verband umwickeln. Für die Feuchtanwendung träufeln Sie abgekochtes, abgekühltes Wasser auf die unbehandelte Seite der Abdeckung. Stellen Sie sicher, dass sie nicht zu heiß ist, und legen Sie sie mit der behandelten Seite auf die betroffene Stelle. Bedecken Sie sie mit einer Plastikfolie, und umwickeln Sie sie mit einem Verband.

Kaolin ist äußerst wirksam bei der Behandlung von Druckstellen und Schwellungen. Erwärmen Sie das Kaolin, und verteilen Sie es auf einem Stück Tuch. Vergewissern Sie sich, dass es nicht zu heiß ist, legen Sie es auf die Wunde, und umwickeln Sie es mit einem Verband. Kaolin kann auch kalt angewendet werden. Lagern Sie es eine Zeit lang im Kühlschrank, legen Sie es um das Bein, und umwickeln Sie es mit einem Verband.

Ein Kleie- und Bittersalzwickel ist am Huf nach dem Entfernen des Hufeisens besonders wirkungsvoll, hat jedoch den Nachteil, dass viele Pferde in Versuchung geraten, ihn zu fressen. Bereiten Sie ein wenig Kleiebrei mit etwas Bittersalz zu. Bandagieren Sie das Bein, und fetten Sie die Ballen ein, um sie zu schützen. Füllen Sie den Kleiebrei in einen starken Plastikbeutel, sodass er bis zu einer Höhe von etwa 5 cm gefüllt ist. Stecken Sie den Huf in den Beutel, und drücken Sie den Brei um die Sohle des Hufs und die betroffene Stelle. Ziehen Sie entweder einen Wickelschuh darüber, um den Wickel zu sichern, oder umwickeln Sie ihn mit einem Verband. Alle Wickel und Verbände sollten mindestens alle 12 Stunden ausgewechselt werden.

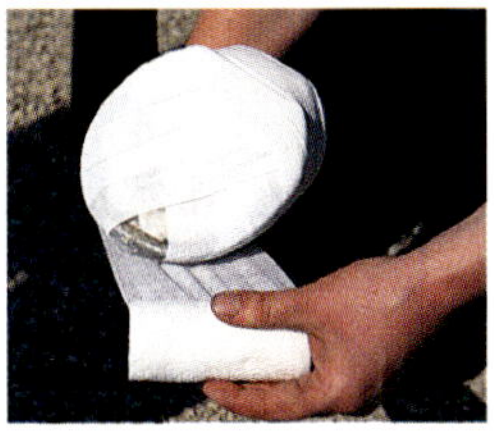

Links
Die Abbildungen zeigen, wie ein nasser Wickelverband am Huf angelegt wird.

Unten
Dieser Pferdebesitzer säubert die Beinwunde seines Pferdes.

Baden ist eine effektive Methode, um eine Wunde zu säubern, Entzündungen zu hemmen und Schwellungen im Hufbereich zum Abklingen zu bringen. Mischen Sie in einer flachen Plastikschüssel Wasser mit Salz bzw. Bittersalz zu einer gesättigten Lösung. Setzen Sie den Huf in die Schüssel, und baden Sie ihn darin zweimal täglich jeweils mindestens 15 Minuten. Nehmen Sie den Huf heraus, und legen Sie einen Wickel oder Verband an, um die Wunde sauber zu halten.

Beim Anlegen von Verbänden ist es sehr wichtig, Verbandmull oder Bandagenunterlagen unterzulegen, um den Druck gleichmäßig zu verteilen. Vergewissern Sie sich, dass der Verband fest sitzt und nicht rutscht. Er darf jedoch auch nicht zu eng sein. Verbinden Sie die Beine grundsätzlich paarweise, damit beide Beine gestützt werden.

BEHANDLUNG KLEINERER VERLETZUNGEN

STILLEN SIE DIE BLUTUNG, indem Sie einen sauberen Tupfer fest auf die Wunde drücken. Tun Sie dies jedoch nur, wenn Sie sicher sind, dass sich keine Fremdkörper in der Wunde befinden. Sobald die Blutung gestillt ist, entfernen Sie mit einer abgerundeten Schere vorsichtig alle Haare um die Wunde, damit Sie das Ausmaß der Verletzung besser untersuchen können. Säubern Sie die Wunde mit warmem, abgekochtem Wasser, dem Salz oder ein Antiseptikum zugesetzt wurde. Verwenden Sie dazu einen Wattebausch, und wischen Sie grundsätzlich von der Mitte der Wunde nach außen. Verwenden Sie für jeden Wisch ein frisches Stück Watte, und achten Sie darauf, keinen Sand oder Schmutz in die Wunde zu reiben. Nachdem die Wunde gesäubert ist, trocknen Sie den betroffenen Bereich ab und tragen Wundschutzpuder, -spray oder -creme auf.

Wenn Sie der Ansicht sind, dass das Pferd von einem Tierarzt untersucht werden sollte, tragen Sie keine Puder oder Cremes auf, da sonst das Ausmaß der Verletzung nicht mehr so gut zu erkennen ist. Überlassen Sie die Beurteilung des Problems einem Fachmann, der sofort eine fundierte Entscheidung in Bezug auf die Verletzung und deren Behandlung treffen kann.

ANDERE VERLETZUNGEN

ES GIBT VIER WESENTLICHE Arten von Verletzungen, mit denen Sie möglicherweise in Berührung kommen: Prellungen (Druckstellen), Risswunden, Schnittwunden und Stichwunden.

Prellungen können durch Tritte oder Schläge verursacht werden, die zu Druckstellen, Schwellungen, Wärmeentwicklung und Schmerzen führen. Als Behandlungsmethode eignen sich hier am besten kalte Güsse, Wickel oder heiße Umschläge.

Risswunden sind die am häufigsten vorkommenden Verletzungen. Es handelt sich dabei im Grunde genommen um Risse in der Haut mit ausgefranstem Rand. Je nach Schwere der Verletzung können Sie sie entweder selbst behandeln oder einen Tierarzt rufen. Eine Risswunde muss unter Umständen durch Abspülen oder Wickel gesäubert und eventuell genäht werden.

Schnittwunden sind eher selten. Es handelt sich dabei um einen sauberen Schnitt durch einen scharfen Gegenstand, wie z. B. Glas. Schnittwunden bluten häufig stark und müssen in den meisten Fällen von einem Tierarzt untersucht und genäht werden. Sie heilen normalerweise relativ schnell.

Stichwunden treten häufig am Huf auf, wenn sich das Pferd einen Nagel oder einen scharfen Gegenstand eingetreten hat. Sie können gefährlich sein, da die Wunde an der Oberfläche häufig klein ist, das Objekt jedoch tief eingedrungen sein kann. Die Gefahr einer Entzündung ist bei dieser Art von Verletzung recht hoch, und es ist sehr wichtig zu prüfen, ob der Tetanusschutz des Pferdes noch ausreicht. Um Entzündungen zu vermeiden, sollten Sie Wickel anlegen. Außerdem muss die Oberfläche der Wunde offen gehalten werden, bis sie von innen nach außen geheilt ist.

WISSENSWERTES:
Die WAHO (World Arabian Horse Organisation) ist weltweit für die Genehmigung der Araber-Zuchtbücher zuständig.

WISSENSWERTES: Knoblauch im Futter soll angeblich Würmer bekämpfen, Fliegen vertreiben, gegen Atembeschwerden helfen und eine blutreinigende Wirkung haben. Es gibt jedoch keinen wissenschaftlichen Beleg für diese These. Sicher ist jedoch, dass er schlechten Atem erzeugt.

ANZEICHEN VON LAHMHEIT

WENN EIN PFERD auf einem Vorderbein lahmt, vermeidet es, dieses Bein zu belasten. Wenn es sich um eine schwere Lahmheit handelt, können Sie dies daran erkennen, dass das Pferd das Bein beim Stehen entlastet. Sobald es sich vorwärts bewegt, nickt es übermäßig mit dem Kopf, d. h. wenn es mit dem lahmen Bein aufsetzt, geht der Kopf nach oben, und wenn es mit dem gesunden Bein aufsetzt, nach unten. Das Ausmaß dieses Kopfnickens lässt auf die Schwere der Lahmheit schließen. Lahmheiten an der Hinterhand sind schwerer zu erkennen. Wenn sich das Pferd von Ihnen entfernt, setzt es das gesunde Hinterbein tiefer und hebt das lahme Hinterbein höher.

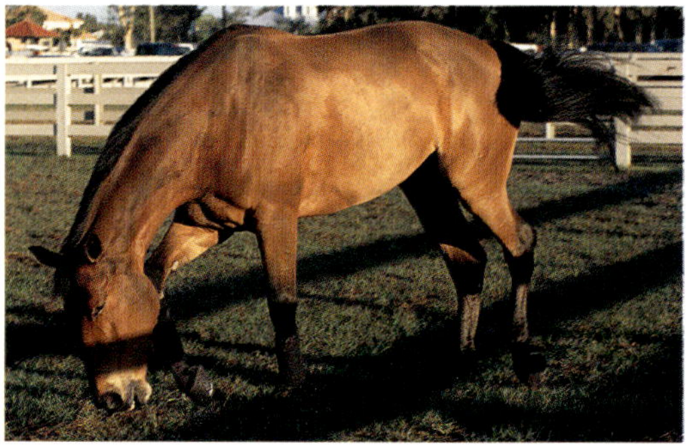

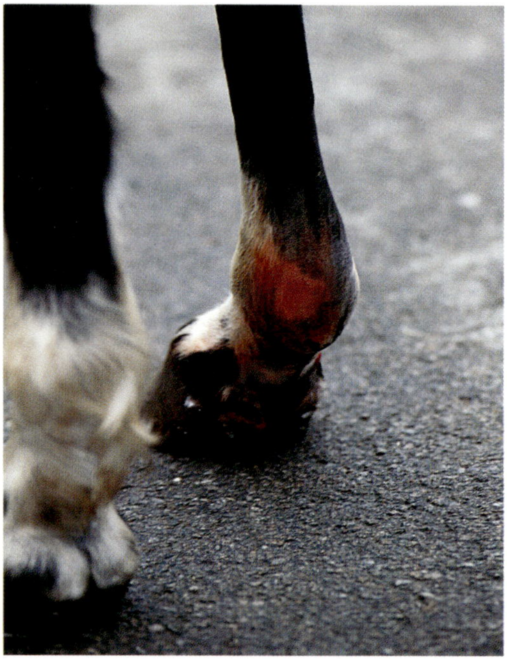

Oben rechts
Wenn ein Pferd derartige Anzeichen von Unruhe zeigt, sollten Sie lieber sofort einen Tierarzt rufen.

Oben links
Dieses Pferd hat geschwollene Fesselgelenke.

Mitte
Diese Verletzung an Fessel und Ballen sollte gesäubert und verbunden werden, damit sie sich nicht entzündet.

ANZEICHEN VON KOLIK

KOLIK IST EIN ALLGEMEINER Begriff, der jede Art von Unterleibsschmerz bezeichnet. Koliken können durch eine ganze Reihe von Faktoren verursacht werden, wie z. B. durch Füttern zu kurz vor oder nach dem Bewegen, Wurmschäden an inneren Organen, Überfressen, minderwertiges Futter oder Unwohlsein durch Veränderungen der Umgebung bzw. Teilnahme an einem Turnier usw.

Die Symptome sind von Pferd zu Pferd unterschiedlich und abhängig von der Stärke der Schmerzen. Das Pferd zeigt sichtbare Anzeichen von Unwohlsein, indem es sich häufig hinlegt und aufsteht, sich übermäßig wälzt, nach seinem Bauch tritt bzw. sich zu ihm umwendet. Seine Atemfrequenz steigt möglicherweise an, es beginnt zu schwitzen, mag wahrscheinlich nicht fressen und hat keinen Stuhlgang. In manchen Fällen kommen und gehen die Symptome, doch wenn sie mehr als zehn bis 15 Minuten anhalten, müssen Sie einen Tierarzt rufen.

Entfernen Sie das Futter aus der Box sowie andere Gegenstände (z. B. Futtertröge), an denen das Pferd sich in seinem nervösen Zustand verletzen könnte. Halten Sie das Pferd ständig unter Beobachtung. Wenn die Symptome nicht zu stark sind, führen Sie es auf weichem Boden herum. Sind sie jedoch sehr stark, lassen Sie es in der Box. Stellen Sie sicher, dass das Pferd in einer guten, dicken und tiefen Streu steht und keiner Zugluft ausgesetzt ist. Der Tierarzt verabreicht ihm möglicherweise ein Muskelrelaxans. In einigen Fällen führt er mit Hilfe einer Magenröhre flüssiges Paraffin ein, um die Verstopfung zu beseitigen. Wenn eine Darmverschlingung vermutet wird, ist unter Umständen eine Operation erforderlich.

Die beste Vorbeugung gegen Koliken ist ein gutes Stallmanagement.

PFLEGE EINES KRANKEN PFERDES

GEHEN SIE GRUNDSÄTZLICH auf Nummer sicher, und konsultieren Sie einen Tierarzt, wenn Sie wegen Ihres Pferdes aus irgendeinem Grund beunruhigt sind. Wenn Krankheiten und Verletzungen sofort behandelt werden, sind die Chancen einer vollständigen Genesung wesentlich höher. Messen Sie vor der Ankunft des Tierarztes die Temperatur, den Puls und die Atemfrequenz des Pferdes, und bereiten Sie sich darauf vor, dem Arzt die Symptome zu beschreiben, die das Tier gezeigt hat. Beim ersten Anzeichen einer Krankheit oder Verletzung darf das Pferd natürlich nicht mehr gearbeitet werden.

Machen Sie es dem Pferd so bequem wie möglich. Stellen Sie sicher, dass es in einer guten dicken Streu steht, und halten Sie es mit mehreren leichten Decken warm, wobei es jedoch nicht zu warm werden darf. Stören Sie das Pferd so wenig wie möglich. Wenn Sie können, entfernen Sie den Pferdekot. Bereiten Sie jedoch möglichst eine Tiefenstreu vor, die Sie beim Ausmisten nicht auswechseln müssen. Vergewissern Sie sich, dass das Pferd frische Luft bekommt, wobei Zugluft jedoch zu vermeiden ist. Versuchen Sie möglichst, im Stallbereich vor der Box des Pferdes für Ruhe zu sorgen, sodass es nicht von Aktivitäten gestört wird. In einigen

Links
Eine Kolik ist unter anderem daran zu erkennen, dass sich das Pferd wild herumwälzt, als ob es versucht, dem Schmerz zu entkommen.

Unten
Wenn das Pferd eine ansteckende Krankheit hat, sollte es getrennt von den Stallgebäuden und den übrigen Pferden untergebracht werden.

Fällen sollten Stallbandagen angelegt werden, um die Beine zu stützen. Sie müssen sie jedoch morgens und abends entfernen und die Beine massieren, bevor sie die Bandagen wieder anlegen.

Beobachten Sie das Pferd genau, ohne es zu stören. Wenn sich sein Zustand verschlechtert, rufen Sie sofort den Tierarzt. Kontrollieren Sie, wie viel Wasser das Pferd getrunken hat, und halten Sie die Frischwasserversorgung sauber. Passen Sie die Futterversorgung an, sodass das Pferd mehrere kleine Mahlzeiten über den Tag verteilt erhält. Das Futter sollte zum Fressen anregen und die Verdauung fördern. Wenn es dem Pferd wirklich schlecht geht, hat es möglicherweise kaum Appetit oder rührt sein Futter überhaupt nicht an. Futterreste sollten in diesem Fall sofort entfernt werden. Sofern vom Tierarzt nicht anders verordnet, geben Sie dem Pferd eine unbegrenzte Menge an Heu. Falls das Pferd Medikamente erhält, übertragen Sie hierfür jemandem die Verantwortung. Auf diese Weise ist die Gefahr geringer, dass jemand das Medikament vergisst oder die doppelte Menge verabreicht wird.

ISOLATION

GROSSE REITSTÄLLE haben eine Isolationsbox für die Unterbringung von Pferden mit infektiösen Krankheiten. Die Isolationsbox muss von allen anderen Boxen abgesondert sein. Idealerweise sollten sich daneben eine eigene Sattelkammer und ein eigener Lagerraum befinden. Sie muss sich weit genug entfernt von den übrigen Stallgebäuden befinden, um eine Ansteckung der anderen Pferde über die Luft zu vermeiden. Das in Isolation gehaltene kranke Pferd sollte wie oben beschrieben behandelt werden, doch muss die für seine Pflege verantwortliche Person aufgrund der Ansteckungsgefahr gewisse Vorkehrungen treffen. Es sollte ein kompletter Satz von Geräten vorhanden sein, die ausschließlich für die Isolationsbox verwendet werden, einschließlich Mistgabeln, Eimern, Putzzeug und Decken. Sie sollten alle sorgfältig desinfiziert werden, nachdem das Pferd aus der Isolation entlassen wurde. Für die Pflege des Pferdes sollte nur eine Person verantwortlich sein, die grundsätzlich Schutzkleidung anlegen sollte, wie Arbeitsanzug, Handschuhe, Hut und Stiefel, bevor sie mit dem Pferd in Berührung kommt. Vor dem Kontakt mit den anderen Pferden im Stall muss diese Schutzkleidung wieder abgelegt werden. Auch muss ein separater Misthaufen angelegt werden, der im Idealfall verbrannt werden sollte. Sobald das Pferd die Isolationsbox verlassen hat, muss die gesamte Streu verbrannt und die Box einschließlich der Wände gründlich abgespült, geschrubbt und desinfiziert werden.

WISSENSWERTES:
In Deutschland werden alle Leistungsprüfungen für Pferde durch die Leistungsprüfungsordnung (LPO) der Deutschen Reiterlichen Vereinigung e. V. (FN) geregelt. Die LPO unterteilt z. B. Veranstaltungen im Turniersport auf drei Ebenen: Kategorie C (lokale Bedeutung), B (regional) und A (überregional). Für A- oder B-Turniere muss das Pferd als Turnierpferd eingetragen sein und von der FN eine Starterlaubnis erhalten. Der Reiter muss einen gültigen, von der FN ausgestellten Reiterausweis besitzen.

Umgang mit Lahmheit

STRAHLFÄULE IST gewöhnlich das Ergebnis eines schlechten Stallmanagements. Dem Huf entströmt ein beißender Geruch, und der Strahl sondert eine unansehnliche schwarze Flüssigkeit ab. Im Allgemeinen fault das Horn, und bei Nichtbehandlung kann sich der Huf entzünden. Das Pferd lahmt zwar nicht sofort, wird dies jedoch nach einer gewissen Zeit tun, wenn der Huf nicht behandelt wird. Die Folge können eine Strahlatrophie und schlimmstenfalls sogar ein Zwanghuf sein. Strahlfäule kann durch regelmäßiges Auskratzen der Hufe, Bewegung und eine saubere trockene Umgebung vermieden werden. Die Behandlung von Strahlfäule umfasst auch eine Überprüfung Ihres Stallmanagements. Der Strahlbereich muss mit einer verdünnten Perhydrol-Lösung gesäubert und mit einem Wundschutzspray behandelt werden. Lassen Sie die angefaulten Stellen von Ihrem Hufschmied herausschneiden.

WISSENSWERTES:
Die eindrucksvolle Grabstätte von Qin Shi Huang (259 bis 210 v. Chr.), dem ersten Herrscher der Qin-Dynastie, enthält über 500 Terrakottamodelle von Wagenpferden und 116 Terrakottamodelle von Kavalleriepferden. Die ungefähr 1,73 m hohen Terrakottafiguren sind äußerst detailgetreu gearbeitet mit geschorenen Mähnen und eingeflochtenen Schweifen.

EINE PRELLUNG AN DER SOHLE ist insbesondere bei Pferden mit dünnen Sohlen nicht ungewöhnlich. Es handelt sich dabei um eine Druckstelle unter dem Huf, die im Allgemeinen entsteht, wenn das Pferd auf einen scharfen Stein tritt. Das Pferd fängt sofort an zu lahmen, erholt sich jedoch möglicherweise vorübergehend, um dann erneut zu lahmen. Das Hufeisen muss entfernt und der Huf mit einem Kleiewickel oder Animalintex verbunden werden, um die Prellung zu mildern. Bei Pferden, die anfällig für Prellungen sind, kann mit einem Spezialbeschlag (Rundeisen, Einlagen) für Abhilfe gesorgt werden.

Clavi entstehen grundsätzlich durch den Druck eines schlecht sitzenden oder zu lange getragenen Hufeisens. Ein Clavus ist eine Druckstelle im Ballenbereich der Sohle und bildet sich häufig im Inneren des Vorderhufs. Der Hufschmied muss das Hufeisen entfernen. Er lokalisiert den Clavus mit Hilfe eines Hufprüfgeräts und schält die Sohle bis auf den Clavus ab. Durch das Freilegen dieser Stelle wird der Druck gemindert, und der Huf kann anschließend mit einem Wickelverband versehen werden, um die Druckstelle zu lindern und Entzündungen einzudämmen. Pferde, die schon einmal einen Clavus hatten, neigen leider häufig zu dieser Art von Verletzung und müssen daher besonders regelmäßig und sorgfältig beschlagen werden.

Ein Nagelstich entsteht, wenn der Hufschmied versehentlich einen Nagel in den empfindlichen Bereich des Hufs schlägt. Das Pferd reagiert sehr heftig darauf, und Sie werden die Ursache des Problems schnell erkennen, da es sofort zu lahmen beginnt. Nachdem der Nagel entfernt wurde, sollte das Nagelloch mit einer verdünnten Perhydrollösung gespült oder mit Jodtinktur bestrichen werden, um die Gefahr einer Entzündung zu verringern. Falls Druckstellen auftreten, muss der Huf mit einem Wickelverband versehen werden und sollte nicht beschlagen werden, bis das Pferd wieder ganz gesund ist.

Eine Vernagelung hat ähnliche Folgen, jedoch schlägt der Hufschmied den Nagel hier zu dicht am empfindlichen Hufbereich ein, sodass unangenehme Druckstellen entstehen. Das Pferd wird dabei wahrscheinlich erst kurze Zeit nach dem Beschlagen lahm. Die Hufwand schmerzt an der Stelle der Vernagelung, und der Fuß fühlt sich warm an. Das Hufeisen muss entfernt und der Huf mit einem Wickelverband versehen werden, um die Prellung zu mildern.

Hufrehe ist eine höchst komplizierte Krankheit, die sich in einer Entzündung der empfindlichen Huflederhaut äußert. Die Entzündung verursacht große Schmerzen, und im schlimmsten Fall kann es zu einem Reißen der Lederhaut kommen, dem ein Drehen und Absenken des Hufbeins und Ausschuhen (Ablösen der Hornkapsel) folgt. Auslöser der Hufrehe können Überfütterung, Bewegungsmangel und Überanstrengung sein. Sie tritt häufiger bei Ponys auf und betrifft normalerweise die Vorderbeine, auch wenn alle vier

Oben
Dieses Pferd ist in einem sehr guten Zustand. Strahlfäule kann jedoch zu vorübergehender Lahmheit führen.

Unten
Um Druckstellen an der Sohle zu behandeln, muss das Hufeisen entfernt und ein Wickelverband angelegt werden.

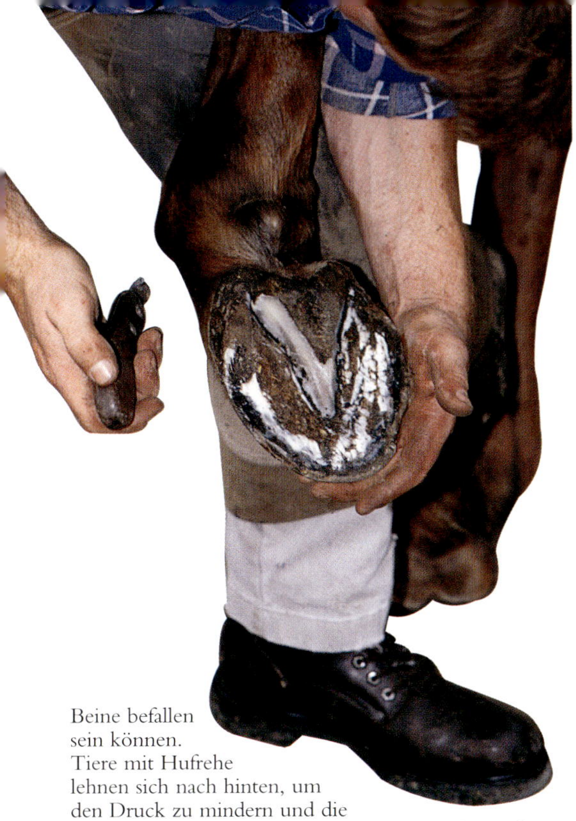

Beine befallen sein können. Tiere mit Hufrehe lehnen sich nach hinten, um den Druck zu mindern und die Hufe zu entlasten. Sie lassen sich nicht von der Stelle bewegen, haben möglicherweise eine höhere Atemfrequenz, warme Beine und einen erhöhten Puls. Die Behandlung umfasst eine Einschränkung der Ernährung, die Verabreichung von Schmerzmitteln (z. B. Phenylbutazon), einen orthopädischen Beschlag mit Steg zur Unterstützung des Hufbeins und/oder das Abschälen von totem Material an der Vorderseite des Hufs zur Wiederherstellung des Gleichgewichts. Leichte Bewegung regt die Blutzirkulation an. Pferde mit Hufrehe bleiben auch weiterhin anfällig für diese Krankheit.

Strahlbeinlähme ist eine sehr komplexe Krankheit, über die nur wenig bekannt ist. Schmale und besonders konkave Hufe sowie Stöße tragen möglicherweise zu ihrer Entstehung bei. Strahlbeinlähme resultiert in einer reduzierten Blutversorgung des Strahlbeins, das zu faulen und rau zu werden beginnt. Diese Krankheit ist nicht heilbar, kann jedoch behandelt werden. Häufiges Straucheln sowie Widerwillen gegen das Springen und eine Verkürzung der Schritte, die sehr vorsichtig wirken können, sind frühe Symptome. Nach einer Diagnose mittels Röntgen und Nervenblockade kann die Behandlung beginnen. Ein guter Beschlag kann hier von großem Vorteil sein. Die Ballen müssen gestützt werden, und dies wird gewöhnlich durch Hufeisen mit Steg erreicht. Ein Abrunden der Zehe kann das Abrollen erleichtern. Mäßige Bewegung hilft, die Blutzirkulation des Pferdes anzuregen. Außerdem wird der Tierarzt wahrscheinlich Phenylbutazon gegen die Schmerzen und Isoxuprin oder Warfarin zur Verbesserung der Blutzirkulation verschreiben.

WISSENSWERTES:
Robert Redfords Film „Der Pferdeflüsterer" basiert auf dem gleichnamigen Buch von Nicholas Evans. Redford ist gleichzeitig der Hauptdarsteller des Films. Gerüchten zufolge hat Redford den fiktiven Helden der Geschichte einem Pferdetrainer aus Wyoming in den USA namens Buck Brannaman nachempfunden.

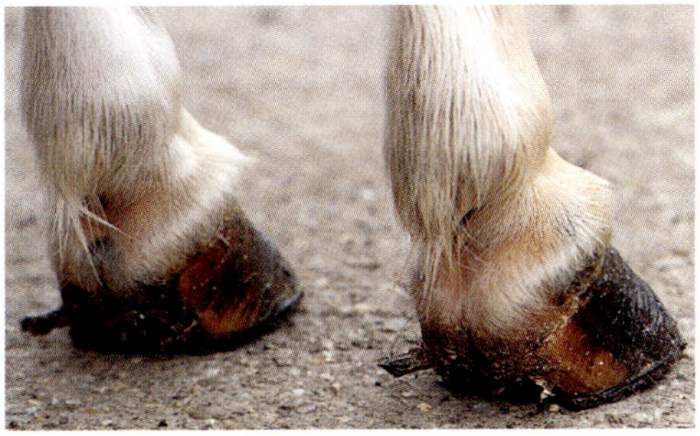

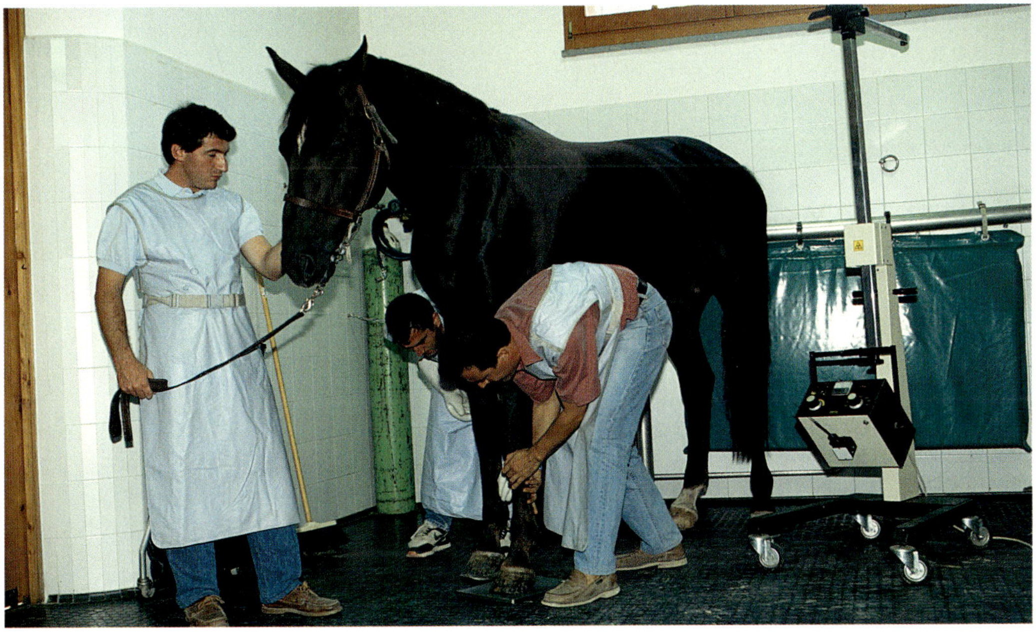

Oben
Schmale oder konkave Hufe können zur Entstehung von Strahllähme beitragen.

Oben
Das tote Hufmaterial wird vom Hufschmied entfernt.

Links
Dieses Pferd wird für das Röntgen vorbereitet.

Fitnesstraining

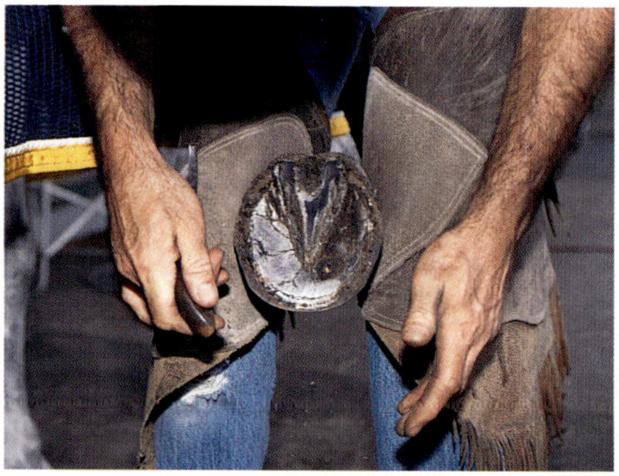

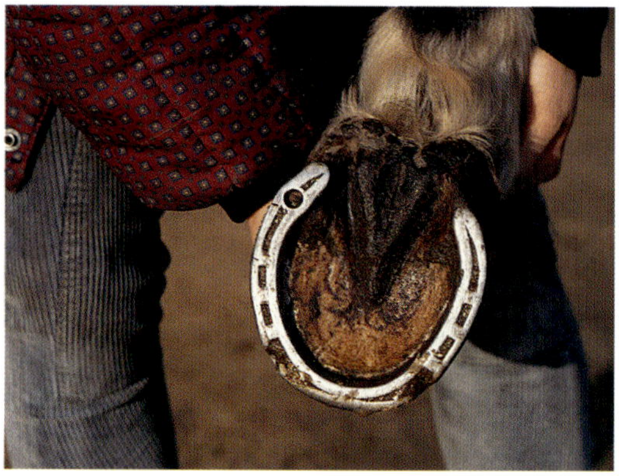

Oben
An diesem Pferdehuf sind Nagellöcher sichtbar.

Mitte
Der Hufschmied schneidet Strahl und Sohle des Pferdehufs zurecht, um sicherzustellen, dass er sich für das Training in perfektem Zustand befindet.

Unten
Für das Trainingsprogramm sollten grundsätzlich zwei Wochen mehr als geplant angesetzt werden, um bei eventuell auftretenden Problemen Spielraum zu haben.

WISSENSWERTES:
Han Kan war ein berühmter Künstler der T'ang-Dynastie (618 bis 906 n. Chr.) und war der Hof- und Pferdemaler des Herrschers Hsuan-Tsung, der Überlieferungen zufolge etwa 40.000 Pferde besaß.

BEVOR SIE MIT DEM Trainingsprogramm beginnen, sollten Sie verschiedene Faktoren berücksichtigen und einige Vorbereitungen treffen. Das Trainingsprogramm hängt zu einem großen Teil davon ab, wie lange das Pferd nicht gearbeitet wurde, ob es aufgrund einer Verletzung pausieren musste oder ihm einfach eine Ruhepause gegönnt wurde. Auch die Jahreszeit, in der es nicht trainiert wurde, spielt eine Rolle. Wenn Sie mit einem Trainingsprogramm beginnen und dabei ein bestimmtes Enddatum ins Auge fassen, z. B. das erste Turnier der Saison, sollten Sie stets mindestens zwei Wochen zu der Zeit dazurechnen, die Ihrer Ansicht nach erforderlich ist, um Ihr Pferd fit zu machen. Dadurch erhalten Sie einen ausreichenden zeitlichen Spielraum, falls Ihre Pläne in irgendeiner Weise beeinflusst werden.

DIE VORBEREITUNGSPHASE

WENN IHR PFERD den Sommer auf der Weide verbracht hat, müssen Sie es ein paarmal für kurze Zeit in den Stall bringen, um es wieder an geschlossene Räume zu gewöhnen. Außerdem müssen Sie ihm ganz allmählich Kraftfutter und Heu zufüttern, falls es den ganzen Sommer über nur Gras gefressen hat. Wenn Ihr Pferd den Winter über pausiert hat, wurde es wahrscheinlich bereits über Nacht in den Stall gebracht und sollte schon an ein wenig Heu gewöhnt sein. Es muss beschlagen werden, und Sie sollten daher sicherstellen, dass die Hufe gegebenenfalls mit Nagellöchern versehen werden. Untersuchen Sie die Zähne des Pferdes, und lassen Sie sie gegebenenfalls raspeln. Auch sollten Sie prüfen, ob die Impfungen des Pferdes aufgefrischt werden müssen. Falls ja, vereinbaren Sie dafür einen Termin mit dem Tierarzt. Eine Wurmkur kann ebenfalls sinnvoll sein, auch wenn das Pferd sowieso regelmäßig alle sechs bis acht Wochen entwurmt werden sollte.

Putzen Sie das Pferd, um das Fett aus seinem Fell zu entfernen, und gewöhnen Sie es allmählich an das Tragen leichter Decken. Zu Beginn des Trainingsprogramms sollten Sie das Pferd nicht scheren, da es anfangs viel im Schritt bewegt wird und sich erkälten könnte. Warten Sie mit dem Scheren am besten, bis das Pferd wieder im Trab gearbeitet wird. Sie können jedoch die Mähne bzw. den Schweif verziehen und unansehnliche Köten und „Barthaare" trimmen. Reiben Sie Gurt-, Sattel- und Zaumzeugbereich mit reinem Alkohol ein, um zu vermeiden, dass Sattel und Zaumzeug an der weichen Haut des Pferdes scheuern.

DIE SCHRITTPHASE

WENN SICH DAS PFERD von einer Verletzung erholen musste (insbesondere an Sehnen oder Bändern), muss es über einen längeren Zeitraum – wahrscheinlich sechs bis acht Wochen – im Schritt gearbeitet werden. Der Tierarzt wird Ihnen die geeignete Dauer nennen. Auch Pferde, die für Rennen oder Langstreckenritte

vorbereitet werden, müssen eine längere Schrittphase von vier bis sechs Wochen einlegen. Unerfahrene Turnierpferde und Jagdpferde erfordern mindestens zwei bis drei Wochen Schrittarbeit und Pferde, die für leichte Ausritte vorbereitet werden sollen, eine bis zwei Wochen. Es kann nicht häufig genug betont werden, wie wichtig die anfängliche Schrittphase ist. Übereifer kann bzw. wird mit ziemlicher Sicherheit zu späteren Verletzungen führen.

Die Schrittarbeit sollte auf einem festen Untergrund erfolgen, z. B. einer Straße. Reiten Sie das Pferd versammelt, und lassen Sie es nicht schlurfen. Beginnen Sie mit einer halben Stunde täglich, und verlängern Sie die Dauer nach und nach auf eineinhalb Stunden pro Tag. Diese frühe Phase trägt dazu bei, Sehnen, Bänder und Muskeln zu stärken und auf die anschließende härtere Arbeit vorzubereiten. Außerdem hilft sie, die Stärke und Dichte der Knochen zu verbessern und die Effizienz von Herz und Lunge zu steigern.

DIE TRABPHASE

WENN DAS PFERD Ihrer Meinung nach gut genug vorbereitet ist, können Sie – nach Abschluss der Schrittphase – nach und nach mit der Trabarbeit beginnen. Bei Jagd- oder unerfahrenen Turnierpferden beginnt diese Phase ungefähr in der dritten Woche. Beginnen Sie mit jeweils etwa einer Minute Trab, und führen Sie während Ihrer eineinhalbstündigen Schrittarbeit drei bis vier dieser Trabelemente durch. Erhöhen Sie nach und nach die Dauer der einzelnen Trabelemente. Wenn möglich, beginnen Sie, Steigungen in das Training einzubauen. Bergauf zu traben reduziert die Belastung der Vorderbeine und stärkt die Rücken- und Hinterhandmuskeln.

Legen Sie den größten Teil der Steigung zunächst im Schritt zurück, und beginnen Sie erst kurz vor Erreichen der Kuppe zu traben. Vergrößern Sie die Strecken, die sie bergauf traben, nach und nach. Reiten Sie das Pferd nicht auf der Straße im Trab, da es dadurch zu heftigen Stößen ausgesetzt wird. Ein fester ebener Boden ist ideal – achten Sie jedoch auf Furchen und vermeiden Sie tiefen Matsch. Überwachen Sie sorgfältig die Atemfrequenz des Pferdes. Wenn sich die Atmung nach der Anstrengung nicht schnell wieder beruhigt, treiben Sie es zu hart an. Nach ungefähr zwei bis drei Wochen sollten Sie die Trabarbeit schrittweise soweit intensiviert haben, dass das Pferd problemlos über einen längeren Zeitraum im Trab geht, ohne müde zu werden.

WISSENSWERTES:
Pferde mit „Schlappohren" haben angeblich ein freundliches Temperament – aber Ausnahmen bestätigen bekanntlich die Regel.

Oben links
Diese Pferde werden leicht gearbeitet. Eine Schrittphase kann bis zu acht Wochen dauern.

Oben
Fortgeschrittene Übungen, wie der Paso fino, *sollten erst in Angriff genommen werden, wenn das Pferd fit ist.*

Unten
Die Schrittphase sollte nicht zu kurz sein, da dies sonst unvermeidlich zu Verletzungen führt.

DIE GALOPPPHASE

ALS NÄCHSTES können Sie das Pferd ähnlich wie an den Trab nach und nach an die Galopparbeit gewöhnen. Bei Jagdpferden oder unerfahrenen Turnierpferden beginnt diese Phase wahrscheinlich in der sechsten oder siebten Woche des Trainingsprogramms. Suchen Sie sich eine langgezogene Strecke mit gutem Untergrund für den Galopp, und bereiten Sie sich darauf vor, dass Ihr Pferd buckeln könnte. Versammeln Sie Ihr Pferd, und entlasten Sie seinen Rücken. Stellen Sie grundsätzlich sicher, dass das Pferd richtig warm geritten ist, bevor Sie es zum Galopp auffordern. Erhöhen Sie nach und nach die Länge und Dauer der Galopparbeit, und achten Sie dabei stets auf die Atemfrequenz. Im Allgemeinen ist es zu diesem Zeitpunkt möglich, einige Schulübungen in das Programm aufzunehmen und die Arbeit in zwei Trainingssitzungen zu unterteilen.

Bauen Sie die Schulübungen nach und nach in Ihr Programm ein. Beginnen Sie zunächst mit großen Zirkeln und leichten Übungen. Dieses Training sollte anfangs ungefähr 20 Minuten dauern. Nachdem sich das Pferd an die Schulübungen gewöhnt hat, können Sie mit leichten Sprüngen und Longieren beginnen. Wenn Ihr Pferd besonders leicht erregbar ist, müssen Sie es möglicherweise zu Beginn Ihres Programms longieren, bevor Sie es reiten. Denken Sie jedoch daran, dass das Longieren sehr intensive Arbeit ist, die nicht übertrieben werden sollte. Inzwischen sollte das Pferd eine bis eineinhalb Stunden pro Tag gearbeitet werden, und zwar vorzugsweise in zwei Sitzungen – je nachdem, welche Art von Training es erhält. In der achten oder neunten Woche sollte es springen und im Gelände geritten werden können.

GEWÖHNUNG AN SCHNELLE ARBEIT

MIT SCHNELLER ARBEIT sollte grundsätzlich nur ganz allmählich begonnen werden. Reiten Sie das Pferd richtig warm, fordern Sie es dann zum Galopp auf, und stellen Sie ein gleichmäßiges flottes Tempo her. Treiben Sie Ihr Pferd über eine kurze Strecke zu voller Geschwindigkeit an, und kehren Sie dann wieder zum normalen Galopp zurück. Parieren Sie anschließend allmählich zu Trab und Schritt durch. Dies wird manchmal als „Pipe Opener“ (Vollgalopp) bezeichnet und sollte nur ungefähr zwei bis drei Mal pro Woche ganz am Ende des Trainingsprogramm durchgeführt werden. Bei unerfahrenen Turnierpferden wäre dies ungefähr in der zehnten bis zwölften Woche.

Die Länge und Art des Trainings hängt von der jeweiligen Disziplin ab: Ein Freizeitpferd muss nicht demselben Training unterzogen werden wie ein unerfahrenes Turnierpferd. Ein Pferd, das für Vielseitigkeitsprüfungen ausgebildet werden soll, muss dagegen noch wesentlich härter trainiert werden.

Oben links
Das Pferd sollte erst zum Galoppieren aufgefordert werden, nachdem es warm geritten wurde.

Oben rechts
Verschiedene Disziplinen erfordern ein unterschiedliches Training. Im Galopp sollte jedoch erst nach einem längeren Zeitraum geritten werden.

Unten
Pferde, die an Vielseitigkeitsprüfungen teilnehmen sollen, benötigen ein längeres und härteres Training.

WISSENSWERTES:
Im alten Japan war es Sitte, als Glücksbringer einen Pferdkopf über den Eingang eines Farmhauses zu hängen.

INTERVALLTRAINING

DAS INTERVALLTRAINING unterscheidet sich vom übrigen Training und kann während der Trabphase begonnen werden. Es umfasst ein bestimmtes Arbeitsmuster, das sich mit Ruhephasen im Schritt abwechselt. Der Schritt verzögert die Bildung von Milchsäure, die zu Muskelermüdung führen kann. Das zweite Arbeitsmuster ist wesentlich härter als das erste, was dazu beiträgt, dass das Pferd Stress besser bewältigen lernt. Natürlich entwickelt jeder eine eigene Routine, doch sollte ein Intervalltraining im Großen und Ganzen folgendermaßen aussehen:

Markieren Sie zunächst eine Strecke von 400 m, die Ihnen als Maß dienen soll. Reiten Sie Ihr Pferd gründlich warm, und galoppieren Sie die markierte Strecke bei gleichbleibendem Tempo. Sie sollten sie in wenig mehr als einer Minute zurücklegen. Reiten Sie anschließend drei Minuten lang im Schritt. Achten Sie auf Atmung und Puls. Sobald sie sich wieder normalisiert haben, wiederholen Sie die Übung. Messen Sie die Atem- und Pulsfrequenz auch nach dem zweiten Galopp, lassen Sie das Pferd zehn Minuten im Schritt gehen, und prüfen Sie dann Puls und Atmung erneut. Wenn sich die Werte inzwischen normalisiert haben, können Sie die Arbeitsbelastung erhöhen. Tun Sie dies schrittweise, indem Sie bis zu fünfmal drei Minuten lang galoppieren und nach jedem Galopp Schritt reiten. Inzwischen sollte der Galopp in einem recht scharfen Tempo erfolgen können. Dies sollte in vier bis fünf Wochen erreicht werden, und zu diesem Zeitpunkt sollte das Pferd fit für ein Turnier sein. Dieses Trainingsverfahren ist für einige Pferde sehr gut geeignet. Andere wiederum finden es langweilig und werden möglicherweise lustlos. Das Intervalltraining sollte nur zwei Mal pro Woche praktiziert werden.

EINIGE PUNKTE, DIE SIE BEACHTEN SOLLTEN

- Beobachten Sie das Pferd genau auf Anzeichen von Stress oder Verletzungen. Vergewissern Sie sich, dass Beine oder Füße nicht warm sind, und übereilen Sie keine der einzelnen Phasen.
- Das Ernährungsprogramm muss der zunehmenden Arbeitsbelastung des Pferdes angepasst werden.
- Lassen Sie Ihr Pferd weiterhin so oft wie möglich auf die Weide, damit es sich erholen kann und nicht steif wird.
- Sie sollten dem Pferd für die Arbeit geeignete Gamaschen anlegen: Streichkappen und Kniegamaschen für Ritte auf der Straße und Sprungglocken zum Springen.
- Gestalten Sie das Trainingsprogramm so interessant und abwechslungsreich wie möglich, damit das Pferd sich nicht langweilt und lustlos wird.
- Sorgen Sie dafür, dass das Pferd an seinem Ruhetag für längere Zeit auf die Weide kommt und nicht 24 Stunden im Stall steht.

Rechts Mitte
Das Ernährungsprogramm des Pferdes muss während des Trainings umgestellt werden.

Unten
An seinen Ruhetagen sollte das Pferd auf die Weide gelassen werden.

WISSENSWERTES:
Geländehindernisse werden auf der rechten Seite mit einer roten Flagge und auf der linken Seite mit einer weißen Flagge markiert. Der Sprung muss zwischen diesen beiden Flaggen hindurch erfolgen.

Pferdezucht

STUTEN UND HENGSTE sollten nur für die Zucht verwendet werden, wenn sie über ein ausgezeichnetes Exterieur und Temperament und bewährte Fähigkeiten verfügen. Viele züchten lediglich um des Züchtens willen – häufig einfach nur, weil eine Stute nicht mehr geritten werden kann. Es gibt zu viele Pferde auf der Welt, die niemand will – nur weil unerfahrene „Freizeitzüchter“ nicht davon ablassen können, völlig ungeeignete Stuten als Zuchttiere zu verwenden.

DAS ZUCHTVERFAHREN

PFERDE KOMMEN im Alter von ungefähr zwei Jahren in die Pubertät, doch ist es nicht ratsam, Hengste oder Stuten für die Zucht zu verwenden, bevor sie das dritte Lebensjahr erreicht haben. Es gibt in der Tat keinen Grund, sehr junge Pferde für die Zucht zu verwenden, da Pferde sehr lange fruchtbar sind und bis Anfang 20 zeugungs- bzw. gebärfähig bleiben. Außerdem sollten Sie bedenken, dass die Fähigkeiten oder Neigungen eines sehr jungen Pferdes noch nicht erkennbar sind. Die Zucht würde somit aus einer unbekannten Quelle erfolgen.

Die Hauptpaarungszeit liegt zwischen Februar und August, wobei sich die Hauptfruchtbarkeitszeiten über den April, Mai und Juni erstrecken. Die längeren und wärmeren Tage regen den Geschlechtszyklus der Stute an. Dieser Zyklus dauert ungefähr 21 Tage, von denen fünf fruchtbar und 16 unfruchtbar sind. Während der fruchtbaren Tage wird die Stute im Allgemeinen als „rossig“ bezeichnet, d. h. sie ist bereit für die Paarung. Bei Vollblutpferden wird die Fruchtbarkeitsphase häufig bereits im Januar auf künstliche Weise herbeigeführt, indem die Stute in speziell beheizten und beleuchteten Ställen untergebracht wird. Auf diese Weise kann sie so befruchtet werden, dass sie Anfang des Jahres fohlt. Das offizielle Geburtsdatum von Vollblutpferden ist der 1. Januar. Somit ist eine möglichst frühe Geburt von Vorteil. Für alle übrigen Pferderassen ist es jedoch am besten, die Geburt des Fohlens nicht in dieser Weise zu planen, da das Wetter immer noch schlecht ist und das Gras noch nicht zu wachsen begonnen hat.

Oben
Diese Stute wird mit einem Hengst bekannt gemacht, der sich auf der anderen Seite des Flirtzauns befindet. Anhand ihrer Reaktion wird festgestellt, ob sie paarungsbereit ist.

Oben und unten
Diese Araber- und Hannoveraner-Hengste haben ein Alter erreicht, in dem ihre Zuchteigenschaften bestimmt werden können.

Wenn die Stute rossig ist, wird vor dem Decken zunächst geprüft, ob sie für die Paarung mit dem Hengst bereit ist. Entweder wird der Hengst an ihrer Koppel vorbeigeführt, um ihre Reaktion zu testen, oder sie wird an einen so genannten „Flirtzaun“ herangeführt, wobei es dem Hengst erlaubt wird, sie von der anderen Seite aus zu beschnuppern. Der Zaun zwischen Hengst und Stute vermeidet Verletzungen durch Tritte. Wenn sich die Stute paarungsbereit zeigt, wird sie alle zwei Tage gedeckt, bis sie nicht mehr rossig zu sein scheint. Wenn sie innerhalb von ungefähr drei Wochen nicht wieder rossig wird, ist sie wahrscheinlich trächtig. Die Trächtigkeit dauert ungefähr 11 Monate und 10 Tage, obwohl auch Früh- oder Spätgeburten vorkommen.

DAS JUNGE FOHLEN

NACHDEM DAS FOHLEN geboren wurde, sollten Sie so viel Zeit mit ihm verbringen wie möglich. Sie müssen sich vergewissern, dass das

Fohlen richtig trinkt und die Stute es bereitwillig säugt. In einigen Fällen müssen Sie die Stute daran gewöhnen, ihr Fohlen saugen zu lassen. Es ist ratsam, möglichst mehrere Stuten und Fohlen zusammen auf die Weide zu lassen. Auf diese Weise können die Fohlen miteinander spielen, und den Stuten wird ein wenig Ruhe gegönnt, während sich die Fohlen beschäftigen.

Es ist äußerst wichtig, dass für die Pferde eine geeignete Weidefläche zur Verfügung steht.

Sie muss sicher eingezäunt sein, vorzugsweise mit einem speziellen Pferdezaun oder einem Lattenzaun mit ungiftiger Hecke. Weiterhin müssen Sie sicherstellen, dass es keine kleinen Löcher gibt, in denen sich die Hufe der Fohlen verfangen könnten. Auch Hindernisse oder Vorsprünge, in die sie laufen könnten, dürfen nicht vorhanden sein. Dem Fohlen sollte so bald wie möglich ein Fohlenhalfter angelegt werden. Achten Sie jedoch darauf, den Sitz des Halfters während des Heranwachsens des Fohlens regelmäßig zu überprüfen. Gewöhnen Sie das Fohlen an den Umgang mit dem Menschen und das Führen. Beginnen Sie damit am besten, indem Sie ihm in weiches Tuch um den Halsansatz legen und es mit einer Hand festhalten.

Wenn das Fohlen ein wenig größer ist, können Sie statt des Tuchs einen langen weichen Strick (ein so genanntes „Baby-Rope") verwenden, der in Form einer Acht angelegt wird. Legen Sie dem Fohlen den Strick von der Rückenmitte aus um den Halsansatz. Führen Sie ihn dann wieder zurück zur Rückenmitte, und legen Sie ihn um die Hinterhand. Fassen Sie den Strick nun über dem Rücken mit der Hand, und führen Sie das Fohlen daran herum.

WISSENSWERTES:
Julius Cäsar (100 bis 44 v. Chr.) hinterließ viele dokumentarische Zeugnisse zur Verwendung des Pferdes in der römischen Armee. Überraschenderweise wurde jedoch größtenteils zu Fuß gekämpft. Die Reiter in der Armee wurden ausnahmslos als Boten und zur Unterstützung der Fußsoldaten eingesetzt.

Oben
Dieses Fohlen wird an den Umgang mit dem Menschen und das Führen gewöhnt. Die Besitzerin hat ihm ein weiches Tuch um den Hals gelegt, um seine Bewegungen zu unterstützen.

Unten
Es ist wichtig, sicherzustellen, dass das neugeborene Fohlen versorgt wird und richtig trinkt.

WISSENSWERTES:
Die Nez Percè-Indianer in Amerika waren für ihre Geschicklichkeit im Umgang mit Pferden und ihre hoch geschätzten gescheckten Pferde, den heutigen Appaloosas, berühmt.
Ihnen ist es zu verdanken, dass die Appaloosa-Rasse in sehr kurzer Zeit entwickelt wurde.

Auswahl eines Hengstes

SOWOHL DIE AUSWAHL des Hengstes als auch einer geeigneten Stute ist von entscheidender Bedeutung. Sie mussen eine Vorstellung davon haben, welche Art von Pferd Sie erhalten möchten, z. B. ein Vielseitigkeitspferd, ein Dressurpferd, ein Kutschpferd, ein Kinderpony usw. All diese Faktoren müssen auf jeden Fall berücksichtigt werden, da von ihnen die Wahl des Hengstes abhängt. Weiterhin sollten Sie bedenken, dass Sie einen Hengst finden müssen, der die Schwachstellen der Stute ausgleicht und umgekehrt, sodass sich beide gut ergänzen.

ERGÄNZENDE ZUSAMMENSTELLUNG

WENN DIE BEWEGUNG der Stute z. B. von der Schulter abwärts leicht eingeschränkt ist, müssen die Bewegungen des Hengstes besonders schön und fließend sein. Der Hengst sollte ein ausgezeichnetes Exterieur aufweisen, das dem Zuchtzweck seiner Nachkommenschaft entgegenkommt. Auch eine Beurteilung seines Temperaments ist wichtig, wobei Sie ihm jedoch gewisse Hengstmanieren zugute halten sollten. Beobachten Sie, wie er sich im Stall und gegenüber seinem Pfleger verhält. Auch der Standort seines Stalls spielt eine Rolle. Wenn er irgendwo in einer abgelegenen Ecke in einer dunklen Umgebung mit Gittern an der Tür untergebracht ist und sein Pfleger den Stall mit einem Besen betritt, ist er mit Sicherheit kein besonders angenehmer Zeitgenosse. Sie sollten einen Hengst auswählen, der nachweislich in dem Bereich Erfahrungen hat, für den seine Nachkommenschaft gezüchtet werden soll.

Aber auch hier gibt es die berühmte Ausnahme von der Regel: Wenn Sie ein Vielseitigkeitspferd züchten möchten und eine Stute mit sehr guten Leistungsnachweisen verwenden, können Sie auch einen Hengst verwenden, der sich auf der Rennbahn bewährt hat. Dies entspricht der allgemeinen Richtlinie, dass die Stute bzw. der Hengst in den Bereichen glänzen muss, in denen das jeweils andere Pferd Schwächen aufweist.

Erkundigen Sie sich über die Nachkommenschaft des Hengstes, der Sie interessiert, und finden Sie heraus, inwiefern sie sich bewährt hat. Es kann interessant sein, einen seiner Nachkommen in Aktion zu sehen. Der Hengst sollte selbst aus einer guten Zuchtlinie stammen und von dem Zuchtverband, bei dem er eingetragen ist, anerkannt sein. Bevor Sie Ihre Stute zu einem Hengst schicken, stellen Sie sicher, dass er eine gute Fertilitätsrate aufweist, und falls Sie eine bestimmte Farbe züchten möchten, prüfen Sie den prozentualen Anteil seiner Nachkommenschaft, die diese Farbe aufweist.

Wenn Sie ein Vielseitigkeitspferd züchten möchten, ist es ratsam, die Programme der verschiedenen größeren zwei- und dreitägigen Vielseitigkeitsprüfungen durchzugehen. Hier finden Sie die Vatertiere der verschiedenen teilnehmenden Pferde. Beim Durchlesen werden Ihnen immer wieder dieselben Namen begegnen, was auf die hervorragenden Eigenschaften dieser Vatertiere schließen lässt.

Oben rechts
Bevor Sie eine Stute decken lassen, sollten Sie den Hengst beobachten und mehr über seine Vergangenheit erfahren.

Unten
Die Zucht mit diesem Holsteiner Hengst würde ein Pferd mit bestimmten charakteristischen Merkmalen ergeben.

SPORTPFERDEZUCHT IN DEUTSCHLAND

IM JAHRE 1974 wurde der Zuchtverband für deutsche Pferde e.V. (ZfDP) gegründet; er ist seit 1984 von der Deutschen Reiterlichen Vereinigung als einzige Züchtervereinigung bundesweit anerkannt. Er betreut fast alle Pferderassen, die in Deutschland gezüchtet werden. Für den ZfDP stehen Offenheit, Liberalität und Fortschrittlichkeit im Vordergrund. Dies bedeutet, dass z. B. alle Hengste, die bei anderen anerkannten Züchtervereinigungen der EU eingetragen sind, beim ZfDP anerkennungs- und eintragungsfähig sind. Es gibt keine Diskriminierung aufgrund von Farben oder Herkunftsgebieten. In den verschiedenen Zuchtbüchern des ZfDP sind derzeit über 3.800 Zuchtpferde eingetragen. Ein Aufwärtstrend ist insbesondere bei den Spezialrassen zu verzeichnen und hält auch trotz wirtschaftlicher Flaute ungebrochen an. Der ZfDP eignet sich sehr gut, um mit der Suche nach einem geeigneten Hengst zu beginnen.

AUSWAHL EINER STUTE

BEI DER AUSWAHL einer Stute sollten ähnliche Faktoren berücksichtigt werden wie für den Hengst. Temperament, Fähigkeiten und Exterieur sind alles wichtige Aspekte. Bevor Sie sich für eine Stute entscheiden, sollten Sie herausfinden, ob sie bereits zuvor für die Zucht verwendet wurde. Falls ja, sollten Sie in Erfahrung bringen, wie sie sich als Zuchtstute verhalten und das Abfohlen überstanden hat. Die Zucht ist eine kostspielige Angelegenheit, mit der nur sehr schwer Geld zu verdienen ist.
Sie sollten sich darüber grundsätzlich im Klaren sein und Ihre Beweggründe für die Zucht überdenken. Das Kostspielige daran ist nicht etwa die Deckgebühr, sondern die Entsendung der Stute zum Gestüt, das Abfohlen (im Heimatstall oder ebenfalls im Gestüt), die Nachsorge und die Pflege und Versorgung des Fohlens. Es ist sehr schwierig, Fohlen gut zu verkaufen, und auch Jährlinge erzielen normalerweise keinen guten Preis. Wenn Sie also für den Verkauf züchten, müssen Sie damit rechnen, das Fohlen mindestens zwei oder drei Jahre zu behalten, bevor Sie es gewinnbringend verkaufen können.

WISSENSWERTES:
Vor mehreren hundert Jahren legten die Bauern im westfälischen Dorf Giershagen das Gelübde ab, jedes Jahr eine Prozession mit Pferden abzuhalten. Ihre Tiere wurden damals durch eine Pferdepest bedroht, und etliche der verendeten Pferde wurden nahe Giershagen auf einem Pferdefriedhof begraben. Eine Existenz ohne Pferd war seinerzeit undenkbar, ein totes Pferd für einen Bauern unersetzlich. Diese Pferdeprozession ist seither beispiellos im westfälischen Raum.

Oben und unten
Alle Hengste sollten unabhängig von ihrer Rasse von einem geeigneten Zuchtverband anerkannt sein.

WISSENSWERTES:
Während der Herrschaft von Oliver Cromwell (1649-1658) wurden Pferderennen in England für illegal erklärt.

Decken einer Stute im Gestüt

ES GIBT ZWEI MÖGLICHKEITEN, eine Stute zu einem Hengst zu schicken. Zum einen können Sie die Stute jeden Tag zum Decken bringen und dadurch die Kosten für die Unterbringung im Gestüt sparen. Ansonsten können Sie sie auch ins Gestüt schicken, wo sie sorgfältig überwacht und täglich gedeckt wird, sobald sie dazu bereit ist.

AUSWAHL DES GESTÜTS

WENN SIE IHRE Stute in ein Gestüt geben möchten, suchen sie es sorgfältig aus. Schauen Sie sich den Zustand von Ställen, Zäunen und Weiden an sowie das Aussehen der anderen Pferde. Vergewissern Sie sich, dass Ihnen der Standard der Pflege genügt, die Ihre Stute dort voraussichtlich erhalten wird.

VORBEREITUNGEN FÜR DAS GESTÜT

DIE STUTE MUSS SICH in einem guten Zustand befinden und darf weder zu dick noch zu dünn sein, um die Chancen auf eine Schwangerschaft zu erhöhen. Außerdem müssen Ihr die hinteren Hufeisen abgenommen und die Hufe getrimmt werden. Des Weiteren ist eine Untersuchung durch einen Tierarzt erforderlich, der einen klitoralen Abstrich machen muss, um die Stute auf CEM (Contagious Equine Metritis), eine ansteckende Gebärmutterentzündung, zu testen. Bei der Ankunft im Gestüt müssen Sie eine Bescheinigung vorlegen, dass die Stute frei von CEM ist.

Wenn die Stute rossig wird, nimmt der Tierarzt einen Gebärmutterhals-Abstrich vor, um festzustellen, dass sie nicht an infektiösen Unterleibserkrankungen leidet. Sie sollte natürlich regelmäßig entwurmt worden sein, doch wird man ihr bei der Ankunft im Gestüt wahrscheinlich eine weitere Wurmkur verabreichen. Außerdem muss Ihr Tetanus- und Pferdegrippeschutz noch auf einem aktuellen Stand sein. Die meisten Pferdebesitzer lassen Ihre Stuten im Gestüt auf der Weide halten, da dies wesentlich kostengünstiger ist. Bei der Ankunft der Stute müssen Sie einen Deckvertrag ausfüllen, mit dem Sie dem Gestüt zusichern, dass die Stute in angemessener Weise vorbereitet wurde und andere Bedingungen hinsichtlich der Deckgebühr erfüllt.

IM GESTÜT

IM GESTÜT WIRD die Stute regelmäßigen Tests unterzogen, um sicherzustellen, wann sie bereit ist, den Hengst zu empfangen. Bevor sie vom Hengst gedeckt wird, werden ihr an den Hinterhufen Filzglocken angelegt, um den Hengst vor Tritten zu schützen. Außerdem wird ihr Schweif bandagiert, damit er nicht im Weg ist, und sie wird um die Vulva gewaschen. Gestüte sollten über spezielle Deckbereiche mit einem rutschfesten Boden verfügen, und die Pfleger sollten Schutzkleidung wie Reitkappen, rutschfeste Stiefel und Handschuhe tragen.

Wenn die Stute innerhalb von ungefähr drei Wochen nach dem letzten Decken nicht wieder rossig wird, ist sie wahrscheinlich trächtig. Ultraschall stellt eine sehr effektive Methode dar, um eine

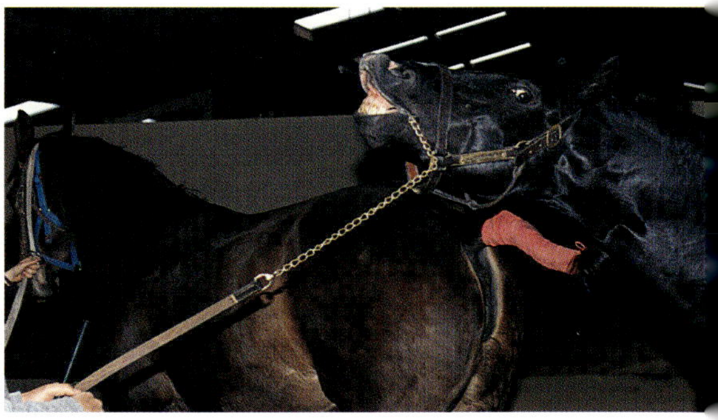

Oben rechts
Ein Hengst muss häufig ermutigt werden, Interesse für die Stute aufzubringen, die er decken soll.

Rechts Mitte
Zwei Angestellte dieses Gestüts stellen sicher, dass die Stute gedeckt wird.

Unten
Das Pferd wird bei der Ankunft im Gestüt gewöhnlich entwurmt.

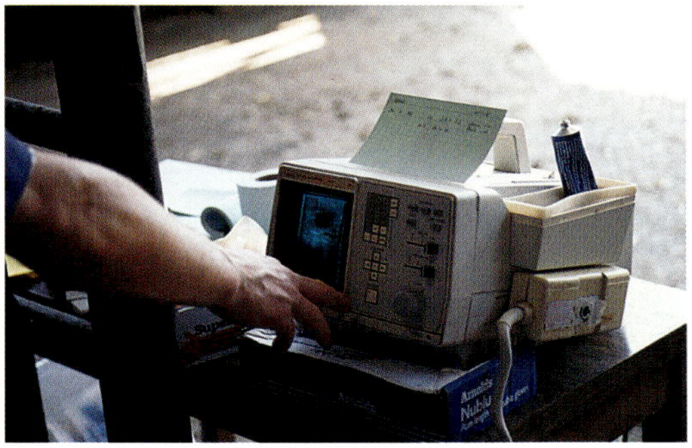

Unten rechts
Heutzutage werden Ultraschallgeräte verwendet, um den Fortschritt der Schwangerschaft zu überwachen.

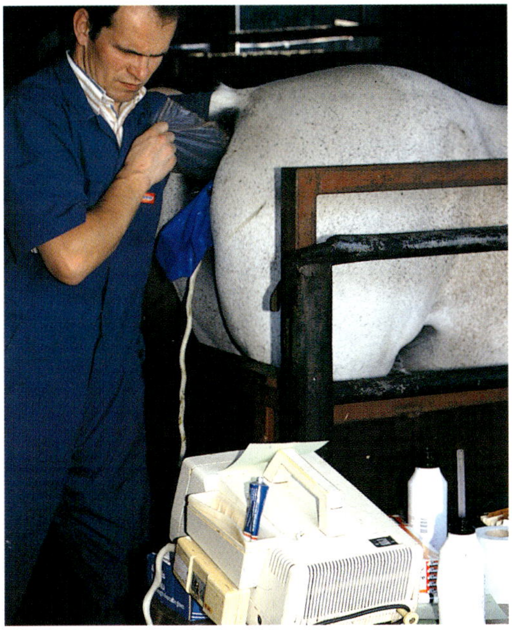

Schwangerschaft festzustellen, und kann bereits 15 Tage nach dem letzten Decken eingesetzt werden. Häufig führt der Tierarzt ungefähr sechs Wochen nach dem letzten Decken einen manuellen Test durch. Bluttests zeigen eine Schwangerschaft ab dem 50. bis 90. Tag nach dem letzten Decken an. Falls sich dann Gonadotrophin im Blut befindet, ist die Stute trächtig. Urintests, die ab dem 100. Tag durchgeführt werden, ergeben im Falle einer Schwangerschaft einen hohen Östrogenanteil.

WÄHREND DER TRÄCHTIGKEIT

NACHDEM DER Schwangerschaftstest der Stute positiv ausgefallen ist, kann sie nach Hause zurückkehren und bis zum siebten Schwangerschaftsmonat leicht gearbeitet werden. Die meisten Zuchtstuten werden auf der Weide gehalten, und das Gras sollte bis in die Wintermonate hinein für die Ernährung ausreichen. Von da an muss zugefüttert werden, wobei jedoch darauf zu achten ist, dass die Tiere nicht zu fett werden. Die meisten Gestüte arbeiten nach dem Prinzip „Kein Fohlen, keine Gebühren" oder „Kein Fohlen, kostenloses Nachdecken", und diese Garantie gilt bis zum 1. Oktober. Sie sollten die Stute daher vor dem 1. Oktober noch einmal einer Ultraschalluntersuchung unterziehen, um sicherzustellen, dass sie immer noch trächtig ist und nicht abgestoßen hat. Sollte Letzteres der Fall sein, benötigen Sie eine entsprechende tierärztliche Bescheinigung, die Sie dem Gestüt vorlegen müssen, um Ihre Gebühr zurückzuerhalten oder eine Nachdeckung zu vereinbaren. Die letzten drei Monate der Schwangerschaft sind äußerst wichtig, denn in diesem Zeitraum wächst das Fohlen am stärksten. Die Stute sollte inzwischen spezielles Stutenfutter oder Nüsse erhalten, um sicherzustellen, dass sie ausreichende Mengen an Proteinen und anderen wichtigen Nährstoffen bekommt. Während des letzten Schwangerschaftsmonats bildet sich die Biestmilch, d. h. die erste Milch, die alle Antikörper enthält, um das Fohlen während der ersten Lebenswochen zu schützen. Es ist daher ratsam, der Stute zu diesem Zeitpunkt eine Grippe- und Tetanusimpfung zu verabreichen, damit das Fohlen davon profitieren kann. Sie sollte während der gesamten Schwangerschaft auch regelmäßig entwurmt werden, doch ist darauf zu achten, dass ein für trächtige Stuten ungefährliches Entwurmungsmittel gewählt wird.

Oben
Eine Stute wird nach der Paarung sorgfältig beobachtet, um die ersten Anzeichen einer Schwangerschaft zu erkennen.

Oben links
Dieser Tierarzt führt eine Ultraschalluntersuchung durch, um zu sehen, ob das Fohlen gesund ist.

Unten
Die meisten trächtigen Stuten können bis zum Winter auf der Weide gelassen werden. Dann jedoch müssen sie zusätzliche Vitamine und Mineralstoffe erhalten.

Das Abfohlen

AUCH WENN ES teuer ist, sollte ein erstmaliger Besitzer die Stute zum Abfohlen wieder ins Gestüt schicken. Dies sollte so rechtzeitig geschehen, dass sich die Stute eingewöhnen kann, bevor sie fohlt – mindestens eine Woche vor dem Geburtstermin. Wenn Sie die Stute weiterhin für die Züchtung verwenden möchten, muss sie natürlich in das Gestüt geschickt werden, in dem der Hengst steht.

DAS ABFOHLEN

WENN DIE STUTE zu Hause fohlen soll, müssen Sie sicherstellen, dass alle erforderlichen Einrichtungen vorhanden sind. Sie benötigen eine große Fohlbox mit einer sehr guten, tiefen Einstreu. Die ideale Fohlbox sollte eigentlich rund sein, ist aber nur selten zu finden. In eine Ecke gezwängt, wird die Stute unweigerlich versuchen abzufohlen. Durch eine runde Box wird dieses Problem vermieden. Videoüberwachung ist ideal, da Sie die Stute auf diese Weise beobachten können, ohne sie zu stören. Wenn Sie diese Möglichkeit nicht haben, benutzen Sie einen so genannten „Geburtswächter". Hierbei handelt es sich dabei um einen Wärmedetektor, der mit einem Gurt an der Stute befestigt wird. Kurz vor dem Abfohlen erhöht sich ihre Temperatur, und der Alarm wird ausgelöst. Wenn Sie keine dieser beiden Möglichkeiten haben, müssen Sie mindestens alle 20 Minuten nach der Stute sehen und sie so wenig wie möglich stören, nachdem sie die ersten Anzeichen für die beginnende Geburt zeigt. Sie müssen die Telefonnummer Ihres Tierarztes schnell zur Hand haben, falls Probleme auftreten. Auch sollten sie Schnur, Handtücher, Jodspray, Tücher, Schweifbandage und gefrorene Biestmilch bzw. Milchersatz bereithalten.

Ein frühes Anzeichen für die nahende Geburt sind die so genannten „Harztropfen". Dabei handelt es sich um eine wachsartige Substanz, die an den Euterzitzen austritt und im Allgemeinen darauf hinweist, dass die Geburt kurz bevorsteht. Bei einigen Stuten bilden sich diese Harztropfen jedoch bereits zwei bis drei Wochen vor dem Abfohlen. Das Euter ist inzwischen schwer und voller Milch, und die Stute sieht sehr dick und behäbig aus. Weiterhin scheint die Vulva schlaffer zu werden, und die Muskeln an der Hinterhand werden weich und gallertartig und scheinen einzufallen. Wenn die Eröffnungswehen einsetzen, zeigt die Stute kolikartige Symptome, starrt auf ihren Bauch, wird unruhig und beginnt zu schwitzen. Das Becken dreht sich, um den Geburtskanal für das Fohlen zu erweitern, und die Fruchtwasserblase platzt.

Nach dem Platzen der Fruchtwasserblase dauert es noch ungefähr eine halbe Stunde, bis das Fohlen geboren ist. Zunächst erscheint eine weißliche Blase in der Vulvaöffnung, gefolgt von dem ersten und dann von dem zweiten Bein und dem Kopf. Bei der weißlichen Blase handelt es sich um das Amnion, das platzen muss, damit das Fohlen atmen kann. Sollte es nicht von allein platzen, muss es von jemandem geöffnet werden. Während all dies geschieht, läuft die Stute

Oben
Diese Pferdebesitzerin bereitet die Streu in der Fohlbox vor.

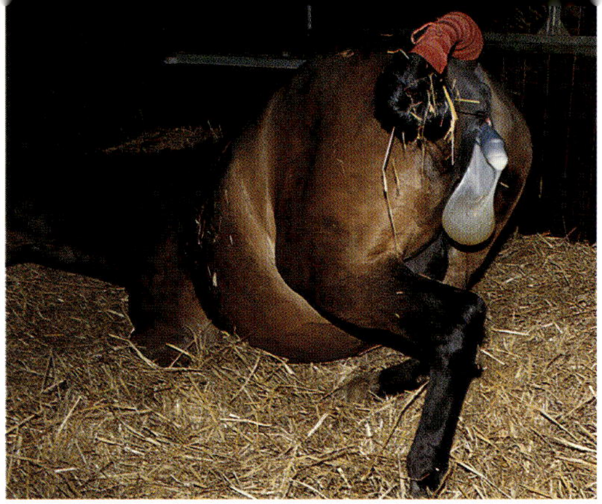

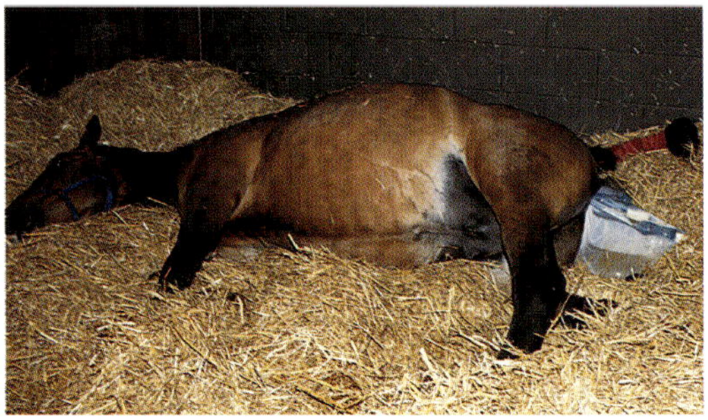

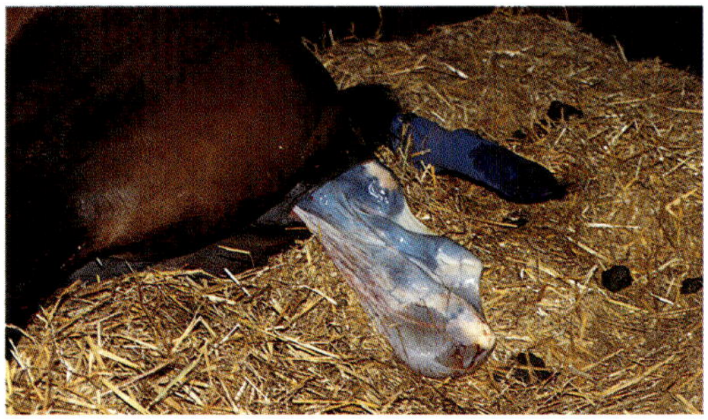

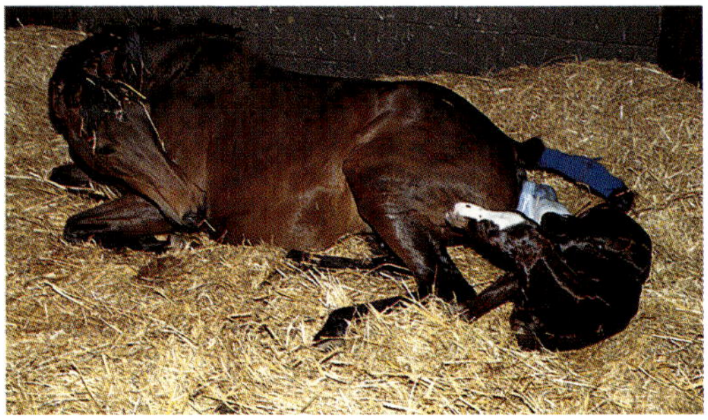

Oben rechts, von oben nach unten
Hier werden die verschiedenen Phasen der Geburt gezeigt.

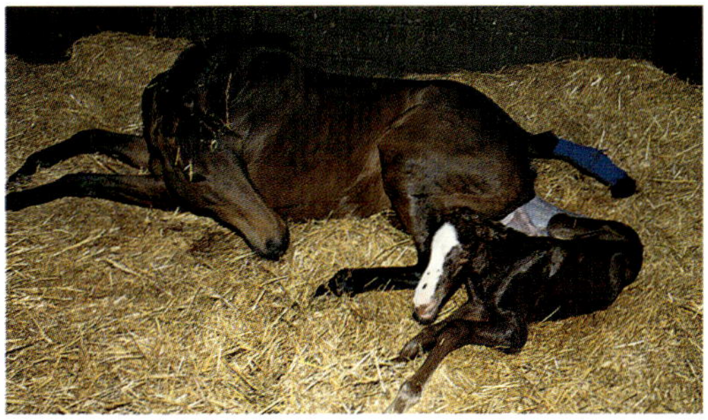

weiterhin herum, legt sich hin und steht wieder auf. Auf diese Weise bleibt das Fohlen in der richtigen Lage für die Geburt.

DIE GEBURT

NACHDEM KOPF UND Schultern geboren sind, ruht sich die Stute manchmal kurz aus, bevor das Fohlen ganz aus der Vulva herausgleitet. Wenn auch die Hinterbeine des Fohlens aus der Stute herausgleiten und es somit vollständig geboren ist, reißt die Nabelschnur gewöhnlich von selbst ab. Es ist wichtig, den Stummel mit Jod zu besprühen, um Entzündungen zu vermeiden. Wenn die Stute die Nachgeburt nach der Geburt des Fohlens nicht sofort ausstößt, binden Sie den sichtbaren Teil der Nachgeburt hoch. Nachdem sie ausgestoßen wurde, überprüfen Sie, ob sie vollständig ist. Die Nachgeburt sollte innerhalb von fünf oder sechs Stunden abgestoßen werden, und wenn die Stute sie nicht vollständig abstößt, rufen Sie sofort den Tierarzt an. Vergewissern Sie sich, dass Stute und Fohlen eine Beziehung zueinander hergestellt haben, und reiben Sie das Fohlen möglichst mit einigen Handtüchern ab. Sie müssen sicherstellen, dass das Fohlen innerhalb von ein paar Stunden zu saugen lernt, und es unter Umständen an die Zitze führen.

Es ist sehr wichtig, dass das Fohlen innerhalb von 24 Stunden Mekonium absetzt. Hierbei handelt es sich um die Abfallstoffe, die sich vor der Geburt im Darm des Fohlens angesammelt haben. Falls beim Abfohlen Probleme auftreten und Stute oder Fohlen sterben, wenden Sie sich an den Fohlennotdienst. Diese Organisation besitzt umfassende Erfahrungen mit Ammenstuten und Waisenfohlen.

NACH DEM ABFOHLEN

DIE STUTE WIRD ungefähr sieben bis zehn Tage nach dem Abfohlen wieder rossig und kann dann erneut gedeckt werden. Allerdings ist es im Allgemeinen besser, ihr Zeit zu geben, sich wieder vollkommen zu erholen, und bis zu ihrem nächsten Geschlechtszyklus zu warten. Es ist wichtig, so viel wie möglich mit Stute und Fohlen umzugehen und sie in den ersten Wochen nach der Geburt sorgfältig zu beobachten. Fohlen werden im Allgemeinen nicht vor dem sechsten Lebensmonat abgesetzt. Im Anschluss an das Absetzen sollte die Futtermenge der Stute reduziert werden, um die Milchproduktion einzuschränken.

WISSENSWERTES:
Das Veterinary College in London wurde 1791 eigens zum Studium der Behandlungsmethoden für Pferdekrankheiten gegründet. Erst 1872 wurde diese Institution auf alle Tiere ausgeweitet und in Royal Veterinary College umbenannt.

Oben links und Mitte links
Der erste Kontakt zwischen Stute und Fohlen ist wichtig, um eine Beziehung aufzubauen und sicherzustellen, dass das Fohlen richtig trinkt.

Unten links
Fohlen müssen gelegentlich an die Zitze herangeführt werden.

Mitte rechts und unten rechts
Fohlen und Stuten sollten regelmäßigen Umgang mit Menschen haben, um sich an den Kontakt mit ihnen zu gewöhnen.

Sattel und Zaumzeug

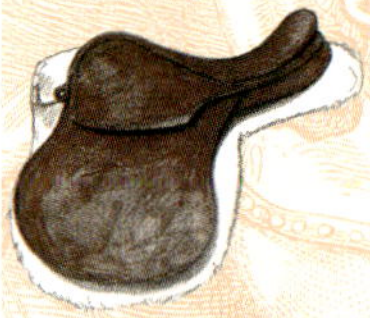

BESTIMMTE GRUNDLEGENDE Ausrüstungsgegenstände sind beim Reiten unverzichtbar für den Komfort und die Sicherheit von Pferd und Reiter. Ledersättel und Zügel sollen der Bequemlichkeit und zur Kontrolle des Tieres dienen, und eine Reiterkappe ist für die Sicherheit des Reiters ein absolutes Muss. Andere Ausrüstungsgegenstände unterliegen mehr dem Geschmack des Reiters und hängen von der Natur des Reitpferdes ab sowie von den Anforderungen, die es erfüllen muss.

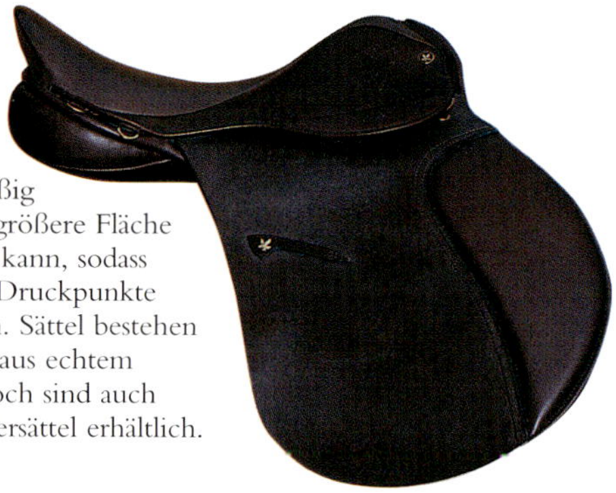

Oben rechts
Die Pauschen an diesem Vielseitigkeitssattel sind kleiner als beim Springsattel.

Rechts Mitte
Dieser moderne Springsattel mit großen Sprungpauschen basiert auf den Reitschultheorien von Frederico Caprilli zu Beginn des letzten Jahrhunderts.

SÄTTEL

DIE ENTWICKLUNG des Sattels begann mit der Verwendung einer Decke, die mit einem gurtähnlichen Riemen und dann mit Brustriemen und gelegentlich einem Schweifriemen befestigt wurde. Die bedeutendsten Sattelentwicklungen gehen auf die ersten fünf Jahrhunderte des ersten Jahrtausends zurück und sind den Skythen und Sarmarten zu verdanken.

DIE ERSTEN SÄTTEL

DIE SKYTHEN VERWENDETEN eine dicke Decke aus Filz, die vom Konzept her unseren heutigen Satteldecken ähnelt und auf die zu beiden Seiten der Wirbelsäule zwei mit Lederriemen verbundene und mit Wildhaar gefüllte Kissen aus Leder und Filz gelegt wurden. Dadurch wurde der empfindliche Bereich der Wirbelsäule nicht vom Gewicht des Reiters belastet, was auch dem Prinzip der heutigen Sättel entspricht. Die Sarmarten verwendeten als Basis ihrer Sättel ein Holzgerüst, das heute als „Sattelbaum" bezeichnet wird. Sie hatten noch keine Steigbügel, besaßen jedoch einen hohen Hinterzwiesel, der dazu beitrug, dass die Soldaten während einer Schlacht im Sattel blieben. Man nimmt an, dass der Steigbügel um das fünfte Jahrhundert v. Chr. in der Mongolei entwickelt wurde und dem berittenen Soldaten in der Schlacht große Dienste erwies und es der Kavallerie ermöglichte, größere Strecken zurückzulegen.

DER VIELSEITIGKEITSSATTEL

DIES IST DER BELIEBTESTE und gängigste Satteltyp. Er eignet sich zum Springen, Geländereiten, Jagen und für die Dressur. Der Vielseitigkeitssattel stammt vom Springsattel ab. Er ist ebenfalls mit Sprungpauschen ausgestattet, die jedoch kleiner sind. Die Sattel- und Schweißblätter sind um einiges gerader, und die Steigbügelhalterungen liegen weiter hinten. Die Unterpolsterung ist breiter, damit sich das Gewicht des Reiters gleichmäßig auf eine größere Fläche verteilen kann, sodass weniger Druckpunkte entstehen. Sättel bestehen meistens aus echtem Leder, doch sind auch Kunstledersättel erhältlich.

DER SPRINGSATTEL

ZU BEGINN DES 20. Jahrhunderts setzte ein italienischer Kavallerieoffizier namens Frederico Caprilli seine Reittheorien durch, die zu jener Zeit als revolutionär galten. Er vertrat das Konzept des leichten Sitzes mit dem Argument, dass sich der Reiter nicht nur bei langsamen Gangarten den Bewegungen des Pferdes anpassen sollte, sondern auch beim Galoppieren und Springen. Er lehrte seine Schüler, die Steigbügelriemen kürzer zu schnallen und sich beim Springen nach vorn aus dem Sattel zu lehnen, um das Gewicht auf den Schwerpunkt des Pferdes zu verlagern und es somit weitestgehend zu unterstützen.

Rund 50 Jahre nach Caprillis Tod wurde der moderne Springsattel entworfen, und zwar von dem spanischen Grafen Illias Toptani. Er entwickelte den Springsattel mit vorne liegenden Steigbügelhalterungen, um dem Reiter den leichten Sitz zu erleichtern. Die Sattel- und Schweißblätter erhielten eine leicht vorgezogene Form und wurden mit großen Pauschen versehen, während der Steg des Sattels schmaler wurde.

DER DRESSURSATTEL

DAS DESIGN DIESES Sattels soll dafür sorgen, dass der Reiter während des Dressurreitens auf dem tiefsten Punkt des Sattels sitzt. Der Sattel hat gerade Sattelblätter, die im Allgemeinen länger sind als die des Vielseitigkeitssattels. Die Schweißblätter unter den Sattelblättern haben eine leichte Wulst, um das Bein in der richtigen Position zu halten, und lange Gurtriemen zur Befestigung eines speziellen Dressurgurts, eines so genannten „Lonsdale". Die Steigbügelhalterungen liegen weiter hinten und sind ein wenig länger, damit der Steigbügelriemen in der Mitte des Sattelblatts sitzt. Die Sitzfläche des Sattels ist muldenartig und wird von einigen Herstellern wesentlich tiefer ausgeführt als beim Vielseitigkeitssattel. Der Sattel sollte absolut gleichmäßig auf dem Pferderücken aufliegen, damit der Reiter nicht aus dem Gleichgewicht gerät.

WISSENSWERTES:
Philip Astley gründete Ende des 18. Jahrhunderts den ersten Zirkus Londons und führte das Pferd als eine Hauptattraktion ein. Die breitrückigen Zirkuspferde galoppierten stetig im Kreis, während Akrobaten auf ihrem Rücken fantastische Kunststücke vollführten.

DER DAMENSATTEL

DIESER SATTELTYP geht auf das Europa des 14. Jahrhunderts zurück, hat sich in der Zwischenzeit jedoch erheblich verändert. Die Sitzfläche ist flach und gerade, und auf der linken Seite befinden sich ein festes oberes und ein bewegliches unteres Horn. Das rechte Bein der Reiterin liegt über dem festen Horn und das linke Bein unter dem beweglichen Horn. Der Damensattel muss dem Pferd, für das er verwendet werden soll, genau angepasst werden. Er muss absolut gerade aufliegen und darf nicht verrutschen, da sonst die Wirbelsäule des Pferdes verletzt werden kann. Damensättel werden mit einem Balancegurt befestigt, der von vorne links nach hinten rechts verläuft und ein Verrutschen des Sattels verhindert. Außerdem sind sie mit einem Sicherheitssteigbügelriemen mit Schnellauslösung ausgestattet, um zu vermeiden, dass sich die Reiterin bei einem Sturz im Sattel verfängt.

Oben links
Dieser Dressursattel unterscheidet sich in seiner Form vom Vielseitigkeitssattel. Sein Design unterstützt während der Dressurübungen den richtigen Sitz.

Oben rechts
Der Damensattel unterscheidet sich stark von den anderen Sätteln. Er besitzt eine kleinere Oberfläche und einen deutlich sichtbaren Balancegurt.

Unten rechts
Diese Reiterin demonstriert den Damensitz.

DER RENNSATTEL

BEI RENNSÄTTELN spielt das Gewicht eine übergeordnete Rolle, und einige bei Flachrennen verwendete Sättel wiegen nicht mehr als 0,2 kg. Rennsättel haben eine praktisch flache Sitzfläche, da sie nicht zum Aussitzen entworfen wurden. Die Sattelblätter sind vorgezogen, um die Verwendung von extrem kurzen Steigbügelriemen zu ermöglichen, wie sie für Jockeys üblich sind. Die Sättel wurden ursprünglich mit einem Holzsattelbaum gefertigt, werden inzwischen jedoch häufig aus Glasfaser hergestellt, die sehr leicht ist. Steeplechasesättel sind ein wenig robuster und schwerer.

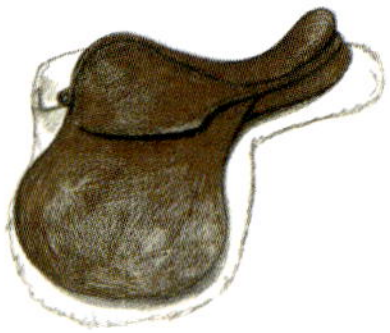

DER WESTERNSATTEL

DER WESTERNSATTEL entwickelte sich in Amerika aus den spanischen Sätteln, die im 16. Jahrhundert von den spanischen Eroberern in das Land eingeführt wurden. Die ursprünglichen Sättel waren für die Schlacht ausgelegt. Der hohe Vorder- und Hinterzwiesel und die langen Steigbügelriemen dienten dazu, den Soldaten während des Kampfes im Sattel zu halten. Frühe mexikanische Farmer übernahmen jedoch die Form dieses Sattels und entwickelten ihn zu einem Cowboysattel weiter, der für die harte Farmarbeit geeignet war. Seine Sitzfläche ist sehr breit und bequem, um viele Stunden darin verbringen zu können.

Der Westernsattel ist sehr schwer, doch verteilt sich sein Gewicht aufgrund des breiten Skirts (Sattelschürze) auf eine große Fläche. Die Steigbügelriemen werden hier als „Fender" bezeichnet und sind sehr breit. Dadurch sind sie bequemer und schützen das Bein des Reiters vor den verschwitzten Seiten des Pferdes. Die Steigbügel bestehen gewöhnlich aus Holz und Rohleder und sind ebenfalls recht breit. Am Vorderzwiesel des Sattels befinden sich ein Sattelhorn und so genannte „Swells", die entwickelt wurden, um dem Cowboy das Einfangen von Vieh mit dem Lasso zu erleichtern. Nach dem Einfangen wird das Lasso um das Horn gelegt, um so das Rind an der Flucht zu hindern. Westernsättel besitzen zwei Gurte, die als „Cinch" bezeichnet werden. Der vordere Cinch sollte hinter dem Ellbogen liegen, während sich der hintere Cinch bzw. Flankengurt hinter dem Bein des Reiters befinden sollte. Der hintere Cinch hält den Sattel in Position, wenn ein Tier mit dem Lasso an das Horn gebunden wurde und stark zieht. Vorderer und hinterer Cinch sind mit einem Riemen unter dem Bauch verbunden.

Der Großteil der Westernsättel kann den meisten Pferden problemlos verpasst werden. Sie wurden eigens so entworfen, damit der Cowboy seinen Sattel auf mehreren Pferden verwenden kann. Als zusätzlichen Schutz für das Pferd werden unter den Sattel ein oder zwei dicke gefaltete Decken oder Sattelpolster aus Filz gelegt. Das Leder von Westernsätteln ist häufig mit aufwendigen Schnitzereien versehen, und viele Westernsättel, die für Turniere und Schauveranstaltungen verwendet werden, sind mit reichen Silberverzierungen geschmückt.

SATTELGURTE

BEI DEN SATTELGURTEN unterscheidet man im Wesentlichen zwischen Leder-, Stoff- und Nylongurten, wobei es jedoch auch noch andere Arten von Synthetikgurten gibt. Ledergurte sind zweifellos die besten und hauptsächlich in den drei folgenden Ausführungen erhältlich: als Dreifachgurt, Balding und Atherstone.

Der Dreifachgurt: Wie der Name schon sagt, handelt es sich hier um ein dreifach gefaltetes weiches Stück Leder, wobei die Falzkante zum Bug des Pferdes zeigt. Es ist ratsam, ein klauenölgetränktes Tuch zwischen die Falten zu legen, um den Gurt weich und geschmeidig zu halten. Achten Sie beim Kauf eines Dreifachgurtes darauf, dass die Falzkante weich und rund

Oben
Der Westernsattel ist größer und schwerer als andere Sättel, und seine Sitzfläche ist breit und komfortabel.

Oben rechts
Die Unterseite eines Vielseitigkeitssattels.

Rechts
Eine Reihe unterschiedlicher Gurte.

ist. Eine scharfe Kante scheuert und führt zu Wundstellen.

Der Balding-Gurt: Bei diesem Gurt ist der mittlere Gurtabschnitt geflochten und in der Mitte zusammengenäht. Dadurch ist der Gurt im Ellbogenbereich schmaler und verringert somit das Risiko von Scheuerstellen.

Der Atherstone-Gurt: Dieser Gurt funktioniert nach demselben Prinzip. Es handelt sich dabei um einen Gurt aus einem einzigen Stück weichen Leders, das gefaltet und zusammengenäht ist, um seine Form zu erhalten.

Stoffgurte sind im Allgemeinen nicht so beliebt, da sie nicht lange halten und sehr häufig gewaschen werden müssen, um nicht zu scheuern. Renngurte bestehen häufig aus Stoff und werden zusammen mit einem Deckengurt verwendet, der über den Sattel gelegt wird und diesen zusätzlich vor dem Verrutschen sichern soll. Lampwick-Gurte sind zwar recht altmodisch, bei guter Pflege jedoch nicht schlecht. Sie bestehen aus einem Gewebeschlauch aus Baumwolle und Wolle, sind sehr weich und eignen sich daher gut für Pferde, die zum Wundsein neigen.

Nylongurte bestehen aus einzelnen Kordeln, die mit einem Webband miteinander verknotet sind. Sie müssen sauber gehalten werden, da sie sonst scheuern. Auch kann sich die Haut zwischen den Kordeln verklemmen, was für das Pferd unangenehm ist.

STEIGBÜGEL

STEIGBÜGEL sollten aus Stahl sein. Nickeleisen sollte vermieden werden, da es unter Druck brechen kann und somit nicht sicher ist. Die meisten Bügel haben Gummieinlagen, die in den Boden des Bügels gelegt werden und für Halt und Isolierung sorgen. Die Steigbügel müssen groß genug sein, um dem Fuß zu beiden Seiten mindestens 12 mm Platz zu bieten. Es gibt eine Reihe von Sicherheitsbügeln verschiedener Ausführung, z. B. mit einem dicken Gummiband anstelle der äußeren Bügelhälfte. Das Band muss sich an der äußeren, dem Pferd abgewandten Seite befinden und regelmäßig auf Materialermüdung geprüft werden. Es gibt auch Sicherheitsbügel, bei denen die äußere Hälfte nach vorne gebogen ist, damit der Fuß im Notfall leicht herausgleiten kann.

WISSENSWERTES:
Der Bildhauer Korczak Ziolkowski begann 1948 mit seinem Mammutdenkmal für Crazy Horse. Es handelt sich dabei um das Abbild des berühmten amerikanischen Indianers auf seinem Pferd, der so dargestellt wird, als ob er aus dem Berg Thunderhead in South Dakota herausgaloppiert. Ziolkowski starb 1982, doch die Arbeit geht weiter und wird schätzungsweise noch gut 50 Jahre dauern. Bisher wurden mehr als acht Millionen Tonnen Fels und Gestein aus dem Bergmassiv geschlagen.

Oben und unten
Reiter auf einem Ausritt in bequemer Reitkleidung.

WISSENSWERTES:
Beim Reiten an der Straße sollte reflektierende Kleidung getragen werden.

Zaumzeug

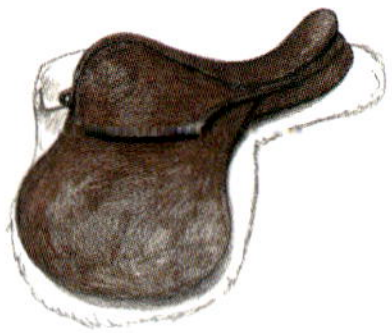

Rechts
Die gebräuchlichste Form der Zäumung ist die Trense. Dies ist eine Trense mit Stangengebiss.

Unten
Kreuzhalfter mit Knebeltrense.

DER WOHL gängigste Zaum ist die so genannte „Trense". Sie besteht gewöhnlich aus einem Genickstück mit einem Kehlriemen, Backenriemen, die zu beiden Seiten am Genickstück befestigt werden, und dem Trensengebiss, das an den Enden der Backenriemen befestigt wird. Der Stirnriemen sitzt am Genickstück und verhindert ein Rutschen des Zaums. Es gibt eine Reihe von Reithalftern, von denen das gängigste jedoch das Englische Reithalfter ist. Das Reithalfter verläuft durch die Laschen im Stirnband unterhalb des Genickstücks.

ZÄUMUNGSARTEN

ES GIBT VERSCHIEDENE Zaumausführungen. Der amerikanische Westernzaum hat z. B. häufig ein geteiltes Genickstück anstelle eines Stirnriemens. In diesem Fall werden je nach Stil ein oder beide Ohren zwischen den Teilen des Genickstücks platziert. Viele Westernzäume verwenden keinen Nasenriemen, und einige haben keinen Kehlriemen.

WISSENSWERTES:
Das „White Horse" befindet sich bei Uffingham im englischen Oxfordshire, wo ein weißes Pferd zu sehen ist, das vor undenklichen Zeiten in den Hügel gekerbt wurde. Das stilisierte Pferd ist 114 m lang und gilt als Rätsel: Weder das Ursprungsjahr noch der genaue Zweck dieses Kunstwerks sind bekannt, obwohl man annimmt, dass es vielleicht mit einem Grabhügel namens Dragon's Hill in Verbindung gebracht werden könnte, der westlich des Pferdes liegt und möglicherweise keltischen Ursprungs ist.

VERPASSEN DES TRENSENZAUMS

ES IST ÄUSSERST WICHTIG, dass das Zaumzeug richtig sitzt. Es ist in drei Standardgrößen erhältlich: für Ponys, Kleinpferde und Pferde. Dabei gibt es verschiedene Ausführungen mit unterschiedlichen Riemenbreiten. Im Allgemeinen sehen Pferde mit größeren und schwereren Köpfen in breitem Zaumzeug am besten aus, während Ponys, die für Schauveranstaltungen verwendet werden, ein feineres, leichteres Zaumzeug tragen können. Der Stirnriemen soll das Zaumzeug am Rutschen hindern und auch das Reithalfter in Position halten. Stellen Sie sicher, dass er nicht zu eng ist, da er ansonsten das Genickstück nach vorne zieht, unbequem sitzt und scheuert.

Der Kehlriemen darf nicht zu stark festgezogen werden, da die Genickbewegungen des Pferdes sonst beeinträchtigt werden. Als Faustregel gilt, dass eine Handbreit Platz zwischen Ganaschen und Kehlriemen verbleiben sollte. Die Backenriemen müssen so eingestellt werden, dass das Gebiss in die richtige Lage gebracht werden kann. Das Trensengebiss muss an den Laden in der Höhe der Maulwinkel ruhen und sollte an den Seiten nicht weiter als 6 mm aus dem Maul hervorragen. Ein zu großes Gebiss rutscht im Maul hin und her, während ein zu kleines Gebiss in die Mundwinkel schneidet.

Das Englische Reithalfter soll in erster Linie einen Befestigungspunkt für ein stehendes Martingal bieten, doch wird es häufig einfach nur der Vollständigkeit halber verwendet. Das Reithalfter sollte so angelegt werden, dass der Nasenriemen ungefähr zwei Fingerbreit vor den Ganaschen liegt und zwischen Nasenriemen und Nasenrücken zwei Fingerbreit Platz verbleiben. Die Zügel sollten eine angemessene Länge besitzen. Wenn sie zu lang sind, könnten sich Ihre Füße in ihnen verfangen. Sind sie jedoch zu kurz, können Sie Ihnen leicht aus den Händen gerissen werden, wenn das Pferd ruckartig den Kopf herunterreißt.

DER KANDARENZAUM

DER KANDARENZAUM IST wesentlich komplexer und sollte nur von erfahrenen Reitern verwendet werden. Die grundlegende Anordung des Kandarenzaums entspricht der des Trensenzaums, doch ist er mit einem verstellbaren Kopfstück versehen, an dem das Gebiss der Unterlegtrense befestigt wird. Das Kopfstück

WISSENSWERTES:
Der Landauer war das bevorzugte offene Kutschgefährt für die vornehme Gesellschaft des 19. Jahrhunderts.

Oben links
Der Kandarenzaum sollte nur von erfahrenen Reitern verwendet werden.

Oben rechts
Dieses Pferd trägt ein Mexikanisches Reithalfter, das hervorragend für starke Pferde geeignet ist, die sehr schnell laufen müssen, da es ihre Atmung nicht einschränkt.

Unten rechts
Das Hannoversche Reithalfter veranlasst dieses Pony, seinen Kopf unten zu lassen.

verläuft durch die Schlaufen des Stirnriemens, der es in Position hält, und wird an der rechten Seite des Kopfes befestigt, sodass die Schnalle des Kopfstücks mit der des Reithalfters auf gleicher Höhe liegt. Für den Kandarenzaum müssen zwei Paar Zügel verwendet werden. Das eine Paar wird an der Unterlegtrense und das andere Paar an der Kandare befestigt. Die Kandarenzügel sind grundsätzlich schmaler als die Zügel für die Unterlegtrense. Der Kandarenzaum sollte außerdem mit einem Sperrriemen versehen sein, um die Kinnkette in Position zu halten.

REITHALFTER

ES GIBT EIN GROSSES Angebot von verschiedenen Reithalftern mit unterschiedlicher Funktion und Wirkung. Zu den grundlegenden Typen gehören jedoch das (bereits beschriebene) Englische Reithalfter, das Hannoversche Reithalfter, das Mexikanische Reithalfter, das Kreuzhalfter, das Kineton und der Australian Cheeker.

Das Hannoversche Reithalfter hält das Gebiss in der Mitte des Mauls und verhindert, dass das Pferd das Maul aufsperrt, den Unterkiefer seitlich verschiebt und das Gebiss vermeidet. Es sollte so angelegt werden, dass der Nasenriemen ungefähr 10 cm oberhalb der Nüstern liegt und der Kinnriemen unter dem Gebiss in der Kinngrube verschnallt wird. In dieser Position sollte es dem Pferd nicht das Atmen erschweren, jedoch Druck auf die Nase ausüben und das Pferd dazu bringen, den Kopf unten zu halten.

Das Mexikanische Reithalfter funktioniert nach einem ähnlichen Prinzip wie das Hannoversche Reithalfter. Der obere Riemen wird über dem Gebiss verschnallt und der untere Riemen unter dem Gebiss. Beide Riemen sollten möglichst fest sitzen und das Pferd daran hindern, den Unterkiefer zu verschieben und das Maul aufzusperren. An dem Punkt, an dem sich die beiden Riemen kreuzen, wird Druck auf die Nase ausgeübt. Das Mexikanische Reithalfter schränkt die Atmung des Pferdes weniger ein als das Hannoversche Reithalfter und ist daher für Pferde, die Geschwindigkeitsarbeit leisten müssen, besser geeignet.

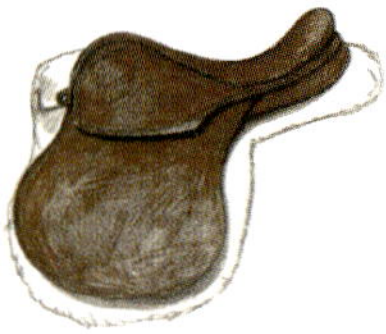

WISSENSWERTES: Der amerikanische Cowboy trägt die Verantwortung für die riesigen Rinderherden und Pferde der Farmer, für die er arbeitet.

Oben links
Dieses Pferd ist mit einem Mexikanischen Reithalfter mit Amerikanischer Aufziehtrense gezäumt, das die Kopfbewegungen einschränkt.

Rechts
Trensengebisse.

Unten
Dieses Pferd trägt ein Kreuzhalfter mit Knebeltrense.

WISSENSWERTES: In Großbritannien stellte die so genannte „Stagecoach" im 16. Jahrhundert das erste öffentliche Verkehrsmittel dar. Sie wurde gewöhnlich von vier Pferden gezogen und fuhr eine festgelegte Strecke nach einem festen Fahrplan ab.

Das Kreuzhalfter basiert der Form nach auf dem englischen Reithalfter, besitzt jedoch einen zusätzlichen Riemen, der unter dem Gebiss verschnallt wird. Der Nasenriemen sollte zwei Fingerbreit unter den Ganaschen sitzen und fest verschnallt werden. Der untere Riemen muss ebenfalls sicher verschnallt werden und sollte das Pferd daran hindern, das Maul aufzusperren und sich der Gebisseinwirkung zu entziehen. Mit diesem Reithalfter kann ein stehendes Martingal verwendet werden.

Das Kineton- bzw. Puckle-Reithalfter zählt zu den „schärferen" Zäumungen. Es ähnelt von der Vorderansicht her dem Hannoverschen Reithalfter, ist jedoch an zwei Metallringen befestigt, die hinter dem Gebiss liegen. Es hat keinerlei maulsperrende Funktion, übt jedoch recht hohen Druck auf die Nase aus, sobald die Zügel angezogen werden. Der Nasenriemen besteht aus Leder, besitzt jedoch manchmal einen Metallkern, um die Wirkung zu verstärken.

Der Australian Cheeker ist ein Reithalfter aus Gummi, das in der Mitte des Genickstücks angebracht wird, über den Nasenrücken verläuft und in zwei Gummiringe übergeht, an denen das Gebiss befestigt wird. Es wird im Allgemeinen in der Rennbranche verwendet und hält das Gebiss in den Mundwinkeln, sodass das Pferd seine Zunge nicht über das Gebiss schieben kann, und übt außerdem einen gewissen Druck auf die Nase aus.

GEBISSARTEN

ES GIBT VIELE VERSCHIEDENE Arten von Gebissen, die sich jedoch in fünf Hauptgruppen unterteilen lassen: Trense, Pelhamgebiss, Kandare, Aufziehtrense und Hackamoore (gebisslos). Die Funktion von Gebissen besteht darin, Druck auf verschiedene Maul- und Kopfbereiche des Pferdes auszuüben, wie Zunge, Laden, Lippen und Mundwinkel, Kinngrube, Nase, Genick und Gaumen (letzterer wird von modernen Gebissen jedoch außer Acht gelassen).

Die Trense wirkt im Wesentlichen auf Lippen, Zunge und Laden und zwingt den Kopf leicht nach oben. Es gibt sehr viele verschiedene Trensenarten mit unterschiedlicher Wirkung, von denen einige schärfer sind als andere.

Das Pelhamgebiss sollte mit zwei Zügeln geritten werden, um eine geeignete Wirkung zu erzielen. Es sind jedoch Pelhamriemchen erhältlich, die die Verwendung von nur einem Zügel ermöglichen. Bei Verwendung von zwei Zügeln sollte der obere Zügel der Leitzügel sein. Der untere Zügel wird an dem Ring am Ende des Anzugs befestigt und mit leichtem Kontakt geritten, der nur bei Bedarf verstärkt werden sollte. Das Pelham versucht, mit nur einem Gebiss dieselbe Wirkung zu erzielen wie die Kombination von Kandare und Unterlegtrense bei der Kandarenzäumung. Sie kann daher verwirrend auf das Pferd wirken, auch wenn sich viele Pferde sehr gut mit einem Pelham reiten lassen.

Das Pelham übt Druck auf Laden, Zunge, Lippen und Genick aus. Pelhamgebisse werden mit Kinnkette und Sperrriemen verwendet und sollten ein wenig tiefer als eine Trense, jedoch höher als eine Kandare sitzen. Im Allgemeinen gilt: Je länger die Anzüge unter dem Mundstück, desto größer der Druck auf die Laden, und je länger die Anzüge über dem Mundstück, desto größer der Druck auf das Genick.

Die Kandare ist eines der Gebisse bei der Kandarenzäumung. Das andere ist die Unterlegtrense, bei der es sich um ein Trensengebiss mit dünnem Mundstück und kleinen Ringen handelt. Kandaren sind in verschiedenen Ausführungen erhältlich, wobei die beliebteste jedoch die Weymouth-Kandare ist, die es mit starrem oder beweglichem Backenstück gibt. Alle Kandarengebisse werden mit einer Kinnkette verwendet, deren Wirkung zum Tragen kommt, wenn die Anzüge des Gebisses in einem Winkel von ungefähr 45 bis 50 Grad zurückgezogen werden. Das Gebiss übt Druck auf Zunge und Laden sowie auf das Genick aus.

Die Aufziehtrense ist im Grunde genommen eine Trense mit Ringen am oberen und unteren Ende der Gebissringe. Das Backenstück wird über Lederriemen oder Kordeln an den oberen Ringen befestigt, während die Zügel an den unteren Ringen verschnallt werden. Die Aufziehtrense sollte ebenfalls mit zwei Zügeln geritten werden, wobei der eine wie gewöhnlich am Trensenring und der andere an der Aufziehtrense befestigt werden sollte. Auf diese Weise kann der Reiter im Wesentlichen den Trensenzügel verwenden und wird den Zügel der Aufziehtrense nur im Notfall zu Hilfe nehmen. Die Aufziehtrense zwingt den Kopf nach oben und übt Druck auf Zunge, Laden, Lippen und Genick aus.

Das Hackamoore ist eine gebisslose Zäumung, die im wesentlichen Druck auf Nase, Kinngrube und Genick ausübt. Es gibt verschiedene gebisslose Zäumungen, von denen einige schärfer sind als andere. Sie sollten jedoch nicht von unerfahrenen Reitern verwendet werden. Für Pferde mit wundem Maul oder Bissproblemen können Sie jedoch sehr nützlich sein.

Oben links
Das Pelhamgebiss übt auf verschiedene Bereiche Druck aus und sollte mit einer Kinnkette und einem Sperrriemen verwendet werden.

Oben
Diese Gebisse werden für Kandarenzäume verwendet, wobei an jedem Ring ein Zügel befestigt wird.

Unten
Eine Amerikanische Aufziehtrense schränkt die Kopfbewegungen des Pferdes ein.

WISSENSWERTES:
„Man kann ein Pferd zum Wasser führen, doch kann man es nicht zum Trinken zwingen!"

Martingale

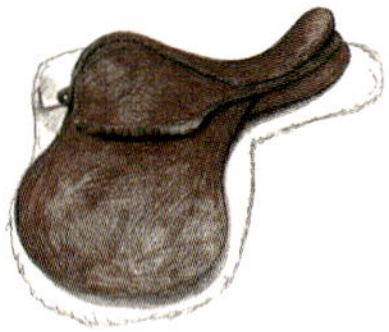

MARTINGALE WERDEN verwendet, um zu verhindern, dass das Pferd seinen Kopf über einen bestimmten Punkt hebt. Sie üben somit eine Rückhaltewirkung aus. Das meistverwendete Martingal ist das gleitende Martingal. Es besteht aus einem Riemen, der am Sattelgurt befestigt und zwischen den Vorderbeinen hindurchgeführt wird und sich über der Brust teilt. An den beiden Enden befinden sich Ringe, durch die die Zügel laufen. Ein Halsriemen hält es in Position. Gleitende Martingale sollten mit Gummi- oder Lederstoppern verwendet werden, damit sich die Martingalringe nicht im Gebiss verfangen können.

WISSENSWERTES:
Der Heilige Georg, der Heilige Stefan und der Heilige Antonius sind die Schutzheiligen des Pferdes.

Oben rechts
Das gleitende Martingal ist der meistverwendete Hilfszügel.

Unten links
Das stehende Martingal übt Druck auf die Nase des Pferdes aus, damit es den Kopf nicht nach oben reißt.

WISSENSWERTES:
Rubens (1577-1640) war einer der ersten Maler, der das Pferd in einer anatomisch korrekteren Weise malte als seine Vorgänger. Er wurde wahrscheinlich von den lebensnahen Pferdestudien von Leonardo da Vinci (1452-1519) beeinflusst.

DAS GLEITENDE MARTINGAL

WENN DAS PFERD den Kopf hebt, übt das Martingal Druck auf die Zügel aus, der über das Gebiss auf die Laden des Unterkiefers übertragen wird. In einigen Fällen ist das Martingal nicht geteilt, sondern in einem Lederriemen ausgeführt, der als „Latz" bezeichnet wird. Er hat dieselbe Wirkung, verhindert jedoch, dass sich nervöse Pferde mit der Nase in den Riemen verfangen. Zwischen Hals und Halsriemen sollte eine Handbreit Platz sein, und die Martingalringe sollten ungefähr 15 bis 20 cm unter dem Widerrist liegen, damit das Martingal richtig sitzt.

DAS STEHENDE MARTINGAL

DAS STEHENDE MARTINGAL übt Druck auf die Nase aus, wenn das Pferd versucht, seinen Kopf über einen bestimmten Punkt zu heben. Es besteht aus einem einzelnen Lederriemen und wird am Sattelgurt befestigt, zwischen den Vorderbeinen hindurchgeführt und unten am Nasenriemen der Trense verschnallt. Wie das gleitende Martingal wird auch das stehende Martingal mit einem Halsriemen in Position gehalten. Der Halsriemen für das stehende Martingal wird genauso angelegt wie für das gleitende Martingal. Das Martingal selbst sollte dann am Sattelgurt befestigt und zwischen den Vorderbeinen hindurch nach oben geführt werden. Das Martingal hat die richtige Länge und sitzt richtig, wenn es von der Halsunterseite bis zur Kehle und von dort bis zur Kinngrube reicht.

DAS IRISCHE MARTINGAL

DAS IRISCHE MARTINGAL ist eigentlich gar kein richtiges Martingal. Es handelt sich dabei um einen Lederriemen mit einem Ring an beiden Enden. Die Zügel laufen durch die Ringe und verhindern, dass sie bei einem Sturz über den Kopf fliegen. Außerdem verstärkt es die Zügelhilfen. Aus diesen beiden Gründen wird das Irische Martingal häufig bei Rennpferden eingesetzt.

Hilfszügel

HEUTZUTAGE SIND viele verschiedene Hilfszügel auf dem Markt, die alle in erster Linie dazu dienen sollen, den Gang des Pferdes zu verbessern. Zur Erreichung dieses Ziels werden unterschiedliche Methoden und Techniken eingesetzt. In den falschen Händen kann ein Hilfszügel mehr schaden als nützen; er sollte daher nur von erfahrenen Reitern oder unter Aufsicht verwendet werden.

AUSBINDEZÜGEL

AUSBINDEZÜGEL gehören zu den einfacheren Hilfszügeln. Es handelt sich dabei um zwei Riemen, die vom Sattelgurt bzw. einem Longiergurt zu den Gebissringen laufen. Es gibt drei grundlegende Arten von Ausbindezügeln, die aus Leder oder Nylon bestehen und alle verstellbar sind. Bei dem ersten handelt es sich um einen einfachen Leder- oder Stoffzügel, während der zweite und dritte mit einem dicken Gummiring bzw. einer elastischen Einlage versehen ist. Einige glauben, dass der Gummiring bzw. die elastische Einlage dem Pferd mehr Kopffreiheit gibt, doch in vielen Fällen wird das Pferd unstetig in seinen Kopfbewegungen oder legt sich auf die Zügel. Einfache Ausbindezügel halten das Pferd jedoch in ständigem Kontakt. Ausbindezügel sollten nur zum Longieren verwendet und erst nach dem Aufwärmen angelegt werden.

WISSENSWERTES:
Der Puls eines gesunden, ausgewachsenen Pferdes sollte im Ruhezustand eine Frequenz von 36 bis 40 Schlägen pro Minute haben.

Oben
Diese Reiterin hat ihrem Pferd zum Longieren Ausbindezügel angelegt.

SCHLAUFZÜGEL

SCHLAUFZÜGEL gehören ebenfalls zu den einfachen Hilfszügeln und können als Laufferzügel verwendet werden. Diese Zügel werden am Sattelgurt befestigt und laufen zwischen den Vorderbeinen hindurch nach oben durch die Gebissringe zur Hand des Reiters, der somit zwei Paar Zügel hält. Die Schlaufzügel stellen eine wirkungsvolle Methode dar, den Kopf des Pferdes nach unten zu bringen und es an den Zügel zu reiten. Leider wird bei der Verwendung von Schlaufzügeln häufig der Fehler gemacht, ohne Hilfe von hinten eine steife Kopfhaltung hinter dem Gebiss zu erzwingen. Aus diesem Grund sollten sie nur von erfahrenen Reitern verwendet werden. Laufferzügel werden unterhalb des Sattelblatts verschnallt und durch die Gebissringe zur Hand geführt. Sie haben eine ähnliche Wirkung wie Schlaufzügel, lassen dem Kopf jedoch mehr Spielraum nach oben als die Schlaufzügel.

WISSENSWERTES:
Hopp, hopp, hopp,
Pferdchen lauf Galopp.
Über Stock und
über Steine,
aber brich
dir nicht
die Beine,
Hopp, hopp, hopp,
Pferdchen lauf Galopp.
Deutsches Kinderlied

Longier- und Führzügel

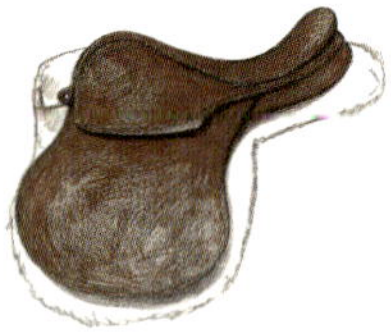

LONGIER- UND FÜHRZÜGEL sind unschätzbare Hilfsmittel für die Schulung von Pferd und Reiter. Noch nicht eingerittene Pferde werden oft an der Longe ausgebildet, während nervösen Reitern oder Reitanfängern die Grundlagen des Reitens am Führzügel beigebracht werden können.

WISSENSWERTES:
In der nordischen Mythologie reiste Nott, die Göttin der Nacht, in einem dunklen Wagen, der von ihrem zobelfarbenen Pferd Hrim-faxi gezogen wurde. Hrim-faxi heißt „Frostmähne", und seine wehende Mähne erzeugte Tau und Reif, der auf die Erde fiel, wenn er in der Nacht über den Himmel lief.

DAS CHAMBON

DAS CHAMBON ist ein Hilfszügel, der nicht nur auf die Vorderhand, sondern auf den gesamten Körper des Pferdes einwirkt. Das Chambon sollte nur für lockere Übungen oder beim Longieren ohne Reiter verwendet werden. Es läuft zu beiden Seiten von den Gebissringen zum Genick, wo es durch Ringe an einem speziellen Genickriemen geführt wird. Von diesen Ringen aus gehen beide Enden in einen geteilten Riemen über, der zwischen den Vorderbeinen hindurch an einem Longiergurt verschnallt wird. Das Chambon soll das Pferd dazu ermutigen, sich vorwärts abwärts zu dehnen, schwungvoll aus der Schulter heraus zu laufen, den Rücken zu wölben und einen schönen Gesamteindruck zu machen. Es ist insbesondere für Pferde hilfreich, deren Rückenmuskulatur gestärkt werden muss, und kann den Gang des Pferdes insgesamt verbessern.

DAS GOGUE

DAS GOGUE ÄHNELT dem Chambon, hat jedoch den Vorteil, dass man es auch beim Reiten einsetzen kann. Das Gogue kann es auf zwei verschiedene Arten verschnallt werden: Die eine dient zum Reiten und die andere zum Longieren. Zum Reiten läuft das Gogue vom Sattelgurt zwischen den Vorderbeinen hindurch nach oben durch Ringe am Genickstück und wird dann nach unten durch die Gebissringe und zur Hand des Reiters geführt.

Zum Longieren werden die Zügel nicht zur Hand des Reiters geführt, sondern laufen vom Gebissring zurück zum Sattelgurt. Auch mit dieser Verschnallung kann mit dem Gogue geritten werden, wobei die Trensenzügel dann am Gebissring befestigt werden.

DER KÖHLERZÜGEL

DER KÖHLERZÜGEL ist ein Hilfszügel, der auf einem weiterentwickelten Martingaldesign beruht. Er sieht ähnlich wie ein gleitendes Martingal aus, die Enden des geteilten Riemens laufen jedoch durch die Gebissringe und werden an Ringen am Zügel befestigt, sodass sie kürzer oder länger eingestellt werden können. Ein richtig angelegter Köhlerzügel entfaltet seine Wirkung erst, wenn das Pferd den Kopf zu heben versucht oder zieht. Der Köhlerzügel drückt das Gebiss dann nach hinten und unten.

Diese Seite
Diese Pferde tragen Chambons, die sie dazu ermutigen sollen, den Kopf aus der Schulter heraus zu heben und dadurch ihre Gesamthaltung zu verbessern.

Beinschoner

BEINSCHONER SIND in vielen verschiedenen Stilarten, Typen und Ausführungen erhältlich. Ihre grundlegende Funktion besteht darin, verschiedene Teile des Beins zu schützen und zu stützen. Es gibt sie in verschiedenen Materialien, wie Leder, Filz und vielen verschiedenen synthetischen Stoffen, die zunehmend an Beliebtheit gewinnen. Die folgenden Beinschonerarten sind am häufigsten vertreten:

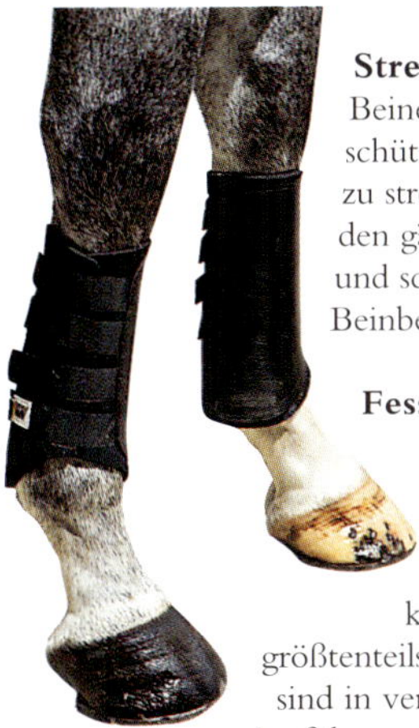

Streichkappen sollen die Beine des Pferdes davor schützen, sich bei der Arbeit zu streifen. Sie gehören zu den gängigsten Beinschonern und schützen den unteren Beinbereich.

Fesselschoner schützen die Beine des Pferdes davor, sich in der Fesselregion zu streifen. Der Fesselkopfschoner besteht größtenteils aus Filz. Fesselschoner sind in verschiedenen Ausführungen erhältlich und werden zunehmend aus synthetischen Stoffen hergestellt, da diese leichter zu reinigen und haltbarer sind als Filz.

Sehnenschoner sollen die Sehnenregion stützen. Sie sind vorn entweder offen oder geschlossen und haben eine umfassende Schutz- und Stützwirkung.

Polobandagen sollen die besonders empfindlichen Beine von Poloponys optimal schützen und stützen. Polobandagen bestehen häufig aus dickem Filz und Leder.

Glocken sind glockenförmige Gummigaloschen, die die Ballenregion der Vorderbeine vor Verletzungen durch einen Ballentritt (bei dem das Pferd mit dem Hinterbein das Vorderbein tritt) schützen.

Ballenschoner sind Gummiringe, die oberhalb des Kronenrands angelegt werden, um den Ballen vor Verletzungen bei der Arbeit zu schützen. In einigen Fällen werden sie auch im Stall getragen, um Stollbeulen am Ellbogen zu vermeiden, wenn sich das Pferd hinlegt.

Mit Ausnahme der Sprunggelenkgamasche (siehe „Reisen mit Pferden“) werden die meisten Beinschoner von vorne nach hinten verschnallt. Die Schonerschnallen sollten sich immer an der Außenseite des Beins befinden, damit die gegenüberliegenden Gliedmaßen nicht verletzt werden. Wie bei allem anderen Pferdezubehör kommt es auch bei den Beinschonern auf einen richtigen und sicheren Sitz an. Eine schlecht sitzende Ausrüstung kann zu Verletzungen und Unfällen führen.

Oben
Sehnenschoner oder Springgamaschen bieten umfassenden Schutz für den Sehnenbereich.

Ganz links
Streichkappen schützen die untere Beinregion des Pferdes.

Mitte
Dieses Pferd trägt Gummiglocken, um zu verhindern, dass es in schnellen Gangarten mit den Hinterbeinen in die Vorderbeine tritt und sich verletzt.

Unten
Der Fesselkopfschoner besteht aus Filz.

WISSENSWERTES:
„Streichle einem geschundenen Pferd den Rücken, und es wird scheuen“ lautet ein altes Sprichwort und bedeutet, dass die Reue nach angerichtetem Schaden oft zu spät kommt.

Decken

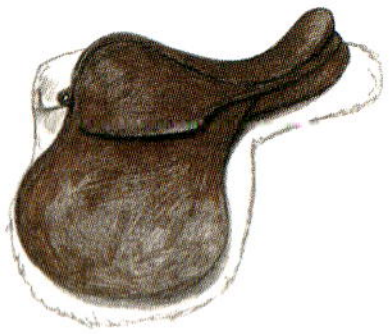

ES GIBT ein enormes Angebot an Decken auf dem Markt, die in Design und Material immer anspruchsvoller werden. Sie lassen sich je nach Funktion in die folgenden Hauptgruppen unterteilen:

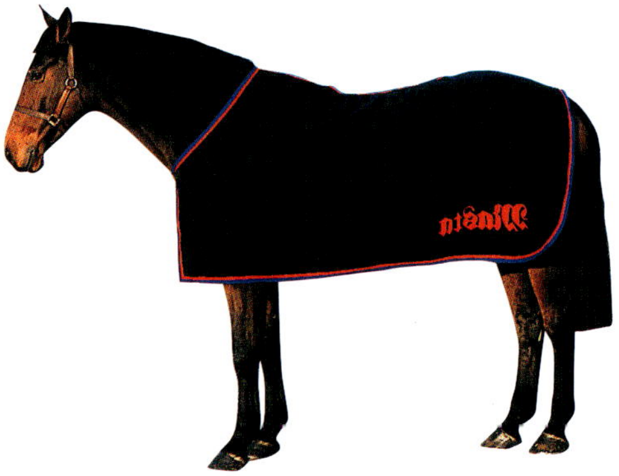

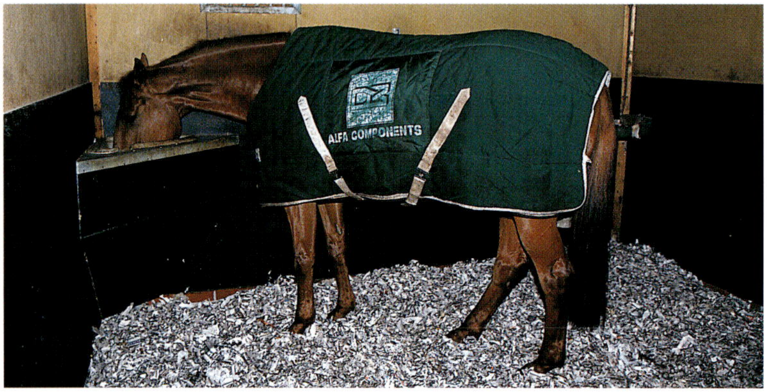

Oben
Dieses Pferd trägt eine moderne Nachtdecke aus einem synthetischen gesteppten Material.

Oben
Dieses Pferd trägt eine leichte Tagesdecke.

NACHTDECKEN

NACHTDECKEN SOLLEN DAS PFERD im Stall bei Nacht warm halten. Die herkömmliche Nachtdecke wird im Allgemeinen als „Jutedecke“ bezeichnet und besteht aus einem Hanf- oder Jutestoff, der mit grauer Wolle gefüttert ist. Sie wird vorn mit einer Schnalle befestigt und hinten durch einen Schweifriemen und einen Bauchgurt in Position gehalten. Häufig ist eine Unterdecke erforderlich, die am besten aus Wolle bzw. Baumwolle sein sollte. Sie wird dem Pferd als Erstes aufgelegt, gefolgt von der Jutedecke. Dann wird die Unterdecke über der Jutedecke zurückgeschlagen und die Jutedecke mit dem Schweifriemen gesichert.

In den letzten Jahren ging der Trend weg von der Jutedecke, und viele bevorzugen inzwischen die wattierten gesteppten Synthetikdecken, die fast das Aussehen einer Bettdecke haben. Die meisten modernen Decken sind mit Gurten ausgestattet, die unter dem Bauch gekreuzt und an den Seiten verschnallt werden. Dadurch wird der Druck vom Rücken genommen. Bei Verwendung einer Decke mit Kreuzverschnallung sollte eine andere Art von Unterdecke mit eigener Verschnallung verwendet werden, um das Fehlen des Schweifriemens auszugleichen.

> **WISSENSWERTES:** Die ersten öffentlichen Transportmittel in Frankreich hießen *Diligences* und wurden gewöhnlich von vier Pferden gezogen.

TAGESDECKEN

TAGESDECKEN SOLLEN das Pferd im Stall tagsüber warm halten. Die herkömmlichen Tagesdecken sind meist recht elegant. Sie bestehen aus farbig abgesetzter Wolle und werden vorn mit einer Schnalle und hinten mit einem Schweifriemen befestigt. Diese Decken werden häufig auch für den Transport verwendet. Das Eindecken von Pferden ist eine Sache des gesunden Menschenverstandes, und natürlich muss eine Tagesdecke um einiges leichter sein als eine Nachtdecke.

ABSCHWITZDECKEN

ABSCHWITZDECKEN sollen dafür sorgen, dass nasse Pferde schneller trocken werden ohne sich zu erkälten. Sie wurden den letzten Jahren stark verbessert. Die herkömmliche, großmaschige Abschwitzdecke muss grundsätzlich unter einer anderen Decke verwendet werden, da sie sonst keine Wirkung hat. Wird sie unter einer anderen Decke getragen, bleibt durch die Öffnungen in der Abschwitzdecke eine Schicht warmer Luft zwischen der Oberdecke und dem Pferd erhalten. Diese Luft hat aufgrund der Öffnungen genug Raum zum Zirkulieren und hilft, das Pferd zu trocknen. Heutzutage sind viele Decken auf dem Markt erhältlich, die als „Cooler“ bezeichnet werden. Sie sind dicker als die großmaschigen Abschwitzdecken und sollten allein direkt auf der Haut getragen werden. Der Stoff dieser Decken zieht die Feuchtigkeit aus dem schwitzenden Pferd und leitet sie an die Oberfläche ab, wo sie verdunstet. Diese Decken sind beim Trocknen des Pferdes äußerst wirkungsvoll und verhindern gleichzeitig Erkältungskrankheiten.

WEIDEDECKEN

DIESE WASSERDICHTEN Outdoordecken können für Pferde verwendet werden, die die ganze Zeit über draußen stehen, im Winter jedoch zusätzlich gewärmt werden müssen. Sie eignen sich jedoch auch für stallgehaltene Pferde, die auf die Weide gelassen werden. Die Weidedecke bestand ursprünglich aus widerstandsfähigem Segeltuch, ist heute jedoch in verschiedenen Kunstfaserstoffen erhältlich. Auch gibt es verschiedene Gewichte, und viele Hersteller bieten Decken an, die mit einem herausnehmbaren Futter für extrem kalte Wetterbedingungen ausgestattet sind oder

mit einer Halsabdeckung, die am Vorderteil der Decke befestigt wird. Die meisten modernen Weidedecken werden vor der Brust verschnallt und sind mit Bauchgurten und Hinterbeinriemen versehen. Es ist wichtig, dass die Decke gut sitzt. Dies gilt insbesondere für Weidedecken, da sich das Pferd darin wälzen, buckeln und rennen können muss.

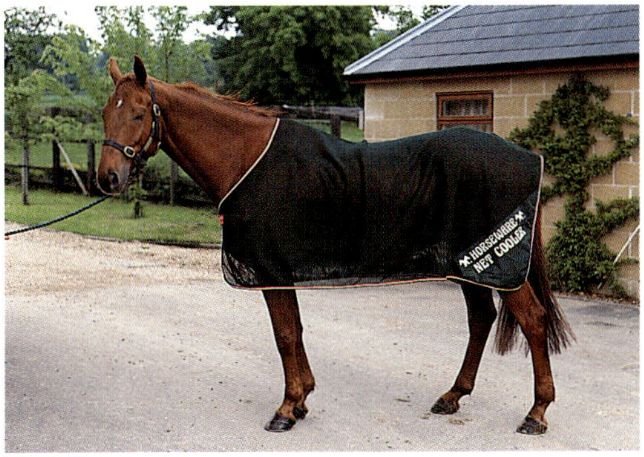

SOMMERDECKEN

HIERBEI HANDELT es sich um leichte Baumwolldecken, die im Sommer Staub und Fliegen vom Pferd fernhalten. Sie können auch im Winter als zusätzliche Unterdecken verwendet werden. Sie werden vor der Brust verschnallt und sind mit einem Schweifriemen und häufig auch mit Kreuzgurten ausgestattet.

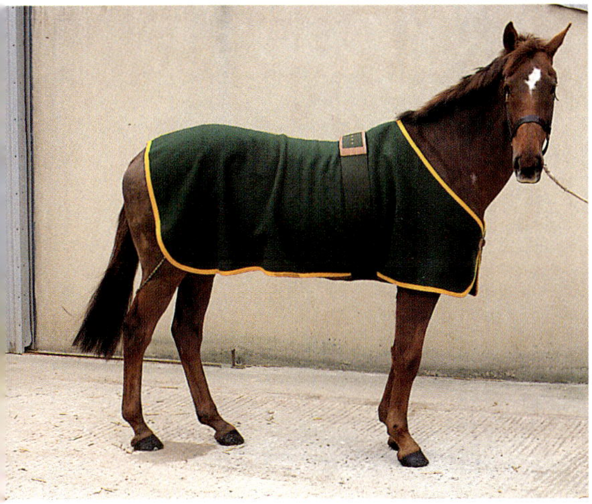

PFLEGE VON SATTEL- UND ZAUMZEUG

EGAL, OB SÄTTEL, Zaumzeug oder Decken – die sorgfältige Pflege sämtlichen Pferdezubehörs ist von entscheidender Bedeutung. Leder muss sauber, weich und geschmeidig gehalten werden, damit es nicht reibt und scheuert oder spröde und brüchig wird und dadurch eine Gefahr darstellt. Überprüfen Sie beim Säubern Ihrer Ausrüstung den Zustand aller Nähte und Gurtlöcher und vergewissern Sie sich, dass sie in einem guten Zustand sind. Untersuchen Sie auch die Sattelstrippen unter den Sattelblättern, die mit dem Sattelgurt verschnallt werden. Lesen Sie die Waschanleitung, bevor Sie Ihre Decken waschen oder in die Reinigung geben, und stellen Sie sicher, dass alle Befestigungen und Riemen sicher sind.

WÖCHENTLICHE GRUNDREINIGUNG

- Lösen Sie alle Schnallen, und zerlegen Sie das Sattel- und Zaumzeug vollständig.
- Weichen Sie Gebiss, Steigbügel und Steigbügeleinlagen in Wasser ein.
- Waschen Sie alle Lederteile und Schnallen mit warmem Wasser ab.
- Reiben Sie das Leder mit einem sauberen Schwamm mit Sattelseife ein.
- Befreien Sie die Gurtlöcher mit einem Zahnstocher von Fettrückständen.
- Polieren Sie Schnallen und Steigbügel mit einer Metallpolitur.
- Spülen Sie das Gebiss ab, bevor Sie das Zaumzeug wieder zusammenbauen.
- Waschen Sie Satteldecken und Streichkappen.

TÄGLICHE REINIGUNG

- Spülen Sie das Gebiss ab.
- Waschen Sie die Lederteile, und behandeln Sie sie mit Sattelseife, ohne sie komplett auseinander zu nehmen.
- Trocknen und lüften Sie Satteldecken und Beinschoner.

WISSENSWERTES:
In Japan gibt es Restaurants, die auf Pferdefleisch spezialisiert sind. Roh serviert wird diese Delikatesse als „Kirschblüte" bezeichnet.

Oben
Diese Pferde tragen Weidedecken als zusätzlichen Schutz vor der Witterung.

Mitte
Diese leichte Decke schützt das Pferd vor Fliegen und Schmutz.

Unten
Für den Pferdetransport werden häufig wollene Tagesdecken verwendet.

WISSENSWERTES:
1995 wurde auf einer Expedition nach Tibet unter der Führung des französischen Anthropologen Michel Peissel eine unbekannte Pferderasse entdeckt. Das Riwoche-Pferd, das seinen Namen dem Riwoche-Tal zu verdanken hat, in dem es entdeckt wurde, ist recht klein und besitzt die typischen Merkmale eines Urpferdes: eine kurze, dicke Mähne, ein dunkles Fell mit Zebrastreifen an den Beinen und ein primitives Exterieur.

Reiten und Ausbildung

UM DIE KUNST des Reitens zu beherrschen, sind häufig jahrelange Übung, harte Arbeit und Engagement erforderlich. Dieses Kapitel ist für absolute Reitanfänger gedacht und soll die grundlegendsten Prinzipien und Konzepte für ein sicheres, angenehmes und produktives Reiten erläutern.

Oben rechts
Dieses Pferd trabt auf der rechten Hand den Hügel hinauf.

Unten rechts
Beim Schritt berührt das Pferd grundsätzlich mit drei Hufen den Boden.

DIE GANGARTEN

DIE MEISTEN Pferde haben von Natur aus vier Gangarten: Schritt, Trab, Arbeitsgalopp und Jagdgalopp. Es gibt jedoch auch einige Pferderassen mit einer weiteren natürlichen Gangart, dem „Pass". Das Pferd sollte alle vier Gangarten mit Selbsthaltung, Takt und Schwung ausführen. Mit Schwung ist gemeint, dass das Pferd in gleichbleibendem Tempo vorwärts geht, ohne sich zurückzunehmen. Die Gangarten werden anhand der jeweiligen Fußfolge beschrieben.

SCHRITT

BEIM SCHRITT treten die Beine einzeln in einem regelmäßigen Viertakt auf, der beim Reiten mitgezählt werden kann (1, 2, 3, 4). Die Fußfolge lautet folgendermaßen: hinten links, vorne links, hinten rechts und vorne rechts. Im Schritt berühren immer mindestens zwei Hufe gleichzeitig den Boden. Man unterscheidet „Mittelschritt", „Versammelter Schritt", „Starker Schritt" und „Freier Schritt", die jedoch alle in derselben Fußfolge ablaufen. Beim Mittelschritt greifen die Hinterhufe etwas über die Fußspuren der Vorderhufe hinaus. Der versammelte Schritt zeichnet sich durch eine erhabenere Fußfolge aus, wobei die Hinterhufe hinter den Spuren der Vorderhufe fußen. Beim starken Schritt schreitet das Pferd weit aus, und die Hinterhufe treten deutlich über die Fußspuren der Vorderhufe hinaus. Beim freien Schritt wird das Pferd ermuntert, sich zu entspannen und durchzustrecken und frei auszuschreiten.

WISSENSWERTES:
Das schnellste dokumentierte Pferd hieß Big Racket. Es erreichte am 5. Februar 1945 bei einem Viertelmeilenrennen in Mexico City die sagenhafte Geschwindigkeit von 69,6 km/h.
Guinness-Buch der Rekorde

TRAB

DER TRAB ist eine Zweitaktgangart, wobei die diagonalen Beinpaare des Pferdes gleichzeitig abund auffußen und dazwischen ein Moment der Schwebe entsteht. Es berühren also der linke Vorderfuß und der rechte Hinterfuß den Boden und dann, nach einem Moment der Schwebe, der rechte Vorderfuß und der linke Hinterfuß. Man unterscheidet „Arbeitstrab", „Mitteltrab", „Versammelter Trab" und „Starker Trab". Die Fußfolge bleibt gleich, der Grad der Versammlung und die Länge des Schritts ändern sich jedoch je nach der gerittenen Trabform.

ARBEITSGALOPP

DER GALOPP läuft im Dreitakt ab, und die Fußfolge ändert sich je nachdem, auf welcher Hand das Pferd geritten wird. Im Linksgalopp beginnt die Fußabfolge mit hinten rechts, dann folgen zusammen der linke Hinterfuß und der rechte Vorderfuß, der als „Führbein" bezeichnet wird. Im Rechtsgalopp beginnt die Fußabfolge mit hinten links, dann folgen zusammen der rechte Hinterfuß und der linke Vorderfuß, das jetzige Führbein. Wenn das Pferd auf der rechten Hand im Linksgalopp geht, befindet man sich auf der „falschen Hand" oder dem „falschen Fuß". Das Pferd gerät dann aus dem Takt. Eine Ausnahme bildet hier jedoch der so genannte „Außengalopp". Dabei handelt es sich um eine Dressurübung für erfahrene Pferde, wobei auf der rechten Hand im Linksgalopp und auf der linken Hand im Rechtsgalopp geritten wird, ohne aus dem Takt zu geraten. Auch

beim Galopp unterscheidet man zwischen „Mittelgalopp", „Arbeitsgalopp", „Versammeltem Galopp" und „Starkem Galopp". Wie beim Trab werden auch beim Galopp die Gangarten durch verschiedene Grade der Versammlung und des Ausschreitens erreicht.

JAGDGALOPP

DER JAGDGALOPP erfolgt im Viertakt und stellt die schnellste der vier Gangarten dar. Im Rechtsgalopp lautet die Fußfolge wie folgt: hinten links, hinten rechts, vorne links, vorne rechts, gefolgt von einem Moment der Schwebe, in dem kein Fuß den Boden berührt. Im Linksgalopp lautet die Fußfolge wie folgt: hinten rechts, hinten links, vorne rechts, vorne links. Im Jagdgalopp sollte sich das Pferd bei gesenktem Kopf und Hals stark nach vorne strecken. Oft entsteht dabei der Eindruck, dass sein ganzer Körper dicht über dem Boden liegt. Ein Vollblutpferd kann im Jagdgalopp Geschwindigkeiten von mehr als 50 km/h erreichen.

PASS

EINIGE PFERDE, wie das American Standardbred, sind in der Lage, im Pass zu gehen. Diese Gangart läuft im Zweitakt ab, wobei sich jeweils die beiden Beine derselben Seite gleichzeitig bewegen, z. B. vorne links und hinten links, gefolgt von vorne rechts und hinten rechts. Durch diesen Passgang kann sich das Pferd schneller fortbewegen als im normalen Trab. Außerdem lässt sich der Pass wesentlich angenehmer aussitzen. Mit Pferden, die im Pass gehen, lassen sich äußerst bequem lange Strecken zurücklegen. Es gibt verschiedene rassenspezifische Gangarten, von denen die meisten in Amerika, Südamerika und Asien zu finden sind. Aber auch das Islandpony hat mehrere Gangarten, wie den *Tölt*, einem sehr schnellen Viertakt-Rennschritt. Man nimmt an, dass die Nebengangarten über die alten spanischen Pferderassen, insbesondere den inzwischen ausgestorbenen spanische Jennet, an die modernen Rassen vererbt wurden.

WISSENSWERTES:
Der Pferdeflüsterer von Nicholas Evans erzählt die Geschichte von einem jungen Mädchen und ihrem Pferd, die mit den schrecklichen körperlichen und seelischen Folgen eines furchtbaren Unfalls zu kämpfen haben. Die Mutter des Mädchens bemüht sich erfolgreich um Hilfe für ihre Tochter und deren Pferd, und Evans porträtiert die sich daraus ergebenden Beziehungen und Emotionen zwischen den Hauptcharakteren mit Takt und Gefühl.

Oben links
Der Arbeitsgalopp läuft im Dreitakt ab.

Mitte
Das Islandpony hat mehrere Gangarten, einschließlich eines sehr schnellen Gangs namens Tölt.

Unten
Im Jagdgalopp berührt für einen Moment kein Bein den Boden.

Erlernen der Grundlagen

REITERLICHES KÖNNEN basiert auf gesundem Menschenverstand und Taktgefühl, und wann immer Sie Pferde um sich haben, sollten Sie sich in beidem üben. Vor dem Aufsitzen sollten Sie es sich zur Gewohnheit machen, Sattel- und Zaumzeug auf festen Sitz und Sicherheit zu prüfen und den Sattelgurt nachzuziehen. Auch wenn Sie Reitstunden nehmen und Ihr Pferd bereits für sie aufgezäumt und gesattelt wurde, sollten Sie alles überprüfen. Verlassen Sie sich dabei niemals auf andere.

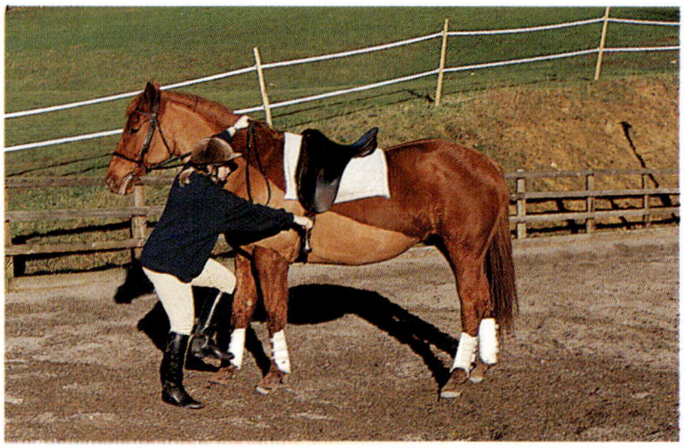

Oben und Mitte rechts
So sitzen Sie korrekt auf: Nehmen Sie die Zügel in die linke Hand, und treten Sie mit dem linken Fuß in den Steigbügel. Stoßen Sie sich leicht ab, und schwingen Sie sich sanft auf den Rücken des Pferdes.

Rechts
Verlagern Sie Ihr Gewicht auf das linke Bein, und schwingen Sie das rechte Bein über die Kruppe des Pferdes, ohne sie zu berühren.

Unten rechts
Die Hilfestellung mit der „Räuberleiter" kann häufig gute Dienste leisten.

AUFSITZEN

ÜBERPRÜFEN SIE, ob der Sattel richtig aufgelegt wurde und weder zu weit vorne noch zu weit hinten liegt. Vergewissern Sie sich, dass die Satteldecke unter dem Sattel keine Falten wirft und über dem Widerrist nicht zu eng anliegt. Überprüfen Sie, ob das Zaumzeug sicher angelegt ist und alles ordnungsgemäß aussieht. Stellen Sie sicher, das der Sattelgurt ordentlich verschnallt ist, weder zu eng noch zu locker sitzt und die Haut des Pferdes nicht einklemmt. Wenn Sie sicher sind, dass Sattel- und Zaumzeug richtig angelegt sind (je mehr Erfahrungen Sie sammeln, desto schneller können Sie diese Überprüfung durchführen), ziehen Sie die Steigbügel herunter. Sie können die ungefähre Länge der Steigbügel abschätzen, indem Sie den Bügel unter die Achsel ziehen und mit dem Mittelfinger der ausgestreckten Hand die Steigbügelhalterung berühren. Wenn Sie die Steigbügel betrachten, sollten Sie erkennen können, ob die Länge ungefähr stimmt oder nicht.

Nun sind Sie bereit zum Aufsitzen. Stellen Sie sich in Schulterhöhe links neben das Pferd mit dem Gesicht zum Schweif, und nehmen Sie die Zügel und die Gerte (sofern vorhanden) in die linke Hand. Die Zügel sollten kurz genug sein, um das Pferd am Weglaufen zu hindern, jedoch nicht so kurz, dass das Pferd zum Rückwärtsgehen veranlasst wird. Legen Sie Ihre linke Hand neben den Widerrist, drehen Sie die Außenseite des Steigbügels mit der rechten Hand zu sich hin, und treten Sie mit dem linken Fuß in den Bügel. Drehen Sie sich zum Pferd, und halten Sie sich mit der rechten Hand vorne oder hinten am Sattel fest. Stoßen Sie sich mit dem rechten Fuß ab, schwingen Sie das rechte Bein über den Pferderücken, und lassen Sie sich sanft und vorsichtig in den Sattel gleiten. Seien Sie vorsichtig, um

WISSENSWERTES:
Das weltweit höchste Preisgeld im Pferderennen beträgt 2,4 Mio. US-Dollar und winkt dem Sieger des Dubai World Cup.
Guinness-Buch der Rekorde

dem Pferd beim Aufsitzen nicht in die Seite zu treten oder es beim Überschwingen des Beines an der Kruppe zu stoßen, und setzen Sie sich weich und gefühlvoll in den Sattel. Lassen Sie Ihren rechten Fuß in den rechten Steigbügel gleiten.

Es gibt zwei Alternativen zu dieser Aufsitzmethode. Eine davon ist die Hilfestellung mit der so genannten „Räuberleiter". Dabei lassen Sie sich von jemandem in den Sattel helfen, wodurch die Belastung von der linken Seite des Pferderückens genommen wird. Außerdem wird dabei vermieden, dass der linke Steigbügelriemen weiter nach unten gezogen wird als der rechte. Stellen Sie sich links neben das Pferd, nehmen Sie die Zügel in die linke Hand, und halten Sie sich mit der rechten Hand hinten am Sattel fest. Winkeln Sie Ihr linkes Bein nach hinten ab, sodass der Helfer es umfassen und Sie hochdrücken kann. Bei der Räuberleiter müssen Reiter und Helfer sehr umsichtig vorgehen.

Die zweite Alternative ist die Verwendung eines Podests. Dabei handelt es sich um einen speziellen Klotz, neben den das Pferd gestellt wird und von dem aus Sie aufsitzen können.

DIE RICHTIGE AUSRÜSTUNG

BEVOR SIE mit dem Reiten beginnen, sollten Sie sich die richtige Ausrüstung zulegen. Am wichtigsten ist dabei die Reiterkappe. Vergewissern Sie sich, dass ihre Kappe dem aktuellen Sicherheitsstandard EN1348 entspricht, auch wenn sich dieser recht häufig ändert. Sie sollten sich grundsätzlich eine eigene, gut sitzende Kappe zulegen. Außerdem sollten Sie sich ein paar Reitstiefel mit Absätzen besorgen, die ein Herausrutschen des Fußes aus dem Steigbügel verhindern. Anfangs können Sie in zwar Jeans oder normalen Hosen reiten, doch wurden Reithosen eigens zum Reiten entworfen und sind die Ausgabe wert. Vermeiden Sie weite flatternde Kleidungsstücke, die das Pferd erschrecken könnten, und legen Sie Schmuck vor dem Reiten grundsätzlich ab, insbesondere Ohrringe.

ABSITZEN

TRETEN SIE MIT beiden Füßen aus den Steigbügeln, und nehmen Sie Zügel und Gerte in die linke Hand, mit der Sie sich gegebenenfalls vorsichtig auf dem Pferdehals abstützen können. Beugen Sie sich leicht nach vorn, greifen Sie mit der rechten Hand den Vorderzwiesel des Sattels, und schwingen Sie Ihr rechtes Bein vorsichtig über die Kruppe, sodass Sie genau auf den Füßen neben dem Pferd landen. Achten Sie darauf, dem Pferd mit dem rechten Bein nicht in die Hinterhand zu treten und beim Aufkommen nicht das Gleichgewicht zu verlieren und rückwärts zu taumeln.

Es ist sinnvoll, das Auf- und Absitzen von beiden Seiten aus zu lernen.

Oben rechts
So sind Pferd und Reiterin richtig für einen Ausritt gerüstet. Die Reiterin trägt die obligatorische Reiterkappe.

Links Mitte
Vor dem Absitzen hat die Reiterin ihre Füße aus den Steigbügeln genommen.

Unten links und rechts
Die Reiterin hält sich am Vorderzwiesel fest und lässt sich neben dem Pferd auf den Boden gleiten.

WISSENSWERTES:
In der Pferdefachsprache hat das Wort „Strahl" nichts mit einem Sonnen- oder Wasserstrahl gemein, sondern bezeichnet den keilförmigen elastischen Hornabschnitt unter dem Huf. Der Strahl dient zum Abfangen von Stößen und sorgt für sicheren Halt.

Rechts
Beim korrekten Sitz sitzt der Reiter mit geradem Rücken auf dem tiefsten Punkt des Sattels.

DER RICHTIGE SITZ

REITEN HAT MIT Gleichgewicht, Losgelassenheit und Geschmeidigkeit zu tun, und all dies kann nur erreicht werden, wenn der Reiter einen guten Sitz hat. Nach dem Aufsitzen müssen Sie noch einmal nachgurten und die Länge Ihrer Steigbügel überprüfen. Als Faustregel für Reitanfänger gilt, beide Füße aus den Steigbügeln zu nehmen und die Beine locker hängen zu lassen. Die Trittfläche der Bügel sollten bis zum Knöchel reichen oder kurz darüber liegen. Dies ist eine geeignete Länge für Reitanfänger, die mit einfachen Reitübungen beginnen. Überprüfen Sie, ob die Steigbügelriemen auf beiden Seiten gleich lang sind. Wenn Sie Reitstunden nehmen, sollte Ihr Reitlehrer dies für Sie tun. Wenn die Riemen nicht gleich lang sind, geraten Sie leicht aus dem Gleichgewicht.

EINNEHMEN DER RICHTIGEN SITZHALTUNG

SOBALD IHRE STEIGBÜGEL richtig eingestellt sind, müssen Sie sicherstellen, dass Sie richtig sitzen. Sie sollten auf dem tiefsten Punkt des Sattels sitzen, sodass sich Ihr Gewicht gleichmäßig auf beide Sitzknochen verteilt und Ihre Hüfte parallel zur Hüfte Ihres Pferdes liegt. Es ist sehr wichtig, dass Sie nicht schief im Sattel sitzen. Sitzen Sie aufrecht und gerade, ohne sich zu verspannen oder zu versteifen, lassen Sie die Beine nach unten hängen, wobei der Absatz den tiefsten Punkt bilden sollte. Die Ellbogen sind leicht angewinkelt, die Handgelenke sind weder nach innen noch nach außen gedrückt, und die Zügelfäuste stehen aufrecht und zeigen mit den Daumen zu den Ohren des Pferdes. Die Ellbogen sollten mit den Zügelhänden und dem Pferdemaul eine ungebrochene Linie bilden.

Die Unterschenkel haben leichte Berührung mit dem Leib des Pferdes. Reitanfänger machen häufig den Fehler, mit den Knien zu klammern. Waden und Unterschenkel sollten kurz hinter dem Gurt liegen, und der Kopf sollte mit Schultern, Hüfte und Absatz eine gerade Linie bilden. Die Ellbogen müssen locker am Oberkörper anliegen, sodass Sie eine weiche Hand behalten und mit der Bewegung des Pferdes mitgehen können. Reitanfänger sind häufig steif und verspannt, und es ist wichtig zu lernen, sich zu entspannen und fließender zu bewegen.

WISSENSWERTES:
Pferde haben 18 Rippenpaare, von denen acht Paare als „echte" Rippen und die übrigen zehn Paare als „falsche" Rippen bezeichnet werden. Die „echten" Rippen sind direkt mit den Wirbeln und dem Brustbein verbunden, während die „falschen Rippen" mit den Wirbeln und über Knorpel mit dem Brustbein verbunden sind.

Links
Eine korrekte Zügelhaltung verhindert, dass die Zügel aus den Fingern rutschen.

Unten
An den Zügeln sollte nicht übermäßig gezogen werden, der Reiter sollte jedoch einen leichten Kontakt zum Pferd fühlen können.

ZÜGELHALTUNG

DIE ZÜGEL LAUFEN zwischen dem kleinen Finger und dem Ringfinger hindurch über die Handfläche und werden zwischen Daumen und Zeigefinger gehalten. Die Daumen liegen dabei wie ein kleines Dach über den Zügeln. Die Zügel müssen sicher gehalten werden, damit sie nicht durch die Finger rutschen, doch sollte die Hand locker sein.

Bei einigen Turnierklassen und fortgeschrittenen Dressurprüfungen wird die Verwendung eines Kandarenzaums mit zwei Zügelpaaren verlangt. Der Kandarenzügel wird zwischen dem kleinen Finger und dem Mittelfinger gehalten, während der Zügel der Unterlegtrense außen vorbei geführt wird, wobei der kleine Finger die beiden Zügel voneinander trennt.

DIE FÜHLUNG

NACHDEM SIE die Zügel aufgenommen haben, sollten Sie das Pferdemaul eben fühlen können. Diese Fühlung ist äußerst wichtig. Die Fühlung sollte in allen Gangarten konstant bleiben, und das Pferd muss sie akzeptieren und sich ohne Widerstand an sie heranarbeiten lassen. Die Fühlung sollte nie zu stark oder zu schwach sein, dem Pferd jedoch eine sichere Zügelführung vermitteln.

Rechts
Diese Reiterin setzt Kreuzhilfen ein, um das Pferd im Trab voranzutreiben.

Unten rechts
Der Reiter verwendet für die Kommunikation mit dem Pferd Hände, Knie und Kreuz.

KOMMUNIKATION MIT DEM PFERD

UM MIT DEM PFERD zu kommunizieren und ihm mitzuteilen, was es tun soll, werden Hilfen benutzt. Es ist wichtig, die Hilfen gefühlvoll einzusetzen, damit das Pferd lernt, schnell und effizient auf die leichteste Andeutung zu reagieren. Darüber hinaus ist es wichtig, die Hilfen eindeutig zu geben, um das Pferd nicht zu verwirren. Hier wird leider nur allzu häufig Ignoranz demonstriert, indem mit den Zügeln am Pferdemaul gerissen und das Pferd mit der Gerte geschlagen wird, um ihm zu verdeutlichen, langsamer bzw. schneller zu laufen. Dies ist weder angenehm noch besonders effektiv. Es gibt zwei Gruppen von Hilfen: die natürlichen Hilfen und die künstlichen Hilfen.

NATÜRLICHE HILFEN

BEI DEN NATÜRLICHEN Hilfen unterscheidet man zwischen Schenkelhilfen, Gewichts- und Kreuzhilfen, Zügelhilfen, Stimme und Denken. Das Denken kann als Hilfe angesehen werden, denn im Grunde genommen beginnen Sie bereits bei dem Gedanken an die nächste Bewegung unbewusst damit, die nächsten Hilfen einzusetzen. Das Denken ist für alle Hilfen unerlässlich, und interessanterweise scheint ein Pferd, mit dem Sie über einen gewissen Zeitraum arbeiten, seinen sechsten Sinn auf Sie abzustimmen und reagiert schon fast, bevor Sie die Hilfen einsetzen.
Die Schenkelhilfen sind äußerst wichtig und dienen im Grunde genommen als treibende Kraft, um aus der Hinterhand heraus eine frei fließende Vorwärtsbewegung zu erzielen. Darüber hinaus können die Schenkel getrennt voneinander eingesetzt werden, um das Pferd in eine bestimmte Richtung zu lenken, es zum Angaloppieren aufzufordern oder ihm zu helfen, sich richtig zu biegen.

Das Pferd bewegt sich vom Schenkeldruck weg. Wenn Sie also den rechten Schenkel verwenden, geht es nach links und umgekehrt. Daran sollten Sie grundsätzlich denken, wenn Sie Seitwärtsgänge und Richtungswechsel lernen. Kreuz und Gewicht stellen eine sehr wirkungsvolle Hilfe dar, die für den Reitanfänger zu Beginn häufig schwer zu begreifen ist, mit der Erfahrung jedoch immer leichter fällt. Durch die Kreuzhilfen werden die Schenkelhilfen verstärkt, die das Pferd nach vorne treiben. Sie sind auch bei Seitengängen und Richtungswechseln wichtig, wobei ein Gesäßknochen stärker belastet wird als der andere, um dem Pferd die Richtung anzugeben.

Der Schwerpunkt des Reiters sollte mit dem des Pferdes übereinstimmen und sich der Gangart anpassen bzw. sich beim Springen entsprechend verlagern. Das Gewicht sollte bei den Paraden, insbesondere beim Durchparieren zum Stehen, eingesetzt werden und spielt auch bei Seitengängen und Richtungswechseln eine wichtige Rolle. Die Zügelhilfen sollten grundsätzlich mit Gefühl gegeben werden. Ein Reißen an den Zügeln ist unbedingt zu vermeiden. Die Zügelhilfen werden in Verbindung mit den Schenkelhilfen und anderen Hilfen verwendet und unterstützen die Regulierung der Vorwärtsbewegung und der Richtung. Die Hände können dabei unabhängig voneinander eingesetzt werden und sollten immer weich und flexibel bleiben. Die Stimme ist insbesondere beim Longieren oder Arbeiten eines jungen Pferdes eine nützliche Hilfe, und es sollte als Erstes lernen, auf die Stimme zu reagieren, bevor ihm die anderen Hilfen beigebracht werden. Sobald es eingeritten ist, sollte die Verwendung der Stimme eingeschränkt werden. Bei Dressurprüfungen ist sie gänzlich zu vermeiden.

KÜNSTLICHE HILFEN

KÜNSTLICHE HILFEN sind Gerte und Sporen, die beide natürlich nur mit Bedacht eingesetzt werden dürfen. Die lange Dressurgerte kann eine sinnvolle Ergänzung der Beinhilfe sein, insbesondere wenn jungen Pferden Seitengänge und Richtungswechsel beigebracht werden sollen. Sie wird hinter dem Bein eingesetzt. Die kürzere und dickere Springgerte kann beim Springen in Verbindung mit den Schenkeln verwendet werden. Auch sie wird hinter dem Bein eingesetzt. Sporen sollten nicht von Reitanfängern oder unerfahrenen Reitern verwendet werden, auch wenn sie in der höheren Dressur eine nützliche Hilfe darstellen können. Sie sind nur mit äußerster Vorsicht einzusetzen und sollten dem Pferd niemals in die Seiten gerammt werden.

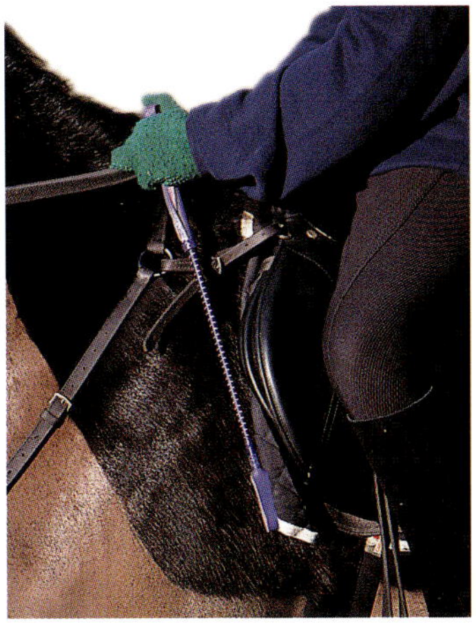

Oben rechts
Zügelhilfen sollten zur Richtungsangabe in Verbindung mit den Schenkeln eingesetzt werden.

Oben links
Dieser Araber wird unter leichtem Einsatz einer Gerte Dressur geritten.

Unten links
Reitanfänger können in der Reitschule einige grundlegende Manöver erlernen, wie z. B. den Handwechsel (Richtungswechsel).

DIE REITBAHN

DIE REITBAHN bzw. der Reitplatz ist eine geschlossene Fläche, in der das Pferd beim Dressurreiten gearbeitet wird. Die Größe dieser Fläche ist gewöhnlich genormt und beträgt entweder 40 x 20 m oder 60 x 20 m (für höhere Dressur). Bestimmte Punkte an den Außenlinien sind mit Buchstaben gekennzeichnet, die auf jeder Reitbahn gleich sind. Die Hufschlagfiguren und Übungen im nächsten Kapitel werden unter Angabe der Buchstaben beschrieben. Sie sollten sie auswendig lernen, damit sie mit ihnen vertraut sind, wenn Ihnen der Reitlehrer Anweisungen erteilt.

Halle von 20 x 40 m

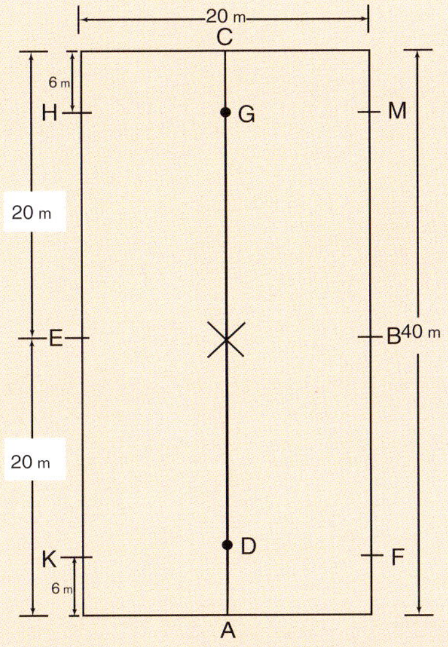

Die Länge der Diagonalen beträgt 44,72 m von Ecke zu Ecke.

Halle von 20 x 60 m

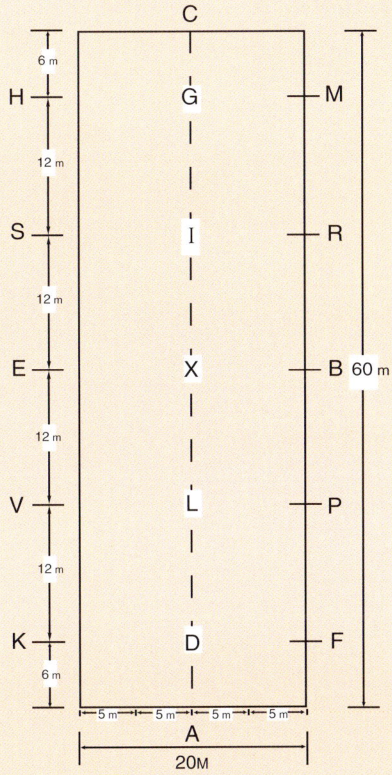

Die Länge der Diagonalen beträgt 63,25 m von Ecke zu Ecke.

Vorwärtsreiten

NACHDEM SIE auf dem stehenden Pferd einen korrekten Sitz eingenommen und alle Hilfen verstanden haben, können Sie anreiten. Denken Sie immer daran, entspannt zu sitzen und sich der Bewegung des Pferdes anzupassen. Sie müssen ihre ausgewogene Ausgangshaltung beibehalten, ohne sich zu versteifen.

Oben rechts
Die Reiterin sitzt auf dem tiefsten Punkt des Sattels und passt sich den Bewegungen des Pferdes an.

Mitte
Der Arbeitstrab.

Unten
Der Leichttrab.

ANREITEN IN DEN SCHRITT

BLEIBEN SIE IN Schultern, Ellbogen und Händen weich, um der Bewegung des Pferdes nachzugeben, ohne jedoch selbst in eine Schwingbewegung zu verfallen. Wenn Sie auf einer Reitbahn reiten, gehen Sie nicht davon aus, dass das Pferd dem Hufschlag folgt. Vergewissern Sie sich, dass Sie die Führung in der Hand haben, nicht das Pferd.

ANTRABEN UND LEICHTTRABEN

DAS LEICHTTRABEN fällt dem Anfänger häufig zunächst etwas schwer, doch wenn Sie den Bogen erst einmal heraus haben, ist das sowohl für den Reiter als auch für das Pferd sehr angenehm. Der Trab ist eine Zweitaktgangart, wobei die diagonalen Beinpaare des Pferdes gleichzeitig ab- und auffußen und dazwischen ein Moment der Schwebe entsteht. Der Reiter befindet sich auf dem „rechten Fuß", wenn er aussitzt, sobald das linke Hinterbein und das rechte Vorderbein den Boden berühren. Auf dem „linken Fuß" sitzt er aus, wenn das rechte Hinterbein und das linke Vorderbein den Boden berühren. Bei einem Fußwechsel muss der Reiter einen weiteren Takt aussitzen. Der natürliche Zweitakt des Trabs hilft dem Reiter, im Leichttrab zu bleiben. Bei jedem Handwechsel sollte der Reiter den Fuß wechseln, d. h. er sollte auf der rechten Hand auf dem linken Fuß und auf der linken Hand auf dem rechten Fuß traben. Als Eselsbrücke sollten Sie sich merken, dass Sie immer dann aussitzen müssen, wenn das äußere Bein zurückgeht, und aufstehen, wenn das innere Bein nach vorn geht. Diese Regel gilt sowohl für die rechte als auch für die linke Hand. (Das äußere Bein ist das Bein, das zur Bande zeigt).

Sitz und Haltung des Reiters müssen während des Trabs ausgewogen bleiben und mit der Bewegung des Pferdes harmonieren. Das Aufstehen und Aussitzen des Trabs sollte kontrolliert erfolgen, und der Reiter sollte beim Einsitzen nicht in den Sattel fallen. Der Körper muss geschmeidig und locker sein, um der Bewegung des Trabs nachzugeben. Die Hände sollten ruhig gehalten werden, ohne beim Aufstehen und Hinsetzen nach oben und unten zu gehen, und ständigen Kontakt zum Pferdemaul haben. Der Reiter muss den Kopf hoch halten und geradeaus schauen. Er muss gerade sitzen und die Schultern leicht zurücknehmen. Der Arbeitstrab ist eine ausgezeichnete Gangart für etwas erfahrenere Reiter, um einen größeren Grad der Versammlung zu

WISSENSWERTES:
Araberpferde haben eine Rippe, einen Lendenwirbel und einen Rückenwirbel weniger als andere Pferderassen, womit sich das kompakte Exterieur der Hinterhand und der charakteristisch hohe Schweifansatz erklären.

erreichen und dem Pferd zu helfen, aus dem Rücken heraus zu arbeiten. Wie in allen anderen Gangarten muss die Position des Reiters auch hier im Einklang mit dem Pferd sein. Die Körperhaltung muss aufrecht und gerade sein, wobei der Reiter auf dem tiefsten Punkt des Sattels sitzt und der Stiefelabsatz den tiefsten Punkt des Reiters bildet. Sitzen Sie nicht schwer und krumm im Sattel, sondern behalten Sie einen entspannten und losgelösten Sitz, um es dem Pferd zu ermöglichen, aus dem Rücken heraus zu arbeiten. Wenn sich das Pferd beim Traben hohl macht, deutet dies entweder darauf hin, dass das Pferd nicht dazu bereit ist, oder dass der Reiter schlecht sitzt.

ANGALOPPIEREN

SIE MÜSSEN MIT der Bewegung des Pferdes harmonieren und darauf achten, dass Ihr Gewicht weder „hinter der Bewegung" (hinter dem Schwerpunkt des Pferdes) noch „vor der Bewegung" (vor dem Schwerpunkt des Pferdes) liegt. Sitzen Sie aufrecht mit leicht zurückgenommenen Schultern im Sattel. Ihre Sitzfläche sollte ständig mit dem Sattel in Berührung sein. Es gibt nichts Schlimmeres als einen Reiter, der auf dem Pferderücken herumhüpft. Das führt nur dazu, dass das Pferd sich hohl macht. Ihr Körper muss insbesondere in Hüften, Schultern und Ellbogen geschmeidig bleiben, und Ihre Hände müssen ständigen Kontakt zum Pferd haben.

ANREITEN IN DEN JAGDGALOPP

DER JAGDGALOPP ist die schnellste Gangart des Pferdes, und der Reiter sollte dabei in den leichten Sitz gehen, um den Rücken des Pferdes zu entlasten. Indem Sie sich nach vorne lehnen, lassen Sie Ihren Schwerpunkt über dem des Pferdes, sodass es sich besser strecken und auf volle Geschwindigkeit beschleunigen kann. Halten Sie Ihren Blick dabei immer geradeaus gerichtet. Sie müssen Ihre Steigbügel kürzer schnallen, um in den leichten Sitz gehen zu können, und sollten nur in dieser Gangart reiten, wenn Sie in der Lage sind, in allen anderen Gangarten das Gleichgewicht und die Kontrolle zu behalten.

Oben
Die Reiterin hat den leichten Sitz eingenommen, um das Pferd zu einem schnelleren Tempo anzutreiben.

Unten
Beim Arbeitsgalopp sollte der Reiter aufrecht sitzen und ständigen Kontakt zum Sattel haben.

WISSENSWERTES:
Eine „Piaffe" ist eine Dressurübung, die ein Höchstmaß an Versammlung und Einsatz verlangt. Das Pferd trabt dabei auf der Stelle. Diese Übung wird nur in hohen Dressurklassen ausgeführt.

Treibende Hilfen

WISSENSWERTES:
Das Ende einer Jagd wird als „Halali" bezeichnet und durch die Jagdhornbläser signalisiert.

Oben rechts
So sollte das Halten nicht ausgeführt werden. Der Reiter hat zu stark an den Zügeln des Pferdes gezogen.

DIE HILFEN zum Anreiten vom Halten in den Schritt und vom Schritt in den Trab sind sehr einfach und erfordern den Einsatz des Schenkeldrucks. Wenn das Pferd nicht auf diese einleitende Hilfe reagiert, erhöhen Sie den Schenkeldruck ein wenig. Lassen Sie die Beine grundsätzlich am Pferd. Vermeiden Sie schlackernde Beine, und treten Sie dem Pferd niemals in die Seite. Dadurch stumpft das Pferd nur ab, sodass es zu guter Letzt nicht mehr reagiert.

HILFEN FÜR SCHRITT, TRAB, ARBEITSGALOPP UND JAGDGALOPP

WENN SIE SICH AUF der linken Hand befinden und angaloppieren möchten, nehmen Sie den äußeren (rechten) Schenkel zurück (hinter den Sattelgurt), lassen den inneren Schenkel am Gurt liegen und setzen Schenkeldruck ein. Um auf der rechten Hand anzugaloppieren, nehmen Sie den linken Schenkel zurück (hinter den Sattelgurt), lassen den rechen Schenkel am Gurt liegen und setzen Schenkeldruck ein.

Achten Sie darauf, beim Übergang von einer Gangart in die andere nicht das Gleichgewicht zu verlieren. Wenn Sie in den Jagdgalopp übergehen möchten, reiten Sie zunächst einen gleichmäßigen Arbeitsgalopp heraus. Um das Pferd zum Jagdgalopp aufzufordern, wenden Sie dieselbe Galopphilfe an und lassen Ihre Hände ein wenig vorgehen. Das Durchparieren, d. h. das Übergehen von einer höheren Gangart in eine niedrigere, erfordert den gefühlvollen Einsatz von Gewichts-, Schenkel- und Zügelhilfen. Bevor Sie in eine höhere oder niedrigere Gangart übergehen, müssen Sie sich auf den Übergang vorbereiten. Überlegen Sie, an welcher Stelle er erfolgen soll, bereiten Sie das Pferd darauf vor, und geben Sie dann die entsprechenden Hilfen.

Das Pferd soll während der jeweiligen Gangart und bei den Übergängen konstant bleiben und sich in einem stetigen ausgewogenen Rhythmus befinden. Die meisten Reitanfänger und jungen Pferde neigen dazu, bei den Übergängen aus dem Gleichgewicht zu geraten. Häufig macht der Reiter den Fehler, übermäßig starke Hilfen zu geben, sodass das Pferd zu schnell in die jeweilige Gangart übergeht. Wenn der Reiter hingegen die Zügelhilfe zum Durchparieren zu stark einsetzt, fällt das Pferd zu ruckartig in die niedrigere Gangart. Um den Verlust des Vorwärtsmoments zu vermeiden, müssen Sie die Zügelhilfen beim Durchparieren durch Schenkelhilfen unterstützen.

DIE HALBE PARADE

DIE HALBE PARADE ist eine sehr nützliche Hilfe, die zur Mäßigung des Tempos oder zur Verbesserung der Haltung des Pferdes beim Vorwärtsreiten dient. Sie stellt eine ausgezeichnete Methode dar, das Pferd zum Untertreten mit der Hinterhand bzw. zum Heben der Vorderhand zu bringen, es besser zu versammeln und auf Übergänge vorzubereiten. Die halbe Parade wird häufig vor Seitengängen und Richtungswechseln eingesetzt. Um eine halbe Parade durchzuführen, sitzen Sie gerade, nehmen die Zügel des Pferdes kurz leicht an und setzen sich dabei tief in den Sattel. Unterstützen Sie die Hilfen mit den Schenkeln, ansonsten verfällt das Pferd lediglich in eine niedrigere Gangart.

DIE GANZE PARADE

DIE GANZE PARADE wird von vielen häufig außer Acht gelassen, stellt jedoch eigentlich eine sehr wichtige Hilfe dar. Reitanfänger sollten mit der einfachsten Version der ganzen Parade beginnen, bei der vom Schritt zum Halten durchpariert wird. Wenn Sie bzw. das Pferd jedoch im Laufe der Zeit an Erfahrung gewinnen, werden Sie irgendwann in der Lage sein, ganze Paraden aus dem Trab oder Galopp durchzuführen. Bei der ganzen

WISSENSWERTES:
Edward Muybridge hat die Bewegungsabläufe von Pferden mittels Phasenfotografie erfolgreich festgehalten. Er veröffentlichte seine Ergebnisse 1881 in einem Buch mit dem Titel *Attitudes of Animals in Motion.*

Parade werden die Zügel leicht angezogen. Diese Hilfe wird mit dem Schenkel unterstützt, damit das Pferd nicht zu abrupt hält. Denken Sie ans Halten, und sitzen Sie gerade. Das Pferd sollte gerade anhalten, auf allen vier Beinen geschlossen stehen und während des Übergangs und beim Halten ständig versammelt sein. Das Pferd muss lernen, beim Halten ohne Unrast versammelt zu stehen und darf weder seinen Kopf nach oben werfen noch seitwärts oder rückwärts treten.

RÜCKWÄRTSRICHTEN

BEI DIESER ÜBUNG muss das Pferd mit ruhigen gleichmäßigen Schritten aus dem Stand zurücktreten, was von Reitanfängern jedoch gewöhnlich noch nicht verlangt wird. Das Pferd sollte genauso ausbalanciert und empfänglich für die Hilfen sein wie beim Vorwärtsreiten. Die Fußfolge beim Rückwärtsrichten erfolgt im Zweitakt, wobei sich jeweils die diagonalen Beinpaare bewegen, d. h. links hinten und rechts vorne zusammen und rechts hinten und links vorne zusammen. Zum Rückwärtsrichten setzen Sie beide Schenkel ein, um ein Vorwärtsmoment zu erzeugen. Nehmen Sie die Zügel dabei leicht an, damit das Pferd nicht nach vorne geht, sondern zurücktritt. Das Rückwärtsrichten wird beendet, indem die Zügel nicht mehr annehmend wirken und der Reiter Kreuz- und Schenkelhilfen einsetzt.

Oben links und rechts
Beim Rückwärtsrichten sollte das Pferd genauso empfänglich für die Hilfen sein wie beim Vorwärtsgehen.

Unten
Ein geradliniger Halt. Das Pferd steht gleichmäßig auf allen vier Beinen geschlossen, und der Reiter sitzt ausbalanciert in der Mitte des Sattels.

WISSENSWERTES:
Der Azteke ist eine relativ moderne Pferderasse, die 1972 in Mexiko entwickelt wurde. Der Azteke ist mittlerweile das nationale Repräsentationspferd Mexikos.

Richtungswechsel

BEIM REITEN auf der Reitbahn müssen Sie eine Reihe von Übungen durchführen, um den Gang des Pferdes aufrechtzuerhalten bzw. zu verbessern. Reitanfänger lernen im Reitunterricht, einige grundlegende Manöver durchzuführen.

Oben rechts
Der innere Schenkel des Reiters sollte dieses Pferd beim Durchreiten der Ecke unterstützen.

Unten rechts
Dieses Pferd wird auf dem Zirkel geritten.

ZIRKEL UND RICHTUNGSWECHSEL

EINES DIESER MANÖVER ist der Zirkel, d. h. eine kreisförmige Hufschlagfigur. Reitanfänger beginnen gewöhnlich mit 20-m-Zirkeln bei Punkt A, C, B oder E. Es ist wichtig, dabei einen richtigen Kreis zu reiten. Häufig wird der Fehler gemacht, dass der Reiter sich zu sehr am Hufschlag orientiert und der Zirkel daher oval oder eckig gerät. Wenn Sie z. B. aufgefordert werden, bei A auf dem Zirkel zu reiten, sollten Sie die Strecke zwischen K und A bzw. zwischen A und F in einem Bogen abseits vom Hufschlag reiten.

Wenn Sie einen 20-m-Zirkel bei A oder C korrekt reiten, überqueren Sie die Mittellinie bei X. 20-m-Zirkel, die in der Mitte der Reitbahn geritten werden, sollten ebenfalls rund sein und nicht oval, wie es häufig passiert. Zirkel können auf 15 m oder 10 m verkleinert werden und sollten so geritten werden, dass das Pferd seinen Körper richtig durchbiegt und nicht seitwärts geht. Die Biegung seines Körpers sollte vom Genick bis zum Schweif gleichförmig sein – je enger der Zirkel, desto stärker die Biegung. Sowohl Pferd als auch Reiter müssen beim Reiten auf dem Zirkel ihr Gleichgewicht und ihren Rhythmus beibehalten. Hüfte und Schultern des Reiters sollten parallel zu der Hüfte und den Schultern des Pferdes liegen. Um auf dem Zirkel zu reiten, stellen Sie den inneren Zügel leicht an, wobei der äußere Zügel unterstützend wirkt, um eine zu weite Biegung des Halses zu vermeiden. Der innere Schenkel muss die Biegung des Pferdes unterstützen und sollte am Gurt liegen, während der äußere Schenkel hinter dem Gurt liegt, damit das Pferd nicht seitlich ausbricht.

HANDWECHSEL

DER HAND- BZW. Richtungswechsel ist nur so schwer, wie Sie ihn sich machen. Bei einem einfachen Handwechsel durch die ganze Bahn (über die Diagonale) reitet man von K über X nach M oder umgekehrt bzw. von F über X nach H oder umgekehrt. Vergewissern Sie sich beim Wechseln durch die ganze Bahn, dass Sie die Ecken gut ausreiten und die Wendung an dem Buchstaben somit gut einleiten können, und reiten Sie dann geradlinig auf den nächsten Buchstaben zu. Beim Reiten auf der Reitbahn sollten Sie das Ausreiten der Ecken besonders gut üben.

Ein weiteres einfaches Beispiel für einen Handwechsel ist die Acht, wobei Sie aus einem 20-m-Zirkel an einem Ende der Reitbahn durch den Punkt X in einen entgegengesetzten 20-m-Zirkel am anderen Ende der Reitbahn wechseln. Eine sinnvolle Übung für den Handwechsel ist auch das Wechseln durch die Länge der Bahn. Stellen Sie sicher, dass Sie in gerader Linie von A nach C reiten und die Biegungen gut herausreiten. Wenn Sie die Hand im Leichttrab wechseln, denken Sie daran, auf den anderen Fuß umzusitzen. Falls Sie eine Gerte in der Hand haben, nehmen Sie sie in die andere Hand.

WISSENSWERTES:
Annahmen zufolge waren die Römer die Erfinder der ersten Hufeisen, der so genannten *Hipposandalen.* Sie unterschieden sich von den heutigen Hufeisen dadurch, dass sie nicht mit Nägeln, sondern mit Lederriemen befestigt wurden und daher leicht entfernt werden konnten.

Oben
Dieses Pferd zeigt eine gute Haltung. Es akzeptiert das Gebiss und arbeitet hart mit geschmeidigem Rücken und Hals und mitschwingendem Schweif.

HALTUNG UND GANG DES PFERDES

NACHDEM SIE SICH MIT den Gangarten und einfachen Übungen, wie Zirkel und Handwechsel, vertraut gemacht haben, ausbalanciert sind und sich im Einklang mit dem Pferd befinden, können Sie sich auf den Gang und die Haltung des Pferdes konzentrieren. Die Haltung ist der Gesamteindruck, den das Pferd bei der Arbeit macht, und kann in „gut" oder „schlecht" klassifiziert werden. Bei einer guten Haltung wird häufig davon gesprochen, dass das Pferd „am Zügel geht". Dieser Ausdruck ist jedoch insbesondere für den Reitanfänger verwirrend, da sie sich lediglich auf etwas bezieht, das sich vorn im Pferdemaul abspielt. Ein Pferd kann theoretisch auch „am Zügel gehen", ohne eine gute Haltung zu zeigen, z. B. wenn es vorne durch die Hand zu sehr zurückgenommen wird und nicht von hinten heraus getrieben wird, sodass die Hinterhand schleppend wirkt.

Um eine gute Haltung zu haben, muss das Pferd in Rücken und Hals weich und geschmeidig sein, seine Hinterhand muss aktiv untertreten, und es muss Selbsthaltung zeigen und das Gebiss ohne Widerstand annehmen. Von der Seite aus gesehen muss das Genick des Pferdes den höchsten Punkt bilden, wobei der Kopf senkrecht gehalten wird und weder hinter noch vor der Senkrechten stehen darf. Das Maul ist entspannt, und der Hals ist zwischen Widerrist und Genick leicht gebogen. Der Rücken sollte geschmeidig sein und der Schweif mitschwingen. Die Hinterhand sollte aktiv untertreten, während sich die Schultern frei nach vorn heraus bewegen. Die Haltung des Pferdes muss in allen Gangarten und bei allen Übergängen konstant beibehalten werden. Um die gute Haltung beizubehalten, muss der Reiter in ständigem Kontakt mit dem Pferd bleiben und diesen durch treibende Schenkelhilfen unterstützen. Der Reiter muss ausbalanciert und geschmeidig sein und vollständig mit der Bewegung des Pferdes harmonieren. Die gute Haltung sollte auf stetige, ruhige und rhythmische Weise beibehalten werden, wobei das Pferd allen Hilfen aufmerksam und sicher folgt und sich aktiv vorwärts bewegt, ohne jedoch zu stürmen. Nachdem eine gute Haltung und ein guter Gang erzielt wurden, kann der Reiter sich an kompliziertere Übungen wagen, die Schrittlänge verkleinern oder vergrößern und mit Seitengängen (z. B. Schenkelweichen) beginnen.

Springen

SPRINGEN MACHT sehr viel Spaß und ist eine außerordentlich lohnende Übung, sollte jedoch nur von Reitern versucht werden, die bereits bei der Dressur einen sicheren Sitz entwickelt haben. Sie müssen vollständig ausbalanciert sein und Ihr Pferd genau anweisen und führen können. Auch müssen Sie in der Lage sein, saubere Wendungen und Zirkel zu reiten.

Unten
Die erste Springphase ist das Anreiten. Anfänger sollten grundsätzlich geradlinig auf das Hindernis zureiten.

Oben rechts
Beim Absprung sollte das Pferd den Hals einziehen.

Unten rechts
Der Reiter sollte sein Gewicht nach vorne über den Hals des Pferdes verlagern und sein Gesäß dabei aus dem Sattel heben.

GRUNDLAGEN DES SPRINGENS

SPRINGEN ZU LERNEN kann anfangs schwer fallen, da der Reiter beim Absprung des Pferdes möglicherweise zunächst sein Gleichgewicht verliert. Bei vielen führt dies dazu, dass sie sich auf den Hals des Pferdes lehnen, ein Fehler, den es zu vermeiden gilt. Dabei stützt der Reiter seine Daumen oder Hände am Halsansatz ab, wenn das Pferd über das Hindernis setzt. Dies kann nicht nur zu gebrochenen Daumen führen, sondern behindert auch das Pferd in seiner Bewegungsfreiheit, insbesondere bei Sprüngen über höhere Hindernisse.

DIE FÜNF PHASEN DES SPRINGENS

DAS SPRINGEN KANN in fünf Phasen unterteilt werden, von denen alle korrekt geritten werden müssen, damit der Sprung gut gelingt. Dabei handelt es sich um die folgenden Phasen: Anreiten, Absprung, Flug, Landung und neuerliches Versammeln.

ANREITEN

DAS ANREITEN HÄNGT von einer ganzen Reihe von Dingen ab. In erster Linie kommt es darauf an, auf welcher Linie Sie auf das Hindernis zureiten. Bei Reitanfängern sollte es sich um eine gerade Linie zur Mitte des Hindernisses handeln. Erfahrenere Reiter können aus einer engen Biegung und verschiedenen Winkeln heraus springen, Reitanfänger sollten jedoch immer geradlinig auf das Hindernis zureiten. Sie müssen das Hindernis, das Sie anreiten wollen, im Auge behalten und das Pferd entsprechend stellen, damit es ausbalanciert ist. Bleiben Sie gerade und führen Sie das Pferd mit den Schenkeln. Es muss sich dem Hindernis ausbalanciert und rhythmisch nähern, ohne in letzter Minute vor dem Hindernis aus dem Tritt zu geraten.

Optimal ist es, wenn das Pferd in allen fünf Phasen des Sprungs kaum eine Änderung seiner Schrittlänge zeigt. Beim Anreiten müssen Sie die Schrittlänge und die Absprungstelle einschätzen können. Das Pferd streckt seinen Hals, wenn es sich dem Hindernis nähert. Sie sollten in den leichten Sitz gehen, um den Rücken des Pferdes zu entlasten, ohne sich jedoch zu weit nach vorne zu beugen, und die Absätze nach unten drücken. Das Anreiten ist äußerst wichtig. Schlecht ausgeführt führt es unweigerlich zu einem schlechten Sprung.

ABSPRUNG

DER ABSPRUNG SOLLTE durch gutes Anreiten eingeleitet werden. Wenn das Pferd abspringt, zieht es Kopf und Hals ein, um die Vorderhand besser heben zu können. Seine Hinterhand setzt kräftig unter, um die Vorderhand nach oben zu drücken, und seine Sprunggelenke befördern es in die Luft. An dieser Stelle müssen Sie in den Springsitz gehen und die Zügelhand vorgehen lassen, um den Sprung des Pferdes zu unterstützen.

Hier werden häufig zwei Fehler gemacht: Der erste ist, dass der Reiter vor dem Pferd „abspringt". Das heißt, er geht in den Springsitz, bevor das Pferd abgesprungen ist. Dadurch wird das Gleichgewicht des Pferdes gestört, und das zusätzliche Gewicht belastet seine Vorderhand beim Absprung. Der zweite häufige Fehler ist, dass der Reiter zu weit hinten sitzt, sodass das Gewicht des Reiters beim Absprung des Pferdes hinter der Bewegung liegt und dem Pferd dadurch am Maul gerissen wird. Ein gutes Timing ist die Hauptsache, um einen guten Sprung zu reiten.

FLUG

WENN DAS PFERD abspringt, tritt es in die dritte Springphase ein, den Flug. Dabei handelt es sich um den Zeitraum, in dem es sich über dem Hindernis befindet. Es wölbt seinen Rücken, streckt Hals und Kopf nach vorn und unten und zieht seine Vorder- und Hinterbeine ein. Wenn das Pferd einen schönen runden Sprung über das Hindernis macht, spricht man von einem „Bascule", was soviel heißt wie „Bogen". Es ist äußerst wichtig, dass der Reiter ruhig sitzt, den Kopf hoch hält und nach vorn schaut, wenn sich das Pferd im Flug befindet.

LANDUNG

WENN SICH DAS Pferd auf die Landung vorbereitet, streckt es seine Vorderbeine nach unten, wobei das eine den Boden den Bruchteil einer Sekunde eher berührt als das andere. Kopf und Hals gehen wieder nach oben, um das Gleichgewicht wiederzufinden, und die Hinterhand folgt der Bewegung. Bei der Landung sollte der Reiter mit dem Oberkörper wieder leicht zurückgehen, dabei jedoch immer noch den Rücken des Pferdes entlasten. Häufig wird der Fehler gemacht, dass der Reiter nicht ausbalanciert und nach vorn oder zur Seite fällt, sodass das Pferd aus dem Gleichgewicht gerät.

NEUERLICHES VERSAMMELN

DAS NEUERLICHE VERSAMMELN ist sehr wichtig und dient auf vielen Turnieren dazu, das Anreiten auf das nächste Hindernis vorzubereiten. Bei der Landung tritt das Pferd mit den Sprunggelenken unter, und wenn es sich vom Hindernis entfernt, sollte so schnell wie möglich wieder ein ausgewogener Gang erzielt werden. Der Reiter muss mit dem Oberkörper wieder leicht zurückgehen sein, um das nächste Hindernis anreiten zu können.

WISSENSWERTES:
Ein Pferd, das über 15 Jahre alt ist, gilt als „bejahrt" und ist an den langen Zähnen zu erkennen.

Oben links
Über dem Hindernis sollte der Reiter nach vorn blicken.

Links Mitte
Das Pferd hebt bei der Landung den Kopf, um sein Gleichgewicht wiederzufinden.

Rechts Mitte
Die letzte Sprungphase ist das neuerliche Versammeln, das unter anderem dazu dient, das Anreiten des nächsten Hindernisses einzuleiten.

Unten
Wenn das Hindernis falsch angeritten wird, verweigert das Pferd unter Umständen den Sprung.

Unten
Dieser Reiter zeigt den korrekten Springsitz. Sein Schwerpunkt stimmt mit dem des Pferdes überein.

Oben rechts
Stangenarbeit ist für Anfänger eine ausgezeichnete Übung, um das Springen zu erlernen.

DER SPRINGSITZ

BEVOR SIE MIT dem Springen beginnen, müssen Sie Ihre Steigbügelriemen kürzer schnallen, damit Sie die Knie besser beugen und in den leichten Sitz gehen können. Der Springsitz muss genauso ausbalanciert sein und mit dem Pferd harmonieren wie der Dressursitz. Im Springsitz stimmt der Schwerpunkt des Reiters mit dem des Pferdes überein. Der Reiter muss sich in der Hüfte beugen (nicht in der Taille!) und in den leichten Sitz gehen, d. h. das Gesäß aus dem Sattel heben.

Halten Sie Ihren Rücken gerade, und blicken Sie nach vorn auf den nächsten Sprung. Der Unterschenkel bleibt im Kontakt mit dem Pferd, und das Gewicht wird auf die Absätze verlagert. Die Zügel müssen kürzer als gewöhnlich genommen werden, und die Hände sollten vorgehen, wenn sich das Pferd streckt, und dabei trotzdem den Kontakt aufrechterhalten. Reitanfänger sollten den Springsitz zunächst im Stehen und dann im Schritt, Trab und Arbeitsgalopp üben, um ein Gefühl dafür zu entwickeln.

ABSCHÄTZEN VON SCHRITTLÄNGE UND ABSPRUNG

EINE SCHRITTLÄNGE abzuschätzen ist äußerst schwierig und sollte von Reitanfängern nicht versucht werden. Ein Auge dafür zu entwickeln, kommt mit der Erfahrung. Erfahrene Reiter können beim Anreiten eines Hindernisses genau abschätzen, wo das Pferd abspringen muss und ob sie das Tempo ändern müssen. Dies kann beim Überspringen verschiedener Hindernisse, wie Hochsprüngen, Hochweitsprüngen und Wassergräben, sehr hilfreich sein, da sie alle ein wenig anders angeritten werden müssen. Reitanfänger sollten dies jedoch ihrem Pferd überlassen, sich dessen Erfahrung zu Nutze machen und von ihm lernen, die Schrittlänge abzuschätzen.

STANGENREITEN

EINE WEITERE GUTE Möglichkeit, das Abschätzen der Schrittlänge zu erlernen und Anfängern das Springen beizubringen, ist das Stangenreiten. Wenn Sie noch nie zuvor mit Stangen gearbeitet haben, reiten Sie zunächst im Schritt über eine Reihe von drei oder vier auf dem Boden liegenden Stangen. Die Abstände zwischen den Stangen sollten gleichmäßig sein und der Schrittlänge Ihres Pferdes entsprechen. Nachdem Sie diese Übung beherrschen, legen Sie die Stangen weiter auseinander, und traben Sie über sie hinweg. Wenn Sie sich dabei sicher genug fühlen, legen Sie drei Stangen in guten Trababständen voneinander auf den Boden, messen Sie eine Strecke von ungefähr zweieinhalb bis drei Metern ab und stellen dort ein Cavaletti auf. Die Abstände sind von Pferd zu Pferd unterschiedlich, sollten jedoch einer guten Schrittlänge vor dem Hindernis entsprechen.

Das Stangenreiten übt nicht nur das Springen selbst, sondern auch das Anreiten. Sobald Sie etwas sicherer sind, können Sie zwei der Bodenstangen entfernen, sodass nur noch eine übrig bleibt. Denken Sie dabei stets daran, die Schrittlänge für das Anreiten einzuschätzen. Beginnen Sie grundsätzlich im Trab, das Springen zu üben, bis Sie zufrieden sind und sich einen sicheren Sitz angeeignet haben. Wenn Sie dazu übergehen, aus dem Galopp zu springen, verwenden Sie die Bodenstange zunächst auch weiterhin, um das Abschätzen der Schrittlänge zu erleichtern. Sie muss jedoch ungefähr fünfeinhalb Meter vom Hindernis entfernt liegen. Üben Sie zunächst mit Cavalettis, die einladend wirken und Ihnen helfen, die Mitte des Hindernisses anzuvisieren. Wenn Sie zu einem größeren Hindernis übergehen möchten, legen Sie eine

Oben links und rechts Um an Springturnieren teilzunehmen, muss der Reiter genügend Erfahrung besitzen, um die Hindernisse schnell abschätzen zu können.

Unten und links unten Gutes Springen erfordert viel Übung für Pferd und Reiter.

gerade Stange hinter das Cavaletti. Dadurch sieht das Hindernis weiterhin einladend aus und ist leichter zu springen als ein gerader Hochsprung.

Nachdem Sie beim Springen aus dem Galopp sicherer geworden sind, versuchen Sie einen Sprung über eine leichte Kombination bzw. zwei Sprünge. Die am wenigsten schwierige Kombination besteht aus zwei Sprüngen und wird „zweifache Kombination“ genannt. Reiten Sie die zweifache Kombination zunächst im Trab an, korrigieren Sie gegebenenfalls den Abstand der Bodenstange, und stellen Sie die beiden Sprünge ungefähr fünfeinhalb Meter voneinander entfernt auf. Je nach der Schrittlänge Ihres Pferdes müssen Sie diesen Abstand unter Umständen ändern.

Es ist äußerst wichtig, das erste Hindernis der zweifachen Kombination geradlinig anzureiten, um sicherzustellen, dass das Pferd das zweite Hindernis nicht verfehlt. Denken Sie schon an den zweiten Sprung, wenn Sie über den ersten setzen. Sie müssen natürlich einen sehr ausbalancierten Sitz beibehalten, damit Sie das Pferd nach dem ersten Sprung schnell versammeln und auf den zweiten Sprung vorbereiten können. Wenn Sie dazu übergehen, die zweifache Kombination im Galopp zu nehmen, korrigieren Sie die Lage der Bodenstange entsprechend, und vergrößern Sie den Abstand der beiden Sprünge auf ungefähr siebeneinhalb Meter.

Um zu üben, zwei unabhängige Hindernisse zu überspringen, stellen Sie eines davon auf der einen Seite und das andere auf der anderen Seite der Reitbahn auf. Verwenden Sie die Bodenstangen, sofern Sie sich damit sicherer fühlen. Reiten Sie das erste Hindernis wie gewöhnlich an, und denken Sie beim Überspringen schon an das zweite Hindernis. Versammeln Sie das Pferd nach der Landung hinter dem ersten Hindernis so schnell wie möglich, und bereiten Sie das Anreiten des zweiten Hindernisses vor, indem Sie ihren Blick darauf richten. Sobald Sie sich auf der richtigen Linie befinden, reiten Sie das Hindernis normal an. Wenn Sie allmählich mehr an Sicherheit und Erfahrung gewinnen, können Sie die Anzahl und den Schwierigkeitsgrad der Sprünge erhöhen.

Wie die Dressur ist auch das Springreiten ein Präzisionssport und erfordert schnelles Denken, gutes Urteilsvermögen und gesunden Menschenverstand. Anfänger sollten jeden Schritt der Reitkunst langsam angehen und als Grundlage für die Erweiterung ihres Könnens betrachten. Insbesondere beim Springen sollte nichts übereilt werden. Stellen Sie zunächst sicher, dass Ihr bisheriges reiterliches Können ausreicht. Dann werden Sie feststellen, dass Sie wesentlich leichter Fortschritte machen.

WISSENSWERTES:
Ein Pferd ist „grün“, wenn es noch jung und unerfahren ist. Dieser Ausdruck hat jedoch nichts mit seiner Farbe zu tun.

Ausbildung von jungen Pferden

DIE AUSBILDUNG eines jungen Pferdes sollte im Allgemeinen in zwei Stufen erfolgen: einer Grundausbildung, der eine Ruhephase folgt, und der Hauptausbildung. Die meisten Pferde erhalten ihre Grundausbildung im Alter von zwei oder drei Jahren während der Sommermonate. Sie werden anschließend während der Wintermonate wieder auf die Weide gelassen, bevor dann im Frühjahr mit der Hauptausbildung begonnen wird. Es ist äußerst wichtig, einen Zweijährigen nach der Grundausbildung wieder auf die Weide zu lassen, damit er sich sowohl physisch als auch mental entwickeln kann.

Oben rechts
Junge Pferde ermüden schnell und sind manchmal trotzig. Sie sollten mit Verständnis und einem gewissen Grad an Disziplin behandelt werden.

Oben
Fohlen sollten ab der Geburt an den Umgang mit Menschen gewöhnt werden.

Unten rechts
Junge Pferde sollten schon früh möglichst viele Erfahrungen sammeln, da sie sich dann später leichter ausbilden lassen.

IM ALTER VON DREI JAHREN ist es je nach Rasse und Entwicklungsstand des Pferdes möglich, die Weidezeit zu umgehen und die Ausbildung unmittelbar fortzusetzen. Es gibt natürlich Abweichungen von diesen Prinzipien, wie z. B. im Rennsport, wo die Pferde bereits als Zweijährige Rennen laufen müssen und somit bereits außergewöhnlich früh mit der Ausbildung beginnen. Wie immer kommt es auch hier darauf an, gesunden Menschenverstand zu bewahren und auf jedes Pferd einzeln einzugehen. So sollte jedenfalls im Allgemeinen verfahren werden – Härte oder Übereifer schaden nur. Verschiedene Rassen entwickeln sich von Natur aus unterschiedlich schnell, genau wie auch jedes einzelne Pferd. In einigen Fällen ist es besser, dem Pferd Zeit zu geben, bis es drei oder vier Jahre alt ist, und es nicht zu drängen.

Bei der Arbeit mit jungen Pferden sollten Sie immer daran denken, dass es sich hier im Grunde um Babys handelt, die noch das ganze Leben vor sich haben, um zu lernen. Junge Pferde reagieren ganz anders als ausgewachsene Pferde. Sie ermüden schnell und bekommen unweigerlich auch Trotzanfälle – genauso wie ein kleines Kind. Es ist wichtig, junge Pferde (bzw. alle Pferde) mit Bestimmtheit, jedoch verständnisvoll zu behandeln. Sie müssen lernen, was in den verschiedenen Bereichen ihres Lebens erlaubt ist und was nicht.

ERSTE SCHRITTE

DIE ERSTEN GRUNDLAGEN lernt das Pferd bereits ab der Geburt, wie z. B. Manieren und den Umgang mit dem Menschen. Das junge Fohlen muss so bald wie möglich daran gewöhnt werden, angefasst und geführt zu werden. Machen Sie es sich zur Gewohnheit, ihm jeden Tag mit den Händen über den gesamten Körper zu fahren. Vergessen Sie dabei nicht, es auch unter dem Bauch und zwischen den Beinen zu berühren, und auch Schweif, Kopf und Beine sollten nicht vergessen werden. Beginnen Sie so bald wie möglich, das Hufeheben zu üben, und wenn Sie den Huf angehoben haben, schlagen Sie mit der flachen Hand auf die Sohle, um das Fohlen an Aktivitäten in diesem Bereich zu gewöhnen. Sie sollten nicht um junge Pferde herumschleichen, um sie ja nicht zu erschrecken, sondern sich ganz normal verhalten, damit sie sich an das tägliche Leben in der geräuschvollen menschlichen Umgebung gewöhnen.

Versuchen Sie, das junge Pferd an so viele Dinge wie möglich zu gewöhnen, wie das Vorbeiführen an Autos, das Geräusch einer zuschlagenden Tür, ein

Radio, Wäsche auf der Leine, Hunde und Kinder. Wenn es in der Lage ist, mit dieser Art von Reizen fertig zu werden, wird die spätere, eigentliche Ausbildung wesentlich leichter fallen. Mit einem Jährling sollte man am besten in einem Stall arbeiten. Führen Sie ihn in den Stall, oder füttern Sie ihn dort am Abend, um ihn an geschlossene Räume zu gewöhnen. Sobald er in der Box ist, beginnen Sie, ihm einfache Kommandos, wie „Rüber", „Zurück" usw. beizubringen, damit er die Manieren eines Stallpferdes erlernt. Üben Sie das Führen so häufig wie möglich, und wenn Sie ihn auf einer Schau vorführen wollen, bringen Sie ihm bei, vorzugehen, anzutraben und richtig zu stehen.

REIZE FÜR DAS JUNGE PFERD

AUCH WENN DAS VORFÜHREN eines Jährlings auf einer Pferdeschau eine peinliche Erfahrung für alle Beteiligten sein kann, stellt es eine sehr gute Übung für ihn dar. Er lernt, sich in Gesellschaft zu benehmen, was beim ersten Mal sicherlich sehr aufregend für ihn ist, und trifft auf die verschiedensten Arten von Reizen, die Sie zu Hause nicht erzeugen können. Nehmen Sie immer einen Helfer mit, und gewöhnen Sie das Pferd vor der ersten Fahrt im Transporter an Beinbandagen, um ihm unnötige Aufregung zu ersparen. Fohlen oder Jährlingen eine Decke aufzulegen, hat Vor- und Nachteile. Es ist sicherlich gut, das Pferd an eine Decke zu gewöhnen, sodass es sich nicht mehr davor fürchtet, etwas großes und flatterndes auf dem Rücken zu haben. Sofern es jedoch nicht absolut notwendig ist, sollten Sie ein junges Pferd noch nicht mit einer Decke auf die Weide lassen.

Es sollte ruhig im Freien überwintern, und sofern es gut im Futter ist und auf der Weide ein Unterstand vorhanden ist, gibt es keinen Grund, es einzudecken. Dies gilt übrigens nicht nur für Jungtiere, sondern für alle Pferde, die nicht geschoren wurden und ein dichtes Winterfell haben. Sie dürfen Ihr Pferd nicht zu sehr verhätscheln und sollten nur dann Vorsicht walten lassen, wenn es über einen längeren Zeitraum regnet und stürmt. Jung oder alt – bei derartigen Wetterbedingungen kann sich jedes Pferd eine Erkältung holen. Bringen Sie es am besten nach drinnen, und reiben Sie es trocken.

WISSENSWERTES:
Ein Hengst, dessen Hoden sich in der Abdominal- oder Inguinalregion befinden und nicht richtig nach außen wachsen, nennt man „kryptorchid". Je nachdem, ob nur ein oder beide Hoden betroffen sind, wird zwischen unilateralem und bilateralem Kryptorchismus unterschieden.

Oben links
Diese Stute und ihr Fohlen werden zusammen geführt, um das junge Pferd an den Umgang mit dem Menschen zu gewöhnen.

Links
Wie alle anderen Pferde sollte auch dieses Fohlen bei sehr kaltem Wetter in den Stall gebracht werden, damit es sich nicht erkältet.

Unten
Die Fohlen werden zusammen mit älteren Pferden ausgebildet, damit sie lernen, sich in Gesellschaft zu benehmen.

VORBEREITUNG VON JUNGEN PFERDEN

BEIM UMGANG MIT jungen Pferden geht nichts über eine gute Grundarbeit und Vorbereitung, denn wenn sich Ihr Pferd an den Umgang mit dem Menschen gewöhnt und Vertrauen und Respekt gelernt hat, wird Ihnen Ihre Aufgabe wesentlich leichter fallen. Der erste Unterricht sollte in einem abgeschlossenen Bereich abgehalten werden, vorzugsweise einem Rundlauf von ungefähr 20 m Durchmesser oder etwas größer. Sie können auch die eine Seite einer Reitbahn verwenden und mit Fässern und Stangen eingrenzen. Führen Sie das Pferd in die Mitte des Rundlaufs, und beruhigen Sie es. Lassen Sie es frei, und treiben Sie es von sich weg, damit es am Rand des Rundlaufs entlangläuft.

Es ist ratsam, insbesondere jungen Pferden bei der Arbeit Streichkappen oder Bandagen anzulegen. Anfangs sollten Sie Ihrem Pferd grundlegende Stimmkommandos beibringen, damit es lernt, auf Sie und Ihre Anweisungen zu reagieren. In dieser frühen Ausbildungsphase ist es gewöhnlich nicht notwendig, eine Longierpeitsche zu verwenden. Setzen Sie Ihre Stimme und Körpersprache ein, um das Pferd in Bewegung zu halten. Blicken Sie ihm in die Augen, und fordern Sie es auf, zu traben. Falls das Pferd den Befehl nicht befolgt, wiederholen Sie ihn. Befolgt das Pferd den Befehl immer noch nicht, können Sie mit der Zunge schnalzen oder einen energischen Schritt auf seine Hinterhand zu machen. Behalten Sie dabei jedoch ständig Blickkontakt. Lassen Sie das Pferd im Kreis traben, bis es anfängt sich zu entspannen: Sein Schweif beginnt mitzuschwingen, seine Schritte werden regelmäßig, es senkt Kopf und Hals, fängt zu lecken und zu kauen an und verkleinert den Kreis allmählich.

Oben
Dieses britische Warmblutfohlen sollte zunächst in einem abgeschlossenen Bereich geschult werden.

Fordern Sie es auf, in den Schritt zu gehen, und lassen Sie dabei Ihren Blick zu seiner Schulter schweifen. Wiederholen Sie Ihre Befehle, um das Pferd zum Traben, Schrittgehen und Anhalten aufzufordern. Denken Sie daran, die Hand zu wechseln und es in beiden Richtungen zu arbeiten. Nachdem es die Stimmkommandos gelernt hat, können Sie zum nächsten Schritt übergehen.

Als Nächstes muss das Pferd an Longiergurt und Brustblatt-Vorderzeug gewöhnt werden, wobei der Gurt über eine Satteldecke im Westernstil gelegt wird. Wenn sich das Pferd bewegt, fühlt es die Decke gegen seine Seiten schlagen. Das kann für das erste Auflegen eines Sattels hilfreich sein. Nachdem sich das Pferd daran gewöhnt hat, können Sie es mit Zaumzeug und Gebiss (möglichst einem Trensengebiss) und dem Kappzaum vertraut machen. Bevor Sie das Zaumzeug anlegen, messen Sie die ungefähre Größe am Kopf des Pferdes ab, damit es passt, und wärmen Sie das Gebiss mit den Händen. Nachdem das Zaumzeug angelegt ist, passen Sie es gegebenenfalls vorsichtig an, ohne das Pferd dabei zu erschrecken.

LONGIEREN

DAS LONGIEREN sollte zwar im Laufe der Zeit mit Ausbindezügeln erfolgen, doch am Anfang ist es vorzuziehen, auf diese zu verzichten und das Pferd weiter in einer lockeren Form auf dem Reitplatz zu arbeiten. Das Pferd kann sich so an Gebiss und Zaumzeug gewöhnen, ohne durch andere Einflüsse abgelenkt zu werden. Bei jungen Pferden sollte am besten ein Kappzaum verwendet werden, an dem die Longierleine befestigt wird. Wenn Sie trotzdem Ausbindezügel verwenden, achten Sie darauf, dass sie lang genug sind und das Pferd nicht in seiner Bewegungsfreiheit einschränken. Das junge Pferd muss auf jeden Fall lernen, vorwärts zu gehen und dies auch zu wollen. Ausbindezügel sollten so angebracht werden,

Unten
Das Longieren eines Pferdes stellt eine ausgezeichnete Trainingsübung für das Pferd dar.

WISSENSWERTES:
Ein Sattel sollte dem Pferd zunächst grundsätzlich ohne Satteldecke aufgelegt werden. Um einen Sattel richtig zu verpassen, sollte er vom Reiter ausprobiert werden. Außerdem muss geprüft werden, wie viel Spielraum über dem Widerrist und dem Rückgrat des Pferdes verbleibt und ob es irgendwelche unbequemen Druckstellen gibt.

Oben
Dieses Pferd wird an der Doppellonge gearbeitet. Dies ist eine gute Methode, um das Pferd an Gebiss und Zügel zu gewöhnen.

Unten
Wenn sich das Pferd an den langen Zügel gewöhnt hat, können Sie mit ihm ins Freie gehen. Sobald es sicherer geworden ist, laufen Sie mit ihm eine ruhige Straße entlang.

dass das Pferd veranlasst wird, in gestreckter tiefer Haltung zu arbeiten, seine Rückenmuskeln einzusetzen und entspannt und geschmeidig zu bleiben.

Wenn Sie mit der Longierarbeit beginnen, sollten Sie eine Longierpeitsche bei sich haben. Lassen Sie das Pferd daran schnüffeln und sie betrachten, während Sie die Longierleine befestigen. Das Longieren ist eine ausgezeichnete Übung, setzt jedoch entsprechende Kompetenz voraus. Es trägt dazu bei, dem jungen Pferd einen guten Gang beizubringen, bevor es an einen Reiter gewöhnt wird. Vergewissern Sie sich, dass sich das Pferd beim Longieren biegt und seinen Körper einsetzt und an Hinterhand oder Schultern nicht auseinander fällt. Denken Sie stets daran, dass das Longieren eine sehr harte, intensive Arbeit ist und Sie das junge Pferd daher nicht zu lange longieren sollten.

DOPPELLONGE

DIE ARBEIT AN DER Doppellonge stellt eine ausgezeichnete Methode dar, dem Pferd beizubringen, das Gebiss anzunehmen, bevor es an einen Reiter gewöhnt wird. Es ist häufig einfacher, die Arbeit an der Doppellonge zu zweit durchzuführen, wobei die zweite Person während der ersten Unterrichtsstunden in Kopfhöhe neben dem Pferd her läuft, um ihm gegebenenfalls die Richtung zu weisen und es zu beruhigen, falls es nervös ist. Bevor Sie mit der Arbeit an der Doppellonge beginnen, sollten Sie Ihr Pferd an das Gefühl einer Leine auf dem Rücken zu gewöhnen, damit es dadurch nicht erschrickt. Dann können Sie die Leine an den Gebissringen befestigen, durch die Gurtringe ziehen und mit der Arbeit beginnen. Lassen Sie die Leinen lang genug, sodass ein angemessener Abstand zwischen Ihnen und dem Pferd liegt, und geben Sie ihm das Kommando, loszulaufen. Sie sollten diesen Abstand auf jeden Fall einhalten, falls das Pferd nervös ist oder erschrickt und ausschlägt oder beißt. Beginnen Sie zunächst in einem abgeschlossenen Bereich. Anschließend können Sie das Pferd nach draußen nehmen und auf Feldwegen, Höfen usw. laufen lassen. Longierarbeit ist an der Doppellonge ebenfalls möglich. Lassen Sie das Pferd in dem abgeschlossenen Bereich im Kreis laufen, und halten Sie dabei mit beiden Zügeln ständigen Kontakt. Achten Sie jedoch darauf, dass Ihre Leine nicht rutscht und sich unter dem Schweif verfängt, da dies das Pferd sehr stark erschrecken könnte.

WISSENSWERTES:
Dan Burnett aus den USA, der seit 25 Jahren als professioneller Rodeoreiter und Cowboy arbeitet, hat inzwischen zwei Bücher veröffentlicht, die einen amüsanten Einblick in sein buntes Leben geben.

Oben
Dieser Ausbilder macht das junge Pferd mit dem Gewicht eines Reiters vertraut, indem er sich zunächst quer über den Rücken des Pferdes legt, damit es nicht erschrickt.

Unten rechts
Eine zweite Person hält den Kopf des Pferdes, während der Reiter es vorsichtig an das Aufsitzen gewöhnt.

AUFSITZEN

NACHDEM DAS PFERD longiert und an der Doppellonge gearbeitet wurde, sollte es bereit sein, einen Reiter aufsitzen zu lassen. Die Grundarbeit ist äußerst wichtig und sollte grundsätzlich nicht zu kurz kommen. Das Pferd muss von Anfang an so gut wie möglich erzogen sein, bevor mit dem nächsten Ausbildungsschritt fortgefahren werden kann. Gewöhnen Sie es ruhig und vorsichtig an den Sattel. Wenn der Sattel aufgelegt ist, lassen Sie das Pferd mit herunterhängenden Steigbügeln den Rundlauf entlanglaufen. Geben Sie ihm Zeit, sich an die schlackernden Steigbügel an den Seiten zu gewöhnen. Sobald es sich entspannt hat, zäumen Sie es auf und lassen sich von jemandem vorsichtig Hilfestellung zum Aufsitzen geben, wobei Sie sich jedoch zunächst quer über den Sattel legen. Sobald sich das Pferd daran gewöhnt hat, sitzen Sie (wieder mit Hilfestellung) behutsam richtig auf. Einige bevorzugen es, diese Übung an der Longe durchzuführen. Andere sind der Meinung, dass es für den Reiter sicherer ist, wenn er die Kontrolle behält. Letztendlich bleibt dies jedoch Ansichtssache.

Gehen Sie nach dem Aufsitzen alles andere besonnen und langsam an. Wenn Sie die Grundausbildung eines Pferdes übernehmen, sollten Sie erfahren genug sein, in dem Pferd zu „lesen“ und sich entsprechend zu verhalten. Führen Sie es herum, bis es sich beruhigt hat. Seien Sie jedoch gewarnt: Das Pferd wird bei diesem ersten Mal sicher nicht durchgehen, doch wird es wahrscheinlich beim dritten oder vierten Ritt das eine oder andere schlechte Benehmen an den Tag legen, da es dann selbstbewusster ist. Bei ungefähr dem dritten Versuch sollte das Pferd sich im Schritt und

Trab reiten lassen, halten können und allmählich an einfache Hilfen gewöhnt werden, was durch die Arbeit an der Doppellonge unterstützt wird. Versuchen Sie, gefühlvoll und weich in der Hand zu sein, und unterstützen Sie alle Zügelhilfen mit den Schenkeln. Nachdem Schritt, Trab, Arbeitsgalopp und Halten erfolgreich geübt wurden, können Sie den Reitplatz verlassen und ausreiten. Dies sollte am besten in Begleitung eines älteren, ruhigen Pferdes erfolgen, damit sich Ihr Pferd sicherer fühlt.

Von Straßen sollten Sie zu diesem Zeitpunkt noch fern bleiben. Reiten Sie jedoch möglichst auf Feldwegen, durch Wälder und Felder. Das Pferd muss lernen, vorwärts zu gehen, auf Hindernisse zu stoßen, vernünftig zu reagieren und, was am wichtigsten ist, nicht lustlos und gelangweilt zu werden.

Sobald es all diese Ausbildungsschritte erfolgreich durchlaufen hat, sollte es wieder auf die Weide geschickt werden, um auszuwachsen, auch wenn es nur für ein paar Monate ist. Dies ist für die Ausbildung eines jungen Pferdes sehr wichtig. Wenn es drei oder vier Jahre alt ist und eine ausreichende mentale und physische Reife zeigt, können Sie mit der Hauptausbildung beginnen. Dazu gehören die Arbeit auf dem Reitplatz, Dressurübungen und verschiedene Reize.

EINFACHE ÜBUNGEN

HIER SIND EINIGE BEISPIELE für ein paar Dressurübungen, die alle hervorragend dazu geeignet sind, den Gang des Pferdes zu verbessern. Zirkel und Schlangenlinien bedürfen sicherlich keiner weiteren Erklärung. Schenkelweichen sind eine sehr gute Übung, um die Geschmeidigkeit zu verbessern, sollten in der Anfangsphase jedoch nicht übermäßig gefordert werden.

• Gehen Sie auf den zweiten Hufschlag, und fordern Sie das Pferd auf, seitwärts auf den ersten Hufschlag zurückzukehren. Anhand dieser Lektion kann das Pferd sehr gut üben, dem Schenkel auszuweichen. Lassen Sie zur Unterstützung jedoch den äußeren Schenkel anliegen, damit es an der Schulter nicht auseinander fällt.

• Vierteldrehungen auf der Vorderhand sind ebenfalls eine gute Übung für das Pferd, dem Schenkel auszuweichen. Beginnen Sie mit einer Vierteldrehung, bevor Sie eine halbe Drehung versuchen.

• Das Traben über Stangen und Cavaletti eignet sich ausgezeichnet, um dem Pferd beizubringen, die Beine ordentlich zu heben. Außerdem ist es eine gute Übung, um seinen Rücken geschmeidig zu halten.

• Das Rückwärtsrichten ist eine recht komplizierte Übung, die einigen Pferden zunächst schwer fällt. Beginnen Sie daher mit einem Helfer, der das Pferd sanft nach hinten schiebt, während Sie die Hilfen geben.

PERSÖNLICHE SICHERHEIT

DIES IST eine stark konzentrierte Zusammenfassung des Auf- und Absitzens und soll Ihnen lediglich einen Einblick in diesen Ausbildungsschritt geben. Es gibt eine sehr große Anzahl von Übungen mit und ohne Reiter, die hier nicht behandelt wurden. Das Auf- und Absitzen sollte von Reitanfängern nicht ohne Hilfe versucht werden.

WISSENSWERTES:

Junge Pferde reagieren auf eine sanfte ruhige Behandlung, erschrecken jedoch bei plötzlichen lauten Geräuschen.

Oben und unten
Dieses Pferd wird über Sprünge longiert, eine ausgezeichnete Methode, um seinen Rücken geschmeidig zu halten und ihm beizubringen, die Beine anzuziehen.

Turniere

IN ALLEN BEREICHEN des Pferdesports gibt es eine Vielzahl von Turnieren und Wettkämpfen. Dieser Abschnitt soll Ihnen nur einen kleinen Einblick in die wesentlichen Wettkampfformen verschaffen, die dem Pferdefreund offen stehen. Er ist keinesfalls vollständig. Neben Reitturnieren gibt es auch noch ein großes Angebot an Fahrturnieren – von Trabrennen über Geländefahrten bis hin zu Dressurfahrten. Jede Disziplin hat ihre eigenen bindenden Regeln, und wenn Sie die Absicht haben, an Turnieren teilzunehmen, ist es von außerordentlicher Wichtigkeit, das entsprechende Reglement zu kennen. Turniere werden nicht nur von professionellen Reitern bestritten. Es gibt für jedes reiterliche Niveau zahlreiche Turniere in allen Disziplinen, sodass jeder die Möglichkeit hat, an einem Turnier teilzunehmen.

Oben, Mitte und unten rechts *Es gibt eine Vielzahl verschiedener Turniere und Wettkämpfe, an denen Sie teilnehmen können: von Rodeo über Dressur (siehe rechts oben) bis hin zum Springreiten.*

Unten *Das Springreiten ist eine der fairsten Turniersportarten, da Pferd und Reiter ausschließlich nach Geschwindigkeit und fehlerfreien Sprüngen beurteilt werden.*

TURNIERSPRINGEN

DAS TURNIERSPRINGEN wird im Kapitel „Das Pferd in der Welt des Menschen" weiter erörtert, allerdings eher aus geschichtlicher Sicht. Hier soll Ihnen jedoch ein Eindruck davon vermittelt werden, was das Turnierspringen eigentlich alles beinhaltet.

Zunächst einmal lässt sich das Turnierspringen grundlegend in drei Kategorien unterteilen: Kategorie C (lokal) mit den Klassen A (Anfangsstufe) und E (Eingangsstufe), Kategorie B (regional) mit den Klassen L (leicht) und M (mittelschwer) und Kategorie A (überregional) mit den Klassen M (mittelschwer) und S (schwer). Der Turniersport wird von der Leistungsprüfungsordnung (LPO) der Deutschen Reiterlichen Vereinigung e. V. (FN) reglementiert. An den Leistungsprüfungen der Kategorien B und A dürfen z. B. nur eingetragene Turnierpferde teilnehmen, die eine entsprechende Starterlaubnis von der FN erhalten haben und deren Reiter einen gültigen, von der FN ausgestellten Reiterausweis besitzen. Turniere können von Reitvereinen, Pferdeclubs oder Einzelpersonen ausgerichtet werden. In den Leistungsprüfungen der Kategorie C steht die Teilnahme allen Pferden offen, und es ist kein Reiterausweis erforderlich. Meistens muss der Reiter jedoch Mitglied des Vereins sein, der das C-Turnier ausrichtet. C-Turniere stellen eine gute Gelegenheit für Reitanfänger oder unerfahrene Pferde dar, mit dem Springen auf Wettkampfbasis zu beginnen. Hier werden wesentlich niedrigere Maßstäbe angelegt als bei den Kategorien B und A; daher eignen sich diese Veranstaltungen sehr gut, um einen Einblick in die Turnieratmosphäre zu gewinnen. Die niedrigen Schwierigkeitsstufen der Kategorie C stellen außerdem eine gute Vorbereitung auf die anspruchsvolleren B-Turniere dar.

DER PARCOURS

ALS TURNIERHINDERNISSE werden gewöhnlich Holzzäune mit abwerfbaren Latten in leuchtenden Farben verwendet, die auf einem Parcours angeordnet sind. Ein Parcours besteht normalerweise aus ungefähr acht bis 14 Hindernissen. Es gibt viele verschiedene Arten von Hindernissen, wie Mauer, Rick, Oxer, Wassergraben, Gatter, Zaun, Triplebar usw., die jedoch alle in zwei Gruppen unterteilt werden können: Hochsprünge und Hochweitsprünge. Das Entwerfen von Hindernissen ist geradezu eine Kunst, und häufig

werden sie durch Arrangements von Blumenkästen und Sträuchern wunderschön in Szene gesetzt.

Auf einem Turnierparcours ist gewöhnlich mindestens ein Kombinationssprung zu finden. In den leichteren Klassen handelt es sich dabei um eine doppelte Kombination, d. h. zwei Sprünge in einer Reihe mit einem Galoppsprung dazwischen. Je schwieriger die Klasse, desto schwerer die Kombinationen: Sie bestehen häufig aus drei Sprüngen hintereinander mit einer schwierigen Abfolge von Galoppsprüngen dazwischen. Der Aufbau eines Parcours ist eine äußerst anspruchsvolle Tätigkeit. Auch wenn es dem ungeübten Auge so vorkommt, als wären die Sprünge beliebig auf dem Parcours platziert, so sind sie in Wirklichkeit alle sorgfältig von dem Parcoursbauer ausgearbeitet worden, der die Galoppsprünge zwischen den Hindernissen mit großer Genauigkeit ausmisst.

DAS TURNIER

DAS SPRINGREITEN GILT gemeinhin als fairste Turnierart, da es lediglich darauf ankommt, ob das Pferd die Sprünge fehlerfrei absolviert und in welcher Zeit es den Parcours schafft. Der Stil von Reiter und Pferd wird dabei nicht bewertet. Es gibt zwar ein paar Klassen, in denen auch der Stil beurteilt wird, doch im Großen und Ganzen spielt er keine Rolle. Es gibt viele verschiedene Springturnierklassen, die sich alle ein wenig voneinander unterscheiden. Der Grundablauf ist jedoch immer gleich. Vor dem Beginn des Turniers haben die Reiter die Möglichkeit, den Parcours zu Fuß abzuschreiten, was einen äußerst wichtigen Teil des Turnierspringens darstellt. Erfahrene Reiter können bei der Besichtigung des Parcours genau ausrechnen, wie viele Galoppsprünge ihr Pferd benötigt und in welchem Winkel die einzelnen Hindernisse genommen werden müssen.

Nach der Besichtigung des Parcours beginnt das Turnier. Es umfasst normalerweise zwei Umläufe. Der erste Umlauf erfolgt ohne Zeitmessung, erfordert jedoch, dass Pferd und Reiter den Parcours fehlerfrei ohne Verweigerung oder Abwurf durchlaufen. Jeder, der im ersten Umlauf fehlerfrei bleibt, ist für den zweiten Umlauf qualifiziert, das so genannte „Stechen". Beim Stechen wird der Parcours verkürzt und die Hindernisse werden höher gelegt. Außerdem wird diesmal die Zeit gemessen. Der Reiter, der diesen Umlauf am schnellsten fehlerfrei durchreitet, gewinnt. Dies ist eine stark vereinfachte Zusammenfassung des Turnierspringens. In Wirklichkeit gibt es viele verschiedene Turnierklassen, die unterschiedlichen Paragraphen der Leistungsprüfungsordnung unterliegen; zumindest aber haben Sie hiermit einen allgemeinen Eindruck erhalten.

Oben
Der Springparcours stellt Pferd und Reiter durch variable Kombinationen und Galoppsprünge auf die Probe.

Mitte
Vor Turnierbeginn sollte der Reiter den Parcours zu Fuß zu besichtigen, um die erforderlichen Galoppsprünge für die einzelnen Hindernisse zu bestimmen.

Unten
Dieser Sprung wird für das Stechen höher gelegt.

Vielseitigkeitsreiten

DIES IST ein äußerst anspruchsvoller Turniersport, der drei Reitdisziplinen umfasst: Parcoursspringen, Dressur und Geländespringen. Das Pferd muss für diese Prüfung gut durchtrainiert, reaktionsfähig, ausdauernd und schnell sein. Wie beim Springen gibt es auch hier eine Unterteilung in die Kategorien C, B und A. Für B- und A-Prüfungen gelten ähnliche Bedingungen wie beim Springen.

Oben
Das Pferd muss über verschiedene Fähigkeiten und Möglichkeiten verfügen, um bei der Vielseitigkeitsprüfung erfolgreich zu sein.

Unten
Das Vielseitigkeitsreiten ist eher für erfahrene Reiter geeignet, auch wenn der Standard der Prüfungen variiert.

AUSWAHL DES TURNIERS

ES IST RATSAM, mit C-Turnieren zu beginnen, bis Sie die Grundlagen dieser Sportart vollständig verinnerlicht haben. In Bezug auf die Abmessungen der Geländesprünge besteht zwischen den Vielseitigkeitsprüfungen der Kategorie C und B gewöhnlich ein erheblicher Unterschied, da der B-Parcours größer und solider gestaltet ist.

WISSENSWERTES:
Mit Charlotte Brew nahm 1977 erstmals eine Frau am Grand National teil. Der erste weibliche Jockey, der den mörderischen Parcours komplett absolvierte, war Geraldine Rees im Jahre 1982.

Das Vielseitigkeitsreiten ist eine ausgezeichnete Leistungsprüfung für Pferd und Reiter, die ein erhebliches Maß an Grundarbeit und Training voraussetzt, nicht zuletzt, um eine ausreichende Fitness des Pferdes zu gewährleisten. Vielseitigkeitsprüfungen der Kategorien B und A stellen jedoch selbst in den niedrigen Klassen eine kostspielige Angelegenheit dar, was Sie auf jeden Fall berücksichtigen sollten.

SCHWIERIGKEITSSTUFEN

VIELSEITIGKEITSPRÜFUNGEN sind in verschiedene Schwierigkeitsstufen für Pferd und Reiter unterteilt. Dabei werden die Klassen A (Anfangsstufe), E (Eingangsstufe), L (leicht), M (mittelschwer) und S (schwer) unterschieden. Die S-Klasse ist nichts für sanfte Gemüter. Vielseitigkeitsprüfungen finden an einem, zwei oder drei Tagen statt. Die meisten Vielseitigkeitsprüfungen der einfachen Klassen werden an nur einem Tag ausgetragen und bestehen aus Dressurreiten, Parcoursspringen und Geländespringen (in dieser Reihenfolge). Alle dreitägigen Prüfungen umfassen auch eine Schnelligkeits- und Ausdauerkomponente mit einer Wegstrecke, einer Rennbahn mit Hindernissen und eine weitere Wegstrecke, die alle vor dem Geländespringen bewältigt werden müssen. Die Dressurprüfung wird am ersten Tag absolviert, und am zweiten Tag folgen die Wegstrecken und die Rennbahn mit Hindernissen sowie das Geländespringen. Den Abschluss bildet das Parcoursspringen am dritten und letzten Tag.

DIE PRÜFUNGSDISZIPLINEN

DAS DRESSURREITEN bei der Vielseitigkeitsprüfung ist zwar schwer, jedoch nicht so anspruchsvoll wie bei reinen Dressurprüfungen. Es soll zeigen, dass das Pferd nicht nur den Mut, die Ausdauer und die Schnelligkeit besitzt, um die großen Geländesprünge zu bewältigen, sondern auch diszipliniert genug ist, um im Dressurviereck ruhig und bereitwillig zu folgen. Das Parcoursspringen besteht aus nur einem Umlauf, bei dem nicht gegen die Zeit geritten wird, ein bestimmtes Zeitlimit jedoch nicht überschritten werden darf. Fehler im Parcoursspringen werden anders bewertet als bei reinen Springturnieren.

Bei der Vielseitigkeitsprüfung werden für jeden Abwurf fünf Strafpunkte vergeben. Das erste Verweigern kostet 10 Strafpunkte, das zweite Verweigern 20 Strafpunkte, und das dritte Verweigern führt zum Ausschluss des Reiters. Ein Sturz von Reiter oder Pferd wird mit 30 Strafpunkten geahndet. Ein zweiter Sturz führt zum Ausschluss des Reiters. Ein Ausschluss erfolgt auch, wenn die Reihenfolge des Parcours nicht eingehalten wird. Das Geländespringen stellt die

anspruchsvollste der drei Disziplinen dar. Die Abmessungen der Hindernisse, die Länge des Parcours und die Geschwindigkeit, mit der sie absolviert werden muss, erhöhen sich mit dem Schwierigkeitsgrad.

DER PARCOURS

BEI ALLEN HINDERNISSEN handelt es sich um feste, unveränderliche natürliche Hindernisse, wie Baumstämme, Gräben, Hecken, Wasser, Gefälle, Stufen und Kombinationen. Die Geländehindernisse werden mit größter Sorgfalt entworfen und so anspruchsvoll wie möglich ausgelegt. In vielen Fällen gelten sie als „Reiterschreck“. Diese Hindernisse sehen für den Reiter Furcht einflößend aus, lassen das Pferd jedoch häufig unbeeindruckt, sodass es sie mühelos bewältigt. Es gibt gewöhnlich eine Reihe von Hindernissen, bei denen die Möglichkeit besteht, eine etwas leichtere, jedoch längere Strecke zu wählen. Bei der Geländestrecke geht es nicht um Strafpunkte und Geschwindigkeit. Die Strecke sollte vor dem Reiten mehrmals zu Fuß besichtigt werden und erfordert sehr viel Überlegung und Planung in Bezug auf das Anreiten und Springen der verschiedenen Hindernisse.

Der Parcours muss jedoch mit der richtigen Geschwindigkeit geritten werden. Sie erhalten Strafpunkte, wenn Sie ihn zu schnell absolvieren (was darauf schließen lässt, dass Sie die Sicherheit vernachlässigt haben) oder zu langsam sind und die zulässige Höchstzeit überschreiten. Auf dem Geländeparcours werden für das erste Verweigern 20 Strafpunkte und für das zweite Verweigern 40 Strafpunkte vergeben. Das dritte Verweigern führt zum Ausschluss. Ein Sturz wird mit 60 Strafpunkten geahndet. Ein zweiter Sturz führt zum Ausschluss, ebenso ein Sprung außerhalb der vorgeschriebenen Reihenfolge.

WERTUNG

DAS „FEHLERSYSTEM“ für das Parcoursspringen ist recht einfach: Für jeden Abwurf erhält der Reiter vier Strafpunkte, die addiert werden. Für das erste Verweigern erhält er drei Strafpunkte, für das zweite Verweigern sechs Strafpunkte, und beim dritten Verweigern wird er ausgeschlossen. Wenn ein Wassergraben gesprungen werden muss und das Pferd mit einem Huf hineintritt, erhält der Reiter vier Strafpunkte. Ein Sturz von Pferd oder Reiter führt zum Ausschluss. Auch andere Fehler werden mit Strafpunkten oder Ausschluss geahndet, wie z. B. das Springen eines Hindernisses außerhalb der vorgeschriebenen Reihenfolge, das Starten vor dem Glockenzeichen, das Verlassen des Parcours vor korrekter Beendigung, das Reiten von Volten usw.

Wie bereits erwähnt, werden die Hindernisse selbst in zwei Gruppen unterteilt: Hochsprünge und Hochweitsprünge. Der Hochsprung ist der schwerere von beiden, da seine Grundlinie dem Pferd das Einschätzen der Absprungstelle erschwert. Hochweitsprünge haben eine bessere Grundlinie, die dem Pferd eine leichtere Einschätzung der Absprungstelle ermöglicht. Der Oxer gehört zu den schwersten Hindernissen. Er besteht aus zwei gleich hohen, hintereinander platzierten Hochsprüngen, die somit einen breiten Sprung aus zwei Arten von Hindernissen bilden. Zu den Hochsprüngen zählen Gatter, Ricks, Mauern, Birkenricks usw., während es sich beim Hochweitsprung z. B. um einen Triplebar, einen Doppeloxer, zwei Zäune (u. U. mit einer dazwischen liegenden Hecke) oder einen Wassergraben handeln kann.

Oben
Die Geländesprünge sind fest und unveränderlich.

Oben links
Die Vielseitigkeitsprüfung umfasst drei Disziplinen, in denen sich Pferd und Reiter beweisen müssen. Eine davon ist die Dressur.

Unten
Ein gutes Springpferd besitzt möglicherweise nicht genug Ausdauer für einen Geländeparcours, was bei der Vielseitigkeitsprüfung jedoch ebenfalls erforderlich ist.

Jagdspringen und andere Vielseitigkeitsprüfungen

DAS JAGDSPRINGEN entspricht im Grunde genommen dem Geländespringen bei der Vielseitigkeitsprüfung. Diese Form des Wettkampfes wird gewöhnlich von Pferdeclubs oder Reitvereinen veranstaltet und stellt eine ausgezeichnete Vorbereitung für Vielseitigkeitsprüfungen dar. Jagdspringen werden im Herbst und Winter abgehalten und umfassen einen Geländeparcours mit Hindernissen, die gewöhnlich nicht so anspruchsvoll sind wie bei der Vielseitigkeitsprüfung. Auch hier gibt es verschiedene Schwierigkeitsstufen und Parcours unterschiedlicher Größe, die von den Klassen A (Anfangsstufe) und E (Eingangsstufe) über die Klassen L (leicht) und M (mittelschwer) bis zur Klasse S (schwer) reichen. In einigen Fällen werden sogar Paarklassen angeboten.

Oben
Beim Jagdspringen sind die Hindernisse gewöhnlich niedriger als bei der Vielseitigkeitsprüfung.

Mitte
Einige Jagdspringen werden nach Zeit bewertet. Bei anderen kommt es jedoch darauf an, den Parcours in der optimalen Zeit fehlerfrei zu absolvieren.

Unten
Zwei Teilnehmer eines Mannschaftsrennens.

WISSENSWERTES:
Königin Elizabeth II. erhielt von der Royal Canadian Mounted Police, der berittenen Polizei Kanadas, eine schwarze Stute namens Burmese, die in den 1970er Jahren bei Paraden ihr Lieblingsreittier war.

JAGDSPRINGEN

BEIM JAGDSPRINGEN kommt es in den einzelnen Klassen in den meisten Fällen auf eine optimale Zeit an. Es handelt sich dabei um eine festgelegte Zeit, die so ausgelegt ist, dass Pferd und Reiter den Parcours mit zügiger, jedoch vernünftiger Geschwindigkeit absolvieren müssen. Gewinner der Klasse ist, wer einen fehlerfreien Umlauf schafft und dabei am dichtesten an der optimalen Zeit liegt. In einigen Turnierklassen – gewöhnlich in der Kategorie C – wird auf Zeit geritten. Diese sind für weniger erfahrene Pferde oder Reiter jedoch nicht so gut geeignet. Allzu häufig rasen die Reiter in halsbrecherischem Tempo um die kleineren Parcours und haben später unweigerlich Probleme, wenn sie sich an größeren Hindernissen versuchen.

Eine weitere Methode der Bewertung ist ein Gatterelement. Der Reiter muss in der Mitte des Parcours so schnell wie möglich ein Gatter öffnen und schließen. Der Reiter mit dem schnellsten fehlerfreien Umlauf gewinnt.

MANNSCHAFTSRENNEN

MANNSCHAFTSRENNEN SIND im Wesentlichen Jagdspringen, doch treten hier Teams von jeweils vier Reitern an, die zusammen einen Geländeparcours absolvieren müssen. Der Parcours kann insbesondere bei C-Turnieren sehr groß sein und wird zumeist auf Zeit geritten. Die meisten Parcours schließen mindestens ein „Teamhindernis" ein, das von mindestens drei der vier Teammitglieder nebeneinander gesprungen werden muss.

WISSENSWERTES:
Eines der Streitpferde von General George Washington hieß Nelson, und er ritt es während des amerikanischen Bürgerkriegs. Als Washington sich nach Mount Vernon zurückzog, nahm er auch Nelson dorthin mit.

Links
Hürdenrennen werden über einen Parcours mit niedrigen Büschen oder Holzhindernissen geritten.

Mannschaftsrennen werden häufig auf einer Strecke von 3,2 bis 4,8 km Länge geritten und gewöhnlich von einzelnen Jagdclubs nach eigenen Regeln abgehalten. Mannschaftsrennen der Kategorie C laufen zweifellos schnell und wild ab und versprechen jede Menge Spaß, sind jedoch nur etwas für wagemutige Reiter.

PFERDESCHAU

WIE BEI ANDEREN Wettbewerben gibt es auch bei den Pferdeschauen zahlreiche verschiedene Klassen und unterschiedliche Anforderungen, wobei von der durchschnittlichen Vereinsschau bis zur anspruchsvollen Wahl zum „Pferd des Jahres" alle Bereiche abgedeckt werden. Viele Pferdeschauen bieten eine große Anzahl zumeist rasseabhängiger Klassen für Kinder an, wobei das Pferd bzw. Pony in einigen Fällen geführt wird. In Großbritannien ist die Klassenvielfalt besonders groß: Hier gibt es z. B. die Klassen Family Pony, Working Hunter Pony, Handy Pony, Pony Club Pony und Riding Pony.

Die Klasse Working Hunter Pony ist gut geeignet, um die Eigenschaften des Vielseitigkeitsponys zu demonstrieren. Die Klassen werden nach der Höhe des Ponys unterteilt, und in jeder Klasse muss eine Reihe natürlicher Hindernisse gesprungen werden, zu denen gewöhnlich ein rustikales Gatter, ein Zaun, eine Hecke und verschiedene Ricks gehören. Die Ponys werden nach ihrem Springstil beurteilt, und nachdem alle Teilnehmer ihren Umlauf bewältigt haben, kommen sie in den Ring zurück und zeigen alle zusammen die Grundgangarten Schritt, Trab und Galopp. Anschließend stellen sie sich auf, und jedes Kind reitet eine kleine „Dressurrunde", um den Gang des Ponys zu demonstrieren. Unter Umständen werden die Kinder auch aufgefordert, das Pony abzusatteln und es vor dem Richter auf und ab zu führen.

Die genaue Form der Klasse ist von Schau zu Schau unterschiedlich. Pony Club Pony ist eine weitere universelle Klasse, in der Ponys springen und eine kleine Dressurprüfung ablegen müssen. Die Handy Pony-Klassen liefern immer wieder eine interessante und amüsante Ringschau. Dabei wird ein einfallsreicher Parcours mit Hindernissen aufgestellt, wie z. B. volle Wäscheleinen, Regenschirme, Pylonen usw., und das unglückselige Pony muss diese Hindernisse in der schnellstmöglichen Zeit umgehen. Die Klassen Riding Pony und Show Pony stellen im Grunde genommen die Ponyversion der Reitpferdklassen dar. Die Ponys müssen sehr gut aussehen, einen schönen Gang haben und perfekte Manieren besitzen.

Unten
Juniorenschauen stellen eine ausgezeichnete Möglichkeit dar, Kindern Turniere nahe zu bringen. Diese kleine Reiterin führt dem Richter ihr Pony an der Hand im Trab vor.

Dressur

DAS WORT „DRESSUR" leitet sich von dem französischen Verb „dresser" ab, was so viel heißt wie „schulen", und darum geht es bei der Dressur im Grunde genommen auch. Es ist die Schulung des Pferdes auf höchstem Niveau und beinhaltet die Kunst des klassischen Reitens und der Hohen Schule, die von der Spanischen Hofreitschule so vollendet beherrscht wird. Hier sollen jedoch lediglich die modernen Wettkampfanforderungen der Dressur erläutert werden.

Oben und unten
Bei Dressurprüfungen wird die Ausbildung des Pferdes auf die Probe gestellt und geprüft, ob Tier und Reiter ihre Lektionen präzise ausführen können.

REITSTANDARD

DIE DRESSUR DECKT von der einfachsten bis zur anspruchsvollsten Prüfung alle Standards des Reitsports ab. Die Struktur der Dressur ist ziemlich komplex; in einfachen Worten ausgedrückt beinhaltet eine Dressurprüfung das Absolvieren einer Reihe von Reitlektionen. Wenn es sich dabei um einen Freistilwettbewerb handelt, muss der Reiter eine eigene Kür entwerfen, die eine bestimmte Anzahl von Lektionen umfasst. Vor der Teilnahme an einer Prüfung muss der Reiter feststellen, welche Aufgabe verlangt wird und diese erlernen. In einigen Fällen können Sie sich die einzelnen Lektionen der Kür ausrufen lassen, doch kann dies sehr ablenkend sein.

DAS TURNIER

WENN SIE Ihre Kür gelernt haben und am Wettkampf teilnehmen, reiten Sie zunächst um das Dressurviereck, bevor Sie mit der Prüfung beginnen. Der Richter sitzt am C-Ende der Reitbahn und zeigt Ihnen durch Läuten einer Glocke an, wann Sie mit der Prüfung beginnen können. Sie reiten bei A in das Dressurviereck ein und beginnen dann mit Ihrer Kür. Der Richter bewertet jede ausgeführte Lektion mit Punkten, beurteilt jedoch auch Gesamtstil, Technik, Position, Gelöstheit und Geschmeidigkeit des Pferdes usw. Bei schwierigeren Dressurprüfungen werden mehrere Richter eingesetzt, um eine faire Bewertung zu gewährleisten. Genauigkeit und Gehorsam gehören zu den wichtigsten hier gestellten Anforderungen.

WERTUNG

DAS DRESSURVIERECK ist durch Buchstaben gekennzeichnet, auf die sich die Lektionen beziehen, die Sie ausführen müssen. Wenn also verlangt wird, dass Sie bei A antraben und Ihnen dies genau beim Buchstaben A gelingt, können Sie sich selbst sein paar Extrapunkte geben. Jede Lektion wird mit Noten von null bis zehn bewertet, wobei die Null die schlechteste Note darstellt. Es kommt sehr selten vor, dass zehn Punkte vergeben werden. Ihr Pferd muss absolut gehorsam sein, allen Hilfen leicht und sicher folgen und eine versammelte Haltung bewahren. Die Hinterhand muss gut untertreten, und es muss in allen Gangarten Gelöstheit, Schwung und Geschmeidigkeit zeigen. Die Dressur sollte die Grundlage für das Springen bilden, denn bevor Sie nicht gelernt haben, korrekt auf der Reitbahn zu reiten und das erforderliche Maß an Gehorsam und Aufmerksamkeit zu erzielen, sollten Sie sich nicht am Springen versuchen.

WISSENSWERTES:
Dschingis Khan (1162-1227) war nicht nur einer der mächtigsten Nomadenkrieger aller Zeiten, sondern auch ein begnadeter Reiter, der alle seine Schlachten vom Pferderücken aus austrug und über eine sehr gut ausgebildete Armee verfügte.

Oben
Der Richter bewertet nicht nur die einzelnen Lektionen, sondern auch das allgemeine Erscheinungsbild von Pferd und Reiter.

Unten
Disziplin ist wichtig, wenn das Pferd die Kür präzise ausführen soll.

WISSENSWERTES:
Schierling, Nachtschatten, Kreuzkraut und Eibe sind nur einige der vielen äußerst giftigen Pflanzen, die auf keinen Fall auf einer Pferdekoppel zu finden sein dürfen.

Verschiedene Pferde, verschiedene Klassen

DIE PFERDEKLASSEN in Großbritannien sind genauso zahlreich wie die Ponyklassen. Auch hier gibt es Working Hunter, Show Hunter, Riding Horse, Riding Club Horse und verschiedene Führklassen für Stuten mit Fohlen und Jungtiere. Die Working Hunter-Klasse ähnelt den Ponyklassen, wobei die Hindernisse jedoch deutlich höher sind und jedes Pferd vom Richter geritten wird. Der Reiter muss außerdem eine kleine Dressurprüfung absolvieren und das Pferd an der Hand im Trab führen. Diese Klassen machen sehr viel Spaß, dauern jedoch häufig sehr lange. Die Riding Club Horse-Klasse ist für alle Vielseitigkeitspferde geeignet, die verschiedene Reitclubaktivitäten absolvieren können. Pferde der Riding Horse-Klasse sind feinere Turnierpferde von höherer Qualität.

Rechts Mitte
Diese kleine Reiterin hat in einer Klasse gewonnen und posiert stolz mit ihrem gut gepflegten Pony.

Oben und rechts
Spiele zu Pferde gehören zu den Kindergymkhanas. Sie erfordern Teamgeist und große Wendigkeit.

Mitte ganz rechts
Polo, der „Sport der Könige", bleibt auch weiterhin den oberen Zehntausend vorbehalten, da die Reiter mehrere gut durchtrainierte Pferde benötigen.

Unten
Polo kommt ursprünglich aus Persien, wird heute jedoch in Großbritannien, den Vereinigten Staaten und Argentinien gespielt.

GYMKHANAS

AUF EINIGEN PFERDESCHAUEN werden auch Gymkhanas abgehalten. Falls sie mit einem leicht erregbaren Pferd an einer Schau teilnehmen möchten, sollten Sie vorher lieber herausfinden, ob auch ein Gymkhana auf dem Programm steht. Gymkhanas sind gleichbedeutend mit Kindern und Spaß, doch einem Erwachsenen auf einem jungen Pferd kann der Spaß dabei leicht vergehen. Von den Kindern wird großes Geschick gefordert, um bei den Spielen zu Pferde bestehen zu können. Für diese Veranstaltungen, zu denen u. a. Slalomrennen, das Transportieren von Objekten von einer Seite auf die andere (z. B. Fahnenrennen), Sack- und Eierrennen gehören, ist eine Kombination aus Geschick, Wendigkeit und Teamgeist erforderlich. Die Ponys müssen sehr gut trainiert sein, um schnell und sicher zu reagieren. Besonders beliebt sind Gymkhanas in Großbritannien. Im Sommer finden hier im ganzen Land Qualifikationsspiele für das große Finale, die Prinz-Philipp-Spiele auf der Show „Horse of the Year" in London statt.

POLO

POLO IST EINES DER ÄLTESTEN Mannschaftsspiele und wurde vermutlich bereits vor 2500 Jahren in Persien gespielt. Es ist eine äußerst populäre und teure Sportart mit verschiedenen Varianten. Je nachdem, ob es sich um Feldpolo oder Standardpolo handelt, wird das Spiel von Teams mit drei oder vier Mitgliedern ausgetragen. Beim Polo gilt es, einen kleinen Ball mit dem Schläger möglichst häufig in das gegnerische Tor zu befördern.

Das Spiel ist in eine Reihe von Spielzeiten unterteilt, so genannte „Chukkas". In den meisten Fällen setzen sich die Spiele aus sechs Chukkas von jeweils siebeneinhalb Minuten zusammen. In einigen Fällen kann die Dauer eines Chukkas auch zehn Minuten betragen. Zwischen den einzelnen Chukkas wird eine Pause von drei bis fünf Minuten eingelegt. Die Spieler müssen bestimmte Rollen übernehmen: Nummer 1 und 2 spielen im Vorfeld bzw. im Angriff. Nummer 3 spielt im Mittelfeld und fungiert sowohl als Angreifer als auch als Verteidiger. Nummer 4 ist der Hauptverteidiger und unterstützt Nummer 3. Die Torpfosten befinden sich jeweils an den Enden des Spielfelds. Nach jedem erzielten Tor wechseln die Mannschaften die Seiten. Polo ist ein schnelles und wildes Spiel, das sehr gut ausgebildete und geschickte Ponys erfordert.

RODEO

DAS RODEOREITEN IST hauptsächlich in Westen der USA verbreitet, wo es sich großer Beliebtheit erfreut. Beim Rodeo gibt es verschiedene Disziplinen: Saddle Bronc Riding (Reiten eines bockenden Pferdes mit Sattel), Steer Wrestling (Niederringen eines Stiers), Team Roping (Stierfangen mit dem Lasso im Team), Calf Roping (Kälberfangen mit dem Lasso), Bareback Bronc Riding (Reiten eines bockenden Pferdes ohne Sattel), Bull Riding (Reiten eines bockenden Bullen) und Barrel Racing (Slalomrennen um Tonnen). Alle Aspekte des Rodeos beruhen auf der alltäglichen Arbeit der Cowboys auf den amerikanischen Farmen. Die Pferde, die an Rodeos teilnehmen, sind sehr gut ausgebildet und durchtrainiert und somit oftmals sehr wertvoll.

SADDLE BRONC RIDING

BEIM SADDLE BRONC RIDING muss der Reiter acht Sekunden lang im Sattel eines bockenden Pferdes bleiben, ohne abgeworfen zu werden. Die Pferde tragen einen speziellen Sattel, einen abgewandelten Stocksattel ohne Horn, sowie ein dickes Halfter mit einem geflochtenen Seil, an dem sich der Reiter mit einer Hand festhalten kann. Der Reiter sitzt in einem geschlossenen Metall- oder Holzständer auf. Wenn er bereit ist, gibt er durch ein Kopfnicken zu verstehen, dass das Tor geöffnet werden kann, woraufhin das Pferd buckelnd in den Ring springt. Der Reiter wird nach seinem Stil bewertet. Es ist ihm nicht erlaubt, das Pferd mit seiner freien Hand zu berühren oder das Seil von einer Hand in die andere zu wechseln. Wenn er abgeworfen wird, bevor die acht Sekunden verstrichen sind, erhält er keine Wertung. In der Arena stehen grundsätzlich zwei Männer bereit (so genannte „Pick-up Men"), die dem Reiter nach den acht Sekunden beim Absteigen helfen und das bockende Pferd aus dem Ring führen.

WISSENSWERTES:
Xenophon, ein reicher Athener, der etwa zwischen 427 v. Chr. und 354 v. Chr. lebte, war der berühmteste Verfasser der Antike von Werken über das Reiten und Jagen und brachte dem Pferd dabei überraschend viel Sympathie entgegen.

Oben und links oben
Rodeos haben sich aus der Arbeit auf den Viehfarmen im Westen der Vereinigten Staaten entwickelt.

Unten
Saddle Bronc Riding ist zum Inbegriff des Rodeosports der Westerncowboys geworden.

Diese Seite
Das Rodeo umfasst auch andere Disziplinen, wie z. B. das Steer Wrestling, das Kraft und Reaktionsschnelligkeit erfordert.

STEER WRESTLING

BEIM STEER WRESTLING wird ein Stier aus einem Ständer freigelassen, und der Rodeoteilnehmer muss ihn mit dem Pferd verfolgen. Dann lässt der Reiter sich von seinem galoppierenden Pferd aus zu Boden gleiten, um den Stier einzufangen. Ein zweiter Reiter, der so genannte „Hazer", galoppiert auf der anderen Seite des Stiers, um ihn in die richtige Position zu bringen. Nach dem Einfangen muss der Rodeoteilnehmer den Stier so zu Boden drücken, dass sich dessen vier Beine für den Bruchteil einer Sekunde in der Luft befinden. Bei dieser Disziplin kommt es auf Schnelligkeit an. Die Zeit wird ab dem Augenblick gemessen, in dem der Stier den Ständer verlässt, bis zu dem, in dem er alle viere in die Luft streckt.

TEAM ROPING

DAS TEAM ROPING wird von zwei Rodeoteilnehmern bestritten, und auch hier kommt es auf Schnelligkeit an. Ein Stier wird aus dem Ständer freigelassen, und der erste Reiter, der so genannte „Header", muss das Tier einfangen, indem er ihm das Lasso um die Hörner wirft. Dann dreht er den Stier so, dass der zweite Reiter, der als „Heeler" bezeichnet wird, sein Lasso um die beiden Hinterbeine des Stiers werfen kann. Wenn nur ein Bein gefangen wird, erhält das Team fünf Strafpunkte. Roping-Pferde müssen sehr sorgfältig ausgebildet werden, damit sie sich an das herumwirbelnde Lasso beim Einfangen des Tieres gewöhnen.

CALF ROPING

BEIM CALF ROPING muss ein Reiter von seinem Pferd aus ein Kalb einfangen. Sobald das Kalb eingefangen wurde, hält das Pferd sofort an. Der Reiter springt dann vom Pferd, rennt zum Kalb, legt es auf den Rücken und bindet drei der Beine zusammen. Das Pferd muss dabei das Lasso auf Spannung halten. Wenn das Kalb gefesselt ist, sitzt der Reiter wieder auf und lockert das Lasso. Nach dem Aufsitzen des Reiters muss das Kalb sechs Sekunden lang gefesselt bleiben. Der Reiter wird danach bewertet, wie schnell er das Kalb einfängt und fesselt. Wenn es sich jedoch innerhalb der sechs Sekunden befreien kann, erhält er keine Wertung.

BAREBACK BRONC RIDING

DAS BAREBACK BRONC RIDING verläuft ähnlich wie das Saddle Bronc Riding, allerdings ohne Sattel und Zaumzeug. Stattdessen trägt das Pferd eine Art Bauchgurt aus Leder und Rohleder mit einem Haltegriff, an dem sich der Reiter festhalten kann. Wenn er bereit ist, wird das Pferd aus dem Ständer gelassen und der Reiter nach seinem Reitstil bewertet. Er muss sich acht Sekunden lang auf dem Rücken des buckelnden Pferdes halten, um eine Wertung zu erhalten. Zu seiner Sicherheit stehen zwei Pick-up Men in der Arena bereit.

BULL RIDING

DAS BULL RIDING IST eine sehr gefährliche Disziplin, bei dem sich der Rodeoteilnehmer acht Sekunden lang auf dem Rücken eines buckelnden Bullen halten muss und sein Reitstil bewertet wird. Die Bullen tragen einen ähnlichen Haltegurt wie die ungesattelten Pferde. Wenn ein Bulle einen Reiter abwirft, greift er ihn anschließend häufig an. Aus diesem Grund stehen dem Reiter grundsätzlich ein oder zwei „Clowns" in der Arena zur Seite. Die Clowns bewegen sich zu Fuß fort, sind jedoch äußerst wendig und lenken die Aufmerksamkeit des Bullen von dem gestürzten Reiter ab.

BARREL RACING

BEIM BARREL RACING kommt es auf Schnelligkeit an. Drei Fässer werden im Dreieck aufgestellt, und der Reiter muss im Slalom um sie herum reiten, ohne sie umzuwerfen. Die Pferde, die an diesem Rennen teilnehmen, sind äußerst schnell und wendig.

CUTTING (TRENNEN EINES STIERS VON DER HERDE)

DIESE SPORTART IST ebenfalls hauptsächlich beim Westernreiten zu finden und erfordert außerordentlich gut trainierte Pferde. Ursprünglich wurden nur Quarter Horses für diese Disziplin verwendet, und sie scheinen tatsächlich eine natürliche Begabung für diese Aufgabe zu besitzen. Dabei muss ein Stier von einer Herde getrennt und von ihr fern gehalten werden. Das Pferd muss im Grunde genommen dazu in der Lage sein, sich zu drehen und wenden und jede Bewegung des Stiers vorauszusehen. Dank seiner kräftigen Hinterhand und seiner beeindruckenden Geschwindigkeitswechsel ist das Quarter Horse für den Viehtrieb besonders gut geeignet.

DISTANZREITEN

DIESE HARTE SPORTART erfordert große Ausdauer von Pferd und Reiter. Die USA sind führend im Distanzsport, und auch in Großbritannien erfreut er sich zunehmender Beliebtheit. In Deutschland wurde das Distanzreiten als Wettkampfsport erst Ende der Sechziger Jahre wieder entdeckt. Führendes Gremium auf diesem Gebiet ist hier der Verein Deutscher Distanzreiter und -fahrer e. V., der 1976 gegründet wurde und derzeit ungefähr 1.500 Mitglieder umfasst. Wie bei allen Wettbewerben gibt es auch beim Distanzreiten eine Unterteilung in verschiedene Kategorien von relativ kurzen Strecken bis zum Härtetest von 160,9 km.

Pferd und Reiter müssen die Strecke in Mindestgeschwindigkeit zurücklegen. In der Bronze-Kategorie bzw. der Anfangsstufe wird jedoch die Höchstgeschwindigkeit gefordert. Die Pferde werden regelmäßigen tierärztlichen Kontrollen unterzogen und müssen die jeweiligen Stationen gesund und mit einer Pulsfrequenz von höchstens 64 Schlägen pro Minute erreichen. Wenn das Pferd die tierärztliche Prüfung nicht besteht, wird es am Ende des Ritts disqualifiziert. Außerdem werden vor dem Start die Hufeisen der Pferde sowie Sattel und Zaumzeug geprüft. Beim Distanzreiten gibt es bestimmte Bestimmungen, die u. a. die Qualifizierung für verschiedene Klassen reglementieren.

Zu den einfacheren Klassen gehört der Bronze Buckle Qualifier, der über eine Strecke von 32,2 km geht und mit einer Geschwindigkeit von 10,5 km/h bis 12,8 km/h geritten werden sollte. Jeder, der in einer höheren Klasse antreten möchte, muss ein Protokoll für das Pferd führen. Dieses Protokoll enthält alle Wettkämpfe im Distanzreiten, an denen das Pferd bisher teilgenommen hat, und muss vor Wettkampfbeginn vorgelegt werden. Pferde und Ponys müssen mindestens fünf Jahre alt sein, um am Distanzreiten teilnehmen zu dürfen. Für die Teilnahme in der Gold-Kategorie bzw. an den „Endurance Rides", den härtesten aller Distanzritte, muss das Pferd mindestens sieben Jahre alt sein. Die Pferde müssen sich qualifizieren, um in der nächsthöheren Kategorie teilnehmen zu dürfen, und alle Wettkämpfe unterliegen einer strengen tierärztlichen Kontrolle.

Einer der bekanntesten Distanzritte ist der Golden Horseshoe in Exmoor, eine äußerst schwere Strecke von 160,9 km Länge, die in zwei Tagen geritten werden muss.

Oben links
Eine weitere traditionelle Westernsportart ist das Tonnenrennen, wo Frauen auf wendigen Pferden gegeneinander antreten.

Oben und unten
Beim Distanzreiten kommt es auf die Geschwindigkeit an, und der physische Zustand des Pferdes wird ständig überwacht.

Das Pferd in der Welt des Menschen

DIE GESCHICHTE des Pferdes als Arbeits- und Freizeittier geht auf die ersten Anfänge der Beziehungen zwischen Mensch und Pferd zurück und setzt sich bis in die heutige Zeit fort, hat jedoch mittlerweile erheblich an Bedeutung gewonnen.

KRIEG

DAS KRIEGSPFERD war für die früheren Krieger von großer Bedeutung. Ein herausragendes Beispiel war Bucephalus, das Schlachtross von Alexander dem Großen. Als Bucephalus 326 v. Chr. starb, ließ Alexander der Große ihn begraben und gab der in der Nähe des Grabes gelegenen Stadt ihm zu Ehren den Namen Bucephala. Die ersten Schlachten wurden wahrscheinlich mit Streitwagen geschlagen. Ab etwa 500 v. Chr. bedienten sich die Griechen bei der Kriegsführung dann berittener Bogenschützen. Da es zu dieser Zeit noch keine Sättel mit Steigbügeln gab, muss die Kriegsführung zu Pferde eine beachtliche Leistung dargestellt haben. Im Römischen Reich wurden für den Transport von Soldaten zum bzw. vom Schlachtfeld wahrscheinlich Pferde verwendet. Dort eingetroffen, wurde der Kampf jedoch größtenteils zu Fuß ausgetragen.

Oben
Bucephalus war das Lieblingspferd von Alexander dem Großen, der sogar eine Stadt nach ihm benannte.

Oben rechts
Eine Nachstellung der Ritterspiele des Mittelalters, wo Pferde bei Turnieren und in der Schlacht eine bedeutende Rolle spielten.

Unten rechts
Diese normannischen Ritter zogen zu Pferde in die Schlacht und waren dadurch ihren Zeitgenossen überlegen.

Gemessen am heutigen Standard waren die Pferde bis zum 15. Jahrhundert relativ klein – sie hatten eher die Größe von Ponys. Heinrich VIII. versuchte bewusst, das Stockmaß der britischen Pferde zu erhöhen, indem er ein Gesetz erließ, dem zufolge alle auf Gemeindeland gehaltenen Hengste nicht weniger als 1,52 m messen durften und die Landbesitzer mindestens zwei Stuten mit einem Stockmaß von über 1,32 m zu halten hatten. Da die Pferde auf dem Kontinent größer waren, begann man damit, sie nach Großbritannien zu importieren, um größere und stämmigere britische Pferde zu züchten. Größere Pferde waren bei der Kriegsführung natürlich wesentlich vorteilhafter.

ALLE GRÖSSEN, ALLE VERWENDUNGSZWECKE

IM MITTELALTER STELLTE DAS leichte Zugpferd das bevorzugte Reittier der Ritter dar. Da die Rüstung eines Ritters bis zu 190 kg wiegen konnte, mussten die Pferde entsprechend groß und kräftig sein. Im Vergleich zu den heutigen Zugpferden waren sie jedoch erheblich kleiner. Oliver Cromwell begann im Jahre 1651, schwerere Kavalleriepferde nach und nach auszumustern; zugleich ließ er Araber importieren, um leichtere, schnellere und wendigere Kriegspferde heranzuzüchten. Der Sieg der Briten über Napoleon in der Schlacht von Waterloo im Jahre 1815 war jedoch teilweise den größeren und schwereren britischen Pferden zu verdanken, die den leichten französischen Tieren überlegen waren.

Die ersten Jahre des Ersten Weltkriegs läuteten das Ende der Ära des Pferdes in der britischen Kriegsführung ein. Die britische Armee setzte ein letztes Mal ungefähr eine Million Pferde und Maultiere ein, die jedoch allmählich von Maschinen verdrängt wurden. Die britische Household Cavalry (Gardetruppe) besteht aus zwei Regimentern der britischen Armee, den Blues and Royals und den Life Guards, und ist für die Bewachung des Buckingham-Palastes zuständig. Die Kings Troop der Royal Horse Artillery, eine weitere berittene Einheit, gibt häufig beeindruckende Vorstellungen auf den Turnieren des Landes.

WISSENSWERTES:
Die größte dokumentierte Höhe, die je bei einem Turnier übersprungen wurde, betrug 2,47 m und wurde am 5. Februar 1949 in Santiago (Chile) von Alberto Laraguibel Morales auf Huaso bewältigt.
Guinness-Buch der Rekorde

Rechts
An der Mauer des unteren Ischtar-Tores in Babylon ist das Relief eines Pferdes zu sehen.

Unten
Dieses Bronzemodell eines Streitwagens wurde in der Nähe von Ziteli Zkaro in Georgien gefunden und stammt etwa aus dem achten Jahrhundert v. Chr.

TRANSPORT UND VERKEHR

SEIT SEINER Zähmung hat sich das Pferd als unschätzbares Transportmittel erwiesen. Es ist stark umstritten, wann genau der Mensch damit begann, das Pferd zu reiten und als Zugtier zu benutzen. Im iranischen Maylan wurden Knochenreste gefunden, die ungefähr auf das Jahr 2000 bis 1900 v. Chr. datiert werden können und von einem Gebiss stammende Abnutzungserscheinungen an den Zähnen aufweisen. Gleichartige Abnutzungserscheinungen sind auch an Überresten aus Dereivka in der Ukraine zu erkennen, die ungefähr aus der Zeit zwischen 4200 und 3750 v. Chr. stammen. Obwohl Pferde mit Hilfe von Zaumzeug und Gebissen gelenkt wurden, wurden Sattel und Steigbügel erst sehr viel später entwickelt.

Man nimmt an, dass vor dem Pferd vornehmlich Ochsen und Esel als Zugtiere eingesetzt wurden. Die ersten Fahrzeuge bestanden gänzlich aus Holz – einschließlich der Räder – und hatten eine Deichsel, zu deren Seiten die Tiere eingespannt wurden. Die damaligen Straßen unterschieden sich erheblich von denen der heutigen Zeit, und das Ziehen von Karren war daher für die Tiere Schwerstarbeit. Die ersten Geschirre hatten die Form eines Jochs, das über die Hörner oder den Widerrist eines Ochsen gelegt wurde. Diese Einspannmethode war zwar für Ochsen äußerst gut geeignet, nicht jedoch für Pferde, denen dabei die Luftröhre eingeschnürt worden wäre. Das „moderne" Kumt (eine Zugvorrichtung, die dem Pferd um den Hals gelegt wird) wurde im frühen Mittelalter erfunden.

KUTSCHEN ALS VERKEHRSMITTEL

DIE ERSTEN „Personenverkehrsmittel“ waren große schwere Wagen, die häufig weder Aufhängung noch Federung besaßen. Diese Wagen wurden von großen, schweren Zugpferden über die holperigen Straßen gezogen, häufig auch durch tiefen Morast. Das erste öffentliche Verkehrsmittel in Großbritannien war der so genannte „Stagecoach“, der im 16. Jahrhundert entwickelt wurde. Er wurde gewöhnlich von vier Pferden gezogen und fuhr nach einem Zeitplan eine bestimmte Route ab. Mit der Qualität der Straßen verbesserten sich auch die Kutschen, die schließlich von leichteren, schnelleren Pferden gezogen werden konnten. In Holland war die deutliche Verbesserung der Straßen, von denen viele parallel zu den Kanälen gebaut wurden, zu spüren. Bald wurden die Wagen mit Federungen versehen und dadurch komfortabler, und die Oberschicht der Gesellschaft legte sich auch Privatkutschen für ihre Landpartien zu.

Ende des 19. Jahrhunderts hatten sich von Pferden gezogene Straßenbahnen und Omnibusse als effizientes öffentliches Verkehrsmittel entwickelt. Straßenbahnen wurden gewöhnlich von ein bis vier Pferden gezogen und fuhren mit einer durchschnittlichen Geschwindigkeit von 11 km/h.

In Kontinentaleuropa gehörten Oldenburger, Hannoveraner und Holsteiner zu den beliebtesten Kutschpferden, während in England der Cleveland Bay und das englische Vollblut bevorzugt wurden. Interessanterweise werden viele der Rassen, die ehemals vorwiegend als Kutschpferde eingesetzt wurden, heute erfolgreich auf Turnieren geritten.

WISSENSWERTES: Das Gewicht unbeschuhter Pferde in der freien Wildbahn ruht größtenteils auf Hufwand und Strahl.

Oben links
Diese beiden Belgier ziehen eine Touristenkutsche durch den Kentucky Horse Park.

Mitte
In den Städten Großbritanniens wurde das Bier früher von Pferden geliefert. Diese beiden grauen Shires setzen diese Tradition fort.

Unten
In schroffem und unwegsamem Gelände werden Pferde auch heute noch als Packtiere eingesetzt.

INDUSTRIE, GEWERBE UND HANDEL

DAS PFERD HAT LANGE Zeit eine bedeutende Rolle im produzierenden Gewerbe und in der Industrie gespielt, und die Entwicklung des Pferdes als Zugtier dürfte einen großen Beitrag zum frühen Handel geleistet haben. Zum ersten Mal hatten die Menschen die Möglichkeit, ihre Waren über größere Strecken zu transportieren und in den Nachbargemeinden zu verkaufen. Kublai Khan, Enkelsohn von Dschingis Khan, war so fortschrittlich, in seinem gesamten Reich einen Botendienst einzurichten, um Nachrichten durch berittene Kuriere zu übermitteln. Dies war in gewisser Weise der Vorläufer des modernen Postdienstes. Ende des 19. Jahrhunderts, als sich auch die Straßen verbesserten, wurden von Pferden gezogene Postkutschen entwickelt.

Sie mussten einen festen Fahrplan einhalten und legten ein hartes und schnelles Tempo vor, das von den Pferden einen hohen Tribut forderte. Die meisten Postpferde hielten diesen Anforderungen nicht länger als vier Jahre stand. Von Pferden gezogene Kutschen und Wagen wickelten Lieferungen aller Art ab, und in einigen Städten sind auch heute noch ab und zu Brauereikutschen zu sehen. Eisenbahngesellschaften setzten Pferde auch lange nach dem Aufkommen der Eisenbahn ein, um Arbeiten auf den Güterbahnhöfen zu verrichten und Güterwaggons zu ziehen.

Pferde, die Schleppkähne die Kanäle hinaufzogen, waren ebenfalls keine Seltenheit, denn auf diese Weise konnten Ladungen von 60 oder 70 Tonnen auf einmal transportiert werden. Die Verwendung von Pferden im Bergbau hat ebenfalls eine lange Tradition. Tausende von Grubenpferden wurden in den Bergwerken eingesetzt, und viele von diesen verbrachten ihr ganzes Leben unter Tage. Die Bergleute setzten Pferde auch zur Betätigung der Winde für den Aufzug am Schachteingang und zum Ziehen der Kohleloren ein. Dies sind nur einige der vielen Beispiele für die bedeutende Rolle, die das Pferd über Jahrhunderte in Gewerbe und Industrie gespielt hat.

PACKPFERDE

PACKTIERE WERDEN zum Transport von gewöhnlich in speziellen Packsätteln auf dem Rücken des Tieres oder in seitlichen Tragekörben verstauten Waren eingesetzt. Packponys oder -pferde sind insbesondere dort für den Transport von Waren eine Hilfe, wo das Gelände zu unwegsam für ein Fahrzeug ist. In vielen

Bergländern, wie Tibet und der Mongolei, dient das Pony auch heute noch als primäres Transportmittel, um Waren durch die steilen und felsigen Regionen zu befördern. Auch auf Jagdexpeditionen wird es immer noch eingesetzt, insbesondere in Amerika. Sobald der Jäger das Wild gestellt und erlegt hat, wird es zerlegt und mit Packpferden aus dem unwegsamen Gelände getragen.

Packponys waren bis vor relativ kurzer Zeit auch in Großbritannien noch üblich. Sie wurden für den Transport von Blei aus den Bergwerken in den Penninen an der Ostküste verwendet. Auf den Shetlandinseln wurde Torf in Körben auf den Rücken von Shetlandponys transportiert. In vielen Entwicklungsländern, in denen sich die Menschen keine anderen Transportmittel leisten können, gehören Packponys auch heute noch zum alltäglichen Straßenbild.

LANDWIRTSCHAFT

OBWOHL PFERDE bereits seit Tausenden von Jahren in der Landwirtschaft eingesetzt werden, entfalteten sie ihre volle Bedeutung in diesem Bereich erst während des 18. und 19. Jahrhunderts, als sie die langsameren Ochsen allmählich verdrängten. Je nach Boden und Land wurden verschiedene Rassen entwickelt. Während Shire, Clydesdale und Percheron häufig mit landwirtschaftlicher Arbeit in Verbindung gebracht werden, waren in hügeligen Regionen wie dem schottischen Hochland die einheimischen Ponys wesentlich besser für die Bestellung des Landes geeignet. In weiten Teilen Nordamerikas, Südamerikas und Australiens wird das Pferd auch heute noch im Vieh- und Schaftrieb eingesetzt, und einige Farmer halten sich immer noch ein Pferdegespann für Arbeiten in für einen Traktor unzugänglichem Gelände.

Die Technologie mag noch so weit fortschreiten, es wird immer Arbeitsbereiche geben, in denen ein Pferd oder Pony bessere Leistungen erzielen kann als eine Maschine.

POLIZEI

DIE ERSTE berittene Polizeieinheit war die Londoner Bow Street Horse Patrol, die 1758 gegründet wurde. Auch heute noch werden Pferde von der Polizei erfolgreich im Ordnungsdienst bei Großveranstaltungen oder zur Überwachung von Straßen und Parks eingesetzt. Die Pferde werden einem intensiven Training unterzogen, um sie auf den Lärm und die Atmosphäre großer Menschenmengen vorzubereiten und an den starken Verkehr und das geschäftige Treiben in der Innenstadt zu gewöhnen. In Ländern wie z. B. Indien, das über eine große berittene Polizeieinheit verfügt, wird das Pferd häufig für Patrouillen durch ländliche und unwegsame Gebiete eingesetzt.

Oben links
Auf den schottischen Inseln wurden Shetlandponys für den Transport von Torf verwendet.

Oben rechts
In der Landwirtschaft werden Pferde bereits seit Jahrhunderten zum Pflügen eingesetzt.

Unten
In Großbritannien setzt die Polizei auch heute noch erfolgreich Pferde zur Überwachung der Straßen und Parks Londons sowie im Ordnungsdienst bei Fußballspielen ein.

WISSENSWERTES:
Die Ägypter schmückten ihre Gräber häufig mit Darstellungen von großen stilisierten Pferden.

Rennen und Springreiten

IN GROSSBRITANNIEN stellen Pferderennen einen bedeutenden Wirtschaftsfaktor dar. Flachrennen werden im Sommer ausgetragen, während die Hindernisrennen, die so genannten „Steeplechases", in den Wintermonaten stattfinden. Das Springreiten ist ebenfalls ein beliebter Zuschauersport.

FLACHRENNEN

DAS ÄLTESTE SCHRIFTSTÜCK über Pferderennen in Großbritannien stammt von William Fitzstephen, der über im Jahre 1074 im Londoner Stadtteil Smithfield ausgetragene Pferderennen berichtete. Die erste Rennbahn befand sich in Yorkshire und wurde zwischen 208 und 211 n. Chr. von dem römischen Kaiser Lucius Septimius Serverus gebaut.

Bis zum 16. Jahrhundert galten Rennen als „Sport der Könige" und des begüterten Adels. Das britische Königshaus ist bereits seit Jahrhunderten eng mit dem Rennsport und dem Englischen Vollblut verbunden. Während der Herrschaft von James I. (1603-1625) wurden in der Nähe von Richmond in Yorkshire sowie in Croydon und Enfield Chase öffentliche Rennen abgehalten. James ließ ein Jagdhaus in Newmarket in Suffolk errichten, das sich in der Folge zum Austragungsort für internationale Pferderennen entwickelte. König Charles I. (1625-1649) finanzierte 1634 das erste Gold Cup-Rennen in Newmarket, und ab 1667 wurden dort alljährlich Rennen veranstaltet.

PFERDERENNEN ALS SPORT

OLIVER CROMWELL verbot 1654 und 1655 die Veranstaltung von Pferderennen, und es ist den Bemühungen von König Charles II. (1660-1685) zu verdanken, dass dieser Sport wieder populär wurde. Er erhöhte das Preisgeld und die Anzahl der Rennen in Newmarket und führte Regeln und Richtlinien zu Gewichten und Strecken ein. Während seiner Regierungszeit wurde die Rennbahn von Epsom eröffnet, der Austragungsort des berühmten Epsom Derbys.

Königin Anne (1702-1714) und ihr Gemahl Prinz Georg von Dänemark engagierten sich stark in der Züchtung des modernen Vollblut-Rennpferdes. Sie waren begeisterte Anhänger des Rennsports und verbesserten den Rennpferdebestand durch den Import von Arabern, zu denen auch der berühmte Darley Arabian zählte, einer der Stammväter des modernen Vollbluts. 1711, also noch während der Herrschaft dieses Königspaars, wurden Rennbahnen in Ascot, dem Austragungsort des angesehenen Royal Ascot-Rennens, in Doncaster und in York eröffnet.

DER JOCKEY CLUB

DER JOCKEY CLUB wurde in den 50er Jahren des 18. Jahrhunderts gegründet und stellt heute das führende Gremium im britischen Pferderennsport dar. Ursprünglich war er lediglich für die Rennen in Newmarket zuständig, übernahm jedoch schnell die Schirmherrschaft über alle Rennen in Großbritannien. Auch heute noch gehört es zu seinen Aufgaben, die Rennsportregeln in Bezug auf Strecken, Rennen, Zucht und Lizenzierung festzulegen. 1773 wurde James Weatherby zum Zuchtbuchführer des Jockey Clubs ernannt und war somit für alle Rennprotokolle verantwortlich. 1813 gab Weatherby das erste General Stud Book (Allgemeines Stutbuch) heraus, in dem alle Vollblüter zurückverfolgt werden können.

Oben
Willie Tyan gewann 1997 das Epsom Derby. Diese Rennstrecke wurde unter König Charles II. eröffnet.

Mitte
Die erste Rennbahn in Großbritannien wurde im dritten Jahrhundert erbaut.

Unten
Einer der vornehmsten und angesehensten britischen Rennplätze ist Ascot, wo jedes Jahr das beliebte dreitägige Royal Ascot-Rennen stattfindet.

Richard Tattersall gründete 1766 in Hyde Park Corner das Wett- und Pferdeverkaufszentrum Tattersall's, das bis 1865 bestand. Auch heute noch ist der Name Tattersall eng mit dem Rennsport verbunden.

Bis 1744 waren die meisten Rennpferde über fünf Jahre alt, doch verringerte sich das Alter im Laufe der Zeit zusehends. 1744 wurde ein Vierjährigenrennen ausgerichtet, dem 1756 zwei Rennen für Dreijährige folgten. 1768 wurde in Newmarket erstmals ein Zweijährigenrennen gelaufen.

Eine der berühmtesten britischen Rennserien ist das hoch angesehene British Classics für Dreijährige. Diese Serie setzt sich aus fünf Rennen zusammen: dem St. Leger, das im September in Doncaster gelaufen wird, dem 2.000 Guineas und dem 1.000 Guineas, die beide im April in Newmarket stattfinden, sowie dem Derby und den Oaks, die im Juni in Epsom ausgetragen werden. Ultimatives Ziel ist der Gewinn der Triple Crown, d. h. der Sieg bei den 2.000 Guineas, dem Derby und dem St. Leger.

HINDERNIS- UND GELÄNDEJAGDRENNEN

HINDERNISRENNEN bzw. Steeplechases sind nichts für zart besaitete Gemüter. Hauptaustragungsorte sind England und Irland, obwohl auch in anderen Ländern einige Rennen stattfinden. „Steeplechase" heißt wörtlich übersetzt „Kirchturmrennen", denn ursprünglich wurden diese Rennen querfeldein von einem Kirchturm zum nächsten ausgetragen, wobei es galt, auf dem Weg dorthin verschiedene Hindernisse zu überspringen. Das Hindernisrennen hat sich aus der Fuchsjagd entwickelt und zu einer Wettkampfsportart ausgebildet, bei der natürliche und künstliche Hindernisse übersprungen werden müssen.

DIE ANFÄNGE DES STEEPLECHASE

EINES DER ERSTEN dokumentierten Steeplechaserennen fand 1752 in der irischen County Cork statt. Dabei traten nur zwei Reiter gegeneinander an, Cornelius O'Callaghan und Edmund Blake. Das Rennen ging über einen vier Meilen breiten Landstrich zwischen der Kirche von Buttevant und dem Kirchturm von St. Leger. Blake gewann und erhielt als Siegpreis große Mengen von Jamaika-Rum, Portwein und Bordeaux.

Das erste offizielle englische Hindernisrennen fand 1830 in St. Albans statt, wobei als Preisgeld eine Summe von 25 Sovereigns winkte.

Links
Dieses schwarze Vollblutpferd könnte bereits mit zwei Jahren sein erstes Rennen gelaufen sein. Solch junge Pferde rennen zu lassen, ist zu einem umstrittenen Thema geworden.

Mitte
Diese Pferde laufen auf der Rennbahn von Cheltenham.

Unten
Jockey Darryl Holland (ganz links) löst sich von der Gruppe und gewinnt das Lincoln Handicap 1994 in Doncaster.

Oben
Das berühmteste britische Hindernisrennen ist das Grand National.

Unten
Red Rum nahm während der 70er fünf Mal hintereinander am Grand National teil und holte drei Mal den Sieg. Damit hält er den Rekord.

DAS GRAND NATIONAL

UM 1850 TEILTE sich das Hindernisrennen in Großbritannien in zwei Gruppen auf: die „National Hunts" für Profireiter und die so genannten „Point-to-Points", Geländejagdrennen für Amateure. Eines der bekanntesten Hindernisrennen ist das Grand National von Aintree im englischen Liverpool. Das erste Mal fand es 1839 statt und ging über eine Strecke von 6,44 km mit 29 Hindernissen. Hauptmann Martin Becher auf Conrad stürzte hier bei einem breiten Sprung mit Graben schwer, und seither trägt dieses berüchtigte Hindernis den Namen „Becher's Brook". Das Rennen wurde von einem Pferd namens Lottery in einer Zeit von 14 Minuten und 53 Sekunden gewonnen. Heute beträgt die Distanz des Grand National 7,24 km, umfasst 30 Hindernisse und wird im Durchschnitt rund fünf Minuten schneller absolviert als von Lottery.

Eines der besten Hindernisrennpferde aller Zeiten war Red Rum. Er nahm zwischen 1973 bis 1977 fünf Mal hintereinander am Grand National teil und hält den unglaublichen Rekord von drei Siegen und zwei zweiten Plätzen. Zwei weitere großartige Pferde waren Golden Miller, der fünf Mal hintereinander den Cheltenham Gold Cup gewann und 1934 den Sieg beim Grand National holte, und Arkle, der 27 Rennen gewann, u. a. drei Mal den Cheltenham Gold Cup.

Rechts
Flachrennen bringen Großbritannien alljährlich Erträge von mehreren Millionen Pfund ein.

BERÜHMTE RENNEN

ZU DEN BEKANNTESTEN Hindernisrennen außerhalb Großbritanniens gehören das französische Grand Steeplechase de Paris und das haarsträubende Grand Pardubice in der Tschechischen Republik. Fred Winter bewies 1962, was für ein großartiger Reiter er war, als beim französischen Grand Steeplechase de Paris vor dem vierten Hindernis sein Zaumzeug riss. Er setzte das Rennen fort und siegte auf einem Pferd namens Mandarin. Das Grand Pardubice ist ein berüchtigtes gefährliches Rennen, bei dem es häufig zu Stürzen kommt. So mancher Reiter jedoch steigt wieder auf und reitet weiter.

GELÄNDEJAGDRENNEN

IN GROSSBRITANNIEN gibt es für den Amateurreiter die Geländejagdrennen, so genannte „Point-to-Points", die von anerkannten Jagdvereinen veranstaltet werden und dem Reglement des Jockey Clubs unterliegen. Die Strecken gehen über Felder und umfassen natürliche Hindernisse und Hecken sowie einige künstliche Hindernisse. An Point-to-Points dürfen nur Pferde teilnehmen, denen von einem Master of Foxhounds bescheinigt wurde, dass sie mindestens sieben Mal während der Saison mit der Meute gejagt haben. Bei den meisten Veranstaltungen werden fünf oder sechs Rennen gelaufen, von denen eines gewöhnlich Frauen vorbehalten ist. Die Qualität und der Standard der Pferde sind hier größtenteils sehr hoch. Viele von ihnen

setzen ihre Rennlaufbahn bei den National Hunts fort bzw. sind ehemalige National Hunt-Pferde, die aufgrund ihres Alters nurmehr in der Amateurklasse starten.

TURNIERSPRINGEN

EINES DER ERSTEN dokumentierten Springturniere fand 1865 bei der Royal Dublin Horse Show statt. Das Turnier basierte auf einem Hochweitsprung und diente vermutlich in erster Linie dazu, die Fähigkeiten potenzieller Jagdpferde zu prüfen. In seinen Anfängen wurde das Springen im Grunde genommen nur beim Militär praktiziert, wo der traditionelle Jagdstil übernommen wurde, d. h. der Reiter lehnt sich während des Sprungs nach vorn und setzt sich nach der Landung wieder zurück. Der moderne Springstil ist zu einem großen Teil Frederico Caprilli, einem italienischen Kavallerieoffizier, zu verdanken. Er führte zu Beginn des 20. Jahrhunderts den leichten Sitz ein, und seine Grundsätze zum Reiten und Springen finden auch heute noch Anwendung.

ENTWICKLUNG DES SPRINGREITENS

EINE WEITERE bedeutende Figur in der Entwicklung des Springreitens war Oberst Paul Rodzianko, ein Offizier des russischen Heers. Er studierte in Russland gemeinsam mit James Fillis den klassischen Reitstil und arbeitete Anfang des 20. Jahrhunderts mit Caprilli an der italienischen Kavallerieschule zusammen. 1929 wurde er gebeten, das Springturnierteam der irischen Armee zu trainieren, das unter seiner Anleitung sehr erfolgreich war und zu einer der führenden Mannschaften Europas

wurde. Zu seinen Schülern in England zählte auch Mike Ansell, der 1944 zum Vorsitzenden der British Show Jumping Association ernannt wurde.

Das erste internationale Pferdeturnier in Großbritannien fand 1907 in Olympia statt, und 1912 wurden bei den Olympischen Spielen erstmals Reitsportdisziplinen in das Programm aufgenommen. Nach dem Ersten Weltkrieg wurde der Versuch unternommen, das Springreiten auf einer universelleren Ebene zu reglementieren und zu organisieren, und 1921 wurde die Fédération Equestre Internationale (FEI) gegründet. Die FEI ist das führende Gremium für alle Arten des Reitsports und legt die internationalen Turnierregeln fest. Einige Länder gründeten eigene Führungsgremien, die der FEI angegliedert sind. In Deutschland ist dies z. B. die Deutsche Reiterliche Vereinigung e. V.

DIE BRITISH SHOW JUMPING ASSOCIATION

IN ENGLAND wurde die British Show Jumping Association (BSJA) gegründet, um eigene Regeln für Springturniere festzulegen, die jedoch größtenteils auf denen der FEI basieren. Bald danach traten zwei Ereignisse ein, die das Springreiten entscheidend beeinflussten. Erstens blieb es nicht mehr dem Militär vorbehalten, und zweitens durften erstmals auch Frauen an dieser Sportart teilnehmen. Zu den größten Amazonen jener Zeit gehörte u. a. Lady Wright, die beim Springreiten in Olympia als erste Frau einen fehlerfreien Umlauf absolvierte und das *Puissance*-Turnier (Hochsprung) in Olympia, den Daily Mail Cup in Olympia und die Meisterschaft bei der Bath and West Show gewann. Die zweite weibliche Größe im Springreiten war Pat Smythe, die 1956 als erstes weibliches Mitglied des britischen Olympiateams an den Spielen in Stockholm teilnahm und während ihrer gesamten Laufbahn zu den besten Reitern und Reiterinnen zählte.

SPRINGREITEN HEUTE

DAS SPRINGREITEN IST in den letzten Jahren immer anspruchsvoller geworden. Die Hindernisse werden immer höher und die Parcours immer komplizierter. Bei den Spitzenturnieren winken zwar hohe Preisgelder, doch stehen sie kaum im Verhältnis zu den enormen Kosten, die mit einem Start an diesen Turnieren verbunden sind. Die meisten Reiter werden von Unternehmen gesponsert, denn ohne einen Sponsor ist es praktisch unmöglich, an solchen Turnieren teilzunehmen. Es gibt jedoch eine Menge kleinerer Turniere, die einen ausgezeichneten Einstieg in die Welt des Springreitens bieten. Die Turniere der Kategorien B und A unterliegen der Leistungsprüfungsordnung (LPO) der FN. Nur Reiter mit einem gültigen, von der FN ausgestellten Reiterausweis dürfen daran teilnehmen.

Außerdem wird eine große Anzahl von Turnieren der Kategorie C angeboten, die jedem offen stehen, der sich den Anforderungen dieser Klasse gewachsen fühlt. Der Reiter muss für diese Kategorie keinen Reiterausweis besitzen.

Oben und unten
Das Springreiten war ursprünglich dem Militär vorbehalten. Heutzutage sind die meisten Springreiter jedoch zivile Berufsreiter.

Mitte
Die Engländerin Pat Smythe und ihr Pferd Flanagan bei den Olympischen Spielen von 1956.

Unten rechts
In den letzten Jahren sind die Hindernisse immer höher geworden und erfordern von Pferd und Reiter sehr viel Courage.

Das Freizeitpferd

DIE MEISTEN Pferde werden heutzutage für den Freizeitsport gehalten. Es gibt zahllose Möglichkeiten für Pferdebesitzer und Reiter, ihrem Hobby nachzugehen. So werden z. B. Reiterferien in atemberaubend schönen Naturlandschaften angeboten, wobei häufig einheimische Ponyrassen verwendet werden. Ein klassisches Ponytrekkinggebiet ist Schottland, wo zähe einheimische Ponys sowohl Anfänger als auch fortgeschrittene Reiter sicher durch das hügelige Gelände tragen.

Oben
Die zerklüftete Landschaft dieser Dude-Ranch in Arizona eignet sich ideal für Trekkingritte im Westernstil.

PFERDEURLAUB

EINE INTERESSANTE Art des „Pferdeurlaubs" für Nichtreiter sind Ferien mit dem Pferdewagen. Dabei können traditionelle Pferdewagen im Zigeunerstil mitsamt einem verkehrssicheren Pferd gemietet werden. Reiterferien werden praktisch weltweit angeboten, sei es als Trekkingurlaub in Island, Österreich oder Spanien oder als Pferdesafari in Afrika, um nur einige der Möglichkeiten zu nennen. Auch das Angebot, auf einer amerikanischen „Dude"-Ranch eine Woche lang in die Rolle eines Cowboys zu schlüpfen, erfreut sich zunehmender Beliebtheit. Für Pferdebesitzer, die ihren Urlaub gemeinsam mit ihrem vierbeinigen Freund verbringen möchten, gibt es in England inzwischen verschiedene Hotels und Bed-and-Breakfast-Unterkünfte, in denen das Pferd bestens versorgt wird, und kartografierte Reitwege, die man entlangreiten kann.

Mitte
Trekking ist bei Touristen besonders beliebt, um ein Land kennen zu lernen. Diese Reiter erkunden die atemberaubend schöne Landschaft von Dartmoor.

Jagdferien sind ebenfalls sehr beliebt, und zwar insbesondere in Irland, wo ausgezeichnet ausgebildete Jagdpferde gemietet werden können. Die Jagd als Freizeitsport hat in England immer noch eine große Anhängerschaft, auch wenn sie in den letzten Jahren in die negativen Schlagzeilen geriet. Entgegen der allgemeinen Auffassung gibt es auch Arten der Jagd, bei denen keine Tiere getötet werden. Natürlich gibt es immer noch die traditionellen Fuchs- und Hirschjagden, aber auch die Schleppjagd, bei der die Hunde der so genannten „Schleppe" folgen, einer künstlichen Spur, die zumeist mit Anis gelegt wird. Die Schleppe wird von einem „Schlepper" zu Fuß oder zu Pferde auf einer vorgegebenen Strecke vor den Hunden hergezogen. Diese Art der Jagd stellt ein ausgezeichnetes Freizeitvergnügen dar, das viel Spaß und Spannung verspricht.

Unten
Eine Alternative zum Trekking ist der Urlaub mit einem gemieteten Pferdewagen im Zigeunerstil.

REITSCHULEN

DAS ANGEBOT an Reitschulen, bei denen man auch ohne eigenes Pferd Reitstunden nehmen kann, ist immens groß. Einige Reiterhöfe bieten mehrtägige Intensivkurse für jedes reiterliche Niveau an. Bevor Sie einen Kurs buchen, sollten Sie sich jedoch vergewissern,

dass die Sicherheit und Kompetenz des Reiterhofs von der Deutschen Reiterlichen Vereinigung (FN) geprüft und bescheinigt wurde.

Neben diesen Reiterhöfen gibt es überall Hunderte von Reitschulen, bei denen man Reitunterricht nehmen kann. Auch hier sollten Sie sich vorher davon überzeugen, dass die Reitschule von der Deutschen Reiterlichen Vereinigung geprüft wurde. Ambitioniertere Reiter haben zahlreiche Möglichkeiten, an Reitseminaren teilzunehmen. Diese dauern gewöhnlich ein oder zwei Tage und werden von führenden Dressur-, Vielseitigkeits- und Springreitern abgehalten. Reitseminare bieten eine ausgezeichnete Gelegenheit, von dem Wissen erstklassiger Berufsreiter zu profitieren. Sie sind im Allgemeinen für Pferdebesitzer gedacht. Pferde werden gewöhnlich nicht gestellt. Fachzeitschriften wie *Pferdemarkt* oder *Reiter-Revue* stellen eine gute Informationsquelle für derartige Seminare dar.

ANDERE PFERDE-VERANSTALTUNGEN

NEBEN Reiterferien und Reitunterricht gibt es Hunderte von regelmäßig stattfindenden Wettkämpfen und Turnieren aller Schwierigkeitsstufen. Dazu gehören lokale Pferdeschauen und Gymkhanas, Springturniere aller Klassen, Vielseitigkeitsprüfungen, Jagden, Distanzritte, Fahrturniere, Polo, Westernreiten, Schaureiten, Mannschaftsrennen, Point-to-Points und Rennen. All diese Wettkämpfe sind für Zuschauer und Teilnehmer gleichermaßen interessant, und man muss kein Pferdebesitzer sein, um Vergnügen an diesen Veranstaltungen zu finden.

Zu einem echten Publikumsmagnet haben sich die großen dreitägigen Vielseitigkeitsprüfungen entwickelt. Zuschauer können den Wettkampf gegen ein Eintrittsgeld in seinem gesamten Verlauf erleben und haben die Gelegenheit, die Geländestrecke zu Fuß zu erkunden. Diese Veranstaltungen ziehen auch immer mehr Händler an, die an ihren Ständen alles Mögliche verkaufen – von landestypischer Kleidung über hausgemachte Spezialitäten bis hin zu sämtlichem Zubehör rund ums Pferd. Im Rahmenprogramm finden häufig andere Reitsportaktivitäten statt, wie Westernreiten, Trickreiten oder Dressurvorführungen, die den ganzen Tag über für Abwechslung sorgen.

REITVEREINE

DEUTSCHLAND verfügt über ein sehr gutes Netzwerk von Reitvereinen, und man muss kein eigenes Pferd besitzen, um dort Mitglied zu werden, obwohl dies natürlich von Vorteil sein kann. Reitvereine bieten eine großartige Möglichkeit, reiten zu lernen und mehr über den Umgang mit Pferden zu erfahren.

WISSENSWERTES:
Das erste Englische Vollblut, das 1730 nach Amerika exportiert wurde, hieß Bulle Rock.

Oben
Reitbegeisterte können die Vorteile eines Wochenend-Intensivkurses nutzen.

Mitte
Badminton gehört zu den bedeutendsten dreitägigen Vielseitigkeitsprüfungen in Großbritannien. Die Zuschauer können den Parcours begutachten und an Hunderten von Ständen alles Mögliche an Zubehör für Pferd und Reiter erwerben.

Unten
Polo ist eine Sportart, an der nur die oberen Zehntausend teilnehmen können. Zuschauen jedoch kann jeder.

Die Beziehung zwischen Mensch und Pferd

VOR UNGEFÄHR 12.000 JAHREN nahm die menschliche Bevölkerung in Westeuropa stetig zu, und Wildpferde stellten eine gute Quelle für Nahrung und Felle dar. Es gibt viele verschiedene Theorien zu den eigentlichen Anfängen der Beziehungen zwischen dem Menschen und dem Pferd als Haustier. Einige der bedeutendsten und ältesten archäologischen Funde, die Aufschluss darüber geben, wurden in den 60er und 80er Jahren bei Ausgrabungen am Fluss Dnjeper in der Südukraine entdeckt, wo sich eine Siedlung aus dem späten Neolithikum befand, die unter dem Namen Dereivka bekannt ist. Hier wurden ungefähr zweiundfünfzig Knochenreste von Pferden gefunden, einschließlich des Schädels und der Gliedmaßen eines Hengstes, der zusammen mit zwei Hunden in scheinbar ritueller Weise begraben worden war.

WISSENSWERTES:
Das Wort „Dressur" leitet sich von dem französischen Verb „dresser" ab, was so viel heißt wie „schulen".

Oben
Pferde sind für das Leben der einheimischen Volksstämme Kirgisiens unerlässlich. Diese Frau bereitet ein Pferd für ein Rennen vor.

Mitte
Pferde sind bereits seit Jahrhunderten ein fester Bestandteil der Welt des Menschen. Dies wird in der Verzierung des babylonischen Ishtar-Tors (im heutigen Irak) deutlich.

Unten rechts
Die griechische Mythologie übertrug das Bild von Pferd und Reiter auf den Zentaur. Diese Schüssel stammt aus dem sechsten Jahrhundert v. Chr.

EINE GENAUERE Untersuchung dieses Schädels hat ergeben, dass die Prämolaren ungewöhnliche Abnutzungserscheinungen aufwiesen, die auf die Verwendung eines primitiven Gebisses schließen ließen. Mehrere durchlöcherte Enden eines Rothirschgeweihs wurden ebenfalls entdeckt, und man nimmt an, dass es sich dabei um die Backenstücke eines primitiven Zaums handelt. Diese Funde legen die Vermutung nahe, dass Pferde vor rund 6.000 Jahren erstmals als Reittiere benutzt wurden, also ungefähr 500 Jahre vor der Erfindung des Rades. Die genauen Ursprünge des Reitens sind Gegenstand vieler wissenschaftlicher Diskussionen, und man sollte sich hier nicht so genau festlegen.

DIE ALTE PFERDEKULTUR VON KASACHSTAN

EINE WEITERE AUSGRABUNGSSTÄTTE, an der eine große Anzahl von Pferdeknochen gefunden wurde, befindet sich in Botai, das im östlichen Nordkasachstan liegt. An dieser Ausgrabungsstätte entdeckte man Überreste alter Behausungen und mehr als 300.000 Tierknochen, von denen die meisten von Pferden stammen. Diese lassen sich auf die Jahre Jahren 3500 bis 2500 v. Chr. datieren und zeugen von einer Kultur, in der das Pferd eine wichtige Rolle spielte. Interessanterweise werden einige Gebiete von Kasachstan heute von dem Volk der Kasachen bewohnt, die ein einfaches halbnomadisches Leben führen, in dessen Mittelpunkt das Pferd steht. Das Pferd findet sich in der gesamten Kultur dieses Volkes wieder, obwohl der „Fortschritt" in den letzten Jahren auch hier bis zu einem gewissen Grad Einzug gehalten hat.

DAS HAUSPFERD

UM 2000 V. CHR. war das Hauspferd in der Alten Welt bereits weit verbreitet, wie Funde an spätneolithischen Ausgrabungsstätten in Westasien, Kontinentaleuropa und auf den Britischen

Inseln belegen. Die Entwicklung des Pferdes als Haustier hatte bedeutende Auswirkungen auf die Entwicklung, den Fortschritt und die Zivilisation des Menschen. Plötzlich gab es ein Transportmittel, mit dem größere Strecken zurückgelegt werden konnten und das wesentlich zur Entwicklung des Handels beitrug. Das Pferd wurde zu einem Zugtier, das eine größere Anzahl von Menschen auf einmal transportieren oder in der Landwirtschaft eingesetzt werden konnte. Pferde stellten ein wirkungsvolles Kriegsmittel dar, und der Eindruck, den ein Reiter auf Menschen machte, die keine domestizierten Pferde kannten, muss enorm gewesen sein. Man nimmt an, dass auf diese Weise auch die griechische Sage vom Zentauren entstand, einem Wesen, das halb Mensch und halb Pferd war.

ASSYRISCHE REITER

IN ANTIKEN DARSTELLUNGEN von Menschen zu Pferde sitzt der Reiter merkwürdigerweise weit hinten auf den Lenden des Tieres. Man nimmt an, dass früher auch Esel auf diese Weise geritten wurden, und daher wird diese Position „Eselsitz“ genannt. Darstellungen aus dem achten Jahrhundert v. Chr. zeigen assyrische Reiter in der „modernen“ Sitzposition hinter dem Widerrist, die wahrscheinlich auch in jener Zeit entwickelt wurde. Einige wunderbar detailliert gearbeitete *Basreliefs* aus den alten assyrischen Palästen von Nineveh und Numrud sind noch erhalten. Diese Reliefs zeigen eine detailgetreue Darstellung des assyrischen Adels bei der Jagd zu Pferde. Die Assyrer kannten noch keine Sättel, hatten jedoch einen einzigartigen Zaum entwickelt, bei dem die Zügel über einen Genickriemen an den Füßen des Reiters befestigt wurden, damit sie ihre Hände zum Bogenschießen frei hatten. Diese Schnitzereien belegen, dass das Pferd nicht nur als Kriegsmittel eingesetzt wurde, sondern auch bei Vergnügungen eine Rolle spielte.

GRIECHEN UND RÖMER

DIE GRIECHEN und Römer entwickelten das Wagenrennen und andere Pferdesportarten. Das erste Vierspännerrennen wurde 684 v. Chr. als olympische Disziplin eingeführt, und 648 v. Chr. gab es bei den Spielen auch Reiterwettkämpfe. Einer der berühmtesten Reiter der damaligen Zeit war der griechische Kavallerieoffizier Xenophon, der die ältesten existierenden Bücher über die Kunst des Reitens und der Ausbildung verfasste. Einige seiner Methoden haben für den Reitsport auch heute noch Gültigkeit. Interessanterweise werden jedoch den Hethitern aus Kleinasien die ersten umfassenden Werke zum „Stallmanagement“ zugeschrieben, die immerhin auf das Jahr 1360 v. Chr. zurückgehen. Auszüge aus ihren Texten zeigen, dass sie bereits erkannt hatten, wie wichtig Getreide und Alfalfa im Pferdefutter sind und – was noch wichtiger ist – dass es eine direkte Beziehung zwischen Fütterung und Bewegung gibt.

Oben
Dieses aus dem siebten Jahrhundert v. Chr. stammende Basrelief aus dem Palast von Ashurbanipal in Nineveh stellt einen von Pferden gezogenen Streitwagen dar.

Mitte
Dieser antike Fries zeigt Pferde, die von Bogenschützen in der Schlacht geritten werden.

Unten
Wie auf dieser antiken griechischen Vase zu erkennen, wurden Pferde bereits vor mehr als 2.000 Jahren als Zugtiere eingesetzt.

PRUNKPFERDE

DAS PFERD spielte in früheren Zeiten auch als Prunktier eine große Rolle, und in einigen Ländern hat sich dies bis heute nicht geändert. An Prozessionen in der Antike nahmen grundsätzlich kunstvoll gearbeitete Streitwagen und Kutschen teil, die von herausgeputzten Pferden gezogen wurden, und das Pferd wurde zum Synonym für den Adel und galt als Zeichen von Wohlstand. Selbst unter den ärmeren Nomadenstämmen wie z. B. den Skythen war das Pferd ein Statussymbol. Es gibt viele archäologische Funde, die uns einen Einblick in die skythische Kultur verschafft haben.

Man fand Schätze aus Gold und Edelmetallen, von denen viele mit Darstellungen von Pferden verziert waren, und in einigen Grabkammern gibt es Belege für Pferdeopfer, die erkennen lassen, welch bedeutende Rolle das Pferd in der Gesellschaft dieses Volkes spielte. Die gesamte Kultur der Skythen drehte sich um das Pferd, und sie gehörten zweifellos zu den geschicktesten Reitern ihrer Zeit, die sich ungefähr vom ersten Jahrtausend vor Christus bis ins Mittelalter erstreckte.

DIE GRÄBER VON PAZYRYK

DIE ENTDECKUNG DER Gräber von Pazyryk bot einen weiteren faszinierenden Einblick in die Rolle des Pferdes in der Gesellschaft der Antike. Es handelte sich dabei um eine Gruppe von fünf großen Grabstätten in der Nähe des Flusses Ob in Sibirien, die zwischen 1929 und 1949 ausgegraben wurden. Die Gräber stammen aus dem späten vierten und dem frühen dritten Jahrhundert v. Chr., und jedes von ihnen enthielt die Überreste von ungefähr 14 Pferden. Durch einen bemerkenswerten Streich der Natur war Wasser in die Gräber eingedrungen, sodass die Überreste gefroren und Zaumzeug, Satteldecken, Geschirr und dekorativer Kopfschmuck größtenteils konserviert wurden. Die Überreste waren detailliert genug, um erkennen zu lassen, wie die Mähne der Pferde geschoren und der Schweif eingeflochten wurde, und wie man die Ohren kerbte und die Pferde ausstaffierte. Dies gab Aufschluss über die Art der verwendeten Pferde und darüber, wie sie gepflegt und gefüttert wurden und wie groß sie waren.

PFERDE IM ALTEN CHINA

DIE AUSSERGEWÖHNLICHEN Hinterlassenschaften der Kaiser von China geben Aufschluss über die Rolle, die das Pferd in ihrer Kultur spielte. In Opferstätten aus der Shang-Dynastie, die ungefähr aus dem Jahr 1400 v. Chr. stammen, fand man die Überreste von Streitwagen und Pferden aus jener Zeit. Ungefähr 100 Pferdeskelette wurden geborgen, denen entnommen werden kann, dass die Pferde äußerlich wahrscheinlich den Przewalskipferden ähnelten. Den vermutlich berühmtesten archäologischen Fund in China machte man jedoch in der Grabstätte von Qin Shi Huang, dem 210 v. Chr. gestorbenen ersten Kaiser der Qin-Dynastie.

Er wurde in einem überaus beeindruckenden Mausoleum bestattet, das ein Zeugnis seiner außergewöhnlichen Macht und seines Reichtums gewesen sein muss. In dem Mausoleum wurden die lebensgroßen Terrakottamodelle von rund 500 Streitwagenpferden, 116 Kavalleriepferden, 130 Streitwagen und 7.000 Soldaten sowie verschiedene Waffen und andere Beigaben gefunden. Dies gibt uns Aufschluss über das eigentliche Aussehen der Pferde zu jener Zeit. Den Terrakottamodellen nach zu urteilen waren sie überraschend groß. Ihr Stockmaß betrug durchschnittlich 1,73 m, und ihre Statur war der des modernen Vollbluts nicht unähnlich. Ihre Mähnen wurden sorgfältig zu einer Stehmähne geschoren und ihre Schweife geflochten oder hochgebunden.

Oben
Diese etruskische Statue eines Pferdes mit Reiter ist über 2.000 Jahre alt und wurde aus Bucchero gefertigt.

Unten
Pferde spielen im Leben der Chinesen bereits seit Tausenden von Jahren eine bedeutende Rolle. Diese Terrakottastatue stammt aus der T'ang-Dynastie.

WISSENSWERTES:
In der römischen Mythologie erschuf Neptun das Pferd und war der Schutzherr der Pferderennen. Seine eigenen Pferde hatten Hufe aus Messing und goldene Mähnen.

Oben
Als das Grab des altchinesischen Kaisers Qin Shi Huang entdeckt wurde, fanden die Archäologen auch Terrakottafiguren von 500 Pferden.

Unten
Diese Szene aus der Schlacht von Hastings veranschaulicht, wie die Normannen die Engländer durch den Einsatz von Pferden besiegten.

DAS ENGLISCHE PFERD

UMSO MERKWÜRDIGER erscheint es, dass das englische Pferd bis in das Mittelalter hinein relativ klein war. Heinrich VIII. (1491-1547) erließ verschiedene Gesetze, die die Verwendung von Hengsten mit einem Stockmaß von weniger als 1,52 einschränkten, um die Zucht größerer Pferde in Großbritannien zu fördern, und während des 15. und des 16. Jahrhunderts wurden viele Pferde aus Spanien, Frankreich, Dänemark und Ungarn importiert. Die Ritter in ihrer Rüstung benötigten ein Tier, das groß und kräftig genug war, um sie in die Schlacht zu tragen. Daher wurden die Kavalleriepferde mit Kaltblütern gekreuzt, um größere Pferde zu erhalten.

Die Bedeutung des Pferdes als Kriegsmittel wurde schnell erkannt, obgleich die Engländer diese Erkenntnis unter großen Opfern gewannen. Ein herausragendes Beispiel hierfür bietet die Schlacht von Hastings (1066), bei der die normannischen Invasoren ihre Schlachtrösser mitbrachten, mit denen sie dann gegen die Engländer zu Felde zogen. Auf dem berühmten Teppich von Bayeux wird dies ausführlich dargestellt. Bei den Engländern war es zu jener Zeit noch immer üblich, zum Schlachtfeld zu reiten, dort abzusitzen und zu Fuß zu kämpfen. Dies kostete ihren König Harold II. (1020-1066) das Leben und zwang sie, ihre Kriegsführung zu ändern.

Es gibt kaum Zweifel über die bedeutende Rolle, die das Pferd im Leben der früheren Menschheit spielte, da es zu allen Bereichen des täglichen Lebens entscheidend beitrug: im Handel, als Transportmittel, im Krieg, in der Landwirtschaft und in vielen Fällen auch in spiritueller Hinsicht. Mit der gegenseitigen Beziehung zwischen Mensch und Pferd eröffneten sich buchstäblich völlig neue Welten.

Sagen und Legenden

DAS PFERD KOMMT in vielen verschiedenen Sagen und Legenden vor, von denen einige mehr und andere weniger bekannt sind. Dieses Kapitel befasst sich größtenteils mit den Mythen griechischen und römischen Ursprungs, doch werden der Vollständigkeit halber auch einige andere Beispiele angeführt.

WISSENSWERTES:
Minerva, die Göttin der Weisheit, und Neptun, Gott der Meere, trugen einen Wettstreit um die Stadt Athen aus. Es wurde beschlossen, dass derjenige die Stadt erhalten sollte, der den Sterblichen das nützlichste Geschenk machen könnte. Minerva schenkte ihnen den Ölbaum und Neptun das Pferd. Der Ölbaum wurde als nützlicher angesehen, und somit fiel Athen Minerva zu.

Oben
Das archetypische Einhorn des Westens ist weiß mit einem goldenen Horn. Hier ist es auf einem holländischen Wandteppich aus dem fünfzehnten Jahrhundert dargestellt.

Mitte und unten
In den verschiedenen Weltmythologien wird das Einhorn auf verschiedene Weise verkörpert. Diese chinesische Holzstatue ähnelt einer Ziege.

DAS EINHORN

EINES DER WOHL am meisten romantisierten Fabelwesen ist das Einhorn, dem je nach Kultur verschiedene Formen, Namen und Eigenschaften zugeschrieben werden. In der modernen westlichen Gesellschaft ist mit dem Einhorn am häufigsten die Vorstellung von einem eleganten weißen Pferd mit einem gedrehten, häufig aus Gold bestehenden Horn auf der Stirn verbunden. Im Orient wird das Einhorn jedoch als Kreuzung zwischen Pferd und Ziege dargestellt, mit Spalthufen und einem Bart unter dem Kinn. Das japanische Einhorn wird „Kirin“ genannt und das chinesische „Ki-lin“. Beide Begriffe leiten sich aus dem hebräischen Wort „re’em“ ab, das so viel heißt wie „ein Horn“.

398 v. Chr. schrieb der griechische Historiker Ctesias über das Einhorn, das seiner Meinung nach in Indien beheimatet war, und beschrieb es in äußerst lebendiger Weise. Er glaubte, dass es äußerlich einem wilden Esel glich, jedoch die Größe eines Pferdes hatte und einen weißen Körper besaß, den ein dunkelroter Kopf mit blauen Augen und dem charakteristischen einen Horn zierte. Es ist wahrscheinlich, dass diese Beschreibung ihren Ursprung in den Erzählungen Reisender hatte und wahrscheinlich auf einer Mischung aus Wildesel, Himalaja-Antilope und indischem Nashorn beruhte.

DAS HORN DES EINHORNS

DEM HORN selbst wurden (bzw. werden) eine Reihe von Eigenschaften zugeschrieben, einschließlich der Macht zu heilen und Tote zum Leben zu erwecken. Einigen Beschreibungen zufolge war das Einhorn an der Basis weiß und in der Mitte schwarz und hatte eine scharfe rote Spitze. Es gibt eine mittelalterliche Sage, in der ein Einhorn sein magisches Horn in einen Teich mit vergiftetem Wasser taucht, das Wasser dadurch reinigt und somit eine Tränke für die Tiere erschafft. Dies könnte zu der bei Adel und Königen üblichen Sitte geführt haben, aus einem angeblich aus dem Horn eines Einhorns geschaffenen Becher zu trinken, um sich vor Giftanschlägen zu schützen. Das Einhorn galt in der westlichen Gesellschaft als unnahbares wildes Tier, während man in den östlichen Kulturen annahm, dass es zahm und freundlich sei.

Eine weitere Geschichte aus dem Mittelalter erzählt von der eher tragischen Gefangennahme eines Einhorns. Kein Mann konnte sich dem Einhorn nähern, eine Jungfrau konnte es jedoch zähmen. Der Sage nach setzt sich die einsame Jungfrau unter einen Baum im Wald. Das Einhorn, angezogen von dem Duft ihrer Reinheit, nähert sich ihr, legt seinen Kopf in ihren Schoß und schläft ein. Die Jungfrau schneidet ihm daraufhin sein Horn ab und liefert das Tier auf Gnade oder Ungnade den Jägern und Hunden aus. Daraus könnte man schließen, dass das Einhorn einen recht ausgeprägten Geruchssinn hatte. Ein dem Einhorn ähnliches Wesen ist der Indrik aus dem russischen Volksmund. Der Indrik hat zwei Hörner und war der König aller Tiere und der Herrscher des Wassers. Er lebte auf dem Heiligen Berg und brachte der Legende zufolge mit jeder seiner Bewegungen die Erde zum Beben.

PEGASUS

EIN WEITERES großartiges Pferd in der Mythologie war der Pegasus. Pegasus ging aus der Verbindung zwischen dem berühmt-berüchtigten Poseidon und der unerträglich hässlichen Medusa hervor. Es gibt zwei verschiedene Versionen von der Geschichte der Geburt des Pegasus. Die eine besagt, dass Pegasus aus dem schwangeren Körper der Medusa sprang, als Perseus ihr den Kopf abhieb. Der anderen Überlieferung zufolge entsprang Pegasus dem Blut, das in den Boden sickerte, nachdem der Kopf der Medusa abgeschlagen war.

Wie auch immer sein Leben seinen Anfang nahm, Pegasus war ein geflügeltes Pferd, das ein langes und buntes Leben führte. Man glaubte, dass er durch seinen Hufschlag die Hippokrene („Rossquelle") auf dem Berg Helikon schuf. Der Berg Helikon gehörte den Musen, und Pegasus wurde ihnen von Minerva (Athene) als Geschenk überlassen, nachdem es ihr gelungen war, ihn zu fangen und zu zähmen. Als Pferd der Musen diente Pegasus vielen Dichtern als Inspiration und wurde der Held verschiedener Geschichten über bedürftige und Hunger leidende Dichter.

PEGASUS UND BELLEROPHON

IN EINER WEITEREN GESCHICHTE über Pegasus wird erzählt, wie es Bellerophon gelang, das geflügelte Pferd zu fangen, während es seinen Durst an einer Quelle stillte. Bellerophon verwendete dazu einen goldenen Zaum, den er von Athene erhalten hatte. Bellerophon gelang es, mit Pegasus die Verfolgung der Chimäre aufzunehmen, einem tödlichen Monster, das Angst und Schrecken unter der Bevölkerung von Lyzien verbreitete. Er fing und tötete die Chimäre und machte sich mit der Hilfe von Pegasus zu vielen weiteren furchterregenden Abenteuern auf. Aufgrund seines großen Erfolgs beschloss Bellerophon, auf den Berg Olymp zu reiten und die Götter um Hilfe in einer Liebesangelegenheit zu bitten. Die Götter waren über seine Vermessenheit so erbost, dass sie eine Bremse schickten, die Pegasus stach, sodass Bellerophon abgeworfen wurde und auf die Erde stürzte.

In einigen Versionen der Sage wird erzählt, wie Bellerophon durch seinen Sturz lahm und blind wurde und den Rest seines Lebens damit verbrachte, allein und unglücklich umherzuwandern und auf die Rückkehr von Pegasus zu hoffen. In einer anderen Version heißt es, dass es Bellerophon niemals gelang, Pegasus zu reiten. Als er es versuchte, warf Pegasus ihn ab und flog in den Himmel, wo er zu einem Sternbild wurde. Pegasus wurde auch von dem mächtigen Zeus in den Dienst genommen, um ihm seinen Blitzstrahl zu tragen.

WISSENSWERTES:
Buzkashi heißt auf Türkisch „die Ziege stehlen" und ist ein schnelles gefährliches Spiel, das zu Pferde ausgetragen wird. Man nimmt an, dass das Spiel von den Skythen erfunden und in ganz Zentralasien gespielt wurde. Zu dem Spiel gehört eine mit Sand gefüllte und in Wasser eingeweichte Ziegen- oder Kalbshaut ohne Kopf. Ein Reiter muss die Haut aus dem „Kreis der Gerechtigkeit" entwenden, um einen Pfahl reiten und wieder zum „Kreis der Gerechtigkeit" zurückkehren, bevor sie ihm von einem anderen Reiter abgenommen werden kann. An dem Spiel können zehn bis über 1.000 Reiter teilnehmen, und die Regeln erlauben es, sich gegenseitig mit der Peitsche anzugreifen. Dadurch kommt es häufig zu schweren Verletzungen. Buzkashi wird heute vorwiegend in Afghanistan gespielt, und Buzkashi-Pferde gelten als sehr wertvoll.

Oben
Dieses Gemälde von Rubens zeigt das geflügelte Pferd Pegasus mit seinem Reiter Bellerophon.

Unten
Eines der Lieblingsmotive von Rubens, Pegasus, gilt als Held Hunger leidender Dichtern.

Mitte
Ein Gemälde von Neptuns Rössern aus dem neunzehnten Jahrhundert. Dieser Gott der Meere ist in der Mythologie häufig von Pferden umgeben.

Unten
Dieses römische Wandbild zeigt Chiron, den Schöpfer des Sternbilds des Schützen, mit Achilles.

DER ZENTAUR

DER ZENTAUR ist eine weitere berühmte Sagengestalt, die vom Kopf bis zu den Lenden einem Menschen glich, ansonsten jedoch einen Pferdekörper besaß. Der Zentaur galt in der Antike als eines der umgänglicheren Monster und wird häufig in einem freundlicheren Licht dargestellt. Der Kampf zwischen den Lapithen und den Zentauren stellt dabei jedoch die berühmte Ausnahme von der Regel dar: Mehrere Zentauren wurden von Eurytion zu einem Festmahl eingeladen, wo sie sich an dem reichlich fließenden Wein berauschten. Sie begannen zu randalieren und fingen schließlich an, die Braut zu beleidigen. Es kam zu einer schrecklichen Schlacht, in der viele Zentauren ihr Leben ließen.

Einer der bewundernswertesten Zentauren war Chiron, der von Apollo und Diana unterrichtet wurde und ein geschickter Jäger, Musiker, Physiker und Prophet war. Er wurde von den Göttern in großen Ehren gehalten, und als er starb, gab Jupiter ihm einen Platz unter den Sternen und machte ihn zum Sternbild des Schützen.

WISSENSWERTES:
Der römische Naturalist Plinius beschrieb das Einhorn als wildes Tier mit dem Körper eines Pferdes, dem Kopf eines Hirsches, den Füßen eines Elefanten, dem Schwanz eines Wildschweins, einer brüllenden Stimme und einem einzelnen schwarzen Horn auf der Stirn. Er erzählte außerdem, dass es nicht möglich sei, das Einhorn lebend zu fangen.

POSEIDON, GOTT DER PFERDE

POSEIDON (NEPTUN) war einer der mächtigsten Götter und galt nicht nur als Herrscher der Meere, sondern auch als Gott der Erdbeben und der Pferde. Er ist der Schutzpatron der Pferderennen und besaß der Sage nach Pferde mit Messinghufen und goldenen Mähnen, die seinen Streitwagen über das Meer zogen, dessen Wogen sich vor ihm glätteten. Wie viele andere

Götter hielt auch Poseidon nicht viel von Moral und war für die Vergewaltigung seiner Schwester Demeter verantwortlich. In ihren Bemühungen, dem leidenschaftlichen Poseidon aus dem Weg zu gehen, verwandelte sie sich in eine Stute. Poseidon verwandelte sich jedoch daraufhin in einen Hengst und nahm sich, was er wollte. Das Ergebnis dieser Verbindung war ein Pferd namens Arion.

Poseidon (Neptun) kommt auch in der Sage um die Stadt Athen vor. Sowohl die Göttin Minerva (Athene) als auch Poseidon wollten die Stadt Athen in ihren Besitz bringen. Daher wurde entschieden, dass derjenige die Stadt erhalten sollte, der den Sterblichen das nützlichste Geschenk machen könnte. Poseidon schenkte ihnen ein Pferd und Minerva den Ölbaum. Das Urteil fiel zu Gunsten des Ölbaums aus, und so bekam Minerva die Stadt. Anderen Überlieferungen zufolge bestand Poseidons Geschenk in der Quelle der Akropolis.

Xanthus und Balius waren zwei unsterbliche Pferde, die Poseidon dem Peleus als Hochzeitsgeschenk übergab. Die Pferde zogen später während des Trojanischen Kriegs den Streitwagen des Achilles.

Als Achilles die Pferde schalt, weil sie den Tod des Patroclus nicht verhindert hatten, antwortete Xanthus, dass dies durch die Hand eines Gottes geschehen sei und Achilles selbst auch bald von einem Gott getötet werden würde. Nach dieser Prophezeiung wurde dem unglückseligen Pferd von den Erinnyen die Stimme genommen.

DAS TROJANISCHE PFERD

BEI DEM TROJANISCHEN PFERD handelte es sich um ein großes hohles Holzpferd, das bei der Plünderung der Stadt Troja eine entscheidende Rolle spielte. Der trojanische Prinz Paris hatte sich unsterblich in die schöne Helena verliebt und sie Ihrem Ehemann Menelaus entrissen und in die Stadt Troja gebracht. Zehn Jahre lang kämpften die griechischen Krieger vor den Toren der Stadt, um Helena zu ihrem Ehemann zurückzubringen. Schließlich verbargen sie sich in einem großen Holzpferd, das von den Trojanern, die darin ein Geschenk der Götter sahen, in die Stadt gerollt wurde. In der Mitte der Nacht schlichen sich die Soldaten aus dem Pferd und öffneten die Stadttore, um die anderen griechischen Soldaten einzulassen. Die Stadt wurde niedergebrannt und Helena zu ihrem Ehemann zurückgebracht.

DIE WALKÜREN

ÜBERALL AUF DER WELT gibt es alle möglichen Arten von wundervollen Sagen und Legenden, die nicht nur von den Griechen handeln. Besonders interessant ist die aus der nordischen Mythologie stammende Sage von den Walküren. Ihr Name bedeutet „Totenwählerinnen", und sie waren wilde Kriegerinnen und angeblich auch Jungfrauen, die dem allmächtigen Odin als Botschafterinnen dienten. Sie ritten in ihrer Rüstung und mit Schildern und Sperren bewaffnet umher, und wenn sie den Boden berührten, schoss ein flackerndes Licht von ihrer Rüstung in den nördlichen Himmel. Dieses Licht ist als Aurora Borealis bzw. Nordlicht bekannt.

Odin war einer der Hauptgötter der nordischen Mythologie und brachte der Sage nach die Sonne und den Mond an den Himmel. Er war außerdem der Gott des Krieges, der Dichtung, der Weisheit und des Todes. Zu seinen kostbarsten Besitztümern zählte auch Sleipnir, ein achtbeiniges Pferd, das sich sowohl durch die Luft als auch durch die Unterwelt bewegen konnte.

Oben links
Diese Malerei in einem Buch aus dem 15. Jahrhundert veranschaulicht die Geschichte des Trojanischen Pferdes.

Mitte
Odin, der nordische Gott, der den Mond und die Sonne an den Himmel brachte, ritt ein achtbeiniges Pferd.

Unten
Dieses griechische Terrakottarelief, das ungefähr aus dem Jahre 670 v. Chr. stammt, zeigt das Trojanische Pferd mit den Soldaten.

Das Pferd in der Welt der Königshäuser

DIE BEZIEHUNG ZWISCHEN Pferden und Königshäusern geht auf die frühesten Anfänge der hierarchischen Gesellschaft zurück. Es gibt hier wahrscheinlich kein besseres Beispiel als die derzeitige britische Königsfamilie, allen voran Ihre Königliche Hoheit, Königin Elizabeth II. Pferde gehörten schon immer zur Tradition des britischen Königshauses, die Königin Elizabeth im Alter von vier Jahren fortsetzte, als sie ein Shetlandpony namens Peggy geschenkt bekam. Sie ist ihr ganzes Leben lang geritten und unternimmt auch heute noch regelmäßig Ausritte auf dem Grundbesitz von Schloss Windsor und von Balmoral. 1982 sah man sie zusammen mit Ronald Reagan, dem ehemaligen Präsidenten der USA, bei einem Ritt um das Gut von Windsor.

KÖNIGLICHE SCHIRMHERRSCHAFT

DIE KÖNIGIN ist wie die inzwischen verstorbene Königinmutter eine leidenschaftliche Anhängerin des Rennsports und lässt jedes Jahr ungefähr 25 eigene Pferde trainieren. Wie zuvor die Königinmutter ist auch sie eine anerkannte Autorität auf dem Gebiet des Rennsports. Die königliche Schirmherrschaft über die Rennbahnen und den Rennsport ist eine Tradition, die bereits Hunderte von Jahren zurückreicht und einen wesentlichen Beitrag zu der Entwicklung des Flachrennens zu einem anerkannten und hoch strukturierten Sport geleistet hat.

Charles II. (1660-1685) förderte den Rennsport stark und richtete viele verschiedene Rennen in Newmarket aus, wobei er das Preisgeld ständig erhöhte und eine Reihe von offiziellen Regeln festlegte. Unter seiner Herrschaft wurde auch die Rennbahn von Epsom eröffnet, wo heute das berühmte Epsom-Derby stattfindet. Königin Anne (1702-1714) war ebenfalls ein Fan dieses Sports und ließ 1711 eine Rennbahn in Ascot bauen, die inzwischen der Austragungsort des jährlichen Royal Ascot-Rennens ist. Während der Regentschaft von Königin Anne wurde auch der berühmte Hengst Darley Arabian aus Aleppo importiert, mit dem ein neues Kapitel in der Zucht erstklassiger Pferde begann.

KÖNIGLICHE GESTÜTE

DIE AMTIERENDE KÖNIGIN hält ihre Rennpferde in den drei Gestüten Sandringham, Wolferton und Polhampton, das sie 1972 erwarb. Die Gestüte Sandringham und Wolferton gehen auf das Jahr 1886 zurück, obgleich das allererste königliche Gestüt bereits im 16. Jahrhundert in Hampton Court gegründet wurde. Die Königin hält sich zwei Vollbluthengste namens Bustino und Ezzoud sowie eigene Zuchtstuten. Sie hegt ein reges Interesse an allen Aspekten, die ihre Pferde betreffen – von der Zucht über die Ausbildung bis hin zum Wettkampfsport. Die Pferde der Königin haben alle ausgezeichnete Leistungen vorzuweisen. So haben sie z. B. mit Ausnahme des Derbys alle englischen Classics gewonnen und seit 1949 insgesamt 600 Siege davongetragen.

Oben
Die Königin und Prinz Edward 1983 bei einem Ausritt auf dem Grundbesitz von Windsor.

Unten
Eines der Pferde der Königinmutter, Devon Loch, nahm 1956 am Grand National teil.

wurden 1820 von George IV. (1820-1830) in Betrieb genommen und nach den Entwürfen von John Nash erbaut. Die Stallungen, die im Übrigen besichtigt werden können, beherbergen heute die Kutschpferde der Königin, die wunderschön verzierten Staatskarossen und eine Auswahl aus dem königlichen Fuhrpark. Außerdem wohnt hier das Stallpersonal. George I. (1714-1727) führte 1714 den Schimmel ein, der zum traditionellen königlichen Pferd avancierte. Seit einiger Zeit handelt es sich bei den königlichen Pferden jedoch hauptsächlich um Cleveland Bays sowie einige holländische Warmblüter, wie Oldenburger und Holsteiner. Die berühmten Windsor-Schimmel sind hier ebenfalls zu Hause. Sie sind die einzigen Pferde, die die Kutsche der Königin ziehen. Ihr Name leitet sich von Schloss Windsor ab, wo sie in der viktorianischen Zeit gehalten wurden, um die privaten Kutschen zu ziehen. Der Windsor-Schimmel ist keine Rasse, doch werden

die Pferde so gezüchtet, dass sie sich vom Aussehen her ähneln.

KÖNIGLICHER REITSPORT

DAS INTERESSE DER KÖNIGIN an Pferden beschränkt sich bei weitem nicht auf den Rennsport und hat sich bis zu einem gewissen Grad auch auf ihre Kinder übertragen. Prinzessin Anne ist eine äußerst fähige Reiterin und hat mit sehr großem Erfolg an den höchsten Vielseitigkeitsklassen teilgenommen. Auch Rennen ist sie bereits geritten. 1976 nahm sie als Mitglied des britischen Teams an der dreitägigen Vielseitigkeitsprüfung bei der Olympiade in Montreal teil, und 1986 wurde sie zur Präsidentin der FEI (Internationale Reiterliche Vereinigung) gewählt.

Der Herzog von Edinburgh hat erfolgreich an vielen Fahrturnieren teilgenommen, und einige seiner Kutschponys wurden in Balmoral gezüchtet und aufgezogen, zusammen mit Haflingern, Fell- und Highlandponys. Ein Großteil der königlichen Zucht erfolgt im Gestüt von Hampton Court, das unter anderem Kutschpferde für die königlichen Stallungen und die Pferde der Household Cavalry liefert, einschließlich der Trommelpferde.

Die königlichen Stallungen an der Buckingham Palace Road

TROOPING THE COLOUR (FAHNENPARADE)

ENGLAND ist eines der wenigen Länder, in denen Pferde und Kutschen bei königlichen Paraden noch immer eine wichtige Rolle spielen. Solch eine zeremonielle Gelegenheit ist z. B. die Fahnenparade „Trooping the Colour", an der die Königin bis vor wenigen Jahren immer zu Pferde teilnahm. Von 1969 bis 1986 ritt sie eine schwarze Stute namens Burmese, die sie von der Royal Canadian Mounted Police als Geschenk erhalten hatte. 1986 wurde Burmese in Pension geschickt, und von da an fuhr die Königin mit der Kutsche.

WISSENSWERTES:
Pegasus, das berühmte griechische Pferd aus der griechischen Mythologie, trug den Blitzstrahl des Zeus. Nach ihm wurde ein Sternbild benannt.

Oben
Eine britische Tradition, die auch heute noch gepflegt wird, ist die Fahnenparade „Trooping the Colour", bei der den Pferden eine wesentliche Rolle zukommt.

Mitte
Hunderte von Menschen sammeln sich an den Toren des Buckingham-Palasts und entlang der Promenade, um die Truppen der Leibwache in geordneter Linie vorbeireiten zu sehen.

Unten
Die Königin nahm früher zu Pferde an der Zeremonie teil, lässt sich anlässlich ihres offiziellen Geburtstages heute jedoch in der Kutsche fahren.

WISSENSWERTES:
Eine alte Bezeichnung für die Kastanie an der Innenseite des Pferdebeins ist „Nachtauge". Einer alten chinesischen Sage zufolge können sich Pferde nachts zurechtfinden, da sie „Nachtaugen" an den Vorderbeinen haben.

Das Pferd in der Literatur

DAS PFERD HAT VON jeher eine bedeutende Rolle im Leben und Wirken des Menschen gespielt, und dies spiegelt sich in der Welt der Literatur wider. Seit den frühesten Anfängen seiner Beziehung zum Menschen galt das Pferd als romantisches und fantastisches Wesen und inspirierte einige der größten Schriftsteller zu gefühlvoller Dichtung.

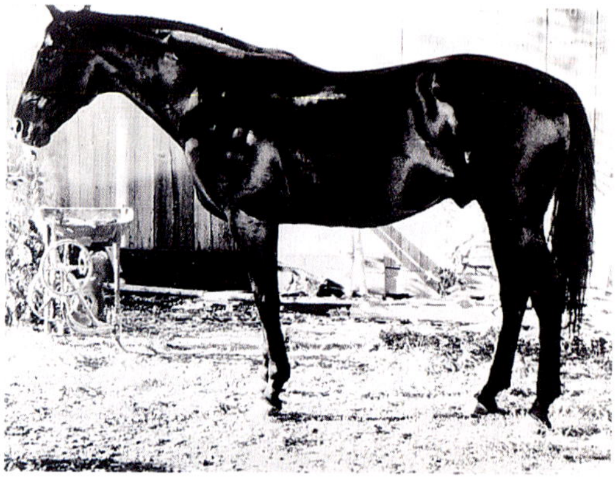

WISSENSWERTES: Ein Hippogryph ist ein Fabelwesen aus der altgriechischen Literatur, das halb Pferd und halb Greif ist.

Oben
Pferde kommen in einer Vielzahl von griechischen Sagen und Mythen vor. Einer der ältesten griechischen Texte über das Reiten stammt aus dem vierten Jahrhundert vor Christus.

Mitte
In vielen Kinderbüchern spielen Pferde die Hauptrolle. Black Beauty ist eines der berühmtesten davon.

Unten
Der berühmte Pferdebuchautor Dick Francis war auch ein erfolgreicher Jockey.

DER HELD: DAS PFERD

DAS PFERD SPIELT vor allem in Kinderbüchern die Rolle des „Helden", wie z. B. in der berühmten Geschichte von Black Beauty von Anna Sewell, die sich mit der Grausamkeit gegen Tiere im 19. Jahrhundert beschäftigt. Bei der Serie *Blitz, der schwarze Hengst* von Walter Farley handelt es sich um eine inspirierende Reihe von Kinderbüchern über die Abenteuer von Alec Ramsey und seinem schwarzen Hengst. Mary O'Haras Bücher über ein Pferd namens Flicka zeigten, wie die Hingabe eines kleinen Jungen zu einem Tier ihm dabei hilft, seinen schwierigen Vater zu verstehen.

Einer der englischen Kinderbuchklassiker ist *National Velvet*, von Enid Bagnold. Dieses Buch, das mit Stars wie Elizabeth Taylor auch auf der Kinoleinwand Erfolge feierte (deutscher Titel: *Kleines Mädchen, großes Herz*), erzählt die Geschichte eines jungen Mädchens, das bei einer Lotterie ein Pferd gewinnt und es im Grand National zu Ruhm und Ehren reitet. Dick Francis ist einer der meistgelesenen Autoren von Pferderomanen für Erwachsene. Als ehemaliger Jockey schreibt Francis spannende Romane über den Rennsport, die voll von Intrigen und bunten Charakteren sind.

REITERHANDBÜCHER

PFERDE KOMMEN in einer großen Bandbreite von literarischen Werken vor, nicht zuletzt in zahlreichen Reit- und Schulbüchern. Viele Handbücher wurden bereits vor Hunderten von Jahren geschrieben und bieten einen faszinierenden Einblick in die früheren Trainingsmethoden und -prinzipien. Eines der ältesten existierenden Reiterhandbücher wurde um 1360 v. Chr. von Kikkulis dem Mittaniter geschrieben. Kikkulis war der Rittmeister des Hethiterkönigs Sepululiamas, und das außergewöhnlichste an diesem Handbuch ist, dass die darin beschriebene Beziehung zwischen Fütterung und Bewegung recht modernen Prinzipien entspricht. Es rät zur Fütterung von Getreide und hebt die Vorzüge von Alfalfa und Häcksel in ähnlicher Weise hervor wie die heutigen Fütterungstheorien.

Ein anderer, noch berühmterer früher Verfasser von Werken über das Reiten war der griechische General Xenophon, der von 427 bis 354 v. Chr. lebte. Er schrieb umfassend über die Kunst des Reitens, wobei er von der Ausbildung, der Fütterung und Auswahl eines Pferdes bis hin zur korrekten Ausstaffierung von Pferd und

Kavallerist sämtliche Aspekte abdeckte und auch das Wohlbefinden des Tieres selbst berücksichtigte. Selbst nach den heutigen Maßstäben waren Xenophons Theorien zur Pferdepflege unglaublich vernünftig und zeigten echten Pferdeverstand. Seine Theorien zum Reiten in *Peri Hippikes* gelten als grundlegende Regeln für die klassische Kunst des Reitens in der Renaissance.

„DIE REGELN DES REITENS"

DER ITALIENISCHE ADLIGE Frederico Grisone baute auf den fundamentalen Gedanken Xenophons auf und erweiterte sie. Im Jahre 1550 veröffentlichte er das Buch *Gli Ordini di Cavalcare* (Die Regeln des Reitens), das sich zu jener Zeit großer Beliebtheit erfreute, doch befürwortete er leider Ausbildungspraktiken, die Schmerz und Furcht beinhalteten und somit den humanen Prinzipien Xenophons widersprachen. Trotz seiner fraglichen Methoden verstand Grisone die Prinzipien von Gleichgewicht, Rhythmus und Losgelassenheit und erzielte große Erfolge.

DIE FRANZÖSISCHE SCHULE

1593 VERÖFFENTLICHTE der Franzose Saloman La Broue das erste französische Reiterhandbuch mit dem Titel *La Cavalerie Françoys*, die der französischen Schule des Reitens dazu verhalf, den klassischen Stil in Europa erheblich zu prägen. Ein weiterer Franzose namens Antoine de Pluvinel war als Rittmeister der französischen Schule der Urheber eines der einflussreichsten Bücher jener Zeit, das den Titel *L'Instruction du Roy en l'Exercise de Monter à Cheval* trug und 1625 veröffentlicht wurde, fünf Jahre nach seinem Tod. Er trat für die Verwendung von Dressurübungen ein, um die Geschmeidigkeit zu fördern, praktizierte humanere Verfahrensweisen und ist angeblich einer der Ersten, der Pilaren einführte, um dem Pferd die Grundzüge der Versammlung und die Levade beizubringen, dem ersten Schritt zu den „Schulübungen über der Erde".

Die Reitschule des 18. Jahrhunderts wurde von François Robichon de la Guérinière geprägt, der 1733 sein Werk *Ecole de Cavalerie* veröffentlichte, das zum wichtigsten Reiterhandbuch seiner Zeit wurde. Der Autor trat erneut für humane Ausbildungsmethoden ein und verbannte die schmerzvollen Kandarengebisse, die so populär gewesen waren. Er führte die Reithaltung ein, bei der die Schenkel am Pferdeleib anliegen und zur Führung dienen – ähnlich wie beim modernen Reitsitz. Er wird außerdem als Urheber der modernen Dressur angesehen, und seine Methoden wurden zu den Grundlagen der Spanischen Hofreitschule in Wien weiterentwickelt.

ENGLISCHE REITLITERATUR

WÄHREND DIESER Zeit waren die Engländer viel zu beschäftigt mit Rennen oder Jagden, um viele Abhandlungen über das Reiten zu verfassen. Es gab jedoch eine Ausnahme: William Cavendish, der Herzog von Newcastle (1592–1676), der 1658 nach Antwerpen verbannt wurde. Während seines Exils veröffentlichte er seine Theorien in französischer Sprache, und nach seiner Rückkehr nach England im Jahre 1660 verfasste er einen umfassenden Band. Seine Methoden waren recht zweifelhaft, und er trat für die Praktizierung eines harten Regimes mit merkwürdigen unnatürlichen Übungen für das Pferd ein.

Dies sind nur einige Beispiele aus den beiden Bereichen auf dem großen Gebiet der Pferdeliteratur: der Erzählliteratur und der klassischen Theorie.

WISSENSWERTES:
Die berühmtesten Pferdebronzestatuen sind die vier Pferde von St. Marco in der italienischen Stadt Venedig.

Oben
Die Spanische Hofreitschule in Wien legte ihren Lehren die von François Robichon de la Guérinière entwickelten humanen Ausbildungsmethoden aus dem 18. Jahrhundert zugrunde.

Unten
Erster Verfechter der modernen Dressurmethoden war der Franzose Robichon de la Guérinière.

Das Pferd als Kunstobjekt

DIE GESCHICHTE des Pferdes in der Kunst umfasst viele Jahrtausende und reicht bis in die Zeit vor seiner Zähmung zurück. Die Entdeckung der Höhlenmalereien in Lascaux und Avignon in Frankreich verschafft uns nicht nur einen Einblick in die Technik der ersten „Künstler", sondern gibt uns auch Aufschluss über das Aussehen des primitiven Pferdes. Dass diese Malereien überhaupt überlebt haben, ist an sich schon erstaunlich, doch wenn man bedenkt, dass sie ungefähr aus dem Jahr 20.000 v. Chr. stammen, scheint ihr außerordentlich guter Zustand schier unglaublich.

Oben und unten

Diese Felsreliefs aus dem siebten Jahrhundert stammen aus dem Palast von Nineveh und zeigen die Schlacht gegen den König von Elam.

Mitte

Pferde haben bereits in prähistorischen Zeiten eine Rolle in der Kunst gespielt. Diese Höhlenmalerei wurde in der Grotte von Niaux in Frankreich gefunden.

DIE BEDEUTUNG DER HÖHLENMALEREIEN

DIE FUNDORTE in Lascaux und Avignon liegen in Höhlen tief unter der Erde, und vielleicht ist es größtenteils diesem Umstand zu verdanken, dass die Malereien so gut erhalten sind. Es ist eine interessante Überlegung, warum diese Malereien an solch unzugänglichen Orten entstanden und ob es sich dabei um Darstellungen von etwas handelt, was der Mensch von damals als spirituelles oder gottähnliches Wesen ansah. Andererseits könnte es sich auch einfach um die Ehrbezeugung für den ungestümen und wilden Geist der früheren Pferde handeln. Eine besonders lebendige Zeichnung ist das Bild eines Pferdes in Niaux in den mittleren Pyrenäen. Es wurde sorgfältig mit schwarzer Farbe konturiert und hat verblüffende Ähnlichkeit mit dem Przewalskipferd. Andere Malereien, die in Vallon-Pont-d'Arc gefunden wurden, werden mit fließenden Linien und leuchtenden Farben dargestellt und sind so detailliert, dass man sogar Flecken ausmachen kann, die denen des Appaloosas nicht unähnlich sind. Die hier dargestellten Pferde scheinen einen feineren Kopf zu haben als die Pferde von Niaux und weisen Ähnlichkeit mit dem Araber auf.

DIE RELIEFS VON NINEVEH UND NIMRUD

BILDER VON Pferden aus den letzten Jahrhunderten und Jahrtausenden liefern uns eine große Vielfalt von Informationen über die Rolle des Pferdes in der Gesellschaft sowie seine Entwicklung. Eine weitere großartige Bildquelle stammt von den assyrischen Völkern des Mittleren Ostens, und die besten dieser Darstellungen sind zweifellos die *Basreliefs* in den Palästen von Nineveh und Nimrud. Die Reliefs von Nineveh gehen ungefähr auf das Jahr 645 v. Chr. zurück und verschaffen uns einen lebendigen Eindruck von der damaligen Zeit. Dazu gehört auch die Schnitzerei einer exotischen Löwenjagd mit dem König in seinem Streitwagen. Daneben befinden sich die wunderschön und evokativ dargestellten Pferde, denen man die Aufregung der Jagd deutlich ansieht. Die Darstellungen zeigen sogar das Geschirr und das Zaumzeug, das für die Pferde verwendet wurde. Die Pferde sehen muskulös und gut trainiert aus und wurden offensichtlich gut gepflegt, ihre Bewegungen sind hier jedoch typischerweise mit geraden Beinen dargestellt. Erst viele Jahre später ging man dazu über, die Gangart der Pferde natürlicher darzustellen.

Die Reliefs von Nimrud, die ungefähr aus den Jahren 865 bis 860 v. Chr. stammen, sind genauso

lebendig wie die von Nineveh. Sie zeigen berittene Bogenschützen, die ohne Sattel auf kräftig aussehenden Hengsten reiten und dabei mit ihren Bogen ihr Ziel anvisieren. Auch auf diesen Reliefs ist das detailliert gearbeitete Zaumzeug zu sehen, das seinerzeit verwendet wurde, sowie eine Art dekorativer Halsschmuck mit Quasten.

PFERDESKULPTUREN

EINIGE DER wahrscheinlich beeindruckendsten frühen Pferdeskulpturen sind die vier Pferdestandbilder aus vergoldetem Kupfer in der Basilika San Marco in Venedig. Diese Pferde stammen aus dem dritten oder vierten Jahrhundert vor Christus und wurden in Überlebensgröße gefertigt. Sie sehen wunderschön stolz und muskulös aus, und man nimmt an, dass sie von dem griechischen Bildhauer Lysippus geschaffen wurden. Sie sind anatomisch ziemlich korrekt und naturgetreu und man hat den Eindruck, dass sie jeden Moment losrennen wollen. Ursprünglich erstrahlten diese Pferde in einem brillanten polierten Goldton und müssen somit noch eindrucksvoller ausgesehen haben. Das Blattgold ist stellenweise noch vorhanden, da sie ursprünglich wahrscheinlich mit mehreren Schichten bedeckt waren. Der griechische Bildhauer Phidias besaß ebenfalls großen Pferdeverstand, und die Skulpturen, die er als Bestandteil des Frieses um den Parthenon in Athen schuf, bezeugen sein großes Talent. Sie stammen vermutlich aus dem Jahre 447 v. Chr. und zeigen das griechische Ideal von Perfektion. Junge Männer reiten ohne Sattel auf wunderschön proportionierten und versammelten Pferden, die in verschiedenen Bewegungsphasen dargestellt sind.

TERRAKOTTAKRIEGER

DAS PFERD spielte auch in der altchinesischen Gesellschaft eine sehr wichtige Rolle und galt als Symbol für Reichtum und Macht. Es gibt wahrscheinlich kein besseres Beispiel dafür als das Grab des Kaisers Qin Shi Huang, das aus dem dritten Jahrhundert vor Christus stammt. Die Grabstätte wurde noch nicht vollständig freigelegt, doch die bisherigen Funde stellen bereits einen außerordentlichen Beweis seiner Macht dar. Er wurde zusammen mit ungefähr 7.000 lebensgroßen Soldatenstatuen, 500 lebensgroßen Terrakottapferden und verschiedenen Wagen und Waffen bestattet. Die Pferdefiguren sind wunderschön detailliert mit individuellen Merkmalen. Verglichen mit den Pferden von San Marco oder der großen Bronzestatue von Marcus Aurelius zu Pferde (160-180 n. Chr.) wirken die chinesischen Pferde allerdings weniger realistisch und etwas steifer. Interessant ist jedoch, dass ein eindeutiger Unterschied zwischen den Pferderassen in China und denen der Griechen und Römer zu erkennen ist.

WISSENSWERTES:
Die erste Hundemeute, die ausschließlich der Fuchsjagd vorbehalten war, wurde 1660 von dem Engländer Viscount Lowther gehalten.

Oben
Klassische Statuen einer Reihe von Kriegspferden.

Unten rechts
Diese Bronzestatue stellt den römischen Kaiser Marcus Aurelius Antonius dar. Die Präsenz eines Pferdes unterstreicht seine Erhabenheit und Macht.

Unten links
Eine mongolische Terrakottaskulptur eines Pferdes mit Reiter aus dem fünften Jahrhundert, die als Grabbeigabe diente.

PFERDE ALS MALEREIOBJEKT

WÄHREND DES Mittelalters verlor das Pferd in den Werken vieler Künstler an Bedeutung und spielte nur noch eine untergeordnete Rolle bzw. verschwand völlig. Religiöse Themen rückten zunehmend in den Vordergrund und wurden zum Gegenstand der meisten Kunstwerke. Erst im 18. Jahrhundert gewann das Pferd wieder an Beliebtheit. Die folgenden Beispiele gehören zu den seltenen Ausnahmen von der Regel.

DE LIMBOURG UND GOZZOLI

ZWEI KUNSTVOLL gemalte Bilder aus dem 15. Jahrhundert, in denen auch Pferde gezeigt werden, sind *Mai* (1410) von Paul und Jean de Limbourgs und *Zug der Heiligen Drei Könige* (1459) von Benozzo Gozzoli. *Mai* wurde vom Herzog von Berry bei der Werkstatt der Gebrüder Limbourg als Seite eines Stundenbuchs in Auftrag gegeben, die einem Kalender beigefügt war, der den Wechsel der Jahreszeiten veranschaulichen sollte. Diese besondere Malerei entspricht größtenteils dem gotischen internationalen Stil und ist unglaublich fein detailliert. Es wird vermutet, dass sie mit Hilfe eines Vergrößerungsglases angefertigt wurde. Dieses wunderschöne Werk gibt die sorglose Stimmung der Höflinge bei ihrem Jahresfest wieder. Die Pferde wurden sehr sorgfältig gezeichnet, wobei mehr Wert auf Schönheit als auf anatomische Korrektheit gelegt wurde. Die Bewegungen der Pferde sehen immer noch recht steif und unnatürlich aus, tun der Schönheit des Gemäldes jedoch keinen Abbruch.

Gozzolis *Zug der Heiligen Drei Könige* wurde zwar einige Jahre später geschaffen, weist jedoch denselben internationalen Stil auf. Auch dieses Kunstwerk ist äußerst detailliert, was insbesondere in den verzierten Schabracken der Pferde zum Ausdruck kommt, die in ähnlicher Weise gezeichnet wurden wie im Werk der Gebrüder Limbourg und den Eindruck heroischer starker Rösser vermitteln. Es ist interessant, wie Gozzoli den Winkel des Kopfes des Pferdes rechts im Bild umgesetzt hat. Er ist sich hinsichtlich der Fußfolge offensichtlich nicht sicher, da er das Pferd auf einer Seite auf zwei Beinen stehend darstellt. Das graue Pferd links im Bild scheint sich jedoch vorwärts zu bewegen, da die Hinterbeine so gezeichnet wurden, dass sie sich vom Boden abzudrücken scheinen.

UCCELLO

EIN WEITERES INTERESSANTES Gemälde aus dieser Zeit ist *Die Schlacht von San Romano* (um 1450) von Paolo Uccello. Dies ist aus verschiedenen Gründen ein wirklich außergewöhnliches Bild, obwohl es auf den ersten Blick eine eher steife Darstellung von Pferden und Reitern zu sein scheint. Uccello schlug sich mit perspektivischen Theorien herum, und dieses Bild zeigt sein Konzept besonders gut. Jede Figur hat ihren eigenen Platz, und durch die Verwendung von Lanzen und Speeren versuchte er, Sichtebenen zu erzeugen und den Blick des Betrachters nach hinten in das Bild zu ziehen.

Dies ist ihm teilweise geglückt, auch wenn er in diesem Gemälde einen etwas merkwürdigen Sprung vom Vordergrund zum Hintergrund macht, der in einer diagonalen Linie von vorne rechts nach hinten links verläuft, und die Landschaft auf der rechten Seite keine Beziehung zu dem übrigen Bild zu haben scheint. Die

Oben
Die Pferde im Zug der Heiligen Drei Könige nach Bethlehem sind aufwendig gemalt, jedoch weniger realistisch dargestellt als in späteren Werken.

Mitte
Ausschnitt aus einem Manuskript aus dem 15. Jahrhundert mit Höflingen zu Pferde.

Unten
Paolo Uccellos Schlacht von San Romano *kämpft mit perspektivischen Problemen.*

Pferde selbst sehen sehr steif und höchst unrealistisch aus, doch die Vielfalt der Farben und Muster gleicht die anatomischen Mängel des Bildes aus. Tatsächlich hat es etwas Modernes an sich und wirkt wie eine Muster- und Farbstudie.

VAN DYCK UND VELÁZQUEZ

ZWEI GROSSE PORTRÄTKÜNSTLER des frühen 17. Jahrhunderts waren Anthony van Dyck und Diego Velázquez. Van Dyck war einer von Rubens' Schülern und wurde 1632 zum Hofmaler von König Charles I. ernannt, woraufhin sein Name in Sir Anthony Vandyke geändert wurde. Mit seinen Gemälden verschafft er uns einen umfassenden Einblick in die aristokratische Gesellschaft, ihre Kleidung und ihre Eigenheiten. Zwei der wahrscheinlich berühmtesten Bilder sind das *Reiterporträt von Charles I.* (um 1638) und *Charles I. von England* (um 1635). *Das Reiterporträt* ist in der Tat ein künstlerisches Meisterwerk. Das Pferd selbst steht im Mittelpunkt des Bildes und fesselt das Auge wesentlich mehr als der eher fehl am Platze wirkende Charles I. Indem er ein solch wundervolles und kräftiges Tier malte, gelang es Van Dyck jedoch, es wie ein Spiegelbild der Qualitäten des Königs wirken zu lassen. Das Pferd ist mit seinem kleinen Kopf auf einem elefantös anmutendem Körper in der Tat völlig unproportioniert, doch bleibt es für den Betrachter trotzdem ein schön anzusehendes Bild. Wenn man die langen Anzüge an dem Kandarengebiss des Pferdes betrachtet, versteht man die Position und Haltung des Kopfes.

Das zweite erwähnte Porträt zeigt den König in prächtiger Aufmachung, nachdem er gerade von einem edlen Grauschimmel abgestiegen ist. Auch wenn nur die vordere Hälfte des Pferdes dargestellt ist, lässt sich erkennen, dass es sich um ein kräftiges und muskulöses Tier handelt. Das Pferd hält den Kopf gesenkt und hebt den Vorderhuf, während es den König anzublicken scheint: eine ergebene Geste vor dem mächtigen Charles.

Oben
Die Haltung des Pferdes in diesem Bild unterstreicht durch seinen gesenkten Kopf die Macht von Charles I.

Unten
Sir Anthony van Dycks Porträt zeigt Charles I. zu Pferde. Durch das Pferd wird dem Monarchen Größe verliehen.

WISSENSWERTES:
Die Hippologie ist das Studium des Genus *Equus* (Pferde, Zebras, Esel und Onager) und befasst sich u. a. mit Rassen, Genetik, Geschichte und geografischer Verbreitung.

Velázquez (1590-1660) arbeitete am Hof von König Philipp IV. von Madrid in Spanien in einer ähnlichen Stellung wie Van Dyck.

Velázquez befasste sich stark mit dem „Naturalismus" und wollte die Natur möglichst realistisch und detailgetreu darstellen. Seine Aufgabe bestand hauptsächlich darin, den König und dessen Familie zu malen, und zwar so schmeichelhaft wie möglich.

Es heißt, dass weder König Philipp IV. noch Charles I. besonders attraktiv oder charismatisch waren und dem Künstler seine Aufgabe daher sehr schwer machten. Velázquez übertraf sich mit dem *Reiterporträt von Philipp IV.* (um 1636) selbst. Das Bild zeigt den König in allen Details rittlings auf einem kräftigen Pferd in einer halb steigenden Position. Der Hintergrund des Gemäldes ist zwar reizvoll gemalt, jedoch bar jeglichen Details, so dass Pferd und Reiter in den Mittelpunkt rücken. Der Blick wird auf das Paar gelenkt, und wie Van Dyck lässt auch Velázquez den König heroischer erscheinen, indem er ihn auf ein solch stolzes Pferd setzt. Die Details des Zaumzeugs und der Kleidung des Königs sind äußerst fein gemalt und lenken das Auge von den leichten anatomischen Inkorrektheiten des Pferdes ab.

Oben
Die stimmungsvolle Marokkanische Fantasia *wurde 1834 von Delacroix gemalt.*

Oben
König Philipp IV. von Spanien *von Velázquez.*

Rechts
George Stubbs malte Whistlejacket *im Jahre 1762.*

Unten
Die Haltung der Pferde in Géricaults Gemälde Pferderennen in Epsom *(1820) ist unrealistisch.*

WISSENSWERTES:
Weiße Pferde werden grundsätzlich als „Schimmel" bezeichnet.

DELACROIX UND GÉRICAULT

GÉRICAULT (1791-1824) verbrachte viel Zeit damit, die Arbeiten von Rubens und Van Dyck zu studieren und bemühte sich bei seinen Pferdedarstellungen um Realitätsnähe und Genauigkeit. Er war ein leidenschaftlicher Reiter und kam auf tragische Weise bei einem Sturz von einem Pferd ums Leben. Es ist interessant, sein Gemälde *Pferderennen in Epsom* (1820) genauer zu betrachten und es mit Werken zu vergleichen, die er nach der Veröffentlichung der Studien zu den Bewegungen des Pferdes anfertigte, die von Edward Muybridge in den 80er Jahren des 19. Jahrhunderts durchgeführt worden waren. Delacroix

(1798-1863) war ebenfalls ein großer Pferdeliebhaber und gehörte zu den Gründungsmitgliedern des französischen Jockey-Clubs.

Der Stil von Delacroix kann nur als opulent beschrieben werden. Er malte mit Vitalität und Energie und setzte leuchtende Farben ein, um wilde, rasende Szenen voller Blut, Lust und Leidenschaft darzustellen. Er reiste nach Marokko, das ihn zutiefst beeindruckte, und baute die Verwendung exotischer Farben und Themen noch weiter aus. Bei der Betrachtung seines Bildes *Marokkanische Fantasia* (1834) lässt sich erkennen, wie er mit Farben und Bewegungen Atmosphäre schuf. Sein Werk zeigt eine frühe Anlehnung an den Impressionismus, der sich bereits entwickelte und den Malstil jener Epoche dominieren sollte.

GEORGE STUBBS

GEORGE STUBBS (1724-1806) ist als einer der ersten großen englischen Pferdemaler bekannt, und es gibt kein besseres Bild, um dies zu demonstrieren, als sein Gemälde von Whistlejacket (1762). Dies war eine seiner ersten Auftragsmalereien und stellt eine erstaunliche Leistung dar. Das Gemälde ist mehr als 2,7 m hoch und konzentriert sich vollkommen auf das wunderschöne Pferd, ohne den Blick durch Hintergrundmalereien abzulenken. Stubbs brachte in den 60er Jahren des 18. Jahrhunderts zwei Jahre damit zu,

anatomische Zeichnungen von Pferden anzufertigen, die um 1766 schließlich als Kupferstiche in einem Buch veröffentlicht wurden. Die Details und der außergewöhnliche Aufwand, mit dem er dieses Werk schuf, sprechen für seine Hingabe. Alle seine Pferdedarstellungen bestechen durch große Lebendigkeit, Genauigkeit, Eleganz und Gefühl und räumen ihm daher einen Platz im Olymp der englischen Pferdekunst ein.

DEGAS

DEGAS WAR EBENFALLS ein großer Maler, der sich mit der Darstellung von Rennpferden und des gesamten, mit Rennen verbundenen Zeremoniells befasste. Seine Werke zeichnen sich durch ungewöhnliche Blickwinkel und Raumaufteilungen aus, wodurch sie vielseitig und interessant wirken. Sein evokatives Gemälde Rennpferde vor den Tribünen (um 1866-68) ist z. B. aus der Hinteransicht der Pferde gemalt, was an sich schon recht ungewöhnlich ist. Die im Kreis laufenden Pferde vermitteln eine Atmosphäre von gelassener Spannung, gewissermaßen der Ruhe vor dem Sturm, bevor das Rennen beginnt. Degas wurde von den von Muybridge veröffentlichten Fotografien zu den Bewegungsstudien des Pferdes stark beeinflusst und fertigte mehrere Zeichnungen von ihnen an. Seine Bilder zeigen ein größeres Verständnis für die Fußfolge der Pferde, nachdem er sich mit den Entdeckungen von Muybridge befasst hatte.

MUNNINGS

ALFRED MUNNINGS (1878-1959) war ein weiterer englischer Maler, der für seine Pferdebilder berühmt war. Er war ein begeisterter Anhänger des Jagdsports, und dies kommt in vielen seiner Bilder zum Ausdruck, nicht zuletzt in dem Gemälde *Jäger mit Hunden* (1914 in Zennor Hill, Cornwall). Dieses hervorragend gearbeitete Werk drückt gleichzeitig Bewegung und Bewegungslosigkeit aus. Das Pferd scheint starr und wie angewurzelt auf der Stelle zu stehen und auf einen Punkt in der Ferne zu blicken, als wenn es sich nie wieder bewegen wollte, während die geschäftigen Hunde und das braune Pferd im Hintergrund eine Atmosphäre von Aktivität und Aufregung erzeugen, die sich spiralförmig von der Bewegungslosigkeit des Pferdes nach außen ausdehnt.

Munnings reiste mit der kanadischen Kavallerie als Kriegskünstler nach Frankreich und stellte das Leben der Kavallerie auf der Straße dar. Seine Malereien aus dieser Zeit wurden im kanadischen Kriegsmuseum von Ottawa aufbewahrt und stellen eine großartige Dokumentation dar, die Zeugnis von seiner führenden Position unter den besten „Pferdekünstlern" des 20. Jahrhunderts ablegt.

Oben
La Defile (Rennpferde vor den Tribünen) von Degas.

Mitte
Munnings war für seine lebensnahen und bestechenden Jagdszenen berühmt.

Unten
Muybridges Fotografien der Bewegungsabläufe von Pferden beeinflussten Künstler wie Degas.

Klassifizierung von Pferden

VIELE JAHRE GLAUBTE man, dass die Evolution des Pferdes geradlinig verlief und vom ältesten Pferdefossil bis hin zum heutigen *Equus* eindeutig nachzuvollziehen wäre. Durch die Entdeckung immer wieder neuer Fossilien wurde jedoch klar, dass die Entwicklung des Pferdes deutlich komplexer ablief. Tatsache ist, dass sich verschiedene Pferderassen mit unterschiedlicher Geschwindigkeit entwickelten, sich teils drastisch, teils nur allmählich veränderten und in vielen Fällen gleichzeitig nebeneinander lebten.

EVOLUTION DES PFERDES

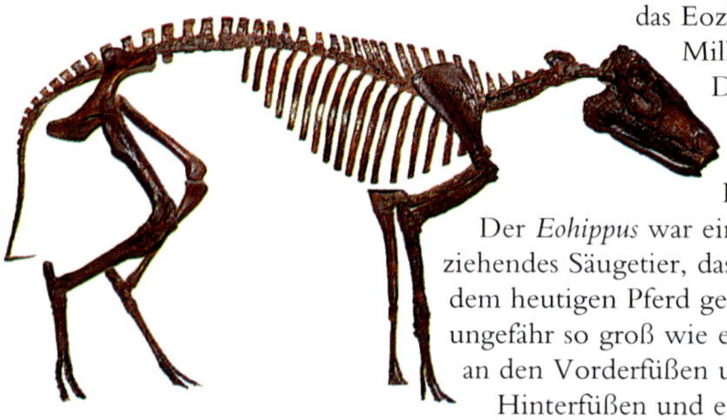

DAS ÄLTESTES FOSSIL EINES Equiden lässt sich auf das Eozän vor ungefähr 60 Millionen Jahren datieren. Damals belebte der *Eohippus hyracotherium* die bewaldeten Regionen Nordamerikas. Der *Eohippus* war ein kleines, umherziehendes Säugetier, das rein optisch nichts mit dem heutigen Pferd gemein hatte. Er war ungefähr so groß wie ein Fuchs mit vier Zehen an den Vorderfüßen und drei Zehen an den Hinterfüßen und ernährte sich wahrscheinlich von Früchten und weichem Laubwerk. Er wird als Ungulat eingestuft – ein pflanzenfressendes, behuftes Säugetier, das auf den Zehen läuft und lange Zehenknochen besitzt, die eine schnelle Flucht vor Raubtieren ermöglichen.

Der *Eohippus* war in ganz Nordamerika verbreitet und erreichte über eine Landbrücke auch Westeuropa. Aufgrund der Kontinentalverschiebung ging die Landbrücke zwischen Nordamerika und Europa am Ende des Eozäns verloren, und von diesem Zeitpunkt an nahm die Entwicklung des Eohippus an den beiden Orten einen recht unterschiedlichen Verlauf. In Europa und Asien teilte sich der *Eohippus* in eine Reihe unterschiedlicher Spezies auf, die alle vor ungefähr 35 Millionen während des Oligozäns ausstarben.

In Nordamerika entwickelte sich der *Eohippus* während des Eozäns über den *Orohippus* zum *Epihippus*, wobei sich sein Gebiss am stärksten veränderte und Backenzähne ausbildete, die besser zum Kauen zäherer Pflanzen und Blätter geeignet waren. Mit dem nahenden Oligozän vor ungefähr 24 bis 34 Millionen Jahren kam es in Nordamerika zu einem Klimawechsel, der die großen Wälder allmählich weiten Flächen von Grasland weichen ließ. Infolgedessen entwickelten die Pferdespezies des Eozäns festere Zähne, die sich besser zum Kauen von Gras eigneten, und kräftigere und längere Beine, um sich im offenem Gelände schneller fortbewegen zu können.

Oben
Auf diesen Ebenen in Colorado weidete vor 60 Millionen Jahren der Eohippus.

Mitte
Das Skelett eines Eohippus, eines prähistorischen Säugetiers von der Größe eines Fuchses.

Unten
Der Mesohippus hatte einen langen Hals und lange Beine, und seine Zähne waren zum Grasen ausgebildet.

HAPLOHIPPUS, MESOHIPPUS UND MIOHIPPUS

ZU BEGINN DES späten Eozäns vor ungefähr 37 Millionen Jahren tauchten drei neue Pferdearten auf: der *Haplohippus*, der *Mesohippus* und der *Miohippus*. Die beiden letzteren waren am weitesten entwickelt und wiesen deutlich pferdeartige Merkmale auf. Der *Mesohippus* war etwas größer als der *Epihippus* und hatte längere Beine und einen längeren Hals. Er besaß jeweils drei Zehen an Hinter- und Vorderfüßen und ein Gebiss, dass zum Grasen besser geeignet war. Der *Miohippus* sah dem *Mesohippus* ähnlich, war jedoch größer und hatte einen größeren Schädel. Seine Beinbewegungen ähnelten schon weit mehr denen des heutigen Pferdes.

Im frühen Miozän vor ungefähr 24 Millionen Jahren teilte sich die Pferdefamilie in mindestens zwei Hauptzweige und einen etwas kleineren dritten Zweig auf. Der erste Zweig nahm die Form des *Anchitiheres* an, der dem *Miohippus* ähnelte, jedoch größer war.

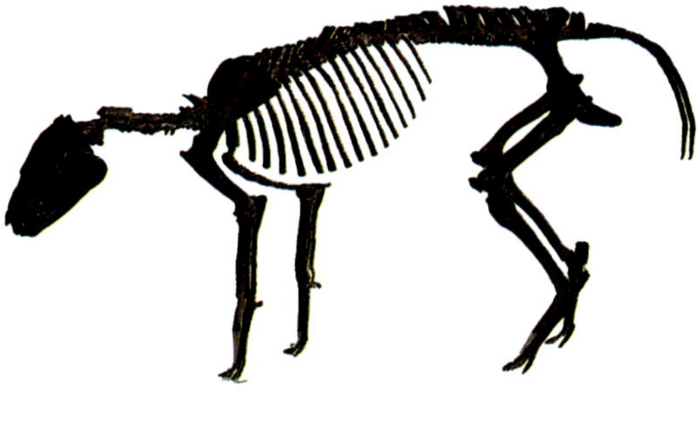

Er war ein dreizehiges Weidetier, das den Stammvater verschiedener Spezies bildete, wie dem *Hypohippus* und dem *Megahippus*, die sich in Eurasien und Nordamerika verbreiteten. Man nimmt an, dass sie vor ungefähr neun Millionen Jahren aufgrund klimatischer Veränderungen ausstarben.

Bei dem kleineren dritten Zweig handelte es sich um eine Zwergpferdelinie namens *Archeohippus*, die jedoch nicht sehr lang überlebte.

Der zweite und wichtigste Zweig des Pferdes zeigte allmählich einige bedeutende Veränderungen. Die Zähne hatten sich noch besser zum Kauen und Mahlen entwickelt, waren länger geworden und wuchsen kontinuierlich weiter, da sie durch das Zerkleinern des rauen Grases mit der Zeit abnutzten. Diese frühen Pferde waren dank ihrer größeren Körper sowie längeren Beine und Köpfe auch besser für ein schnelles Laufen ausgestattet. Die fleischigen Polster an den Füßen verschwanden und sie begannen, nur auf

dem dritten Zeh zu stehen – eine weitere Anpassung an ein Dasein als Lauftier. Darüber hinaus hatten sie wie die heutigen Pferde ein längeres Maul, und der Abstand zwischen Augen und Maul hatte sich vergrößert, sodass sie während des Grasens gleichzeitig nach Raubtieren Ausschau halten konnten. Diese Veränderungen lassen sich am *Parahippus* erkennen, der sich vor rund 23 Millionen während des früheren Miozäns entwickelte. Der *Miohippus* entwickelte sich, an den Maßstäben der Evolution gemessen, recht schnell zu einem grasenden Pferd namens *Merychippus gunteri*.

MERYCHIPPUS

DER *MERYCHIPPUS* TAUCHTE vor ungefähr 17 Millionen Jahren auf und ähnelte bereits stark unserem heutigen Pferd. Er war mit einem Stockmaß von rund einem Meter wesentlich größer, hatte ein größeres Gehirn, ein längeres Maul und weiter entwickelte, besser zum Grasen geeignete Zähne. Er besaß immer noch drei Zehen; der mittlere Zeh war jedoch ausgeprägter, während sich die seitlichen Zehen bereits verkleinert hatten. Der mittlere Zeh entwickelte sich zu einem konvexen Huf, der dem des heutigen Pferdes ähnelte, und die Beine bewegten sich inzwischen nur vorwärts oder rückwärts ohne Drehbewegung und ermöglichten somit ein schnelles Laufen.

Während des Miozäns vor ungefähr 15 Millionen entwickelten sich aus dem *Merychippus* in relativ kurzer Zeit mehr als 19 neuen Pferdearten, die sich in die folgenden drei Gruppen unterteilen lassen. Bei der ersten Gruppe handelte es sich um die *Hipparions*, die äußerst erfolgreich waren und sich in Asien, Europa und Afrika verbreiteten, bis sie vor rund 400.000 Jahren ausstarben. Die zweite Gruppe war die der *Protohippines*, zu denen der *Protohippus* und der *Calippus* gehörten und die bedeutend kleiner waren. Die dritte Gruppe entwickelte sich aus dem *Merychippus primus* allmählich immer weiter, bis sie irgendwann in der Form den ersten richtigen Pferden entsprach.

Vor 10 Millionen Jahren hatte sich also in der Familie des Pferdes eine sehr große Artenvielfalt entwickelt, wobei die *Hipparions*, die *Protohippines* und die richtigen Pferde effektiv nebeneinander lebten. Aus der Linie des *Merychippus* entwickelte sich der *Pliohippus*, der ein entfernter Verwandter des heutigen Pferdes ist, jedoch kein direkter Vorfahr war. Kurz nach dem *Pliohippus* tauchte der *Astrohippus* auf, dem der *Dinohippus* folgte. Die ältesten Fossilien des *Miohippus* weisen insbesondere hinsichtlich der Fußstruktur und des Gebisses eindeutige Merkmale des *Equus* auf. Man nimmt an, dass der *Miohippus* der direkte Stammvater des *Equus* ist.

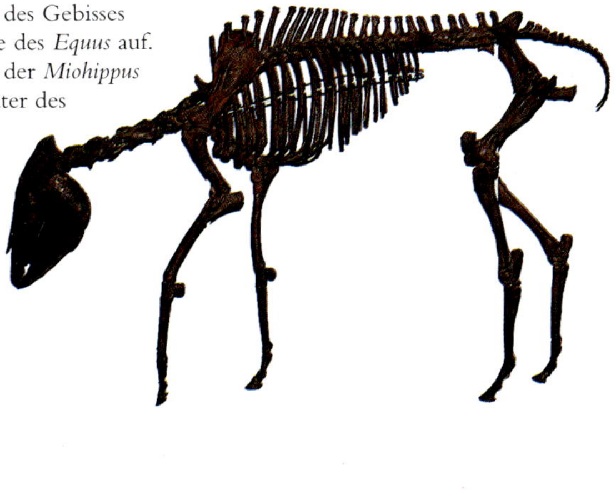

Oben
Diese Rekonstruktion des prähistorischen Merychippus *veranschaulicht die Ähnlichkeit dieser Spezies mit dem modernen Pferd.*

Mitte
Dartmoor-Ponys leben noch immer frei in den Sümpfen.

Unten
Der Pliohippus *ist ein Verwandter des modernen Pferdes.*

WISSENSWERTES:
Der Cowboyhut wurde in den 60er Jahren des letzten Jahrhunderts von John B. Stetson erfunden, und Stetson-Hüte gehören auch heute noch zu den beliebtesten Westernhüten.

Oben
Dieser braune Equus ist ein Nachfahre der Pferde, die sich erstmals vor rund zwei Millionen Jahren in Europa, Asien und im Mittleren Osten verbreiteten.

Unten
Der Araber ist eines der edelsten modernen Pferde.

EQUUS

DER EQUUS ENTWICKELTE SICH vor ungefähr vier Millionen Jahren. Er war ungefähr 1,34 m groß und besaß die klassischen Merkmale eines Pferdes und dessen Physiologie. Während des späten Pliozäns vor rund zweieinhalb Millionen Jahren wanderten einige Arten des *Equus* in die Alte Welt ab. Diejenigen, die Zentralafrika erreichten, entwickelten sich zum Zebra, während sich die anderen in Nordafrika und Asien verbreiteten und zu Onagern und Eseln wurden. In Europa, Asien und dem Mittleren Osten entwickelten sie sich irgendwann zum *Equus caballus*, unserem heutigen Pferd. Die Pferde Nord- und Südamerikas starben vor ungefähr 10.000 Jahren aus, was wahrscheinlich auf klimatische Veränderungen und die übermäßige Bejagung durch den Menschen zurückzuführen ist. Es gab keine Equide mehr in Amerika, bis sie im 16. Jahrhundert von den spanischen Eroberern wieder eingeführt wurden.

Die Evolution des Pferdes vom *Eohippus hyracotherium* zum heutigen Pferd ist äußerst komplex und wurde in diesem Text stark vereinfacht dargelegt. Für Interessierte gibt es viele faszinierende Bücher, in denen die Evolution wesentlich eingehender und detaillierter behandelt wird.

DIE ENTWICKLUNG DES HEUTIGEN PFERDES

DAS PFERD STARB IN AMERIKA vor ungefähr 10.000 Jahren aus, entwickelte sich in Europa und Asien jedoch weiter. Dabei lässt sich die Entwicklung von vier primitiven Rassen feststellen, von denen sich jede ihrer jeweiligen Umgebung anpasste.

DAS PRZEWALSKIPFERD

(Equus przewalski przewalski poliakov)

DIE URSPRÜNGLICH in den Steppen Asiens beheimateten asiatischen Wildpferde waren in freier Wildbahn ausgestorben. Sie werden heute in Gefangenschaft gezüchtet und wurden erst vor wenigen Jahren wieder in ihrer natürlichen Heimat in der Mongolei ausgewildert. Diese unglaublich primitive Rasse wurde 1879 in der Mongolei von einem polnischen Oberst namens N. M. Przewalski wiederentdeckt und nach ihm benannt. Sie zeichnen sich durch einen schweren und langen Kopf mit kleinen, hoch liegenden Augen und einem geraden bzw. konvexen Profil aus. Przewalskis haben die für primitive Pferde typische Falbenfarbe und einen dunklen Aalstrich auf dem Rücken. In einigen Fällen sind auch Zebrastreifen an den Beinen zu erkennen. Des Weiteren zeichnen sie sich durch ihre grobe Stehmähne und ihre Chromosomenzahl aus, die im Gegensatz zum heutigen Pferd, das 64 Chromosomen besitzt, 66 beträgt.

DER TARPAN

(Equus przewalski gmelini antonius)

DER TARPAN STAMMT ursprünglich aus Polen und ist leichter gebaut und schneller als das Przewalskipferd. Sein Fell hat dieselbe primitive Falbenfarbe, die im Winter weiß wird, und weist ebenfalls einen dunklen Aalstrich auf dem Rücken und häufig Zebrastreifen an den Beinen auf. Der Tarpan ist aus technischer Sicht bereits ausgestorben, wurde durch Züchtung einer „modernen" Version der Rasse jedoch rekonstruiert und lebt in einer geschützten Herde im polnischen Popielno. Man nimmt an, dass der Tarpan bei der Entwicklung vieler der heutigen, leichteren Pferderassen eine entscheidende Rolle gespielt hat.

DAS WALDPFERD

(Equus przewalski silvaticus)

DAS WALDPFERD, das auch als Eiszeitpferd bekannt ist, lebte ursprünglich in Nordeuropa und war ein stämmiges, langsames und schweres Pferd, das vermutlich der Vorfahr der europäischen Kaltblutrassen ist. Auch wenn es inzwischen ausgestorben ist, war das Waldpferd seiner Umgebung sehr gut angepasst. Es hatte breite Hufe, mit denen es sich gut in den großflächigen Sumpfgebieten vorwärts bewegen konnte, und ein dickes grobes Fell, das vermutlich die Musterung eines Apfelschimmels aufwies und ihm als Tarnung diente.

DAS TUNDRENPFERD

DAS INZWISCHEN ausgestorbene Tundrenpferd war ursprünglich im Nordosten Sibiriens beheimatet und ist wahrscheinlich der Vorfahr des dort angesiedelten Yakut-Ponys, das sich durch sein dickes weißes Fell auszeichnet. Es ist jedoch unwahrscheinlich, dass das Tundrenpferd bei der Entwicklung anderer Hauspferderassen eine wichtige Rolle gespielt hat.

Aufgrund detaillierter Untersuchungen der Knochenstruktur von Urpferden kam man zu dem Schluss, dass sich aus diesen vier primitiven Pferden vier weitere Pony- und Pferdetypen entwickelten, die direkte Vorfahren des heutigen Pferdes sind.

WISSENSWERTES:
„Der gute Reiter ist nicht so sehr ein Teil des Pferdes denn ein Teil seiner Bewegungen."
Alessandro Alvisi, 1939

Oben
Der Tarpan ist eine der ältesten Pferderassen und hat die Entwicklung vieler anderer moderner Spezies beeinflusst.

Unten
Das Przewalskipferd wird in Gefangenschaft gezüchtet, um seinen Fortbestand zu sichern.

Oben links
Das Exmoor-Pony hat sich die robusten Eigenschaften des Ponytyps 1 erhalten.

Unten links
Dieses Highlandpony ähnelt dem ursprünglichen Ponytyp 2, einer der ersten Equus-Rassen.

Oben und unten rechts
Der Achal-Tekkiner, ein Nachfahre von Pferdetyp 3, ist gegen das extreme Wüstenklima unempfindlich. Der kleine und feinknochige Typ 4 lebte im Westen Asiens.

PONYTYP 1

Entspricht dem heutigen Exmoor-Pony

PONYTYP 1 war im Nordwesten Europas beheimatet. Es handelte sich dabei um ein kleines, jedoch äußerst zähes und robustes Pony mit einem Stockmaß von ungefähr 1,22 bis 1,27 m. Es lebte unter rauen klimatischen Bedingungen und war anscheinend unempfindlich gegen Nässe und Kälte, ein Merkmal, das sich im Exmoor-Pony und anderen einheimischen Ponyrassen in Großbritannien gehalten hat. Ponytyp 1 zeichnete sich durch einen kleinen Kopf mit geradem Profil, breiter Stirn und kleinen Ohren sowie durch seine besondere Kieferform aus, die der des heutigen Exmoor-Ponys verblüffend ähnlich war.

PONYTYP 2

Entspricht dem heutigen Highlandpony

PONYTYP 2 lebte im Norden Eurasiens und war ebenfalls kälteunempfindlich. Bei einer Größe von ungefähr 1,42 bis 1,47 m war dieses Pony etwas größer als Ponytyp 1. Es war kräftiger gebaut und stämmiger als Ponytyp 1 und besaß ähnliche primitive Merkmale wie das Przewalskipferd. Die Merkmale und Eigenschaften von Ponytyp 2 sind heute im Highlandpony wiederzufinden.

PFERDETYP 3

Entspricht dem heutigen Achal-Tekkiner

PFERDETYP 3 war in Zentralasien zu Hause und muss äußerst widerstandsfähig gegen die Hitze und Kälte des Wüstenklimas gewesen sein. Es handelte sich hier um eine größere Pferderasse mit einem Stockmaß von ungefähr 1,50 m, die mit ihrer feinen Knochenstruktur, ihrer dünnen Haut und ihrem langen und schlanken Körper jedoch leichter gebaut war. Diese Merkmale sind auch heute noch beim Achal-Tekkiner zu erkennen.

PFERDETYP 4

Entspricht dem heutigen Kaspischen Pony

PFERDETYP 4 lebte im Westen Asiens und war ein kleines, fein gebautes Pferd mit einem Stockmaß von ungefähr 1,22 m. Es war äußerst widerstandsfähig gegen Hitze, hatte einen feinen Knochenbau und machte mit seinem schmalen Kopf, seinem konkaven Profil und seinem hohen Schweifansatz insgesamt einen edleren Eindruck. Pferdetyp 4 hat angeblich einen großen Beitrag zu der Entwicklung des Arabers geleistet, und seine Merkmale lassen sich heute im Kaspischen Pony wiederfinden.

DAS MODERNE PFERD

DIE EVOLUTION VOM allerersten *Eohippus* bis zum modernen Pferd erstreckte sich über Millionen von Jahren. Die Pferde von heute entwickeln und ändern sich immer noch weiter, wenn auch größtenteils eher durch gezielte Züchtung als durch natürliche Selektion. Der Einfluss von Araber, Berber und Spanischem Pferd ist für die Entwicklung des modernen Pferdes von entscheidender Bedeutung.

EINFLUSSREICHE RASSEN

DER ARABER und der Berber haben viele moderne Rassen erheblich beeinflusst, unter anderem auch das Englische Vollblut, über dessen Stutbuch die Linie aller modernen Vollblüter auf zwei Araberhengste und einen Berberhengst zurückverfolgt werden kann. In ähnlicher Weise dominierte in Europa zwischen dem 16. und 18. Jahrhundert das Spanische Pferd, das nach seiner Einführung in Amerika Anfang des 16. Jahrhunderts auch für die Begründung der heutigen amerikanischen Rassen verantwortlich war. In vielen Fällen ist der Einfluss des Spanischen Pferdes in bestimmten Merkmalen vieler moderner Rassen eindeutig zu erkennen.

ANPASSUNG AN DIE UMGEBUNG

ES IST INTERESSANT, den Einfluss der Umgebung und des Klimas auf die frühe Entwicklung verschiedener Rassen zu betrachten. Wie sich an den zuvor beschriebenen primitiven Pony- und Pferdetypen erkennen lässt, besaßen diese Rassen bestimmte Eigenschaften, die ihnen das Überleben in ihrer jeweiligen Umgebung ermöglichten. Der Achal-Tekkiner aus Turkmenistan ist eine der bestangepassten Rassen und somit fähig, der extremen Hitze und Kälte des rauen Wüstenklimas zu trotzen. Dem Pottiock aus dem Baskenland wachsen im Winter dicke Barthaare auf der Oberlippe, die ihn vor den stacheligen Pflanzen schützen, die er aufgrund des Mangels an anderen Futtersorten fressen muss. Wenn das Gras wieder zu wachsen beginnt, fallen diese Barthaare aus.

Oben

Araber wie dieser Hengst haben viele moderne Rassen beeinflusst.

Unten links

Die gesamte Linie des Englischen Vollbluts stammt von drei Pferden ab, von denen eines ein Berber war.

ZUCHTMETHODEN

ES GIBT HUNDERTE VON Beispielen für Pferderassen, die sich ihrer Umgebung in besonderer Weise angepasst haben. Es ist somit lohnenswert, sich damit zu befassen, wie sich die modernen Hightech-Zuchtprogramme auf die natürliche Rassenentwicklung auswirken. Die Zucht ist in der Tat eine Wissenschaft, insbesondere bei Rennpferden. Interessanterweise jedoch hat sich die Geschwindigkeit der Rennpferde in den letzten fünfzig Jahren nicht bedeutend erhöht, womit sich Darwins Frage aufwirft, ob die ultimative Verbesserung des Vollbluts nicht bereits erreicht wurde. Gaffney und Cunningham (1988) behaupten, dass das moderne Vollblut noch immer das Potenzial besitzt, durch gezielte Züchtung noch schnellere Pferde hervorzubringen; sie fassen damit den Traum jedes Rennpferdbesitzers in Worte.

Oben

Der Pottiock wird von seiner Umgebung beeinflusst. Während der Wintermonate wachsen ihm Barthaare an der Oberlippe.

Wilde und halbwilde Pferde

ALS „HALBWILD" WERDEN Tiere bezeichnet, die ehemals als Haustiere gehalten wurden, dann ausbrachen oder freigelassen wurden und sich in der freien Wildbahn etablierten. Einige Beispiele für halbwilde Pferde sind der Mustang in Amerika, das Sable-Island-Pony in Kanada, der Brumby in Australien und der Sorraia in Portugal. Manche halbwilden Pferde können erfolgreich zu nützlichen Reit- oder Packtieren ausgebildet werden. Aufgrund der weltweit ansteigenden Bevölkerungszahlen sind die Lebensräume der halbwilden Pferde zunehmend bedroht.

DER AMERIKANISCHE MUSTANG

EIN HERAUSRAGENDES Beispiel für diese Entwicklung ist der amerikanische Mustang. Die Mustangs entwickelten sich aus Pferden, die während des 16. Jahrhunderts von den spanischen Eroberern nach Amerika gebracht wurden und von denen einige flüchteten und wilde Herden gründeten. Zu Beginn des 20. Jahrhunderts gab es in den Weststaaten Amerikas zwischen einer und zwei Millionen Mustangs, die in freier Wildbahn lebten. Bis 1970 war ihr Bestand jedoch bis auf ein paar Tausend dezimiert, da die Menschen Jagd auf sie machten, um mehr Weideland für ihr Vieh zu gewinnen. Die Mustangs sind inzwischen gesetzlich geschützt, und ihr Bestand wird vom Bureau of Land Management (BLM) kontrolliert.

Das BLM hat ein Adoptionsprogramm ins Leben gerufen, das für einige Diskussionen gesorgt hat. Die Pferde werden regelmäßig zusammengetrieben und zu sehr niedrigen Preisen für ein Jahr verkauft. Nach diesem Jahr muss der Besitzer eine Bescheinigung einer entsprechenden Behörde vorweisen, dass das Tier gut gepflegt wurde. Wenn diese Bescheinigung die Zustimmung des BLM findet, geht das Pferd offiziell in den Besitz des Käufers über. Einige sind der Ansicht, dass viele Leute für die Aufnahme eines Mustangs nicht gut genug vorbereitet und zu schlecht ausgestattet sind, sodass es bei Pferden und Besitzern zu Unfällen und Verletzungen kommt. Das BLM erntet jedoch weithin Anerkennung für seine Bemühungen, die Bestände und Qualität der Mustangs zu erhöhen.

Oben rechts
Diese wilden Mustangs werden in Nevada zusammengetrieben und verkauft.

Mitte
Brumbys sind halbwilde Pferde in Australien.

Unten
Wild lebende Pferde treten aufgrund ihres Sozialverhaltens und ihres Sicherheitsdrangs grundsätzlich in Herden auf.

DEZIMIERUNG DES WILDPFERDBESTANDS

DER RÜCKGANG des Wildpferdbestands begann nachweisbar bereits vor 15.000 Jahren. Mit der Zunahme der menschlichen Bevölkerung wurde das Wildpferd vermehrt wegen seines Fleisches und seiner Haut gejagt, was sich in Verbindung mit einem Wechsel der klimatischen Bedingungen erheblich auf den Wildpferdbestand der nördlichen Hemisphäre auswirkte. Da sich das Klima erwärmte, wurden die weiten Grasflächen, die den Wildpferden als Weideland dienten, von Wäldern verdrängt. Vor ungefähr 10.000 Jahren war das Wildpferd in Nord- und Südamerika ausgestorben. In Europa trieb die Kultivierung des Landes die Wildpferde in die Steppen Zentralasiens, und vor rund 7.000 Jahren waren sie im Westen nur noch selten anzutreffen.

Bis zum 19. Jahrhundert blieben jedoch zwei Unterarten des Wildpferdes erhalten: der Tarpan (*Equus przewalskii gmelini*) in Osteuropa und den russischen Steppen und der Mongole (*Equus przewalski przewalski poliakov*), auch Przewalskipferd genannt, in der Mongolei.

DER TARPAN

DIE TATSACHE, dass der Tarpan noch bis zum Ende des 19. Jahrhunderts in freier Wildbahn vorkam, ist unwiderlegbar, doch gehen die Meinungen darüber auseinander, ob der Tarpan ursprünglich wild oder halbwild war. Der Name „Tarpan" ist so etwas wie ein Sammelbegriff, und es ist sehr wahrscheinlich, dass alle halbwilden oder wilden Ponys des Steppengebiets unter der Bezeichnung Tarpan zusammengefasst werden können. Es gibt nur noch wenige Belege für den ursprünglichen Tarpan. Lediglich zwei Skelette von Tarpanponys, die in Gefangenschaft starben, sind erhalten.

Während des Mittelalters wurden die Ponys als Wild gejagt, und ihr Fleisch galt unter den Mitgliedern des Adels als Delikatesse. Tarpane lebten bis in die 20er Jahre des 19. Jahrhunderts in den Wäldern Polens, bevor die letzten von ihnen eingefangen und an ortsansässige Bauern verteilt wurden. Die größte Ähnlichkeit mit den historischen Beschreibungen des Tarpans hat heute das polnische Konik-Pony. Der letzte echte Tarpan starb 1887 in Gefangenschaft in München. Es wurden Anstrengungen für eine Rückzüchtung unternommen, und durch den Einsatz ausgewählter Koniks und anderer Ponyrassen entstand der neue Tarpan.

DAS PRZEWALSKIPFERD

DAS LETZTE WILD LEBENDE Przewalskipferd wurde 1968 gesichtet. Die Rasse wurde jedoch weltweit in Zoos und Tierparks am Leben erhalten und kürzlich in einem speziellen Reservat in der Mongolei wieder ausgewildert. Dieses Pferd wurde erstmals 1878 von dem Forscher Przewalski beschrieben und war in der Wüste Gobi und den mongolischen Steppen verbreitet. Es weist grundlegende primitive Merkmale auf und hat 66 Chromosomen, wohingegen das moderne Pferd nur 64 Chromosomen aufweist.

Die heutigen Przewalskipferde stammen alle von nur elf Tieren ab, die eingefangen und in Gefangenschaft gezüchtet wurden. Bei einem derart kleinen Genpool ist es sehr wahrscheinlich, dass das Przewalski von heute sich um Einiges von seinem Vorfahr unterscheidet. Blutgruppenuntersuchungen weisen darauf hin, dass die ersten domestizierten Pferde dem Przewalskipferd wohl sehr ähnlich sahen, doch legen mitochondriale DNA-Forschungen die Vermutung nahe, dass das Pferd von heute und das Przewalskipferd unterschiedliche Vorfahren haben.

WISSENSWERTES:
Das erste dokumentierte Rennen in Newmarket fand 1622 statt. Bis zum heutigen Tag gibt es hier zwei separate Rennbahnen mit den Namen Rowley Mile und July Course, die beide dem Jockey Club gehören.

Oben
Der Tarpan ist offiziell ausgestorben. Wissenschaftler haben Tarpans jedoch erfolgreich aus Konik-Ponys nachgezüchtet.

Unten
Das Przewalskipferd war vom Aussterben bedroht, bevor der Mensch eingriff und den Fortbestand der Rasse sicherte.

WISSENSWERTES:
Das kleinste Pferd, das jemals das Grand National gewann, hatte ein Stockmaß von nur 1,54 m. Battleship wurde von Bruce Hobbs geritten, der mit 17 Jahren und einer Größe von 1,90 m nicht nur der jüngste, sondern auch der größte Jockey war, der dieses Rennen gewinnen konnte.

Die Equus-Familie

ALLE MITGLIEDER DER Familie *Equus* weisen ähnliche Merkmale auf. Sie sind z. B. alle einzehig, d. h. das Körpergewicht wird von dem ehemals dritten Zeh getragen. Darüber hinaus sind sie Weidetiere, stellen keinen anderen Tieren nach und sind für schnelles Laufen ausgelegt. Es gibt zwei grundlegende Sozialstrukturen in der Equus-Familie, deren Mitglieder jedoch alle im Wesentlichen gesellige Tiere sind.

WISSENSWERTES:
Die Zähne eines Pferdes sollten zweimal pro Jahr von einem Pferdezahnarzt oder einem Tierarzt untersucht werden, der sie mit einer Raspel bearbeitet, um scharfe Kanten zu beseitigen, und kontrolliert, ob locker sitzende Zähne oder Entzündungen vorhanden sind.

HERDEN

DAS WILDE ODER halbwilde Pferd demonstriert das erste System, wobei die Pferde in kleinen Herden oder Harems leben, die sich aus einem geschlechtsreifen Hengst sowie mehreren Stuten und deren Nachwuchs zusammensetzen. Sie gehen langfristige Bindungen ein, und der Harem bleibt größtenteils eine sichere Sozialstruktur. Das Bergzebra und das Steppenzebra zeigen ein ähnliches Verhalten.

REVIERVERHALTEN

DAS ZWEITE SYSTEM beruht auf Revierbildung und ist insbesondere in der Brunftzeit deutlich zu beobachten. Die Hengste verteidigen ein Territorium mit Wasserquelle und guten Weidegründen, und die Stuten betreten dieses Revier, um sich zu paaren und ihre Fohlen aufzuziehen. Die Hengste haben einen äußerst ausgeprägten Beschützerinstinkt und verjagen rivalisierende Hengste sofort aus ihrem Gebiet.

Equide vermehren sich nur langsam. Die Trächtigkeit der Stuten beträgt zwischen elf und dreizehn Monaten, und sie gebären normalerweise nicht mehr als ein Fohlen. Stuten sind erst im Alter von zwei Jahren geschlechtsreif; Hengste gewöhnlich erst im Alter von mindestens drei Jahren. Die meisten Equiden können über zwanzig Jahre alt werden.

Oben
Dieses Grevy-Zebra ist das größte Mitglied der Familie der Zebras.

Unten
Das Zebra weist ähnliche Merkmale auf wie das Pferd. Beide sind Huftiere, und ihr Gewicht wird von dem dritten Zeh getragen.

ZEBRAS

ZEBRAS GEHÖREN der Equus-Familie an und lassen sich in drei verschiedene Arten unterteilen: das Grevy-Zebra, das Steppenzebra und das Bergzebra. Alle drei Arten leben in Afrika.

DAS GREVY-ZEBRA

DAS GREVY-ZEBRA ist zumeist in der Halbwüste im Norden Kenias zu finden und gilt als größtes Mitglied der Zebrafamilie. Es zeichnet sich gewöhnlich durch sehr schmale, dicht beieinander liegende schwarze Streifen aus, die sich über seinen gesamten Körper bis hinunter zu den Hufen erstrecken, und hat einen weißen Bauch. Außerdem besitzt es einen schwarzen Aalstrich, der zu beiden Seiten durch ein wenig Weiß abgesetzt ist. Es hat lange Beine, einen großen Kopf und eine lange Stehmähne mit schwarzem Rand. Seine Ohren sind groß und abgerundet, und er schreit wie ein Esel.

Die Trächtigkeit eines Grevy-Zebras beträgt 13 Monate, und nach der Geburt bleiben Mutter und Fohlen immer in der Nähe des Revierhengstes und der Wasserquelle. Die Fohlen beginnen erst im Alter von drei Monaten, Wasser zu trinken. Wenn die Mütter zum Wasserloch gehen, bleiben die Fohlen beim Revierhengst, der gewissermaßen als Babysitter fungiert. Grevy-Zebras sind die einzigen Equide, die dieses ungewöhnliche Verhalten zeigen. Die Fohlen beginnen früher mit dem Grasen als die meisten anderen Equide und nabeln sich somit in jüngeren Jahren von der Mutter ab. Das Grevy-Zebra wird ständig durch den Menschen bedroht, der in seinen Lebensraum eindringt.

DAS STEPPENZEBRA

DAS STEPPENZEBRA ist vor allem im Osten und Süden Afrikas anzutreffen. Es ist die bekannteste Zebraart. Das Steppenzebra ist kleiner und stämmiger als das Grevy-Zebra, und seine schwarzen und weißen Streifen, die seinen gesamten Körper bedecken, sind breiter und laufen unter seinem Bauch zusammen. Es besitzt ebenfalls eine gestreifte Stehmähne und zeichnet sich durch einen einzigartigen Ruf aus, der mehr einem Bellen ähnelt. In einigen Gebieten überschneiden sich die Weidegründe des Steppenzebras mit denen des Grevy-Zebras, und beide Arten sind in gemischten Herden anzutreffen. Es wird jedoch nicht angenommen, dass sie sich untereinander paaren.

Das Steppenzebra teilt sich in verschiedene Unterarten auf, von denen das Grant-Zebra das bekannteste und am besten erforschte ist. Das Chapman-Zebra, eine weitere Unterart des Steppenzebras, zeichnet sich durch ausgeprägte breite Streifen aus, die sich mit dünneren, helleren Streifen abwechseln. Die Beine weisen überhaupt keine Streifen auf, und an der Hinterhand gehen die Streifen in einen kräftigen Braunton über.

Zwei andere Unterarten des Steppenzebras, das Burchell-Zebra und das Quagga-Zebra, sind inzwischen ausgestorben. Das Streifenmuster ist bei jedem Zebra unterschiedlich, sodass es Forschern möglich war, bestimmte Tiere über einen langen Zeitraum zu identifizieren und zu studieren.

DAS BERGZEBRA

ES GIBT ZWEI Unterarten des Bergzebras: das Hartmann-Zebra und das Cape-Bergzebra. Sie bilden keine großen Herden, weisen jedoch eine haremartige Sozialstruktur auf. Beide Bergzebraarten wurden durch die Jagd stark dezimiert und gelten inzwischen als bedrohte Tierart. Sie besitzen ein besonderes Merkmal, das als „Wamme" bezeichnet wird. Dabei handelt es sich um einen eckigen Hautlappen an der Kehle, der bei männlichen Tieren besonders ausgeprägt ist.

DER AFRIKANISCHE WILDESEL

DER AFRIKANISCHE Wildesel ist eine stark vom Aussterben bedrohte Tierart, deren einzige überlebende. Unterart, der Somali-Esel, nur noch in zwei kleinen Gebieten in Somalia und Äthiopien anzutreffen ist. Der Somali-Esel hat ein Stockmaß von ungefähr 1,30 m, sein Kopf ist im Verhältnis zu seinem Körper recht groß, und sein Fell hat eine gleichförmige hellgraue Farbe. Sein Maul ist weiß, und er hat weiße Ringe um die Augen und einen weißen Bauch. Außerdem zeichnet er sich durch eine schwarze Stehmähne, lange Ohren mit schwarzen Spitzen und schwarze Ringe im unteren Beinbereich aus und besitzt in einigen Fällen einen schwarzen Aalstrich. Die zweite Unterart des Afrikanischen Wildesels war der Nubische Esel, der vermutlich in den 50er Jahren ausstarb. Der Nubische Esel wird weithin als Vorfahre des Hausesels angesehen.

Oben
Der Somali-Wildesel ist eine bedrohte Tierart.

Unten
Diese Cape-Bergzebras haben die traditionelle Haremsstruktur beibehalten: Ein Hengst und mehrere Stuten bleiben zusammen und bilden eine sichere und stabile Gruppe.

ONAGER UND KIANGS

SOWOHL ONAGER als auch Kiangs sind eselartige Equide, die in Tibet, der Mongolei und Asien beheimatet sind und unter dem Begriff „Asiatische Esel" zusammengefasst werden können. Kiangs bekommen im Winter ein dickes langes Fell, das sie vor der extremen Kälte ihres hoch gelegenen Lebensraums schützt. Ihr Winterfell ist braun; das Sommerfell wird jedoch heller. Es nimmt einen eher kastanienfarbenen Ton an und zeichnet sich durch einen dunklen Aalstrich aus. Bauch, unterer Beinbereich und Maul sind im Allgemeinen hell. Es gibt zwei Unterarten von Kiangs.

Onager sehen den Kiangs recht ähnlich, sind jedoch kleiner und feiner und haben ein helleres Fell. Ihr Kopf ist eselartig mit langen Ohren und einer kurzen Stehmähne. Es gibt etwa fünf Unterarten von Onagern.

DER HAUSESEL

DER ESEL wird in Ägypten angeblich bereits seit 4000 v. Chr. als Haustier gehalten und wurde zum Hauptlasttier der Ägypter und Afrikaner. Aufgrund seiner Vielseitigkeit spielte er bei der Entwicklung des Fernhandels eine bedeutende Rolle, war leicht auszubilden und stellte eine nützliche Nahrungsquelle dar. Eselsmilch wurde im Allgemeinen nicht nur als Getränk, sondern auch als Kosmetikprodukt verwendet, das einer weißen Haut förderlich sein sollte. Darüber hinaus wurden Esel zum Säen und Dreschen eingesetzt. Man nimmt an, dass der Esel Europa um 2000 v. Chr. erreichte, und dass Christopher Columbus 1495 die ersten Esel in die Neue Welt einführte. Der Esel wurde in der ganzen Welt zu einem beliebten Arbeitstier. Er verursacht wenig Kosten, braucht kaum Pflege und besitzt große Ausdauer und Widerstandskraft. Daher wird er in ärmeren Ländern immer noch häufig eingesetzt. Im Laufe der Jahre wurden Esel für allerlei besondere Zwecke gezüchtet: z. B. um Maultierrassen zu veredeln oder als Schau- und Haustiere. Es gibt sie in vielen verschiedenen Formen, Farben und Größen, obwohl die häufigste Eselart von graufalber Farbe ist und einen hellen Bauch, ein helles Maul und helle Augenringe sowie einen dunklen Aalstrich, ein Schulterkreuz und sehr lange Ohren mit dunklen Spitzen aufweist. Der Esel zeichnet sich durch ein charakteristisches, sehr lautes Schreien aus. Der Begriff „Esel" wird zu Unrecht häufig als Schimpfwort missbraucht.

Oben und Mitte links
Onager (siehe ganz oben) haben ihren Ursprung in Tibet und der Mongolei und sehen dem Asiatischen Esel (siehe oben) ähnlich.

Rechts Mitte
Die Vorfahren dieses Zwergesels wurden für verschiedene Geschirr- und Landarbeiten eingesetzt.

Unten
Esel werden bereits seit mehr als 6.000 Jahren als Haustiere gehalten.

Wildesels ähnelt. Sie sind im Allgemeinen grau mit weißem Bauch, weißem Maul und weißen Augenringen, einem dunklen Aalstrich auf dem Rücken und dunklen Streifen an Schulter und Beinen. Braun-, Schwarz-, Weiß- oder Rottöne kommen ebenfalls vor, und auch gescheckte Burros sind zu finden.

MAULTIERE UND MAULESEL

EIN MAULTIER IST eine Kreuzung aus Eselhengst und Pferdestute, während ein Maulesel das Ergebnis einer Kreuzung aus Eselstute und Pferdehengst darstellt. Im Allgemeinen gilt, dass ein Maultier von vorn wie ein Esel und von hinten wie ein Pferd aussieht: Es hat einen Eselkopf mit langen Ohren, eine Stehmähne, starke Beine und eine pferdeähnliche Hinterhand mit einem langen Schweif. Ein Maulesel sieht von vorn einem Pferd und von hinten einem Esel ähnlich. Maultiere und Maulesel sind fast immer unfruchtbar, und das Züchten von Maultiere ist im Allgemeinen einfacher als das Züchten von Mauleseln.

Maultiere sind beliebter und häufiger anzutreffen. Sie sind außerordentlich kräftig und ausdauernd und zeichnen sich gewöhnlich durch eine gutmütige, ruhige Wesensart aus. Im Laufe der Jahre wurden Maultiere für eine Vielzahl verschiedener Arbeiten verwendet. So waren sie z. B. als Reittier bei Geistlichen beliebt, zogen Feuerwehrgeräte, dienten in der Armee zum Ziehen von Artilleriegeschützen und Abtransport der Verwundeten vom Schlachtfeld, arbeiteten in Bergwerken und wurden für landwirtschaftliche Arbeiten eingesetzt. Obwohl die Anzahl der Maultiere während der 40er und 50er Jahre stark zurückging, wurden sie inzwischen in Amerika als Freizeitreittier wiederentdeckt und nehmen sogar an Springturnieren teil. Es ist möglich, Maultiere verschiedener Größe und unterschiedlichen Gewichts zu züchten, sodass z. B. große und schwere Tiere für Arbeiten im Geschirr und kleinere, edlere Arten zum Reiten entstehen.

BURROS

MIT DEM SPANISCHEN Namen „Burro" werden halbwilde Esel in den Vereinigten Staaten bezeichnet. Die heutigen Burros sind höchstwahrscheinlich Nachfahren von Eseln, die gegen Ende der Bergbauära im späten 19. Jahrhundert sich selbst überlassen wurden. Sie sind häufig kleiner als Hausesel und haben sich dem Leben in freier Wildbahn angepasst, indem sie wendiger und flinker wurden und sich eine schnelle Gangart zulegten, die der des Afrikanischen

WISSENSWERTES:
Secretariat, der den Spitznamen Big Red trug, war eines der berühmtesten amerikanischen Rennpferde aller Zeiten. 1970 als Sohn von Something Royal und Bold Ruler geboren, wurde Secretariat 1972 in Amerika zum Pferd des Jahres gewählt und gewann 1973 die Triple Crown. Er siegte auf neun verschiedenen Rennbahnen und verlor nur fünf von 21 Rennen.

Oben links
Burros sind die halbwilden Esel der Vereinigten Staaten.

Oben rechts
Dieses Maultier stammt von einem Eselhengst und einer Pferdestute ab. Maultiere sind grundsätzlich unfruchtbar.

Unten
Esel werden noch immer für leichte Arbeiten im Geschirr verwendet.

Was ist eine Pferderasse?

ALLE PFERDE sind Mitglieder der Familie der *Equidae* und gehören der modernen Gattung *Equus* an, innerhalb derer sie als *Equus caballus* zusammengefasst werden. Die Art des *Equus caballus* ist in weitere Rassen unterteilt. Der Begriff „Rasse“ bezeichnet eine Gruppe von Tieren mit gleichen charakteristischen Vererbungsmerkmalen. Jede Rasse hat gemeinsame Vorfahren und daher eine ähnliche genetische Zusammensetzung. Man unterscheidet zwischen natürlichen Rassen und künstlichen Rassen.

NATÜRLICHE RASSEN

ZU DEN NATÜRLICHEN Rassen zählen Tiere, die durch natürliche Selektion bestimmte Eigenschaften ausgebildet haben, welche ihnen das Überleben in ihrer jeweiligen Umgebung ermöglichten und die sie an nachfolgende Generationen weitergaben. Ein Beispiel ist das baskische Pottiockpony, dem im Winter dicke Barthaare auf der Oberlippe wachsen, um es vor den stacheligen Pflanzen zu schützen, von denen es sich bei Futtermangel ernähren muss. Auch wenn der Tarpan eine nachgezüchtete Rasse darstellt, besitzt er immer noch das charakteristische Fell seiner Vorfahren, das im Winter weiß wird. Diese Tarnung schützte ihn ursprünglich vor Raubtieren.

Oben
Dieser Araberhengst stammt von einer der reinsten Rassen ab, da durch das Stutbuch Kreuzungen mit anderen Rassen unterbunden wurden.

Mitte
Ein Beispiel für eine natürliche Rasse ist das Pottiock-Pony, das sich den Anforderungen seiner Umgebung angepasst hat.

Unten
Durch Kreuzungen wurden Pferde erzeugt, die Qualitäten für bestimmte Wettkämpfe besitzen. Dieser Hannoveraner eignet sich z. B. hervorragend für die Dressur.

KÜNSTLICHE RASSEN

VIELE MODERNE Rassen wurden jedoch größtenteils künstlich erzeugt. Der Mensch wählte bestimmte Eigenschaften und Merkmale verschiedener Einzeltiere aus und schuf durch Kreuzungen Pferde, die bestimmten Zwecken dienlich waren.

DAS STUTBUCH

ZUCHTVERBÄNDE legen die Bestimmungen für die Zuchtverfahren fest und sind für die Führung des Stutbuchs zuständig. Die Zuchtverbände stellen bestimmte Anforderungen in Bezug auf die Größe, das Exterieur, den Gang und in einigen Fällen auch die Farbe des Pferdes, die erfüllt werden müssen, damit es als der jeweiligen Rasse zugehörig anerkannt wird.

Es gibt zwei Arten von Stutbüchern: offene und geschlossene. Ein offenes Stutbuch ermöglicht es einem Pferd, dessen Eltern einer anderen eingetragenen Rasse angehören, für eine bestimmte Rasse zugelassen zu werden, sofern es den Anforderungen entspricht. Ein geschlossenes Stutbuch lässt die Eintragung eines Pferdes nur zu, wenn beide Eltern als der jeweiligen Rasse zugehörig eingetragen sind. Diese Art von Stutbuch sorgt für wesentlich reinere Rassen. Ein gutes Beispiel dafür ist z. B. das Stutbuch der Araber.

ENTWICKLUNG DER PFERDERASSEN

PFERDERASSEN bildeten sich aus, als der Mensch damit begann, Tiere für bestimmte Zwecke zu züchten. Das schwere Zugpferd wurde für landwirtschaftliche Arbeiten entwickelt und bildete auf diesem Gebiet spezielle Fähigkeiten aus. Ein Ableger dieser Rasse war das leichte Zugpferd, das sowohl für leichte landwirtschaftliche Arbeiten als auch zum Ziehen von Lasten geeignet war. Das Wagen- bzw. Kutschpferd wurde als leichtere, schnellere Rasse entwickelt, die sich für Arbeit im Geschirr und leichte Zugarbeiten eignete. Das Sattelpferd war, wie der Name schon sagt, das ideale Reitpferd.

Heute gibt es viele Kreuzungen aus den verschiedenen Hauptgruppen, da es inzwischen darauf

WISSENSWERTES:
In England ging Lady Godiva 1040 mit ihrem Ehemann Leofric dem Dänen einen Handel ein, um die hohen Steuern zu senken, die er dem Volk von Coventry auferlegt hatte. Es wurde vereinbart, dass Leofric die Steuern senken würde, wenn Lady Godiva auf ihrem Pferd nackt durch die Straßen ritte und alle Stadtbewohner in den Häusern blieben, um ihr die Scham zu ersparen. Jeder von ihnen hielt seinen Teil der Abmachung. Lady Godiva ritt mit nichts als ihren langen Haaren bekleidet durch die Stadt, und Leofric senkte die Steuern.

ankommt, gute Reitpferde zu erzeugen. Die Mechanisierung hat die Zug- und Kutschpferde verdrängt, doch werden diese schwereren Rassen häufig erfolgreich mit leichteren Rassen zu ausgezeichneten mittelgewichtigen Reitpferden gekreuzt. Es gibt auch verschiedene Ponyrassen, die sich ebenfalls in unterschiedliche Gruppen unterteilen lassen. Einige Rassen sind eher zum Reiten und andere mehr zum Fahren geeignet. Es gibt jedoch auch viele „Reit- und Fahrrassen", wie z. B. das Welshpony, das sich hervorragend in beiden Bereichen einsetzen lässt.

Das zunehmende Kreuzen verschiedener Rassen hat inzwischen zu einer Dezimierung vieler einst genetisch isolierter Rassen geführt. Ein Beispiel dafür ist der Strelitz-Araber, der bei der Entwicklung des Terskers in der ehemaligen UdSSR vollständig absorbiert wurde und inzwischen nicht mehr als eigenständige Rasse besteht. Insbesondere in den USA gibt es viele junge, neu entwickelte Rassen, wie z. B. das American Walking Pony, das erst seit 1968 als Rasse eingetragen wurde.

KATEGORIEN

ES GIBT drei verschiedene Kategorien, nach denen ein Pferd klassifiziert werden kann: Heiß-, Kalt- oder Warmblut. Typische Beispiele für heiß- bzw. vollblütige Pferde sind der Araber und der Achal-Tekkiner. Diese feinknochigen und schnellen Pferde haben häufig ein feuriges Temperament. Da sie ursprünglich in der Wüste beheimatet waren, sind sie unempfindlich gegen extreme Hitze, und ihre Haut und ihr Fell sind gewöhnlich sehr dünn. Das Kaltblutpferd stammt aus Nordeuropa und wird durch schwere Zugpferde wie den Suffolk Punch oder den Shire verkörpert. Diese Pferde sind groß und kräftig und zeichnen sich durch eine ruhige und sanfte Wesensart aus. Das Warmblut ist eine Mischung aus beiden, und seine Vorfahren stammen sowohl von heißblütigen als auch von kaltblütigen Rassen ab. Als typisches Beispiel für Warmblüter sind u. a. der Trakehner und das Dänische Warmblut zu nennen.

DEFINITION DER VERSCHIEDENEN TYPEN

ES GIBT verschiedene Pferde- und Ponytypen, die keine Rasse bezeichnen, jedoch bestimmte Merkmale und Eigenschaften besitzen. Bei einem „Typ" handelt es sich um ein Pferd oder Pony, das für einen bestimmten Zweck geeignet ist, jedoch einer beliebigen Rasse angehören kann. Ein Hack kann z. B. ein beliebiges gut proportioniertes Qualitätspferd mit hohem Vollblutanteil sein. Genauso kann es sich bei einem Hunter um ein beliebiges Pferd handeln, das auf Jagden geritten wird, auch wenn es in der Regel Qualitäten wie Ausdauer und Mut besitzen sollte. Bei der Beurteilung eines Pferdes lässt sich häufiger recht leicht sagen, um welchen Typ es sich handelt, ohne die jeweilige Rasse zu kennen.

Oben
Bestimmte Rassen wie dieser Suffolk Punch wurden für schwere landwirtschaftliche Arbeiten entwickelt.

Mitte
Diese Achal-Tekkiner sind heißblütige Pferde, die ursprünglich in der Wüste beheimatet waren.

Unten
Dieses Holländische Warmblut ist eine Mischung aus heiß- und kaltblütigen Rassen.

Der Cob

ES GIBT ZWAR DIE beiden Rassen Welsh Cob und Norman Cob, doch wird mit dem Begriff „Cob" auch ein Pferdetyp bezeichnet, der in erster Linie aus Irland und England stammt. Für Cobs gibt es keinen festgelegten Rassestandard, und sie können durch verschiedene Kreuzungen erzeugt werden. Sie besitzen jedoch ähnliche Merkmale. Der Cob ist recht eindeutig erkennbar, und bei vielen erstklassigen Pferdeschauen in England gibt es sogar spezielle Cob-Klassen, die in „light-weight" (leicht), „heavy-weight" (schwer) und „working" (Jagdpferd) unterteilt sind. Im Allgemeinen ist ein Cob das Ergebnis von Irish Draught-Kreuzungen, obwohl es sich bei einigen Cobs um reinrassige Irish Draught-Pferde handelt, andere aus Welsh Cobs gezüchtet werden und wieder andere das Produkt von Kreuzungen zwischen einem schweren Pferd und einem Vollblut bzw. einem Cleveland Bay darstellen.

Diese Seite
Diese Pferde besitzen die archetypischen Merkmale der Cobs, wie z. B. einen ansprechenden Gesichtsausdruck und einen kurzen gebogenen Hals.

EXTERIEUR

DER COB SOLLTE einen attraktiven und edlen Kopf besitzen. Er hat häufig einen sehr sensiblen und ehrlichen Gesichtsausdruck – Qualitäten, die in der Tat sehr gefragt sind. Er neigt zu einem kurzen gebogenen Hals, der den Proportionen des Körpers entsprechen sollte, und seine Mähne wird nahezu ausnahmslos komplett geschoren, um seine attraktive Halslinie zu betonen. Cobs sind stämmig und robust gebaut und haben eine breite und tiefe Brust mit viel Raum zwischen den Vorderbeinen.

Sie sollten einen kompakten Brustkorb besitzen mit runden Rippen und großer Gurtentiefe, was ihre ohnehin recht kurzen Beine häufig noch kürzer erscheinen lässt. Die Hinterhand sollte gut bemuskelt, breit und wohlgeformt sein, während die Beine trotz ihrer Kürze eine sehr gute Knochenstruktur und breite flache Gelenke aufweisen sollten. Der Schweif von Cobs wurde früher häufig kupiert, eine gängige Praxis bei Pferden, die im Geschirr gingen. Einerseits sollte dadurch vermieden werden, dass sich der Schweif verfängt, andererseits hatte es jedoch auch kosmetische Gründe. 1948 wurde das Kupieren in Großbritannien gesetzlich verboten.

WISSENSWERTES: Weben ist eine Stalluntugend, bei der das Pferd in seiner Box steht und von einem Fuß auf den anderen tritt und dabei ständig seitlich hin und her schaukelt. Stress, Langeweile, Anspannung und Aufregung sind häufig die Auslöser für das Weben, und wenn sich ein Pferd das Weben erst einmal angewöhnt hat, ist es schwer, ihm diese Gewohnheit wieder auszutreiben.

Manchmal wird das Exterieur eines Pferdes, das eigentlich kein Cob ist, als „cobartig" bezeichnet, d. h. es sieht stämmig und kräftig aus und besitzt einen kompakten Körper und kurze Beine. Im Allgemeinen haben Cobs recht steile Schultern, um eine relativ kurze, hohe Aktion zu ermöglichen. Sie haben in der Regel ein Stockmaß von etwa 1,52 m, können jedoch auch größer sein. Für die Teilnahme an Schauklassen darf ihr Stockmaß jedoch nicht mehr als 1,55 m betragen. Die Farbe spielt bei den Cobs keine Rolle.

MERKMALE DES COBS

COBS SIND AUSGEZEICHNETE Gewichtsträger, und trotz seiner relativ geringen Größe sollte ein Cob in der Lage sein, einen Reiter bei einer Jagd einen ganzen Tag lang zu tragen. Das Exterieur dieser „Kraftpakete" ähnelt mehr dem einer schweren Pferderasse und hat mit leichten Pferden wenig gemein. Sie sind zwar mehr auf Kraft als auf Schnelligkeit ausgelegt, doch könnte man sie mit einem alten Rolls Royce vergleichen: Wenn ein Cob erst einmal in Fahrt kommt, kann er überraschend schnell laufen. Er ist äußerst vielseitig und gibt häufig ein hervorragendes Familienpferd ab, da er sich aufgrund seiner ruhigen und freundlichen Wesensart sowohl für Erwachsene als auch für Kinder als Reittier eignet.

Er wird immer noch häufig als Zugtier eingesetzt, und ein guter Cob im Geschirr bietet einen äußerst schönen Anblick. Cobs können springen und haben die Ausdauer, bei Jagden einen ganzen Tag lang über Hindernisse zu setzen. Sie haben gewöhnlich eine sensible und ruhige Persönlichkeit und zeichnen sich durch eine freundliche Wesensart aus.

Der Hack

EIN HACK ist eine ganz besonders elegante Art von Turnierpferd. Bei den Hacks handelt es sich größtenteils eigentlich um Vollblüter oder Kreuzungen zwischen Vollblütern und Anglo-Arabern, und sie sind daher meistens heißblütig. Die Merkmale eines Arabers dürfen jedoch nicht zu offensichtlich sein und werden im Ring nicht gerne gesehen. Sie haben im Allgemeinen ein Stockmaß von 1,47 bis 1,60 m und können jede beliebige Vollfarbe haben. Der Hack ist der Inbegriff der guten Züchtung, besitzt ein perfektes Exterieur und ausgezeichnete Manieren – er ist gewissermaßen der Aristokrat unter den Pferden.

EXTERIEUR

DER HACK SOLLTE einen äußerst edlen Kopf mit einem geraden Profil besitzen, weder konvex noch konkav. Der Hals sollte einer „guten Zügellänge" entsprechen und elegant und gut ausgebildet sein. Die Brust sollte breit und tief sein – allerdings nicht zu breit – und die Schultern ein perfektes Exterieur aufweisen. Sie sollten leicht abfallen, um den charakteristischen frei fließenden, flachen und geschmeidigen Gang zu ermöglichen, für den der Hack bekannt ist. Der Rücken des Hacks sollte weder zu lang noch zu kurz und perfekt proportioniert sein, und er sollte eine gute Gurtentiefe und einen wohlgeformten Brustkorb besitzen. Die Hinterhand sollte rund, jedoch nicht übermäßig schwer sein. Der Hack sollte gute gesunde Beine haben, die weder Beulen noch Narben aufweisen. Die Beine dürfen jedoch nicht zu schlank sein, und die Breite des Knochens unter dem Vorderfußwurzelgelenk sollte mindestens 20 cm betragen. Die Hinterbeine müssen besonders gerade sein mit einem ausgeprägten Unterschenkel. Auf dem Turnierplatz werden vom Hack eine ruhige Gangart sowie eine starke Persönlichkeit und elegante Haltung erwartet.

MERKMALE DES HACKS

WÄHREND DES 19. Jahrhunderts gab es zwei Arten von Hacks: den Covert Hack und den Park Hack. Der Unterschied zwischen ihnen war recht groß. Der Covert Hack wurde dazu verwendet, seinen Reiter zum Stelldichein von Jagden zu bringen und war ein elegantes und qualitätsvolles Vollblutpferd. Er musste gute Manieren und einen guten weichen Gang haben. Da er nicht für die Jagd eingesetzt wurde, besaß er jedoch keine Ausdauer und Stärke, und auch sein Galoppiervermögen war von untergeordneter Bedeutung. Den Covert Hack gibt es nicht mehr. In den heutigen Schauklassen für Reitpferde findet man am ehesten Pferde, die diesem Typ nachkommen. Diese Pferde waren zwar wirklich schön anzusehen, besaßen jedoch nicht dieselbe Eleganz und Grazie wie der Show Hack. Der Park Hack war das Pferd, auf dem die feinere Gesellschaft in beliebten Gegenden wie Rotten Row in London auszureiten pflegte. Sie mussten äußerst gute Manieren und viel Ausstrahlung besitzen, um ihren Reiter so gut wie möglich in Szene zu setzen.

Das moderne Gegenstück des Park Hacks ist der Show Hack, für den es verschiedene Schauklassen gibt. Der Show Hack kann einzeln oder paarweise vorgestellt werden, wobei Letzteres besonders beeindruckend ist. Einzelklassen gibt es für kleine Hacks (1,47 - 1,52 m), große Hacks (1,52 - 1,60 m) und Ladies' Hacks (1,47 - 1,60 m), die unter dem Damensattel vorgestellt werden. Die Hacks werden im Schritt, Trab und Arbeitsgalopp gezeigt, und jedes Pferd muss eine Einzelvorstellung geben und wird außerdem vom Richter geritten.

WISSENSWERTES:
Die meisten Pferde sollten nach sechs bis acht Wochen neu beschlagen werden. Der jeweilige Zeitraum ist u. a. von der Häufigkeit abhängig, mit der das Pferd auf der Straße geritten wurde, sowie vom Hufwachstum, das von Pferd zu Pferd unterschiedlich ist.

Diese Seite
Aufgrund seines ausgezeichneten Charakters, seiner hervorragenden Anlagen und seines nahezu perfekten Exterieurs gilt der Hack als majestätischstes Pferd.

Der Hunter

HUNTER KÖNNEN sich rein äußerlich erheblich unterscheiden, zeichnen sich jedoch in der Regel alle durch Ausdauer, athletisches Vermögen, Mut und Verstand aus. Es herrscht weithin die Meinung vor, dass die besten Hunter aus Irland stammen. Sie basieren größtenteils auf Kreuzungen zwischen Irish Draught und Vollblut oder Cleveland Bay und können sogar ein wenig Ponyblut besitzen. Die Huntertypen variieren je nach den Anforderungen der verschiedenen Jagdgegenden. In größtenteils flachen und grasbewachsenen Regionen benötigt man einen Hunter mit einem höheren Vollblutanteil, da die Jagd hier wesentlich schneller geritten wird. In Gebieten mit schwerem lehmigem Boden oder unebenem Gelände ist eher ein warmblütiger Hunter geeignet.

WISSENSWERTES: „Wenn Wünsche Pferde wären, würden Bettler reiten“ ist ein altes Sprichwort und bedeutet, dass, wenn alle Wünsche in Erfüllung gingen, selbst die Ärmsten der Armen alles hätten, was sie wollten.

MERKMALE DES HUNTERS

EIN HUNTER muss ein gutes Gewicht haben, d. h. er muss einen starken Knochenbau besitzen und kräftig und robust sein. Schnelligkeit und eine kräftige Hinterhand werden jedoch ebenfalls vorausgesetzt. Ein besonders wichtiges Kriterium für einen Hunter ist Ausdauer.

Viele Jagdbegeisterte nehmen im Winter mindestens ein- oder zweimal pro Woche an einer Jagd teil, häufig bei schlechtem Wetter. Der Hunter muss in der Lage sein, mit dieser Belastung fertig zu werden, die recht erheblich ist, wenn man bedenkt, wie lang eine Jagd dauert und in welchem Tempo sie geritten wird. Er muss sowohl physisch als auch konstitutionell besonders stark sein, um diesen schweren Anforderungen gerecht zu werden.

Diese Seite
Dieses Pferd zeichnet sich durch eine gute Konstitution und Mut aus, die typischen Eigenschaften eines Hunters.

In einigen Fällen nimmt der Reiter zwei Pferde zum Stelldichein mit, um sein Reittier nach der ersten Hälfte des Tages wechseln zu können. Dies ist insbesondere dann angebracht, wenn auf dickem und schwerem Boden geritten wird, der selbst für das durchtrainierteste Pferd sehr anstrengend sein kann.

EXTERIEUR

DER HUNTER SOLLTE einen reizvollen Kopf besitzen und einen intelligenten, aufmerksamen Eindruck machen. Der Kopf des perfekten Hunters zeigt die Merkmale eines Vollbluts mit dem Einschlag des irischen Pferdes.

Der ideale Hunter sollte einen langen Hals mit guter Zügellänge und eine breite und tiefe Brust besitzen. Der Körper sollte kompakt und rundrippig mit einer guten Gurttiefe sein. Die Schultern müssen gut ausgebildet sein, um ein langes und raumgreifendes Ausschreiten zu ermöglichen. Die Hinterhand sollte muskulös und relativ breit sein, wobei die Hinterbeine einen gut bemuskelten Unterschenkel aufweisen sollten. Die Beine müssen kräftig und robust sein, damit das Pferd gut galoppieren und springen kann. Der Hunter muss eine gute Kondition besitzen und mutig sein, um sich auch von Furcht erregenden Hindernissen nicht abschrecken zu lassen. Dies gilt insbesondere für die Galway Blazers, eine irische Jagd, die für ihre draufgängerischen Sprünge berühmt und berüchtigt ist.

Ein guter Hunter muss ausgezeichnete Manieren besitzen und sofort auf Hilfen reagieren, darf beim Öffnen und Schließen von Gattern keine Probleme machen und muss sich nötigenfalls schnell anhalten lassen. Hunter gibt es je nach Größe des Reiters mit einem Stockmaß von 1,52 bis 1,83 m, und es finden sich auch viele Ponys mit den hervorragenden Jagdeigenschaften eines Hunters.

DER SHOW HUNTER

AUF TURNIEREN gibt es Schauklassen für leichte, mittelschwere und schwere Hunter sowie für Working Hunter. Die Schauklassen für leichte, mittelschwere und schwere Hunter sind für Pferde mit ähnlichen Qualitäten geeignet, wie sie in den Hackklassen gefordert werden. Sie müssen jedoch mehr Substanz und einen kräftigeren Knochenbau besitzen. An der Working Hunter-Klasse nehmen reine Jagdpferde teil. Sie müssen im Rahmen des Turniers einen Hindernisparcours bewältigen und dürfen ruhig weniger qualitätsvoll sein als der Show Hunter und eine kräftigere und massivere Statur besitzen. Es gibt auch Schauklassen für Working Hunter-Ponys, die im Allgemeinen nach ihrer Größe unterteilt werden. Working Hunter-Schauponys zeichnen sich wie die Pferde durch ihre hohe Qualität aus, doch sind natürlich Ponys aller Art und Größe auf dem Jagdgelände zu finden.

Oben
Dieser Hunter zeichnet sich durch seine kräftige Hinterhand aus, ein typisches Merkmal für diese schnelle und kraftvolle Pferdeart.

WISSENSWERTES:
Pferde haben wie der Mensch fünf wesentliche Sinne: Gehör, Sehvermögen, Geruchssinn, Geschmackssinn und Empfindungsvermögen. Man sagt ihnen jedoch im Allgemeinen nach, dass sie auch einen „sechsten Sinn" besitzen. Darunter wird die Fähigkeit verstanden, bevorstehende Wetterumschwünge und Gefahren zu wittern und menschliche Gefühle zu spüren.

Das Polopony

BEIM POLOPONY handelt es sich zwar nicht um eine Rasse, doch zeichnet es sich durch bestimmte Eigenschaften aus, die für das Polospiel unerlässlich sind: Ausdauer, Mut, Wendigkeit, Schnelligkeit, Gleichgewicht und Reaktionsfähigkeit. Offiziell ist das Polopony häufig eigentlich gar kein Pony mehr. Seit der Abschaffung der Größenbeschränkungsgesetze gegen Ende des Ersten Weltkrieges wurde das Polopony immer größer und erreicht inzwischen ein durchschnittliches Stockmaß von 1,52 bis 1,60 m. Es ist äußerst zäh, schnell und geschickt und geht gewöhnlich auf eine Vollblutkreuzung zurück, häufig mit einem Quarter Horse oder Criollo.

WISSENSWERTES:
Die ersten Straßenkutschen wurden Ende des 15. Jahrhunderts von ungarischen Handwerkern in dem Dorf Kocs entworfen und in Anlehnung an diesen Namen „Koksi" genannt.

Diese Seite
Auch wenn Poloponys keiner bestimmten Rasse angehören, weisen sie ähnliche Eigenschaften auf, die sie als hervorragende Pferde auf dem Spielfeld auszeichnen.

POLO

POLO IST ein altes Spiel, dessen Wurzeln bis in das Jahr 525 v. Chr. zurückreichen, und das vermutlich von Darius I. entwickelt wurde, dem dritten König von Persien, der seine weithin bewunderten persischen Pferde für das Spiel einsetzte. Polo wurde von Moslems aus dem Nordwesten in Indien eingeführt und gewann schnell an Beliebtheit. Die Briten lernten das Spiel in Indien kennen, und 1859 wurde der Silchar Club gegründet, der inzwischen älteste Poloclub der Welt. In Indien wurden ursprünglich Manipuris für diesen Sport eingesetzt, die mit einer Durchschnittsgröße von rund 1,27 m zwar sehr klein waren, jedoch eine unglaubliche Zähigkeit an den Tag legten. Die Briten führten das Spiel in Europa und den amerikanischen Ländern ein, doch sind es inzwischen die Argentinier, die sich in dieser Sportart einen Namen gemacht haben – nicht nur wegen ihres Geschicks auf dem Spielfeld, sondern auch als Züchter erstklassiger Poloponys, die einen immens hohen Verkaufspreis erzielen können.

WISSENSWERTES:
Ein ausgewachsenes männliches Pferd hat 40 Zähne und kann außerdem Wolfszähne ausbilden. Ein ausgewachsenes weibliches Pferd hat 36 Zähne, zu denen ebenfalls Wolfszähne hinzukommen können.

MERKMALE DES POLOPONYS

AUCH WENN die für das Polospiel verwendeten Tiere inzwischen größer sind als früher, sollten sie sich immer noch durch die kurzen und schnellen Galoppsprünge eines Ponys auszeichnen. Sie müssen schnell wenden können und äußerst reaktionsfähig sein. Diese Eigenschaften finden sich häufig im amerikanischen Quarter Horse, das aus diesem Grund inzwischen häufig für die Zucht von Poloponys verwendet wird. Ein gutes Polopony ist äußerst zäh, drahtig und intelligent und kann die nächste Bewegung auf dem Spielfeld vorausahnen.

EXTERIEUR

DER KOPF DES Poloponys weist häufig die Merkmale des Vollblüters in ihm auf, und es besitzt einen schlanken und muskulösen Hals. Die Mähne wird grundsätzlich geschoren, damit sich der Poloschläger nicht darin verfangen kann. Das Polopony hat häufig einen ausgeprägten Widerrist und einen schlanken drahtigen Körper. Die Hinterhand ist muskulös, und die Beine sind gerade und kräftig. Die Röhrbeine sind gewöhnlich kurz und kräftig und die Hufe fest und gesund. Poloponys kommen in allen Farben vor.

Das Riding Pony

DAS BRITISCHE RIDING PONY ist im Grunde genommen die Ponyausführung des Hacks. Bis auf die Größe sollten Erscheinungsbild und Exterieur dem eines Hacks entsprechen, jedoch auch einige Ponymerkmale aufweisen – alles in allem sollte das Riding Pony wie ein kleines Pferd aussehen. Die Züchtung von erstklassigen Riding Ponys hat sich geradezu zu einer Wissenschaft entwickelt, um Anmut, Qualität und Bewegungsfreiheit in dem richtigen Verhältnis mit Ponymerkmalen zu kombinieren. Das Riding Pony ist das Ergebnis einer Kreuzung zwischen einheimischen Ponystuten wie Welsh-, Dartmoor- oder manchmal auch Exmoor-Ponys mit einem kleinen Vollblut- bzw. Araberhengst. Ein bemerkenswerter Araberhengst namens Naseel war maßgeblich an der Entwicklung des Riding Ponys beteiligt.

EXTERIEUR

DAS RIDING PONY sollte sehr elegant und anmutig sein und perfekte Manieren besitzen. Es zeichnet sich normalerweise durch sein schönes Äußeres mit einem korrekten und wohlproportionierten Exterieur und einem kleinen, intelligenten Kopf mit großen, weit auseinander liegenden Augen aus. Der Kopf muss Ponymerkmale aufweisen. Das Riding Pony sollte eine gute Gurtentiefe und eine kompakte, gut bemuskelte Hinterhand besitzen. Die Beine sollten gesund und kräftig sein mit kurzen Röhrbeinen. Die Bewegungen sollten fließend sein und aus der Schulter heraus erfolgen, mit gut untertretender Hinterhand. Riding Ponys werden je nach Stockmaß in drei Kategorien unterteilt: bis zu 1,27 m, bis zu 1,37 m und bis zu 1,47 m. Sie können in beliebigen Vollfarben auftreten. Das Poney Français de Selle ist das französische Pendant des britischen Riding Ponys, besitzt jedoch nicht dieselbe Qualität und Raffinesse. Es wird als Vielseitigkeitspony für verschiedene Ponyclub-Aktivitäten gezüchtet und gilt als äußerst nützlich.

WISSENSWERTES:
Beim Pferderennen wird ein unerwarteter Gewinner als „Außenseiter" bezeichnet. Dieser Begriff wird auch in der Politik verwendet, z. B. für einen Kandidaten, dessen Nominierung als unwahrscheinlich gilt, der dann jedoch gewählt wird, wenn die Parteiführer sich nicht auf einen anderen Kandidaten einigen können.

Diese Seite
Das Riding Pony ist ein hübsches Pony, das insbesondere durch den Araber beeinflusst wurde.

WISSENSWERTES:
Der berühmt-berüchtigte Sprung „Becher's Brook" in Aintree wurde nach Hauptmann Becher benannt, der hier beim ersten Grand National schwer stürzte.

Das Pony

PONYS WERDEN auf zwei Arten definiert: entweder lediglich nach ihrer Größe oder nach Größe, Exterieur und ponytypischen Merkmalen. Pferde und Ponys werden meist in Zentimetern vom Boden bis zum Widerrist (Stockmaß) gemessen. Pferde mit einem Stockmaß von bis zu 120 Zentimetern gelten als Ponys. Bei einem Stockmaß von 120 bis 148 Zentimetern handelt es sich um ein Kleinpferd und bei einem Stockmaß von über 148 Zentimetern um ein Pferd. Es ist jedoch ratsam, bei der Beurteilung von Pferden oder Ponys auch das Exterieur und die Eigenschaften und Merkmale zu berücksichtigen. Dies gilt insbesondere für die Unterscheidung zwischen Kleinpferd und Pony. Der Araber wird z. B. unabhängig von seiner Größe fast immer als Pferd angesehen, was teilweise auf sein wildes Temperament und sein pferdeartiges Exterieur zurückzuführen ist.

WISSENSWERTES:
Ponys können nach ihrer Größe und ihren Eigenschaften definiert werden.

Oben
Das Wachstum des Shetlandponys wurde gehemmt, da es ursprünglich aus einer sehr rauen Umgebung stammt.

Oben und rechts
In Australien und auf der Insel Chincoteague vor der Küste des Staates Virginia in den USA gibt es immer noch wild lebende Ponyherden.

WACHSTUM DES PONYS

RASSEN AUS BESONDERS kargen Lebensräumen, in denen ein raues Klima vorherrscht und nur minderwertiges Futter zu finden ist, können in ihrem Wachstum beeinträchtigt werden – trotz ihrer an sich kleinen Größe würden einige von ihnen unter günstigeren Bedingungen um einiges wachsen. Einige in diesem Kapitel aufgeführten Rassen zeichnen sich lediglich durch ihre Größe aus. Ein Beispiel ist das Kaspische Pony, das nicht größer als 1,22 m wird und trotzdem als kleines Pferd gilt.

Ponys besitzen ein typisches Exterieur und sind im Verhältnis zu ihrer Größe im Allgemeinen untersetzter und stämmiger. Sie haben häufig einen runden Widerrist und einen kurzen, kräftigen Rücken. Sie sind meistens kurzbeinig mit kurzen und kräftigen Röhrbeinen. Dies und ihr stämmiger Körperbau ermöglichen es ihnen, trotz ihrer geringen Größe beachtliche Lasten zu tragen.

Die meisten Ponys besitzen einen charakteristischen Kopf mit einer breiten Stirn, der zum Maul hin schmaler wird, und kleine bewegliche Ohren. Im Winter bekommen die Ponys ein außerordentlich dickes Fell, und die meisten haben dickes, schützendes Langhaar. Ponys zeichnen sich durch ihre einzigartige Trittsicherheit und ihren hochentwickelten Selbsterhaltungstrieb aus und scheinen häufig mehr Persönlichkeit zu besitzen als viele Pferde. Sie haben gewöhnlich eine höhere Knieaktion als ein Pferd und besitzen im Allgemeinen eine ruhige Wesensart, wodurch sie insbesondere für Kinder geeignet sind.

Über die Jahrhunderte wurden Ponys für viele verschiedene Zwecke eingesetzt – sei es zum Ziehen römischer Streitwagen, im Bergbau, als Kriegspferd, im Zirkus, als Kutschpferd, bei Fahrturnieren und natürlich zum Reiten. Ponys sind äußerst vielseitig und haben im Verlauf der Geschichte alle nur erdenklichen Aufgaben erfüllt.

RASSEINFORMATIONEN	
NAME	Amerikanisches Shetlandpony
GRÖSSE	Bis zu 1,16 m
FARBVARIATIONEN	Alle Vollfarben
URSPRUNGSLAND	Vereinigte Staaten

Das Amerikanische Shetlandpony

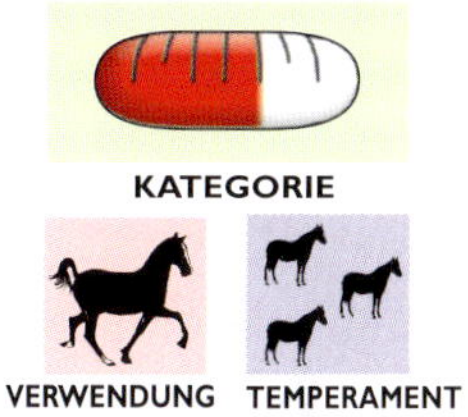

DIE ERSTEN SCHOTTISCHEN Shetlandponys wurden 1885 von Eli Elliot nach Amerika importiert. Diese Ponys stellten den Grundstock für die Entwicklung des Amerikanischen Shetlandponys dar, das inzwischen nur noch wenig Ähnlichkeit mit dem ursprünglichen Shetlandpony hat. Das Zentrum der Amerikanischen Shetlandpony-Zucht liegt zwar im Staat Indiana, doch gewann dieses Tier schnell an Beliebtheit und ist inzwischen überall in den Vereinigten Staaten zu finden.

Durch die Kreuzung von Shetlandponys mit Hackney-Ponys und später mit kleinen Arabern und Vollblütern entstand allmählich eine neue charakteristische Rasse. 1888 wurde der American Shetland Pony Club gegründet, der inzwischen zwei Stutbücher führt – Abteilung A und Abteilung B. In Abteilung A werden reine Shetlandponys registriert, wohingegen Abteilung B Ponys vorbehalten ist, deren einer Elternteil Abteilung A entstammt, während der andere Elternteil ein Hackney- bzw. Welshpony oder ein Fahrschaupony ist. Diese kleinen Ponys zeichnen sich gewöhnlich durch Qualität und Charakter aus und ähneln in Körperbau und Haltung zwar dem Hackney-Pony, besitzen jedoch die Ausdauer und Zähigkeit des Shetlandponys sowie dessen dichtes Langhaar. Sie sind äußerst vielseitig und geben nicht nur im Geschirr ein schönes Bild ab, sondern sind auch für Kinder hervorragend geeignet.

Das Amerikanische Shetlandpony ist in verschiedenen Turnierbereichen unter dem englischen wie auch dem Western-Sattel zu finden, einschließlich Springen, Dressur, Gymkhana, Trabrennen und verschiedenen Fahrturnieren. Die Rasse ist in den Vereinigten Staaten inzwischen äußerst beliebt, und die edelsten Exemplare werden zu enormen Preisen gehandelt.

WISSENSWERTES:
Vierspänner-Rennen wurden bei den Olympischen Spielen erstmals 684 v. Chr. eingeführt.

Das Amerikanische Shetlandpony hat einen intelligenten und edlen Kopf, der häufig lang ist und nicht die typischen Ponymerkmale besitzt. Sein Hals ist muskulös und gebogen, ähnelt vom Ansatz her dem des Hackney-Ponys und wird auch ähnlich getragen. Shetlandponys haben häufig einen langen und schmalen Rücken mit einer breiten muskulösen Hinterhand und einem für eine Ponyrasse ungewöhnlich hohen Widerrist. Der gute Schulterwinkel ermöglicht die extravagante Knieaktion, die dem des Hackney-Ponys ähnlich ist. Die Beine sind zumeist lang und schlank mit langen Röhrbeinen, und die Hinterbeine sind in Hackney-Pony-Manier hinter dem Körper lang ausgestreckt. Für diese Rasse wird jede Vollfarbe akzeptiert. Ihr Stockmaß beträgt bis zu 1,16 m.

Oben links
Das Amerikanische Shetlandpony hat kaum noch Ähnlichkeit mit seinem robusten Vorfahren von den Shetlandinseln in Schottland.

Mitte und unten
Das Amerikanische Shetlandpony wird häufig bei Fahrturnieren eingesetzt und besitzt die Haltung und Gangart eines Hackney-Ponys.

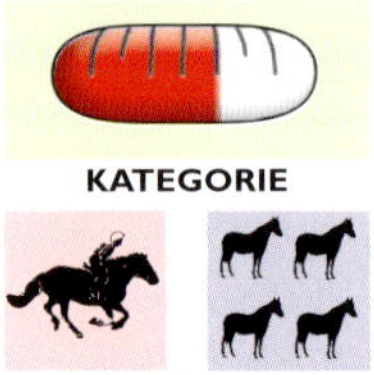

KATEGORIE

VERWENDUNG TEMPERAMENT

American Walking Pony

RASSEINFORMATIONEN	
NAME	American Walking Pony
GRÖSSE	Bis zu 1,42 m
FARBVARIATIONEN	Alle Vollfarben
URSPRUNGSLAND	Vereinigte Staaten

DAS AMERICAN WALKING PONY, dem ein „traumhafter" Gang zugeschrieben wird, ist ein größeres, äußerst schönes Pony mit einem dem Araber ähnlichem Aussehen. Joan Hudson gründete 1968 das Stammbuch für diese Rasse. Obwohl die Rasse einen feststehenden Typ und bestimmte Merkmale aufweist, dauerte es fast 14 Jahre, bis durch immer wieder neue Kreuzungen die richtige Kombination gefunden wurde. Ziel war es in erster Linie, ein größeres Pony von ausgezeichneter Qualität und Schönheit für den Schauring zu züchten.

Die Kreuzung, die den Grundstock dieser Rasse bildete, bestand aus einem eingetragenen Tennessee Walking Horse und einem eingetragenen Welshpony. Die Welshstute Browntree's Flicka war maßgeblich an der frühen Entwicklung der Rasse beteiligt und ist als Nummer 1 im Zuchtregister verzeichnet. Ihr Sohn BT Golden Splendor, ein hervorragendes Beispiel für die edelsten Qualitäten der Rasse, steht im Register an fünfter Stelle und ist der erste eingetragene Hengst. Das American Walking Pony vereinigt in sich die besten Eigenschaften beider Elternteile: Es wird mit den natürlichen Gangarten des Tennessee Walking Horse und den ausgezeichneten Qualitäten des Welshponys geboren. Das American Walking Pony zeichnet sich durch seine einzigartigen Gangarten aus, zu denen der „Pleasure Walk", der „Merry Walk" und der Canter, ein Arbeitsgalopp, gehören. Im Ganzen besitzt er sieben Gangarten und lässt sich durchaus mit Roan Allen vergleichen, dem Champion der Walking Horses. Beim „Pleasure Walk" handelt es sich um eine Viertaktgangart, die schneller als der normale Schritt, jedoch langsamer als der Trab ist. Der „Merry Walk" erfolgt ebenfalls im Viertakt, ist jedoch wesentlich schneller und wird von einem Kopfnicken begleitet, wobei das Pony schön versammelt ist, kräftig untertritt und seinen Kopf elegant trägt. Der „Canter" ist weich und versammelt, und alle Gangarten sind ruhig und gelassen und lassen sich bequem aussitzen.

Das American Walking Pony ist äußerst vielseitig und hat sich beim Springen, in der Dressur, auf Turnieren und im Gelände sowie im Fahrgeschirr bewährt. Es hat einen schönen und edlen Kopf, der keine besonderen Ponymerkmale aufweist. Der Hals ist gewöhnlich lang, muskulös und wohl angesetzt und wird schön getragen. Die Schultern fallen sanft ab, um eine gute Bewegungsfreiheit zu ermöglichen. Die Brust ist breit und tief, der Rücken kompakt und die Hinterhand muskulös. Das American Walking Pony hat gewöhnlich eine starke Ausstrahlung und besitzt viel Qualität. Es kann in allen Vollfarben auftreten und hat ein Stockmaß von bis zu 1,42 m.

WISSENSWERTES:
1739 erließ George II. in Großbritannien ein Gesetz, das schwachen Pferden und Ponys die Teilnahme an Rennen untersagte.

Oben
Das American Walking Pony hat aufgrund seines edlen und feinen Kopfes Ähnlichkeit mit einem Araber.

Rechts
Die Gangart dieser Ponys ähnelt der des Tennessee Walking Horse.

RASSEINFORMATIONEN	
NAME	Ariègeois
GROSSE	1,33 - 1,48 m
FARBVARIATIONEN	Grundsätzlich Rappe
URSPRUNGSLAND	Frankreich

Ariègeois

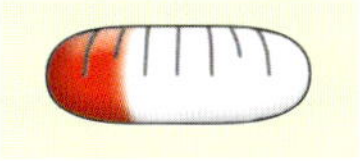

KATEGORIE

VERWENDUNG

TEMPERAMENT

DIESE RASSE wird auch als „Cheval de Mérens“ bezeichnet und stammt aus den in den östlichen Pyrenäen gelegenen Gebirgsregionen Frankreichs. Der Name leitet sich von dem Fluss Ariège ab. Diese Rasse ist so alt, dass sie möglicherweise als direkter Nachfahre der Pferde angesehen werden kann, die in den rund 30.000 Jahre alten Wandmalereien von Ariège dargestellt sind. Die Ariègeois wurden durch eine orientalische Seitenlinie beeinflusst, die viel zu ihrem Charakter, ihrer Ausdauer und Energie beigetragen hat. Sie werden seit 1908 selektiv gezüchtet, um ihre ursprünglichen Qualitäten zu erhalten, und ihr Zuchtbuch wurde 1984 vom Syndicat d'Elevage du Cheval de Mérens geöffnet. Noch 1971 wurde Araberblut eingekreuzt, um die Qualität des Zuchtbestands, der vom Französischen Nationalgestüt in Tarbes reguliert wird, zu verbessern und zu veredeln.

Diese unglaublich zähen Ponys sind der gebirgigen Umgebung ihres Heimatlandes ideal angepasst. Wärme können sie nicht so gut vertragen, scheinen Kälte gegenüber jedoch völlig unempfindlich zu sein und sind in der Lage, die unwegsamsten und gefährlichsten Bergpfade mühelos zu bewältigen. Sie werden nur selten beschlagen, da sie harte Hufe mit festem Horn besitzen, und sie sind genügsame Tiere, die mit minimalen Futterrationen auskommen. In den Bergen gelten sie als beliebtes Pack-, Reit- und Zugtier und werden auch in der Landwirtschaft eingesetzt, da Traktoren und andere Fahrzeuge in den steilen Gebirgsregionen häufig nicht verwendet werden können. Auch für Trekkingritte werden diese Ponys zunehmend genutzt. Sie haben eine sehr freundliche und sanfte Wesensart und sind daher für Kinder und Reitanfänger geeignet. Im Aussehen ähnelt der Ariègeois stark den englischen Dales- und Fell-Ponys, weist jedoch auch eine gewisse Ähnlichkeit mit dem schwarzen Friesen auf. Er hat einen schönen Kopf mit kleinen beweglichen Ohren, einem prägnanten Gesichtsausdruck und einer dichten groben Stirnlocke und Mähne. Sein Hals ist kurz und muskulös, wird jedoch schön getragen. Sein Körper ist stämmig mit einer tiefen und breiten Brust, relativ steilen Schultern, einem langen und muskulösen Rücken, einem flachen Widerrist, einer runden Kruppe und einem tief

angesetzten dicken Schweif. Die Beine sind kurz und kräftig, häufig mit kuhhessiger Hinterhand, einem Rassemerkmal von Gebirgspferden und -ponys. Das Fell dieser Rasse ist grundsätzlich schwarz ohne Abzeichen und das Langhaar dick und grob. Das Stockmaß des Ariègeois beträgt 1,33 m bis 1,48 m.

WISSENSWERTES: 1875 wurden täglich 1.000 Tonnen Pferdeäpfel von den Straßen Londons entfernt.

Oben und Mitte
Diese robusten kleinen schwarzen Ponys arbeiten sehr gut im Gespann und sind äußerst wendig.

Links
Das Ariègois-Pony zeichnet sich durch eine schwere Stirnlocke und Mähne und einen kurzen kräftigen Hals aus.

KATEGORIE

VERWENDUNG TEMPERAMENT

WISSENSWERTES:
Kreuzungen tragen häufig dazu bei, eine Rasse zu verbessern oder bekannte Schwächen auszumerzen.

Assateague und Chincoteague

RASSEINFORMATIONEN	
NAME	Assateague und Chincoteague
GRÖSSE	1,22 m
FARBVARIATIONEN	Alle Farben, oftmals Schecke
URSPRUNGSLAND	Vereinigte Staaten

DER ASSATEAGUE und der Chincoteague gehören im Grunde genommen ein und derselben Ponyrasse an und sind in erster Linie auf den Inseln Assateague und Chincoteague vor der Küste des amerikanischen Staates Virginia zu finden. Diese Ponys leben in freier Wildbahn, und das Geheimnis ihrer Herkunft konnte bis heute nicht gelüftet werden. Eine interessante Theorie besagt, dass es sich um die Nachfahren von Pferden handelt, die einen Schiffbruch während des 16. Jahrhunderts überlebten und sich auf die Inseln retten konnten.

Wahrscheinlicher ist jedoch, dass sie die Nachkommenschaft von spanischen und nordafrikanischen Pferden darstellen, die zu Beginn der Kolonialzeit davonliefen bzw. ausgesetzt wurden oder von den Kolonialisten absichtlich auf die Inseln gebracht wurden, nachdem 1669 auf dem Festland die Pferdesteuer eingeführt wurde.

Trotz ihrer kleinen Statur – sie erreichen ein Stockmaß von durchschnittlich 1,22 m – weisen diese Ponys einige pferdeähnliche Merkmale auf, wie z. B. den Kopf und die Länge des Röhrbeins, die darauf schließen lassen, dass sie ursprünglich von Pferden abstammen. Ihre Existenz wurde erst in den 1920-er Jahre allgemein bekannt, doch stehen die Ponys inzwischen unter dem Schutz der Freiwilligen Feuerwehr von Chincoteague, die für die Verwaltung der Inseln verantwortlich ist. 1947 gewannen sie mit dem Kinderbuchklassiker *Misty oder Das Pony von Chincoteague* von Marguerite Henry an Beliebtheit. 1961 produzierte die 20th Century Fox den Film „Misty“, und seitdem erfreuen sich die Ponys eines regen Zustroms von Besuchern auf ihrer Insel. Um den Bestand der Ponys auf einem vertretbaren Niveau zu halten, veranstaltet die Freiwillige Feuerwehr jedes Jahr zwei Fangtage. Die Feuerwehrmänner kreisen die Stuten und Fohlen auf Assateague ein und lassen sie auf die gegenüberliegende Insel Chincoteague schwimmen, wo sie öffentlich versteigert werden. Die Verkaufserlöse kommen der Erhaltung der Ponys zugute.

Bis in die 1920-er Jahre befanden sich die Ponys aufgrund der unkontrollierten Inzucht und der rauen Umgebung in einem beklagenswerten Zustand. Sie wiesen deutliche Degenerationserscheinungen auf, wie eine extrem schmale Brust, große Köpfe und verkrüppelte Beine. Die Einkreuzung von Shetland-, Welshpony- und Pintoblut hat in den letzten Jahrzehnten zu einer allgemeinen Verbesserung der Rasse geführt. Das heutige Assateague-Pony hat einen langen Kopf, einen langen schwach bemuskelten Hals, einen langen und schmalen Rücken und ein abfallende Kruppe. Die Schultern sind steil, die Beine jedoch meist stämmig und kräftig. Sie treten in allen Farben auf und sind häufig gescheckt.

Oben
Zur Verbesserung dieser relativ unbekannten Rassen wurden Shetland- und Welshponys eingeführt.

Rechts
Die Ponys leben in freier Wildbahn, und ihr Bestand wird sorgfältig auf einem vertretbaren Niveau gehalten.

RASSEINFORMATIONEN	
NAME	Australisches Pony
GRÖSSE	1,22 - 1,42 m
FARBVARIATIONEN	Meistens Schimmel, alle Vollfarben möglich
URSPRUNGSLAND	Australien

Australisches Pony

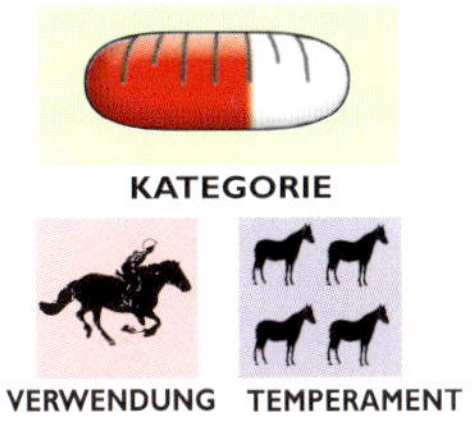

DA ES IN AUSTRALIEN keine einheimischen Pferde- oder Ponyrassen gibt, basiert die Entwicklung der australischen Rassen auf Importen aus anderen Ländern. Die ersten Pferde und Ponys erreichten Australien mit dem Schiff „First Fleet", das 1788 von Südafrika nach Sydney segelte. Ab 1803 wurden häufig die robusten Timor-Ponys aus Indonesien importiert. Diese Pferde stellten den Grundstock für die Rasse dar, deren Entwicklung dann jedoch verschiedenen Einflüssen unterlag. Besonders maßgebend für die Rasse waren das Welsh-Mountain-Pony, das Hackney-Pony, der Araber, kleine Vollblüter, das Timor-Pony, das Shetlandpony, das Highlandpony und das irische Connemara-Pony. An der Entwicklung der Rasse waren auch zwei Exmoor-Ponys namens Sir Thomas und Dennington Court beteiligt, und in der Mitte des 19. Jahrhunderts wurde ein ungarischer Hengst namens Bonnie Charlie zur Weiterzucht der Rasse eingesetzt.

Das heutige Australische Pony lässt eindeutig erkennen, wie sich die ersten Züchter darum bemühten, rein britische Rassen zu verwenden und gleichzeitig die Qualitäten des Arabers zu erhalten. Der Einfluss des Welsh-Mountain-Ponys ist besonders deutlich, und der Welsh-Mountain-Hengst Dyoll Greylight wird im Allgemeinen als Stammvater der Rasse angesehen. Dyoll Greylight kam 1911 nach Australien und gab seine unglaubliche Schönheit und sein wundervolles Exterieur an seine Nachfahren weiter. 1931 wurde die Australian Pony Stud Book Society gegründet, bei der inzwischen mehr als 27.000 Ponys verzeichnet sind.

Das Australische Pony ist ein erstklassiges Kinderpony mit Qualität, Ausstrahlung und Vermögen. Es besitzt im Allgemeinen ein ausgezeichnetes Exterieur und einen für eine Ponyrasse schönen, raumgreifenden Gang. Es glänzt in allen Bereichen des Reitsports, einschließlich Dressur, Springen, Vielseitigkeitsprüfungen, Gymkhana und Reiterspielen, Pferdeschauen und Fahrturnieren. Es hat ein bemerkenswert sanftes Temperament und ist sowohl für Kinder als auch für kleine Erwachsene und Reitanfänger ideal geeignet.

Sein qualitätsvoller Ponykopf zeichnet sich durch große, sanfte Augen aus. Der Hals ist schön angesetzt und gebogen, Form und Schräge der Schultern sind fast makellos, und der Rücken ist kurz und gerade. Die Brust ist tief und gut entwickelt mit einem runden Brustkorb, und die Hinterhand wohlgeformt. Die Beine sind kurz mit einem kräftigen und festen Röhrbein und meist gut proportioniert. Die meisten Australischen Ponys sind Schimmel, obwohl mit Ausnahme von Schecken auch jede andere Farbe zulässig ist. Ihr Stockmaß beträgt 1,22 bis 1,42 m.

Links
Das Australische Pony ist eine Mischung aus vielen verschiedenen Rassen, einschließlich des Welsh-Mountain-Ponys.

Unten
Aufgrund ihrer sanften Wesensart sind diese Ponys ideal als Reittier für Kinder oder nervöse Reitanfänger geeignet.

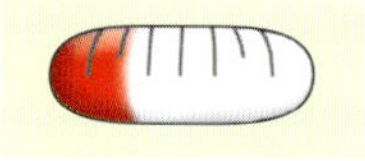

KATEGORIE

VERWENDUNG TEMPERAMENT

Aveligneser

RASSEINFORMATIONEN	
NAME	Aveligneser
GRÖSSE	Bis zu 1,48 m
FARBVARIATIONEN	Grundsätzlich Fuchs mit heller Mähne und hellem Schweif
URSPRUNGSLAND	Italien

DER AVELIGNESER IST nach dem Ort Avelengo in der seit 1918 zu Italien gehörenden Region Südtirol benannt. Der Aveligneser ist die italienische Version des Haflingers, dem er verblüffend ähnlich

sieht. Beiden Rassen wird eine Verwandtschaft mit dem Avellinum-Haflinger des Altertums nachgesagt, und beide haben denselben Stammvater, den Araberhengst El Bedavi. El Bedavi war ein orientalischer Hengst, der von einer österreichischen Kommission in Arabien gekauft wurde. Obwohl der Aveligneser als Kaltblut gilt und auch viele Merkmale eines Kaltblutpferdes zeigt, ist er stark von orientalischen Einflüssen geprägt.

Der Aveligneser wird größtenteils in der Toskana, der Emilia-Romagna und im mittleren Süditalien gezüchtet, ist jedoch in ganz Italien vertreten und gilt als produktivste italienische Rasse. Er ist äußerst zäh und ausdauernd, was teilweise auf die felsigen Gebirgsregionen zurückzuführen ist, in denen er entwickelt wurde. In Größe und Statur ist er etwas kräftiger als der Haflinger und liegt gut in der Mittelgewichtsklasse der Pferde. Der Aveligneser ist sehr vielseitig und wird als Zugtier für landwirtschaftliche Arbeiten in Regionen eingesetzt, die für motorisierte Fahrzeuge unzugänglich sind. Er ist auf unwegsamem Gelände äußerst trittsicher und hat außergewöhnlich harte und wohlgeformte Hufe. Auch als Packtier und für Trekkingritte wird er häufig verwendet.

Dank seines für Kaltblüter typischen, ruhigen und unerschütterlichen Temperaments ist er ideal für Kinder, Reitanfänger oder nervöse Reiter geeignet. Aufgrund seines äußerst muskulösen Körperbaus kann er auch Erwachsene tragen und gibt ein ideales Familienpony ab. Trotz seiner recht massigen Statur wirkt er nicht unattraktiv und hat im Allgemeinen ein gutes Exterieur.

Der edle und qualitätsvolle Kopf hat eine breite Stirn und wird zum feinen Maul

hin schmaler. Der dicke Hals ist kurz und sehr muskulös. Die Schultern sind kräftig und zum Tragen eines Geschirrs ausgelegt. Aufgrund des mehr oder weniger geraden Schulterwinkels ist die Beinaktion recht kurz. Die Brust ist breit, ebenso wie der kompakte Rücken. Die Hinterhand ist muskulös und rund. Das Exterieur der Beine ist im Allgemeinen gut mit harten festen Knochen, wohlgeformten Gelenken und feinem Fesselbehang. Der Aveligneser ist fuchsfarben mit heller Mähne und hellem Schweif und erreicht ein Stockmaß von bis zu 1,48 m.

WISSENSWERTES:
Der erste Equide war der *Hyracotherium* bzw. *Eohippus*, was so viel heißt wie „Pferd der Morgenröte".

Oben und Mitte
Aveligneser haben kräftige Schultern und einen muskulösen Körperbau, wodurch sie sich ideal für die landwirtschaftliche Arbeit eignen.

Rechts
Aufgrund ihrer ruhigen Wesensart sind diese vielseitigen Ponys besonders gut als Reittiere für Kinder geeignet.

RASSEINFORMATIONEN

NAME	Bali-Pony
GRÖSSE	1,22 - 1,32 m
FARBVARIATIONEN	Meistens Falbe
URSPRUNGSLAND	Indonesien

Bali-Pony

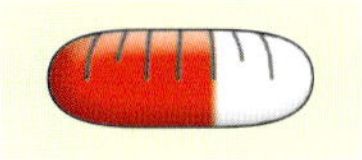

KATEGORIE

VERWENDUNG

TEMPERAMENT

DAS BALI-PONY basiert auf sehr alten Pferderassen, auch wenn nur wenig über seine Vorfahren bekannt ist. Zu den verschiedenen Theorien über ihre Herkunft gehört auch die von Groenvald, der 1916 zu dem Schluss kam, dass sich die Ponys wahrscheinlich aus einer altertümlichen Rasse entwickelt haben, die im sechsten Jahrhundert von den Chinesen nach Indonesien eingeführt wurde. Sollte dies der Wahrheit entsprechen, wäre das Mongolische Pony zu einem großen Teil für die frühen Merkmale der Rasse verantwortlich. Selbst heute deuten einige Anzeichen auf das mongolische Blut in ihren Adern hin.

Einige indische Pferde wurden nach Indonesien gebracht, die genauen Rassen sind jedoch unbekannt. Während des 18. Jahrhunderts waren dann die Holländer für den Import verschiedener orientalischer Rassen nach Indonesien verantwortlich. Es können zwar nur vage Vermutungen angestellt werden, doch wird diese Kombination von orientalischem und mongolischen Blut im Allgemeinen als die wahrscheinlichste Basis für das Bali-Pony angesehen.

Das Bali-Pony, das auf der Insel Bali beheimatet ist, wurde nicht selektiv oder konsistent gezüchtet, um irgendwelche ästhetischen oder konstitutionellen Qualitäten hervorzubringen. Es erfüllt jedoch die für die Einheimischen erforderlichen Funktionen und wird für den Transport von Steinen und Korallen eingesetzt, die an den Stränden gesammelt und als Baumaterial verwendet werden. Im Verhältnis zu seiner Größe ist es äußerst kräftig und wird auch als Reittier und für Trekking- und Sightseeingtouren von Touristen verwendet. Das Bali-Pony ist sehr genügsam – wahrscheinlich aus reiner Notwendigkeit – und kommt mit minimalen Futterrationen und einem Mindestmaß an Pflege aus. Außerdem hat es bemerkenswert harte, zähe und gesunde Beine und Hufe, wird nur selten beschlagen und geht so gut wie nie lahm. Sein Aussehen ist aufgrund des meist falben Fells, des Aalstrichs, des Schulterkreuzes und der Zebrastreifen primitiv und deutet auf seine uralten Wurzeln hin. Er hat grundsätzlich eine schwarze Stehmähne mit grobem Haar, die an das Mongolische Pony erinnert.

Sein Aussehen wurde oftmals mit dem des *Equus Przewalski Przewalski Poliakov* verglichen. Das Bali-Pony zeichnet sich im Allgemeinen nicht durch ein besonders gutes Exterieur aus, da sein Kopf oft groß und eher grob wirkt, jedoch auch viele charakteristische Ponymerkmale aufweist. Der Hals ist von angemessener Länge, während die Schultern eher gerade sind und somit keine besonders raumgreifende Aktion ermöglichen. Brust und Rücken sind nicht besonders breit. Letzterer ist recht kurz mit einer abfallenden Kruppe. Sein Stockmaß variiert zwischen 1,22 m und 1,32 m.

WISSENSWERTES:

Mein Pferd, sei im Fluge rasch –
gleich einem Vogel.
Mein Pferd, sei im Fluge rasch –
Trag mich jetzt in Sicherheit,
weit von den Pfeilen des Feindes, und du sollst belohnt werden mit Streifen und roten Bändern.

Lied eines Sioux an sein Pferd

Links

Das Bali-Pony sieht dem Przewalskipferd (S. 229) sehr ähnlich und enthält möglicherweise ebenfalls mongolisches Blut.

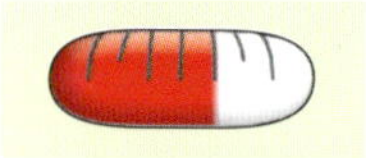

KATEGORIE

VERWENDUNG TEMPERAMENT

Bardigiano

RASSEINFORMATIONEN

NAME	Bardigiano
GRÖSSE	Bis zu 1,32 m
FARBVARIATIONEN	Meistens Brauner, manchmal Rappe
URSPRUNGSLAND	Italien

DIE WURZELN DES Bardigianos reichen sehr weit zurück. Er ist wahrscheinlich mit einer Pferderasse verwandt, die den Römern als „Abellinum" bekannt war und der auch der Haflinger und der Aveligneser zugeordnet werden können. Der Bardigiano entwickelte sich im Laufe der Zeit in den nördlichen Apenninen Italiens und ist seiner rauen Bergheimat gut angepasst. Der Bardigiano hat sowohl mit dem Aveligneser als auch mit dem Haflinger viel gemeinsam, obwohl er die am wenigsten bekannte der drei Rassen darstellt. Es ist jedoch wahrscheinlich, dass der Bardigiano bis zu einem gewissen Grad von dem Aveligneser beeinflusst wurde, dessen Ursprung sich wiederum bis auf den orientalischen Hengst El Badavi zurückverfolgen lässt. Dem Kopf des Bardigiano ist der orientalische Einschlag eindeutig anzusehen, doch scheint er auch Ähnlichkeiten mit den britischen Exmoor- und Dales-Ponys sowie dem aus Nordspanien stammenden Asturçon-Pony aufzuweisen.

Während des Ersten und Zweiten Weltkrieges wurden Bardigianostuten in erster Linie für die Zucht von erstklassigen Maultieren eingesetzt, wodurch sich der Bestand an reinrassigen Bardigianos reduzierte. Nach 1945 wurde eine Reihe von Hengsten unterschiedlicher Rassen in den Bestand eingeführt, doch wird dies inzwischen als Fehler angesehen. Die Rasse zeigte allmählich Degenerationserscheinungen und verlor einige ihrer typischen Merkmale. 1972 wurde ein Ausschuss gebildet, um die Nachzucht der alten Rasse zu versuchen – und dies gelang mit Erfolg. Bardigianos sind nützliche und hübsche Ponys, die wie alle Gebirgsrassen nicht nur sehr zäh und ausdauernd, sondern auch äußerst trittsicher sind. Sie zeichnen sich durch eine gute, ruhige Wesensart aus und sind daher hervorragend für Trekkingritte und als Kinderpony geeignet. Aufgrund ihres robusten Körperbaus eignen sie sich auch für den Einsatz in der Landwirtschaft und für leichte Arbeit im Geschirr und geben gute Packtiere ab.

Sie haben einen edlen Ponykopf orientalischen Typs mit intelligenten Augen und kleinen aufgestellten Ohren. Ihr Hals ist äußerst muskulös, stämmig und gebogen mit einer schönen dicken Mähne. Die Schultern sind zwar steil, jedoch sehr kräftig. Der Rücken ist kurz mit einem runden Brustkorb und einer runden und muskulösen Hinterhand. Die Beine sind im Allgemeinen kurz und kräftig mit breiten Gelenken, kurzen Röhrbeinen und harten Hufen. Bardigianos können braun oder schwarz mit minimalen weißen Abzeichen sein und erreichen ein Stockmaß von bis zu 1,32 m.

Oben
Der Bardigiano ist seit kurzem Gegenstand vieler Bemühungen, die Reinheit der Rasse zu verbessern.

Rechts
Bardigianos werden häufig in der Landwirtschaft und für leichte Arbeit im Geschirr eingesetzt, geben jedoch auch ausgezeichnete Reit- und Trekkingponys ab.

RASSEINFORMATIONEN	
NAME	Baschkir
GRÖSSE	1,32 - 1,42 m
FARBVARIATIONEN	Brauner, Fuchs oder Isabell
URSPRUNGSLAND	Russische Föderation

Baschkir

KATEGORIE

VERWENDUNG TEMPERAMENT

WISSENSWERTES:
Seit dem 1. Januar 1999 müssen alle Vollblutfohlen mit einem Mikrochip-Implantat gekennzeichnet sein, um eine Rassenidentifizierung zu ermöglichen.

DER BASCHKIR IST eine alte Rasse, die seit Tausenden von Jahren in den unwirtlichen Regionen des Uralgebirges in der ehemaligen UdSSR beheimatet ist. Er ist wahrscheinlich mit dem westasiatischen Steppenpferd verwandt und möglicherweise auch mit anderen Pferderassen türkischen Ursprungs. Er hat sich zu einer recht bemerkenswerten Ponyrasse entwickelt, die äußerst gut an ihre raue Umgebung angepasst ist und eine zentrale Rolle im Leben der Steppenbevölkerung spielt.

Der Baschkir ist unglaublich robust und kann im Gegensatz zu vielen anderen Rassen selbst in extremer Kälte leben und sich fortpflanzen. Trotz seiner geringen Größe ist er äußerst ausdauernd und schnell und wird häufig als Zugtier für die traditionellen Troikas verwendet. Er wird das ganze Jahr über in großen Herden auf der Weide gehalten und wird nicht nur als Zug- und Reittier und für landwirtschaftliche Arbeiten eingesetzt, sondern dient auch als Milch- und Fleischlieferant. Baschkirstuten werden im Allgemeinen acht Monate im Jahr gemolken und sind für ihre ungewöhnlich hohe Milchproduktion bekannt. Es ist nicht ungewöhnlich für eine Stute, während der Laktationsperiode bis zu 1500 Liter Milch zu produzieren. Die Milch wird einem Fermentierungsverfahren unterzogen, um das hoch gepriesene „Kumyss" zu erzeugen, das einen wesentlichen Bestandteil der Ernährung der einheimischen Bevölkerung darstellt. Fohlen wurden früher für den größten Teil des Tages von ihren Müttern getrennt und durften nur nachts gesäugt werden, damit der größte Teil der Stutenmilch gemolken werden konnte. Die Qualität der Fohlen verschlechterte sich rapide, was sich wiederum auf den gesamten Bestand auswirkte. Dies wurde in der Zwischenzeit jedoch geändert.

Es gibt zwei Typen des Baschkir-Ponys: das Bergpony, das kleiner, leichter und eher als Reitpony geeignet ist, und das größere und schwerere Steppenpony, das eher zum Ziehen der Troika eingesetzt wird. Beide Ponytypen sind jedoch zum Reiten und für leichte Arbeit im Geschirr geeignet. Sie sind gewöhnlich kräftig und robust und besitzen eine ruhige und sanfte Wesensart.

Baschkir-Ponys haben einen einen schweren Kopf mit geradem Profil, lebhaften Augen, einer vollen Stirnlocke und kleinen beweglichen Ohren. Ihr Hals ist kurz und kräftig, ihre Brust breit und ihre Schultern abfallend. Der Rücken ist lang und häufig gerade mit einem flachen Widerrist und einem tiefen Schweifansatz. Sie haben kurze und kräftige Beine mit sehr harten Hufen. Baschkir-Ponys sind gewöhnlich braun, fuchs- oder isabellfarben mit lockigem Langhaar. Ihre Höhe variiert zwischen 1,32 m und 1,42 m.

Oben
Der Baschkir ist eine alte Rasse und hat sich seiner abgelegenen Umgebung gut angepasst.

Links
Das Pony ist gewöhnlich braun, fuchs- oder isabellfarben und hat einen schweren Kopf und einen kurzen kräftigen Hals.

KATEGORIE

VERWENDUNG TEMPERAMENT

Pottiock

RASSEINFORMATIONEN	
NAME	Pottiock
GRÖSSE	1,14 - 1,47 m
FARBVARIATIONEN	Fuchs, Brauner oder Schecke
URSPRUNGSLAND	Frankreich und Spanien

WISSENSWERTES: Die Ausbildung eines sanften Reitpferdes setzt eine weiche Hand voraus.

Oben und Mitte
Pottiocks haben ein natürliches Springvermögen und geben gute Turnierponys ab.

Unten
Einige der Ponys leben halbwild in abgelegenen Gebieten des Baskenlandes im Norden Spaniens.

DER POTTIOCK, dessen Name auf Spanisch so viel bedeutet wie „kleines Pferd", ist eine Rasse weit zurückreichenden Ursprungs. Er gehört einer Gebirgsrasse aus den baskischen Provinzen Navarra und Südwestfrankreich an, ist jedoch inzwischen auch im übrigen Frankreich zu finden. Man nimmt an, dass der Pottiock von dem prähistorischen Pferd von Solutré abstammt, und er weist auch arabisches Blut auf.

Viele dieser Ponys leben wild oder halbwild in den unwirtlichen Regionen der baskischen Provinzen; sie sind äußerst zäh und widerstandsfähig, da sie sich ihrer Umgebung hervorragend angepasst haben. Im Winter ernähren sie sich häufig von den dornigen und stacheligen Pflanzen, die in diesem Gebiet zu finden sind. In dieser Zeit bilden sich dicke Barthaare auf ihrer Oberlippe aus, die sie vor den Dornen schützen. In den Sommermonaten, wenn wieder genug Futter vorhanden ist, verlieren sie die Barthaare. Da die Qualitäten der Rasse inzwischen bekannt und geschätzt ist, sind heute wahrscheinlich weniger von ihnen in freier Wildbahn zu finden, weil sie häufiger gezähmt und zu Reit-, Pack- und Zugtieren ausgebildet werden. Ihre Ausdauer ist legendär, und ihre Kraft straft ihren relativ leichten Knochen- und Körperbau Lügen.

Innerhalb der Pottiockrasse werden drei Typen unterschieden: Standardpony, Doppelpony und Piebaldschecke. Erst- und Letztgenannter sind zwischen 1,14 und 1,32 m groß, während das Doppelpony ein Stockmaß von 1,30 bis 1,47 erreicht. Pottiocks werden gewöhnlich als Packtier und für leichte Arbeit im Geschirr verwendet, haben in letzter Zeit jedoch auch als Kinderreitpony an Beliebtheit gewonnen. Diejenigen mit einem edleren Exterieur geben sehr gute kleine Turnierponys ab, das sie ein natürliches Springvermögen besitzen. Sie zeichnen sich durch eine ausgezeichnete Wesensart aus und sind sanft, ruhig und

willig, wodurch sie sich wiederum hervorragend für Kinder eignen. Dank jüngster Einkreuzungen von Araber- und Welshblut haben sich ihre Qualität und ihr Exterieur verbessert.

Der Kopf ist im Verhältnis zum Körper gut proportioniert und besitzt ein gerades Profil, das nur in Augenhöhe leicht konkav sein kann. Die Ohren sind lang, die Augen groß, und die Oberlippe steht manchmal etwas über. Der Hals ist häufig kurz mit steilen Schultern. Der Rücken ist lang und gerade und die Brust breit mit einem runden Brustkorb. Die Beine sind gewöhnlich elegant und schlank mit kleinen kräftigen Hufen, die Hinterhand kann jedoch manchmal kuhhessig sein. Die vorherrschende Fellfarbe bei den Pottiocks ist Brauner, Fuchs oder Schecke, und sie erreichen ein Stockmaß von 1,14 bis 1,47 m.

RASSEINFORMATIONEN	
NAME	Basuto-Pony
GRÖSSE	Bis zu 1,44 m
FARBVARIATIONEN	Fuchs, Brauner oder Schimmel
URSPRUNGSLAND	Königreich Lesotho und Südafrika

Basuto-Pony

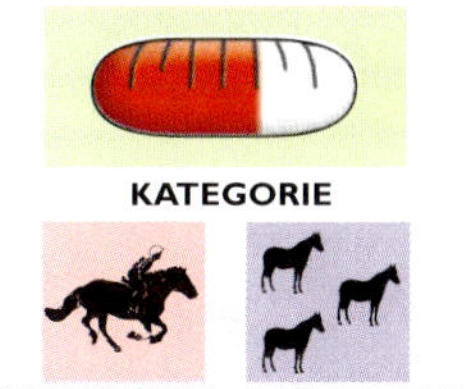

KATEGORIE

VERWENDUNG TEMPERAMENT

DAS BASUTO-PONY gehört zu den bekanntesten Ponyrassen Südafrikas, auch wenn es keine einheimische Rasse ist. Es kam im 19. Jahrhundert als Kriegspferd zu Ruhm und Ehren. Obwohl das Basuto-Pony recht klein ist, gilt es als kleines Pferd, da es pferdeähnliche Merkmale aufweist, wie z. B. ein besonders langes Ausschreiten.

Die ersten Pferde gelangten 1653 nach Südafrika, als die Holländisch-Ostindische Handelsgesellschaft vier Pferde in die Kapregion brachte. Die genaue Rasse dieser Pferde ist unbekannt, doch könnte es sich um Araber und Perser gehandelt haben. Mit großer Wahrscheinlichkeit ähnelten sie jedoch dem Java-Pony und wurden später mit Araber- und Perserblut veredelt. Diese ursprünglichen Importe stellten den Grundstock des Kappferdes dar, das stark an Beliebtheit gewann und sich insbesondere während des Burenkrieges einen Namen machte. Das Kappferd und das Basuto-Pony gehen wahrscheinlich auf dieselben Wurzeln zurück. Dann jedoch entwickelte sich durch die kontinuierliche Einkreuzung von Vollblut- und Araberblut das größere, qualitätsvollere Kappferd, während das Basuto-Pony kleiner und stämmiger blieb.

Das ehemalige Basutoland, das heute den Namen Lesotho trägt, erhielt das Kappferd als Kriegsbeute während der Kämpfe zwischen Zulus und Siedlern. Infolge der rauen Bedingungen und der Inzucht mit örtlichen Ponys verlor das Kappferd ein wenig seiner Größe und Eleganz und wurde größtenteils vom Basuto-Pony verdrängt. Aufgrund des felsigen und hügeligen Terrains, auf dem die Ponys ständig geritten wurden – häufig in schnellem Tempo –, entwickelten sie sich zu zähen, trittsicheren Tieren von unglaublicher Ausdauer und großem Mut. Diese ausgezeichneten Qualitäten führten jedoch nahezu zur Ausrottung der Rasse. Sie gewannen dermaßen an Beliebtheit, dass Tausende von ihnen exportiert wurden. Viele der besten Exemplare wurden Ende des 19. Jahrhunderts in den Kampfhandlungen des Burenkrieges getötet. Inzwischen wird mit vereinten Kräften versucht, diese hervorragende Rasse nachzuzüchten. Heute werden die Ponys häufig für Rennen oder Polo verwendet.

Sie haben einen eher schweren Kopf, einen langen Hals, einen langen, geraden Rücken, ziemlich steile Schultern und eine abfallende, jedoch muskulöse Kruppe. Ihre Beine sind gewöhnlich sehr kräftig und gesund mit ungewöhnlich harten Hufen. Ihr Stockmaß beträgt nur selten mehr als 1,44 m, und ihre Fellfarbe ist vorwiegend Fuchs, Brauner oder Schimmel mit weißen Abzeichen.

WISSENSWERTES:
Die Dressur wurde erstmals 1912 bei den Olympischen Spielen in Stockholm als offizielle Disziplin eingeführt.

Oben und links
Basuto-Ponys haben möglicherweise dieselben Vorfahren wie das hier gezeigte Java-Pony (S. 219).

KATEGORIE

VERWENDUNG TEMPERAMENT

Batak

RASSEINFORMATIONEN	
NAME	Batak
GRÖSSE	Bis zu 1,32 m
FARBVARIATIONEN	Alle Farben
URSPRUNGSLAND	Indonesien

DER BATAK ist eine indonesische Ponyrasse, die aus Zentralsumatra stammt und dessen Wurzeln wahrscheinlich bis ins Altertum zurückreichen. Wie die anderen indonesischen Rassen (z. B. Sandalwood- und Bali-Pony) hat wahrscheinlich auch der Batak mongolische und arabische Vorfahren und wurde über viele Jahre durch die Einkreuzung von arabischem Blut kontinuierlich verbessert. Der Batak genießt bei den Indonesiern hohes Ansehen und wird selektiv gezüchtet und zur Veredelung des Bestands auf benachbarten Inseln verwendet.

Der Batak spielte lange eine zentrale Rolle im Leben der einheimischen Bevölkerung und wurde früher häufig den Göttern als Opfer dargebracht. Heute ist der Batak ein beliebtes Reitpony mit Klasse und Persönlichkeit. Seine arabische Herkunft ist eindeutig zu erkennen, während er weniger mongolische Merkmale aufweist als andere indonesische Rassen. Er hat ein ausgezeichnetes Temperament und ist aufgrund seiner Sanftmut und seiner ruhigen Wesensart für Kinder geeignet, kann jedoch bei Bedarf auch lebhaft und voller Energie sein. Der Batak ist kräftig und robust, sein Körperbau jedoch häufig schlank. Er ist ein attraktives Pony mit geringfügigen Gebäudemängeln, die wahrscheinlich größtenteils auf die schwierige und karge Umgebung zurückzuführen sind, in denen diese Tiere aufwachsen. In Bezug auf Qualität, Exterieur und Leistungsvermögen wird er bei den indonesischen Rassen nur vom Sandalwood-Pony übertroffen. Der Batak ist ein freundliches, genügsames und pflegeleichtes Pony. Er ist bei der einheimischen Bevölkerung sehr beliebt, da er bemerkenswert flink ist, und wird häufig bei lokalen Rennen eingesetzt. Eine weitere in Sumatra vorkommende Ponyrasse ist der Gayoe. Er ist wahrscheinlich eine Seitenlinie des Bataks und sieht diesem auch in gewisser Weise ähnlich, auch wenn er im Allgemeinen kräftiger gebaut ist und weniger Temperament und Qualität besitzt.

Der Batak hat einen edlen Kopf mit geradem oder leicht konvexem Profil. Sein Hals ist häufig kurz, dünn und schwach bemuskelt und geht in einen Widerrist über, der für eine Ponyrasse recht ausgeprägt ist. Er ist leicht gebaut und schlank, Brust und Rumpf sind schmal, und der Rücken ist häufig lang mit abfallender Kruppe. Der Schweifansatz ist gewöhnlich hoch und verleiht dem Pony ein attraktives Aussehen. Das Exterieur der Beine ist nicht besonders gut. Sie sind häufig lang und wenig entwickelt mit langen schlanken Röhrbeinen. Die Hufe sind meistens hart, und in der Rasse ist jede Farbe vertreten. Der Batak erreicht ein Stockmaß von bis zu 1,32 m.

Oben und oben rechts
Bataks sind als Reitponys beliebt und werden häufig auch für leichte Arbeit im Geschirr verwendet.

Rechts
Die Rasse zeichnet sich durch einen edlen Kopf und einen schlanken Körperbau aus und lässt eindeutig einen arabischen Einschlag erkennen.

RASSEINFORMATIONEN	
NAME	Bhutan und Spiti
GRÖSSE	Bis zu 1,37 m
FARBVARIATIONEN	Meistens Schimmel, auch Fuchs oder Stichelhaar möglich
URSPRUNGSLAND	Indien

Bhutan und Spiti

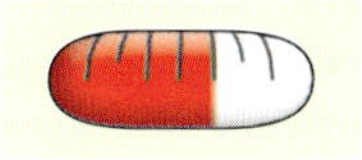

KATEGORIE

VERWENDUNG

TEMPERAMENT

WISSENSWERTES:
Der Dünndarm eines Pferdes ist ungefähr 23 m lang.

BHUTAN und Spiti sind einander sehr ähnlich und stammen beide aus dem Himalajagebiet Indiens. Das einheimische Tibetische Pony weist ebenfalls ähnliche Merkmale wie Bhutan und Spiti auf, was wahrscheinlich auf jahrelange Kreuzungen zwischen diesen drei Rassen zurückzuführen ist. All diese indischen Rassen werden daher häufig auch einfach als „Indian Country-Bred" bezeichnet. Dies ist ein Sammelbegriff für die verschiedenen indischen Rassen, von denen viele aufgrund von Kreuzungen derartig degeneriert sind, dass einige der typischen Rassemerkmale verloren gingen.

Sowohl Bhutan als auch Spiti haben sich in Bezug auf Bodenbeschaffenheit und Klima den Gebirgsregionen angepasst und können die Feuchtigkeit und wärmeren Temperaturen der Ebene nur schlecht vertragen. Indien ist nicht bedeutend für die Pferdezucht. Das Klima ist für viele Rassen nicht geeignet, und es herrscht ständiger Mangel an gutem Futter, was sich auf Wachstum und Entwicklung auswirkt. Die Pferde wurden daher von der Natur mit großer Zähigkeit und Genügsamkeit ausgestattet und sind notgedrungen sparsame Esser und sehr pflegeleicht.

Bhutan und Spiti sind Arbeitsponys und werden in den Gebirgsregionen größtenteils als reine Nutztiere gehalten. Als Freizeitponys finden sie keine so große Verwendung. Sie verfügen über eine hervorragende Kondition und Ausdauer und sind sehr willig und ruhig. Sie geben ausgezeichnete Packponys ab und sind auch zum Reiten geeignet, auch wenn das eine oder andere von ihnen ein etwas unberechenbares Temperament an den Tag legen kann.

Sie haben nicht immer ein schönes Exterieur und weisen einige Gebäudefehler auf. Ihr Kopf ist groß mit einem ausgeprägtem Kiefer und einem geraden Profil. Sie haben im Allgmeinen einen kurzen Hals, einen flachen Widerrist und einen geraden Rücken mit abfallender Kruppe. Ihre Brust ist tief, und ihre Schulter steil. Der Schweif ist gut angesetzt, und ihre Beine sind kurz und kräftig.

Der Bhutan erreicht ein Stockmaß von 1,22 bis 1,37 m. Der Spiti ist wesentlich kleiner als der Bhutan und vorwiegend im Spiti-Tal der Provinz Himachal Pradesh zu finden. Die Fellfarben des Spitis sind vorwiegend Schimmel und Falbe, doch auch alle anderen Vollfarben sind vertreten. Sein Stockmaß beträgt nur selten mehr als 1,22 m.

Links
Bhutan- und Spiti-Ponys sehen in vieler Hinsicht der Tibetischen Stute ähnlich, die hier mit ihrem Fohlen gezeigt wird (siehe S. 236).

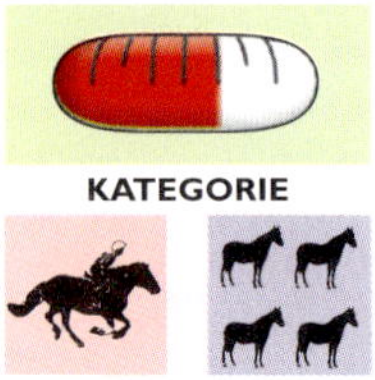

KATEGORIE

VERWENDUNG TEMPERAMENT

Bosnisches Pony

RASSEINFORMATIONEN	
NAME	Bosnisches Pony
GRÖSSE	1,32 - 1,44 m
FARBVARIATIONEN	Alle Vollfarben
URSPRUNGSLAND	Ehemaliges Jugoslawien

DAS AUS DEM EHEMALIGEN Jugoslawien stammende Bosnische Pony besitzt große Ähnlichkeit mit dem Huzulen und dem Konik, die alle unter dem Begriff „Balkanrassen" zusammengefasst werden. Alle drei sind bereits sehr alte Rassen, und das Bosnische Pony hat sich vermutlich aus einer Kreuzung zwischen dem Tarpan und dem Asiatischen Wildpferd entwickelt, das auch als Przewalskipferd bezeichnet wird. Weitere Einflüsse durch orientalische Rassen gehen wahrscheinlich auf die Türken im Ottomanischen Reich zurück. Dies führte zu einer Degeneration der Rasse, die jedoch durch wiederholte Einkreuzung von Tarpanblut korrigiert wurde.

Das Bosnische Pony erfreute sich in seiner Heimat jahrhundertelang eines hohen Ansehens und wird seit dem 19. Jahrhundert selektiv gezüchtet. Viele Jahre lang stellte das Gestüt Borike in Bosnien das Zentrum der Zucht dar, wo die Hengste einer strengen staatlichen Kontrolle unterlagen, während sich die Stuten vorwiegend im Privatbesitz befanden. Der Einsatz der drei Hengste Agan, Barat und Misco während der 40er Jahre hatte entscheidende Auswirkungen auf die Verbesserung des Bestands. Die beiden Letztgenannten ähnelten vom Typ her dem Asiatischen Wildpferd und zeichneten sich durch einen stämmigen Körperbau aus, während Misco ein leichteres, qualitätsvolleres Aussehen hatte. Bis zu den jüngsten Problemen des Landes mussten die Hengste einen strengen Standard erfüllen, um sicherzustellen, dass nur die kräftigsten Exemplare zur Zucht zugelassen wurden. Sie wurden daher verschiedenen Leistungstests unterzogen.

Aufgrund dieser sorgfältigen Kontrolle ist das Bosnische Pony ein äußerst nützliches und funktionelles Tier, das sowohl für leichte landwirtschaftliche Arbeiten als auch zum Ziehen leichter Lasten und als Pack- und Reittier eingesetzt werden kann. Es wird häufig als Packtier verwendet, da es sich auf unwegsamem Gelände, das für Motorfahrzeuge unzugänglich ist, sehr trittsicher bewegt. Es ist robust und zäh, hat eine sanfte Wesensart und ist umgänglich und leicht zu reiten.

Das Bosnische Pony hat ein recht primitives Äußeres, das dem des Asiatischen Wildpferdes ähnelt, besitzt aufgrund der orientalischen Einflüsse jedoch mehr Qualität und Raffinesse. Es hat einen schweren Kopf mit geradem Profil, einer vollen Stirnlocke und kleinen Ohren. Sein Hals ist kurz und muskulös und die Schulter lang und abfallend. Der Rücken ist gerade mit abfallender Kruppe, und die Brust ist breit und tief. Er tritt häufig als Brauner, Rappe oder Isabell auf, und sein Stockmaß beträgt 1,32 bis 1,44 m.

Rechts

Bosnische Ponys sind trittsicher, haben eine sanfte Wesensart und sind gut zu reiten.

RASSEINFORMATIONEN	
NAME	Burmese
GRÖSSE	Bis zu 1,32 m
FARBVARIATIONEN	Brauner, Rappe, Fuchs oder Schimmel
URSPRUNGSLAND	Burma (Myanmar)

Burmese

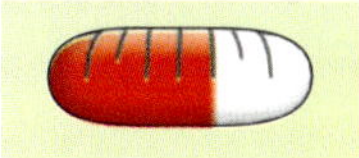

KATEGORIE

VERWENDUNG

TEMPERAMENT

DER BURMESE, auch unter dem Namen „Shan-Pony" bekannt, ist eine weitere Gebirgsponyrasse und wird vorwiegend im Bundesstaat Shan im Osten Myanmars von einheimischen Bergstämmen gezüchtet. Das Burmesisches Pony weist viele Ähnlichkeiten mit dem Manipuri und den Ponyrassen Bhutan und Spiti aus dem Himalaja auf, und es ist anzunehmen, dass diese Rassen alle auf denselben Ursprung zurückgehen. Alle vier sind alte Rassen, die sich wahrscheinlich aus dem Mongolischen Pony entwickelt haben und über die Jahrhunderte von anderen orientalischen Einflüssen geprägt wurden.

Das Burmesische Pony hat jedoch wahrscheinlich weniger von arabischen Blut profitiert als der Manipuri, dessen Rasse wesentlich qualitätsvoller, eleganter und schneller ist. Der Burmese hat sich seiner Umgebung und seinem Lebensstil allerdings sehr gut angepasst und gibt ein hervorragendes Arbeitspony ab. Er ist äußerst trittsicher und ideal für Bergregionen geeignet, in denen er ausgezeichnet als Pack- und Trekkingpony eingesetzt werden kann, da er in der Lage ist, Gebiete zu durchqueren, die für Fahrzeuge unzugänglich sind. Dank seiner ruhigen und willigen Wesensart ist er sehr gut für touristische Trekkingtouren sowie für Kinder und Reitanfänger geeignet. Er ist kräftig und zäh, besitzt eine gute Ausdauer und ist gegenüber dem rauen Klima seiner Umgebung unempfindlich. Früher wurde der Burmese von britischen Kolonialisten als Polopony verwendet, doch wird angenommen, dass der Grund dafür nur der Mangel an anderen, besser geeigneten Rassen war. Der Burmese ist zwar zuverlässig (insbesondere in Gebirgsregionen), jedoch nicht besonders schnell oder wendig, und der Manipuri gilt als wesentlich besserer Anwärter für das Polospiel.

Von seiner Erscheinung her ist der Burmese nicht besonders attraktiv, da er eher funktionelle als ästhetische Qualitäten besitzt. Er hat im Allgemeinen einen edlen Kopf mit geradem Profil und einer von der Breite her gut proportionierten Stirn. Der muskulöse Hals entspricht den übrigen Körperproportionen und geht in einen gut bemuskelten, manchmal langen Rücken über. Der Widerrist ist nicht ausgeprägt, und die Schultern sind recht steil, wodurch nur eine kurze Aktion möglich ist. In Gebirgsregionen ist dies jedoch von Vorteil. Die Brust des Burmesen ist tief und breit und seine Kruppe kräftig und abfallend. Seine Beine sind kräftig, jedoch feingliedrig, und die Hufe klein und hart. Er tritt häufig als Brauner, Rappe, Fuchs oder Schimmel auf, und sein Stockmaß beträgt ungefähr 1,32 m.

Unten
Burmesen wurden von den in den Kolonien lebenden Briten manchmal als Poloponys verwendet.

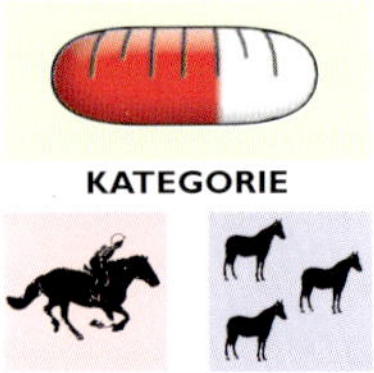
KATEGORIE
VERWENDUNG TEMPERAMENT

Camargue-Pferd

RASSEINFORMATIONEN	
NAME	Camargue-Pferd
GRÖSSE	Bis zu 1,42 m
FARBVARIATIONEN	Schimmel
URSPRUNGSLAND	Frankreich

Rechts und unten rechts *Die Wildpferde der Camargue in Südwestfrankreich leben schon seit Tausenden von Jahren in diesem Gebiet.*

Unten links *Aufgrund ihrer Wesensart sind diese Pferde sehr gut für Trekkingritte geeignet.*

DAS CAMARGUE-PFERD ist im Rhônedelta in Südfrankreich beheimatet. Seine Wurzeln reichen sehr weit zurück, und man nimmt an, dass es der Nachfahre des prähistorischen Pferdes von Solutré ist. Insbesondere seine Kopfform weist einige Ähnlichkeiten mit den Pferdedarstellungen der Höhlenmalereien in Lascaux auf, die auf das Jahr 15.000 v. Chr. datiert werden. Das Camargue-Pferd wurde durch den Berber beeinflusst, der während der maurischen Kriege eingeführt wurde, hat sich seitdem aufgrund der geografischen Isolation seiner Heimat jedoch nicht weiter verändert. Es lebt in halbwilden Herden im sumpfigen Marschland des Rhônedeltas, einer recht rauen Umgebung. Die Pferde ernähren sich von salzigem Ried und hartem Gras und erhalten nur selten Ergänzungsfutter. Das Gebiet unterliegt extremen Klimaschwankungen, und diese Umweltfaktoren haben zu der großen Zähigkeit und Widerstandsfähigkeit des Camargue-Pferdes beigetragen.

Es wird häufig von den französischen Cowboys, den so genannten „Gardiens", für die Arbeit mit den schwarzen Rindern in diesem Gebiet eingesetzt, die gewöhnlich für lokale Stierkämpfe verwendet werden. Das Camargue-Pferd eignet sich jedoch auch als Packpferd und gibt angesichts des zunehmenden Tourismus auch ein ausgezeichnetes Reittier für Trekkingtouren ab. Trotz der Geschichte der Rasse wurde sie erst 1968 offiziell anerkannt, als ein entsprechender Verband gegründet wurde. Seit dieser Zeit finden regelmäßige Hengstkontrollen statt.

Das Camargue-Pferd zeichnet sich durch einen großen und schweren Kopf mit ausgeprägtem Kiefer aus, einem äußerst kurzen Hals und einer geraden Schulter. Das Exterieur der Schulter ermöglicht im Schritt eine hohe Knieaktion, während der Trab jedoch abgehackt und hart ist und nur selten geritten wird. Der Arbeits- und Jagdgalopp ist schön und fließend. Der Rücken des Camargue-Pferds ist gewöhnlich kurz und kräftig mit einer abfallenden Kruppe und einem tiefen Schweifansatz. Seine Beine sind kräftig und muskulös mit harten Hufen. Es hat eine recht schwere Knochenstruktur mit einer guten Gurtentiefe und einem sehr kräftigen Körperbau. Neben seiner Wendigkeit und guten Konstitution zeichnet es sich auch durch seine gute Wesensart und seinen Mut aus. Das Camargue-Pferd entwickelt sich langsam und erreicht erst im Alter von fünf oder sechs Jahren seine volle Reife. Dafür hat es jedoch eine sehr hohe Lebenserwartung. Die Fohlen werden dunkel geboren und mit zunehmendem Alter heller. Fast alle ausgewachsenen Camargue-Pferde sind Schimmel und werden mit einem Brandzeichen (ein „C" in einem Schild) gekennzeichnet. Sie erreichen ein Stockmaß von ungefähr 1,42 m.

RASSEINFORMATIONEN	
NAME	Kaspisches Pony
GRÖSSE	1,02 - 1,22 m
FARBVARIATIONEN	Meistens Brauner
URSPRUNGSLAND	Iran

Kaspisches Pony

KATEGORIE

VERWENDUNG TEMPERAMENT

DAS KASPISCHE PONY ist eine importierte Rasse, die 1965 von der Amerikanerin Louise Firouz im Iran wiederentdeckt wurde. Das Kaspische Pony gilt zwar als Ponyrasse, ist jedoch ein Miniaturpferd. Es entspricht in geradezu idealer Weise dem postulierten Pferdetyp 4 und wird zusammen mit dem Asiatischen Wildpferd weithin als die älteste existierende Pferde-/Ponyrasse angesehen. Es könnte mit dem Miniaturpferd von Mesopotamien verwandt sein und dort ungefähr zwischen 3000 v. Chr. und dem siebten Jahrhundert n. Chr. gelebt haben, bevor es von der Bildfläche verschwand.

Derzeit werden einige interessante Studien durchgeführt, um festzustellen, ob das Kaspische Pony möglicherweise der Vorfahr aller modernen Vollblutrassen ist, einschließlich des Arabers. Die 1969 durchgeführten Untersuchungen an dem Skelett eines ausgewachsenen Kaspischen Ponys ergaben, dass die Knochen mehrere Anomalien gegenüber anderen Pferderassen aufwiesen. Diese betrafen in erster Linie die Schädelstruktur, die Länge der Unterschenkelknochen im Verhältnis zur Gesamtgröße, die Struktur des Widerrists und die Hufe. Als die Rasse 1965 entdeckt wurde, war ihre Zahl gering und weit verstreut.

Glücklicherweise konnte der Bestand der Rasse gesichert werden, zunächst im Gestüt Norouzabad im Iran und seit 1976 auch in Großbritannien, wo das Kaspische Gestüt gegründet wurde. Die Pferde haben von der sorgfältigen Züchtung und Bestandsverwaltung stark profitiert und sich sehr verbessert. Das Kaspische Pony ist ein recht bemerkenswertes Tier mit einer wundervollen Wesensart, sodass selbst Kinder mit den Hengsten umgehen können und es kein Problem ist, mehrere Hengste gemeinsam auf der Weide zu halten. Es gibt ein ausgezeichnetes Reitpony für Kinder ab, hat eine wunderschöne Gangart und macht daher auch auf Pferdeschauen eine gute Figur. Als Fahrpony ist es ebenfalls sehr gut geeignet, da es sich sehr schnell an das Geschirr gewöhnt. Aufgrund des Schulterwinkels und der Länge der Beine sind seine Bewegungen außergewöhnlich lang, frei und fließend – eine Seltenheit bei einem Tier dieser Größe.

In Bezug auf seine äußere Erscheinung besitzt das Kaspische Pony die Proportionen und das Exterieur eines Miniaturpferdes hoher Qualität. Es hat einen attraktiven Kopf von arabischem Aussehen mit sehr kleinen Ohren, einen muskulösen Hals, einen schmalen Rücken und eine kräftige Hinterhand. Seine Beine sind kräftig und die Hufe unglaublich hart – ein Beschlag ist nur selten erforderlich. Die am häufigsten vorkommende Fellfarbe des Kaspischen Ponys ist braun, und es erreicht ein Stockmaß von 1,02 bis 1,22 m.

Oben und unten
Durch sorgfältige Zuchtverfahren wurde der Standard des Kaspischen Ponys in den letzten Jahren verbessert.

KATEGORIE

VERWENDUNG TEMPERAMENT

Chinesisches Guoxia-Pony

RASSEINFORMATIONEN

NAME	Chinesisches Guoxia-Pony
GRÖSSE	Bis zu 1,11 m
FARBVARIATIONEN	Brauner, Stichelhaar oder Schimmel
URSPRUNGSLAND	China

IN CHINA gibt es viele verschiedene Pferderassen, von denen die meisten sehr alt sind und vom Mongolischen Pony abstammen. Auch wenn viele der Rassen von kleiner Statur sind, gelten sie nicht als Ponys, sondern als kleine Pferde, und können durch gute Pflege und reichhaltiges Futter bedeutend wachsen. Es gibt eine Rasse, die als echte Ponyrasse angesehen wird: das im Südwesten Chinas beheimatete und wenig bekannte Guoxia-Pony. Viele der Rassen in China weisen regionale Unterschiede auf, d. h. sie besitzen zwar möglicherweise gemeinsame Vorfahren, haben sie sich je nach Umgebung und Klima jedoch unterschiedlich entwickelt. Auch das Guoxia-Pony bildet dabei keine Ausnahme.

Man weiß nur wenig über den Ursprung bzw. die Herkunft dieser Rasse, außer dass sie wahrscheinlich schon sehr alt ist und sich über Jahrhunderte entwickelte. Der Fund einer rund 2.000 Jahre alten Bronzestatue eines Guoxia-Ponys gibt einen Hinweis auf das Alter der Rasse. Der Name heißt übersetzt „Pferd unter dem Obstbaum", was wahrscheinlich auf eine seiner früheren Verwendungsarten hindeutet. Da es mit einem Stockmaß von 1,11 m sehr klein ist, könnte es unter den Obstbäumen bei der Obsternte wertvolle Dienste geleistet haben. Die Rasse geriet größtenteils in Vergessenheit und galt als ausgestorben, bis sie 1981 wiederentdeckt wurde. Inzwischen wurde ein entsprechender Zuchtverband gegründet.

Guoxia-Ponys sind sehr gut für Kinder geeignet und machen sich trotz ihrer geringen Größe auch im Geschirr gut. Sie haben im Allgemeinen eine angenehme Wesensart, sind ruhig und willig und zeichnen sich durch Zähigkeit und Ausdauer aus. Sie haben kein besonders edles Exterieur und weisen einige Merkmale eines primitiven Pferdes auf. Ihr Kopf ist gewöhnlich klein und schwer mit kleinen, beweglichen Ohren. Neben einem kurzen Hals besitzen sie einen geraden und kurzen Rücken. Die Schultern sind häufig recht steil, die Beine jedoch wohlgeformt und kräftig mit guten, harten Hufen. Die vorwiegende Fellfarbe ist Brauner, Stichelhaar oder Schimmel.

Oben
Guoxia-Ponys sind sehr gute Kinderponys und besitzen eine ruhige und willige Wesensart.

Unten
Die Ponys haben steile Schultern und einen kurzen kräftigen Hals.

RASSEINFORMATIONEN	
NAME	Connemara-Pony
GRÖSSE	Bis zu 1,47 m
FARBVARIATIONEN	Schimmel, Brauner, Falbe, gelegentlich Fuchs oder Stichelhaar
URSPRUNGSLAND	Irland

Connemara-Pony

KATEGORIE

VERWENDUNG TEMPERAMENT

DAS CONNEMARA-PONY ist eine alte Rasse aus der irischen Region Connaught und ein Nachfahre des Kelten, einer der ersten primitiven europäischen Rassen. Es kam im Laufe der Zeit mit verschiedenen Rassen in Berührung, darunter dem spanischen Jennet sowie dem Araber und dem Berber.

Außerdem wurde es durch das Englische Vollblut, den Hackney und in entscheidendem Maße durch das Welshpony beeinflusst und hat die besten Qualitäten all dieser Rassen übernommen.

Wichtige Hengste für die Zucht waren Golden Glen (geboren 1932), Rebel (geboren 1922) und Cannon Ball (geboren 1904). Cannon Ball hatte Welsh- und Connemarablut in sich und war der erste Hengst, der 1926 in das Connemarastutbuch eingetragen wurde. Später wurde die Zucht durch den Hengst Carna Dun beeinflusst, der 1948 von der Vollblutstute Little Heaven geboren wurde, sowie durch den Irish Draught-Hengst Mayboy, den Araber Clonkeehan Auratum (geboren 1954) und den Welshponyhengst Dynamite.

Angesichts dieser verschiedenen Einflüsse scheint es merkwürdig, dass ein feststehender Typ aufrechterhalten werden konnte, doch hat sich das Connemara-Pony als eine der besten Ponyrassen der Welt erwiesen.

Es wurde von seiner Umgebung geprägt, einer wilden, sumpfigen und sehr feuchten Landschaft. Aus diesem Grund hat es sich zu einem äußerst robusten Pony entwickelt, das gegenüber den Elementen sehr unempfindlich ist. 1923 wurde die Connemara Pony Breeder's Society gegründet, die sich seit dieser Zeit stark um die Erhaltung der hervorragenden Eigenschaften der Rasse bemüht. Das Connemara-Pony hat eine wunderbare Wesensart und ist ideal für Kinder geeignet. Es ist sehr talentiert und nimmt in den höchsten Klassen an Springturnieren, Dressurprüfungen, Vielseitigkeitsprüfungen und Fahrturnieren teil. Es besitzt von Natur aus eine gute Konstitution und ist sehr wendig, ist jedoch auch gelassen und ruhig zu reiten.

Sein Erscheinungsbild ist äußerst attraktiv mit einem edlen Kopf, der auf einem schön gebogenen Hals sitzt. Die Schultern sind wohlgeformt und ermöglichen eine raumgreifende Aktion. Die Brust ist tief und breit und die Hinterhand kräftig und muskulös. Der Körper des Connemara-Ponys ist kompakt, und es ist zäh und intelligent und besitzt große Ausdauer. Es hat gut proportionierte Beine mit kräftigen Knochen und harten Hufen. Ursprünglich zeichnete es sich durch eine falbe Farbe mit einem schwarzen Aalstrich und schwarzen Gliedmaßen aus. Heute sind bei dieser Rasse jedoch häufig auch Schimmel und gelegentlich Braune vertreten. Das Stockmaß beträgt 1,32 bis 1,47 m.

Oben
Das Connemara-Pony ist für seine wunderbare Wesensart und sein Springvermögen bekannt und stellt ein hervorragendes Turnierpony für Reitanfänger dar.

Unten rechts und links
Connemara-Ponys waren ursprünglich Falben, kommen heute jedoch häufig auch als Brauner oder Schimmel vor.

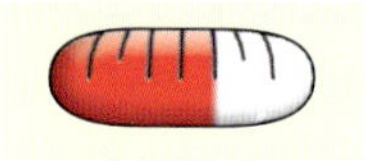

KATEGORIE

VERWENDUNG

TEMPERAMENT

Dales-Pony

RASSEINFORMATIONEN	
NAME	Dales-Pony
GRÖSSE	Bis zu 1,47 m
FARBVARIATIONEN	Meistens Rappe, Schwarzbrauner oder Brauner
URSPRUNGSLAND	England

DALES- UND Fell-Pony sind sich sehr ähnlich und stammen wahrscheinlich von denselben Vorfahren ab, haben sich jedoch ein wenig unterschiedlich entwickelt. Beide stammen aus den Penninen im Norden Englands. Das Dales-Pony kommt von den östlichen Ausläufern der Penninen, während das Fell-Pony im Norden und Westen dieser Gegend zu Hause ist. Das Dales-Pony ist eine alte Rasse, die wahrscheinlich vom europäischen Friesen abstammt, der wiederum ein Nachfahre des primitiven Waldpferdes ist. Es wurde jedoch Einkreuzungen anderer Rassen unterworfen, die mit Ausnahme der des Clydesdale, der Anfang des 20. Jahrhunderts eingekreuzt wurde, alle erfolgreich waren.

Das Dales-Pony ist insbesondere für seine große Kraft und Ausdauer bekannt sowie für seine Fähigkeit, besonders schwere Lasten zu tragen. Es wurde größtenteils für den Transport von Bleierz aus den Bergwerken von Northumberland und Durham zu den Schmelzhütten eingesetzt. Auch bei den Bauern von Dales war es beliebt und wurde für verschiedene landwirtschaftliche Arbeiten verwendet, z. B. zum Pflügen. Auf kleinen Berghöfen war das Dales-Pony in Bezug auf Gelände und Klima in seinem Element.

Das Dales-Pony ist eine sehr vielseitige Rasse und eignet sich hervorragend als Reit- und Fahrtier sowie für landwirtschaftliche Arbeiten. Selbst nach dem Einzug der Mechanisierung kann das Dales-Pony in einigen Gebieten bessere Leistungen erzielen als ein Traktor. Es glänzt insbesondere im Geschirr und kann schwere Lasten schnell transportieren. Vor ungefähr 100 Jahren wurde ein Welshponyhengst namens Comet in das Dales-Zuchtprogramm eingeführt, der viele seiner Eigenschaften vererbte. Am bemerkenswertesten sind dabei die frei fließenden Bewegungen beim Trab, die dem Dales-Pony eine große Beliebtheit als Reitpony eintrugen. Es hat eine sehr gute Wesensart und wird zunehmend in der Tourismusbranche für Trekkingritte eingesetzt.

Das Dales-Pony hat gewöhnlich einen schönen Kopf mit feiner Kiefer- und Kehlpartie auf einem kurzen kräftigen Hals. Sein Körper ist kräftig und muskulös mit viel Struktur, runden Rippen und kräftigen Hufen. Es hat gewöhnlich sehr üppiges Langhaar und einen vollen Fesselbehang. Die Fellfarbe des Dales-Ponys ist gewöhnlich Schwarzbrauner oder Rappe, und es erreicht ein Stockmaß von ungefähr 1,47 m.

Oben
Dales-Ponys stammen aus dem Norden Englands und sind für ihre Kraft und Ausdauer bekannt.

Unten
Aufgrund ihrer Fügsamkeit sind diese Ponys sehr gut für Trekkingritte mit Reitanfängern geeignet.

RASSEINFORMATIONEN	
NAME	Dartmoor-Pony
GRÖSSE	Bis zu 1,27 m
FARBVARIATIONEN	Meistens Brauner oder Rappe
URSPRUNGSLAND	England

Dartmoor-Pony

KATEGORIE

VERWENDUNG TEMPERAMENT

Links
Obwohl sich die meisten Dartmoor-Ponys inzwischen im Privatbesitz befinden, gibt es in Devon immer noch ein paar frei lebende Tiere.

DAS DARTMOOR-PONY hat weit zurückreichende Wurzeln und unterlag im Laufe seiner Entwicklung zahlreichen Einflüssen, die mehrmals fast zum Aussterben der Rasse führten. Das Dartmoor-Pony ist eine einheimische englische Rasse und fristete jahrhundertelang ein halbwildes Dasein in den offenen Hochmoorgebieten von Dartmoor im englischen Devon. Auch wenn es hier immer noch zu sehen ist, wird es größtenteils inzwischen in Privathaltung gezüchtet.

Die Qualitäten und Fähigkeiten des Dartmoor-Ponys, wie sein natürliches Springvermögen und sein schöner Gang, wurden schon von jeher geschätzt, und durch die Einkreuzung anderer Rassen während des 20. Jahrhunderts konnte es weiter verbessert werden. Einen bedeutenden Beitrag zum modernen Dartmoor-Pony leisteten der Araberhengst Dwarka (geboren 1922) und dessen Sohn The Leat sowie das Welsh-Mountain-Pony Dinarth Spark. Der Bestand der Dartmoor-Ponys ging zwischen 1789 und 1832, der Zeit der industriellen Revolution, erheblich zurück. Die Rasse wurde in großem Maße mit Shetlandponys gekreuzt, um geeignete Grubenponys zu züchten, wodurch das Dartmoor im guten Reitponytyp fast ganz verschwand. Durch die Einkreuzung von Welsh-Mountain- und Fell-Ponys konnte die Rasse wiederbelebt werden, erlitt aber während des Ersten Weltkrieges erneut große Verluste. Nach dem Zweiten Weltkrieg war die Rasse fast ganz verloren, da ihre natürliche Heimat von der Armee für Manöverübungen verwendet wurde. Sie wurde jedoch glücklicherweise gerettet, und heute sind hochwertige Dartmoor-Ponys als Kinder- und Schauponys sehr begehrt. Sie haben ausgezeichnete Manieren, besitzen eine sanfte Wesensart, sind fügsam und haben von Natur aus eine gute Konstitution. Sie springen sehr gut, haben eine sehr schöne Gangart und werden in französischen und britischen Gestüten häufig als Grundstock für die Züchtung von Riding Ponys eingesetzt.

Das Dartmoor-Pony besitzt das Aussehen eines qualitätsvollen Reitponys, macht sich jedoch auch im Geschirr sehr gut. Es ist schön proportioniert und besitzt ein gutes Exterieur. Es hat einen edlen attraktiven Kopf, einen muskulösen Hals, einen kompakten Rücken und kräftige Beine mit kurzen Röhrbeinen. Mähne und Schweif sind sehr voll, und der gesamte Körper ist einschließlich Hals, Rücken und Lenden gut bemuskelt. Brauner oder Rappe mit minimalen weißen Abzeichen gelten als bevorzugte Farbe. Braun-, Fuchs- oder Rappschecken werden im Zuchtregister nicht akzeptiert. Das Dartmoor-Pony erreicht ein Stockmaß von bis zu 1,27 m.

Unten
Diese kleinen Ponys haben volles Langhaar und erreichen ein Stockmaß von höchstens 1,27 m.

KATEGORIE

VERWENDUNG TEMPERAMENT

Dülmener Pony

RASSEINFORMATIONEN	
NAME	Dülmener Pony
GRÖSSE	1,22 - 1,32 m
FARBVARIATIONEN	Falbe, Rappe, Brauner oder Fuchs
URSPRUNGSLAND	Deutschland

DEUTSCHLAND ist eher für seine ausgezeichneten Warmblutzüchtungen bekannt als für seine Ponyrassen, und nur noch eine einheimische Ponyrasse ist hier zu finden: der Dülmener. Der Senner aus dem Teutoburger Wald war die einzige andere deutsche Ponyrasse, gilt inzwischen jedoch als ausgestorben. Das Dülmener Pony gehört einer sehr alten Rasse an und ist im Meerfelder Bruch in der Nähe von Dülmen beheimatet. Dokumentationen zufolge hat es in dieser Region bereits seit Anfang des 14. Jahrhunderts Ponys gegeben. Die genauen Ursprünge der Rasse sind zwar nicht bekannt, doch hat es sich vermutlich aus vorzeitlichen primitiven Pferdetypen entwickelt und weist immer noch einige primitive Merkmale auf.

Ursprünglich lebten in ganz Westfalen große Herden dieser wilden Ponys, die ihren natürlichen Lebensraum während des 19. Jahrhunderts durch die zunehmende Aufteilung des Landes jedoch allmählich verloren. Heute ist nur noch eine Herde übrig, die sich im Besitz des Herzogs von Croy befindet und wild in einem ungefähr 360 Hektar großen Stück Land im Meerfelder Bruch lebt. Die Herzöge von Croy hegen schon lange ein besonderes Interesse für das Dülmener Pony und unterstützten die Herde erstmals Mitte des 19. Jahrhunderts. Im Meerfelder Bruch findet sich eine große Vielfalt verschiedener kleiner Lebensräume, einschließlich Wald und offenem Sumpfgebiet, sodass den Ponys jede erforderliche Umgebung zur Verfügung steht. Sie sind hier sich selbst überlassen, müssen ihr eigenes Futter und Schutz suchen und Krankheit und Tod bewältigen. Folglich sind die überlebenden Mitglieder der Herde die stärksten, und daher ist die Rasse besonders zäh und widerstandsfähig gegen Krankheiten.

Einmal jährlich, am letzten Samstag im Mai, werden die Ponys zusammengetrieben und die Hengstfohlen von der Herde getrennt. Diese werden dann auf einer öffentlichen Auktion verkauft, und die Stuten werden mit einem oder zwei Hengsten wieder in den Meerfelder Bruch entlassen.

Gezähmte und ausgebildete Dülmener Ponys geben gute Kinderponys ab und passen sich dem zivilisierten Leben gut an. Sie sind auch nützliche Fahrponys und wurden früher zur Bestellung des Landes eingesetzt, wobei sie sich ihre außergewöhnliche Robustheit auch in Gefangenschaft erhielten. Sie haben ein recht primitives Aussehen mit groben Merkmalen. Einige von ihnen haben sich ihre falbe Farbe erhalten, während andere als Brauner, Rappe oder Fuchs auftreten, was auf Einkreuzungen von fremdem Blut im Laufe der Entwicklung der Rasse hindeutet. Das Stockmaß des Dülmener Ponys beträgt 1,22 bis 1,32 m.

Oben rechts und unten
Die primitive falbe Färbung ist beim Dülmener Pony auch heute noch häufig zu sehen, ebenso der charakteristische Aalstrich.

Mitte
Der Dülmener ist die einzige einheimische Ponyrasse Deutschlands.

RASSEINFORMATIONEN

NAME	Exmoor-Pony
GRÖSSE	1,27 - 1,30 m
FARBVARIATIONEN	Brauner oder Falbe mit schwarzem Langhaar
URSPRUNGSLAND	England

Exmoor-Pony

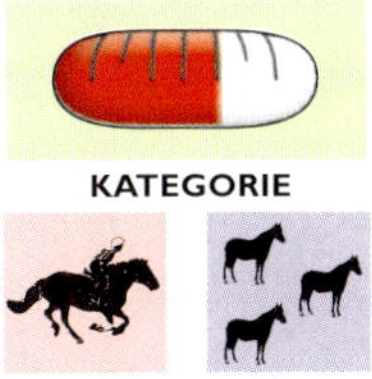

DAS EXMOOR-PONY ist vorwiegend im englischen Exmoor im Norden von Devon zu finden, wo es ein halbwildes Leben führt. Obwohl diese Rasse einmal zu den produktivsten gehörte, ist ihr Bestand inzwischen stark zurückgegangen. Um ihren Fortbestand zu sichern, werden heute streng überwachte Zuchtprogramme durchgeführt. Das Exmoor-Pony zählt zu den besser bekannten Wildponys in Europa. Es lebt gewöhnlich frei in den Mooren, und nur wenige Exemplare werden in privaten Gestüten gezüchtet. Es handelt sich hier um eine echt primitive Rasse mit falber Fellfarbe, Mehlmaul und mehlfarbenem Bauch. Inzwischen sind jedoch auch andere Farben vertreten, wie Brauner und Schwarzbrauner.

Der Vergleich mit Höhlenmalereien von Wildpferden aus dem Pleistozän, die in Frankreich und Spanien gefunden wurden, und die Ähnlichkeit mit dem Tarpan und dem Przewalskipferd lassen vermuten, dass das Exmoor-Pony ein Relikt des Wildpferdes sein könnte. Aufgrund der relativen geografischen Isolation seines Lebensraums in den Mooren hat sich das Exmoor-Pony sein ursprüngliches Aussehen weitgehend erhalten und wurde nicht zu stark durch andere Rassen beeinflusst. Es ist äußerst robust, gegen viele Pferdekrankheiten immun und unempfindlich gegenüber rauen Wetterbedingungen.

Das Exmoor-Pony besitzt verschiedene charakteristische Merkmale, von denen sich die meisten aufgrund der Umgebungsbedingungen ausgebildet haben. Es hat ein extrem wasserabweisendes Winterfell, das aus zwei Schichten besteht. Die untere Schicht ist kurz und wollig, während die obere Schicht länger und fettig ist. Dies wirkt regen- und kälteabweisend, speichert jedoch die Wärme unter dem Fell. Das schwere Oberlid des Exmoor-Ponys wird häufig als „Krötenauge" bezeichnet, und sein Schweifansatz weist einen fächerartigen buschigen Haarbewuchs auf. Es besitzt große Ausdauer, Kraft und Widerstandsfähigkeit und ist gut als Kinderpony geeignet. Einmal jährlich werden die Exmoor-Ponys zusammengetrieben, untersucht und mit Brandzeichen versehen, wobei an der rechten Schulter die Nummer der Herde an der linken Hinterhand die Nummer des Ponys eingebrannt wird. Hengstfohlen, die nicht dem Standard entsprechen, werden kastriert.

Die Ponys weisen in ihrem Aussehen primitive Merkmale auf. In vielen Fällen besitzen sie eine falbe Fellfarbe mit dunklen Gliedmaßen. Ihr Kopf ist attraktiv mit einer breiten Stirn und mehlfarbenen Ringen um den Augen. Die Schulter ist nicht zu steil, die Brust gewöhnlich tief und breit und der Rumpf kompakt mit einer guten Gurtentiefe. Die Beine sind kurz und kräftig mit harten Hufen. Exmoorstuten sollten nicht größer als 1,27 m sein, während Hengste und Wallache das Stockmaß von 1,30 m nicht überschreiten sollten.

Oben rechts
Exmoor-Ponys besitzen ein wasserfestes Winterfell zum Schutz gegen die Kälte und haben schwere Oberlider.

Unten
Da das wild lebende Exmoor-Pony vom Aussterben bedroht war, wird seine Zucht heute sorgfältig kontrolliert.

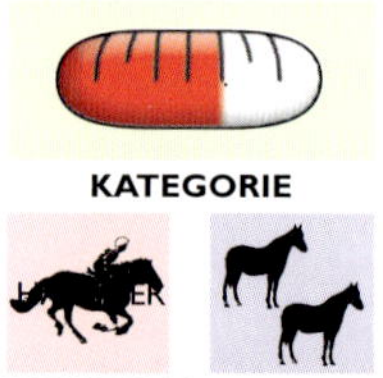

KATEGORIE

VERWENDUNG TEMPERAMENT

Falabella

RASSEINFORMATIONEN	
NAME	Falabella
GRÖSSE	Bis zu 0,76 m
FARBVARIATIONEN	Alle Farben
URSPRUNGSLAND	Argentinien

DER FALABELLA wurde während des 19. Jahrhunderts in Argentinien entwickelt. Er wurde nach der Familie Falabella benannt, die sich jahrelang mit der Züchtung dieser Rasse auf ihrer Ranch außerhalb von Buenos Aires beschäftigte. Auch wenn die Rasse von dieser Familie entwickelt wurde, stammte die Idee, ein Miniaturpferd zu züchten, ursprünglich von dem in Argentinien lebenden Iren Patrick Newtall. Er bemühte sich viele Jahre lang um die Bildung einer Herde von kleinen „Pferden" mit einem Stockmaß von nicht mehr als 0,76 m und gab 1879 sein Wissen und seine Erfahrungen an seinen Schwiegersohn Juan Falabella weiter.

Dies war der Beginn des Falabellas, der aus der Kreuzung von Shetlandponys mit der von Newtall gezüchteten Herde entstand. Außerdem gab es noch weitere Einkreuzungen mit einem sehr kleinen englischen Vollblut und einem kleinen Criollo. Um die Größe des Falabellas weiter zu reduzieren, wurde die kleinste und beste Nachkommenschaft wiederholt eingezüchtet, bis die Durchschnittsgröße einem Stockmaß von weniger als 0,76 m entsprach. Der Falabella hat bis zu einem gewissen Grad auch spanisches Blut, da die ursprüngliche Herde von Newtall zu einem großen Teil auf kleinen spanischen Pferden basierte. Auch die spätere Einkreuzung von Criolloblut trug dazu bei.

Ursprünglich bestand das Zuchtziel darin, kein kleines Pony, sondern ein kleines Miniaturpferd zu erzeugen. Angesichts der zwergenhaften Größe und des hohen Grads an Inzucht lässt sich kaum nachvollziehen, welcher Zweck mit der Entwicklung dieser Rasse eigentlich verfolgt wurde. Der Falabella ist für seine Größe jedoch äußerst kräftig, wird für leichte Arbeit im Geschirr verwendet und kann von kleinen Kindern geritten werden. Aufgrund seines Exterieurs, das sich durch steile Schultern und eine winzige Gestalt auszeichnet, gehört der Falabella jedoch nicht zu den typischen Kinderponyrassen. Er besitzt eine sehr gute Wesensart, ist intelligent und freundlich und lässt sich vielleicht am besten als schmuckes und ungewöhnliches Haustier

verwenden.

Vom Aussehen her sind die besseren Exemplare des Falabellas recht attraktive kleine Pferde. Aufgrund von Inzucht ist ihr Kopf im Verhältnis zum übrigen Körper jedoch zu groß, und sie weisen verschiedene andere Gebäudemängel auf, hauptsächlich an Beinen und Hinterhand. Interessanterweise wurde entdeckt, dass der Falabella eine oder zwei Rippen weniger hat als andere Pferderassen. Er tritt in einer Vielzahl von Farben auf und ist häufig gepunktet oder gescheckt, was auf sein spanisches Blut zurückzuführen ist. Seine Lebenserwartung ist außergewöhnlich hoch und kann mehr als 40 Jahre betragen.

Oben und Mitte
Der Falabella ist mit einem Stockmaß von höchstens 0,76 m das kleinste Pferd der Welt. Er ist in einer Vielzahl von Farben vertreten.

Rechts
Aufgrund selektiver Zucht neigt der Falabella zu einem übergroßen Kopf.

RASSEINFORMATIONEN	
NAME	Fell-Pony
GRÖSSE	Bis zu 1,42 m
FARBVARIATIONEN	Rappe, Schwarzbrauner und Brauner
URSPRUNGSLAND	England

Fell-Pony

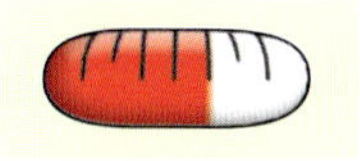

KATEGORIE

VERWENDUNG

TEMPERAMENT

Oben
Fell-Ponys treten gewöhnlich als Rappe, Schwarzbrauner oder Brauner auf, doch sind den Zuchtbestimmungen zufolge auch Schimmel erlaubt.

DAS FELL-PONY ist hauptsächlich in den Nord- und Westausläufern der Penninen und in den Hochmooren Cumbrias beheimatet und ähnelt in vieler Hinsicht dem Dales-Pony, seinem geografischen Nachbarn. Beide Rassen stammen wahrscheinlich von derselben Quelle ab und bildeten dann regionale Unterschiede aus, auf die sich die Züchter später konzentrierten, sodass zwei Variationen entstanden. Das Fell-Pony gilt als Nachfahre des alten, inzwischen ausgestorbenen Galloway-Ponys und des europäischen Friesen. Das Galloway-Pony war eine zähe schottische Rasse, die viele bewundernswerte Qualitäten besaß und wahrscheinlich maßgebend für die Entwicklung des Fell- und des Dales-Ponys sowie für das Englische Vollblut war. Das Fell-Pony ist recht reinrassig geblieben, und die 1912 gegründete Fell Pony Society ist stark darum bemüht, dass dies auch weiterhin so bleibt.

Es ist ein ausgezeichnetes Pony und im Verhältnis zu seiner Größe sehr zäh und kräftig. Wie das Dales-Pony wurde auch das Fell-Pony für den Transport von Blei zu den Docks eingesetzt und fand auch vielerorts Verwendung als Pack- und Kutschtier. Es ist ein guter Traber und kann in kurzer Zeit eine recht große Strecke zurücklegen. Fell-Ponys werden inzwischen häufig als Reit- und Fahrpferde verwendet und glänzen in beiden Disziplinen. Sie sind äußerst vielseitig und trittsicher und haben gewöhnlich eine sensible Wesensart, die sie als ideale Kinderponys und nützliche Reittiere für nervöse Erwachsene auszeichnet.

Das Fell-Pony hat im Allgemeinen einen kleinen hübschen Ponykopf, der auf einem schön gebogenen, langen Hals sitzt. Es hat einen kräftigen Körperbau mit runden Rippen und eine muskulöse Hinterhand mit tief angesetzten Sprunggelenken. Die Beine sind gut proportioniert mit kurzen Röhrbeinen und gut entwickelten Vorderfußwurzelgelenken. Fell-Ponys haben gewöhnlich üppiges Langhaar und einen dichten Fesselbehang. Sie treten normalerweise als Rappe, Schwarzbrauner oder Brauner auf, und sollten vorzugsweise keine Abzeichen haben, abgesehen von einem gelegentlichen Stern. Schimmel werden ebenfalls akzeptiert, treten aber seltener auf. Übermäßige Abzeichen weisen auf eine Kreuzung hin und lassen eine Eintragung im Zuchtbuch nicht zu. Das Stockmaß des Fell-Ponys beträgt 1,32 bis 1,42 m. Es ist kleiner und leichter als das Dales-Pony und besitzt einen weniger massiven Körperbau. Beide Rassen zeichnen sich durch ihre hervorragenden Eigenschaften aus.

Unten rechts und links
Ein Fell-Pony hat einen kleinen hübschen Kopf und eine lange Mähne und Stirnlocke.

KATEGORIE

VERWENDUNG TEMPERAMENT

Poney Français de Selle

RASSEINFORMATIONEN

NAME	Poney Français de Selle
GRÖSSE	1,27 - 1,47 m
FARBVARIATIONEN	Alle Farben
URSPRUNGSLAND	Frankreich

DAS PONEY FRANÇAIS DE SELLE das auch als Französisches Reitpony bezeichnet wird, ist eine relativ neue Rasse, die für denselben Zweck wie das britische Riding Pony entwickelt wurde. Für seine Züchtung wurden einheimische Ponystuten mit Welsh-, New-Forest-, Araber- und Connemara-Hengsten sowie Mérens-, Pottiock- und Landaisstuten mit New-Forest-, Selle Français- und Connemara-Hengsten gekreuzt.

Das Poney Français de Selle ist vielseitig und ein ausgezeichnetes Kinderpony. Es besitzt ein ruhiges, jedoch lebhaftes Temperament und ein äußerst attraktives Äußeres. Sein Kopf ist klein und edel mit sanften Augen und beweglichen Ohren. Der Hals ist gewöhnlich von guter Länge und schön angesetzt, die Brust tief und breit und die Schulter abfallend. Die Beine sind kräftig mit wohlgeformten Gelenken und harten Hufen. Der Rücken ist gerade, der Widerrist gut entwickelt und die Kruppe nicht zu rund mit einem gut angesetzten Schweif. Das Poney Français de Selle tritt in allen Farben auf und erreicht ein Stockmaß von 1,27 bis 1,47 m.

Oben und rechts
Diese Ponys gehören einer relativ neuen Rasse an und besitzen einheimisches Ponyblut.

KATEGORIE

VERWENDUNG TEMPERAMENT

Galizier und Asturier

RASSEINFORMATIONEN

NAME	Galizier und Asturier
GRÖSSE	1,14 - 1,27 m
FARBVARIATIONEN	Brauner oder Rappe
URSPRUNGSLAND	Nordspanien

DER ASTURIER AUS der nordspanischen Provinz Asturien und der Galizier aus der Provinz Galizien sind uralte Ponyrassen. Der Galizier ist allerdings leider inzwischen ausgestorben.

Die genauen Vorfahren des Asturiers sind nicht bekannt; er hat sich jedoch vermutlich aus Kreuzungen zwischen dem spanischen Sorraia und dem portugiesischen Garrano entwickelt und zählt wohl auch das Keltische Pony des Altertums zu seinen Stammvätern. Er ist robust und genügsam und kann in Gebieten überleben, in denen andere Pferderassen nicht bestehen könnten. Im Laufe der Jahre war die Rasse vom Aussterben bedroht. Nachdem ihr Anliegen vor Kurzem an die Öffentlichkeit kam, wurden Gesellschaften zu ihrem Schutz gegründet.

Der Asturier besitzt eine ruhige und fügsame Wesensart und ist sowohl zum Reiten und Fahren als auch als Packtier und für Trekkingritte geeignet. Er hat im Allgemeinen einen kleinen, jedoch schweren Kopf und einen dünnen Hals mit einer dichten Mähne. Weiterhin zeichnet er sich durch einen flachen Widerrist, eine tiefe Brust und steile Schultern aus. Seine Beine sind stämmig mit kräftigen Gelenken und harten Hufen. Er hat gewöhnlich einen geraden Rücken, einen runden Brustkasten und eine abfallende Kruppe mit einem tiefen Schweifansatz. Die häufigsten Fellfarben sind Brauner oder Rappe mit minimalen Abzeichen, und das Stockmaß dieser Ponys liegt zwischen 1,14 und 1,27 m.

Oben und rechts
Wie der Galizier war auch der Asturier vom Aussterben bedroht, wird inzwischen jedoch geschützt.

RASSEINFORMATIONEN	
NAME	Galiceno
GRÖSSE	Bis zu 1,42 m
FARBVARIATIONEN	Alle Vollfarben
URSPRUNGSLAND	Mexiko

Galiceno

KATEGORIE

VERWENDUNG TEMPERAMENT

DER GALICENO ENTWICKELTE sich Anfang des 16. Jahrhunderts in Mexiko aus Pferden, die von Hernando Cortés, der 1519 von Kuba aus in Mexiko einmarschierte, nach Südamerika gebracht wurden. Das Pony stammt vermutlich vom spanischen Galizier, dem portugiesischen Garrano und dem spanischen Sorraia ab. Aufgrund seiner ausgezeichneten Qualitäten wie Widerstandsfähigkeit, Zähigkeit, Ausdauer und Kondition erfreut sich der Galiceno in Mexiko außerordentlicher Wertschätzung.

Die Rasse wurde erst 1958 auch in die Vereinigten Staaten eingeführt, und 1959 wurde ein eigener Zuchtverband gegründet, um die Rasse zu erhalten. Diese Ponys sind in Amerika recht beliebt, auch wenn ihre Anzahl immer noch relativ klein ist. Der Galiceno eignet sich als Reit- und Packtier, geht im Geschirr und kann für landwirtschaftliche Arbeiten eingesetzt werden. Darüber hinaus gilt er als ausgezeichnetes Kinderpony. Er ist schnell, wendig, fügsam und intelligent und besitzt eine gute Ausdauer. Viele dieser Ponys sind für ihren bemerkenswerten schnellen „Rennschritt" bekannt, einer sehr weichen Gangart, durch die sie sehr bequem zu reiten sind. Ihre weichen Gänge sind wahrscheinlich auf ihre spanische Herkunft zurückzuführen.

Aufgrund ihrer kleinen Größe gelten sie vornehmlich als Kinderponys, werden jedoch schon seit langem von den mexikanischen Cowboys verwendet und können einen Reiter problemlos den ganzen Tag lang über raues Gelände tragen. Tatsächlich wird der Galiceno häufig trotz seiner Statur nicht als Pony, sondern als kleines Pferd angesehen. Er ist von Natur aus mutig und intelligent und lässt sich aufgrund seiner schnellen Auffassungsgabe leicht ausbilden.

Sein Äußeres ist sehr attraktiv mit einem schön proportionierten Kopf, sanften Augen und aufmerksamen Ohren, jedoch ohne offensichtliche Ponymerkmale. Der Hals ist gewöhnlich kurz und muskulös und verläuft vom Widerrist zum Genick in einem leichten Bogen. Brust und Körper des Galicenos sind in der Regel zwar schmal und fein gebaut, büßen jedoch nichts von ihrer Kraft und Stärke ein. Die Schultern fallen leicht ab, und der Rücken ist kurz und kompakt mit abfallender Kruppe. Die Beine sind kräftig, hart und wohlgeformt. Die Hufe können u. U. klein sein, und die Beinstellung der Rasse ist nicht immer korrekt. Der Galiceno tritt in allen Vollfarben auf und erreicht ein Stockmaß von 1,27 m bis 1,42 m.

Links
Galicenos sind ruhig und leicht auszubilden. Sie zeichnen sich durch einen besonderen „Rennschritt" aus, der für den Reiter sehr bequem ist.

Mitte und unten
Diese Rasse wird häufig nicht als Pony, sondern als kleines Pferd angesehen. Der wohlproportionierte Kopf ist pferdeähnlich.

KATEGORIE

VERWENDUNG TEMPERAMENT

Garrano

RASSEINFORMATIONEN	
NAME	Garrano
GRÖSSE	1,22 - 1,42 m
FARBVARIATIONEN	Brauner oder Fuchs
URSPRUNGSLAND	Portugal

SOWOHL DER GARRANO als auch das bekanntere Sorraia-Pony sind uralte Rassen, die auf dieselben Wurzeln zurückgehen und sich je nach Lebensraum in verschiedene Richtungen entwickelt haben. Das Sorraia-Pony lebt in Spanien, und zwar größtenteils in den Gebieten zwischen den Flüssen Sor und Raia, während der

Garrana im benachbarten Portugal beheimatet ist. Der Garrano oder „Minho", wie er auch manchmal genannt wird, ist überwiegend in den fruchtbaren Regionen von Minho und Tras os Montes zu finden und wurde wahrscheinlich stärker durch Einkreuzungen von fremdem Blut beeinflusst als das Sorraia-Pony.

Er weist Ähnlichkeiten mit den primitiven Höhlenmalereien des paläolithischen Zeitalters auf, was auf das Alter der Rasse schließen lässt. Es wird im Allgemeinen angenommen, dass der Garrano einer der Vorfahren des Andalusiers und des relativ unbekannten Galiziers ist. In den letzten Jahren wurde der Garrano relativ regelmäßig mit Arabern gekreuzt, eine Maßnahme des portugiesischen Landwirtschaftsministeriums. Dadurch wurde die Rasse erheblich veredelt, verlor jedoch einige ihrer primitiven Merkmale.

Der Garrano ist ein kräftiges und robustes Pony mit einer ruhigen Wesensart. Er wird zum Reiten und für leichte landwirtschaftliche Arbeiten eingesetzt und diente in der Vergangenheit häufig als Packtier. Er ist sehr trittsicher und kann sich auf dem schwierigen, steilen und dicht bewaldeten Terrain seines Heimatlandes leicht und mühelos bewegen – wesentlich besser als ein motorisiertes Fahrzeug. Garranos wurden auch vom Militär als Packtiere eingesetzt und gehen außerdem sehr gut im Geschirr. Sie sind trotz ihrer Größe bemerkenswert schnell und werden daher für die traditionellen Trabrennen in der Region verwendet.

Der heutige Garrano hat ein attraktives und qualitätsvolles Äußeres mit arabischem Einschlag. Dies ist insbesondere an dem edlen und hübschen Kopf zu

sehen, der häufig ein konkaves Profil aufweist, in einigen Fällen jedoch etwas schwer wirken kann. Die Ohren des Garranos sind gewöhnlich klein und die Augen groß und lebhaft. Er hat einen langen Hals, der in eine steile Schulter übergeht. Sein Rücken ist kurz und kompakt mit einer abfallenden muskulösen Hinterhand und einem tiefen Schweifansatz. Er hat eine tiefe und breite Brust und kurze kräftige Beine mit harten, ausgeprägten Gelenken und wohlgeformten harten Hufen. Der Garrano ist meistens braun oder fuchsfarben und erreicht ein Stockmaß von 1,22 bis 1,42 m.

Oben und Mitte
Das Sorraia-Pony (S. 223) ist eine uralte Rasse. Die vorherrschende Farbe ist falb.

Unten
Da der Garrano von Araberblut beeinflusst wurde, hat er heute einen edlen Kopf und ein leicht konkaves Profil.

RASSEINFORMATIONEN	
NAME	Gotland-Pony
GRÖSSE	1,22 - 1,27 m
FARBVARIATIONEN	Alle Vollfarben
URSPRUNGSLAND	Schweden

Gotland-Pony

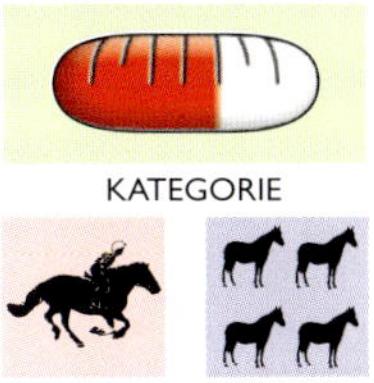

KATEGORIE

VERWENDUNG TEMPERAMENT

DAS GOTLAND-PONY, bzw. „Skogsruss", was so viel heißt wie „kleines Waldpferd" oder „kleine Ziege", ist eine uralte Rasse, die sich viele ihrer primitiven Merkmale erhalten hat. Gotland-Ponys waren jahrhundertelang vorwiegend auf der Insel Gotland in der Ostsee oder in den Waldgebieten von Lojsta auf dem schwedischen Festland beheimatet, werden inzwischen jedoch in ganz Schweden gezüchtet.

Um 1800 v. Chr. wurde die Insel Gotland von den Goten bewohnt, und wie der Fund einer aus dem Jahr 1000 v. Chr. stammenden Skulptur zeigt, verwendeten sie Ponys im Geschirr, die den heutigen Gotland-Ponys ähnelten. Das heutige Gotland-Pony hat sich aus diesen alten Pferden entwickelt und ist wahrscheinlich ein Nachfahre des Tarpans. Gotland-Pony, Huzule und Konik weisen alle unverkennbare Ähnlichkeiten auf und stammen von derselben alten Rasse ab. Das Gotland-Pony ist äußerst robust, zäh und trittsicher und besitzt eine sehr gute Ausdauer. Es wurde im Geschirr verwendet und als Packtier und für landwirtschaftliche Arbeiten eingesetzt. Seine heutige Funktion beschränkt sich jedoch im Wesentlichen auf die eines Kinderponys.

Es hat ein gutes Springvermögen, ist äußerst flink und ist auch als Renntraber beliebt. Diese Fähigkeiten sind verwunderlich, da das Gotland-Pony häufig eine schwache Hinterhand hat. Es hat einen guten Charakter und ist recht ruhig, kann jedoch bei Bedarf auch lebhaft sein. Allerdings ist es manchmal etwas starrsinnig. Das Gotland-Pony wurde besonders durch den Hengst Olle beeinflusst, einer Kreuzung aus Gotland-Pony und Syrischem Araber, der im Allgemeinen für die beliebte goldfalbe Fellfarbe verantwortlich ist. Ein weiterer maßgebender Einfluss ist dem orientalischen Hengst Khedivan zuzuschreiben, der den Schimmel als Fellfarbe einführte.

Das Gotland-Pony hat einen typischen Ponykopf mit kleinen, beweglichen Ohren, lebhaften Augen und einem geraden Profil. Sein Hals ist fast immer kurz und recht muskulös und geht in einen für eine Ponyrasse recht ausgeprägten Widerrist über.

Der Rücken ist lang und gerade mit einer abfallenden Kruppe und einer schwachen, nicht besonders attraktiven Hinterhand. Der Schulterwinkel ist für einen primitiven Ponytyp recht gut, und dies erklärt die Fähigkeiten des Gotland-Ponys beim Trabrennen. Sein Galoppiervermögen ist jedoch beschränkt. Die Beine sind kräftig und zäh mit guten Gelenken. Die Hinterbeine sind jedoch häufig nicht so gut entwickelt und können Mängel aufweisen. Die Hufe sind sehr fest und schön geformt. Das Gotland-Pony kommt in verschiedenen Farben vor, jedoch überwiegen Falben und Schimmel. Es erreicht ein Stockmaß von 1,22 bis 1,27 m.

WISSENSWERTES:
Epona ist in der Mythologie die Göttin der Pferde, Esel und Maultiere. Ihr Name leitet sich aus dem Wort *epo* ab, der gallischen Entsprechung zu *equus* und somit der Ursprung des Wortes „Pony". Sie wird häufig als Beschützerin des Pferdes dargestellt, wobei sie im Allgemeinen eine sitzende Haltung einnimmt und ihre Hand auf dem Kopf eines Pferdes, Esels oder Maultiers ruht.

Oben
Diese alte Ponyrasse entwickelte sich in einer rauen Umgebung im Norden Schwedens und ist sehr robust.

Links
Gotland-Ponys haben lebhafte Augen, ein gerades Profil und einen kurzen Hals.

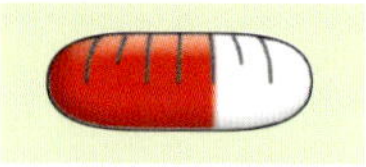

KATEGORIE

VERWENDUNG TEMPERAMENT

WISSENSWERTES: „Eventing“ ist ein internationales Fachblatt über Vielseitigkeitsprüfungen. Es erschien erstmals 1983, und seine monatlichen Ausgaben erfreuen sich auch heute noch einer breiten Leserschaft.

Pindos

RASSEINFORMATIONEN	
NAME	Pindos
GRÖSSE	Bis zu 1,32 m
FARBVARIATIONEN	Hauptsächlich Brauner, Rappe, Schwarzbrauner oder Grauschimmel
URSPRUNGSLAND	Griechenland

DER PINDOS (auch als Thessalonisches Pferd bekannt), ist eine uralte Rasse, die im alten Griechenland im Tiefland von Thessalien und Epirus gezüchtet wurde und auch heute noch dort beheimatet ist. Klima und landschaftliche Gegebenheiten machen Griechenland nicht gerade ideal für die Pferdezucht: Das Wetter ist häufig rau, und der Boden ist des verhältnismäßig unfruchtbar und nährstoffarm. Diese Umgebungsbedingungen haben jedoch ein außergewöhnlich robustes und ausdauerndes Pony hervorgebracht, dessen funktionelle Fähigkeiten seinen Mangel an ästhetischer Schönheit wettmachen. Diese Rasse besitzt alle Qualitäten eines Gebirgsponys, einschließlich einer bemerkenswerten Fähigkeit zum Klettern.

Das heutige Pindos-Pony unterscheidet sich erheblich von seinen Vorfahren, die vermutlich größtenteils orientalischer Herkunft waren bzw. von den für ihr reiterliches Können berühmten Skythen eingeführt wurden. Der Pindos ist wahrscheinlich ein direkter Nachfahre der alten Thessalonischen Rasse, die von den Griechen entwickelt wurde und für ihren Mut und ihre Schönheit bekannt war.

Er ist gewöhnlich sehr trittsicher und wird von der einheimischen Bevölkerung immer noch für viele Aufgaben auf ihren kleinen Höfen eingesetzt. Dabei kann es sich um landwirtschaftliche Arbeiten handeln, wie z. B. das Pflügen des Bodens, oder aber um Warentransporte mit Pferd und Wagen. Auch als Pack- und Reittier findet der Pindos Verwendung. Er verfügt über eine hervorragende Kondition und Ausdauer und besitzt eine sehr gute Konstitution. Da er sehr genügsam ist, kommt er mit minimalen Futterrationen aus. Er hat eine äußerst hohe Lebenserwartung. Seine Beine und Hufe sind sehr gesund, sodass es nur selten zu Lahmheiten kommt. Pindos-Stuten werden häufig für die Züchtung guter Arbeitsmaultiere herangezogen.

Der Pindos hat einen eher groben Kopf mit unattraktiven kleinen Augen. Hals und Rücken sind verhältnismäßig lang. Der Rumpf des Pindos ist schmal mit einer schwachen und unterentwickelten Hinterhand und einem hoch angesetzten Schweif, der vermutlich auf den orientalischen Einfluss zurückzuführen ist. Die Beine sind zwar schlank mit kleinen Gelenken, dafür jedoch kräftig. Die Hufe sind sehr hart. Der Pindos gilt als schwierig und stur. Seine Fellfarbe ist meistens dunkel, wie braun, schwarz und grau, und er erreicht ein Stockmaß von bis zu 1,32 m.

Oben
Das Pindos-Pony gilt zwar als schwer auszubilden, besitzt jedoch große Kraft.

Rechts
Die rauen Klimabedingungen und die karge Vegetation haben den Pindos zu einem außergewöhnlich zähen Pony gemacht.

RASSEINFORMATIONEN	
NAME	Peneia
GRÖSSE	Bis zu 1,42 m
FARBVARIATIONEN	Stichelhaar, Fuchs oder Rappe
URSPRUNGSLAND	Griechenland

Peneia

KATEGORIE

VERWENDUNG TEMPERAMENT

DER PENEIA ist eine alte Rasse, die in den Halbgebirgsregionen von Eleia auf dem Peloponnes beheimatet ist. Er ist wahrscheinlich mit dem griechischen Pindos verwandt, ist jedoch seltener anzutreffen, da sein Bestand ist ziemlich klein ist. Der Peneia ist schwerer als der Pindos und wird in einer Vielzahl von Bereichen eingesetzt, wie z. B. in der Landwirtschaft, als Wagenpferd und als Pack- und Reittier. Er besitzt eine zugängliche Wesensart. Sein Exterieur ist nicht besonders schön, doch ist er ein sehr gutes funktionelles Tier mit einer guten Konstitution. Er ist äußerst zäh und robust, besitzt eine großartige Kondition und Ausdauer und ist sehr trittsicher auf unwegsamem Gelände.

Der Peneia ist ein nützliches und fähiges Tier und hat überraschenderweise ein gutes natürliches Springvermögen. Peneia-Hengste werden häufig für die Zucht von Mauleseln verwendet. Sie haben zwar einen etwas gestelzten Gang, lernen in der Ausbildung jedoch eine Gangart namens *Aravani*, die etwas weicher ist als ihr natürlicher Gang. Das Erscheinungsbild des Peneias wirkt aufgrund seines Körperbaus schwer, und er hat einen groben Kopf und einen stark bemuskelten Hals. Sein Rücken ist breit und kräftig, die Hinterhand jedoch schwach und unterentwickelt. Die Beine sind gewöhnlich sehr gesund und kräftig, neigen jedoch häufig zu Kuhhessigkeit oder Säbelbeinen. Der Peneia tritt meistens als Stichelhaar, Fuchs oder Rappe auf und erreicht ein Stockmaß von 1,02 bis 1,42 m.

Links
Peneias haben ein überraschend gutes natürliches Springvermögen und sind sehr trittsicher.

WISSENSWERTES:
König Alexander III. von Schottland (1249-1286) kam ums Leben, als er des Nachts mit seinem Pferd von einer Klippe stürzte.

RASSEINFORMATIONEN	
NAME	Skyros
GRÖSSE	Bis zu 1,12 m
FARBVARIATIONEN	Brauner oder Schimmel
URSPRUNGSLAND	Griechenland

Skyros

KATEGORIE

VERWENDUNG TEMPERAMENT

DER SKYROS ist die dritte der griechischen Ponyrassen und kommt wie der Peneia inzwischen äußerst selten vor. Er ist auf der Insel Skyros beheimatet und ist eine uralte Rasse. Es ist nicht überliefert, wie diese Ponys auf die Insel gelangten, und so können nur Mutmaßungen angestellt werden. Sie führten ursprünglich zumeist ein halbwildes Leben und durchstreiften die Insel in Herden. Heute werden sie jedoch hauptsächlich von Privatpersonen als Reit- und Fahrponys gehalten.

Sie besitzen dieselben Qualitäten wie die anderen griechischen Rassen und sind nicht nur äußerst zäh, robust und ausdauernd, sondern auch sehr trittsicher und besitzen eine ausgezeichnete Konstitution. Ihr Exterieur ist nicht besonders gut, doch scheint sich dies nicht übermäßig auf ihre Fähigkeiten auszuwirken. Der Skyros ist ein kleines, feingliedriges Pony mit einem leichten Knochenbau und einem attraktiven Kopf, einem kurzen Hals und einem kompakten Rücken. Seine Hinterhand ist schwach. Er hat außergewöhnlich harte Hufe und muss nur selten beschlagen werden. Aufgrund seines guten Charakters ist er gut als Kinderpony geeignet. Die vorwiegende Fellfarbe des Skyros ist Brauner oder Schimmel, und er erreicht ein Stockmaß von bis zu 1,12 m.

Links
Das äußerst selten gewordene Skyros-Pony ist mit einem Stockmaß von 1,12 m recht klein und eignet sich ideal für kleine Kinder.

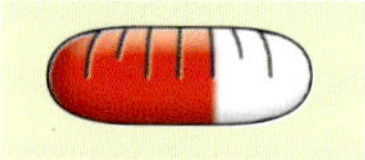

KATEGORIE

VERWENDUNG TEMPERAMENT

Hackney-Pony

RASSEINFORMATIONEN	
NAME	Hackney-Pony
GRÖSSE	1,27 - 1,42 m
FARBVARIATIONEN	Rappe, Brauner oder Fuchs
URSPRUNGSLAND	England

Oben

Das Hackney-Pony hat einen kleinen, edlen Kopf, bewegliche Ohren und intelligente Augen.

Unten

Hackney-Ponys haben einen extravaganten Gang und tragen ihren Schweif sehr hoch.

DAS HACKNEY-PONY wurde im 19. Jahrhundert entwickelt, und zwar in erster Linie von einem Mann namens Christopher Wilson aus Westmorland. Er setzte seinen Hengst Sir George (geboren 1866) ein, der eine Kreuzung zwischen Norfolk Roadster und Yorkshire Trotter war, und ließ Fell-Pony-Stuten von ihm decken. Die besten der Nachkommenschaft züchtete er untereinander weiter, um einen festen Typ zu erhalten. Das Hackney-Pony besitzt wahrscheinlich auch Welshponyblut, das zur Erhaltung der Ponymerkmale der Rasse beitrug.

Die Ponys wurden zunächst als Wilson-Ponys bezeichnet und erst später als Hackney-Ponys bekannt. Wilson hielt seine Ponys im Allgemeinen das ganz Jahr über im Freien. Sie überwinterten in der unwirtlichen Fellregion und erhielten nur wenig zusätzliches Futter oder Pflege. Diese Verfahrensweise trug zur Entwicklung der außergewöhnlichen Zähigkeit und Ausdauer der Rasse bei. Das Hackney-Pony hat kein eigenes Stutbuch, sondern wird in demselben Stutbuch eingetragen wie das Hackney-Pferd. In den 80er Jahren des 19. Jahrhunderts war die Rasse etabliert, und dank ihrer hervorragenden Trabaktion, ihrer Klasse und Lebendigkeit waren die Ponys äußerst erfolgreich.

Das Hackney-Pony darf nicht größer als 1,42 m sein, und es sollte echte Ponymerkmale aufweisen und nicht einfach nur wie eine kleinere Version des Hackney-Pferdes aussehen. Im Allgemeinen hat das Hackney-Pony eine noch übertriebenere Aktion als das Hackney-Pferd, wobei die Knie so hoch wie möglich gehoben werden und die Hinterhand kräftig untertritt. Die Bewegungsabläufe sind in der Regel spektakulär, flüssig und energisch, und das Pony trägt Kopf und Schweif hoch und wölbt seinen Hals in einem schönen Bogen, sodass es eine eindrucksvolle Selbstdarstellung liefert.

Das Hackney-Pony hat gewöhnlich einen kleinen qualitätsvollen Ponykopf mit beweglichen Ohren und großen intelligenten Augen. Der Hals ist kurz und gebogen und wird stolz getragen. Schultern und Hinterhand sind gut und kräftig mit einem kompakten Rücken und einem leichten Körperbau. Die Beine sind sehr kräftig mit guten Gelenken, obwohl sie häufig sehr schlank sind. Die Hufe sind im Allgemeinen außergewöhnlich hart und man lässt sie in der Regel länger wachsen als üblich, um die typische Knieaktion noch zu betonen. Der Schweif ist grundsätzlich hoch angesetzt und wird hoch getragen. Die vorwiegenden Fellfarben des Hackney-Ponys sind Rappe, Brauner oder Fuchs, eventuell mit weißen Abzeichen. Sein Stockmaß liegt zwischen 1,27 und 1,42 m.

WISSENSWERTES:

Das alte Przewalskipferd aus der Mongolei wird auch Takhi genannt, was so viel heißt wie „Geist" und auf seine unabhängige und unbezähmbare Natur hindeutet.

RASSEINFORMATIONEN	
NAME	Haflinger
GRÖSSE	Bis zu 1,42 m
FARBVARIATIONEN	Fuchs mit heller Mähne und hellem Schweif
URSPRUNGSLAND	Österreich

Haflinger

KATEGORIE

VERWENDUNG TEMPERAMENT

WISSENSWERTES:
Leinsamen müssen gekocht werden, bevor Sie dem Pferd gegeben werden können. Durch diesen Vorgang wird ein Enzym abgetötet, das giftiges Zyanid freisetzt.

DER HAFLINGER ist eine Rasse mit weit zurückreichenden Wurzeln, die aufgrund ihrer geografischen Isolation recht originalgetreu geblieben ist. Er stammt aus dem Ort Hafling in den Etschtaler Alpen im österreichischen Südtirol und wird inzwischen in großem Umfang auch in Bayern und in ganz Europa gezüchtet. Die Rasse geht auf arabisches Blut und verschiedene Kaltblutlinien zurück, eine Kombination, die den Haflinger zu einem idealen Reit- und Fahrpferd macht.

Die genauen Ursprünge des Haflingers sind zwar nicht bekannt, doch wurde seine Geschichte seit 1868 umfassend dokumentiert. 1868 wurde der Halbblutaraber El Bedavi XXII. in die Rasse eingeführt. Sein 1874 geborener Sohn Follie gilt allgemein als der Stammvater der Rasse. Heute können immer noch vier bis fünf Hauptlinien der Nachkommenschaft El Bedavis zurückverfolgt werden. Dieses äußerst reine Erbe ist für das typische Aussehen und die Merkmale

des Haflingers verantwortlich, die sich von Pferd zu Pferd kaum unterscheiden.

Das bedeutendste Gestüt für die Haflingerzucht in Österreich befindet sich in Jenesien, wo die Hengste staatlich kontrolliert werden, um eine sorgfältige Überwachung des Zuchtbestands zu gewährleisten. Hengstfohlen werden gründlich untersucht, und nur die allerbesten werden für die Zucht verwendet. Auch in Bayern erfreut sich der Haflinger großer Beliebtheit und wird dort häufig mit Araberblut gekreuzt. Die Nachkommenschaft wird dann zu Haflingern zurückgezüchtet, wodurch sehr schöne Qualitätspferde hervorgebracht werden. Dieses System wird in Österreich jedoch nicht praktiziert.

Haflinger besitzen die typischen Eigenschaften einer zähen Gebirgsrasse: Sie sind kräftig, stämmig, trittsicher und intelligent. Aufgrund ihrer fügsamen Wesensart geben sie nützliche Packtiere ab und sind als Reitpony sowohl für Kinder als auch für Erwachsene hervorragend geeignet. Sie haben einen attraktiven Kopf, der zwar schwer, jedoch nicht grob wirkt, mit großen sanften Augen und kleinen aufmerksamen Ohren. Ihre Beine sind gewöhnlich kurz, ihr Rücken kräftig und die Hinterhand muskulös. Sie haben eine kräftige Schulter und eine tiefe Brust. Haflinger sind fast immer fuchsfarben, wobei die Palette von einem hellen Gold bis zu einem Rostton reichen kann, und haben flachsfarbenes Langhaar. Vom Haflinger wird häufig gesagt, dass er „von vorne wie ein Prinz und von hinten wie ein Bauer" aussieht. Sein Stockmaß sollte nicht über 1,42 m liegen. Häufig ist er etwas kleiner.

Oben und Mitte
Aufgrund ihrer sanften Wesensart sind Haflinger ideal als erstes Reittier für Kinder geeignet.

Links
Da Haflinger sorgfältig nach genauen Spezifikationen gezüchtet werden, gibt es in ihrer typischen Fuchsfarbe nur geringe Abweichungen.

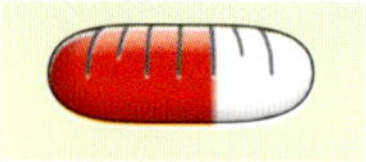

KATEGORIE

VERWENDUNG TEMPERAMENT

Highlandpony

RASSEINFORMATIONEN	
NAME	Highlandpony
GRÖSSE	Bis zu 1,47 m
FARBVARIATIONEN	Falbe, Schimmel, Brauner und Rappe
URSPRUNGSLAND	Schottland

DAS HIGHLANDPONY weist zwar Ähnlichkeiten mit dem postulierten Pony-Typ 2 und dem Asiatischen Wildpferd auf, unterlag als Rasse jedoch im Laufe der Zeit einer Reihe von äußeren Einflüssen und hat sich in seinem Aussehen wahrscheinlich stark verändert. Während des 16. Jahrhunderts wurden französische Ponys und spanische Pferde in die schottischen Hochebenen gebracht, und während des 19. Jahrhunderts wurden ein Hackney-Typ und verschiedene Fell- und Dales-Ponys in die Rasse eingekreuzt. Mit den Jahren wurde immer wieder orientalisches und arabisches Blut zur Veredelung des Highlandponys eingesetzt.

Ursprünglich gab es zwei Arten von Highlandponys, wobei das kleinere von beiden auf den westlichen Inseln und das größere auf dem Festland gezüchtet wurde. Heute ist die Rasse jedoch größtenteils einheitlich, und es gibt kaum offensichtliche Unterschiede. Das Highlandpony ist eine weitere Rasse, die zu einem großen Teil von ihrer rauen Umgebung geprägt wurde und dadurch äußerst zähe und robuste Ponys hervorbrachte, die eine große Ausdauer besitzen und schlechtem Wetter gegenüber unempfindlich sind. Sie wurden von schottischen Pächtern für eine Vielzahl von Zwecken eingesetzt, z. B. als Reit- und Zugpferd, als Packtier und für die Bestellung des Bodens, und haben sich als äußerst vielseitig und fügsam erwiesen. Sie sind für ihre Fähigkeit bekannt, sich sehr gut auf unwegsamem Gelände und feuchtem Boden fortbewegen zu können, und durchqueren mutig auch tiefen Morast.

Wie schon in der Vergangenheit werden die Ponys auch heute noch von Jägern dazu eingesetzt, erlegtes Wild zu tragen. Dadurch beweisen sie nicht nur ihre für ihre Körpergröße erstaunliche Kraft, sondern auch ihre ruhige Wesensart – viele Pferde würden sich mit aller Kraft weigern, ein totes Tier auf dem Rücken zu tragen. Inzwischen werden die Highlandponys jedoch meistens für Trekkingritte und als Familienponys verwendet, die nicht nur Kinder, sondern auch Erwachsene mit Leichtigkeit tragen können.

Sie haben ein kräftiges und stämmiges Aussehen, besitzen jedoch gewöhnlich einen attraktiven Kopf, der den Einfluss von Araberblut erkennen lässt. Ihre Ohren sind normalerweise klein und ihre Augen groß, und sie haben breite, sich weitende Nüstern. Der Hals ist im Allgemeinen recht lang und gewölbt und der Rücken kurz und kräftig. Die Brust ist tief und ebenfalls kräftig und die Hinterhand gut bemuskelt. Highlandponys haben gewöhnlich kurze Beine mit flachen Knochen und breiten Gelenken. Zu den Fellfarben gehören Falbe mit Aalstrich, Brauner, Fuchs und Schimmel. Abzeichen sind nur in geringem Maße erwünscht. Das Stockmaß der Ponys darf nicht höher als 1,47 m sein.

Oben
Die weiten Nüstern und großen Augen des Highlandponys lassen seinen arabischen Einschlag erkennen.

Mitte und unten
Highlandponys sind äußerst vielseitig. Schottische Pächter setzten sie für die Bestellung ihres Landes ein und verwendeten sie als Pack- und Zugtiere.

WISSENSWERTES:
In seinem natürlichen Lebensraum frisst ein Pferd ungefähr 20 bis 22 Stunden pro Tag und schläft zwei bis vier Stunden.

RASSEINFORMATIONEN	
NAME	Huzule
GRÖSSE	1,24 - 1,35 m
FARBVARIATIONEN	Brauner, Rappe, Fuchs und Falbe
URSPRUNGSLAND	Polen

Huzule

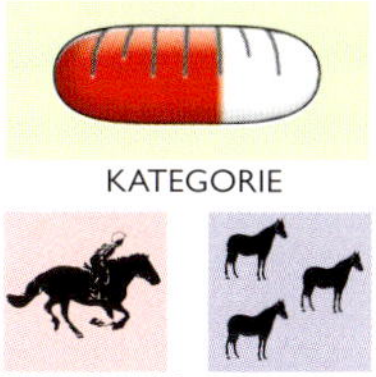

KATEGORIE

VERWENDUNG TEMPERAMENT

DER HUZULE kommt aus den Karpaten und gilt als eine der ältesten bodenständigen Rassen in Europa. Man nimmt an, dass er eng mit dem Tarpan verwandt ist, mit dem er große Ähnlichkeit hat, insbesondere in Bezug auf die Form ihres kurzen Kopfes und die vorwiegend falbe Fellfarbe. Er entwickelte sich vermutlich aus einer Kreuzung zwischen dem Tarpan und mongolischen Pferderassen und hat daher einen größtenteils arabischen Hintergrund.

Eines der ersten Gestüte für den Huzulen wurde 1856 im rumänischen Radauti gegründet, wo er eine Zeit lang selektiv gezüchtet wurde, um den ursprünglichen Typ möglichst beizubehalten. Während des Zweiten Weltkriegs ging der Bestand dieser Ponys drastisch zurück, und erst 1972 wurden mit der Gründung des Huzulen-Clubs Bemühungen unternommen, die Rasse wieder zu etablieren. Dies hat sich gelohnt, und 1982 konnte schließlich ein Stutbuch eingerichtet werden.

Wie alle Gebirgsrassen ist auch der Huzule äußerst zäh und robust und kann unter härtesten Klimabedingungen überleben. Er ist sehr trittsicher und wird auch heute noch als Packtier für den Transport von Waren über die unberechenbaren Bergpfade verwendet. Auch im Geschirr wird er häufig eingesetzt, da er sich sehr gut als Fahrpony eignet, und auch als Kinderreitpony findet er Verwendung. Der Huzule wird schon seit jeher auf den abgelegenen Berghöfen für alle Arten von landwirtschaftlicher Arbeit eingesetzt und hat sich als äußerst vielseitig erwiesen. Seine raue Umgebung hat ihn höchst widerstandsfähig gegenüber einer Vielzahl von Pferdekrankheiten gemacht, und er besitzt eine außergewöhnlich gute Konstitution. Seine Hufe sind wohlgeformt und sehr fest, sodass er selbst bei schwierigem Gelände nur selten beschlagen werden

muss. Er hat einen sehr guten Charakter, ist sanft und fügsam und eignet sich somit ideal für Kinder. Darüber hinaus besitzt er ein gutes natürliches Springvermögen und große Ausdauer.

Der Huzule hat einen kleinen, primitiv wirkenden Kopf mit kleinen, beweglichen Ohren und lebhaften Augen. Sein Hals ist kurz, kräftig und muskulös und der Rücken kompakt und kräftig mit einem flachen Widerrist. Aufgrund des mehr oder weniger steilen Schulterwinkels hat er eine kurze, hohe Beinaktion. Die Brust ist gewöhnlich breit und tief und die Hinterhand abfallend. Die Beine des Huzulen sind zwar kräftig, neigen jedoch zur Kuhhessigkeit. Seine Fellfarbe variiert zwischen Falbe, Brauner, Rappe und Fuchs, und er erreicht ein Stockmaß von 1,24 bis 1,35 m.

WISSENSWERTES:
Der erste „moderne" Beschlag, d. h. das Befestigen des Hufeisens mit Nägeln, wurde Aufzeichnungen zufolge gegen Ende des neunten Jahrhunderts in Europa durchgeführt.

Oben
Der Kopf des Huzulen ist gewöhnlich klein mit einem kurzen kräftigen Hals.

Links
Huzulen waren ursprünglich Gebirgsponys und wurden viele Jahre lang auf den abgelegenen Berghöfen Osteuropas als Packtiere eingesetzt.

KATEGORIE

VERWENDUNG TEMPERAMENT

Islandpony

RASSEINFORMATIONEN	
NAME	Islandpony
GRÖSSE	1,30 - 1,37 m
FARBVARIATIONEN	Alle Farben
URSPRUNGSLAND	Island

DAS ISLANDPONY ist keine einheimische isländische Rasse, sondern stammt vermutlich vom nordeuropäischen Waldpony und vom Keltischen Pony ab. Island wurde ursprünglich von zwei norwegischen Häuptlingen namens Ingolfur und Leifur besiedelt, die 871 n. Chr. mit ihrem Vieh und ihren Pferden dorthin übersiedelten. Weitere Siedler aus Norwegen und von den westlichen britischen Inseln brachten ebenfalls Vieh und Pferde mit, und so entstand das Islandpony.

Das Islandpony ist eigentlich ein kleines Pferd, da es pferdeartige Merkmale aufweist. Es nimmt eine besondere Stellung unter den modernen Rassen ein, da es mehr als 800 Jahre lang von äußeren Einflüssen unberührt blieb und daher eine der reinsten existierenden Rassen darstellt. Vor etwa 900 Jahren wurden Einkreuzungen mit orientalischem Blut vorgenommen, die derartig katastrophale Auswirkungen auf die Rasse hatten, dass ein Gesetz erlassen wurde, welches den Import fremder Pferderassen verbot. Dieses Gesetz hat auch heute noch Gültigkeit, und kein exportiertes Islandpony darf in das Land zurückkehren.

Das Islandpony spielt eine zentrale Rolle im isländischen Leben und wird seit Jahrhunderten von der einheimischen Bevölkerung in Ehren gehalten. Viele Jahre lang stellte es das einzige Transportmittel dar, und auch heute noch wird es häufig eingesetzt, um unwegsames Gelände zu durchqueren, das für Motorfahrzeuge nicht geeignet ist. Das Islandpony hatte schon immer eine große Bedeutung für das Leben auf Island und wird sei jeher für die Bestellung des Landes, zum Transportieren von Waren und als Reittier verwendet. Seine Beliebtheit als Turnierpferd hat in den letzten Jahren ebenfalls stark zugenommen. Es gibt verschiedene Typen von Islandponys, die für bestimmte Zwecke entwickelt wurden. Innerhalb der Rasse gibt es schwerere Ponys, die eher als Zugtiere geeignet sind, und leichtere Reitponytypen. Auf der Insel werden regelmäßig Pferdeschauen abgehalten, und Kurzstreckenrennen finden praktisch jede Woche statt.

Das Islandpony hat fünf natürliche Gänge: Schritt, Trab, schneller Galopp, Pass und *Tölt*. Der *Tölt* ist ein sehr schneller Viertakt-Rennschritt, während der Pass eine schnelle, weiche Nebengangart ist, die nur über kurze Strecken beibehalten werden kann. Das Islandpony ist gewöhnlich kräftig, robust und stämmig mit einem großen Kopf, intelligenten Augen, einem kurzen dicken Hals, kräftigen Beinen und einer schweren, dichten Mähne und Stirnlocke. Interessanterweise besitzt es außerdem ein ausgezeichnetes Sehvermögen und einen verblüffenden Stallinstinkt. Es erreicht normalerweise ein Stockmaß von 1,30 bis 1,37 m und tritt zwar vorwiegend als Schimmel, Falbe oder Fuchs auf, kann jedoch alle Farben haben.

WISSENSWERTES:
Arkle war der Name eines berühmten irischen Hindernisrennpferdes, das in den Jahren 1964 bis 1966 drei Mal hintereinander den Cheltenham Gold Cup gewann.

Oben und Mitte
Aufgrund seiner geografischen Isolation ist das Islandpony eine der reinsten Rassen, die heute existieren.

Rechts
Die Ponys spielen im Leben der Isländer eine zentrale Rolle und werden immer noch für die Bestellung von schwer zugänglichen Feldern verwendet, wobei ihre Bedeutung als Reittier jedoch ständig zunimmt.

RASSEINFORMATIONEN	
NAME	Java-Pony
GRÖSSE	Bis zu 1,27 m
FARBVARIATIONEN	Alle Farben
URSPRUNGSLAND	Indonesien

Java-Pony

KATEGORIE

VERWENDUNG TEMPERAMENT

WISSENSWERTES: Pferderennen werden häufig als „Sport der Könige" bezeichnet.

DAS JAVA- bzw. Kumingan-Pony stammt von der indonesischen Insel Java, wo es sich vermutlich während des 17. Jahrhunderts entwickelte. Die Holländisch-Ostindische Handelsgesellschaft war durch Einführung orientalischer Pferde maßgebend für die Entwicklung vieler indonesischer Rassen. Die Gesellschaft gründete im 17. Jahrhundert eine Handelsniederlassung auf

Java und importierte seitdem Pferde als Zug- und Packtiere. Der lokale Bestand wurde mit Araber- und Berberimporten gekreuzt, was ausschlaggebend für die Entstehung des Java-Ponys war.

Das heutige Java-Pony weist äußerlich keine besondere Ähnlichkeit mehr mit dem Araber auf, hat jedoch anscheinend die Wüstennatur dieses Pferdes geerbt, da es äußerst hitzeunempfindlich ist. Auch die Ausdauer und gute Konstitution hat es von seinen arabischen Vorfahren übernommen und ist in der Lage, trotz seines kleinen und schwach wirkenden Körperbaus den ganzen Tag unermüdlich in der Hitze zu arbeiten. Das Java-Pony wird in erster Linie zum Ziehen der *Sados* eingesetzt, einer Art indonesisches Pferdetaxi. Die *Sados* sind häufig hoch mit Menschen und Gütern beladen, werden von den Java-Ponys jedoch mühelos und ohne Anzeichen von Überanstrengung gezogen.

Sie stellen nützliche Pack- und Reittiere dar und finden auf der Insel für beide Zwecke Verwendung. Im Gegensatz zu anderen indonesischen Rassen wird das Java-Pony häufig mit einem mit außergewöhnlichen Zehen-Steigbügeln versehenen Holzsattel unter einer bestickten Schabracke geritten. Bei den Steigbügeln handelt es sich um ein Stück Seil mit einer Schlinge am Ende, durch die der Reiter seinen Zeh steckt. Das Java-Pony hat einen sehr guten Charakter und eine ruhige und extrem fügsame Wesensart. Er ist zäh und drahtig mit einem leichten Knochenbau, was auf seine mangelhafte bzw. karge Ernährung zurückzuführen sein kann.

Das Äußere des Java-Ponys ist zwar nicht besonders bemerkenswert, doch besitzt er einen nicht unattraktiven Kopf mit recht langen Ohren und lebhaften, ausdrucksvollen Augen. Sein Hals ist gewöhnlich ziemlich kurz und sehr muskulös und geht in einen ausgeprägten Widerrist über. Die Schultern sind verhältnismäßig abfallend und ermöglichen ein gutes, freies Ausschreiten. Die Brust ist zwar tief, jedoch nicht besonders breit. Das Java-Pony neigt zu einem langen Rücken mit einer leicht abfallenden Kruppe. Sein Schweif ist hoch angesetzt und wird hoch getragen – möglicherweise ein Erbe des Arabers. Die Beine sind zwar unterentwickelt, jedoch überraschend kräftig. Sie sind sehr schlank mit schlecht entwickelten Gelenken und langen Röhrbeinen. Die Hufe sind hart und fest. Die Ponys treten in allen Farben auf, und ihr Stockmaß liegt zwischen 1,16 m und 1,27 m.

Oben
Java-Ponys habe einen langen Kopf mit langen Ohren und einen sehr kurzen, stämmigen Hals.

Links
Die Ponys werden auf Java häufig zum Ziehen der Sados, der ortsüblichen traditionellen Pferdetaxis, eingesetzt.

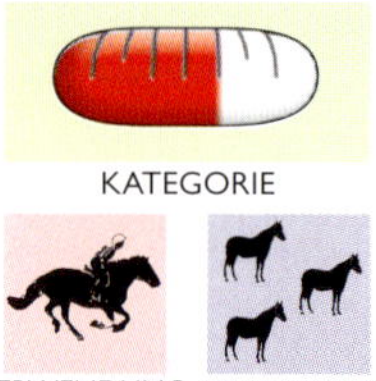

KATEGORIE

VERWENDUNG TEMPERAMENT

Kasache

RASSEINFORMATIONEN

NAME	Kasache
GRÖSSE	Bis zu 1,47 m
FARBVARIATIONEN	Fuchs, Schimmel, Isabell oder Brauner
URSPRUNGSLAND	Kasachstan, Russische Föderation

DER KASACHE ist eine uralte Rasse, die vermutlich vom Asiatischen Wildpferd abstammt und ihren Ursprung in Kasachstan in der ehemaligen UdSSR hat. Die Rasse kam im Verlauf ihrer Entwicklung mit einer Reihe von anderen Rassen in Berührung, wobei in erster Linie das Mongolische Pony, der Araber, der Karabaier und der Achal-Tekkiner zu nennen sind. Jüngste Einflüsse gehen auf Vollblut, Orlow-Traber und Donpferd zurück.

Innerhalb der Rasse des Kasachen gibt es zwei unterschiedliche Typen: das Adaev-Pony und das Dzhabe-Pony. Das Adaev-Pony ist eher als Reitpony geeignet, geht jedoch auch im Geschirr. Es besitzt einen leichteren Knochenbau und ist lebhafter. Das Adaev-Pony profitiert von einem größeren Anteil an Vollblut-, Don- und Orlowblut als das Dzhabe-Pony und ist somit qualitätsvoller. Allerdings ist es gegenüber dem rauen Klima weniger widerstandsfähig.

Das Exterieur des Adaev-Ponys ist recht edel mit einem kleinen Kopf und einem langen Hals. Es hat einen geraden Rücken mit einer verhältnismäßig abfallenden Hinterhand und ist in Brust und Rumpf recht schmal. Man sagt ihm häufig nach, es hätte zu wenig Knochenstruktur. Seine Fellfarben sind vorwiegend Fuchs, Schimmel, Isabell oder Brauner, und sein Stockmaß beträgt im Allgemeinen nicht mehr als 1,47 m. Das Dzhabe-Pony ist ein äußerst zähes kleines Pony, das unter rauesten Bedingungen überleben und selbst in scheinbar unfruchtbaren Gebieten Nahrung finden kann und darüber hinaus nahezu unermüdlich ist. Es wurde im Laufe der Jahre stark vom Donpferd geprägt, wodurch sein Aussehen trotz seines recht massiven Körperbaus bis zu einem gewissen Grad veredelt wurde. Dzhabe-Ponys sind nützliche Zug- und Arbeitstiere, können jedoch auch geritten werden. Am häufigsten werden sie jedoch für die Fleisch- und Milchindustrie eingesetzt und sind in diesem Bereich besonders produktiv.

Sie neigen zu einem schweren Kopf, der auf einem kurzen, jedoch unglaublich dicken und muskulösen Hals sitzt. Ihr Körper ist kompakt mit recht steilen Schultern und muskulösen, harten Beinen. Die Fellfarben des Dzhabe-Ponys sind im Allgemeinen Brauner, Rappe, Dunkelfuchs oder Graufalbe, und sein Stockmaß beträgt gewöhnlich nicht mehr als 1,42 m. Beide Kasachentypen haben im Winter ein sehr dickes und wasserdichtes Fell und sind gut an ihre raue und karge Umgebung angepasst, wobei das Dzhabe-Pony dem Adaev-Pony in dieser Hinsicht jedoch ein wenig überlegen ist. Keines der beiden Ponys besitzt besondere Eigenschaften als Leistungspferd, und sie neigen zu einem kurzen und abgehackten Gang.

Oben
Kasachen sind schon seit eh und je eher Arbeitstiere als Reitponys. Sie haben einen unbequemen, abgehackten Gang.

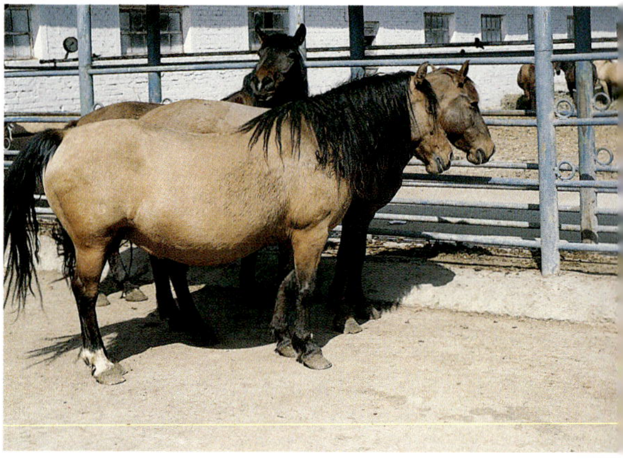

Rechts
Dzhabe-Ponys sind kurzbeinig und stämmig und haben ein dickes, wasserdichtes Fell, das sie vor der extremen Kälte in Kasachstan schützt.

RASSEINFORMATIONEN	
NAME	Konik
GRÖSSE	Bis zu 1,32 m
FARBVARIATIONEN	Meistens Graufalbe mit Aalstrich
URSPRUNGSLAND	Polen

Konik

KATEGORIE

VERWENDUNG TEMPERAMENT

DER KONIK, dessen Name im Polnischen so viel bedeutet wie „kleines Pferd", ist eine Rasse sehr alten Ursprungs, die hauptsächlich in den flachen ländlichen Gebieten von Polen östlich des Flusses San beheimatet ist, jedoch auch in anderen Teilen Osteuropas lebt, in die sie exportiert wurde. Der Konik wird hauptsächlich im Staatsgestüt von Jezewice und in Popielno gezüchtet, wo eine selektive Zucht betrieben wird, um die typischen Merkmale der Rasse zu erhalten. Er ähnelt dem benachbarten Huzulen, und von beiden wird angenommen,

dass sie vom Tarpan abstammen. Der Konik spielte bei der Rekonstruktion des „modernen Tarpans" eine bedeutende Rolle, und die wilde Herde in Popielno setzt sich größtenteils aus Konikblut zusammen.

Der Konik stellte einen zentralen Bestandteil im Leben der einheimischen Bevölkerung dar und wurde in allen Bereichen der Landwirtschaft eingesetzt, insbesondere auf Gemüseanbauhöfen, wo er auch heute noch eine Verwendung findet. Obwohl sich viele Koniks im Besitz von Kleinbauern befinden, ging der Bestand der Rasse Anfang des 20. Jahrhunderts zurück, da an ihrer Stelle größere Zugtiere verwendet wurden. Die Rasse hat sich seitdem jedoch wieder erholt und gewinnt zunehmend an Beliebtheit. Koniks sind ausgezeichnete Kinderponys, da sie eine sehr sanfte und fügsame Wesensart besitzen, und dienen daher inzwischen vorwiegend diesem Zweck. Sie sind außerdem gute leichte Zugtiere. Der Konik wurde im Laufe der Jahre auch durch den Araber beeinflusst, wodurch er ein wenig edler und attraktiver geworden ist und nun mehr Ausstrahlung besitzt. Er ist gewöhnlich zäh und robust und ein genügsamer Esser, hat eine hohe Lebenserwartung und ist sehr fruchtbar – alles Qualitäten, für die er nicht nur bei den Einheimischen, sondern in ganz Europa geschätzt wird.

Sein Äußeres weist immer noch einige primitive Merkmale auf, die auf den Tarpan zurückgehen, und er besitzt fast immer die primitive graufalbe Farbe mit dunklem Aalstrich und Schulterkreuz. Er hat den schön proportionierten Kopf eines Arbeitspferdes mit kleinen Ohren und lebhaften Augen. Sein Hals ist kurz und muskulös und geht in einen flachen Widerrist über. Die Schultern sind ziemlich steil, was zwar die Aktion des Koniks einschränkt, ihn jedoch zu einer guten Arbeit im Geschirr befähigt. Rücken und Rumpf des Koniks sind kräftig mit einer guten Gurtentiefe und einer abfallenden Hinterhand mit einem recht tief angesetzten Schweif. Seine Beine sind stämmig und kräftig mit starken Knochen und harten Hufen. Der Konik kann gelegentlich säbelbeinig sein. Sein Stockmaß beträgt gewöhnlich nicht mehr als 1,32 m.

Mitte
Wie bereits sein Vorfahre, der Tarpan, hat der Konik fast immer eine falbe Fellfarbe mit einem Aalstrich.

Unten
Herden halbwilder Tarpans bestehen größtenteils aus Konikblut.

WISSENSWERTES:
Bei der Jagd darf das Pferd niemals einen Hund überrennen oder nach ihm treten. Dies gilt als äußerst schwerer Verstoß gegen die Form und kann zum Ausschluss von der Jagd führen.

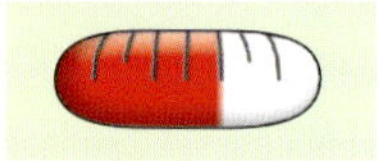

KATEGORIE

VERWENDUNG TEMPERAMENT

Landais

RASSEINFORMATIONEN

NAME	Landais
GRÖSSE	1,19 - 1,35 m
FARBVARIATIONEN	Rappe, Brauner, Fuchs
URSPRUNGSLAND	Frankreich

DER LANDAIS ist eine sehr alte Rasse, die stark von fremdem Blut beeinflusst wurde. Zur Zeit der Schlacht von Poitiers im Jahre 732 n. Chr. sowie Anfang des 20. Jahrhunderts wurde sehr viel Araberblut in die Rasse eingeführt. Vor relativ kurzer Zeit wurde der Landais mit schwereren Rassen gekreuzt, um ein Pferd von größerer Statur zu erhalten. Er stammt ursprünglich aus der Provinz Landes im Südwesten Frankreichs und eignet sich hervorragend als Reitpony und für leichte Arbeit im Geschirr.

Der Bestand der Rasse ging nach dem Zweiten Weltkrieg drastisch zurück. In dem Bemühen, ihn wieder zu vergrößern, wurden Araber- und Welshponyhengste der Sektion B eingesetzt, deren Merkmale im heutigen Landais verhaftet sind. Der Landais ist außergewöhnlich robust und ein attraktives Kinderpony, da er von Natur aus intelligent, ruhig und sanft ist. Er hat einen kleinen Kopf mit breiter Stirn und einem geraden Profil. Sein gebogener Hals ist muskulös, und seine Schultern fallen in einem schönen Winkel ab. Die Brust kann unterentwickelt sein, der Widerrist ist ausgeprägt, und der kurze breite Rücken geht in eine abfallende Hinterhand über. Der Landais ist fast ausnahmslos braun, fuchsfarben oder schwarz und erreicht ein Stockmaß von 1,19 bis 1,35 m.

Oben und rechts
Der Landais besitzt Araber- und Welshblut. Er ist ein attraktives und fügsames Pony.

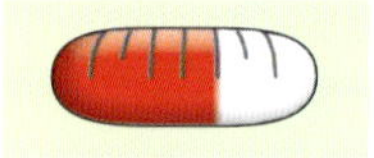

KATEGORIE

VERWENDUNG TEMPERAMENT

Lundy

RASSEINFORMATIONEN

NAME	Lundy
GRÖSSE	Bis zu 1,37 m
FARBVARIATIONEN	Falbe, Stichelhaar, Isabell, Brauner, Dunkelfuchs
URSPRUNGSLAND	Lundy Island, England

WISSENSWERTES: Hades, der griechische Gott der Unterwelt, besaß einen Streitwagen, der von vier pechschwarzen Pferden gezogen wurde.

DAS LUNDY-PONY ist eine neue Rasse, die auf der englischen Insel Lundy Island durch die Kreuzung von New-Forest-Stuten mit einem Araberhengst entstand. Daneben wurde die Rasse durch einen Connemara-Hengst und Welsh-Mountain-Hengste geprägt. Weitere Einflüsse gab es jedoch nicht. 1980 wurde die Ponyherde von der Insel nach Cornwall gebracht, wo mit der Zucht fortgefahren wurde, und gelangte dann auch nach North Devon.

1984 wurde ein entsprechender Zuchtverband gegründet, und seitdem wurden wieder einige Stuten und Fohlen auf der Insel angesiedelt. Die Inselumgebung ist sehr rau und unfreundlich mit extremen Wetterbedingungen und spärlichem Graswuchs. Dadurch hat sich das Lundy-Pony zu einem robusten und zähen Tier entwickelt, das mit wenig Futter auskommt. Es eignet sich hervorragend als Kinderpony und ist aufgrund seines guten Exterieurs und seines natürlichen Springvermögens äußerst attraktiv. Das Lundy-Pony hat einen edlen Kopf mit einem schön angesetzten und muskulösen Hals. Es ist schön proportioniert mit einem kompakten kräftigen Rücken und einer guten Hinterhand. Die Brust ist breit und tief mit abfallenden Schultern, und die Beine sind fest und gesund. Das Lundy-Pony tritt meistens als Falbe, Stichelhaar, Brauner, Isabell oder Dunkelfuchs auf und wird nicht größer als 1,37 m.

Rechts
Das Lundy-Pony ist eine neue Rasse, die eine Mischung aus New-Forest-Pony, Araber, Connemara-Pony und Welsh-Mountain-Pony ist.

RASSEINFORMATIONEN	
NAME	Manipuri
GRÖSSE	Bis zu 1,32 m
FARBVARIATIONEN	Brauner, Fuchs, Schimmel oder Schecke
URSPRUNGSLAND	Indien

Manipuri

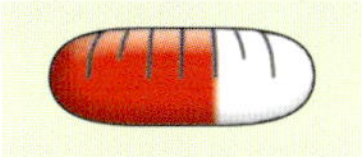

KATEGORIE

VERWENDUNG

TEMPERAMENT

DER MANIPURI ist eine uralte Rasse, die vermutlich vom Mongolischen Wildpferd abstammt und von orientalischen Pferden und Arabern beeinflusst wurde. Der Manipuri ist klein und erreicht selten ein Stockmaß von mehr als 1,32 m; er ist jedoch äußerst schnell, wendig, zäh und ausdauernd – Qualitäten, die offensichtlich dazu geführt haben, dass er zu den ersten Poloponys gehörte.

Alte Aufzeichnungen belegen, dass der regierende König von Manipur das schnelle Spiel im siebten Jahrhundert einführte und dazu die in seinem Land gezüchteten Ponys verwandte. Die Briten entdeckten das Polospiel erst im 19. Jahrhundert, als sie es zum ersten Mal sahen, und spielten am Anfang vermutlich auf Manipuris. Sie brachten das Spiel nach Europa und Amerika, wo es sich zu einer äußerst beliebten und kostspieligen Sportart entwickelte. Der Manipuri ist für dieses Spiel ideal geeignet, da er alle erforderlichen Eigenschaften besitzt. Allerdings wurde die Größenbeschränkung für Poloponys im Laufe der Jahre nach und nach angehoben und 1919 schließlich ganz abgeschafft, und so wurde der Manipuri leider allmählich durch größere Tiere ersetzt.

Manipuris waren auch großartige Kriegsponys und wurden von der unbezwingbaren Kavallerie von Manipur eingesetzt, die im 17. Jahrhundert in der gesamten oberen Burmaregion gefürchtet war. Im Zweiten Weltkrieg leisteten sie ebenfalls noch gute Dienste als Packtiere und begleiteten 1945 das 14. Regiment der britischen Armee nach Burma. In Indien wird der Manipuri auch heute noch für Polo und Rennen eingesetzt und findet auch beim dortigen Militär immer noch Verwendung. Er ist für seine Ausdauer, Schnelligkeit und Intelligenz bekannt.

Der Manipuri hat in der Regel einen attraktiven Kopf mit einem geraden Profil, beweglichen Ohren und orientalisch anmutenden, intelligenten Augen. Sein Maul ist breit mit sich weitenden Nüstern. Der Hals ist muskulös und schön geformt mit einer guten Zügellänge und einer vollen Mähne.

Im Allgemeinen besitzt der Manipuri eine breite Brust und einen kompakten Rumpf mit runden Rippen. Sein Schulterwinkel ermöglicht eine schnelle, lange und flache Aktion. Die Hinterhand ist muskulös mit einer leicht abfallenden Kruppe. Der Schweif ist hoch angesetzt und wird hoch getragen. Die Beine sind im Verhältnis zum Körper gut proportioniert und haben kräftige Gelenke mit kräftigen Knochen und sehr festen Hufen. Als Fellfarben sind vorwiegend Brauner, Fuchs und Schimmel vertreten, doch kommen gelegentlich auch Schecken vor. Manipuris erreichen ein Stockmaß von selten mehr als 1,32 m.

WISSENSWERTES:
Alle *Equide* sind *einzehig*, d. h. ihr Körpergewicht wird von dem mittleren „dritten Zeh" getragen.

Links
Manipuris waren die ersten Poloponys, gelten inzwischen jedoch als zu klein für das Spiel.

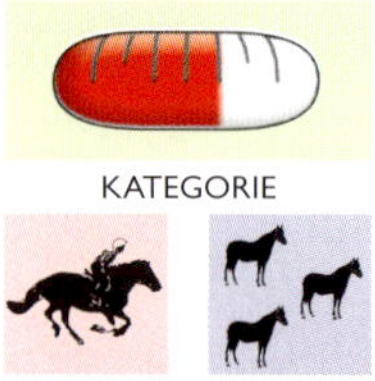

KATEGORIE

VERWENDUNG TEMPERAMENT

Mongolisches Pony

RASSEINFORMATIONEN

NAME	Mongolisches Pony
GRÖSSE	1,22 - 1,42 m
FARBVARIATIONEN	Falbe, Rappe, Brauner, Fuchs, Isabell
URSPRUNGSLAND	Mongolei

WISSENSWERTES: Im alten Japan war es Sitte, als Glücksbringer einen Pferdekopf über den Eingang eines Farmhauses zu hängen.

DAS MONGOLISCHE PONY ist neben dem Araber und dem Iberer möglicherweise die älteste und einflussreichste Rasse. Es stammt aus der Mongolei und ist ein Nachfahre des Przewalskipferdes, das auch als Asiatisches Wildpferd bekannt ist. Als das Mongolische Pony auch in benachbarte Länder übersiedelte, breitete sich sein Einfluss in Asien und Europa aus. Es war vermutlich auch das Reittier von Dschingis Khan und seinen gefürchteten Kriegern. Das Mongolische Pony ist weitgehend unverändert geblieben und weist seiner ursprünglichen Form entsprechend viele primitive Merkmale auf.

Aus der Rasse des Mongolischen Ponys haben sich mehrere unterschiedliche Typen entwickelt, was größtenteils auf klimatische Bedingungen zurückzuführen ist. Man unterscheidet zwischen vier Hauptgruppen, die allgemein als Wald-, Berg-, Steppen- und Wüstentyp bezeichnet werden. Der Waldtyp des Ponys ist der größte der vier und erreicht ein Stockmaß von etwa 1,37 m. Er hat auch den schwersten Körperbau und ist am besten für Arbeit im Geschirr und als Packtier geeignet. Der Bergtyp ist mit einem Stockmaß von etwa 1,32 m kleiner und häufig gescheckt. Der Steppentyp hat ungefähr dieselbe Größe wie der Bergtyp und eignet sich aufgrund seines Exterieurs eher zum Reiten. Der Wüstentyp ist der kleinste von allen, hat gewöhnlich eine helle Fellfarbe und wird grundsätzlich nicht für die Milchproduktion eingesetzt.

Alle vier Typen haben ein eher grobes Aussehen, besitzen jedoch eine hervorragende Konstitution und können bei geringer Pflege hart und lange arbeiten. Sie sind äußerst zäh und leben das ganze Jahr über im Freien, gewöhnlich ohne Zusatzfutter und weitgehend ungeschützt. Die Ponys zeichnen sich durch eine erstaunliche Ausdauer aus und legen häufig eine Strecke von 100 bis 200 km am Tag zurück, eine Leistung, zu der kaum eine andere Rasse fähig ist. Einige von ihnen haben auch Nebengangarten, die sehr weich sind und ihren Nutzen als Langstrecken-Reittiere noch erhöhen. Sie werden als Zug-, Pack- und Reittiere verwendet, teilweise jedoch auch selektiv als Milch- und Fleischlieferanten gezüchtet.

Das Erscheinungsbild des Mongolischen Ponys ist nicht sonderlich attraktiv, und sein Kopf ist häufig grob mit primitiven Merkmalen. Er hat einen kurzen und stämmigen muskulösen Hals, einen breiten und kräftigen Körper und einen kurzen kompakten Rücken mit einer kräftigen Hinterhand. Seine Beine sind kurz und kräftig mit sehr harten Hufen.

Oben
Das Mongolische Pony ist eine primitive Rasse mit falber Fellfarbe.

Unten
Die Ponys lebten ursprünglich wild und traten in großer Anzahl in den Steppen auf.

RASSEINFORMATIONEN

NAME	New-Forest-Pony
GRÖSSE	1,22 - 1,47 m
FARBVARIATIONEN	Meistens Brauner
URSPRUNGSLAND	England

New-Forest-Pony

KATEGORIE

VERWENDUNG TEMPERAMENT

WISSENSWERTES: Beim Reiten sollte grundsätzlich eine Reiterkappe getragen werden, die einem anerkannten Sicherheitsstandard entspricht.

DAS NEW-FOREST-PONY lebt seit dem 10. Jahrhundert halbwild im New Forest, einem alten Waldgebiet in Südengland, und kann auf eine vielschichtige, jedoch gut dokumentierte Geschichte

zurückblicken. Es stammt von einer alten Rasse ab und wurde verschiedenen Einflüssen unterworfen. Die erste dokumentierte Einflussnahme durch den Menschen geht auf das Jahr 1208 zurück, als 18 Welshponystuten in die Herde eingeführt wurden. Die interessanteste Wendung nahm die Entwicklung der Herde jedoch durch den berühmten kleinen Vollbluthengst Marsk.

Marsk war der Vater des unbezähmbaren Eclipse, einem der größten Rennpferde aller Zeiten, und wurde erstmals 1765 in der New-Forest-Herde eingesetzt. Sein Einfluss war recht bemerkenswert, und das New-Forest-Pony weist auch heute noch einen größtenteils pferdeartigen Kopf auf und besticht durch eine äußerst lange, tiefe Aktion, die dem guten Exterieur seiner Schultern zu verdanken ist.

Trotz des Einflusses von Marsk hatte sich die Qualität der Ponys bis zum 19. Jahrhundert erheblich verschlechtert. 1852 wurde der Araberhengst Zorah eingesetzt, um die Rasse zu verbessern, und 1889 verlieh Königin Viktoria einen weiteren Araberhengst namens Abeyan und einen Berberhengst namens Yirrassan an die New-Forest-Zucht.

1891 wurde eine Gesellschaft zur Verbesserung der New-Forest-Ponys (Society for the Improvement of the New Forest Ponies) gegründet, die einen Zuchtplan für für die Aufnahme in die Herde geeignete Hengste aufstellte. Die anschließende Einführung verschiedener einheimischer Ponyrassen, einschließlich Fell-, Dales-, Highland-, Welsh-, Dartmoor- und Exmoor-Pony, hatte positive Auswirkungen auf die New-Forest-Ponys. Aufgrund dieser Einflüsse weist die Rasse des New-Forest-Ponys eine Reihe unterschiedlicher Merkmale auf, und auch ihr Stockmaß kann zwischen 1,22 und 1,47 m variieren. Das New-Forest-Pony ist ein ausgezeichnetes Kinderpony und glänzt nicht nur bei Dressur, Springen, Reiterspielen und im Gelände, sondern macht sich auch im Geschirr sehr gut. Es wird inzwischen in ganz Großbritannien gezüchtet, obwohl es in New Forest immer noch eine wild lebende Herde gibt. New-Forest-Ponys sind zäh und robust, besitzen eine gute Konstitution und Ausdauer und haben einen sehr guten Charakter.

Sie haben gewöhnlich einen attraktiven Kopf, der kaum Ponymerkmale aufweist. Ihr Exterieur ist gut proportioniert, Hals und Hinterhand sind muskulös, der Rücken ist kurz und kompakt und die Schulter häufig ausgezeichnet geformt. Die Beine sind normalerweise recht schlank, jedoch kräftig und zäh mit guten Hufen. New-Forest-Ponys sind meistens braun, können jedoch auch in allen anderen Farben auftreten.

Oben
Der Bestand der New-Forest-Ponys hat sich inzwischen wieder erhöht.

Links
Einige Ponys leben zwar immer noch in New Forest, jedoch wird die Rasse inzwischen in ganz Großbritannien gezüchtet.

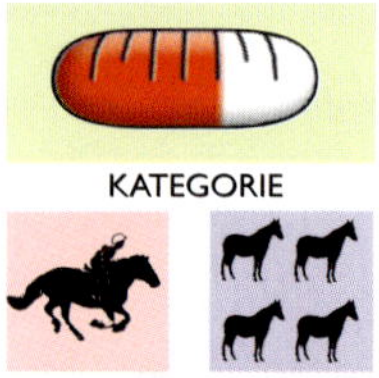

KATEGORIE

VERWENDUNG TEMPERAMENT

Nigerianisches Pony

RASSEINFORMATIONEN

NAME	Nigerianisches Pony
GRÖSSE	1,42 - 1,47 m
FARBVARIATIONEN	Alle Farben
URSPRUNGSLAND	Nigeria

Oben
Die Gene des Nigerianischen Ponys sind möglicherweise von Berbern beeinflusst.

DAS NIGERIANISCHE PONY ist in Nigeria beheimatet und vermutlich mit dem Berber verwandt. Die Berber, die von nomadischen Völkern nach Nigeria gebracht wurden, wurden mit den örtlichen Ponys gekreuzt. Das Ergebnis war das Nigerianische Pony. Das Nigerianische Pony hat möglicherweise ähnliche Vorfahren wie das relativ unbekannte Poney Mousseye aus dem Kamerun.

Das Nigerianische Pony ist eine große Ponyrasse, wird manchmal jedoch auch als kleines Pferd bezeichnet. In kargeren Lebensräumen wird das Wachstum von Pferden oder Ponys häufig durch unzureichende Nahrung beschränkt, und dies kann zu Missverständnissen bei ihrer Kategorisierung führen. Das Nigerianische Pony ist jedoch kein Pferd, auch wenn es einige pferdeartige Merkmale aufweist. Es ist sehr vielseitig und wird für leichte Arbeit im Geschirr und als Packtier genutzt, kann jedoch auch geritten werden. Es besitzt gewöhnlich eine gute Konstitution und Ausdauer und hat eine ruhige und fügsame Wesensart. Das Nigerianische Pony ist zäh und robust und gegen die in seinem Lebensraum übliche Hitze resistent.

Es hat einen schlichten Kopf mit einem geraden Profil und kleinen, beweglichen Ohren. Des Weiteren zeichnet es sich durch einen kurzen Hals und schön abfallende Schultern aus und besitzt eine tiefe Brust, einen ausgeprägten Widerrist, einen kurzen Rücken und die charakteristische abfallende Kruppe des Berbers. Alles in allem ist es ein attraktives Pony mit einem kompakten Körperbau und kräftigen Beinen, auch wenn die Hinterhand in manchen Fällen schwach entwickelt ist. Es tritt in jeder Farbe auf und erreicht ein Stockmaß von 1,42 bis 1,47 m.

KATEGORIE

VERWENDUNG TEMPERAMENT

Poney Mousseye

RASSEINFORMATIONEN

NAME	Poney Mousseye
GRÖSSE	Bis zu 1,22 m
FARBVARIATIONEN	Alle Farben
URSPRUNGSLAND	Kamerun

DIE GENAUE Herkunft des Poney Mousseye ist nicht bekannt, doch geht man davon aus, dass es zum Teil auf dieselben Ursprünge zurückgeht wie das Nigerianische Pony. Das Poney Mousseye ist eine recht kleine Rasse, die auch einige pferdeartige Merkmale aufweist und wie das Nigerianische Pony als „degenerierter Berber" bezeichnet wird.

Interessanterweise lebt das recht seltene Poney Mousseye hauptsächlich in der Region um den Fluss Logone, an dem auch die Tsetsefliege häufig vorkommt, die den Erreger der Schlafkrankheit überträgt. Das Poney Mousseye scheint jedoch im Gegensatz zu anderen Pferderassen gegen diese Krankheit immun zu sein. Es lebt in einer geografisch sehr isolierten Gegend und blieb größtenteils unbeeinflusst von anderen Rassen.

Das Poney Mousseye gibt ein gutes Reitpony ab. Es hat einen großen und schweren Kopf, einen kurzen dicken Hals und einen langen Rücken. Seine Beine sind kurz und kräftig, und es besitzt eine sehr gute Konstitution und Ausdauer. Es kann in jeder Farbe auftreten, ist jedoch meistens weiß oder fuchsfarben und erreicht ein Stockmaß von bis zu 1,22 m.

Rechts
Das Poney Mousseye scheint gegen die Tsetsefliege, die die Schlafkrankheit verursacht, resistent zu sein.

RASSEINFORMATIONEN

NAME	Nordländer
GRÖSSE	1,22 - 1,42 m
FARBVARIATIONEN	Meistens Brauner
URSPRUNGSLAND	Norwegen

Nordländer

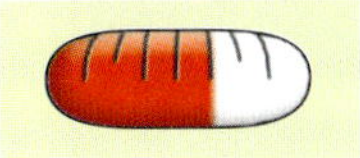

KATEGORIE

VERWENDUNG

TEMPERAMENT

DER NORDLÄNDER ist eine überaus alte Rasse, die in Norwegen beheimatet ist. Er gilt im Allgemeinen als Nachfahre des Asiatischen Wildpferdes und des Tarpans, von dem auch der baltische Konik und die keltischen Island-, Shetland- und Exmoor-Ponys abstammen. Der Nordländer hat daher sehr viel mit den oben erwähnten Rassen gemeinsam, und ein Vergleich ist durchaus lohnenswert.

Der Nordländer hat sich in den verschiedenen Regionen Norwegens ein wenig unterschiedlich entwickelt, und auch wenn die Unterschiede inzwischen weniger offensichtlich sind, gibt es einen Typ namens Lyngen, der von Zeit zu Zeit wieder auftaucht. Das Lyngen-Pony entwickelte sich in Lyngen in der Nordtroms, ist im Allgemeinen größer als der Nordländertyp und besitzt zumeist eine fuchsfarbene Fellfarbe. Der Nordländer war das traditionelle Pony der norwegischen Bauern und wurde als Reit- und Zugtier und in der Landwirtschaft eingesetzt – alles Bereiche, in denen diese ausgezeichneten kräftigen Ponys glänzen. Bis zum 20. Jahrhundert wurde keine wirklich selektive Zucht betrieben, sodass der Bestand der Nordländer allmählich zurückging.

Nach dem Ersten Weltkrieg wurden Anstrengungen unternommen, die Rasse zu erhalten und den Standard der Zuchtponys zu regulieren, obwohl 1944 nur noch 43 eingetragene Ponys übrig waren. Seitdem wurden weitere Maßnahmen ergriffen, um die Rasse wieder zu etablieren, und es ist größtenteils dem Hengst Rimfakse zu verdanken, dass sich der Bestand wieder erholt hat.

Der Nordländer hat im Allgemeinen einen guten Charakter und eine sanfte Wesensart, kann jedoch auch lebhaft sein. Er ist zäh und robust und dem rauen Klima seiner Umgebung sehr gut angepasst. Darüber hinaus hat er eine sehr hohe Lebenserwartung und ein langes Arbeitsleben und bleibt länger fruchtbar als viele andere Rassen. Er ist gut als Kinderpony geeignet und hat ein natürliches, agiles Springvermögen.

Sein Erscheinungsbild ist normalerweise stämmig mit einem attraktiven Kopf und kleinen beweglichen Ohren, einem kurzen dicken Hals und schön abfallenden Schultern. Weiterhin besitzt er eine tiefe und breite Brust, einen niedrigen Widerrist, einen langen Rücken und eine wohlgeformte Hinterhand mit richtig angesetztem Schweif, der schön getragen wird. Seine Beine sind gewöhnlich sehr hart und kräftig mit harten Hufen. Der Nordländer ist ein attraktives und gut proportioniertes Pony mit dem guten Exterieur eines Arbeitstiers. Er ist im Allgemeinen braun, kann jedoch auch als Fuchs oder Schimmel auftreten und erreicht ein Stockmaß von 1,22 bis 1,42 m.

WISSENSWERTES: Das Lieblingspferd des Herzogs von Wellington war ein Schlachtross namens Copenhagen, das ihn auch in die Schlacht von Waterloo trug.

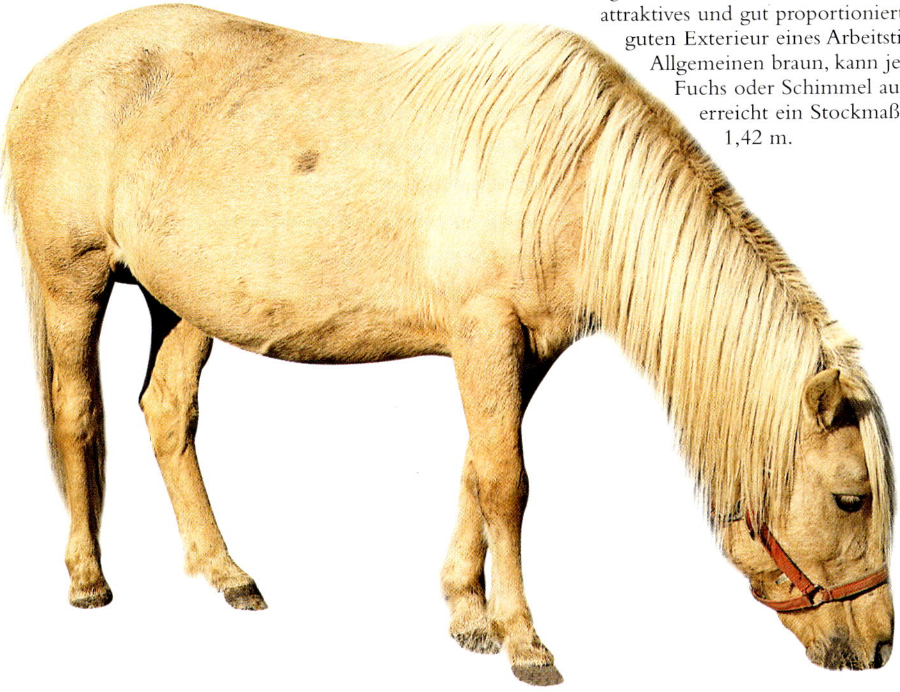

Links
Nordländer werden nach einem intensiven Zuchtprogramm gezüchtet, dem die Erhöhung ihres Bestands zu verdanken ist.

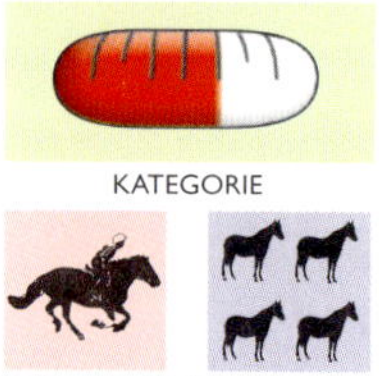

KATEGORIE

VERWENDUNG TEMPERAMENT

Norwegisches Fjordpferd

RASSEINFORMATIONEN	
NAME	Norwegisches Fjordpferd
GRÖSSE	1,32 - 1,42 m
FARBVARIATIONEN	Falbe mit dunklem Aalstrich und Zebrastreifen
URSPRUNGSLAND	Norwegen

Rechts und ganz rechts
Das Norwegische Fjordpferd ist eine alte Rasse mit zweifarbiger Stehmähne und kurzen Beinen mit Fesselbehang.

WISSENSWERTES:
Die mythischen Hippopoden waren Wesen mit dem Körper eines Menschen und den Beinen und Füßen eines Pferdes.

DAS NORWEGISCHE FJORDPFERD ist eine alte Rasse mit bemerkenswert primitiven Merkmalen, die denen des Asiatischen Wildpferdes ähneln. Das Norwegische Fjordpferd, einst Reitpferd der Wikinger, ist nicht nur in Skandinavien äußerst beliebt. Die Rasse ist inzwischen auf der ganzen Welt vertreten. Die Reinheit der Rasse konnte seit Anfang des 20. Jahrhunderts erhalten werden. Das Fjordpferd wird von vielen als Vorfahr aller modernen europäischen Kaltblüter angesehen.

Die Rasse ist unglaublich vielseitig und eignet sich nicht nur hervorragend als Reitpony, sondern auch für die Arbeit in der Landwirtschaft und als Zugpferd. Norwegische Fjordpferde sind unermüdliche Arbeitstiere und haben zudem einen ausgesprochen freundlichen und fügsamen Charakter.

Sie zeichnen sich als Falben besonders durch ihre Fellfarbe und ihre Stehmähne aus, die in der Mitte dunkel und an den Seiten hell-cremefarben oder manchmal sogar silberfarben ist. Sie sind stämmig mit einem hübschen Kopf, einer breiten Stirn, einem sehr kräftigen Hals und einem kleinen oder gar keinem Widerrist. Die Beine sind kurz und kräftig mit leichtem Fesselbehang und außergewöhnlich harten Hufen. Ihr Körperbau kann sehr unterschiedlich ausfallen. Während einige Fjordpferde fast als leichte Kaltblüter bezeichnet werden könnten, sind andere von feinerer Statur und werden daher eher als Reitpony verwendet. Ihr Stockmaß variiert zwischen 1,32 m und 1,42 m.

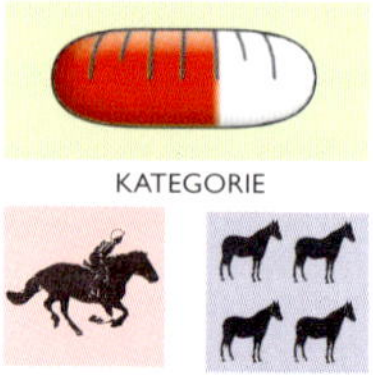

KATEGORIE

VERWENDUNG TEMPERAMENT

Pony of the Americas

RASSEINFORMATIONEN	
NAME	Pony of the Americas
GRÖSSE	1,14 - 1,42 m
FARBVARIATIONEN	Schecke
URSPRUNGSLAND	Vereinigte Staaten

HIERBEI HANDELT ES SICH UM eine neue Rasse, die in den 50er Jahren durch die Kreuzung einer Appaloosa-Stute mit einem Shetlandhengst entwickelt wurde. Das erste Fohlen dieser Kreuzung wurde Black Hand 1 genannt und war der Stammvater dieser Rasse. Die Rasse hat seither nicht nur von Quarter Horse-, Welsh- und Arabereinkreuzungen profitiert, sondern auch von weiteren Einflüssen durch das Shetlandpony und den Appaloosa. Das so entstandene Pony of the Americas vereint die besten Merkmale all dieser Rassen in sich und hat sich schnell zu einem äußerst beliebten und vielseitigen Kinderpony entwickelt.

Das Exterieur dieser Rasse ähnelt dem des Quarter Horse und des Appaloosas, während ihre Ausstrahlung an den Araber erinnert. Sie haben außerdem einen ausgezeichneten Charakter. Ihr Erscheinungsbild zeichnet sich durch einen kleinen Kopf mit leicht konkavem oder „geknicktem" Profil aus. Sie sind kompakt mit wohlgeformtem Brustkorb und muskulöser Kruppe. Die Brust ist breit und tief und die Schultern schräg. Bezeichnend für diese Rasse sind außerdem die hohe Schweifhaltung und die fließenden und gleichmäßigen Bewegungen.

Für eine Eintragung beim entsprechenden Zuchtverband muss das Pony eine der zugelassenen Appaloosa-Farben aufweisen. Das Stockmaß des Ponys of the Americas liegt zwischen 1,14 m und 1,42 m.

Rechts und ganz rechts
Diese neue Rasse hat einen feinen, leicht konkav gewölbten Kopf, der an ihre arabischen Vorfahren erinnert.

RASSEINFORMATIONEN	
NAME	Przewalskipferd oder Asiatisches Wildpferd
GRÖSSE	Bis zu 1,32 m
FARBVARIATIONEN	Falbe mit dunklem Aalstrich, Widerrist und Zebrastreifen
URSPRUNGSLAND	Asien

Przewalskipferd

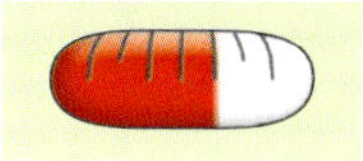

KATEGORIE

VERWENDUNG

TEMPERAMENT

WISSENSWERTES: Lieblingsreitpferd von Buffalo Bill Cody war ein Pferd namens Sultan (ebenfalls bekannt als Ivan)

DIE WIEDERENTDECKUNG des Asiatischen Wildpferdes im Jahre 1878 ist dem russischen Oberst Nikolai Przewalski zu verdanken. Es hat sich jedoch herausgestellt, dass diese außergewöhnliche Rasse bereits viele Jahre zuvor von zahlreichen Entdeckern gesehen wurde.

Przewalski entdeckte die Pferde in der Dzungarei in der Westmongolei. In prähistorischen Zeiten hätte man sie in weiten Steppengebieten in ganz Europa und Zentralasien angetroffen. Sie sind die einzige bekannte echte Wildpferderasse der Welt und das direkte Verbindungsglied zwischen dem Urpferd und dem modernen Pferd. Einer der Hauptunterschiede im Vergleich zum Hauspferd ist, dass das Asiatische Wildpferd 66 Chromosomen aufweist, während das Hauspferd lediglich über 64 Chromosomen verfügt. Einige Forscher sind der Ansicht, dass es sich beim Asiatischen Wildpferd um eine andere Spezies handelt; andere beharren darauf, dass es derselben Art wie das Hauspferd angehört und lediglich eine Chromosomenmutation erfahren hat. Das Przewalskipferd weist außerdem einige eselartige Merkmale auf, die die gemeinsamen Ursprünge von Pferd und Esel erkennen lassen.

Leider wurde das Asiatische Wildpferd fast bis zur Ausrottung bejagt und war jahrelang nur in Zoos und Forschungsstationen zu finden, wo es ausführlichen Studien unterzogen wurde. Erst vor kurzem wurde eine Herde in der Mongolei wieder ausgewildert, die nun sorgfältig beobachtet und geschützt wird. Es ist nahezu unmöglich, das Asiatische Wildpferd in irgendeiner Weise zu zähmen. Selbst im Zoo behalten die Tiere ihr wildes und aggressives Temperament bei.

Ihrem Aussehen nach sind sie eine echte primitive Rasse, und zu ihren Merkmalen gehören insbesondere ihre falbe Fellfarbe, die an Bauch und Nüstern heller ausfällt. Die Gliedmaßen sind dunkel und weisen an Unterarmen, Sprunggelenken und Knien häufig Zebrastreifen auf. Außerdem ist auf dem Rücken oftmals ein dunkler Aalstrich zu sehen. Das Asiatische Wildpferd hat eine grobe Stehmähne mit nur wenig Schopf. Der Schweif ähnelt dem eines Esels mit kurzen harten Haaren am Ansatz, die zum Ende hin länger werden. Der Kopf ist groß und schwer mit einer eher konvexen Nasenlinie, einem kräftigen Kiefer und hoch sitzenden Augen. Der Hals ist kurz und muskulös, der Widerrist flach und der Rücken gerade. Auch die Schultern sind gerade, während die Hinterhand abfällt und der Schweif tief angesetzt ist. Darüber hinaus zeichnen sich die Asiatischen Wildpferde durch kurze, kräftige Beine mit schmalen und sehr harten Hufen aus. Ihr Stockmaß liegt durchschnittlich bei 1,32 m.

Oben
Das Asiatische Wildpferd ist das einzige echte Wildpferd, das es heute noch auf der Welt gibt.

Links und ganz links
Aufgrund seines störrischen und aggressiven Temperaments ist dieses Pony gewöhnlich sehr schwer zu zähmen.

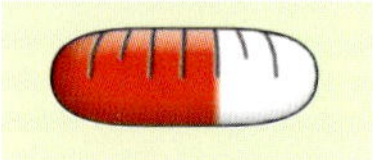

KATEGORIE

VERWENDUNG TEMPERAMENT

Sable Island

RASSEINFORMATIONEN

NAME	Sable Island
GRÖSSE	Bis zu 1,42 m
FARBVARIATIONEN	Dunkle Farben
URSPRUNGSLAND	Sable Island, Kanada

MAN WEISS NUR wenig über die ersten Pferde von Sable Island, einer Insel vor der kanadischen Küste von Nova Scotia. Die Ponys, die heute auf der Insel leben, sind nur knapp über 1,42 m groß. Sie stammen ursprünglich von Pferden ab, haben jedoch aufgrund ihrer Umgebung eine kleinere Statur entwickelt.

Eines der ersten Pferde auf der Insel war der Hengst Jolly, der 1801 dorthin gebracht wurde. Allerdings gab es zu dem Zeitpunkt bereits einige Pferde auf der Insel, von denen man glaubt, dass sie schon seit dem 16. Jahrhunderts dort lebten. Die Abstammung der Ponys ist unbekannt, obwohl einige ihrer Merkmale an das Spanische Pferd erinnern.

Der Großteil der Ponys lebt zwar wild, doch wurden einige von ihnen auch gezähmt und eingeritten. Sie gelten als hervorragende Reitponys, die zäh und ausdauernd sind und sich in jedem Gelände problemlos bewegen können. Sie sind sehr robust und fühlen sich auch in unwirtlichen Gegenden wohl. Da der Mensch nicht durch gezielte Züchtung in die Herden eingegriffen hat, hat sich die Rasse eine Vielzahl unterschiedlicher Eigenschaften erhalten. Die Ponys haben im Allgemeinen einen hübschen Kopf mit einer geraden bzw. leicht konvexen Nasenlinie, und ihre Statur ist klein, stämmig und muskulös. Ihre Fellfarbe ist meist dunkel mit weißen Abzeichen.

Rechts und ganz rechts
Diese Ponys sind eigentlich kleine Pferde. Ihre kleine Größe ist auf ihre Umgebung zurückzuführen.

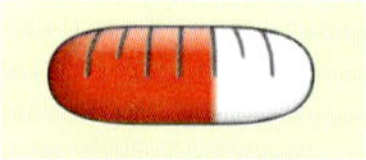

KATEGORIE

VERWENDUNG TEMPERAMENT

Sandalwood

RASSEINFORMATIONEN

NAME	Sandalwood
GRÖSSE	Bis zu 1,32 m
FARBVARIATIONEN	Alle Farben
URSPRUNGSLAND	Indonesien

Oben und rechts
Sandalwood-Ponys sind schnell und wendig und werden deshalb oft als Rennponys verwendet.

DIESE RASSE stammt ursprünglich von den indonesischen Inseln Sumba und Sumbawa und wurde nach einem der Hauptexportprodukte Indonesiens benannt, dem Sandelholz. Die Sandalwood-Rasse ist eine der besten in Indonesien, was sie ihrem hohen Gehalt an Araberblut zu verdanken hat. Das Sandalwood-Pony ist äußerst vielseitig und wird als Reit-, Pack-, Arbeits- und Zugpferd und sogar für den Renn- und Trabrennsport genutzt. Es ist äußerst schnell und wendig und wird daher in den traditionellen 5-Kilometer-Rennen der Insel eingesetzt, die ohne Sattel geritten werden.

Da sich diese Ponys auch hervorragend für Kinder eignen, werden viele von ihnen nach Australien exportiert, und in Südostasien sind sie als Rennponys begehrt. Sie verfügen über eine hervorragende Konstitution und Ausdauer und sind trotzdem ruhig und leicht zu handhaben. Sandalwood-Ponys haben einen hübsch proportionierten Kopf mit kleinen, beweglichen Ohren und intelligenten Augen. Ihr Hals ist im Allgemeinen kurz und muskulös und ihre Brust tief mit schrägen Schultern, während der Rücken lang und gerade ist und in eine abfallende Kruppe übergeht. Die Ponys treten in allen Farben auf, und ihr Stockmaß liegt zwischen 1,22 m und 1,32 m.

RASSEINFORMATIONEN	
NAME	Sardisches Pony
GRÖSSE	1,22 - 1,32 m
FARBVARIATIONEN	Brauner, Rappe oder Dunkelfuchs
URSPRUNGSLAND	Sardinien, Italien

Sardisches Pony

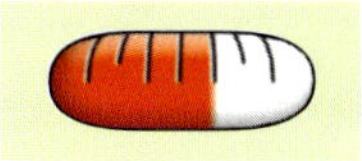

KATEGORIE

VERWENDUNG

TEMPERAMENT

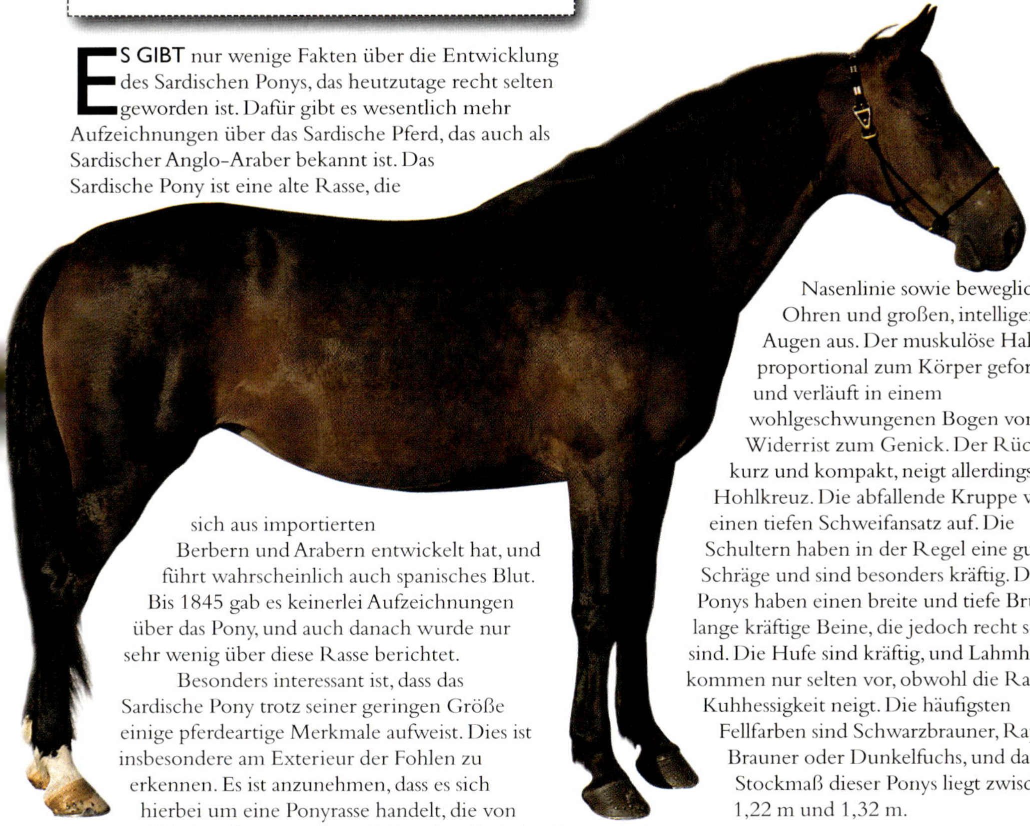

ES GIBT nur wenige Fakten über die Entwicklung des Sardischen Ponys, das heutzutage recht selten geworden ist. Dafür gibt es wesentlich mehr Aufzeichnungen über das Sardische Pferd, das auch als Sardischer Anglo-Araber bekannt ist. Das Sardische Pony ist eine alte Rasse, die sich aus importierten Berbern und Arabern entwickelt hat, und führt wahrscheinlich auch spanisches Blut. Bis 1845 gab es keinerlei Aufzeichnungen über das Pony, und auch danach wurde nur sehr wenig über diese Rasse berichtet.

Besonders interessant ist, dass das Sardische Pony trotz seiner geringen Größe einige pferdeartige Merkmale aufweist. Dies ist insbesondere am Exterieur der Fohlen zu erkennen. Es ist anzunehmen, dass es sich hierbei um eine Ponyrasse handelt, die von Pferden abstammt, ihren Körperbau jedoch mit der Zeit mehr und mehr ihrer wilden Umgebung anpasste. Viele dieser Ponys leben wild in rauen Hochebenen, ungefähr 600 m über dem Meeresspiegel. Die Lebensbedingungen sind schlecht, und die Nahrung ist knapp. Dadurch haben sich die Ponys zu äußerst zähen und robusten Tieren entwickelt, denen Wind und Wetter nichts anhaben können und die mit sehr wenig Futter auskommen.

Das domestizierte Sardische Pony eignet sich sowohl als Reit- als auch als leichtes Zug- und Arbeitspony. Es beweist auch in schwierigem Gelände große Trittsicherheit, was es zu einem nützlichen Pack- und Trekkingpony macht. Das Sardische Ponys zeichnet sich im Allgemeinen durch ein ruhiges Gemüt aus, aber es gibt auch Momente, in denen es zu ein wenig zu Starrsinn und Sturheit neigt.

Sein Erscheinungsbild zeichnet sich durch einen schweren Kopf mit einer geraden oder leicht konvexen Nasenlinie sowie beweglichen Ohren und großen, intelligenten Augen aus. Der muskulöse Hals ist proportional zum Körper geformt und verläuft in einem wohlgeschwungenen Bogen vom Widerrist zum Genick. Der Rücken ist kurz und kompakt, neigt allerdings zum Hohlkreuz. Die abfallende Kruppe weist einen tiefen Schweifansatz auf. Die Schultern haben in der Regel eine gute Schräge und sind besonders kräftig. Die Ponys haben einen breite und tiefe Brust und lange kräftige Beine, die jedoch recht schlank sind. Die Hufe sind kräftig, und Lahmheiten kommen nur selten vor, obwohl die Rasse zu Kuhhessigkeit neigt. Die häufigsten Fellfarben sind Schwarzbrauner, Rappe, Brauner oder Dunkelfuchs, und das Stockmaß dieser Ponys liegt zwischen 1,22 m und 1,32 m.

WISSENSWERTES:
Der Hansom, ein zweirädriger Einspänner, wurde 1834 von J.A. Hansom in London eingeführt.

Oben
Man weiß nur sehr wenig über diese seltene Rasse, die sich aus einer Kreuzung zwischen Berber und Araber entwickelt haben könnte.

Links
Das Sardische Pony zeichnet sich durch eine leicht konvexe Nasenlinie, bewegliche Ohren und einen wohlgeschwungenen Hals aus.

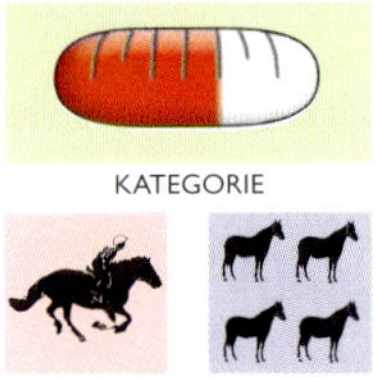

KATEGORIE

VERWENDUNG TEMPERAMENT

Shetlandpony

RASSEINFORMATIONEN

NAME	Shetlandpony
GRÖSSE	Bis zu 1,07 m
FARBVARIATIONEN	Hauptsächlich Rappe, Fuchs, Brauner, Schimmel und Schecke
URSPRUNGSLAND	Schottland

DIE WURZELN des auf den schottischen Shetlandinseln beheimateten Shetlandponys sind weitgehend unbekannt, obwohl die Rasse schon sehr alt ist. Sie ist vermutlich eng mit den alten skandinavischen Ponyrassen verwandt und erreichte die Shetlandinseln, bevor diese ca. 8000 v. Chr. durch das Meer vom Festland getrennt wurden. Sie wurde wahrscheinlich vom Keltischen Pony beeinflusst, das im dritten und vierten Jahrhundert n. Chr. von den Kelten nach Schottland gebracht wurde. Das Shetlandpony ist eine der ältesten überlebenden Rassen und hat sich in seinem Aussehen bis heute vermutlich kaum verändert.

Da das Shetlandpony trotz seiner kleinen Statur enorme Kraft besitzt, wurde es häufig in der Landwirtschaft und insbesondere als Grubenpony in den Minen eingesetzt. Es fand vielfältige Verwendung bei den ersten Kleinbauern der Inseln und wurde häufig für den Transport von Torf genutzt, der als Brennstoff diente und ein enormes Gewicht hatte. Aufgrund seiner rauen Lebensbedingungen ist das Shetlandpony äußerst robust und widerstandsfähig gegen widrige Klimabedingungen und bekommt im Winter ein hoch wasserfestes Fell. Zudem ist es sehr trittsicher, hat ein ausgezeichnetes Sehvermögen und kann sehr alt werden.

Shetlandponys sind auf der ganzen Welt zu finden, wobei die in den USA existierende Rasse besonders bemerkenswert ist. Sie ist größer und eleganter und wird als Amerikanisches Shetlandpony bezeichnet. Das Amerikanische Shetlandpony dient häufig als Schau- oder Fahrpony und wurde durch das Hackney-Pony beeinflusst. Aufgrund seiner kleinen Statur wird das englische Shetlandpony heute im Allgemeinen als Kinderpony und als Haustier verwendet. Es eignet sich äußerst gut als erstes Reitpony für Kinder, sollte jedoch nicht zu sehr verwöhnt werden, da es sonst leicht ein etwas schwieriges Temperament entwickeln kann. Ein dreijähriges Shetlandpony sollte nicht größer als 1,02 m sein, während sein Stockmaß ab vier Jahren bis zu 1,07 m betragen kann.

Sein Erscheinungsbild zeichnet sich durch einen hübschen kleinen Kopf mit weit auseinander stehenden Augen aus. Die Ohren sind klein und beweglich und der Hals kurz und muskulös. Besonders bemerkenswert sind auch der kurze Rücken mit dem gut ausgeprägten Widerrist, die gute Gurtentiefe und die wohlgeformten runden Rippen. Die Beine sind kurz und kräftig mit langem Unterarm und kurzem Röhrbein. Shetlandponys haben kräftiges Mähnen- und Schweifhaar und ein besonders dickes Winterfell. Sie treten in allen Farben auf, auch als Braun-, Fuchs- oder Rappschecke. Tigerschecken werden jedoch nicht akzeptiert.

Oben
Shetlandponys haben unter extrem rauen Bedingungen überlebt und sich daher zu sehr robusten Ponys entwickelt.

Mitte und rechts
Shetlandponys eignen sich ausgezeichnet als Kinderreitpony, obwohl ihr Temperament leicht verdorben werden kann.

RASSEINFORMATIONEN	
NAME	Sorraia
GRÖSSE	Bis zu 1,32 m
FARBVARIATIONEN	Falbe, Rehwild-Grau, dunkler Isabell
URSPRUNGSLAND	Spanien, Portugal

Sorraia

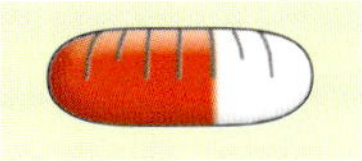

KATEGORIE

VERWENDUNG TEMPERAMENT

DAS SORRAIA-PONY stammt von sehr alten Rassen ab und ist darüber hinaus mit dem Tarpan und möglicherweise sogar mit dem Asiatischen Wildpferd verwandt. Das Sorraia-Pony hat die Entwicklung vieler Rassen beeinflusst – unter anderem die der unbezähmbaren Spanischen Pferde, die als Andalusier, Lusitano und Alter-Real bekannt sind – und ist in vielerlei Hinsicht eine Miniausführung dieser Pferderassen. Es stammt ursprünglich aus der westlichen Region der Iberischen Halbinsel, und seine Vorfahren können bis in die Ebenen zwischen den Flüssen Sor und Raia zurückverfolgt werden, die sowohl durch Spanien als auch durch Portugal verlaufen und dieser Rasse ihren Namen gaben.

Spanische Eroberer nahmen eine Reihe von Sorraia-Ponys mit nach Amerika, und ihr Einfluss ist in vielen amerikanischen Rassen zu erkennen. Das Sorraia-Pony wurde zwar offensichtlich jahrhundertelang selektiv gezüchtet, weist jedoch immer noch einige seiner primitiven Merkmale auf und sieht den zahlreichen bekannt gewordenen prähistorischen Höhlenmalereien verblüffend ähnlich. Es ist äußerst zäh und robust, besitzt eine großartige Konstitution und Ausdauer und zeichnet sich durch ein langes Arbeitsleben aus.

Das Sorraia-Pony wurde traditionell sowohl für die Arbeit in der Landwirtschaft und im leichten Geschirr als auch als Reitpony verwendet. Es eignet sich hervorragend für den Viehtrieb und wurde jahrelang mit den Viehhirten der Region in Zusammenhang gebracht. Das Sorraia-Pony ist für sein ruhiges und sanftes Gemüt bekannt, eine Eigenschaft, die sich bei vielen Spanischen Pferderassen beobachten lässt. Darüber hinaus ist es intelligent, lernfreudig und von Natur aus sehr arbeitswillig. Leider gibt es nur noch sehr wenige Sorraia-Ponys. Der kleine Bestand wird hauptsächlich von der Familie d'Andrade in Portugal aufrecht erhalten, die eine kleine Herde von Sorraia-Ponys in freier Wildbahn hält.

Vom Erscheinungsbild her weist das Sorraia-Pony typisch spanische Merkmale auf. Es hat einen schweren Kopf mit konvexer Nasenlinie und ziemlich großen Ohren. Der

Hals ist elegant und muskulös und verläuft vom Widerrist zum Genick in einem wohlgeschwungenen Bogen. Sorraia-Ponys haben einen kompakten Rücken mit gut ausgeprägtem Widerrist und eine abfallende Kruppe mit tiefem Schweifansatz. Ihre Brust ist tief und oftmals sehr schmal, während die Schultern relativ steil sind. Sie haben kurze, kräftige Beine mit guten Gelenken und harten Hufen. Sie kommen ausschließlich in primitiven Farben vor: Falbe mit Aalstrich, dunkler Isabell oder Rehwild-Grau. Rehwild-Grau ist ein Schiefergrau mit leichtem Braunstich, wobei Kopf und Beine etwas dunkler sind. Normalerweise sind Sorraia-Ponys nicht größer als 1,32 m.

Oben
Sorraia-Ponys treten ausschließlich als Falbe, dunkler Isabell oder Rehwild-Grau mit Aalstrich auf.

Links
Sie haben einen schweren Kopf, einen muskulösen Hals und große, bewegliche Ohren.

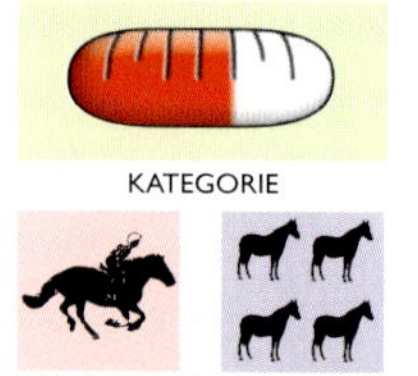

KATEGORIE

VERWENDUNG TEMPERAMENT

Sumba und Sumbawa

RASSEINFORMATIONEN

NAME	Sumba und Sumbawa
GRÖSSE	Bis zu 1,24 m
FARBVARIATIONEN	Hauptsächlich Falbe mit dunklem Aalstrich
URSPRUNGSLAND	Indonesien

DIESE PONYS GEHÖREN praktisch derselben Rasse an und wurden nach ihren Heimatinseln Sumba und Sumbawa benannt. Sie stammen von primitiven Rassen ab und führen sowohl chinesisches als auch mongolisches Blut. Sie sind unglaublich kräftig und werden auf den Inseln für verschiedene Zwecke eingesetzt, z. B. als Pack- und Reitpony und für leichte Arbeit im Geschirr. Sie werden häufig von Männern geritten und kommen beim schnellen und wilden Lanzenwurfspiel zum Einsatz. Darüber hinaus werden sie für die traditionellen indonesischen Tanzwettbewerbe verwendet. Dabei werden sie von kleinen Jungen ohne Sattel nach bestimmten, von einem Tanzmeister vorgeschriebenen Mustern geritten. Die Ponys, deren Vordergliedmaßen mit Glocken geschmückt sind, bewegen sich im Rhythmus der dazu gespielten Trommelklänge.

Die schnellen und wendigen Ponys sind normalerweise ruhig und arbeitswillig und verfügen über eine gute Konstitution und Ausdauer. Ihr Erscheinungsbild weist primitive Merkmale auf, wie einen schweren Kopf, einen kurzen muskulösen Hals, eine tiefe Brust, steile Schultern und einen flachen Widerrist. Ihr Rücken ist häufig lang und sehr kräftig mit abfallender Kruppe. Die Beine sind schlank, jedoch kräftig mit wohlgeformten Hufen. Die Ponys treten in allen Farben auf, obwohl Falben mit dunklem Aalstrich und schwarzen Gliedmaßen am häufigsten vertreten sind. Im Allgemeinen sind Sumba- und Sumbawa-Ponys nicht größer als 1,24 m.

Oben und rechts
Diese indonesischen Ponys sind äußerst schnell und wenig und werden deshalb besonders gern für schnelle Reiterspiele und traditionelle Zeremonien eingesetzt.

KATEGORIE

VERWENDUNG TEMPERAMENT

Syrischer Araber

RASSEINFORMATIONEN

NAME	Syrischer Araber
GRÖSSE	Bis zu 1,53 m
FARBVARIATIONEN	Fuchs oder Schimmel
URSPRUNGSLAND	Syrien

DER SYRISCHE ARABER ODER SYRIER stammt ursprünglich aus Syrien und ist eine alte Rasse, die sehr eng mit dem Araber verwandt ist. Es wird häufig angenommen, dass der Syrische Araber ein reiner Araber ist, sich aber an seine Umgebung angepasst hat und nach ihr benannt wurde. Der Syrier ist aufgrund seiner pferdeartigen Merkmale und seines Exterieurs eigentlich ein kleines Pferd, wurde aber aufgrund seiner Größe in dieses Kapitel aufgenommen.

Diese Ponys besitzen alle guten Eigenschaften des Arabers und sind zudem äußerst zäh, robust und genügsam. Sie haben sich dem Wüstenklima hervorragend angepasst und vertragen nicht nur Hitze und Kälte, sondern kommen auch mit wenig Futter aus. Außerdem geben sie ausgezeichnete Reitpferde ab. Dem Aussehen nach ähneln Sie dem Araber, sind jedoch ein wenig größer und kräftiger gebaut und nicht so attraktiv. In Bezug auf Charakter, Ausstrahlung und Haltung können sie jedoch mit dem Araber mithalten. Sie treten in der Regel als Fuchs oder Schimmel auf und erreichen ein Stockmaß von 1,44 m bis 1,53 m.

Rechts
Der Syrier ist mit dem Araber verwandt und weist dieselbe anmutige Haltung und Ausstrahlung auf.

RASSEINFORMATIONEN

NAME	Tarpan
GRÖSSE	Durchschnittlich 1,32 m
FARBVARIATIONEN	Falbe
URSPRUNGSLAND	Osteuropa, Westrussland

Tarpan

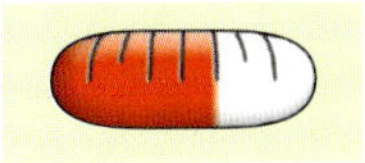
KATEGORIE

VERWENDUNG

TEMPERAMENT

DER TARPAN wurde jahrelang mit dem Asiatischen Wildpferd verwechselt, ohne dass eine Unterscheidung zwischen den beiden Rassen getroffen wurde. Erst seit kurzem wird anerkannt, dass die beiden Rassen tatsächlich recht deutliche Unterschiede aufweisen. Während man vom Asiatischen Wildpferd annimmt, dass es der Vorfahre des Mongolischen Ponys und anderer schwerköpfiger Rassen ist, wurde die Entwicklung des Tarpans mit leichteren Rassen wie dem Trakehner und möglicherweise sogar dem Araber in Zusammenhang gebracht.

Der Tarpan trägt entscheidend dazu bei, die Entwicklung der modernen Pferderassen zu verstehen, und es ist äußerst tragisch, dass man diese Rasse aussterben ließ. Der letzte wild lebende Tarpan starb 1897 bei dem Versuch, ihn einzufangen, während der letzte in Gefangenschaft gehaltene Tarpan 1887 im Münchener Zoo starb.

Der moderne Tarpan ist eine rückgezüchtete Rasse, die durch den Einsatz naher Verwandter, des Konik und des Huzulen, entstand. Dazu wurden die primitivsten Exemplare der Huzulen und Koniks von der polnischen Regierung erworben, da man von diesen Spezies annahm, dass sie einen hohen Anteil von Tarpanblut führten. Durch anschließende Kreuzungen dieser Tiere und ihrer Nachkommenschaft erhielt man schließlich einen festen Typ. Der moderne Tarpan sieht dem ursprünglichen Tarpan zwar sehr ähnlich, wird jedoch natürlich nie gänzlich mit der ursprünglichen Rasse identisch sein. Er wird heute in den polnischen Wäldern von Bialowieza und Popielno selektiv gezüchtet und konnte sich einige der ursprünglichen wilden Merkmale des alten Tarpans erhalten. Dieses äußerst zähe und robuste Pony ist genügsam, sehr fruchtbar, gegen viele Pferdekrankheiten resistent und hat eine hohe Lebenserwartung. Es wurde früher als Reittier oder für leichte Arbeit im Geschirr eingesetzt, wird heute jedoch hauptsächlich in wilden Herden gehalten.

Aufgrund seiner ungeheuren Kraft und Zähigheit wurde der alte Tarpan von den einheimischen Bauern gefangen und für die Arbeit gezähmt. Diese gefangenen Tarpans wurden mit den Huzulen und Koniks gekreuzt. Man nimmt an, dass das Schicksal des alten Tarpans weitestgehend durch die Jagd nach Fleisch besiegelt wurde.

Der Tarpan hat einen langen Kopf mit einer leicht konvexen Nasenlinie, langen Ohren und einem kurzen, dicken Hals. Außerdem gehören kräftige Schultern, ein langer Rücken und eine abfallende Kruppe zu seinen typischen Merkmalen. Er tritt in der Regel als Grau- oder Braunfalbe mit Aalstrich und zweifarbigem Langhaar auf. Er weist manchmal Zebrastreifen an den Beinen auf und besitzt ein weißes Winterfell. Sein Stockmaß beträgt ungefähr 1,32 m.

Oben und Mitte
Der Tarpan wurde erst vor kurzem rückgezüchtet, nachdem die Rasse im 19. Jahrhundert ausgestorben war.

Links
Der Tarpan hat einen langen Kopf mit konvexem Profil und langen Ohren sowie einen kurzen, kräftigen Hals.

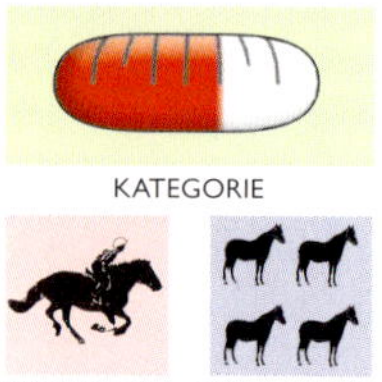

KATEGORIE

VERWENDUNG TEMPERAMENT

Tibetisches Pony

RASSEINFORMATIONEN

NAME	Tibetisches Pony
GRÖSSE	Bis zu 1,24 m
FARBVARIATIONEN	Meistens Brauner oder Schimmel
URSPRUNGSLAND	Tibet, China

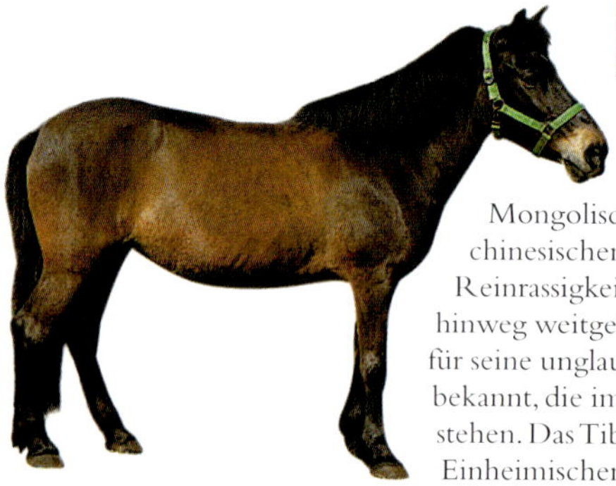

Oben und rechts
Die robusten Tibetischen Ponys sind mit ihren kurzen, kräftigen Beinen äußerst wendig und trittsicher.

DAS TIBETISCHE PONY ist zumeist in Tibet zu finden und hat weit zurückreichende Wurzeln. Es weist gewisse Ähnlichkeit mit dem Mongolischen Pony und anderen chinesischen Rassen auf, hat sich seine Reinrassigkeit jedoch über viele Jahre hinweg weitgehend erhalten können. Es ist für seine unglaubliche Kraft und Ausdauer bekannt, die im Widerspruch zu seiner Größe stehen. Das Tibetische Pony ist bei den Einheimischen hoch angesehen und wurde schon von jeher von wohlhabenden Tibetanern, dem Dalai Lama und den Bauern des Landes gehalten. Insbesondere in der Tang- und der Ming-Dynastie wurden Tibetische Ponys häufig den Kaisern von China als Geschenk überbracht. Sie sind hervorragende Arbeitsponys und dienen sowohl als leichtes Zugpony als auch als Reit- und Packpony. Sie sind äußerst trittsicher, sehr widerstandsfähig und lebhaft.

Ihr Kopf zeichnet sich durch eine betonte Kieferlinie mit einem geraden Profil sowie kleinen Augen und Ohren aus. Sie haben einen muskulösen und recht kurzen Hals, eine tiefe Brust und steile Schultern. Ihr Rücken ist kurz mit einem flachen Widerrist und einer breiten, kräftigen Hinterhand. Die Beine sind kurz und kräftig mit gut entwickelten Gelenken. Das Tibetische Pony tritt häufig als Brauner oder Schimmel auf, doch sind auch andere Fellfarben möglich. Es erreicht ein Stockmaß von ungefähr 1,24 m.

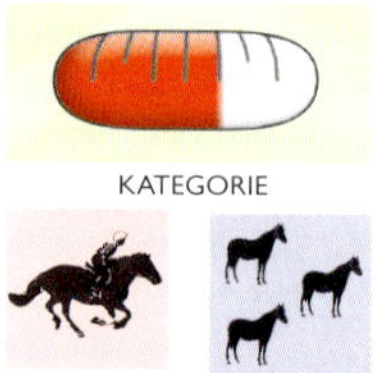

KATEGORIE

VERWENDUNG TEMPERAMENT

Timor-Pony

RASSEINFORMATIONEN

NAME	Timor-Pony
GRÖSSE	1,02 - 1,22 m
FARBVARIATIONEN	Meistens Brauner oder Rappe
URSPRUNGSLAND	Indonesien

Oben und rechts
Timor-Ponys sind seit langem ein fester Bestandteil der indonesischen Kultur und werden zum Reiten, Fahren und im Viehtrieb verwendet.

DAS RELATIV PRIMITIVE Timor-Pony ist auf der indonesischen Insel Timor beheimatet. Die Rasse stammt wahrscheinlich von Pferden ab, die von Indien auf die Insel gebracht wurden, und hat im Laufe der Zeit eigene Merkmale entwickelt.

Das Timor-Pony nimmt auf der Insel eine entscheidende Stellung ein. Es wird nicht nur zum Reiten und Fahren, sondern auch für leichte landwirtschaftliche Arbeiten und im Viehtrieb eingesetzt. Dieses kleine Pony zeigt eine erstaunliche Kraft und Ausdauer und ist hervorragend für die Arbeit mit Vieh geeignet. Timor-Ponys sind von Natur aus ruhig und fügsam sowie kräftig, fruchtbar und schnell. Viele Timor-Ponys wurden nach Australien exportiert, wo sie eine entscheidende Rolle in der Entwicklung des Australischen Ponys spielten.

Ihr Kopf ist im Verhältnis zu ihrem schmalen Körperbau groß und schwer. Sie haben einen kurzen muskulösen Hals und einen kurzen Rücken mit einem ausgeprägten Widerrist, einer abfallenden Kruppe und einem hohen Schweifansatz. Die Schultern sind häufig recht steil und die Beine kräftig mit kleinen, harten Hufen. In der Regel treten sie als Brauner oder Rappe auf, und ihr Stockmaß liegt zwischen 1,02 und 1,22 m.

RASSEINFORMATIONEN	
NAME	Viatka
GRÖSSE	1,32 - 1,44 m
FARBVARIATIONEN	Stichelhaariger Fuchs oder Brauner, Falbe
URSPRUNGSLAND	Ehemalige UdSSR

Viatka

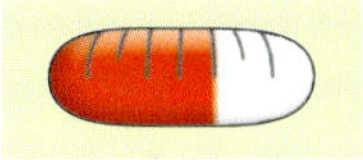

KATEGORIE

VERWENDUNG TEMPERAMENT

DAS VIATKA-PONY ist eine wenig bekannte Rasse, die geraume Zeit vom Aussterben bedroht war. Ursprünglich stammen diese Ponys aus den Flussgebieten des Viatka und des Obva in der ehemaligen UdSSR und wurden wahrscheinlich von Klepper- und Konik-Ponys beeinflusst, stammen jedoch mit ziemlicher Sicherheit vom Tarpan ab.

Sie sind äußerst nützliche und vielseitige Ponys mit guter Konstitution, Zähigkeit und Ausdauer. Sie dienen als Reit- und Fahrponys und werden häufig als Zugpony für die traditionellen Troikas verwendet, eignen sich jedoch auch für leichte landwirtschaftliche Arbeiten. Sie sind ausgesprochen willig und ehrlich und deshalb besonders leicht zu handhaben. Sie haben einen kleinen Kopf und einen kräftigen dicken Hals. Ihre Schultern sind sehr kräftig, und sie zeichnen sich durch eine große Gurtentiefe und eine muskulöse Hinterhand aus. Alle Viatka-Ponys haben üppiges Langhaar und im Winter ein unglaublich dickes Winterfell. Ihre vorwiegende Fellfarbe ist stichelhaariger Fuchs oder Brauner bzw. Falbe mit Aalstrich und manchmal auch mit Zebrastreifen an den Beinen. Gelegentlich kommen aber auch Braune und Rotschimmel vor. Ihr Stockmaß variiert zwischen 1,32 m und 1,44 m.

Oben und links
Das Viatka-Pony stammt wahrscheinlich vom Tarpan ab und ist äußerst selten.

RASSEINFORMATIONEN	
NAME	Welara
GRÖSSE	1,14 - 1,44 m
FARBVARIATIONEN	Alle Farben außer Schecken
URSPRUNGSLAND	Vereinigte Staaten

Welara

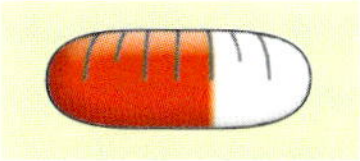

KATEGORIE

VERWENDUNG TEMPERAMENT

DAS WELARA-PONY ist eine neue Rasse, die in den Vereinigten Staaten entwickelt wurde und seit 1981 anerkannt ist. Das Welara-Pony stammt aus Südkalifornien, wo das erste Exemplar seiner Rasse von Lady Wentworth gezüchtet wurde. Die Rasse entstand durch die Paarung des Hengstes Skowronek mit einigen Welshstuten, die vom Coed Coch Gestüt im Norden von Wales importiert wurden. Diese Ponys sind außerordentlich hübsch und sehr leistungsstark, was sie zu hervorragenden Kinderponys macht. Sie vereinen in sich die besten Merkmale des Arabers und des Welshponys, besitzen viel Ausstrahlung und beeindrucken durch eine schöne Haltung und eine für eine Ponyrasse außerordentlich gute Aktion. Sie haben einen guten Charakter und sind recht ruhig, können bei Bedarf jedoch auch lebendig und aktiv sein. Darüber hinaus sind sie besonders freundliche und intelligente Ponys.

Welara-Ponys haben einen edlen und attraktiven Kopf und einen muskulösen, leicht gewölbten Hals. Der Rücken ist kurz und kompakt mit einer kräftigen Hinterhand und wohlgeformten, schrägen Schultern. Ihre Beine sind sehr robust und kräftig mit harten Hufen. Bei der Eintragung werden alle Farben außer Appaloosa akzeptiert. Ihr Stockmaß liegt zwischen 1,14 m und 1,44 m.

WISSENSWERTES:
Gras wächst am besten, wenn der Boden einen pH-Wert von 6,5 aufweist.

Links
Das Welara-Pony ist eine neue amerikanische Rasse, das die wohlbekannten Stärken des Arabers und des Welshponys in sich vereinigt.

KATEGORIE

VERWENDUNG TEMPERAMENT

Welsh-Mountain-Pony

RASSEINFORMATIONEN	
NAME	Welsh-Mountain-Pony
GRÖSSE	Bis zu 1,22 m
FARBVARIATIONEN	Oftmals Schimmel, auch alle anderen Farben außer Braun-, Fuchs- oder Rappschecke möglich
URSPRUNGSLAND	Wales

DAS WELSH-MOUNTAIN-PONY ist die älteste bekannte britische Ponyrasse und man nimmt an, dass einst Julius Cäsar ein Welsh-Mountain-Gestüt an den Ufern des Lake Bala gründete. Es ist ziemlich wahrscheinlich, dass die Rasse so einen gewissen Anteil an orientalischem Blut erhielt. Bis zum Beginn des 20. Jahrhunderts fanden außerdem regelmäßige Einkreuzungen mit anderen Rassen statt, wobei der Einfluss der Araber, Vollblüter und Hackney-Ponys am deutlichsten zu erkennen ist. Eines der wichtigsten Pferde für die Entwicklung der Rasse war der Vollbluthengst Merlin. Auch heute noch werden Welshponys manchmal als Merlins bezeichnet.

Das Stutbuch des Welshponys ist in vier Sektionen nach Exterieur und Größe unterteilt. Das Welsh-Mountain-Pony gehört zur Sektion A. Diese Ponys stellen die kleinste der vier Sektionen dar und dürfen das Stockmaß von 1,22 m nicht überschreiten. Sie sind außerdem die älteste Rasse und bildeten den Grundstock für die Entwicklung der anderen drei Sektionen. Das Welsh-Mountain-Pony hatte großen Einfluss auf die Entwicklung zahlreicher anderer Rassen und konnte in den meisten Fällen seine Qualitäten und Talente erfolgreich vererben. Es wurde mit großem Erfolg für die Entwicklung des britischen Riding Ponys verwendet. Das Stutbuch wurde 1902 eingerichtet, und es werden seit dieser Zeit große Anstrengungen unternommen, um die feststehenden Typen zu erhalten.

Einer der wichtigsten Zuchthengste des 20. Jahrhunderts war Dyoll Starlight, der als Stammvater der modernen Welsh-Mountain-Rasse bezeichnet wird. Er war eine Kreuzung aus Welsh und Araber. In der Regel haben Welsh-Mountain-Ponys einen hervorragenden Charakter und sind erstklassige Kinderponys. Sie sind äußerst talentiert und gehen gleichermaßen gut im Geschirr wie auch unter dem Sattel. Die Tatsache, dass die Welsh-Mountain-Ponys früher in den Hügeln und Hochebenen von Wales gehalten wurden, hat sich entscheidend auf die Ausdauer und Widerstandskraft dieser Ponys ausgewirkt. Sie besitzen eine besonders gute Konstitution und sind sehr genügsam.

Das Welsh-Mountain-Pony hat in der Regel einen araberartigen Kopf mit freundlichen, weit auseinander liegenden Augen und kleinen, beweglichen Ohren. Der Hals ist gewöhnlich von guter Länge und leicht gebogen. Die Schultern des Welsh-Mountain-Ponys sind schräg, seine Brust ist tief und sein Rücken kurz und kräftig. Seine Beine sind im Allgemeinen schlank mit guten Sprunggelenken. Weiterhin zeichnet es sich durch eine gute Gurtentiefe mit rundrippigem Brustkorb und muskulöser Hinterhand aus. Die kurzen Beine sind besonders kräftig mit kurzen kräftigen Röhrbeinen. Welsh-Mountain-Ponys treten in allen Farben außer als Fuchs-, Braun- und Rappschecke auf.

Oben
Welsh-Mountain-Ponys haben einen attraktiven araberartigen Kopf mit leicht konvexer Nasenlinie.

Unten
Diese Rasse ist äußerst vielseitig und robust und besitzt einen ruhigen Charakter – perfekte Voraussetzungen für ein ausgezeichnetes Reitpony.

WISSENSWERTES: Das erste dokumentierte australische Pferderennen fand 1821 in Sydney statt.

RASSEINFORMATIONEN	
NAME	Welshpony, Sektion B
GRÖSSE	Bis zu 1,34 m
FARBVARIATIONEN	Alle Farben außer Fuchs-, Braun- oder Rappschecke
URSPRUNGSLAND	Wales

Welshpony, Sektion B

KATEGORIE

VERWENDUNG TEMPERAMENT

DAS WELSHPONY DER SEKTION B entwickelte sich aus einer Kreuzung zwischen Welsh-Mountain-Pony und dem schwereren und kleineren Welsh-Cob, der auch als Welshpony der Sektion C bekannt ist. Die Ponys der Sektion B führen außerdem Araber-, Vollblut- und Hackneyblut und weisen hervorragende Qualitäten auf. Viele von ihnen werden als Reitponys gezüchtet, doch sollten sich die wesentlichen Eigenschaften und echten Ponymerkmale des Welsh-Mountain-Typs auch in dieser Rasse bemerkbar machen. Einige Ponys der Sektion B werden als zu fein und zu leicht kritisiert.

Die Sektion B hat drei Stammväter: Der erste war Tan-y-Bwlch Berwyn, der von einem Berberhengst und einer Welshstute aus der berühmten Dyoll-Starlight-Familie abstammt. Der zweite hieß Criban Victor und war walisischer Herkunft, und der dritte trug den Namen Solway Master Bronze und zeugte eine beeindruckende Anzahl von erstklassigen Fohlen. Der Einfluss des Arabers ist bei Welshponys der Sektion B häufig sehr deutlich zu erkennen und drückt sich insbesondere in ihrer Kopfform ihrer extravaganten Aktion aus. Sie haben ausgezeichnete Schultern, die gute frei fließende Bewegungen ermöglichen, und geben dadurch besonders bei Schauveranstaltungen ein sehr schönes Bild ab.

Welshponys der Sektion B haben genau wie das Welsh-Mountain-Pony einen hervorragenden Charakter und sind ausgesprochen gutmütig. Sie geben daher ausgezeichnete Kinderponys ab. Darüber hinaus sind die Ponys der Sektion B erstklassige Leistungssportler, die nicht nur ein natürliches Springvermögen besitzen, sondern auch über die nötige Balance und den Rhythmus für die Dressur verfügen. Auch im Geschirr gehen sie ausgezeichnet – kurzum, sie sind das perfekte Allround-Reit- und -Fahrpony.

Sie weisen einige Merkmale des Welsh-Mountain-Ponys auf, besitzen jedoch einen leichteren Knochenbau. Der Kopf ist sehr hübsch mit einer breiten Stirn und wird zum feinen Maul hin schmaler. Die Augen sind groß, ausdrucksvoll und intelligent. Welshponys der Sektion B haben einen im Verhältnis zum Körper wohlgeformten, muskulösen Hals, der vom Widerrist zum Genick leicht gewölbt ist. Ihre Brust ist tief und breit und der Rücken kompakt und kräftig. Darüber hinaus zeichnen sie sich durch eine gute Gurtentiefe und eine gut ausgebildete, muskulöse Hinterhand aus. Der Schweif ist hoch angesetzt und wird hoch getragen, was zu ihrer starken Ausstrahlung beiträgt. Ihre Beine sind sehr gut proportioniert und kräftig mit wohlgeformten Gelenken und harten Hufen. Sie treten in allen Farben auf, außer als Fuchs-, Braun- oder Rappschecke. Ihr Stockmaß darf 1,34 m nicht überschreiten.

Oben
Das Araberblut ist besonders deutlich am kräftigen Exterieur des Welshponys zu erkennen.

Unten
Diese Ponys sind mit ihrem schmal zulaufenden Kopf und feinen Maul besonders hübsch.

KATEGORIE

VERWENDUNG TEMPERAMENT

Welshpony der Sektionen C und D

RASSEINFORMATIONEN	
NAME	Welshpony, Sektionen C und D
GRÖSSE	Sektion C: bis zu 1,34 m; Sektion D: keine Größeneinschränkung
FARBVARIATIONEN	Alle Farben außer Fuchs-, Braun- oder Rappschecke
URSPRUNGSLAND	Wales

WISSENSWERTES: Das erste Grand National Steeplechase in Aintree fand 1839 statt. Sieger wurde ein Pferd namens Lottery.

DAS WELSHPONY vom Cobtyp der Sektion C ist das kleinere der beiden Welshcob-Ponys. Welshponys der Sektion C dürfen nicht größer als 1,34 m sein und ähneln dem Welsh-Mountain-Pony, haben jedoch einen schwereren Knochenbau und entsprechen mehr dem Cobtyp. Sowohl die Sektion C als auch die Sektion D des Welshcobs entwickelten sich wahrscheinlich aus einer Kreuzung zwischen dem Welsh-Mountain-Pony und Pferden, die von den Römern nach Wales gebracht wurden.

Später fanden auch Kreuzungen mit spanischen Pferden statt, die zur Entwicklung des Powys-Pferdes führten. Das Powys-Pferd bildete den Grundstock für die Entstehung der Sektionen C und D. Zu einem wesentlich späteren Zeitpunkt wurde die Rasse von dem unbezähmbaren Norfolk Roadster, den frühen Hackney-Typen und dem Yorkshire Coach Horse geprägt.

Beide Sektionen gehen ausgezeichnet im Geschirr, und das kürzliche Comeback der Fahrturniere hat zu einer zunehmenden Verwendung des Welshcobs geführt. Vier Hengste waren maßgeblich an der Entwicklung dieser beiden Sektionen beteiligt: Trotting Comet, der 1840 als Nachfolger einer langen Linie von beeindruckenden Trabern geboren wurde, True Briton, der 1830 geborene Sohn eines Trabers und einer Araberstute, Cymro Llwyd, der 1850 geboren wurde und der Sohn eines Araberhengstes und einer Traberstute war, und schließlich der 1866 geborene Alonzo the Brave, dessen Vorfahren sich über den Hackney bis hin zum Darley Arabian zurückverfolgen lassen. Das Erbgut dieser vier Stammväter zeigt deutlich den Traber- und Arabereinfluss, deren Merkmale heute in beiden Sektionen vorhanden sind. Das Araberblut lässt sich besonders an der Ausstrahlung, dem Verhalten und der Haltung der beiden Typen erkennen und manchmal auch an der Kopfform und dem Gesichtsausdruck. Beide Sektionen sind vielseitige Tiere mit großartigen Talenten und Fähigkeiten. Sie haben einen sehr guten Charakter, besitzen eine gute Konstitution und Ausdauer und sind äußerst pflegeleicht.

Das Welshpony der Sektion C ist gewissermaßen die kleinere Version der Sektion D, für die es keine Größenbeschränkungen gibt. Beide Ponytypen haben einen hübschen Kopf, einen muskulösen und leicht gewölbten Hals sowie eine tiefe, breite Brust und eine gute Gurtentiefe. Der Brustkorb ist rundrippig und der Rücken kompakt mit einer muskulösen kräftigen Hinterhand. Die Beine sind wohlgeformt, stämmig und kräftig, und Ponys der Sektion D können einen leichten Fesselbehang aufweisen. Alle Farben außer Fuchs-, Braun- und Rappschecken werden akzeptiert.

Oben und rechts
Der Welshcob hat einen Ponykopf mit einem muskulösen Hals und einem kräftigen, abfallenden Rumpf.

Ganz rechts
Welshponys der Sektion D haben einen hübschen Kopf mit üppigem Langhaar.

RASSEINFORMATIONEN

NAME	Zemaituka
GRÖSSE	1,34 - 1,44 m
FARBVARIATIONEN	Mausgrauer Falbe, Brauner oder Rappe
URSPRUNGSLAND	Litauen

Zemaituka

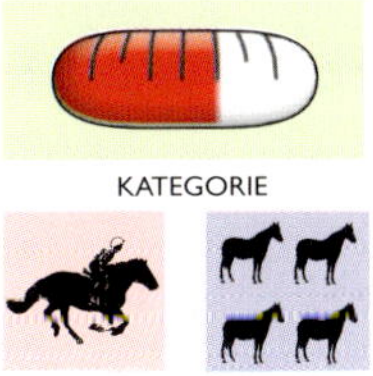

KATEGORIE

VERWENDUNG TEMPERAMENT

DAS ZEMAITUKA- oder Zhumd-Pony ist eine alte Rasse, die ursprünglich aus Litauen stammt und deren Bestand heute leider stark zurückgegangen ist. Die genaue Geschichte des Zemaituka-Ponys ist unbekannt, man sagt ihm jedoch eine enge Verwandtschaft mit dem polnischen Konik nach und vermutet, dass es vom Tarpan abstammen könnte. Allerdings wurde das Zemaituka-Pony im Laufe der Zeit auch von anderen Rassen beeinflusst, wie den einheimischen russischen Pferden und den leichten Pferderassen Polens.

Im Verlauf des 19. Jahrhunderts wurde das Zemaituka-Pony auch arabischen Einflüssen unterworfen. Dieses arabische Blut ist häufig an der Kopfform erkennbar. Aufgrund des Einflusses durch den Araber haben sich zwei verschiedene Typen des Zemaituka-Ponys entwickelt: ein qualitätsvolleres, edleres Reitpony und ein Pony mit weniger Araberblut, das sich eher für die Arbeit im Geschirr eignet. Inzwischen lassen sich die beiden Typen kaum noch voneinander unterscheiden, da nach dem Zweiten Weltkrieg bewusst versucht wurde, die Rasse größer und kräftiger zu züchten. Heute eignet sie sich sowohl zum Reiten als auch zum Fahren.

Die Ponys leben unter extrem rauen Klimabedingungen bei Futtermangel und eisigen Temperaturen, was sich in großem Maße auf ihre Entwicklung ausgewirkt hat. Folglich sind sie sehr genügsam, besitzen eine außerordentliche Konstitution und Ausdauer und scheinen kaum zu ermüden. In der Regel hat das Zemaituka-Pony einen ruhigen und fügsamen Charakter und eignet sich daher nicht nur als Reitpony, sondern lässt sich auch für leichte Arbeit im Geschirr und in der Landwirtschaft einsetzen. Trotz seines relativ massiven Körperbaus ist es erstaunlich wendig und athletisch. Durch Kreuzung mit leichteren und größeren Rassen können daher ausgezeichnete Sportpferde gezüchtet werden.

Zemaituka-Ponys haben einen hübschen Kopf mit großen, freundlichen Augen und beweglichen Ohren. Ihr Hals ist breit und muskulös, und sie haben eine tiefe Brust. Die Schultern können recht steil sein, und der kompakte Rücken ist gewöhnlich kurz und gerade mit abfallender Kruppe und tief angesetztem Schweif. Ihre Beine sind meistens kurz und muskulös, können allerdings trotz wohlgeformter und harter Hufe unterentwickelte Sprunggelenke aufweisen. Sie treten oftmals als mausgraue Falben mit einem Aalstrich und schwarzen Gliedmaßen auf, einem eindeutigen Hinweis auf ihre weit zurückreichenden Wurzeln. Allerdings sind auch Brauner, Rappe oder Isabell vertreten. Das Zemaituka-Pony erreicht ein Stockmaß von 1,34 m bis 1,44 m.

WISSENSWERTES:
Das große Steeplechase-Rennen in Pardubice in der Tschechoslowakei fand zum ersten Mal 1874 statt.

Links
Ebenso wie dieses indonesische Pony und der Tarpan hat sich auch das Zemaituka-Pony aufgrund seiner rauen Lebensbedingungen zu einem kräftigen kleinen Tier entwickelt.

Das schwere Pferd

SCHWERE PFERDE, häufig auch Zugpferde genannt, sind Pferderassen, die sich insbesondere für schwere Zug- und landwirtschaftliche Arbeiten eignen. In Exterieur und Charakter unterscheiden sie sich stark vom leichten Pferd. Sie waren jahrhundertelang in der Landwirtschaft und im produzierenden Gewerbe unentbehrlich, und auch heute noch werden sie in einigen Ländern als Arbeitstiere eingesetzt. Allerdings sind viele Zugpferdrassen aufgrund der Mechanisierung vom Aussterben bedroht.

ES GIBT BEREICHE, in denen ein Pferd effizienter arbeiten kann als ein Fahrzeug. So wird z. B. das Nordschwedische Pferd auch heute noch in der Forstwirtschaft eingesetzt, da es sich seinen Weg wesentlich besser und schneller durch das Unterholz bahnen kann als ein großes Fahrzeug. Der Comtois aus Frankreich wird im Weinbau verwendet und kommt ebenfalls in den Wäldern zum Einsatz. Häufig ist ein Zugpferd dem unebenen, felsigen, hügeligen oder sumpfigen Gelände wesentlich besser gewachsen als ein Traktor. Die großen Brauereien setzen sich stark für diese Rassen ein, und in Großbritannien gibt es zahlreiche Pferdeschauen, die speziell für Brauereipferde veranstaltet werden. Die so genannten „Trade-and-Turnout"-Klassen sind besonders spektakulär.

Viele dieser Pferde werden heute für die Fleischproduktion gezüchtet, insbesondere in Frankreich und der ehemaligen UdSSR. Diese Tatsache kann zu einer Verschlechterung des Exterieurs führen, da die Pferde selektiv auf Körpermasse gezüchtet werden. Viele leichtere Zugpferde werden mit leichteren Rassen, insbesondere Vollblütern, gekreuzt. Das Irish Draught und das Vollblut stellen eine hervorragende Kombination dar, die sich jedoch einer derartigen Beliebtheit erfreut, dass der Bestand des reinrassigen Irish Draught erheblich zurückgegangen ist.

Im Allgemeinen haben Zugpferdrassen einen schweren kräftigen Knochenbau mit relativ kurzen Beinen, wobei der langbeinige Clydesdale die einzige nennenswerte Ausnahme bildet. Zugpferde haben gewöhnlich einen sehr kurzen, dicken Hals und eine breite, tiefe Brust sowie einen kurzen und breiten Rücken. Der Widerrist ist zumeist rund, und die Schultern sind in der Regel sehr steil, was für einen kurzen Schritt und eine hohe Knieaktion sorgt. Zugpferde zeichnen sich durch einen hervorragenden Charakter aus und sind bis auf seltene Ausnahmen fügsam und sanft. Angesichts ihrer Größe und Massigkeit ist der Charakter von besonderer Wichtigkeit. Die meisten (jedoch nicht alle) Zugpferde haben Fesselbehang, was bei der Arbeit auf schlammigem und nassem Boden von Nachteil sein kann, da sich die Feuchtigkeit in den Haaren festsetzt und Hautprobleme verursachen kann. Der Suffolk Punch hat keinen Fesselbehang, was auf die schweren Lehmböden in der Region zurückzuführen ist, in der diese Rasse früher zur Arbeit eingesetzt wurde.

Obwohl Zugpferde zumeist mit der Arbeit in der Land- und Forstwirtschaft und dem Transport schwerer Güter in Verbindung gebracht werden, wurden diese Rassen im Laufe der Zeit für eine Vielzahl unterschiedlicher Arbeiten eingesetzt. So trugen sie z. B. Ritter in die Schlacht und zogen die ersten Postkutschen.

WISSENSWERTES:
James Robinson stellte 1856 im Zirkus Spalding and Roger in Pittsburgh im amerikanischen Bundesstaat Pennsylvania einen Rekord auf, indem er auf dem Rücken eines Pferdes 23 aufeinander folgende Saltos schlug.
Guinness-Buch der Rekorde

Oben
Die Herkunft der Jütländer lässt sich bis ins 12. Jahrhundert zurückverfolgen.

Rechts
Der Shire zieht auch heute noch die Kutschen verschiedener Brauereien, und auch in der Landwirtschaft werden manchmal noch Zugpferde eingesetzt.

RASSEINFORMATIONEN	
NAME	Ardenner
GRÖSSE	1,45 - 1,62 m
FARBVARIATIONEN	Stichelhaar, Brauner, Eisenschimmel oder Fuchs; Rappe und Apfelschimmel sind nicht zulässig.
URSPRUNGSLAND	Frankreich und Belgien

Ardenner

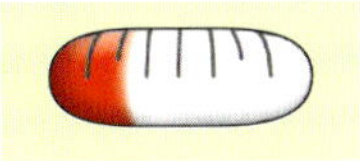

KATEGORIE

VERWENDUNG TEMPERAMENT

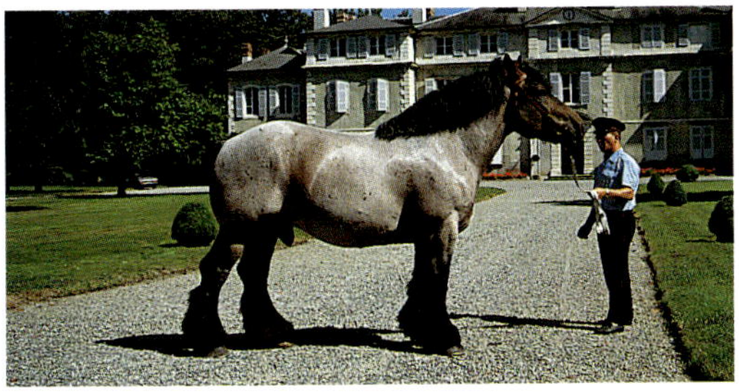

DER FRANZÖSISCHE ARDENNER stammt ursprünglich aus den Gebirgsregionen der Ardennen an der Grenze zwischen Frankreich und Belgien, obwohl es auch einen schwedischen und einen belgischen Ardenner gibt. Der ursprüngliche (französische) Ardenner ist der älteste Typ und kann bis zu Julius Cäsars *De Bello Gallico* über die Eroberung Galliens zurückverfolgt werden. Er gehört einer alten cobartigen Kaltblutrasse an und weist große Ähnlichkeit mit dem Urpferd von Solutré auf, was eine direkte Abstammung von dieser Rasse vermuten lässt.

Der alte Typ des Ardenners wurde sowohl im Geschirr als auch unter dem Sattel eingesetzt und war etwas leichter als der moderne, massigere Typ. Er wurde in großem Umfang während der Französischen Revolution eingesetzt und leistete auch danach dem französischen Militär gute Dienste. Während der napoleonischen Kriege beeindruckte er durch seine unglaubliche Konstitution und Ausdauer und seine Fähigkeit, auch unter härtesten Bedingungen überleben zu können. Es ist sehr wahrscheinlich, dass sich der russische Ardenner aus französischen Ardennern entwickelt hat, die während des Rückzugs der Franzosen in Russland zurückgelassen wurden.

Der moderne Typ wurde im 19. Jahrhundert entwickelt und ist ein Kaltblüter von größerer Statur. Um eine kräftigere Rasse zu züchten, die für sehr schwere Zugarbeiten eingesetzt werden konnte, wurden diese Pferde mit Boulonnais, Percherons, Englischen Vollblütern und Arabern gekreuzt. Sie sind sehr trittsicher und daher besonders gut für unebenes und hügeliges Gelände geeignet. Darüber hinaus haben sie ein freundliches, aber lebhaftes Temperament.

Ardenner werden außerdem in Belgien und Schweden gezüchtet, wo sie häufig mit anderen Zugpferden gekreuzt werden. Enge Verwandte des Ardenners sind die Zugpferdrassen Auxois und Nord-Ardenner (Trait du Nord).

Sie haben ein cobartiges Exterieur mit einem kräftigen kompakten Körper, einer muskulösen Hinterhand, einem dicken Hals und einem wohlgeformten Kopf. Ihre Schultern haben gewöhnlich eine gute Schräge und ermöglichen dadurch eine Bewegungsfreiheit, die für Kaltblüter normalerweise recht ungewöhnlich ist. Sie sind stark untersetzt, haben ein massiges Gebäude mit kräftiger Bemuskelung und besitzen dadurch eine enorme Zugkraft. In Frankreich werden sie nicht nur als Zugpferde eingesetzt, sondern auch für die Fleischproduktion gezüchtet. Ihre Fellfarbe ist normalerweise stichelhaarig, sie können aber auch als Brauner oder Fuchs auftreten. Ihr Stockmaß liegt zwischen 1,45 m und 1,62 m.

WISSENSWERTES:
Charles Pahud de Mortanges (Niederlande) gewann in der dreitägigen Vielseitigkeitsprüfung bei den Olympischen Spielen von 1924 (Mannschaftswertung), 1928 (Mannschafts- und Einzelwertung) und 1932 (Einzelwertung) insgesamt vier Goldmedaillen und hält damit den Rekord.
Guinness-Buch der Rekorde

Oben und Mitte
Der Ardenner hat einen kräftigen Knochenbau mit massigen Schultern und einem kurzen Kopf.

Links
Ardenner werden in Frankreich aufgrund ihrer enormen Kraft auch heute noch als Zugpferde eingesetzt.

KATEGORIE

VERWENDUNG TEMPERAMENT

Auxois

RASSEINFORMATIONEN	
NAME	Auxois
GRÖSSE	1,52 - 1,64 m
FARBVARIATIONEN	Stichelhaar, Brauner, manchmal Fuchs
URSPRUNGSLAND	Frankreich

DER AUXOIS kommt ursprünglich aus den französischen Regionen Cote d'Or und Yonne und stammt von der alten Rasse des Burgunders ab, die bis ins Mittelalter zurückverfolgt werden kann. Leider gibt es nur noch sehr wenige dieser Pferde, obwohl insbesondere um das Gestüt Cluny und in den fruchtbaren Gebieten von Yonne und Saône-et-Loire Anstrengungen zur Erhaltung der Rasse unternommen werden.

Die Fellfarbe des Auxois ist vorwiegend Stichelhaar oder Brauner, obwohl manchmal auch Rotschimmel oder Fuchs vorkommen. Er hat normalerweise einen verhältnismäßig kleinen Kopf mit einer breiten Stirn und kleinen, beweglichen Ohren. Er ist sehr stämmig gebaut und hat einen kurzen, dicken Hals, einen flachen Widerrist und eine breite, tiefe Brust – all diese Merkmale erinnern stark an den Ardenner. In der Regel zeichnet er sich außerdem durch einen breiten, geraden Rücken, eine lange, abfallende und muskulöse Kruppe und einen tief angesetzten Schweif aus. Die Schultern sind relativ schräg, was eine gute Bewegungsfreiheit in allen Gangarten ermöglicht. Der Auxois hat besonders kräftige Beine, die im Verhältnis zur Körpergröße eher schlank sind. Die Unterarme sind stark bemuskelt und die Röhrbeine kurz und kräftig.

Im Vergleich zum Ardenner hat der Auxois häufig schlankere Beine und eine schmalere Hinterhand. Er hat keinen starken Fesselbehang und ist für seinen massigen Körperbau überraschend beweglich und schnell. Er ist gut gebaut und verfügt wie der Ardenner über eine enorme Zugkraft. Sein Stockmaß beträgt 1,52 m bis 1,64 m.

WISSENSWERTES:
Mark Todd (Neuseeland) gewann die Goldmedaille in der dreitägigen Vielseitigkeitsprüfung bei den Olympischen Spielen von 1984 und 1988.
Guinness-Buch der Rekorde

Im 19. Jahrhundert fanden Einkreuzungen mit dem Boulonnais und dem Percheron sowie mit dem Ardenner und dem Nord-Ardenner statt, was sich auf die Größe des Auxois auswirkte. Er ist eng mit dem Ardenner verwandt, und seit Beginn des 20. Jahrhunderts wurde nur noch Ardennerblut zur Verbesserung des Auxois verwendet. Heute ist er etwas größer als der Ardenner, und beide Rassen werden aufgrund ihres massigen Körperbaus selektiv für die Fleischproduktion gezüchtet. Der Auxois wurde früher sehr häufig in der Transportindustrie eingesetzt. Mit dem Beginn der Mechanisierung hat der Bestand der Rasse jedoch drastisch abgenommen.

Heute steht der Auxois unter strengem Artenschutz und wird vom Syndicat du Cheval de Trait Ardennais de L'Auxois in Dijon überwacht, das seit 1913 das Stutbuch der Rasse führt. Er hat einen freundlichen, ruhigen und fügsamen Charakter und ist äußerst ausdauernd, weshalb er sich außerordentlich gut für schwere Zug- und landwirtschaftliche Arbeit eignet.

Oben
Der Auxois tritt normalerweise als Brauner oder Stichelhaar auf, ist stämmig gebaut und hat lange, schräge Schultern.

Rechts
Der Auxois hat einen breiten, im Verhältnis zu seiner Körpergröße eher kleinen Kopf.

RASSEINFORMATIONEN

NAME	Boulonnais
GRÖSSE	1,52 m - 1,73 m
FARBVARIATIONEN	Meistens Schimmel, aber auch Brauner und Fuchs
URSPRUNGSLAND	Frankreich

Boulonnais

KATEGORIE

VERWENDUNG TEMPERAMENT

DER BOULONNAIS stammt ursprünglich aus Nordwestfrankreich und ist eine sehr alte Rasse, die allerdings bis ins 17. Jahrhundert nicht offiziell anerkannt war. Sie entwickelte sich aus schweren Zugpferden der vorchristlichen Zeit und verdankt ihre Qualitäten und ihren Charakter frühen Einkreuzungen von Araber- und Berberblut während des 16. Jahrhunderts.

Der Boulonnais wird auch häufig als das Vollblut unter den Kaltblütern bezeichnet, da er für ein Pferd seiner Größe einen außergewöhnlich feinen Kopf besitzt und eine ausgezeichnete, frei fließende Aktion hat. Der Boulonnais ist in der Tat beeindruckend schnell und wurde daher früher häufig als Kutschpferd eingesetzt. Darüber hinaus hat er eine sehr feine Haut mit einer edlen Äderung, weshalb er häufig mit „poliertem Marmor“ verglichen wird.

Neben dem großen Boulonnais gab es auch den kleineren Mareyeur, der als „Petite Boulonnais“ bezeichnet wurde. Sein Stockmaß lag zwischen 1,52 m und 1,54 m. Dieser flinkere Schlag wurde für den Schnelltransport von Fisch zwischen den Küstenregionen und Paris verwendet. Heute gibt es den Mareyeur kaum noch, und auch der Bestand der Boulonnais ging während des Zweiten Weltkrieges drastisch zurück. Der Boulonnais ist bekannt für seine Konstitution und Ausdauer und seine Fähigkeit, lange Strecken mit gleichmäßiger Geschwindigkeit zurückzulegen. So wie der Vollblüter häufig zur Veredelung von Reitpferden eingesetzt wird, wird auch der Boulonnais zur Verbesserung anderer Zugpferdrassen verwendet.

Leider ist seine Verwendung heute erheblich eingeschränkt, obwohl die Erhaltung der Rasse durch die französischen Nationalgestüte sichergestellt wird, und die größeren Typen werden fast nur noch für die Fleischindustrie gezüchtet.

Der Boulonnais ist sehr groß und schwer, und er kann ein Stockmaß von bis zu 1,73 m erreichen. Er ist für seinen feinen Kopf und seine ausdrucksvollen Augen bekannt. Der Hals ist fast immer leicht gewölbt und gut auf den Schultern angesetzt, die eine schöne Schräge aufweisen und somit eine gute Aktion begünstigen. Der Boulonnais hat eine breite Brust, eine kräftige Hinterhand, makellose Beine und oft flache Hufe. Seine Beine sind äußerst kräftig mit großen, sehr gut entwickelten Gelenken. Ein besonderes Merkmal ist sein Schweif, der häufig recht buschig ist und das Erbe seiner östlichen Vorfahren sein könnte. Die Fellfarbe des Boulonnais ist vorwiegend Schimmel, doch sind auch Brauner und Fuchs keine Seltenheit.

WISSENSWERTES:
Der breiteste jemals übersprungene Wassergraben war 8,4 m breit und wurde am 25. April 1975 im südafrikanischen Johannesburg von Andre Ferreira auf Something bewältigt.
Guinness-Buch der Rekorde

Oben
Der Boulonnais hat einen araberartigen Kopf, einen gebogenen Hals und schräge Schultern.

Links
Aufgrund seiner weit zurück reichenden Abstammung und seines Araberbluts gilt der Boulonnais als der Aristokrat unter den Kaltblütern.

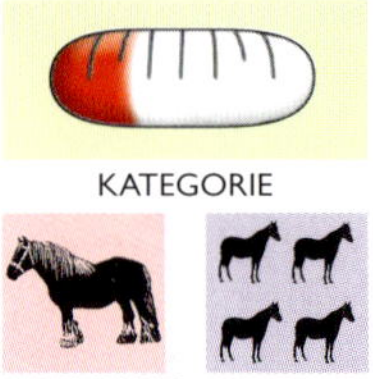

KATEGORIE

VERWENDUNG TEMPERAMENT

Brabanter

RASSEINFORMATIONEN	
NAME	Brabanter
GRÖSSE	1,55 - 1,73 m
FARBVARIATIONEN	Stichelhaar
URSPRUNGSLAND	Belgien

Oben
Dank seiner Kraft und seines fügsamen Charakters ist der Brabanter ein ideales Arbeitspferd.

Unten
Der Brabanter hat breite Schultern, einen gebogenen Hals und einen relativ kurzen Kopf.

DER BRABANTER ist eine sehr alte Pferderasse, die bis zu den prähistorischen Pferden der Alluvialzeit zurückverfolgt werden kann und wahrscheinlich mit dem Ardenner verwandt ist. Er wird auch Belgischer Kaltblüter genannt und hat viele

andere Zugpferdrassen beeinflusst. Während des Mittelalters war der Brabanter auch als Flämisches Pferd bekannt und spielte eine wichtige Rolle in der Entwicklung der englischen Zugpferde, wie Shire, Clydesdale und Suffolk Punch. Darüber hinaus hat er möglicherweise zur Entstehung der ersten Irish Draughts beigetragen.

Bis zum Beginn des 20. Jahrhunderts gab es drei verschiedene Typen, deren Blutlinien verwandt waren. Der erste Typ wurde Colosses de la Mehaïque genannt und von dem Hengst Jean I. begründet. Der zweite Typ wurde als Gros de la Dendre bekannt, und sein Stammvater war der Hengst Orange I. Den dritten Typ, der von dem Hengst Bayard begründet wurde, nannte man Gris du Hainaut. Die Nachkommenschaft des großartigen Hengstes Orange I. wurde während des 19. Jahrhunderts durch ihre Erfolge im Schauring bekannt.

Bis zum 20. Jahrhundert hatten sich die drei Schläge jedoch so weit aneinander angeglichen, dass sie nicht mehr zu unterscheiden waren. Das Stutbuch des Brabanters wurde 1855 von der Société Royale Le Cheval de Trait Belge in Belgien begonnen. In den USA, wo 1887 ebenfalls ein Stutbuch begonnen wurde, erfreut sich der Brabanter jedoch großer Beliebtheit. Die Rasse hat sich in den USA vom ursprünglichen belgischen Brabanter zu einem edleren und eleganteren Pferd entwickelt. Der Brabanter gehört zu den schwersten Kaltblütern und zeichnet sich nicht nur durch unglaubliche Kraft, sondern auch durch einen äußerst fügsamen und großzügigen Charakter aus, was ihn zu einem idealen Arbeitspferd macht.

Er hat normalerweise einen kleinen Kopf und einen dicken muskulösen Hals sowie breite kräftige Schultern und kurze Beine mit leichtem Fesselbehang. Seine Bewegungen sind kurz und abgehackt mit der für ein Zugpferd typischen Aktion. Er hat jedoch einen guten Schritt. Vor der Mechanisierung wurde der Brabanter aufgrund seiner ausgezeichneten Zugkraft in alle europäischen Länder und in die USA exportiert. Seit dem Zweiten Weltkrieg ist sein Bestand jedoch drastisch zurückgegangen, obwohl er immer noch für die Fleischindustrie gezüchtet wird. Der Brabanter tritt hauptsächlich als Fuchs oder Rotfuchs auf und erreicht ein Stockmaß von bis zu 1,73 m.

WISSENSWERTES:
Der legendäre Straßenräuber Dick Turpin wurde 1739 wegen Raubes und Pferdediebstahls in York öffentlich gehängt. Bevor er gefasst wurde, lebte er mit seinen Eltern in der Nähe des Dorfes Shenton, wo er sein Pferd Black Bess auf einer Lichtung im Wald von Lindley Wood hielt.

RASSEINFORMATIONEN	
NAME	Bretone
GRÖSSE	1,52 - 1,63 m
FARBVARIATIONEN	Fuchs und stichelhaariger Fuchs mit flachsfarbenem Langhaar
URSPRUNGSLAND	Frankreich

Bretone

KATEGORIE

VERWENDUNG TEMPERAMENT

DER BRETONE stammt aus der Bretagne und hat eine interessante Geschichte. Ursprünglich entwickelte sich die Rasse aus Pferden, die von keltischen Kriegern gehalten wurden, und blieb lange Zeit nahezu unverändert, bis es während der Kreuzzüge zu Einkreuzungen mit orientalischem Blut kam. Dies führte zur Entwicklung des bretonischen Bidet, und bis zum Ende des Mittelalters hatten sich zwei verschiedene Typen des Bretonen herausgebildet: der Sommier und der Rossier. Der Sommier war der schwerere Typ, der sich sowohl als Pack- und Zugpferd als auch für die Arbeit in der Landwirtschaft eignete, während der Rossier als leichteres Reitpferd für seinen bequemen Gang bekannt war. Der Rossier erfreute sich beim Militär großer Beliebtheit, da er in der Lage war, lange Strecken in einem flotten Pass zurückzulegen – gewissermaßen einer Mischung aus Schritt und Trab. Während des 17. Jahrhunderts wurden viele Rossiers nach Kanada exportiert und ihr Einfluss ist dort auch heute noch spürbar.

Gegen Ende des 19. Jahrhunderts hatte sich die Rasse durch Einkreuzungen von Percheron, Ardenner und Boulonnais weiterentwickelt. Auf diese Weise entstand der Trait Breton, ein schwerer Kaltblüter von unglaublicher Kraft. Mitte des 19. Jahrhunderts erschien ein weiterer Schlag des Bretonen, nämlich der vielseitige Postier. Der Postier wurde stark vom Norfolk Roadster beeinflusst und war ein leichteres, eleganteres Pferd, das allerdings immer noch außerordentlich kräftig war. Der Postier ist lebhaft und energiegeladen und gilt als der Stolz der Bretagne. Darüber hinaus gibt es noch einen dritten Typ des Bretoners: das mittlerweile äußerst selten gewordene Cheval de Corlay, dessen Körperbau eher dem eines Gebirgsponys entspricht. Postier und Trait Breton wurden seit 1926 in einem gemeinsamen Stutbuch eingetragen, das jedoch 1951 geschlossen wurde, um die Merkmale der Rassen zu erhalten.

Der Postier ist sehr kompakt mit einem hübschen Kopf und einem gewölbten Hals. Er hat nur sehr wenig Fesselbehang und eine schwungvolle Aktion. Aufgrund seines ausgezeichneten Charakters ist er ein äußerst vielseitiges und nützliches Pferd. Er tritt hauptsächlich als Fuchs oder Rotfuchs auf und hat oft flachsfarbenes Langhaar. Manchmal ist sogar ein dunkles Schulterkreuz am Widerrist zu erkennen, das seine primitive Abstammung erkennen lässt. Sein Stockmaß liegt in der Regel zwischen 1,52 und 1,63 m. Der Trait Breton hat viel Ähnlichkeit mit dem Postier, ist jedoch schwerer und erreicht ein Stockmaß von 1,52 bis 1,54 m.

WISSENSWERTES: Das erste Rodeopferd in den USA hieß Steamboat. Er wurde kurz vor der Jahrhundertwende in Wyoming geboren und begann seine lange Rodeokarriere 1901 auf dem Wyoming Frontier Day Festival. 13 Jahre lang warf er jeden Herausforderer in den Staub – bis auf einen: Dick Stanley schaffte es als einziger, die acht Pflichtsekunden im Sattel zu bleiben.

Oben
Der Bretone wird auch heute noch regelmäßig bei Fahrturnieren eingesetzt.

Mitte und links
Das Pferd hat einen schweren Körper und einen gebogenen Hals mit üppigem Langhaar.

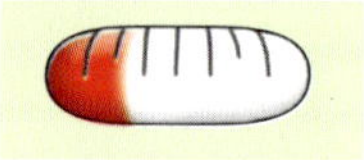

KATEGORIE

VERWENDUNG

TEMPERAMENT

Clydesdale

RASSEINFORMATIONEN	
NAME	Clydesdale
GRÖSSE	1,63 - 1,83 m
FARBVARIATIONEN	Hauptsächlich Brauner
URSPRUNGSLAND	Schottland

DER CLYDESDALE entwickelte sich Mitte des 18. Jahrhunderts in der schottischen Region Clyde und ersetzte an vielen Orten den Shire. Er ist die Weiterentwicklung einer zähen und robusten einheimischen Rasse und wurde mit der Einführung von Belgischen Kaltblütern und flämischen Hengsten immer größer und massiger. Einer der ersten einflussreichen Hengste war ein einheimisches Pferd namens Blaze. Mit ihm wurde der Grundstein für die Rasse gelegt. Während der 20er Jahre des 18. Jahrhunderts importierte der sechste Herzog von Hamilton sechs flämische Pferde, um den Clydesdale weiter zu verbessern.

Die ersten Clydesdales wurden von den Einheimischen auch Clydesman's Horses genannt und gewannen aufgrund ihrer enormen Zugkraft Anerkennung und Bewunderung. Durch die Einkreuzung von Shire-Blut erhielten sie mehr Körpermasse, insbesondere gegen Ende des 19. Jahrhunderts, als Lawrence Drew und David Riddell mehrere Shire-Stuten einführten. Interessanterweise waren diese beiden Züchter überzeugt, dass Shires und Clydesdales Schläge derselben Rasse seien. Die Verwendung des Clydesdale beschränkte sich zunächst auf das Ziehen von Kohlewagen in Lanarkshire, weitete sich aber schon bald auf ganz England aus. Zwei frühe einflussreiche Hengste waren Glanzer (geboren 1806) und Broomfield Champion. Broomfield Champion wird zugeschrieben, den modernen Clydesdale entscheidend geprägt zu haben, was nicht zuletzt auf den Einfluss seines Sohnes Clyde zurückzuführen ist.

1877 wurde die Clydesdale Horse Society gegründet – der Clydesdale war der erste Kaltblüter in Großbritannien mit einem eigenen Zuchtverband. Die Rasse besitzt verschiedene Eigenschaften, die die Züchter zu erhalten versuchen. Dazu gehören ihre außergewöhnlich kräftigen und harten Beine und Hufe und ihre aktive und energiegeladene Aktion. Die Pferde dieser Rasse haben eine der extravagantesten Knieaktionen unter den Kaltblütern.

Der Clydesdale hat einen attraktiven Kopf mit einer geraden Nasenlinie, großen intelligenten Augen und einer breiten Stirn. Der Hals ist in der Regel gebogen und gut angesetzt, und die Schultern fallen mit einer leichten Schräge ab. Der Rücken ist recht kompakt mit runden Rippen und einer muskulösen Hinterhand. Die Gelenke sind gewöhnlich breit und kräftig mit Fesselbehang. Der moderne Clydesdale ist kleiner als der ursprüngliche Typ und erreicht normalerweise ein Stockmaß von 1,65 m.

Der Clydesdale teilte das Schicksal aller anderen Kaltblutrassen und erlitt seit der Einführung der Mechanisierung erhebliche Verluste. Sein Bestand konnte sich jedoch in der letzten Zeit wieder erholen. Der Clydesdale ist in den USA sehr beliebt und dank des bekannten Clydesdale-Gespanns von Budweiser zu einer Berühmtheit geworden.

WISSENSWERTES:
Gene Autry mit Champion und Roy Rogers mit Trigger sind wahrscheinlich die berühmtesten Beispiele für die Freundschaft zwischen Mensch und Pferd, die je im Fernsehen oder auf der Kinoleinwand zu sehen waren.

Oben und unten
Ein Hochzeitsgespann mit Clydesdales auf Hawaii. Die Tiere werden außerdem häufig bei Fahrturnieren eingesetzt.

Mitte
Der Clydesdale hat eine der extravagantesten Knieaktionen aller Kaltblüter.

RASSEINFORMATIONEN

NAME	Comtois
GRÖSSE	1,42 - 1,52 m
FARBVARIATIONEN	Dunkelfuchs mit flachsfarbenem Langhaar
URSPRUNGSLAND	Frankreich

Comtois

KATEGORIE

VERWENDUNG TEMPERAMENT

DIESE ALTE RASSE stammt vermutlich aus der ostfranzösischen Region Comte, wo sie bereits im 4. Jahrhundert von Publius Vegese erwähnt wurde. Sie stammt wahrscheinlich von deutschen Pferden ab, die von den Burgundern importiert wurden, und hat sich ihre charakteristischen Merkmale seither anscheinend weitgehend erhalten können.

Während des 16. Jahrhunderts wurde der Comtois zur Veredelung des Burgunders verwendet. Er selbst wurde während des 19. Jahrhunderts durch die Einkreuzung von Normannen-, Percheron- und Boulonnais-Blut verbessert. Vor kurzem wurde die Rasse auch durch den Ardenner beeinflusst, der die Kraft und Widerstandsfähigkeit dieser Pferde entscheidend verbessert hat. Der Comtois ist ein vielseitiges Pferd, dass von den Franzosen bevorzugt als Militärpferd verwendet wurde.

Ludwig XIV. setzte ihn sowohl in der Kavallerie als auch in der Artillerie ein, wo er auch bei den Angriffen Napoleons auf Russland eine Rolle spielte. Er eignet sich als Zug- oder Reitpferd sowie für die Arbeit in der Landwirtschaft und ist ausgesprochen trittsicher und robust. Der Comtois ist eine Gebirgsrasse und wird heute hauptsächlich in den Gebirgsregionen der Alpen und Pyrenäen sowie des Massif Central gezüchtet. Er ist ideal an das Klima und die Umgebung der Berge angepasst. Er wird allerdings auch in der Forstwirtschaft und interessanterweise auch im Weinbau eingesetzt.

In seinem Erscheinungsbild weist der Comtois mit seinem großen Kopf, der geraden Nasenlinie und den kleinen, beweglichen Ohren zahlreiche Cobmerkmale auf. Sein Hals ist im Allgemeinen sehr muskulös und häufig ziemlich kurz. Er hat eine breite und tiefe Brust mit rundrippigem Brustkorb und kurze, kräftige Beine sowie eine kräftige Hinterhand. Die Beine haben gute, kräftige Gelenke und harte Hufe und in der Regel nur wenig Fesselbehang. In manchen Fällen hat der Comtois allerdings Sichelbeine. Seine Fellfarbe ist von einem charakteristischen, häufig sehr dunklen Fuchston mit hellerem Langhaar. Sein Stockmaß beträgt in der Regel nicht mehr als 1,52 m.

In Frankreich leistet der Comtois auch heute noch in steilen und zerklüfteten Gebieten gute Dienste, wird jedoch leider auch für die Fleischindustrie gezüchtet. Die Rasse ist immer noch sehr weit verbreitet. Ihr Bestand ist seit der Mechanisierung nicht so drastisch zurückgegangen wie der anderer Kaltblutrassen. In gewisser Weise hilft der Fleischhandel in Frankreich, den Kaltblüterbestand zu erhalten, obwohl die Pferde, die für die Fleischindustrie gezüchtet werden, ihre charakteristischen Merkmale einbüßen, da bei der Zucht hauptsächlich auf Masse und Fleisch Wert gelegt wird.

Mitte
Die charakteristische dunkle Fuchsfarbe des Comtois betont den helleren Farbton des Langhaars.

Unten links
Der Comtois hat kurze, stämmige Beine, die ihn in unzugänglicher und zerklüfteter Landschaft zu einem idealen Arbeitspferd machen.

Unten
Der Kopf des Comtois ist groß, und die Rasse zeichnet sich durch ein besonders üppiges Langhaar aus.

WISSENSWERTES:
Der Appetit eines Pferdes sollte ungefähr zweieinhalb Prozent seines Gesamtkörpergewichts entsprechen.

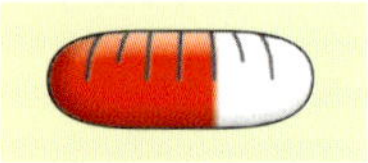

KATEGORIE

VERWENDUNG TEMPERAMENT

Dole-Gudbrandsdal-Pferd

RASSEINFORMATIONEN	
NAME	Dole-Gudbrandsdal-Pferd
GRÖSSE	1,44 - 1,54 m
FARBVARIATIONEN	Rappe oder Brauner
URSPRUNGSLAND	Norwegen

Oben
Der Dole-Traber zeichnet sich durch eine kräftige Hinterhand und muskulöse Schultern sowie durch einen langen Rücken und einen gebogenen Hals aus.

Unten
Beide Dole-Typen haben üppiges Langhaar und treten normalerweise als Rappe oder Schwarzbrauner auf.

IM JAHRE 1967 wurde die National Dolehorse Association gegründet. Die Rasse ist jedoch sehr alt und stammt ursprünglich aus dem Gudbrandsdal in Norwegen. Man vermutet, dass das Dole-Pferd von friesischen Pferden aus den Niederlanden abstammt. Es besitzt ähnliche Merkmale wie das englische Fell- oder Dales-Pony; es ist sehr wahrscheinlich, dass alle drei Rassen von den gleichen prähistorischen Vorfahren abstammen. Es gibt zwei verschiedene Typen: den schwereren Dole-Gudbrandsdal und den etwas leichteren Dole-Traber. Heute werden diese beiden Typen jedoch häufig miteinander gekreuzt.

Das Dole-Gudbrandsdal-Pferd wurde häufig für die Arbeit in der Landwirtschaft und als Arbeitspferd eingesetzt und verdankt viele seiner heutigen Merkmale einem Hengst namens Brimen. Aufgrund der Mechanisierung sind die Bestände dieser Rasse drastisch zurückgegangen. Als aber 1967 ihr eigener Zuchtverband gegründet und staatliche Zuchtstätten eingerichtet wurden, begannen die Zahlen wieder zu steigen. Sowohl das schwere Dole-Gudbrandsdal-Pferd als auch der Dole-Traber werden Prüfungen unterzogen und in bestimmte Klassen eingeteilt. Das Dole-Gudbrandsdal-Pferd wird außerdem nach seiner Zugkraft und seiner Trabaktion beurteilt. Die unteren Beinbereiche und die Hufe werden geröntgt, und wenn sie Schwächen aufweisen, darf das Pferd nicht zu Zuchtzwecken verwendet werden. Die Traber müssen einen erfolgreichen Werdegang auf der Rennbahn vorweisen, um für die Zucht verwendet zu werden.

Der Trabertyp entwickelte sich durch Experimente mit verschiedenen Kreuzungen. Eine der erfolgreicheren war die mit dem englischen Pferd Odin, der sowohl als Vollblut als auch als Norfolk Trotter gilt. Er erzeugte einen leichteren Typ mit besserer Trabaktion bei gleichbleibend kräftiger Hinterhand. Odin ist in den Stammbäumen aller modernen Dole-Pferde zu finden. Aber auch andere Hengste nahmen Einfluss auf den Traber: Balder (4), Enkel von Odin, der Araber Mazarin sowie Toftebrun und Dovre, der als Stammvater des Dole-Trabers eingetragen ist. Der Dole-Traber ist etwas größer als das Dole-Gudbrandsdal-Pferd und hat einen feineren Kopf. Ansonsten sind sich beide Typen äußerlich sehr ähnlich. Sie haben gewöhnlich einen gewölbten Hals sowie kräftige Schultern und eine muskulöse Hinterhand und neigen zu einem relativ langen Rücken. Das Dole-Gudbrandsdal-Pferd hat kurze Beine mit sehr kurzen, kräftigen Röhrbeinen und leichtem Fesselbehang. Beide Typen haben üppiges Langhaar und treten fast immer als Rappen oder Schwarzbrauner auf. Ihr Stockmaß liegt zwischen 1,45 und 1,54 m. Der Dole-Traber hat meist weniger Fesselbehang an den Beinen und zeichnet sich besonders durch seine Konstitution und Ausdauer aus.

WISSENSWERTES:
Die Rennen auf der Bahn von Ascot in Berkshire wurden 1711 durch Queen Anne eingeführt. Das erste Royal-Ascot-Rennen fand am 11. August 1711 statt.

RASSEINFORMATIONEN	
NAME	Holländisches Kaltblut
GRÖSSE	1,64 - 1,66 m
FARBVARIATIONEN	Fuchs, Brauner oder Schimmel
URSPRUNGSLAND	Holland

Holländisches Kaltblut

KATEGORIE

VERWENDUNG TEMPERAMENT

DIES IST EINE relativ junge Rasse, die nach 1918 in Holland entwickelt wurde. Das Holländische Kaltblut ist äußerst massiv und eines der schwersten holländischen Pferde. Es wurde aus einer Kreuzung zwischen Brabanter, holländischen Stuten des Zeeland-Typs und dem belgischen Ardenner entwickelt und weist auch heute noch Ähnlichkeit mit dem Brabanter auf.

Früher wurde das Holländische Kaltblut in Holland hauptsächlich für landwirtschaftliche Zwecke verwendet, und zwar vor allem, um die schweren Lehmböden zu bearbeiten, die für viele andere Rassen zu ermüdend waren. Aufgrund seiner enormen Kraft und seines fügsamen Charakters war es vor der Mechanisierung in der Landwirtschaft in ganz Gelderland, Nordbrabant und Limburg sehr beliebt. Das Holländische Kaltblut ist im Allgemeinen ein intelligentes, tatkräftiges Pferd und wirtschaftlich in der Haltung. Trotz seiner Größe ist es ausgesprochen aktiv und hat in der Regel ein langes Arbeitsleben.

Es ist von sehr massiver Statur, obwohl sein Kopf nicht zu grob sein sollte. Holländische Kaltblüter haben einen kurzen Hals und eine gute Schulterlage sowie einen breiten, kräftigen Rücken. Ihre Hinterhand ist muskulös und kräftig mit einer abfallenden Kruppe und tief angesetztem Schweif. Sie erreichen ein Stockmaß von ungefähr 1,66 m und treten normalerweise als Fuchs, Brauner oder Schimmel auf.

Links
Diese enorm kräftigen Pferde erreichen ein Stockmaß von bis zu 1,64 m und haben schwarzen Fesselbehang.

WISSENSWERTES:
Reitkappen wurden nach dem Tod des Jockeys Captain Bennett 1923 in Aintree im Rennsport vorgeschrieben.

RASSEINFORMATIONEN	
NAME	Finnisches Pferd
GRÖSSE	1,54 m
FARBVARIATIONEN	Fuchs
URSPRUNGSLAND	Finnland

Finnisches Pferd

KATEGORIE

VERWENDUNG TEMPERAMENT

URSPRÜNGLICH gab es zwei Varianten des Finnischen Pferdes: das Finnische Zugpferd und das Finnische Universalpferd (siehe Abschnitt „Das leichte Pferd"). Im Laufe der Jahre wurden die beiden Rassen jedoch häufig miteinander gekreuzt, und das schwerere Zugpferd ist inzwischen weitgehend verschwunden. Das Finnische Pferd wurde ausschließlich zu praktischen Zwecken gezüchtet und hat ein eher gewöhnliches Exterieur.

Mit einem Stockmaß von ungefähr 1,54 m waren die Finnischen Pferde für eine Kaltblutrasse relativ klein, besaßen jedoch eine unglaubliche Kraft und konnten selbst schwerste landwirtschaftliche Arbeiten verrichten. Sie waren freundlich und fügsam und zeichneten sich durch einen schnellen, von Natur aus aktiven Schritt aus. Die Pferde entwickelten sich aus Kreuzungen zwischen einheimischen Ponys aus den Ländern entlang der Ostseeküste und importierten ausländischen Rassen und weisen daher sowohl Merkmale von Kaltblütern als auch von Warmblütern auf. Für eine Kaltblutrasse sind sie mit einem Durchschnittsgewicht von 576 kg nur mittelschwer. Sie haben gewöhnlich einen attraktiven, nicht zu großen Kopf und einen kräftigen Hals sowie kräftige Schultern und eine muskulöse Hinterhand. Ihre Beine sind gut bemuskelt und haben so gut wie keinen Behang. Das Finnische Pferd tritt normalerweise als Fuchs, Schimmel oder Brauner auf, wobei jedoch auch Rappe oder Schwarzbrauner als Farbe vertreten sein können. Weiße Abzeichen sind zulässig. Das Stutbuch der Rasse wurde 1907 geöffnet. Die Pferde werden einer Reihe von strengen Leistungstests unterzogen, um die Reinheit der Rasse zu erhalten.

Oben
Das Finnische Pferd hat einen schnellen Gang und eignet sich gut für schwere landwirtschaftliche Arbeiten.

KATEGORIE

VERWENDUNG TEMPERAMENT

Freiberger

RASSEINFORMATIONEN	
NAME	Freiberger
GRÖSSE	1,45 - 1,55 m
FARBVARIATIONEN	Brauner oder Fuchs
URSPRUNGSLAND	Schweiz

Oben
Dank ihres ruhigen und gutmütigen Wesens werden Freiberger auch heute noch als Zugpferde eingesetzt.

Unten
Die Freibergerzucht wird streng überwacht – nur Braune und Füchse sind zulässig.

DER FREIBERGER oder auch Franches-Montagnes entstand gegen Ende des 19. Jahrhunderts in dem Schweizer Kanton Jura. Die Rasse entwickelte sich aus der Kreuzung des einheimischen Berner Jura-Pferdes mit dem Englischen Vollblut und dem Anglo-Normannen sowie mit dem Ardenner und dem Araber. Innerhalb der Rasse der Freiberger werden zwei Typen unterschieden: ein breiterer schwererer Schlag mit stärker Bemuskelung und ein leichterer, edlerer Typ. Mit dem steigenden Interesse am Turnier- und Freizeitsport konzentriert sich die Zucht heute verstärkt auf den leichteren Typ. Die Wichtigkeit des älteren Freibergertyps sollte jedoch nicht übersehen werden. Aus diesem Grund wurde der Freiberger in den Abschnitt „Das schwere Pferd“ aufgenommen.

Der Freiberger ist heute in ganz Europa anzutreffen. Er ist ein sehr vielseitiges Pferd, das sowohl für leichte Arbeit im Geschirr und in der Landwirtschaft als auch als Reit- und Turnierpferd eingesetzt werden kann. Er gehört einer Gebirgsrasse an, die von Natur aus trittsicher und robust ist und sich somit sehr gut in hügeligem und bergigem Gelände bewegen kann. Aus diesem Grund ist er in vielen Fällen wesentlich besser für die Landbestellung in diesen Gegenden geeignet als ein Traktor. Der Freiberger wurde häufig von den Hochlandbauern des Jura verwendet und war auch bei der Schweizer Armee als Pack- und Patrouillenpferd sehr beliebt. Die Herkunft vieler Freiberger geht auf den Hengst Valliant zurück, eine Mischung aus Norfolk-Roadster, Anglo-Normanne und englischem Hunter. Ein weiterer einflussreicher Hengst war Urus, der ebenfalls normannisches Blut führte. Die Freiberger werden im Staatsgestüt Avenches unter streng kontrollierten Bedingungen gezüchtet. Sie wachsen sehr schnell zu ausgeglichenen, aktiven und ruhigen Pferden heran und eignen sich daher ideal als Arbeitspferde.

Die Rasse zeichnet sich normalerweise durch einen schweren, wenn auch kleinen Kopf mit betonter Kieferlinie und breiter Stirn aus. Der Hals ist gewöhnlich gewölbt und gut bemuskelt, und die Schultern weisen eine gute Schräge auf. Außerdem gehören ein breiter ausgeprägter Widerrist und ein gerader, kräftiger Rücken zu den typischen Merkmalen dieser Rasse. Freiberger haben grundsätzlich makellose Beine, kräftige Gelenke und harte Hufe. Die Fesseln wiesen ursprünglich einen leichten Behang auf, der durch die moderne Zucht jedoch weitgehend eliminiert wurde. Auch hat der Freiberger heute einen etwas edleren Kopf, dessen Gesichtsausdruck manchmal den arabischen Einschlag erkennen lässt. Er tritt ausschließlich als Brauner oder Fuchs auf und erreicht ein Stockmaß von 1,45 bis 1,55 m.

WISSENSWERTES:
„Der Mensch muss das Laufen erst lernen, dem Pferd ist es angeboren.“
Alessandro Alvisi

RASSEINFORMATIONEN	
NAME	Irish Draught
GRÖSSE	1,55 - 1,73 m
FARBVARIATIONEN	Brauner, Fuchs oder Schimmel
URSPRUNGSLAND	Irland

Irish Draught

KATEGORIE

VERWENDUNG TEMPERAMENT

DAS IRISH DRAUGHT ist ein wunderbar vielseitiges Pferd, obwohl der Begriff „Draught" (Zugpferd) in diesem Fall sehr verwirrend sein kann. Es wurde zwar für die Arbeit in der Landwirtschaft eingesetzt, ist im Allgemeinen jedoch leichter als die „echten" Zugpferde. Wie bei vielen Rassen gibt es einen älteren und einen neueren Typ. Das ursprüngliche Irish Draught war mit einem Stockmaß von 1,52 bis 1,55 m kleiner als der moderne Typ und besaß eher das Exterieur eines Kaltbluts.

Diese Rasse stammt wahrscheinlich von den schweren Pferden aus Flandern ab, die nach der anglo-normannischen Invasion von 1172 importiert wurden. Im Laufe der Jahre erfuhr sie Einkreuzungen mit dem Andalusier und dem Connemara-Pony. Gegen Ende des 19. Jahrhunderts wurde auch Clydesdale-Blut in die Rasse eingeführt, um die Zugfähigkeit zu verbessern, doch sorgte diese Kreuzung für einige Kritik in der Welt des Irish Draught. Der Clydesdale wurde für ein schlechtes Exterieur unterhalb des Knies und eine mangelhafte Konstitution verantwortlich gemacht. Diese Mängel wurden in der Zwischenzeit jedoch weitgehend herausgezüchtet, und durch die Einkreuzung von Vollblütern konnte die Rasse veredelt werden, wodurch sich auch das Exterieur der Schultern und die Ausdauer verbesserten.

Das Irish Draught ist heute größer als früher und hat mehr von einem Reitpferd, wobei einige seiner Eigenschaften als Zugpferd verloren gegangen sind. Irish Draughts sind äußerst vielseitig und erweisen sich häufig als außerordentlich verständig. Sie haben gewöhnlich einen intelligenten Kopf, der gelegentlich eine Ramsnase aufweisen kann, und einen gut angesetzten Hals. Die Schultern sind kräftig und Brustkorb und Hinterhand muskulös. Die Beine sind im Allgemeinen ohne Behang mit kurzem Röhrbein und muskulösem Unterschenkel und Unterarm. Im Irish Draught sind Qualität, Gewicht und ein natürliches athletisches Vermögen vereint. Er wird häufig für Kreuzungen mit Vollblütern verwendet, um erstklassige Turnierpferde zu erzeugen. Durch diese Kreuzungen wurde die Zucht von reinen Irish Draught-Fohlen reduziert, obwohl die Züchter inzwischen Schritte unternommen haben, um diesem Prozess entgegen zu wirken.

1976 wurde in Irland die Irish Draught Society gegründet, während die englische Irish Draught Horse Society 1979 ins Leben gerufen wurde. Beide Verbände setzen sich aktiv für die Förderung des Irish Draught ein, und es gibt zahlreiche Programme zur Bewertung hervorragender Stuten, Hengste und Fohlen. Der Irish Draught tritt normalerweise als Brauner, Fuchs oder Schimmel auf und erreicht ein Stockmaß von 1,55 bis 1,73 m.

WISSENSWERTES:
Im amerikanischen Oregon rettete 1931 das braune Maultier Pal seinen Besitzer vor einem wütenden Bullen und erhielt daraufhin die Goldmedaille der Latham Foundation für tierische Helden.

Oben und ganz links
Das Irish Draught ist heute leichter als seine Vorfahren und wird normalerweise als Reitpferd genutzt.

Links
Der moderne Irish Draught ist eine sehr vielseitige Rasse und wird oft mit Vollblütern gekreuzt, um gute Turnierpferde zu erzeugen.

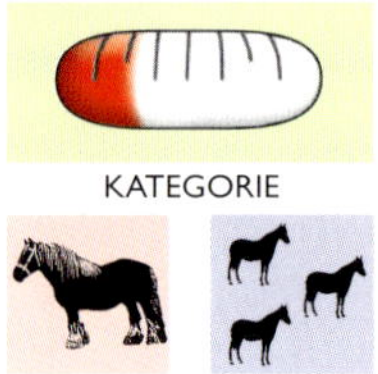

KATEGORIE

VERWENDUNG TEMPERAMENT

Italienisches Kaltblut

RASSEINFORMATIONEN	
NAME	Italienisches Kaltblut
GRÖSSE	1,52 - 1,62 m
FARBVARIATIONEN	Fuchs oder Stichelhaar
URSPRUNGSLAND	Italien

DAS ITALIENISCHE KALTBLUT stammt ursprünglich aus Norditalien und ist inzwischen im ganzen Land sehr beliebt. Die Anfänge der Rasse sind eher experimentellen Ursprungs: Einheimische Pferde wurden mit dem Brabanter, dem Percheron und dem Boulonnais gekreuzt – allerdings mit wenig Erfolg. Schließlich wurde der Bretone mit italienischen Stuten gepaart und das Ergebnis ergab den Grundstock für das Italienische Kaltblut.

Das Stutbuch der Rasse wurde 1926 geöffnet. Das Italienische Kaltblut wurde eigens als Zug- und Arbeitstier für die Landwirtschaft gezüchtet, fand jedoch auch beim italienischen Militär zum Transport der Artillerie Verwendung. Heute wird es hauptsächlich für die Fleischindustrie gezüchtet, was zu einer Verschlechterung seines Exterieurs geführt hat, da sich die Züchter nur noch auf die Produktion von Masse und Gewicht konzentrieren. Es hat sehr große Ähnlichkeit mit dem Bretonen, weist jedoch auch Merkmale des Aveligneser auf.

Wie viele Kaltblüter hat auch das Italienische Kaltblut einen hervorragenden Charakter. Es ist ruhig und fügsam und im Hinblick auf Nahrung und Haltung äußerst genügsam. Außerdem gelangt es schnell zu physischer und mentaler Reife – ein weiterer Vorteil als Fleischlieferant und Arbeitspferd.

Das Italienische Kaltblut ist ein sehr attraktives, cobartiges Pferd mit einem Kopf, der für ein Pferd seiner Gewichtsklasse erstaunlich qualitätsvoll ist. Mit einem Stockmaß von 1,52 bis 1,63 m ist es eher von mittlerer Größe und hat einen kompakten muskulösen Körper mit runden Rippen und einem kräftigen Rücken. Die Schultern sind im Allgemeinen gut ausgebildet und sehr kräftig. Außerdem zeichnet sich das Italienische Kaltblut durch eine gute Gurtentiefe und eine runde, muskulöse Hinterhand aus. Es neigt zu einem eher kurzen Hals, der oft sehr kräftig und gedrungen ist und enge Ganaschen aufweist. Das Exterieur der Beine kann mangelhaft sein, da sie im Verhältnis zur Körpergröße des Pferdes recht schlank und die Gelenke klein sind. Auch neigt das Italienische Kaltblut zum Zwanghuf, einem weiteren unerwünschten Mangel. Es hat leichten Fesselbehang, der weder beim Aveligneser noch beim Bretonen zu finden ist.

Vom Charakter her ähnelt es dem Coptyp. Es ist energiegeladen und fügsam und hat eine ausgezeichnete schnelle Aktion, die es wahrscheinlich von dem flinken Bretonen geerbt hat. Seine Aktion ist sogar so gut, dass es von den Italienern häufig als *Tiro Pesante Rapido* (schnelles schweres Zugpferd) bezeichnet wird. Das Italienische Kaltblut tritt normalerweise als Dunkelfuchs mit flachsfarbenem Langhaar auf, obwohl auch Fuchs oder Stichelhaar vorkommen können.

Oben
Trotz seines massigen Körperbaus legt das Italienische Kaltblut eine schnelle und energiegeladene Aktion an den Tag.

Rechts
Der Hals des Pferdes ist gedrungen und kräftig, jedoch kurz und gewölbt mit engen Ganaschen.

RASSEINFORMATIONEN	
NAME	Jütländer
GRÖSSE	1,55 m
FARBVARIATIONEN	Hauptsächlich Fuchs, Rappe oder Brauner
URSPRUNGSLAND	Dänemark

Jütländer

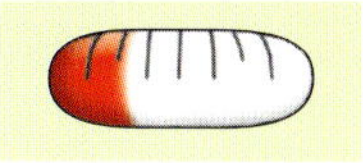
KATEGORIE

VERWENDUNG

TEMPERAMENT

DER JÜTLÄNDER kann bis in das 12. Jahrhundert zurückverfolgt werden, obwohl es Bilder gibt, die aus dem 9. Jahrhundert stammen und dänische Krieger auf Pferden zeigen, die

dem modernen Jütländer sehr ähnlich sehen. Der Jütländer wurde nicht nur als Zugpferd eingesetzt, sondern war bei den Rittern des Mittelalters auch als Reittier beliebt. Er besaß die erforderliche Kraft und Ausdauer, um die schwere Rüstung zu tragen, wird heute jedoch im Allgemeinen nicht mehr als Reitpferd verwendet. Einer Theorie zufolge nahmen die Wikinger die dänischen Pferde mit nach England, wo sich aus der Rasse der Suffolk Punch entwickelte. Eine gewisse Ähnlichkeit zwischen dem modernen Jütländer und dem Suffolk lässt sich jedenfalls nicht verleugnen. Im 18. Jahrhundert wurde der Frederiksborger in der Zucht des Jütländers eingesetzt, um dessen Gangarten zu verbessern.

Es war jedoch ein Suffolk Punch-Hengst, der einen wesentlichen Einfluss auf die Entwicklung des modernen Jütländers ausübte. Der Hengst hieß Oppenheim LXII. und wurde 1860 von dem bekannten Hamburger Pferdehändler Oppenheimer importiert, der ausschließlich mit Suffolk Punch-Pferden handelte. Der Jütländer führt vermutlich auch Cleveland Bay- und Yorkshire Coach-Blut, eine Kombination, die das schwere und trotzdem attraktive Aussehen des Kaltblüters erklärt. Der Jütländer ist eng mit dem Schleswiger aus Norddeutschland verwandt, der ebenfalls auf Oppenheim zurückzuführen ist.

Er ist ein kompaktes, schweres Pferd mit kurzen, stämmigen Beinen und Fesselbehang, den man derzeit wegzuzüchten versucht. In der Vergangenheit wurde der Jütländer wegen seiner schwachen Gelenke kritisiert, ein Mangel, mit dessen Beseitigung sich die Züchter ebenfalls befassen. Jütländer haben ein sehr ähnliches Exterieur wie der Suffolk Punch; ihr Kopf gilt jedoch im Allgemeinen als weniger fein. Der Hals ist gewöhnlich dick und muskulös und wird hoch getragen, und die Schultern sind eher steil. Die Brust ist sehr breit und tief mit einem runden Brustkorb

und einem kurzen Rücken. Die vorwiegende Fellfarbe des Jütländers ist Fuchs, obwohl er ursprünglich als Rappe oder Brauner auftrat. Er erreicht ein Stockmaß von ungefähr 1,55 m und wiegt zwischen 680 und 820 kg. Der Jütländer wird von der Carlsberg-Brauerei zum Ziehen von Brauereikutschen verwendet. Die Pferde reisen mit ihren Fuhrwerken zu zahlreichen Pferdeschauen und Festivals, um dort an Wettbewerben teilzunehmen und ihr Können zu demonstrieren. Ihrem eigentlichen Zuchtzweck entsprechend, nämlich in der Landwirtschaft, werden sie leider nur noch selten eingesetzt.

WISSENSWERTES:
Voltigieren erfordert sowohl gymnastisches als auch reiterliches Geschick und gilt als eine der beliebtesten Reitsportarten für Kinder und Jugendliche. 1928 wurde das Voltigieren erstmals als olympische Disziplin eingeführt.

Oben
Der Jütländer wurde in letzter Zeit häufig mit anderen Rassen gekreuzt, um seine Qualität zu verbessern.

Links
Der Jütländer ist normalerweise fuchsfarben und wird inzwischen eher als Schaupferd gezüchtet. Als Arbeitspferd spielt er kaum noch eine Rolle.

KATEGORIE

VERWENDUNG TEMPERAMENT

Lettisches Pferd

RASSEINFORMATIONEN

NAME	Lettisches Pferd
GRÖSSE	1,55 - 1,64 m
FARBVARIATIONEN	Hauptsächlich Brauner, manchmal Rappe oder Fuchs
URSPRUNGSLAND	Lettland

DIE RASSE DES LETTEN gibt es erst seit 1952; sie stammt jedoch vermutlich von sehr alten Pferderassen ab. Es ist sehr wahrscheinlich, dass der Lette eng mit dem Dole-Gudbrandsdal-Pferd, dem Nordschwedischen Pferd und anderen schweren europäischen Zugpferdrassen verwandt ist, die auf das prähistorische Waldpferd Nordeuropas zurückgehen. Im 17. Jahrhundert wurden Deutsches Reitpferd, Englisches Vollblut und Araber in die Rasse eingekreuzt. Den stärksten Einfluss hatten jedoch Oldenburger, Hannoveraner und Holsteiner. Während der ersten Hälfte des 20. Jahrhunderts wurden 65 Oldenburger-Hengste und 42 Oldenburger-Stuten aus den Niederlanden importiert, die die Grundlage für die Entwicklung der Rasse bildeten. Daraufhin erfolgten Kreuzungen mit dem Hannoveraner, dem Norfolk Roadster, Oldenburger-Kreuzungen, dem Ostfriesen und dem Ardenner.

Es gibt drei grundlegende Typen des Lettischen Pferdes: das schwere Zugpferd, das dem ursprünglichen Typ am meisten ähnelt und enorme Stärke und Zugkraft besitzt, den Lettischen Traber, der besonders für leichte Zugarbeiten geeignet ist, aber auch ein gutes Reitpferd abgibt, und zu guter Letzt das Lettische Reitpferd, den modernsten Typ der drei, der sich durch die Einführung des Englischen Vollbluts und des Arabers entwickelt hat und ein wesentlich edleres, leichteres Reitpferd darstellt. Der Reitpferdtyp entwickelte sich zum beliebtesten der drei Schläge, während der schwere Zugpferdtyp kaum noch anzutreffen ist. Der moderne Reitpferdtyp zeigt auch heute noch ausgezeichnete Leistungen im Geschirr, obwohl er nicht mehr die gleiche Zugkraft wie früher besitzt. Der Lette ist ein besonders vielseitiges Pferd, und der moderne Reitpferdtyp ist inzwischen überaus erfolgreich in der Turnierwelt, wie z. B. in der Dressur und beim Springen.

Der Lette tendiert zu einem großen, aber hübschen Kopf mit kleinen, beweglichen Ohren und ausdrucksvollen Augen. Der Hals ist lang und muskulös und der Widerrist recht hoch. Die Schultern sind schräg und die Brust tief und breit. Darüber hinaus zeichnet er sich durch einen geraden Rücken, muskulöse Beine und gute, harte Gelenke aus. Zu den gelegentlich auftretenden Mängeln gehören Kuhhessigkeit und eine Neigung zu Überbeinen.

Der Lette ist im Allgemeinen gut bemuskelt und hat eine gute Ausdauer und Konstitution. Er tritt meist als Brauner auf, obwohl gelegentlich auch Rappen oder Füchse zu sehen sind. Sein Stockmaß beträgt 1,55 bis 1,64 m.

Oben
Das Lettische Pferd gibt es offiziell erst seit 1952, obwohl die Rasse vermutlich weit zurückreichende Wurzeln hat.

Rechts
Das Pferd hat einen großen, hübschen Kopf und einen geschwungenen Hals mit langen, schrägen Schultern.

RASSEINFORMATIONEN	
NAME	Litauisches Kaltblut
GRÖSSE	1,52 - 1,62 m
FARBVARIATIONEN	Brauner, Rappe, Fuchs oder Stichelhaar
URSPRUNGSLAND	Litauen, Russland

Litauisches Kaltblut

KATEGORIE

VERWENDUNG TEMPERAMENT

Oben
Das Litauische Kaltblut ist außerordentlich kräftig und eignet sich besonders gut für schwere Arbeit in der Landwirtschaft und im Geschirr.

DAS LITAUISCHE KALTBLUT entwickelte sich gegen Ende des 19. Jahrhunderts in Russland und ist erst seit 1963 registriert. Die Rasse hat mit den Jahren jedoch außerordentlich an Beliebtheit gewonnen: 1964 gab es schon 62.000 Litauische Kaltblüter in Litauen, was nicht nur für ihre Popularität, sondern auch für ihre Fruchtbarkeit spricht. Das Litauische Kaltblut entwickelte sich aus einer Kreuzung des einheimischen Zhmud-Pferdes mit dem schwedischen Ardenner und dem Finnischen Pferd. Die Rasse wird durch ein Verfahren erhalten, bei dem potenzielle Hengste eine Reihe von Leistungsprüfungen bestehen müssen, bevor sie zur Zucht zugelassen werden.

Das Litauische Kaltblut hat einen ausgezeichneten, ruhigen Charakter und ist außerordentlich kräftig und ausdauernd. Aus diesem Grund eignet es sich ideal für schwere Arbeit im Geschirr und in der Landwirtschaft. Die Rasse ist sehr langlebig und weist eine hohe Fertilitätsrate auf, wodurch ihr Fortbestand bisher gesichert werden konnte. Darüber hinaus kommt das Litauische Kaltblut sehr gut in rauen und extremen Klimabedingungen zurecht und ist Kälte gegenüber scheinbar unempfindlich. Ebenfalls bemerkenswert ist sein besonders guter Schritt und Trab – eine für einen Kaltblüter äußerst seltene Eigenschaft.

Das Litauische Kaltblut hat einen gut proportionierten, zumeist relativ groben Kopf. Der Hals ist muskulös und schön gebogen mit einer üppigen Mähne. Die Brust ist breit und tief und der Widerrist recht ausgeprägt. Außerdem zeichnet sich das Litauische Kaltblut durch einen kurzen, kräftigen Rücken, eine runde Kruppe und einen hoch angesetzten Schweif aus. Gelegentlich tritt der Mangel des Senkrückens auf, der ein Zeichen von Schwäche sein kann. Die Züchter sind daher bemüht, diesen Mangel herauszuzüchten. Der Knochenbau des Litauischen Kaltbluts könnte als massiv bezeichnet werden, was durch das Verhältnis der Beinlänge zur Körpergröße noch betont wird. Seine Beine sind im Allgemeinen kurz und kräftig mit guten Gelenken und wohlgeformten Hufen, obwohl gelegentlich Mängel wie Kuhhessigkeit und eine zehenenge Stellung der Vorderbeine auftreten. Er erreicht ein Stockmaß von 1,52 bis 1,62 m und tritt als Brauner, Rappe, Schimmel, Fuchs oder Stichelhaar auf.

Es gibt gewisse Ähnlichkeiten zwischen dem Litauischen Kaltblut und dem schwereren Lettischen Traber in Bezug auf ihr Exterieur und ihre Gänge. Das Litauische Kaltblut wird in einigen Gebieten auch heute noch in der Landwirtschaft eingesetzt und häufig mit dem einheimischen Altai-Pferd gekreuzt, um die Fleisch- und Milchproduktion zu erhöhen.

Unten
Die üppige Mähne und Stirnlocke passen hervorragend zu dem hohen, gebogenen Hals.

KATEGORIE

VERWENDUNG TEMPERAMENT

Muraközer

RASSEINFORMATIONEN	
NAME	Muraközer
GRÖSSE	1,63 m
FARBVARIATIONEN	Dunkelfuchs mit flachsfarbenem Langhaar
URSPRUNGSLAND	Ungarn und ehemaliges Jugoslawien

DER MURAKÖZER STAMMT ursprünglich aus dem Gebiet entlang des Flusses Mura in Südungarn. Auch heute wird er noch in dieser Region sowie in Polen und den Ländern des ehemaligen Jugoslawien gezüchtet. Die Rasse entwickelte sich aus der Kreuzung von ungarischen und polnischen Stuten mit Percheron-, Ardenner- und Norikerhengsten. Zu Beginn des 20. Jahrhunderts wurde sie in großem Maße von Araberblut beeinflusst, und obwohl der Muraközer immer noch als Kaltblut gilt, besitzt er die Qualität seiner orientalischen Artgenossen – ein für eine Kaltblutrasse recht ungewöhnliches Merkmal. Diese Kombination brachte ein nützliches, qualitätsvolles Zugpferd hervor, das sich nicht nur durch seine große Kraft auszeichnet, sondern für ein Kaltblut auch außerordentlich schnell ist. In den Jahren zwischen den beiden Weltkriegen war der Muraközer in Ungarn überaus beliebt und wurde viel in der Landwirtschaft eingesetzt.

Wie es auch bei vielen anderen Rassen der Fall war, hat der Zweite Weltkrieg den Bestand der Muraközer drastisch reduziert. Nach dem Krieg musste daher neues Blut eingeführt werden, damit die Rasse sich wieder erholen konnte. Dafür wurde hauptsächlich der Ardenner eingesetzt, dem der Muraközer wahrscheinlich seine enorme Leistungsfähigkeit und Kraft zu verdanken hat. Da er in der Lage ist, mit geringen Futterrationen auszukommen, ist der Muraközer ein ausgesprochen wirtschaftliches Tier. Außerdem sind diese Pferde sehr frühreif und können bereits mit zwei Jahren für die Arbeit eingesetzt werden. Sie eignen sich hervorragend als Arbeitspferde für die Landwirtschaft und sind dank ihres willigen und fügsamen Charakters besonders leicht zu handhaben. Es gibt zwei Typen des Muraközers: Der eine ist von massiverer Statur, während es sich bei dem zweiten um einen edleren Typ handelt, das sich sowohl als Reitpferd als auch als Zug- und Landwirtschaftspferd eignet.

Der Muraközer hat in der Regel einen einfachen Kopf mit großen, freundlichen Augen. Der Hals ist kurz und muskulös – typisch für ein Kaltblutpferd – und die Schultern sind außerordentlich kräftig. Außerdem zeichnet er sich durch einen kompakten Körper mit rundrippigem Brustkorb aus. Seine Beine sind kurz und kräftig und scheinen im Verhältnis zur Körpergröße gelegentlich etwas unterentwickelt. Die Kruppe ist zumeist recht abfallend mit tief angesetztem Schweif. Der Muraközer weist im Allgemeinen nur sehr wenig Fesselbehang auf und tritt meist als Dunkelfuchs mit flachsfarbenem Langhaar auf. Sein Stockmaß liegt bei etwa 1,63 m.

Oben
Der Muraközer hat einen kompakten Körper mit kurzen, kräftigen Beinen und eignet sich für landwirtschaftliche Arbeit.

Rechts
Die Rasse zeichnet sich durch einen fügsamen Charakter aus und ist deshalb leicht auszubilden und zu handhaben.

RASSEINFORMATIONEN	
NAME	Noriker
GRÖSSE	1,54 - 1,73 m
FARBVARIATIONEN	Dunkelfuchs mit flachsfarbenem Langhaar oder Brauner, Falbe, Tigerschecke bzw. Fuchs- oder Braunschecke
URSPRUNGSLAND	Österreich

Noriker

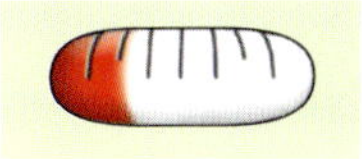

KATEGORIE

VERWENDUNG

TEMPERAMENT

DER NORIKER STAMMT ursprünglich aus den Alpenregionen Österreichs, einem Gebiet, das einst als Provinz Noricum zum Römischen Kaiserreich gehörte. Die Römer richteten zahlreiche Gestüte ein, und es ist sehr wahrscheinlich, dass sich der Noriker aus dem schweren Kriegspferd entwickelte, das in der Region Salzburg selektiv gezüchtet wurde. Die Zucht des Norikers wurde auch im Mittelalter fortgesetzt, wobei die Gestüte jedoch Klöstern angegliedert waren. Heute wird der Noriker in ganz Süddeutschland und Österreich gezüchtet und ist auch unter dem Namen „Süddeutsches Kaltblut" bekannt. Seine Entwicklung wurde mit hoher Wahrscheinlichkeit durch den Haflinger sowie durch spanisches, neapolitanisches und burgundisches Blut beeinflusst.

Obwohl der Noriker als landwirtschaftliches Arbeitspferd ausgesprochen beliebt war, wurde die Rasse 1729 durch die Einkreuzung einer Reihe von Warmbluthengsten modifiziert, um geeignete Armeepferde zu erhalten. Noriker werden in Gegenden gezüchtet, die von Natur aus rau und zerklüftet sind. Dadurch haben sich die Tiere zu einer außerordentlich zähen Rasse entwickelt. Der Noriker kann selbst den extremsten Wetterbedingungen mit nur wenig oder gar keinem Schutz widerstehen. Heute wird auch der Pinzgauer, der einst eine eigenständige Rasse war, als Noriker bezeichnet. Abgesehen von seiner Fellfarbe (vorwiegend Tigerschecke) ist der Pinzgauer dem Noriker vom Typ her sehr ähnlich. Sowohl der Noriker als auch der Pinzgauer sind vielseitige Landwirtschaftspferde. Sie sind trittsicher und eignen sich für leichtere Arbeit im Geschirr und können daher gut in den Gebirgsregionen von Österreich eingesetzt werden.

Diese Rassen sind nicht nur für ihren ausgezeichneten Charakter und ihre Fügsamkeit bekannt, sondern auch kräftig und robust – Qualitäten, die der Rasse auch weiterhin erhalten bleiben, indem nur eingehend geprüfte Hengste zur Zucht zugelassen werden. Noriker spielen eine einschlägige Rolle bei der Zucht von mittel- und osteuropäischen Kaltblütern. Sie neigen zu einem relativ großen Kopf und einem kurzen, dicken Hals und überladenen Schultern. Die Brust ist gewöhnlich tief und rundrippig.

Die Hinterhand sollte rund und muskulös sein, oft mit einer breiten Spaltkruppe und einem tief angesetzten Schweif. Bezeichnend für diese Rasse sind außerdem die kräftigen Beine mit Fesselbehang und die harten Hufe. In der Regel hat der Noriker insbesondere im Trab einen zügigen und schwungvollen Gang. Seine Fellfarbe ist im Allgemeinen Brauner oder Fuchs, gelegentlich kommen jedoch auch Falbe, Tigerschecke und Braun- oder Fuchsschecke vor. Er erreicht ein Stockmaß von 1,54 bis 1,73 m.

Oben
Der Noriker stammt ursprünglich aus Österreich, wird heute aber auch in weiten Teilen Süddeutschlands gezüchtet.

Unten
Die Rasse zeichnet sich durch einen schweren Kopf, einen kurzen Hals und eine breite, tiefe Brust aus.

WISSENSWERTES:
Es wird häufig behauptet, dass Pferde mit langen Ohren besonders schnell seien. Das ist allerdings nur ein Ammenmärchen.

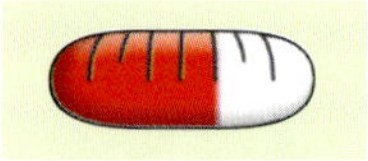

KATEGORIE

VERWENDUNG TEMPERAMENT

Cob Normand

RASSEINFORMATIONEN	
NAME	Cob Normand
GRÖSSE	1,54 - 1,66 m
FARBVARIATIONEN	Fuchs oder Brauner
URSPRUNGSLAND	Frankreich

DER COB NORMAND hat eine lange Entwicklungsgeschichte, die bis zum kleinen und zähen Bidet zurückverfolgt werden kann, der noch vor dem Römischen Kaiserreich lebte. Während des Römischen Kaiserreichs kreuzten die Römer den Bidet, der ursprünglich aus Asien kam, mit ihren schweren Packstuten, um ein geeignetes Militärpferd zu erhalten. Um den Anforderungen des Militärs gerecht zu werden, wurde der Cob Normand sowohl als Remonte als auch als leichtes Zugpferd entwickelt. Im 18. und 19. Jahrhundert wurden zwei prächtige königliche Gestüte eingerichtet – das eine in Le Pin (1728) und das andere in Saint-Lô (1806).

Das Gestüt Saint-Lô wurde als Zuchtzentrum für den Cob Normand bekannt und verfügte 1976 über 60 Cob Normand-Hengste. Im Laufe des 19. und 20. Jahrhunderts entwickelten sich zwei Typen des Cob Normand. Dabei handelte es sich zum einen um einen leichteren Typ, der stärker vom Vollblut und vom Norfolk Roadster beeinflusst war. Dieser Typ eignete sich als Reitpferd und wurde vom Militär als Remonte in der Kavallerie eingesetzt. Der zweite Typ, der heute häufiger anzutreffen ist, war von einem stämmigeren und schwereren Schlag und eignete sich für leichte Arbeit im Geschirr sowie als Kutsch- und Landwirtschaftspferd. Die Rasse ist zwar anerkannt, doch gibt es interessanterweise kein Stutbuch für den Cob Normand, obwohl seine Zucht dokumentiert wird und manchmal sogar Leistungsprüfungen durchgeführt werden.

Der moderne Cob Normand ist ein vielseitiges und elegantes Pferd mit viel Ausstrahlung und einer extravaganten Aktion. Vom Exterieur her ähnelt er dem klassischen Englischen Cob, obgleich er schwerer gebaut ist und sich besser als Zugpferd eignet. Er hat einen ausgezeichneten Charakter und ein außerordentlich freundliches und sanftes Wesen, kann bei Bedarf jedoch auch lebhaft und energiegeladen sein. Der Cob Normand hat einen schlichten, jedoch vernünftigen Kopf, einen kurzen, muskulösen Hals, gute Schultern und eine breite tiefe Brust. Weiterhin zeichnet er sich durch einen kurzen Rücken, einen kompakten Rumpf mit einer runden Kruppe und außerordentlich stämmige und kräftige Beine aus. Sein Körperbau ist zwar sehr kräftig und großrahmig, doch wird er nicht der Kategorie der schweren Zugpferde zugeordnet. Er hat in der Regel nur wenig Fesselbehang und ist für seinen charakteristischen energischen und fließenden Trab bekannt. Der Cob Normand tritt ausschließlich als Fuchs oder Brauner auf und erreicht ein Stockmaß von 1,54 m bis 1,66 m.

WISSENSWERTES:
Zum Handwerk des Sattlers gehörte früher auch die Herstellung von Gebissen, Zaumzeug, Sporen und anderen Metallteilen des Pferdegeschirrs.

Oben
Der Cob Normand ist sehr großrahmig und hat einen kurzen Rücken und kompakten Rumpf.

Rechts
Diese Rasse tritt ausschließlich als Brauner oder Fuchs auf und erreicht ein Stockmaß von bis zu 1,66 m.

RASSEINFORMATIONEN

NAME	Nordschwedisches Pferd
GRÖSSE	1,52 - 1,55 m
FARBVARIATIONEN	Hauptsächlich Brauner, Fuchs oder Falbe
URSPRUNGSLAND	Schweden

Nordschwedisches Pferd

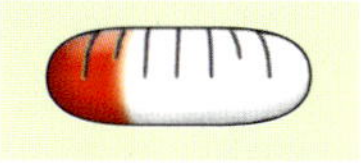

KATEGORIE

VERWENDUNG

TEMPERAMENT

WISSENSWERTES: „Grünfutter" ist der Oberbegriff für alle auf einer Weide wachsenden Kräuter und Gräser.

DAS NORDSCHWEDISCHE Pferd ist eine relativ junge Rasse, deren Stutbuch 1909 geöffnet wurde. Sie entwickelte sich aus den alten einheimischen Pferderassen der Region und ist

außerdem mit dem Dole-Gudbrandsdal-Pferd verwandt. Außerdem wurde sie von Friesen und Oldenburgern und durch die Einkreuzung von schweren europäischen Kaltblutrassen beeinflusst. Seit 1903 unterliegt die Zucht des Nordschwedischen Pferdes sehr strengen Bestimmungen, um seine bemerkenswerten Merkmale zu erhalten. Allen voran setzte sich die Hengstaufzuchtstation Wangen in Jämtland, die heute zu den wichtigsten Gestüten für das Nordschwedische Pferd zählt, für die Rasse ein.

Zu den bemerkenswertesten Eigenschaften des Nordschwedischen Pferdes gehören seine unglaubliche Stärke, seine Zugkraft und seine Ausdauer, die im Widerspruch zu seiner relativ kleinrahmigen Statur zu stehen scheinen.

Das Nordschwedische Pferd ist kein schweres Zugpferd wie der Clydesdale oder Percheron, ist jedoch hervorragend für die forstwirtschaftliche Arbeit geeignet, für die es hauptsächlich gezüchtet wurde. Die Leistungsprüfungen, denen es unterzogen wird, gehören zu den strengsten der Welt und sehen nicht nur Zugkraft- und Fruchtbarkeitstests vor, sondern auch eine röntgenologische Untersuchung der Gliedmaßen. Darüber hinaus findet alljährlich eine Schauveranstaltung statt, bei der Hengste und Stuten dieser Rasse in zahlreichen verschiedenen Situationen geprüft werden. Dabei wird insbesondere auf den Charakter geachtet. Im Laufe der Zeit hat sich ein zweiter Typ des Nordschwedischen Pferdes entwickelt, der edler und leichter ist und für den Trabrennsport gezüchtet wurde. Dieser Schlag wird Nordschwedischer Traber genannt.

Das Nordschwedische Pferd ist ein fügsames und kooperatives Arbeitspferd und wurde in weiten Teilen Schwedens in der Land- und Forstwirtschaft eingesetzt, da es unter den dort vorherrschenden Bedingungen wesentlich effizienter arbeiten kann als Maschinen. Es hat außerdem eine bemerkenswert hohe Lebenserwartung und scheint gegen viele Pferdekrankheiten relativ immun zu sein. Es hat einen ausgezeichneten Charakter und ist sehr gefällig – diese Eigenschaft wird hoch geschätzt und daher bei der Zucht sorgfältig berücksichtigt.

Das Nordschwedische Pferd zeichnet sich durch einen etwas schweren, ponyähnlichen Kopf und einen relativ kurzen, aber muskulösen und gewölbten Hals aus. Es hat oft einen recht langen Körper und gut geformte, relativ schräge Schultern, die seine ausgezeichnete aktive und raumgreifende Aktion ermöglichen. Die Beine sind gewöhnlich kurz und kräftig und weisen ein wenig Fesselbehang auf. Das Nordschwedische Pferd ist in der Regel braun, fuchsfarben oder falb mit schwarzen Gliedmaßen und erreicht ein Stockmaß von 1,52 bis 1,55 m.

Oben links
Diese Pferde werden nicht nur in Fahrturnieren, sondern auch für die land- und forstwirtschaftliche Arbeit in Schweden eingesetzt.

Mitte und links
Das Nordschwedische Pferd hat einen großen Kopf mit einem Mehlmaul und ponyartigen Merkmalen.

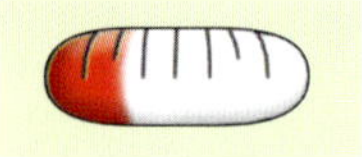

KATEGORIE

VERWENDUNG TEMPERAMENT

Percheron

RASSEINFORMATIONEN

NAME	Percheron
GRÖSSE	1,54 - 1,73 m
FARBVARIATIONEN	Hauptsächlich Rappe oder Schimmel
URSPRUNGSLAND	Frankreich

DER PERCHERON stammt ursprünglich aus der Perche in Nordfrankreich und ist einer der beliebtesten Kaltblüter weltweit. Wie bei vielen Pferderassen sind die genauen Wurzeln des Percheron weitgehend unbekannt, obwohl es sich um eine sehr alte Rasse handelt. Man hat allerdings Belege für einen Pferdetyp gefunden, der dem Percheron sehr ähnlich sieht und bereits seit der Eiszeit im Gebiet der Perche existierte.

Im 8. Jahrhundert wurden vermutlich Araberhengste mit den einheimischen Stuten gekreuzt, womit der Grundstein für die Rasse gelegt wurde. Im Laufe der Jahre wurde der Rasse wiederholt Araberblut zugeführt, sodass sich der Percheron zu einem der elegantesten Kaltblüter der Welt entwickeln konnte. Der arabische Einfluss ist insbesondere an den außergewöhnlich fließenden und aktiven Gängen zu erkennen. Das berühmte Gestüt Le Pin in Frankreich war ein zentrales Zuchtgebiet für den Percheron und importierte 1760 mehrere Araberhengste, die mit den Percheronstuten gekreuzt werden sollten. Zwei sehr einflussreiche Araberhengste waren Godolphin und Gallipoly. Gallipoly ist der Vater von Jean le Blan, einem der bekanntesten Percheronhengste, der 1830 geboren wurde. Mit der Zeit ist es den Züchtern des Percheron gelungen, die Rasse bestimmten Anforderungen anzupassen – ein Zeugnis für ihre erfolgreiche Zucht.

Der Percheron wurde als Landwirtschafts- und Zugpferd, in der Artillerie, als Kriegspferd und als Reitpferd eingesetzt. Je nach Bedarf wurde der Percheron als leichterer Typ für die Arbeit unter dem Sattel oder als schwererer Typ für die Zugarbeit gezüchtet. Heute wird die Rasse aufgrund ihrer außerordentlichen Qualitäten hauptsächlich als Zug- und Landwirtschaftspferd gezüchtet und häufig zur Verbesserung anderer Rassen eingesetzt. Der Percheron besitzt eine für eine Kaltblutrasse außergewöhnliche Eleganz und fließende Aktion. Darüber hinaus zeichnet er sich durch eine unglaubliche Konstitution aus und kann durchschnittlich unglaubliche 56 km pro Tag im Trab zurücklegen.

Zu den typischen Merkmalen der Rasse gehört der sehr edle Kopf, der auf ihr Araberblut zurückzuführen ist. Daneben hat der Percheron einen wohlgeformten Hals und einen guten Widerrist. Seine Brust ist tief, die Hinterhand muskulös und der Rücken kräftig. Seine Beine sind meist kurz mit nur wenig Fesselbehang und harten Knochen. Er tritt normaler-weise als Rappe oder Schimmel auf und erreicht ein Stockmaß von 1,54 bis 1,73 m.

Oben
Der vielseitige Percheron wurde als Kriegspferd eingesetzt, für die Arbeit im Geschirr und in der Landwirtschaft verwendet und leistet auch als Reitpferd gute Dienste.

Rechts und ganz rechts
Der arabische Einschlag ist beim Percheron unter anderem an der leicht konkaven Nasenlinie des edlen Kopfes zu erkennen.

RASSEINFORMATIONEN	
NAME	Poitevin
GRÖSSE	1,63 - 1,66 m
FARBVARIATIONEN	Falbe, Schimmel, Brauner, Rappe oder Isabell
URSPRUNGSLAND	Frankreich

Poitevin

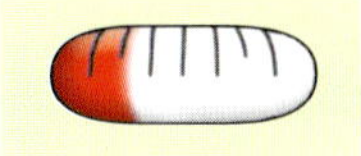

KATEGORIE

VERWENDUNG

TEMPERAMENT

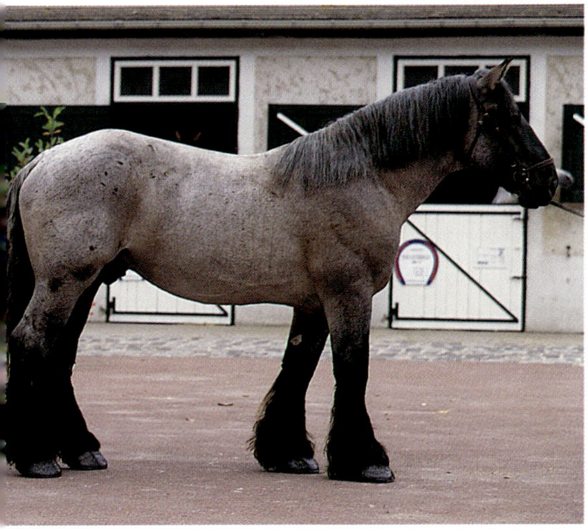

DAS POITEVIN-PFERD, das auch Mulassier genannt wird, stammt ursprünglich aus der französischen Region Poitou und ist vermutlich mit dem alten, primitiven Waldpferd Nordeuropas verwandt. Das Poitevin-Pferd ist ein ungewöhnlich unattraktives Tier, das keine besonders guten Leistungsmerkmale besitzt, ein schlechtes Exterieur aufweist und eher als hässlich bezeichnet werden kann. Andererseits werden diese Pferde jedoch vielfach zur Produktion von ausgezeichneten Maultieren verwendet, wozu sie sich hervorragend eignen. Man nimmt an, dass das Poitevin-Pferd von verschiedenen dänischen und norwegischen Kaltblütern abstammt und wahrscheinlich während der Landrückgewinnung im 17. Jahrhundert in diese Region eingeführt wurde. Es kann als Zugpferd und in der Landwirtschaft eingesetzt werden, dient aber auch der Fleischindustrie.

Das Poitevin-Pferd hat einen schweren groben Kopf mit einer geraden oder konvexen Nasenlinie und einen sehr kurzen, muskulösen Hals. Die Schultern sind recht steil und schlecht proportioniert. Der Rumpf ist im Allgemeinen lang mit einem geraden Rücken und einer abfallenden Kruppe. Die Beine sind im Verhältnis zur Körpermasse sehr kurz und dick mit struppigem Fesselbehang.

Die Hufe des Poitevin-Pferdes sind groß und flach, und es hat ein grobes Haarkleid. Seine vorwiegende Fellfarbe ist Falbe, was auf seine primitive Abstammung hinweist, doch kommen gelegentlich auch Schimmel, Brauner, Rappe oder Isabell vor. Sein Stockmaß liegt zwischen 1,63 und 1,65 m. Nachdem das Poitevin-Pferd fast gänzlich verschwunden war, konnte es vor nicht allzu langer Zeit wieder an Beliebtheit gewinnen. Heute wird es erfolgreich mit Baudet de Poitou-Eselhengsten zu erstklassigen Arbeitsmaultieren gekreuzt, die als Poitevin-Maultiere bekannt sind.

Der Baudet de Poitou ist eine außergewöhnliche Rasse. Er gehört zwar einer Eselrasse an, kann jedoch ein Stockmaß von 1,63 m erreichen und ist äußerst robust und zäh. Er hat den charakteristischen geraden Rücken eines Esels, zeichnet sich jedoch durch eine erstaunlich schnelle und raumgreifende Aktion aus. Diese Rasse wird seit Jahren sorgfältig gezüchtet, um die bemerkenswerten Eselmerkmale zu erhalten, und teilt sich ihr Stutbuch, das 1885 geöffnet wurde, mit dem Poitevin-Pferd. Das Ergebnis der Kreuzung zwischen Baudet de Poitou-Eselhengsten und Poitevin-Stuten ist das Poitevin-Maultier. Dieses kräftige, zähe und ausdauernde Tier hat ein langes Arbeitsleben, einen guten Charakter und eine ausgezeichnete Konstitution. Ab 1950 ging die Nachfrage nach Maultieren zurück, doch konnte sich der Markt in letzter Zeit wieder erholen, und heute sind Poitevin-Maultiere wieder sehr gefragt.

WISSENSWERTES:
Die BHTA (British Horse Trials Association) ist eine britische Vereinigung, die in ganz Großbritannien Vielseitigkeitsprüfungen ausrichtet. Derzeit werden von dieser Organisation 160 ein- bis dreitägige Vielseitigkeitsprüfungen veranstaltet. Die BHTA hat rund 8.890 Mitglieder mit rasch steigender Tendenz.

Oben
Das Poitevin wird als ein eher gewöhnliches Pferd angesehen. Es hat einen groben Kopf und einen sehr kurzen Hals.

Links
Poitevin-Pferde werden oft mit Baudet de Poitou-Eseln gekreuzt, um kräftige Arbeitsmaultiere zu erzeugen.

Rheinisches Kaltblut

KATEGORIE

VERWENDUNG TEMPERAMENT

RASSEINFORMATIONEN

NAME	Rheinisches Kaltblut
GRÖSSE	1,63 - 1,73 m
FARBVARIATIONEN	Fuchs, stichelhaariger Fuchs, Rotfuchs oder Brauner
URSPRUNGSLAND	Deutschland

WISSENSWERTES: Pferde gehen im Schritt mit einer durchschnittlichen Geschwindigkeit von 6 km/h und erreichen im Trab 9 bis 11 km/h.

Oben
Das Rheinische Kaltblut war in Deutschland einst sehr weit verbreitet, ist seit der Mechanisierung jedoch sehr selten geworden.

Rechts
Aufgrund ihrer enormen Größe und Schwere sind Rheinische Kaltblüter ausgezeichnete Arbeits- und Zugpferde.

DAS RHEINISCHE KALTBLUT, das häufig auch als rheinisch-deutsches Kaltblut bezeichnet wird, ist in ganz Deutschland verbreitet. Innerhalb der Rasse gibt es jedoch viele unterschiedliche Typen, die unter verschiedenen Namen geführt werden. Nicht selten werden diese Pferde auch als deutsches, rheinisch-belgisches, niedersächsisches oder rheinisch-westfälisches Kaltblut bezeichnet. Die Rasse, deren Stutbuch 1876 geöffnet wurde, wurde für landwirtschaftliche Zwecke und als Zugpferd entwickelt, und ihre Beliebtheit war von nicht allzu langer Dauer.

Wie es auch bei vielen anderen Kaltblutrassen der Fall war, ist der Bestand des Rheinischen Kaltbluts seit der Mechanisierung drastisch zurückgegangen, sodass es heute kaum noch anzutreffen ist. Es gab einmal eine Zeit, in der es in Deutschland die am weitesten verbreitete Rasse darstellte. Inzwischen hat sich die Zahl der Kaltblutpferde jedoch so weit reduziert, dass heute nur noch zwei Prozent aller Pferde Kaltblutrassen angehören. Das Rheinische Kaltblut wurde hauptsächlich aus dem Belgischen Kaltblut entwickelt und von Ardenner, Clydesdale, Percheron und Boulonnais beeinflusst, sodass ein schweres, jedoch attraktives und sehr kräftiges Pferd entstand. Es war ausgezeichnet als Arbeits- und Zugpferd geeignet und arbeitete dank dieser Eigenschaft außerordentlich effizient. Das Hauptzentrum für die Zucht war das Gestüt Wickrath im Rheinland. Vom Aussehen her ist das Rheinische Kaltblut ein sehr großrahmiges Pferd mit massivem Körperbau.

Es hat einen für seine Größe eher kleinen, jedoch wohlgeformten Kopf mit einer kräftigen Kieferlinie. Der Hals ist äußerst kräftig und schön gebogen mit einer ausgeprägten Oberlinie. Die Schultern sind meist massiv, ein Merkmal, das auch die runde Hinterhand kennzeichnet. Der Widerrist ist im Allgemeinen niedrig, und der Rücken kurz und breit. Die Brust ist sehr breit und tief und die Hinterhand außerordentlich muskulös. Darüber hinaus zeichnet sich diese Rasse durch kurze, kräftige Beine mit guten Gelenken, kurzen Röhrbeinen und sehr harten Hufen aus. Das Rheinische Kaltblut neigt zu leichtem Fesselbehang, und da seine Beine im Vergleich zu seinem massigen Körper recht kurz sind, scheint es sehr bodennah zu stehen. Es hat einen ausgezeichneten Charakter und ist ruhig und fügsam, kann bei Bedarf jedoch auch energiegeladen sein. Seine Fellfarbe variiert zwischen Fuchs, Rotbrauner, stichelhaariger Fuchs und Rotfuchs, und es erreicht ein Stockmaß von 1,63 bis 1,73 m.

Russisches Kaltblut

RASSEINFORMATIONEN	
NAME	Russisches Kaltblut
GRÖSSE	1,44 - 1,45 m
FARBVARIATIONEN	Hauptsächlich Fuchs, Rotschimmel oder Brauner
URSPRUNGSLAND	Ukraine

KATEGORIE

VERWENDUNG TEMPERAMENT

WISSENSWERTES:
Um an einem Geländejagdrennen teilnehmen zu dürfen, muss ein Pferd mindestens siebenmal während der Jagdsaison mit einer anerkannten Hundemeute an einer Jagd teilgenommen haben.

DAS RUSSISCHE KALTBLUT ist eine relativ junge Rasse, die in den 60er Jahren des 19. Jahrhunderts in der Ukraine entstand. Die beiden wichtigsten Zuchtzentren waren die Staatsgestüte Khrenow und Derkul, in denen Stuten aus der Ukraine mit importierten Ardennerhengsten gekreuzt wurden. Anschließend wurde die Rasse durch Belgisches Kaltblut, Percheron und Orlow-Traber beeinflusst. Die Nachkommenschaft aus diesen Verbindungen wurde untereinander gepaart, um einen einheitlichen Typ zu erzeugen. Die aktiven, energischen Gänge des Russischen Kaltbluts werden ebenso wie sein edler Kopf dem Orlow-Traber zugeschrieben.

Aufgrund des Einflusses von Ardennerblut wurde das Russische Kaltblut bis in die 20er Jahre des letzten Jahrhunderts als russischer Ardenner bezeichnet. Sowohl der Erste Weltkrieg als auch der Bürgerkrieg forderten ihren Tribut von der Rasse, die während dieser Zeit nahezu gänzlich verschwand. Nach den Kriegen bemühte man sich, die Rasse wieder aufzubauen, und 1952 wurde das Russische Kaltblut offiziell anerkannt.

Innerhalb der Rasse haben sich unterschiedliche Typen herausgebildet, die vom massiven Zugpferd bis hin zum leichteren, gleichermaßen für die Arbeit im Geschirr und unter dem Sattel geeigneten Typ reichen.

Das Russische Kaltblut ist trotz seiner Masse und Kraft mit einem Stockmaß von 1,44 m bis 1,45 m relativ klein. Dies ist einer der Gründe für seine zunehmende Beliebtheit, da es landwirtschaftliche Arbeiten verrichten kann und gleichzeitig genügsam und wirtschaftlich in der Haltung ist. Die Rasse ist sehr frühreif und kann bereits im Alter von zwei Jahren zur Arbeit eingesetzt werden. Das Russische Kaltblut hat ein sehr langes Arbeitsleben und ist sehr fruchtbar. Im Gegensatz zu vielen anderen

Kaltblütern haben diese Pferde wesentlich mehr Ausstrahlung und Qualität und sind überaus attraktiv, was vermutlich auf den Einfluss des Orlow-Trabers zurückzuführen ist. Sie sind für ihren hervorragenden Charakter, ihre außerordentliche Zugkraft und ihren schnellen Schritt und Trab bekannt.

Sie haben ein eher cobartiges Aussehen mit einem sehr kräftigen Rahmen und einer eindrucksvollen Haltung. Der Kopf ist für ein Kaltblut sehr edel und wird von einem muskulösen und gewölbten Hals getragen. Die Schultern sind kräftig, und die Brust ist tief und breit. Das Russische Kaltblut neigt zu einem recht langen Rücken, was als Schwäche angesehen werden kann. Darüber hinaus zeichnen diese Pferde sich durch eine lange, abfallende Kruppe aus. Die Beine sind relativ kurz und die vorderen Fesseln können zu Überbeinen neigen, während die Kniegelenke manchmal zu weit hinten angesetzt sind. Die Beine haben einen leichten Behang. Das Russische Kaltblut tritt hauptsächlich als Fuchs, Rotschimmel oder Brauner auf.

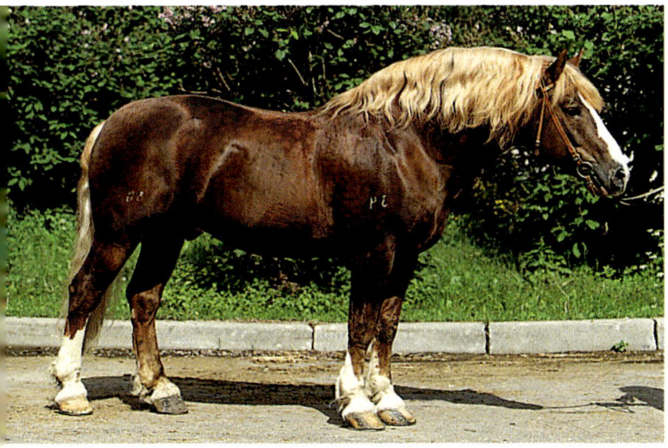

Oben
Das Russische Kaltblut wurde im Ersten Weltkrieg nahezu ausgerottet. Glücklicherweise hat sich die Rasse seitdem wieder erholt.

Mitte und links
Dank ihres freundlichen Charakters und ihres flotten Tempos in Schritt und Trab sind diese Pferde als Reitpferde sehr beliebt.

KATEGORIE

VERWENDUNG TEMPERAMENT

Schleswiger

RASSEINFORMATIONEN

NAME	Schleswiger
GRÖSSE	1,54 - 1,63 m
FARBVARIATIONEN	Hauptsächlich Fuchs mit flachsfarbenem Langhaar
URSPRUNGSLAND	Deutschland

Der Schleswiger wurde nach dem norddeutschen Bundesland Schleswig-Holstein benannt, aus dem er stammt. Er gehört einer relativ jungen Rasse an, und der Verband der Schleswiger Kaltblutzüchter wurde erst 1891 gegründet. Die Rasse stammt vom Jütländer ab und wurde durch Kreuzungen mit dänischen Pferden, dem Yorkshire Coach Horse und dem Englischen Vollblut weiterentwickelt. Sie kann auf einen Jütländerhengst namens Munkedal und seine Nachkommen Hovding und Prins of Jylland zurückverfolgt werden. Die selektive Zucht zur Verbesserung der Rasse begann jedoch erst in den 60er Jahren des 19. Jahrhunderts mit dem Suffolk Punch-Hengst Oppenheim LXII., dessen Einfluss im modernen Schleswiger noch immer zu erkennen ist. Nach dem Zweiten Weltkrieg wurden außerdem der Boulonnais und der Bretone in der Zucht eingesetzt.

Obwohl der Schleswiger eine junge Rasse ist, wurden seine Vorfahren häufig von Rittern mit schwerer Rüstung als Reittier benutzt. Später kreuzte man den Cleveland Bay und das Vollblut in die Rasse ein, um ihre Eignung als Artilleriepferd zu verbessern. Gegen Ende des 19. Jahrhunderts war der Schleswiger ein begehrtes Zugpferd für Straßenbahnen und Busse und erwies sich als sehr vielseitige Rasse, die auch in der Landwirtschaft eingesetzt werden konnte. Wie es bei vielen Kaltblutrassen der Fall war, sind auch die Bestände des Schleswigers drastisch zurückgegangen. Man nimmt an, dass heute nur noch ungefähr 10 reinrassige Hengste existieren. Dies ist eine äußerst traurige Entwicklung, denn der Schleswiger ist ein nützliches Pferd mit einem besonders guten Charakter. Er ist nicht nur sanft und fügsam, sondern kann bei Bedarf auch sehr aktiv sein. Der Schleswiger ist normalerweise ein mittelgroßes Zugpferd, doch gibt es auch einen zweiten Schlag von mittlerem Gewicht, der auch unter dem Sattel eingesetzt werden kann.

Er hat einen eher cobartigen Körperbau und gehört zu den leichteren Kaltblutpferden. Sein hübscher Kopf wurde im Laufe der Zeit weiter veredelt und hat einen ehrlichen, cobartigen Ausdruck. Der Hals ist kurz und gut bemuskelt – ein für ein Kaltblut typisches Merkmal – und die Schultern sind außerordentlich kräftig und muskulös. Schleswiger haben eine breite und tiefe Brust und einen recht langen Rumpf mit einem häufig eher flachen Brustkorb und einer runden Hinterhand. Ihre Beine sind kurz mit guten, kräftigen Gelenken und dichtem Fesselbehang. Die Hufe sind zumeist weich und flach. Sie treten überwiegend als Fuchs auf und erreichen ein Stockmaß von 1,54 bis 1,63 m.

WISSENSWERTES: Das Deutsche Kuratorium für Therapeutisches Reiten e.V. ist ein hervorragender gemeinnütziger Verein, der das Pferd als Therapeutikum für behinderte Menschen einsetzt. Das DKThR wurde 1970 gegründet und hat heute über 2.000 Mitglieder, die mit diversen Dachverbänden kooperieren und ungefähr 15.000 Menschen betreuen.

Oben
Die Ahnenreihe des Schleswigers kann bis zu einem Jütländerhengst zurückverfolgt werden.

Rechts
Als einer der leichteren Kaltblüter hat der Schleswiger ein cobartiges Exterieur mit einem hübschen Kopf.

RASSEINFORMATIONEN	
NAME	Shire Horse
GRÖSSE	Über 1,73 m
FARBVARIATIONEN	Brauner, Fuchs oder Schimmel
URSPRUNGSLAND	England

Shire Horse

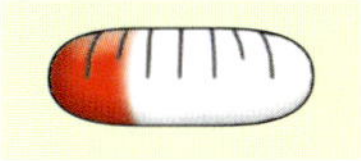

KATEGORIE

VERWENDUNG TEMPERAMENT

DAS SHIRE HORSE wurde in den Fens sowie den Grafschaften Derbyshire, Leicestershire und Staffordshire in Großbritannien entwickelt und stammt von dem englischen „Great Horse“ des Mittelalters ab, das wiederum das primitive Waldpferd zu seinen Vorfahren zählt. Im 17. Jahrhundert brachten

holländische Unternehmer, die zur Trockenlegung des Fen-Distrikts angeheuert wurden, eine große Anzahl von Flämischen Pferden und Friesen nach England. Beide Rassen hatten einen entscheidenden Einfluss auf die Entwicklung des Shire Horse.

Kreuzungen zwischen Great Horse, Friese und Flämischem Pferd brachten das English Black hervor, das von Oliver Cromwell benannt wurde. Das English Black war wesentlich größer als das Great Horse und wies zahlreiche Merkmale des Flämischen Pferdes sowie die überwiegend schwarze Fellfarbe des Friesen auf. Der Stammvater des Shire Horse soll ein Rappe namens Packington Blind Horse gewesen sein, der das erste im Stutbuch von 1878 eingetragene Exemplar der Rasse zeugte. 1884 wurde die Shire Horse Society gegründet, und daraufhin wurde bis zum Zweiten Weltkrieg jedes Jahr eine enorme Anzahl von Shire Horses eingetragen. Aufgrund seiner unglaublichen Zugkraft, mit der es kein anderes Kaltblut aufnehmen konnte, erfreute sich das Shire Horse sehr großer Beliebtheit und wurde in allen Bereichen der

Landwirtschaft eingesetzt. Nach dem Zweiten Weltkrieg gingen die Bestände des Shire Horse drastisch zurück, aber nicht zuletzt durch die Unterstützung der Brauereien, die das Shire Horse landesweit bei Vorführungen und Veranstaltungen einsetzen, konnte das Interesse an der Rasse wieder geweckt werden. Sie ist für ihr sanftmütiges Gemüt bekannt und daher trotz ihrer Größe leicht zu handhaben.

Das Shire Horse ist ein großrahmiges Pferd mit langen Beinen und dichtem Fesselbehang. Es hat gewöhnlich einen attraktiven Kopf mit einer Ramsnase und einem ehrlichen Gesichtsausdruck. Weiterhin zeichnet es sich durch weit auseinander liegende, intelligente und sanfte Augen und recht kleine, bewegliche Ohren aus. Der Hals ist häufig lang und leicht gewölbt, die Schultern sind gut, kräftig und schräg, und die Hinterhand ist rund und muskulös. Das Shire Horse tritt im Allgemeinen als Rappe, Brauner, Fuchs oder Schimmel auf und hat oft weiße Abzeichen an den Beinen. Es kann ein Stockmaß von 1,83 m erreichen, und es hat sogar schon Fälle gegeben, in denen diese Größe noch überschritten wurde.

WISSENSWERTES:

Den Geschwindigkeitsrekord beim Grand Pardubice-Rennen hält das tschechische Pferd Cipisek, das 1996 in einer Zeit von 9 Minuten und 35 Sekunden gewann.

Oben und unten

Trotz seiner Größe von 1,83 m und mehr ist das Shire Horse für seinen sanftmütigen Charakter bekannt.

Links

Das Shire Horse ist mit seinem dichten weißen Fesselbehang und seiner prächtigen Aktion eine sehr schöne Rasse.

KATEGORIE

VERWENDUNG TEMPERAMENT

Sokolsky

RASSEINFORMATIONEN	
NAME	Sokolsky
GRÖSSE	1,52 - 1,62 m
FARBVARIATIONEN	Fuchs oder Brauner
URSPRUNGSLAND	Polen

WISSENSWERTES: Die Nez Percé- und Umatilla-Indianer hielten ihre im Kampf vollbrachten Heldentaten fest, indem sie sie auf ihre Pferde malten.

DAS SOKOLSKY- ODER Sokolka-Pferd ist eine relativ junge, aus Polen stammende Rasse, die es erst seit ungefähr 100 Jahren gibt. Sie hat sich aus Kreuzungen zwischen Belgischem Kaltblut, Belgischem Ardenner, Norfolk Roadster, Dole-Gudbrandsdal und anglo-normannischen Pferden entwickelt. Das Ergebnis ist ein vielseitiges, kräftiges und dennoch nicht übermäßig schweres Zug- und Arbeitspferd. Das Sokolsky-Pferd ist zäh und sehr ausdauernd und hat einen ausgezeichneten, schwungvollen Gang – Eigenschaften, die ihm große Beliebtheit eingetragen haben. Es hat einen relativ schweren Kopf mit gerader Nasenlinie, großen freundlichen Augen und beweglichen Ohren. Der Hals ist für ein Kaltblut ziemlich lang und am Ansatz muskulös und breit. Die Schultern sind gut proportioniert und für ein Zugpferd relativ schräg, was der raumgreifenden Aktion dieser Rasse zugute kommt. Das Sokolsky-Pferd hat gewöhnlich eine tiefe Brust, einen ausgeprägten Widerrist, einen kurzen, geraden Rücken und eine abfallende, muskulöse Kruppe. Seine Beine sind im Allgemeinen kräftig mit kurzen Röhrbeinen, ausgeprägten Sehnen und wohlgeformten, harten Hufen. Es tritt hauptsächlich als Fuchs oder Brauner auf und erreicht ein Stockmaß von 1,52 bis 1,63 m.

Rechts und ganz rechts *Das Sokolsky-Pferd entwickelte sich durch Kreuzungen mit anderen Kaltblütern. Es hat einen freundlich aussehenden Kopf und ein gutmütiges Wesen.*

KATEGORIE

VERWENDUNG TEMPERAMENT

Sowjetisches Kaltblut

RASSEINFORMATIONEN	
NAME	Sowjetisches Kaltblut
GRÖSSE	1,52 - 1,55 m
FARBVARIATIONEN	Fuchs, Brauner oder Stichelhaariger
URSPRUNGSLAND	Russland

WISSENSWERTES: Das letzte Hindernisrennen auf der Rennbahn von Windsor fand am 3. Dezember 1998 statt.

DAS SOWJETISCHE KALTBLUT entstand in Russland gegen Ende des 19. Jahrhunderts und hatte sich in den 40er Jahren des 20. Jahrhunderts weitestgehend etabliert. Die Rasse entwickelte sich aus Kreuzungen zwischen einheimischen Stuten und Percheron- und belgischen Hengsten, deren Nachkommenschaft untereinander gepaart wurde. Dadurch entstand ein schweres Zugpferd von massivem Körperbau, das jedoch eine erstaunlich fließende Aktion im Schritt und Trab an den Tag legt. Das Sowjetische Kaltblut ist die häufigste Kaltblutrasse in Russland und wird oft zur Verbesserung anderer Kaltblüter verwendet. Diese Pferde gelangen schnell zu voller körperlicher und mentaler Reife, sind jedoch weniger resistent gegen Krankheiten als andere Rassen.

Sie haben einen wohlproportionierten Kopf mit einer ausgeprägten Kieferlinie und einem geraden oder konvexen Profil. Der Hals ist normalerweise sehr kurz und muskulös, und die Brust ist breit und tief. Darüber hinaus zeichnen sie sich durch steile und kräftige Schultern, einen kurzen und sehr kräftigen Rücken mit einer gut bemuskelten Hinterhand und einen runden Bauch aus.

Die Beine sind äußerst kräftig und stämmig mit guten, soliden Gelenken und breiten, runden Hufen. Die Vorderhand neigt zu einer zehenengen Beinstellung und die Hinterhand zu Säbelbeinigkeit. Das Sowjetische Kaltblut ist vorwiegend als Fuchs anzutreffen, kann jedoch auch braun oder stichelhaarig sein. Sein Stockmaß liegt ungefähr zwischen 1,52 und 1,55 m.

Rechts *Das Sowjetische Kaltblut ist zwar ein sehr schweres Pferd, dank selektiver Zucht jedoch erstaunlich agil.*

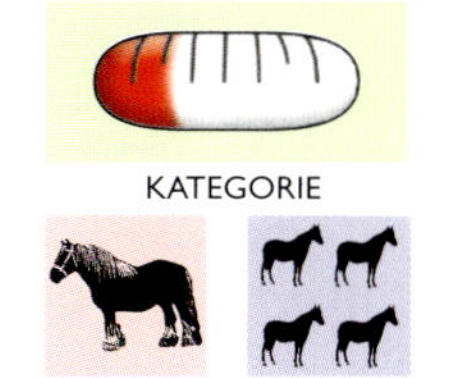

RASSEINFORMATIONEN	
NAME	Suffolk Punch
GRÖSSE	1,63 - 1,66 m
FARBVARIATIONEN	Fuchs
URSPRUNGSLAND	Großbritannien

Suffolk Punch

DER SUFFOLK PUNCH stammt ursprünglich aus East Anglia, wo die Reinheit seiner Rasse weitgehend erhalten werden konnte. Heute wird der Suffolk Punch auch in anderen Teilen Englands und im Ausland gezüchtet, insbesondere in den USA. Die Geschichte der Rasse lässt sich bis in das Jahr 1506 zurückverfolgen, und sie wird in alten Schriften noch als Old Breed (Alte Rasse) bezeichnet. Der Stammbaum aller modernen Suffolk Punch-Pferde geht in der männlichen Linie auf einen Hengst namens Crisps Horse of Ufford zurück, der 1760 geboren wurde. Der Suffolk Punch ist neben dem Shire Horse und dem Clydesdale eines der schwersten Pferde Englands. Er unterscheidet sich jedoch stark von den anderen beiden Rassen, da er kleiner und massiver gebaut ist und nur sehr wenig Fesselbehang aufweist.

Aufgrund seiner enormen Kraft und Fügsamkeit wurde der Suffolk Punch ursprünglich für die landwirtschaftliche Arbeit eingesetzt. Er wurde speziell für die Gegend von East Anglia mit ihren schweren Lehmböden entwickelt, so dass der fehlende Fesselbehang von großem Vorteil war. Ein Mann, der in entscheidendem Maße an der Etablierung der Rasse beteiligt war, war Herman Biddel. Er war der erste Schriftführer der Suffolk Horse Society, veröffentlichte ausführliche Abhandlungen über die Geschichte der Rasse und gab 1880 das erste Stutbuch der Rasse heraus.

Der Suffolk Punch hat eine unglaubliche Konstitution und kann bei minimalen Futterrationen stundenlang arbeiten. Die Pferde maßen sich in traditionellen Kraftwettbewerben, in denen sie riesige Baumstämme ziehen mussten. Sie wurden danach beurteilt, wie viel Einsatz sie zeigten, um den Baumstamm zu bewegen, und nicht selten sah man einen Suffolk Punch in die Knie gehen. Sie haben ein einzigartiges Aussehen, und ihre Beine wirken im Vergleich zu ihrem massigen Körperbau sehr kurz.

Sie haben einen großen Kopf mit ehrlichem Gesichtsausdruck, einer breiten Stirn und freundlichen Augen. Ihr Hals ist kräftig und dick, und ihre Schultern sind niedrig und schräg. Außerdem zeichnen sie sich durch eine tiefe, breite Brust und eine breite, kräftige Hinterhand aus. Ihre kurzen Beine sind sehr kräftig und haben gute Gelenke und ein kurzes Röhrbein. Der Suffolk Punch ist in der Regel sehr frühreif und genügsam und hat eine hohe Lebenserwartung. Er tritt ausschließlich als Fuchs auf (der Zuchtverband erkennt sieben unterschiedliche Fuchstöne an), und weiße Abzeichen werden nicht sehr gern gesehen. Das Stockmaß des Suffolk Punch liegt zwischen 1,63 m und 1,66 m.

WISSENSWERTES:
Das International Museum of the Horse im Kentucky Horse Park in Lexington, USA, ist das größte und umfassendste Pferdemuseum der Welt.

Oben
Aufgrund seines kräftigen Körperbaus und seiner enormen Konstitution wurde der Suffolk Punch vor allem in der Landwirtschaft eingesetzt.

Mitte und unten
Der Suffolk Punch hat einen großen Kopf und im Vergleich zu seinem massiven Körperbau äußerst kurze Beine.

KATEGORIE

VERWENDUNG TEMPERAMENT

Tori-Pferd

RASSEINFORMATIONEN	
NAME	Tori-Pferd
GRÖSSE	1,52 - 1,53 m
FARBVARIATIONEN	Hauptsächlich Fuchs, auch Brauner oder Schimmel möglich
URSPRUNGSLAND	Estland

Unten und rechts
Das Tori-Pferd ist äußerst attraktiv und hat ein gutes Springvermögen.

DAS TORI- ODER TORIC-PFERD entstand im 19. Jahrhundert in Estland und ist eine relativ junge Rasse. Es entwickelte sich aus Kreuzungen zwischen Klepper und Araber, Hackney, Ostfriesen, Ardenner, Hannoveraner, Vollblut, Orlow-Traber und Trakehner und wird manchmal auch Estnischer Klepper oder Double Klepper genannt. Es handelt sich um ein ausgesprochen qualitätsvolles Zugpferd, dass sich besonders gut für die landwirtschaftliche Arbeit eignet. Einige Typen werden auch als Reitpferde eingesetzt. Als Stammvater ist der Hengst Hetman bekannt, dessen Abstammung auf den Norfolk Trotter und den Anglo-Normannen zurückgeht. Tori-Pferde haben einen mittelgroßen bis großen Kopf und eine gerade Nasenlinie. Ihr Hals ist lang und muskulös, die Schulter massiv und die Brust breit und tief. Der Rücken kann lang sein, ist aber in der Regel breit mit einer muskulösen Hinterhand und einem gut angesetzten Schweif. Die Beine sind kurz und kräftig mit guten Gelenken und kräftigen Sehnen. Das Tori-Pferd tritt gewöhnlich als Fuchs, Schimmel oder Brauner mit weißen Abzeichen auf und erreicht ein Stockmaß von etwa 1,52 m. Es ist im Allgemeinen ein sehr hübsches Tier mit einem natürlichen Springvermögen.

KATEGORIE

VERWENDUNG TEMPERAMENT

Trait du Nord

RASSEINFORMATIONEN	
NAME	Trait du Nord
GRÖSSE	1,54 - 1,65 m
FARBVARIATIONEN	Stichelhaar, Rotfuchs oder Brauner
URSPRUNGSLAND	Frankreich

DER TRAIT DU NORD stammt ursprünglich aus Frankreich, wo er auch heute noch in der Gegend von Lille, Somme, Aisne und Pas-de-Calais gezüchtet wird. Der Bestand der Rasse ist jedoch leider rückläufig. Sie wurde stark durch das Belgische Kaltblut, den Boulonnais und insbesondere den Ardenner beeinflusst. Aus diesem Grund wird manchmal fälschlicherweise angenommen, sie sei eine Linie des Ardenners. Das Stutbuch des Trait du Nord wurde 1919 geöffnet, und die Rasse erfreute sich für kurze Zeit großer Beliebtheit, bevor ihr Bestand zurückging. Der Trait du Nord ist außerordentlich kräftig, besitzt eine enorme Zugkraft und Zähigkeit und zeichnet sich durch einen ruhigen Charakter aus. Er eignet sich ideal als Zug- und Arbeitspferd in hügeligen und unwegsamen Regionen.

Der Trait du Nord hat einen schweren Kopf und einen kurzen, muskulösen Hals. Die Brust ist breit und tief, und die Schultern sind schräg und gut bemuskelt. Der Widerrist ist relativ flach und der Rücken kurz und gerade mit einer äußerst muskulösen Hinterhand. Die Beine sind kurz und kräftig mit wohlgeformten Gelenken, guten Hufen und Fesselbehang. Der Trait du Nord tritt als Brauner oder Stichelhaar auf und erreicht ein Stockmaß von 1,54 bis 1,65 m.

Rechts
Aufgrund seines ruhigen Charakters und seiner hervorragenden Zähigkeit eignet sich der Trait du Nord ausgezeichnet für die Arbeit auf hügeligem oder unwegsamem Terrain in abgelegenen Gegenden.

RASSEINFORMATIONEN	
NAME	Wladimirer Kaltblut
GRÖSSE	1,63 m
FARBVARIATIONEN	Hauptsächlich Brauner, aber auch alle anderen Vollfarben möglich
URSPRUNGSLAND	Russland

Wladimirer Kaltblut

KATEGORIE

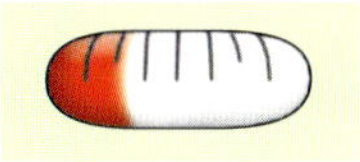

VERWENDUNG

TEMPERAMENT

DAS WLADIMIRER KALTBLUT wurde erst 1946 offiziell als Rasse anerkannt und ist damit eine relativ junge Rasse. Sie wurde gegen Ende des 19. Jahrhunderts in kollektiven und staatlichen Zuchtbetrieben in den Regionen Wladimir und Ivanovo in Russland entwickelt. Auch die staatlichen Gestüte von Gavrilovo-Posadsk spielten bei der Entwicklung des Wladimirer Kaltbluts eine wichtige Rolle. Die Rasse entstand hauptsächlich durch Kreuzungen zwischen Clydesdale, Shire Horse und einheimischen Stuten und wurde mit dem Ziel weiterentwickelt, ein mittelgewichtiges Zugpferd zu erzeugen, das nicht nur eine gute Zugkraft besaß, sondern auch verhältnismäßig schnell war. Als Stammväter sind drei Clydesdales namens Lord James, Border Brand und Glen Albin zu nennen. Die ersten beiden wurden 1910 geboren, während Glen Albin 1923 das Licht der Welt erblickte. Darüber hinaus wurden Cleveland Bay, Percheron und Suffolk Punch eingekreuzt und in gewissem Maße auch der Ardenner. Ab 1925 durfte der Rasse kein neues Blut mehr zugeführt werden. Zur Weiterentwicklung der Rasse wurden die besten Nachkommen untereinander gepaart, sodass schließlich das heutige Wladimirer Kaltblut entstand.

Das Wladimirer Kaltblut ist ein attraktives und nützliches Pferd, das über enorme Kraft verfügt, ohne dabei zu massig zu wirken. Der Einfluss des Clydesdale ist insbesondere an den frei fließenden Bewegungen zu erkennen. Die Pferde dieser Rasse besitzen Ausstrahlung und Qualität, was insbesondere an ihrem Kopf zum Ausdruck kommt und für eine Kaltblutrasse höchst ungewöhnlich ist. Auf der anderen Seite haben sie wie viele andere Kaltblüter einen sanften, fügsamen Charakter und sind dadurch außerordentlich leicht zu handhaben. Sie sind sehr frühreife Pferde, die bereits mit drei Jahren zur Arbeit herangezogen werden können. Sie sind geschätzte Kutschpferde und ziehen die Troika, einen traditionellen russischen Dreispänner, mit besonderer Eleganz.

Das Wladimirer Kaltblut zeichnet sich durch einen relativ großen Kopf mit gerader oder konvexer Nasenlinie aus. Es hat einen wohlproportionierten, sehr muskulösen Hals und kräftige Schultern. Die Brust ist besser entwickelt als beim Clydesdale und sehr breit. Der Widerrist ist recht ausgeprägt, während der Rücken manchmal etwas lang und schwach sein kann. Das Wladimirer Kaltblut hat eine außerordentliche Gurtentiefe und eine abfallende muskulöse Hinterhand. Die Beine sind kurz und haben oft einen dichten Fesselbehang und weiße Abzeichen. Bei dieser Rasse sind alle Vollfarben zugelassen. Ihr Stockmaß liegt bei 1,63 m.

WISSENSWERTES:
Der amerikanische Indianer Crazy Horse (1842-77) war ein hervorragender Reiter und Krieger mit großem Einfluss auf seinen Stamm. Als Häuptling der Oglala Lakota kämpfte Crazy Horse 1876 bei der Schlacht von Little Bighorn, Wyoming, gegen Oberstleutnant Custer und die 7. Kavallerie.

Oben
Mit einem Stockmaß von 1,63 m ist das elegante Wladimirer Kaltblut außerordentlich kräftig, ohne zu massiv zu wirken.

Links
Der Kopf des Wladimirer Kaltbluts ist groß mit gerader Nasenlinie. Der muskulöse Hals geht in kräftige Schultern und eine tiefe Brust über.

Das leichte Pferd

DER BEGRIFF „LEICHTES Pferd“ ist sehr weit gefasst und bezeichnet alle zum Reiten geeigneten Pferderassen. Innerhalb dieser Gruppe finden sich Rassen, die von Natur aus sehr viel edler sind und einen leichteren Knochenbau haben als andere, aber auch solche, die sich sowohl als Reit- als auch als Fahrtiere eignen. Es gibt einige Überschneidungen zwischen dem leichten Pferd und den Zugpferden. Ein erwähnenswertes Beispiel hierfür ist das Irish Draught, das zwar der Kategorie der schweren Pferde zugeordnet wird, jedoch auch ein ausgezeichnetes mittelschweres bis schweres Reitpferd abgibt.

Oben rechts und links
Es gibt eine Vielzahl verschiedener Rassen, die der Kategorie „Leichtes Pferd“ zugeordnet werden können.

Unten
Leichte Pferde werden auf der ganzen Welt als Reittiere verwendet.

LEICHTE PFERDEARTEN

DAS LEICHTE PFERD hat einen wesentlich leichteren Knochenbau als das schwere Zugpferd und besitzt auch andere exterieurspezifische Merkmale, die es als Reittier auszeichnen. Es besitzt einen ausgeprägten Widerrist und einen Rücken, der nicht übermäßig breit ist. Seine ersten acht Rippen, die so genannten „echten“ Rippen, sind eher flach, damit der Sattel leicht und sicher auf dem Rücken liegt. Die letzten zehn Rippen, die als „falsche“ Rippen bezeichnet werden, sollten rund sein, damit der Brustkorb des Pferdes eine attraktive runde Form hat.

Das Reitpferd sollte eine breite und tiefe Brust besitzen, um größtmöglichen Raum für Herz und Lungen zu bieten, sowie eine schön abfallende Schulter, die frei fließende Bewegungen ermöglicht. Der Großteil der leichten Pferderassen hat eine lange und flache Beinaktion ohne eine übermäßige Kniebeugung. Dadurch scheint das Pferd zu gleiten und legt mit jedem Schritt eine große Strecke zurück. Dies gilt natürlich nicht für alle Rassen. Der Hackney, ebenfalls ein leichtes Pferd, hat z. B. eine sehr edle und charakteristisch hohe Knieaktion.

Die meisten leichten Pferderassen haben von Natur aus athletische und schlanke Proportionen und sollten gesunde Beine mit tief liegenden Sprunggelenken aufweisen. Es heißt häufig, ein Pferd habe „viel Knochen“; dies bezieht sich auf den Umfang des Beinknochens unterhalb des Vorderfußwurzelgelenks. Dieses Maß sollte möglichst nicht zu klein ausfallen, und viele Zuchtverbände haben ein Standardmaß für die jeweilige Rasse festgelegt. Als Faustregel gilt, dass jedes Maß über 20 cm als gut anzusehen ist.

Viele leichte Pferderassen sind äußerst vielseitig und machen sich bei leichter Arbeit im Geschirr genauso gut wie unter dem Sattel. Die Mode hat sich im Laufe der Zeit immer wieder geändert, und interessanterweise geben viele Rassen, die ursprünglich als Kutschpferde eingesetzt wurden, inzwischen ausgezeichnete Reitpferde ab. Gute Beispiele hierfür sind der Hannoveraner und der Oldenburger.

WISSENSWERTES:
„Steeplechase“ heißt wörtlich übersetzt „Kirchturmrennen“ und bezeichnete ursprünglich ein Querfeldeinrennen, das von einem Kirchturm zum anderen gelaufen wurde, wobei unterwegs verschiedene Hindernisse übersprungen werden mussten.

RASSEINFORMATIONEN	
NAME	Achal-Tekkiner
GRÖSSE	1,44 - 1,57 m
FARBVARIATIONEN	Falbe, Isabell, Brauner, Fuchs oder Schimmel
URSPRUNGSLAND	Turkmenistan

Achal-Tekkiner

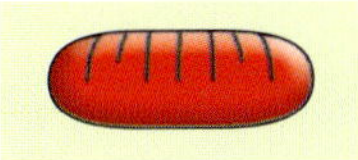
KATEGORIE

VERWENDUNG

TEMPERAMENT

DER ACHAL-TEKKINER hat sehr weit zurückreichende Wurzeln und ist mit der alten Rasse des Turkmenen verwandt, der vor rund 2.500 Jahren das bevorzugte Reittier der Krieger aus dem Nahen Osten darstellte. Pferde sehr ähnlichen Typs – vermutlich die Vorfahren des modernen Achal-Tekkiners – wurden bereits 1000 v. Chr. in Aschkabad gezüchtet. Sie dienten in erster Linie als Rennpferde –

genau wie der moderne Achal-Tekkiner, der immer noch als Rennpferd eingesetzt wird und in diesem Bereich hervorragende Leistungen bringt. Interessanterweise wird weithin angenommen, dass auch der berühmte Bucephalus, das Lieblingsreittier Alexanders des Großen, turkmenisches Blut besaß und daher eng mit dem Achal-Tekkiner verwandt war.

Der Achal-Tekkiner ist ziemlich einzigartig in seiner Art und weist viele Merkmale des postulierten Pferdetyps 3 auf, was wiederum auf seine alte Abstammung hinweist. Er ist hauptsächlich in der turkmenischen Region von Zentralasien beheimatet und wurde von den turkmenischen Stämmen zu einem Pferd mit großer Ausdauer und hervorragender Konstitution entwickelt, das der extremen Hitze und Kälte dieser Region widerstehen konnte. Achal-Tekkiner besitzen eine unvergleichliche Ausdauer. Dies bewiesen sie 1935 bei einem Ritt über die 4.000 km lange Strecke von Aschkabad nach Moskau. Die Strecke umfasste ein 376 km langes Teilstück durch Wüstenlandschaft, wo es kein Wasser gab und das die Tiere in drei Tagen bewältigten.

Der Achal-Tekkiner ist vermutlich mit dem Araber verwandt und hat eine gewisse Ähnlichkeit mit dem Muniqui, dem Renntyp des Arabers. Die Ähnlichkeiten zwischen diesen beiden Rassen werfen die Frage auf, ob der Muniqui den Achal-Tekkiner beeinflusste oder umgekehrt und welcher von beiden älter ist. Das Exterieur des Achal-Tekkiners ist nach westlichem Standard nicht perfekt; er besitzt jedoch eine außergewöhnliche Eleganz und Schönheit.

Er hat gewöhnlich einen sehr langen und schlanken Körper und vermittelt dadurch den Eindruck eines pferdeartigen Windhunds. Sein Kopf ist fein modelliert, und der Hals ist ungewöhnlich lang und muskulös und fast gerade an den Schultern angesetzt. Die Schultern des Achal-Tekkiners sind schräg und ermöglichen einen besonders weichen Gang, der sich möglicherweise durch die jahrelange Arbeit auf dem sandigen Gelände seines Heimatlandes entwickelt hat. Er hat eine tiefe Brust, die jedoch sehr schmal ist. Diese Schmalheit setzt sich über den gesamten Körper fort. Der Widerrist ist hoch und der Rücken lang mit einem flachen Brustkasten. Die Kruppe ist häufig leicht abfallend, jedoch muskulös und kräftig. Der Achal-Tekkiner hat lange und schlanke Beine. Insbesondere die Hinterbeine haben lange und dünne Schenkel und neigen gelegentlich zur Säbelbeinigkeit. Die Beine sind äußerst zäh und hart mit guten Sehnen und harten, wohlgeformten Hufen. Die Fellfarbe des Achal-Tekkiners kann zwischen Goldfalbe, Isabell, Fuchs, Brauner und Schimmel variieren, wobei sein Fell einen

WISSENSWERTES:
Eines der ersten dokumentierten Steeplechaserennen fand 1752 in der irischen County Cork statt und wurde zwischen Cornelius O'Callaghan und Edmund Blake ausgetragen. Blake gewann das sechseinhalb Kilometer lange Rennen und erhielt als Siegpreis große Mengen von Jamaika-Rum, Portwein und Bordeaux.

Oben
Der Achal-Tekkiner ist ein gutes Reitpferd und sehr tapfer.

Unten
Diese Pferde besitzen große Kraft und Ausdauer, sind bekanntermaßen jedoch manchmal starrsinnig.

WISSENSWERTES:
Der australische Jockey Damion Beckett und sein Pferd Brave Buck kamen auf tragische Weise ums Leben, als sie bei einem Rennen in Perth in Australien von einem Blitz getroffen wurden.

Oben
Der Achal-Tekkiner lebte ursprünglich in wilden Herden.

ungewöhnlichen, metallenen Schimmer aufweist. Mähne und Schweif sind häufig recht dünn.

Der Achal-Tekkiner wird schon seit jeher für Rennen verwendet und ist auch ein nützliches Reitpferd, das sowohl in der Dressur als auch beim Springen Erfolge zeigt. Ein interessantes Merkmal des Achal-Tekkiners ist seine Neigung, sich „über dem Gebiss" zu bewegen, d. h. das Maul befindet sich über der Hand des Reiters. Dies ist hauptsächlich auf die sehr hohe Hals- und Kopfhaltung dieser Tiere zurückzuführen. Achal-Tekkiner, die in der Dressur geritten werden sollen, müssen darauf trainiert werden, Kopf und Hals niedriger zu tragen, damit sie nicht „über dem Gebiss" liegen und sich dadurch in einer technisch inkorrekten Weise bewegen. Der Achal-Tekkiner wird häufig für Kreuzungen eingesetzt, und vor kurzem wurden Vollblüter eingekreuzt, um die Renngeschwindigkeit der Rasse zu erhöhen. Obwohl die Vollblutkreuzung ein attraktives und lernbereites Pferd hervorbringt, geht auf diese Weise viel von der großartigen natürlichen Ausdauer des Achal-Tekkiners verloren. Inzwischen werden Anstrengungen unternommen, die Reinheit des Achal-Tekkiners zu erhalten. Zuchtzentren für die Rasse sind Lugow in Kasachstan, Gubden in Dagestan und das Komosomol-Gestüt von Aschkabad.

Der Achal-Tekkiner wird bei den Turkmenen schon immer in hohen Ehren gehalten und am westlichen Standard gemessen auf eine sehr ungewöhnliche Weise gepflegt. Die Pferde werden in einem durchtrainierten Zustand erhalten, mit gut entwickelten Muskeln und ohne ein Gramm Fett auf den Rippen. Traditionell werden ihnen dicke Filzdecken aufgelegt, die zum einen als Schutz vor der Kälte der Wüstennächte dienen und außerdem während der Hitze des Tages die Schweißproduktion anregen sollen, um überschüssiges Fett zu vermeiden. Darüber hinaus werden die Pferde gewöhnlich mit Alfalfa, Mais, Brot und tierischem Eiweiß in Form von gekochtem Hühnerfleisch, Eiern oder Hammelfett gefüttert. Bei einem Stockmaß von 1,44 bis 1,57 m sind diese Pferde relativ klein. Sie zeichnen sich durch eine lebhafte, aufmerksame und mutige Wesensart aus, können jedoch gelegentlich auch rebellisch sein.

RASSEINFORMATIONEN	
NAME	Albino bzw. American Cream
GRÖSSE	1,52 m
FARBVARIATIONEN	Weiß
URSPRUNGSLAND	Vereinigte Staaten

Albino bzw. American Cream

KATEGORIE

VERWENDUNG TEMPERAMENT

DER ALBINO, auch American Cream genannt, entstand 1937 in Nebraska in den Vereinigten Staaten dank der Bemühungen von Caleb und Hudson Thompson. Der Stammvater war ein Hengst namens Old King, eine Kreuzung aus Araber und Morgan Horse, der 1918 von den Thompsons erworben wurde.

Old King zeugte mit einer Reihe einfarbiger Stuten hauptsächlich weiße Fohlen mit rosa Hautfarbe, und die Thompsons setzten ihn schließlich in einer Herde von Morgan Horses ein, um eine weiße Pferderasse zu entwickeln. Innerhalb der Rasse gibt es deutliche Unterschiede im Exterieur, das je nach Pferd mehr oder weniger starke Einflüsse von amerikanischem Quarter Horse, Morgan Horse, Englischem Vollblut und Araber erkennen lässt.

Der Albino ist vielleicht weniger eine Rasse als eine Farbdefinition, obwohl alle American Cream-Pferde ähnliche Merkmale aufweisen, wie z. B. eine ausgezeichnete Auffassungsgabe und ein sehr gutes Ausbildungsvermögen. Inzwischen wird beides stärker unterschieden: Der American Albino Horse Club hat seinen Namen in American White Horse Club geändert, und die Rasse wurde in American Cream umbenannt. Trotz seines uneinheitlichen Exterieurs scheint der American Cream im Allgemeinen ein intelligentes Pferd zu sein, das schnell lernt und einen ausgezeichneten Charakter besitzt, wodurch es sich sehr gut als Reitpferd eignet. Aufgrund dieser Qualitäten wird er auch häufig in der Filmindustrie oder im Zirkus eingesetzt. Weiße Pferde wurden früher als die schönsten und begehrenswertesten Tiere angesehen, wurden von Königen und Königinnen und großen Feldherren geritten und waren Gegenstand vieler volkstümlicher Sagen und Legenden, in denen ihnen magische Kräfte zugesagt wurden. Vor noch nicht allzu langer Zeit galt diese Farbe als Zeichen von Schwäche, was natürlich völlig aus der Luft gegriffen ist.

Die Zucht des American Cream kann sich als schwierig erweisen, da die Nachkommenschaft von weißen Pferden nicht immer weiß ist. Innerhalb der Rasse gibt es vier Farbkombinationen, die akzeptiert werden: ein elfenbeinfarbiger Körper mit hellerer Mähne, blauen Augen und rosa Haut, ein cremefarbener Körper mit dunklerer Mähne, zimtfarbener Haut und dunklen Augen, ein cremefarbener Körper mit gleichfarbiger Mähne, rosa Haut und blauen Augen und ein dunkelcremefarbener Körper mit gleichfarbiger Mähne, rosa Haut und blauen Augen. Das American Cream erreicht ein durchschnittliches Stockmaß von 1,52 m.

Links
Diese fügsamen Pferde lassen sich leicht ausbilden und sind daher sehr gut für Zirkus- und Showvorstellungen geeignet.

Unten
Der American Cream hat gemischtes Blut und wurde ursprünglich aus einer Reihe von Albinofohlen gezüchtet.

WISSENSWERTES:
Das Polospiel wurde vermutlich unter der Herrschaft von Darius I. (522-486 v. Chr.), dem dritten König von Persien, entwickelt.

KATEGORIE

VERWENDUNG TEMPERAMENT

WISSENSWERTES:
Die Schleppjagd ist zwar der Fuchsjagd ähnlich, doch folgen die Jagdhunde einem „Schlepper", der eine künstliche Spur vor ihnen herzieht. Aus diesem Grund sollte zum Legen der Spur jemand ausgewählt werden, der sportlich ist und nichts dagegen hat, bei Wind und Wetter eine Querfeldeinstrecke von mehreren Kilometern zurückzulegen. Bei dieser Art der Jagd werden natürlich keine Tiere getötet.

Alter-Real

RASSEINFORMATIONEN	
NAME	Alter-Real
GRÖSSE	1,52 - 1,63 m
FARBVARIATIONEN	Meistens Brauner, manchmal Fuchs oder Schimmel
URSPRUNGSLAND	Portugal

DER ALTER-REAL kann auf eine sehr turbulente Geschichte zurückblicken, und man kann von Glück sagen, dass er heute überhaupt noch existiert. Das Wort real bedeutet im Portugiesischen „königlich", und die Rasse wurde 1747 von der

Königsfamilie Braganza begründet. Das Haus von Braganza importierte 300 erlesene andalusische Stuten aus dem spanischen Jérez, um in Alter do Cho, dem der Alter-Real auch seinen Namen verdankt, ein Nationalgestüt zu gründen. Der Grund für die Gründung des Gestüts war in erster Linie, die Königsfamilie mit geeigneten Hohe Schule- und Kutschpferden für die königlichen Ställe in Lissabon zu versorgen. Während des 18. Jahrhunderts wurde der Alter-Real aufgrund seiner Fähigkeiten in der Hohen Schule äußerst beliebt, was zum Teil dem Marquis von Marialva (1713-1799) zu verdanken war, der zu jener Zeit als Rittmeister angestellt war.

Während der Invasion durch napoleonische Truppen ging der Bestand der Rasse erheblich zurück und wurde außerdem durch die Einkreuzung von Englischem Vollblut, Araber, Normanne und Hannoveraner verfälscht. Im Anschluss hieran wurde versucht, die Rasse durch die Kreuzung mit Arabern wieder zu etablieren, doch wurden nicht die gewünschten Erfolge erzielt. Schließlich wurden Rückkreuzungen auf den Andalusier vorgenommen, wodurch der Alter-Real seine ursprüngliche Pracht wiedererlangte. Die Rasse erlitt jedoch Anfang des 20. Jahrhunderts einen weiteren Rückschlag, als das Alter-Real-Gestüt infolge der Auflösung der portugiesischen Monarchie geschlossen wurde und die meisten Zuchtaufzeichnungen verbrannt wurden. Glücklicherweise rettete Dr. Ruy d'Andrade, einer der größten Hippologen der damaligen Zeit, zwei Hengste und einige Stuten aus dem Gestüt und machte sich daran, die Rasse wieder zu etablieren. Seinen Bemühungen ist es zu verdanken, dass die Rasse überlebt hat und in Portugal weiterhin gezüchtet wird.

Der Alter-Real ist intelligent und besitzt eine schnelle Auffassungsgabe und sollte daher nur von erfahrenen und fachlich versierten Reitern ausgebildet werden. Sein Kopf ist gewöhnlich von durchschnittlicher Größe mit einem ausgeprägten Kiefer und einer geraden oder konvexen Nasenlinie. Er besitzt im Allgemeinen einen kurzen, muskulösen und schön gebogenen Hals und einen ausgeprägten Widerrist. Sein Körper ist kompakt und sein Rücken kurz mit einer muskulösen Hinterhand und einem gut angesetzten Schweif. Daneben zeichnet sich der Alter-Real durch abfallende Schultern und kräftige Beine mit schlanken, jedoch kräftigen Röhrbeinen und Fesseln aus. Seine Fellfarbe ist vorwiegend Brauner, doch sind auch Fuchs oder Schimmel vertreten. Er erreicht ein Stockmaß von 1,52 bis 1,63 m.

Oben
Der Alter-Real ist ein schönes und ausdrucksvolles Pferd mit einem gebogenen Hals und einem leicht konvexen Profil.

Unten
Diese Pferde haben eine lebhafte Wesensart und können temperamentvoll sein.

RASSEINFORMATIONEN	
NAME	Amerikanischer Baschkir Curly
GRÖSSE	1,45 - 1,52 m
FARBVARIATIONEN	Alle Farben
URSPRUNGSLAND	Vereinigte Staaten

Amerikanischer Baschkir Curly

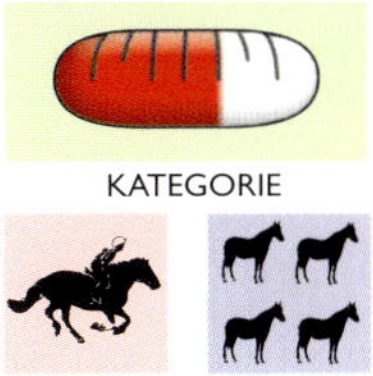

KATEGORIE

VERWENDUNG TEMPERAMENT

DER AMERIKANISCHE Baschkir Curly ist eine außergewöhnliche Rasse mit vielen einzigartigen Eigenschaften. Seine genaue Herkunft ist geheimnisumwoben, und die Vereinigten Staaten als Ursprungsland anzugeben ist eigentlich nicht ganz richtig. Seine Wurzeln reichen sehr weit zurück, und die beiden einzigen anderen Rassen, die ein ähnlich lockiges Fell besitzen, sind der Lokai und der Baschkir aus der ehemaligen UdSSR.

Welchen Ursprung der Baschkir Curly auch haben mag, fest steht, dass er erstmals 1898 im Peter Hanson-Gebirge in Zentralnevada entdeckt wurde. Zu jener Zeit wurden zwei Reiter auf drei Wildpferde mit gelocktem Fell aufmerksam, und auch heute noch lassen sich viele der Baschkir Curlys auf diese ursprüngliche Herde zurückverfolgen. 1971 wurde das American Bashkir Curly Registry gegründet, um den Bestand der Rasse zu sichern, die sich inzwischen zunehmender Beliebtheit erfreut. Der Baschkir Curly ist außergewöhnlich zäh und ausdauernd und selbst gegen extremste klimatische Bedingungen unempfindlich. Die in der Wildnis gefangenen Tiere sind verhältnismäßig einfach zu zähmen und auszubilden, und in Gefangenschaft aufgezogene Pferde legen eine außerordentlich freundliche und fügsame Wesensart an den Tag. Sie können in jedem Bereich eingesetzt werden und haben ihre Fähigkeiten bereits sowohl unter dem Westernsattel als auch unter dem englischen Sattel bewiesen, sei es im Springen, in der Dressur, beim Freizeitreiten, beim Distanzreiten oder in der Landwirtschaft.

Ihr bemerkenswertestes Merkmal ist ihr Fell, dass im Winter stark gelockt ist, im Sommer jedoch weniger. Das „Locken-Gen" ist recht dominant, und die Kreuzung eines Baschkir Curlys mit einem Pferd mit glattem Fell ergibt häufig ein Fohlen mit gelocktem Fell. Einzigartig ist auch die Tatsache, dass der Baschkir Curly sein Mähnenhaar und manchmal auch sein Schweifhaar im Sommer verliert, dieses im Winter dann jedoch wieder nachwächst. Ebenfalls merkwürdig ist, dass viele Baschkir Curlys keine Köten und nur sehr kleine, weiche Kastanien haben. Das Merkwürdigste allerdings ist, dass Menschen, die gewöhnlich allergisch gegen Pferdehaar sind, auf das Fell des Baschkir Curlys in den vielen Fällen nicht reagieren.

Der Baschkir Curly hat einen recht schweren Kopf, häufig mit orientalisch wirkenden Augen und einer sehr breiten Stirn. Sein Hals ist ziemlich kurz und muskulös, und er hat einen stämmigen und muskulösen Körperbau. Er ist im Allgemeinen schön proportioniert und zeichnet sich durch eine aktive Aktion aus, wobei er in einigen Fällen einen natürlichen Foxtrott oder Rennschritt an den Tag legt. Sein Stockmaß variiert, liegt jedoch durchschnittlich bei 1,45 bis 1,52 m.

Oben

Diese ungewöhnlichen Pferde haben gelocktes Fell wie zwei der alten russischen Rassen.

Unten

Aufgrund ihrer sanften Wesensart geben diese Pferde hervorragende Reittiere ab.

WISSENSWERTES:
Unter „Rennfarben" sind der Helmbezug und das Hemd zu verstehen, die der Jockey beim Rennen trägt. Die Farben gehören zu dem jeweiligen Rennpferdbesitzer, der Farbe und Muster von Hemd und Hut registrieren lassen muss. Jeder Farben- und Mustersatz ist anders, damit die Pferde verschiedener Besitzer leichter voneinander unterschieden werden können.

KATEGORIE

VERWENDUNG TEMPERAMENT

WISSENSWERTES:
Bevor Sie sich für eine Reitschule bzw. einen Reitverein entscheiden, sollten Sie sich vergewissern, ob er von der Deutschen Reiterlichen Vereinigung (FN) geprüft wurde.

American Saddlebred

RASSEINFORMATIONEN

NAME	American Saddlebred
GRÖSSE	1,52 - 1,63 m
FARBVARIATIONEN	Fuchs, auch alle anderen Vollfarben möglich
URSPRUNGSLAND	Vereinigte Staaten

DAS AMERICAN SADDLEBRED, oder auch Kentucky Saddler, wie es traditionell genannt wird, entstand im 19. Jahrhundert im Raum Kentucky. Es wurde ursprünglich von den Pionieren Kentuckys als vielseitiges Gebrauchspferd entwickelt und war in erster Linie das Ergebnis einer Kreuzung aus Narragansett Pacer und Canadian Pacer, die beide inzwischen ausgestorben sind. Es gab auch Einkreuzungen mit Morgan Horse, Hackney und Vollblut, die alle ihre Spuren im American Saddlebred hinterließen. Es ist der vielleicht berühmteste amerikanische Mehrgänger und hat seinen Ruf zu einem großen Teil seinen Leistungen im Schauring zu verdanken.

Auf Pferdeschauen gibt es für den American Saddlebred zwei Klassen: eine für dreigängige Pferde und eine für fünfgängige Pferde. In beiden Klassen sind die Gänge sehr übertrieben und elegant und lenken, in Verbindung mit dem künstlich abgeknickten und hochgetragenen Schweif, manchmal von der Vielseitigkeit des American Saddlebred ab. Für Schauvorstellungen lässt man die Hufe lang wachsen und beschlägt sie dann mit schweren Eisen, um die Aktion des Pferdes zu betonen. Dies und einige der Ausbildungsmethoden, die für diese Pferde verwendet werden, haben teilweise für heftige Diskussionen gesorgt. Im Grunde genommen ist das American Saddlebred jedoch ein unglaublich nützliches und vielseitiges Pferd. Es hat einen ausgezeichneten Charakter, ist gefügig und ruhig, kann jedoch auch lebhaft sein und besitzt eine gute Konstitution und Ausdauer. Es eignet sich sehr gut als Reitpferd, wird für Freizeit- und Trailritte verwendet, geht Jagden mit der Hundemeute, kann in der Landwirtschaft eingesetzt werden und macht sich auch im Geschirr sehr gut.

Das American Saddlebred hat gewöhnlich eine großartige Ausstrahlung und Lebhaftigkeit, gepaart mit einer extravaganten Aktion. Einige dieser Pferde werden in fünf Gangarten ausgebildet. Sie beherrschen neben den drei Grundgangarten Schritt, Trab und Galopp auch noch den „Slow Gait", eine akzentuierte Bewegung im Viertakt, und den „Rack", einen beeindruckenden Renntrab, der dem Tölt ähnelt. Das American Saddlebred hat im Allgemeinen einen kleinen, qualitätsvollen Kopf und einen muskulösen Hals, der hoch auf den Schultern angesetzt ist und somit die hohe Knieaktion unterstützt. Seine Brust ist breit mit rundrippigem Brustkorb, und die Kruppe ist fast gerade mit einem hoch angesetzten, abgeknickten Schweif, der aufgrund eines kleinen chirurgischen Eingriffs noch höher getragen wird.

Das American Saddlebred neigt dazu, sein Gewicht beim Stehen nach vorne zu verlagern und die Sprunggelenke durchzustrecken. Seine Beine sind schlank und lang mit guten Sehnen und abfallenden Fesseln. Für diese Rasse ist jede Vollfarbe zulässig, wobei der Fuchs jedoch überwiegt. Ihr Stockmaß beträgt 1,52 bis 1,63 m.

Oben
Einige American Saddlebreds beherrschen fünf Gangarten, andere nur drei. Alle sind jedoch sehr eindrucksvoll.

Unten
Diese Pferde sind lebhaft, haben jedoch ein ruhiges Wesen.

RASSEINFORMATIONEN	
NAME	Andalusier
GRÖSSE	1,52 - 1,63 m
FARBVARIATIONEN	Meistens Schimmel, auch Brauner, Rappe, Fuchs oder Stichelhaar möglich
URSPRUNGSLAND	Spanien

Andalusier

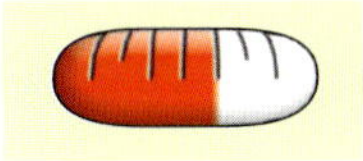

KATEGORIE

VERWENDUNG

TEMPERAMENT

DIE VERGANGENHEIT des Andalusiers, eines der berühmtesten Pferde Spaniens, liegt größtenteils im Dunkeln. Es gibt drei Theorien zur Herkunft des Andalusiers, doch welcher davon man auch anhängt, es steht zweifellos fest, dass diese Rasse bereits sehr alt ist. Die erste und wahrscheinlichste Theorie besagt, dass sich während der maurischen Kriege im achten Jahrhundert n. Chr. die Berber- und Araberpferde der Mauren mit den einheimischen spanischen Pferden paarten und dadurch den Andalusier hervorbrachten. Der zweiten Theorie zufolge ist der Andalusier ein Nachfahre der 2.000 numidischen Stuten, die von dem karthagischen Feldherrn Hasdrubal nach Spanien gebracht wurden. Und schließlich wird darüber diskutiert, ob der Andalusier möglicherweise vom *Equus ibericus* abstammt, der auch die Entwicklung des Berbers beeinflusst hat.

Welcher Theorie man auch immer Glauben schenken mag, es besteht zumindest kein Zweifel, dass der Andalusier an der Entwicklung einer enormen Anzahl von Rassen maßgeblich beteiligt war. In Europa lässt sich sein Einfluss an Rassen wie Holsteiner, Oldenburger, Frederiksborger, Kladruber, Lipizzaner, Hackney, Friese, Alter Normanne und Orlow erkennen, während in Amerika das Quarter Horse und der Criollo Merkmale des Andalusiers aufweisen.

Der Andalusier hat einen attraktiven Kopf mit einer breiten Stirn, einem geraden oder konvexen Profil und großen, sanften Augen. Sein Hals ist häufig recht dick, schön gebogen und gut auf den schön abfallenden Schultern angesetzt. Die Brust ist im Allgemeinen breit und tief mit rundem Brustkorb und der Rücken kurz und kompakt mit einer muskulösen Hinterhand und einem tief angesetzten, dicken Schweif. Der Andalusier besitzt normalerweise eine außerordentliche Ausstrahlung und zeichnet sich durch eine spektakuläre Aktion aus, die unter anderem den *Paso de andatura* einschließt, einen erhabenen Gang mit hoher Knieaktion, der ursprünglich bei Paraden gezeigt wurde. Er hat einen ausgezeichneten Charakter und ist sanft und ruhig, kann jedoch auch lebhaft und tapfer sein – Qualitäten, die ihn für den Einsatz beim Stierkampf befähigten. Er tritt meistens als Schimmel, Brauner, Rappe, Fuchs oder Stichelhaar auf und erreicht ein Stockmaß von 1,52 bis 1, 63 m.

Die im Allgemeinen als Andalusier bezeichnete Rasse wird vom Spanischen Zuchtverband inzwischen *Pura Raza Española* genannt, „die reine spanische Rasse". Eine Reihe von Rassen, zu denen u. a. auch Alter-Real, Lusitano, Peninsular, Zapatero und Andalusier gehören, können alle unter dem Sammelbegriff „Iberisches Pferd" zusammengefasst werden, da sie alle unmittelbar miteinander verwandt sind und ähnliche Merkmale aufweisen.

WISSENSWERTES:
Als „Drugstore Cowboy" wird jemand bezeichnet, der sich wie ein Cowboy kleidet, jedoch keine Rancherfahrung besitzt und noch nie mit Vieh oder Pferden gearbeitet hat.

Oben
Diese lebhaften und feurigen Pferde haben einen ungewöhnlich erhabenen Gang und eine großartige Ausstrahlung.

Links
Der Andalusier ist eine attraktive Rasse mit einem edlen Kopf und einer langen Mähne und Stirnlocke.

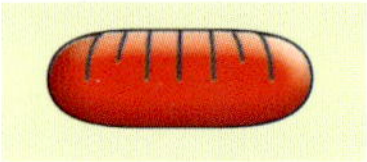

KATEGORIE

VERWENDUNG

TEMPERAMENT

Anglo-Araber

RASSEINFORMATIONEN	
NAME	Anglo-Araber
GRÖSSE	1,63 - 1,70 m
FARBVARIATIONEN	Brauner, Fuchs oder Schimmel
URSPRUNGSLAND	Großbritannien

DER ANGLO-ARABER wird in ganz Europa gezüchtet, wobei Frankreich allerdings als wichtigstes Zentrum für die Zucht gilt. Die französischen Nationalgestüte züchten den Anglo-Araber bereits seit Mitte des 19. Jahrhunderts und haben sich als erfolgreichstes Zuchtzentrum einen Namen gemacht. Die Rasse entstand jedoch im 18. und 19. Jahrhundert in Großbritannien durch eine Kreuzung zwischen Vollblut und Araber. Besonders erfolgreich waren dabei Kreuzungen zwischen Araberhengsten und Vollblutstuten, da diese Kombination eine größere und bessere Nachkommenschaft hervorzubringen scheint als die eines Vollbluthengstes mit einer Araberstute.

Die Zucht des Anglo-Arabers ist eine Wissenschaft für sich und wird durch erfahrungsbasierte selektive Züchtung erzielt. Der Anglo-Araber muss mindestens 25% Araberblut in seinen Adern haben, und um dieses Ergebnis zu erzielen, wird gewöhnlich ein reinrassiger Araberhengst mit einer Vollblut- oder Anglo-Araberstute gekreuzt. Der Anglo-Araber sollte die besten Eigenschaften des Arabers und des Vollbluts in sich vereinigen, ohne dass die Merkmale einer der beiden Rassen zu offensichtlich sind. Er sollte die Schnelligkeit und Klasse beider Rassen aufweisen und die Ausdauer und Zähigkeit des Arabers besitzen. Der Anglo-Araber hat von Natur aus eine gute Konstitution und ein großartiges Springvermögen, das ihn in Verbindung mit seiner Schnelligkeit zu einem ausgezeichneten Turnierpferd macht. Er ist oftmals größer als der reinrassige Araber und erreicht ein Stockmaß von 1,63 bis 1,70 m.

Vom Aussehen her sollte er Qualität und Vernunft ausstrahlen. Er hat einen fein modellierten Kopf mit arabischem Einschlag, wobei die Nasenlinie jedoch gerader sein sollte. Insgesamt ähnelt er dem Vollblüter, sollte jedoch mehr Substanz besitzen. Sein Hals sollte eine gute Länge haben und vom Widerrist zum Genick schön gebogen sein. Die Schultern sind sehr kräftig und sollten schräg sein, um schnelle und freie Bewegungen zu ermöglichen. Die Brust des Anglo-Arabers ist tief und der Körper kompakt mit einer kräftigen Hinterhand. Seine Beine sollten gut proportioniert sein mit starken Sehnen, kräftigen Knochen und festen Gelenken. Die Hufe sind wohlgeformt und hart. Der Anglo-Araber hat von Natur aus schöne Bewegungen mit einer frei fließenden, raumgreifenden Aktion und eignet sich daher ausgezeichnet als Reit- und Springpferd. Die vorwiegenden Fellfarben sind Brauner oder Fuchs, doch kommen auch andere Farben vor. Abzeichen sind ebenfalls zulässig.

Oben
Der Anglo-Araber wird in ganz Europa gezüchtet und zählt zu den beliebtesten Reitpferden.

Unten
Die Pferde haben einen edlen Kopf, der Ähnlichkeiten mit dem des Arabers aufweist.

RASSEINFORMATIONEN	
NAME	Appaloosa
GRÖSSE	1,47 - 1,57 m
FARBVARIATIONEN	Schecke
URSPRUNGSLAND	Vereinigte Staaten

Appaloosa

KATEGORIE

VERWENDUNG TEMPERAMENT

DER APPALOOSA STAMMT von den Pferden ab, die im 16. Jahrhundert von den spanischen Eroberern nach Amerika gebracht wurden. Die Rasse wurde von den Nez-Percé-Indianern im Nordwesten Amerikas entwickelt, und der Name Appaloosa leitet sich von dem Fluss Palouse ab, der durch das Gebiet der Indianer floss. Die Nez Percé gehörten zu den ersten und sicherlich geschicktesten indianischen Stämmen, die eine selektive Pferdezucht betrieben. Sie gründeten Herden und hielten deren Standard aufrecht, indem sie die qualitativ weniger wertvollen Pferde kastrierten oder verkauften. Mitte des 18. Jahrhunderts hatten die Nez Percé ihre Herden etabliert und sich einen beachtlichen Ruf für ihre Pferde erworben. Sie züchteten den Appaloosa nicht nur wegen seines schönen gescheckten Fells, das eine sehr gute Tarnung darstellte, sondern auch wegen seiner weiteren Eigenschaften wie Konstitution, Ausdauer, Schnelligkeit und Wendigkeit.

Ende des 19. Jahrhunderts wurde der Appaloosa praktisch ausradiert, als die amerikanische Armee die Nez-Percé-Indianer gefangen nahm und nahezu alle ihre Pferde abschlachtete. 1938 erweckte eine Gruppe von Züchtern die Rasse wieder zum Leben. Die Züchter verwendeten die Nachkommenschaft der indianischen Pferde und konnten dadurch die Nachzucht bewerkstelligen. Der Appaloosa ist sowohl geschichtlich als auch genetisch eng mit dem amerikanischen Quarter Horse verwandt, und beide Rassen weisen ähnliche Einflüsse auf. Beim Appaloosa Horse Club sind inzwischen über 400.000 Pferde eingetragen, und die Rasse gewinnt zusehends an Beliebtheit.

Der Appaloosa ist an seinem gescheckten Fell zu erkennen, für das es sechs anerkannte Zeichnungen gibt. Dabei handelt es sich um Schneeflockenschecke, Tigerschecke, Frostschecke, Marmorschecke, Schabrackentiger und einfarbig. Die Grundfellfarbe ist abgesehen vom Tigermuster zumeist stichelhaarig, obwohl jede Farbe zulässig ist, solange sie eine der sechs Zeichnungen aufweist. Die Haut des Appaloosas ist an Nase, Lippen und Genitalien marmoriert, und er hat häufig weiße Skleren um die Augen. Er hat im Allgemeinen dünnes Langhaar, und die Hufe weisen häufig senkrechte schwarze und weiße Streifen auf. Der Appaloosa hat einen verhältnismäßig kleinen Kopf mit einem geraden Profil. Er hat einen langen, muskulösen Hals, der auf einer tiefen Brust mit abfallender Schulter sitzt. Der Widerrist ist recht ausgeprägt, die Hinterhand rund und muskulös und der Rücken kurz und kompakt. Der Appaloosa ist ein ausgezeichnetes Reitpferd, das sowohl sanft und ruhig als auch lebhaft sein kann. Er besitzt eine gute Konstitution und hat von Natur aus viel Vermögen. Sein Stockmaß liegt zwischen 1,47 und 1,57 m.

Oben
Der Appaloosa ist in den USA ein beliebtes Reitpferd.

Mitte und unten
Die charakteristische Fellzeichnung dieser Rasse wird sorgfältig erhalten. Die Haut muss eine von sechs Zeichnungen aufweisen.

WISSENSWERTES:
„Year of the Horse" ist nicht, wie man annehmen könnte, ein Film über Pferde, sondern ein Dokumentarfilm über die Beziehung zwischen der Rockikone Neil Young und der Band „Crazy Horse".

KATEGORIE

VERWENDUNG TEMPERAMENT

Araber

RASSEINFORMATIONEN

NAME	Araber
GRÖSSE	1,52 m
FARBVARIATIONEN	Brauner, Schimmel oder Fuchs
URSPRUNGSLAND	Mittlerer Osten

BEI DEN ARABERN wird das Araberpferd *Keheilan* genannt, was so viel heißt wie „durch und durch reines Blut“ und diese Pferderasse vermutlich am genauesten beschreibt.

Der Araber ist die reinste Rasse der Welt, blieb von fremden Einflüssen unberührt und hat sich daher seine charakteristischen Merkmale erhalten. Auch wenn alte Malereien und Schnitzereien belegen, dass der Araber bereits lange vor dem christlichen Zeitalter existierte, sind nur wenige Fakten über seinen Ursprung bekannt, außer dass er aus Westasien stammt. Er könnte sich in Saudi-Arabien entwickelt haben, hat jedoch vermutlich auch starke Bindungen zu Ländern wie dem Iran, dem Irak, Syrien und der Türkei. Die Tatsache, dass er einer der ältesten reinen Rassen angehört, steht außer Frage, und er stammt wahrscheinlich von dem postulierten primitiven Pferdetyp 4 ab.

Im Jahre 1121 kam erstmals auch ein Araber nach Großbritannien, als der schottische König Alexander I. der Kirche von St. Andrews ein Pferd dieser Rasse schenkte. Seit jener Zeit wurden Araber gelegentlich mit britischen Ponys gekreuzt, um deren Schnelligkeit zu steigern. Im Jahre 1616 kaufte James I. ein berühmtes Araberpferd von einem Mann namens Markham. Der Araber gewann in England jedoch erst an Beliebtheit, als Charles II. seinen Rittmeister in die Levante entsandte, um Hengste und Zuchtstuten zu kaufen. Von da an nahm der Bekanntheitsgrad der Rasse zu.

Die Reinheit des Arabers wird bis heute von den Araber-Zuchtverbänden und der World Arab Horse Organisation gesichert, die strenge Abstammungsstandards festlegte, denen der Araber gerecht werden muss, um als reinrassig eingetragen zu werden. Es gibt verschiedene Ableger des Arabers, die trotz reinrassiger Vorfahren nicht den Abstammungsstrukturen entsprechen. Daneben gibt es natürlich noch den Berber, der eine sehr wichtige, eigenständige Rasse darstellt und im Kapitel „Berber“ näher beschrieben wird. Die Rolle, die der Araber in der Entwicklung fast aller modernen Rassen gespielt hat, lässt sich nicht hoch genug einschätzen. Seine Rasse ist die wohl einflussreichste überhaupt und war auch an der Entwicklung des Englischen Vollbluts maßgeblich beteiligt.

Der Araber wurde jahrhundertelang zur Verbesserung und Veredelung anderer Rassen eingesetzt, und auch heute noch wird er häufig diesem Zweck verwendet. Er erfreut sich auf der ganzen Welt großer Beliebtheit, was nicht zuletzt seiner großen Vielseitigkeit zuzuschreiben ist. Der Araber gehört nicht nur zu den schönsten Pferden in Bezug auf Symmetrie und Exterieur, sondern ist auch eine der zähesten und ausdauerndsten Rassen, was man angesichts seines Aussehens kaum vermuten würde. Er

WISSENSWERTES: Die Esse eines Hufschmieds kann Metall auf über 2.500 Grad erhitzen.

Oben und Mitte
Der Araber, vielleicht die berühmteste Pferderasse der Welt, ist ein vielseitiges Tier.

Unten
Die Pferde können eine beliebige Farbe haben und besitzen einen edlen Kopf und einen gebogenen Hals.

ist berühmt für seine Konstitution und Ausdauer, ist unglaublich schnell und gibt ein ausgezeichnetes leichtes, ausgeglichenes Reitpferd ab.

Exterieur und Aussehen des Arabers sind einzigartig. Ein bemerkenswerter Unterschied zu anderen Rassen besteht in der Anzahl der Wirbel und Rippen. Er hat 17 Rippen, fünf Lendenwirbel und 16 Rückenwirbel, während andere Pferderassen 18 Rippen, sechs Lendenwirbel und 18 Rückenwirbel aufweisen. Diese ungewöhnliche Anordnung führt zu der kompakten Rückenform und dem hochgetragenen Schweif.

Der Araber hat auch einen sehr charakteristischen Kopf, der klein und edel ist und sich durch ein konkaves Profil auszeichnet. Die Stirn ist breit mit einem schildförmigen Buckel, dem so genannten *Jibbah*. Der Kopf läuft schmal zu in einem kleinen Maul mit sehr großen Nüstern, die sich stark weiten können. Die Augen sind grundsätzlich sehr groß, ausdrucksvoll und schön. Die Ohren sind gewöhnlich klein, sehr beweglich und nach innen gebogen. Ein weiteres besonderes Merkmal ist die so genannte *Mitbah*, die Stelle, wo der Hals am Kopf angesetzt ist. Durch die große Ganaschenfreiheit kann der Kopf frei in alle Richtungen bewegt werden. Der Hals ist in der Regel gebogen, muskulös und elegant und sitzt auf kräftigen, wohlgeformten Schultern mit einer tiefen, breiten Brust. Der Rücken ist kräftig und gerade mit einer breiten Hinterhand und einer charakteristischen, langen und geraden Kruppe. Der Schweif ist hoch angesetzt und wird hoch getragen. Die Beine sind in der Regel gesund mit sehr harten Sehnen und guten Hufen.

Der Araber zeichnet sich durch eine ausgezeichnete Aktion mit frei fließenden und geradlinigen Bewegungen aus. Er ist in allen Gangarten schnell und scheint mühelos über den Boden zu gleiten. Seine Haut ist besonders dünn mit sichtbarer Äderung. Mit einem Stockmaß von ungefähr 1,52 m ist er normalerweise recht klein. Es gibt zwar größere Züchtungen, die jedoch an Qualität einbüßen. Die Fellfarbe des Arabers ist vorwiegend Brauner, Schimmel oder Fuchs.

Oben
Die Pferde tragen ihren Schweif gewöhnlich sehr hoch und haben einen schönen Gang.

Unten
Kopf und Hals des Arabers treffen in einem ungewöhnlichen Winkel aufeinander. Dieses Merkmal wird Mitbah *genannt. Dadurch entsteht die typische Halswölbung.*

WISSENSWERTES:
„Year of the Horse" ist nicht, wie man annehmen könnte, ein Film über Pferde, sondern ein Dokumentarfilm über die Beziehung zwischen der Rockikone Neil Young und der Band „Crazy Horse".

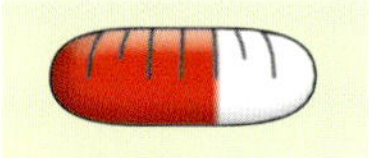

KATEGORIE

VERWENDUNG TEMPERAMENT

Oben
Diese Pferde werden seit langem von australischen Cowboys des Outback benutzt.

Mitte und unten
Das Stockhorse lebt immer noch in Herden und hat eine gewisse Ähnlichkeit mit dem Vollblut.

Australisches Stockhorse

RASSEINFORMATIONEN	
NAME	Australisches Stockhorse - Waler
GRÖSSE	1,44 - 1,64 m
FARBVARIATIONEN	Brauner, aber auch alle anderen Vollfarben möglich
URSPRUNGSLAND	Australien

DIE ERSTEN PFERDE WURDEN 1788 von Gouverneur Arthur Philip vom südafrikanischen Kap nach Australien gebracht. Seit jener Zeit wurden immer mehr Pferde importiert – vornehmlich Vollblüter und Araber – und in Neu-Südwales selektiv gezüchtet, um Farmarbeit auf den riesigen Schafstationen zu verrichten. Die zähen und ausdauernden Pferde, die sich auf diese Weise entwickelten, wurden der Region entsprechend „Waler" genannt, jedoch nie als eigenständige Rasse eingetragen.

Der Waler genoss anfänglich großes Ansehen als

Arbeits- und Kavalleriepferd. Er war das bevorzugte Reittier der indischen Kavallerie und wurde später im Ersten Weltkrieg von den Alliierten in großer Zahl eingesetzt. In der Tat wurden während dieser Zeit so viele Waler exportiert, dass ihr Bestand drastisch zurückging und sie gegen Ende des Zweiten Weltkrieges fast gänzlich verschwunden waren. Das Australische Stockhorse wurde aus dem Waler entwickelt und entspricht größtenteils dem Typ des Anglo-Arabers, da es durch die Kreuzung von Arabern und Vollblütern entstand. 1954 wurde das amerikanische Quarter Horse vermehrt in die Rasse eingeführt, wobei insbesondere die vier Quarter Horse-Hengste Vaquero, Jackeroo, Risbon und Gold Standard einen maßgebenden Einfluss auf das Stockhorse nahmen. Die Rasse wurde wahrscheinlich auch durch Percheronblut geprägt, dem sie möglicherweise ihre Substanz zu verdanken hat. 1971 wurde die Australian Stock Horse Society gegründet, die für die weitere Förderung und Regulierung der Rasse verantwortlich ist. Das Australische Stockhorse ist ein ausgezeichnetes vielseitiges Pferd mit einem guten Charakter. Es ist fügsam, lebhaft, schnell und besitzt eine gute Konstitution.

Das Australische Stockhorse hat ein qualitätsvolles Äußeres, das in gewisser Weise dem Vollblut ähnelt, besitzt jedoch einen kräftigeren Knochenbau und mehr Substanz. Sein Kopf ist gewöhnlich attraktiv und edel mit einer breiten Stirn und großen sanften Augen. Der Hals ist im Verhältnis zum Körper gut proportioniert und schön angesetzt auf guten schrägen Schultern. Die Brust des Australischen Stockhorse ist tief, allerdings nicht übermäßig breit. Sein Rücken ist kräftig mit einem rundrippigen Brustkasten. Die Hinterhand ist sehr kräftig und muskulös, und die Beine sind kräftig und zäh mit wohlgeformten Hufen. Das Australische Stockhorse kommt in allen Farben vor, wobei Braune jedoch überwiegen. Es erreicht ein Stockmaß von 1,44 bis 1,64 m.

WISSENSWERTES:
Die Esse eines Hufschmieds kann Metall auf über 2.500 Grad erhitzen.

RASSEINFORMATIONEN	
NAME	Azteke
GRÖSSE	1,45 - 1,53 m
FARBVARIATIONEN	Alle Vollfarben
URSPRUNGSLAND	Mexiko

Azteke

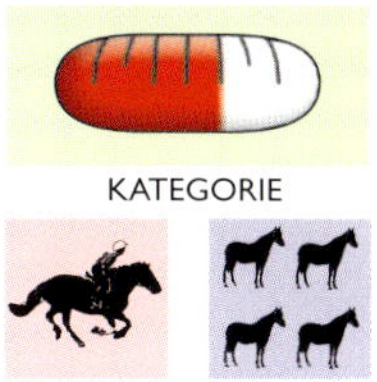

KATEGORIE

VERWENDUNG TEMPERAMENT

WISSENSWERTES: Das erste Springturnier, an dem auch Zivilisten teilnehmen durften, fand 1865 bei der Jahresschau der Royal Dublin Society statt, obwohl der Sport an sich bereits auf den Anfang des 19. Jahrhunderts zurückgeht.

DER AZTEKE ist eine sehr moderne Rasse, die 1972 durch die gemeinsamen Bemühungen verschiedener mexikanischer Organisationen entstand, nämlich La Secretaria de Agriculturea y Recursos Hidraulicos, der Asociacion Mexicana de Criadores de Caballos de Raza Azteca, dem Centro de Reproduccion Caballar Domecq und dem Casa Pedro Domecq. Der Azteke wurde in Konkurrenz zum mexikanischen Criollo entwickelt und gewinnt zunehmend an Beliebtheit. Er wird seit 1972 nach strengen Maßstäben selektiv gezüchtet, wobei strikte Zuchtbestimmungen zugrunde gelegt wurden, um den weiteren Erfolg der Rasse zu sichern. Die Rasse entstand durch die Kreuzung von Andalusierhengsten mit Quarter Horse-Stuten und umgekehrt oder durch die Kreuzung von Andalusierhengsten mit anerkannten Criollostuten.

Die Kreuzungen wurden sorgfältig wissenschaftlich erforscht, um die besten Eigenschaften der drei unterschiedlichen Rassen in einem Pferd zu zementieren. Die gängigste Methode ist die Kreuzung zwischen Andalusierhengst und Quarter Horse-Stute. Die nachfolgenden Generationen können dann zurück- und weitergezüchtet werden. Die Nachkommenschaft darf zu höchstens sechs Achteln einer dieser Rassen entstammen. 1992 wurde ein internationaler Zuchtverband für Azteken (International Azteca Horse Association) ins Leben gerufen, um den weiteren Erfolg und die Weiterentwicklung der Rasse zu beaufsichtigen. In Amerika und Kanada wurden zur selben Zeit Verbände gegründet, die dem internationalen Verband angeschlossen sind. Heute sind beim internationalen Zuchtverband ungefähr 1.000 Azteken registriert, und ihre Zahl nimmt ständig zu. Der Azteke ist ein elegantes, attraktives und vielseitiges Pferd mit viel Vermögen, das die besten Eigenschaften von Quarter Horse und Andalusier in sich vereinigt. Er ist für alle Arten des Reitsports geeignet, einschließlich des Turniersports, und kann auch für leichte Arbeit im Geschirr und leichte landwirtschaftliche Arbeit eingesetzt werden. Der Azteke hat einen ausgezeichneten Charakter, ist ruhig, lebhaft, intelligent und fügsam.

Er hat einen attraktiven Kopf spanischen Typs mit lebhaften Augen und kleinen beweglichen Ohren. Sein Hals ist gewöhnlich muskulös, gut angesetzt und leicht gebogen. Die Schultern fallen in einem schönen Winkel ab, und die Brust ist tief und breit. Der Azteke hat einen ausgeprägten Widerrist, einen geraden Rücken und eine muskulöse Hinterhand. Seine Beine sind im Allgemeinen kräftig und stämmig mit guten Gelenken, langen Röhrbeinen und wohlgeformten Hufen. Er kann in jeder Farbe auftreten. Stuten müssen ein Stockmaß von mindestens 1,45 m und männliche Tiere ein Stockmaß von mindestens 1,52 m erreichen.

Oben
Der Azteke ist eine moderne Rasse, die häufig bei Dressurprüfungen zu sehen ist.

Mitte und unten
Die Pferde haben elegante Köpfe und kräftige Beine mit guter Aktion.

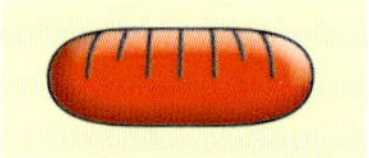

KATEGORIE

VERWENDUNG TEMPERAMENT

Berber

RASSEINFORMATIONEN	
NAME	Berber
GRÖSSE	1,42 - 1,52 m
FARBVARIATIONEN	Meistens Schimmel, auch Brauner oder Fuchs möglich
URSPRUNGSLAND	Nordafrika

DER BERBER stammt aus dem nordwestafrikanischen Küstenstreifen und ist in Ländern wie Marokko, Algerien und Tunesien beheimatet. Wie der Araber hat auch er viele der heutigen Pferderassen maßgeblich beeinflusst. Der Berber gehört einer äußerst alten Rasse an, über deren genauen Ursprung jedoch nur wenig bekannt ist. Er hat jedoch gewisse Ähnlichkeit mit dem postulierten primitiven Pferdetyp 3. Bisher ist man sich noch nicht darüber einig, ob der Berber oder der Araber die ältere Pferderasse ist. Es gilt als wahrscheinlich, dass in den Adern des Berbers Araberblut fließt, doch deuten die Merkmale des Berbers darauf hin, dass seine eigene Erbmasse dominiert. Der Berber wurde in den letzten Jahren jedoch häufig gekreuzt und besteht in Form von leicht unterschiedlichen Typen in ganz Nordafrika fort.

Berber und Araber sind typische Wüstenpferde mit feiner Haut und großer Ausdauer. Die beiden Rassen sollten jedoch nicht verwechselt werden. Der Berber zeichnet sich durch einige charakteristische Merkmale aus, wie dem konvexen Profil bzw. Ramskopf, die sich in vielen vom Berber beeinflussten iberischen Pferden wiederfinden.

Oben
Der Berber ist eine alte nordafrikanische Rasse, die im Laufe der Zeit viele andere Rassen beeinflusst hat.

Unten
Die Pferde sehen zwar kleinen Arabern recht ähnlich, haben jedoch einen schwereren Kopf.

Der Berber hat einen recht schmalen Kopf, der von der Stirn bis zu den feinen Nüstern kegelförmig zuläuft. Seine Ohren sind wie beim Araber gebogen, und seine ausdrucksvollen Augen sehen orientalisch aus. Der Hals ist gewöhnlich muskulös und verläuft vom ausgeprägten Widerrist zum Genick in einem leichten Bogen. Die Schultern sind eher flach und steil, was angesichts seiner Schnelligkeit und Wendigkeit merkwürdig erscheint. Die Brust ist tief, kann jedoch recht schmal sein. Der Berber hat normalerweise einen schlanken Körper mit einer guten Gurtentiefe und einer abfallenden Hinterhand mit einem tief angesetzten Schweif. Seine Beine sind schlank, jedoch äußerst zäh und kräftig. Trotz ihres schmalen Aussehens sind seine Hufe sehr hart, sodass er so gut wie nie lahm geht. Er neigt zwar hinten zu Kuhhessigkeit und vorn zu einer zehenengen Beinstellung, doch wirkt sich dies anscheinend nicht auf den allgemeinen Gesundheitszustand der Beine aus.

Wie der Araber ist auch der Berber gewöhnlich recht klein und erreicht ein Stockmaß von 1,42 bis 1,52 m. Hinsichtlich der Fellfarbe überwiegt zwar der Schimmel, doch mag dies auf den arabischen Einfluss zurückzuführen sein. Der Berber

WISSENSWERTES:
Das Ellbogengelenk des Pferdes entspricht mehr oder weniger dem Kniegelenk des Menschen.

kann auch als Brauner oder Fuchs auftreten und hatte ursprünglich vermutlich meist eine dunkle Fellfarbe. Er ist ein unglaublich robustes kleines Pferd und besitzt nicht nur große Ausdauer und eine gute Konstitution, sondern ist auch extremen Klimabedingungen gegenüber unempfindlich. Ihm fehlt die natürliche Eleganz des Arabers, und seine Bewegungen sind nicht so frei, doch ist er auf kurzen Strecken genauso schnell, wenn nicht sogar noch schneller. Berber sind in Nordafrika immer noch stark vertreten, insbesondere in Tunesien, Algerien und Markokko, und tragen oftmals mit Halbedelsteinen verziertes Sattel- und Zaumzeug, um den Wohlstand ihres Besitzers zu demonstrieren.

Der Berber hat die spanischen Pferde maßgeblich beeinflusst und gilt sogar als deren direkter Vorfahre. Er gelangte während der maurischen Kriege nach Spanien, wo er mit andalusischen und spanischen Pferden in Berührung kam, die wiederum auf viele andere Pferderassen in Europa und Amerika Einfluss nahmen. Die wichtigste Rolle hat der Berber jedoch vermutlich bei der Entwicklung des Englischen Vollbluts gespielt. Einer der drei Stammväter des Vollbluts war ein Berber namens Godolphin Arabian. Godolphin Arabian hat eine faszinierende Geschichte: Er war ein 1,52 m großer Brauner mit einem wunderschönen Kopf, jedoch einem unnatürlich hohen Mähnenkamm und zog einen Wagen in Paris, als ein Mann namens Coke auf ihn aufmerksam wurde. Coke kaufte das Pferd, brachte es nach England und übergab es einem Mr. Williams, der es zum Grafen von Godolphin brachte. 1731 wurde es als Probierhengst für eine Stute namens Roxana eingesetzt, die mit einem Hengst namens Hobgoblin gepaart werden sollte. Als die Zeit reif war, wollte Hobgoblin nichts mit Roxana zu tun haben, und daher wurde es stattdessen Godolphin Arabian gestattet, sie zu decken. Das daraus resultierende Fohlen Lath wurde eines der berühmtesten Rennpferde seiner Zeit, das nur noch von Flying Childers übertroffen wurde und eine der erfolgreichsten Renndynastien begründete. Die Geschichte des Berbers in Europa beginnt jedoch schon lange vor Godolphin Arabian. Es ist bekannt, dass Berber bereits zu Zeiten von König Richard II. (1377-1399) nach England importiert wurden, um in den königlichen Gestüten und bei Rennen eingesetzt zu werden.

Wie dem Vollblut wird auch dem Berber ein maßgeblicher Einfluss auf die Entwicklung des französischen Camargue-Pferdes zugeschrieben, dem er verblüffend ähnlich sieht, und auch an der Entstehung des irischen Connemara-Ponys und verschiedener anderer französischer Rassen, wie dem Limousin, soll er beteiligt gewesen sein.

WISSENSWERTES:
Für die frühesten Einspannmethoden wurden immer zwei Tiere verwendet, die sich zu beiden Seiten einer Mitteldeichsel befanden. Die Idee, ein Tier zwischen zwei Deichseln einzuspannen, entwickelte sich erst im zweiten Jahrhundert im alten China.

Links
Berber können zwar alle Farben haben, sind jedoch vorwiegend als Schimmel anzutreffen. Sie gelten als lebhaft und temperamentvoll.

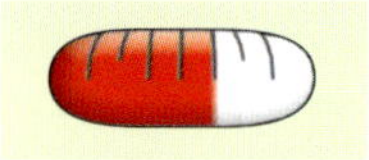

KATEGORIE

VERWENDUNG TEMPERAMENT

Belgisches Warmblut

RASSEINFORMATIONEN	
NAME	Belgisches Warmblut
GRÖSSE	1,68 m
FARBVARIATIONEN	Meistens Brauner, aber auch alle anderen Vollfarben möglich
URSPRUNGSLAND	Belgien

WISSENSWERTES:
Monty Roberts, „der mit den Pferden spricht", ist ein hoch angesehener Pferdetrainer in Kalifornien, der weltweit Anerkennung für seine humanen Methoden bei der Ausbildung von Pferden erlangt hat. Er reist regelmäßig nach Europa, um Vorträge und Seminare zu halten, und hat unter anderem mit den Kavalleriepferden von Königin Elizabeth II. gearbeitet.

Oben
Belgische Warmblüter sind kräftige Tiere mit frei fließenden Bewegungen.

Unten
Diese Rasse hat ein ausgezeichnetes Exterieur und ist im Allgemeinen braun.

DAS BELGISCHE WARMBLUT ist eine relativ neue Rasse, die eigens für Turniere und Leistungsschauen entwickelt wurde. Belgien wird zumeist mit der Zucht von schweren Zugpferden wie dem Brabanter in Verbindung gebracht, doch seit der Entwicklung des Belgischen Warmbluts in den 50er Jahren des letzten Jahrhunderts hat das Land als Erzeuger von hochwertigen Turnierpferden Bedeutung erlangt und bringt jedes Jahr ungefähr 5.000 Belgische Warmblutfohlen hervor. Das Belgische Warmblut erfreut sich aufgrund seiner Vielseitigkeit, seines Vermögens und seiner ausgezeichneten Manieren inzwischen in ganz Europa und Amerika großer Beliebtheit.

Es wurde anfangs aus einer Kreuzung zwischen leichteren Arbeitspferden und dem Gelderländer entwickelt. Dadurch entstand ein schönes, jedoch schweres Reitpferd mit viel Substanz, dem es jedoch an der für den Turniersport erforderlichen Beweglichkeit und Agilität mangelte. Die Rasse wurde dann durch Einkreuzungen von Holsteiner, Selle Français und Hannoveraner weiter veredelt. Das Ergebnis war ein leichterer und aktiverer Pferdetyp. Der Rasse fehlte es jedoch immer noch an der erforderlichen Schnelligkeit und Qualität.

Die Einführung von Vollblut- und Anglo-Araberhengsten sowie einigen Holländischen Warmbluthengsten brachte schließlich den gewünschten Erfolg und produzierte ein ausgezeichnetes Allround-Sportpferd, das inzwischen den Namen Belgisches Warmblut trägt.

Das Belgische Warmblut ist ein qualitäts- und kraftvolles Pferd mit einer guten, frei fließenden Bewegung und einer ausgezeichneten, ruhigen Wesensart. Seine Beliebtheit hat in den letzten Jahren stetig zugenommen, und es glänzt in den höchsten Turnierklassen, insbesondere beim Springen und in der Dressur. Sein Kopf lässt häufig den Einfluss des Vollbluts und Anglo-Arabers erkennen und ist fein und attraktiv mit sanften Augen. Es hat einen gut angesetzten, muskulösen Hals, eine breite Brust und gute, schräge Schultern, die eine freie fließende Aktion ermöglichen. Sein Rücken ist gewöhnlich kurz und kompakt mit einer muskulösen Hinterhand und einem gut angesetzten Widerrist. Die Beine sind in der Regel sehr gut, kräftig und gesund mit harten Hufen. Das Belgische Warmblut zeichnet sich im Allgemeinen durch ein ausgezeichnetes Exterieur und ausgewogene Proportionen aus. Es tritt vorwiegend als Brauner auf, kann jedoch jede andere Vollfarbe haben und erreicht ein Stockmaß von ungefähr 1,68 m.

RASSEINFORMATIONEN	
NAME	Brumby
GRÖSSE	1,42 - 1,52 m
FARBVARIATIONEN	Alle Farben
URSPRUNGSLAND	Australien

Brumby

KATEGORIE

VERWENDUNG TEMPERAMENT

BRUMBYS SIND australische Wildpferde, die sich aus Hauspferden entwickelt haben, die während des Goldrausches um 1851 davonliefen oder sich selbst überlassen wurden. „Brumby" ist eigentlich ein Sammelbegriff für eine Reihe verschiedener Wildpferdetypen, denen wahrscheinlich auch Nachfahren von Walern, Stockhorses, Anglo-Arabern, Percherons und einigen Ponyrassen zugeordnet werden können, die sich alle untereinander gepaart haben. Die Brumbys besitzen daher keine eindeutigen Merkmale und können sich im Aussehen stark unterscheiden. Ihrem Instinkt folgend schlossen sie sich zu Herden zusammen und vermehrten sich so stark, dass sie für Viehzucht und Landwirtschaft zum Problem wurden.

Die Brumbys hatten sich so gut an das raue, trockene Klima und die Landschaft Australiens angepasst, dass sie auf Kosten großer Teile der einheimischen Pflanzen- und Tierwelt lebten und gediehen. Dies wurde insbesondere während der Trockenzeit deutlich. In den 60er Jahren des letzten Jahrhunderts wurden die Brumbys dann in groß angelegten Jagdaktionen systematisch dezimiert, was fast zum Aussterben der Rasse führte. Das barbarische Gemetzel, das mit Gewehren von Hubschraubern aus erfolgte und statt eines sofortigen Todes häufig furchtbare Verletzungen verursachte, rief in der ganzen Welt einen Aufschrei der Empörung hervor. Der Bestand der Brumbys ist inzwischen stark zurückgegangen, doch ist es immer noch notwendig, ihre Anzahl zu kontrollieren, und die Methoden zur Bestandskontrolle sind immer noch stark umstritten.

Der Brumby ist als Reitpferd leider kaum zu gebrauchen. Er ist wie jedes wilde Tier äußerst schwer zu fangen und zu zähmen und hat eine rebellische und starrsinnige Wesensart. Außerdem gibt es keinen Mangel an ausgezeichneten Reitpferden wie etwa dem Stockhorse, sodass die Verwendung des Brumbys nicht notwendig ist. Seit er im 19. Jahrhundert zum Wildpferd wurde, haben sich seine physischen Merkmale geändert, je stärker er sich an das Leben in der Wildnis anpasste. Er wurde nicht nur kleiner, schneller und gerissener als das Hauspferd, sondern auch ausdauernd und äußerst zäh.

Das Exterieur des Brumbys ist von Pferd zu Pferd unterschiedlich, doch hat er im Allgemeinen einen schweren Kopf, einen kurzen Hals und Rücken, steile Schultern, eine abfallende Hinterhand und kräftige Beine. Sein Körperbau ist meist schwach, obwohl das eine oder andere Exemplar einen Vollblüter unter seinen Vorfahren hat und daher insbesondere im Kopfbereich ein gewisses Maß an Qualität erkennen lässt. Brumbys können jede Farbe haben, und auch ihre Größe variiert. Gewöhnlich sind sie jedoch recht klein, obwohl hin und wieder auch ein Stockmaß von mehr als 1,52 erreicht werden kann.

Oben
Früher vermehrten sich die Brumbys in Australien so stark, dass sie eine Bedrohung für die einheimische Flora und Fauna darstellten.

Unten
Einigen Brumbys ist zwar die Abstammung vom Vollblut anzusehen, doch haben sie im Allgemeinen kein bemerkenswertes Äußeres.

WISSENSWERTES:
Da sich die Augen des Pferdes an den Seiten des Kopfes befinden, hat es einen Blickwinkel von fast 360 Grad. Nur direkt vor seiner Nase und unmittelbar hinter dem Rumpf hat es einen „toten Winkel".

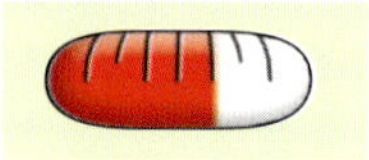

KATEGORIE

VERWENDUNG TEMPERAMENT

Budjonny

RASSEINFORMATIONEN	
NAME	Budjonny
GRÖSSE	1,63 m
FARBVARIATIONEN	Meistens Fuchs, auch Schimmel, Brauner oder Rappe möglich
URSPRUNGSLAND	Ehemalige UdSSR

WISSENSWERTES:
Die ABRS (Association of British Riding Schools) wurde 1954 in Großbritannien gegründet und ist die einzige britsche Organisation für professionelle Reitlehrer.

DER BUDJONNY ist eine relativ neue Rasse und wurde nach Marschall Budjonny benannt, einem der berühmtesten Kommandeure der bolschewikischen Kavallerie im russischen Bürgerkrieg (1918-1920). Die Rasse wurde zwischen 1921 und 1949 in der Region Rostow entwickelt und sollte in erster Linie als Kavalleriepferd dienen. Heute wird sie auch in der Ukraine und im Süden der ehemaligen UdSSR gezüchtet. Die russische Kavallerie erlitt während des Ersten Weltkrieges große Verluste und beschloss, diese Verluste durch die Züchtung eines neuen, erstklassigen Pferdetyps wieder wettzumachen.

Sorgfältig ausgewählte Don- und Chernomorstuten wurden mit Vollbluthengsten gekreuzt, sodass ein neuer Typ namens Anglo-Don entstand. Anfangs wurden auch Kreuzungen mit dem Kirgisen und dem Kasachen versucht, brachten jedoch kein zufriedenstellendes Ergebnis, da die Nachkommenschaft die schlechtesten Eigenschaften der beiden Rassen erbte. Die besten Anglo-Dons wurden untereinander gepaart, um einen festen Typ zu erhalten. Durch die weitere Verwendung von Vollbluthengsten wurde die Rasse veredelt und 1949 schließlich offiziell anerkannt. Budjonnys werden in jungen Jahren Leistungstests auf der Rennbahn und im Reiten unterzogen, um die Qualität der Rasse kontinuierlich sicherzustellen.

Der Budjonny hat eine natürliche, freie Aktion mit einem sehr guten Galopp und viel Springvermögen und gibt somit ein vielseitiges Sportpferd ab. Er wird bei Steeplechaserennen eingesetzt, wie z. B. dem berüchtigten tschechischen Gran Pardubice Chase, kann dem Vollblut in Sachen Schnelligkeit jedoch nicht das Wasser reichen. Er ist zunehmend auch auf Springturnieren und bei Dressurprüfungen zu sehen und bringt bei Distanzritten gute Leistungen. Der Budjonny hat eine sanfte und ruhige Wesensart, kann bei Bedarf jedoch auch energiegeladen und lebhaft sein und ist sehr zäh und ausdauernd.

Er wirkt im Allgemeinen gut proportioniert mit einem attraktiven Kopf und einem wohlgeformten und muskulösen Hals. Der Rücken ist lang und gerade mit schrägen Schultern und einer abfallenden Hinterhand. Die Brust ist breit und tief und der Schweif gut angesetzt. Der Budjonny hat normalerweise kräftige Beine mit kräftigen Knochen und festen Gelenken. Hin und wieder können Gebäudemängel wie übermäßig steile Hinterbeine und schlecht entwickelte untere Vordergliedmaßen vorkommen. Diese Mängel sind vermutlich auf die früheren Einkreuzungen von Kirgisen und Kasachen zurückzuführen. Budjonnys sind zumeist fuchsfarben mit einem metallenen Schimmer, den sie vom Don geerbt haben. Braune, Schimmel oder Rappen kommen jedoch ebenfalls vor. Ihr Stockmaß beträgt ungefähr 1,63 m.

Oben
Budjonnys sind attraktive Tiere mit einer sanften Wesensart und eignen sich deshalb ideal als Turnierpferde.

Unten
Diese Rasse hat eine gute starke Aktion mit einem schnellen Galopp.

RASSEINFORMATIONEN	
NAME	Kalabrese
GRÖSSE	1,55 - 1,64 m
FARBVARIATIONEN	Schimmel, Brauner, Fuchs oder Rappe
URSPRUNGSLAND	Italien

Kalabrese

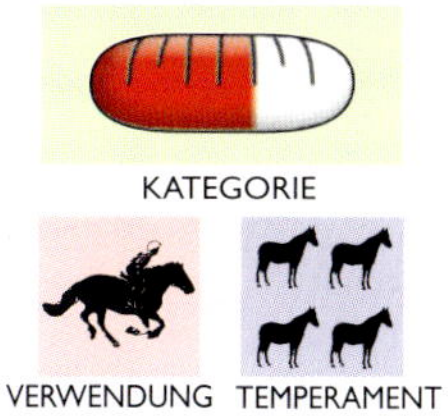

DER KALABRESE hat eine lange und vielschichtige Geschichte, da er von Pferden abstammt, die vor der Gründung Roms gezüchtet wurden. Die Merkmale der Rasse entwickelten sich jedoch während der Bourbonenzeit durch die Kreuzung von Arabern und Andalusiern. Die Rasse stammt aus der Provinz Kalabrien in Südspanien, von der sie auch ihren Namen erhalten hat. Im Mittelalter war der Kalabrese das bevorzugte Reittier der Ritter, und durch die weitere Einkreuzung von Andalusierblut entstand ein lebhaftes Pferd, das jedoch kräftig genug war, das Gewicht eines Ritters in voller Rüstung zu tragen.

Vom Mittelalter bis zum frühen 18. Jahrhundert ging der Bestand der Rasse zurück, da das Interesse in der Region nurmehr der Züchtung von Maultieren galt, die für das Gelände und die Arbeitslast angeblich besser geeignet waren als der Kalabrese. Mitte des 18. Jahrhunderts bis Mitte des 19. Jahrhunderts wurde die Rasse des Kalabresen durch die neuerliche Einkreuzung von Araber- und Andalusierblut wieder belebt. 1847 erlitt die Rasse jedoch abermals einen Rückschlag, als viele der Gestüte aufgrund eines Erlasses geschlossen wurden und ein großer Teil des Zuchtbestands aufgeteilt wurde. Erst im 20. Jahr-hundert wurde die Zucht des Kalabresen wieder aufgenommen, wobei Rassen wie Englisches Vollblut, Araber, Andalusier und Hackney eingekreuzt wurden. Das Vollblut hat die Rasse verbessert und ihr Qualität und Raffinesse verliehen, während der Araber zur Erhaltung der charakteristischen Merkmale und der Zähigkeit beitrug. Der Kalabrese ist ein nützliches und vielseitiges Reitpferd mit einem guten Charakter. Er ist aktiv und lebhaft, bleibt dabei jedoch ruhig und gefügig.

Er hat einen feinen Kopf mit einem geraden oder manchmal konvexen Profil. Der Hals entspricht den Proportionen des Körpers und ist wohlgeformt und muskulös. Die Brust ist im Allgemeinen breit und tief mit schrägen Schultern, die eine gute Aktion ermöglichen. Der Kalabrese hat normalerweise einen kompakten Körperbau mit einem kurzen und kräftigen Rücken und einer muskulösen, abfallenden Kruppe. Seine Beine sind muskulös mit gut sichtbaren Sehnen und von Natur aus wohlgeformten, harten Hufen. Er tritt gewöhnlich als Schimmel, Brauner, Fuchs oder Rappe auf und erreicht ein Stockmaß von 1,55 bis 1,64 m.

Oben
Die Vorfahren des Kalabresen wurden bereits vor Beginn des Römischen Reiches in Italien gezüchtet.

Unten
Durch jüngste Einkreuzungen von Araber- und Hackneyblut wurde die Rasse dieser Pferde veredelt.

WISSENSWERTES:
Pferde gehen im Schritt mit einer durchschnittlichen Geschwindigkeit von 6 km/h und erreichen im Trab 9 bis 11 km/h.

KATEGORIE

VERWENDUNG TEMPERAMENT

Kanadisches Cuttingpferd

RASSEINFORMATIONEN

NAME	Kanadisches Cuttingpferd
GRÖSSE	1,52 - 1,62 m
FARBVARIATIONEN	Alle Vollfarben
URSPRUNGSLAND	Kanada

WISSENSWERTES: Robert Bakewell (1725-95) spielte bei der Verbesserung verschiedener Farmtiere durch selektive Zucht eine entscheidende Rolle. Er ist für seine Experimente am English Black von Leicestershire bekannt, die irgendwann zur Entstehung des Midlandtyps des Shires führten.

DAS KANADISCHE CUTTINGPFERD wurde in Kanada entwickelt und basiert größtenteils auf dem amerikanischen Quarter Horse, dem es in Aussehen, Temperament und Neigungen ähnelt. Es wurde selektiv gezüchtet, sodass ein äußerst schnelles

und wendiges Pferd mit viel Vermögen entstand, dass außerdem intelligent, ruhig und fügsam ist. All diese Eigenschaften sind zur Erfüllung seiner eigentlichen Aufgabe wichtig, dem Arbeiten mit Vieh auf einer Ranch.

Die Rasse basiert größtenteils auf dem Spanier, der für seinen „Rinderverstand" bekannt ist – eine notwendige Eigenschaft für das Kanadische Cuttingpferd wie auch für das amerikanische Quarter Horse. Dank dieses besonderen Merkmals kommt das Pferd gewissermaßen instinktiv den Absichten und Bewegungen des Viehs zuvor. Wie das amerikanische Quarter Horse wird auch das Kanadische Cuttingpferd größtenteils für Ranch- und Vieharbeiten aller Art eingesetzt und ist häufig auch bei Cutting-Wettkämpfen zu sehen. Bei diesen Wettkämpfen muss das Pferd ein ausgewähltes Rind schnell und geschickt von der Herde trennen. Anschließend muss das Pferd die Kopf-an-Kopf-Stellung einnehmen und das Rind daran hindern, zur Herde zurückzukehren. Der Reiter hält sich derweil am Sattelhorn fest und überlässt es dem Pferd, das Rind von der Herde fernzuhalten. Diese Wettkämpfe zeigen nicht nur die Wendigkeit des Pferdes, sondern auch seine Intelligenz und Ausbildung, und das Preisgeld kann immens hoch sein.

Das Kanadische Cuttingpferd hat einen gut proportionierten Kopf mit einem geraden oder leicht konvexen Profil, was auf seine spanischen Vorfahren zurückzuführen ist. Die Augen sind intelligent und sanft, und die beweglichen Ohren wirken aufmerksam. Der Hals ist gewöhnlich kurz, muskulös und gut angesetzt. Die Schultern sind kräftig und fallen in einem schönen Winkel ab, die Brust ist breit und tief, der Rücken gerade und die Hinterhand außergewöhnlich kräftig und muskulös. Die Beine sind kurz und kräftig mit harten Sehnen und guten Hufen. Insgesamt macht das Kanadische Cuttingpferd den Eindruck eines gut proportionierten, kräftigen Tieres, das aufgrund seiner kurzen Beine bodennah zu stehen scheint. Es tritt als Fuchs, Brauner oder Schimmel auf, und sein Stockmaß beträgt 1,52 bis 1,62 m.

Oben
Dieses Pferd wurde von zwei Rassen beeinflusst: dem amerikanischen Quarter Horse und dem ursprünglichen Spanier.

Unten
Kanadische Cuttingpferde sind aufgrund ihrer kräftigen Hinterhand und ihrer kurzen Beine sehr kräftig.

RASSEINFORMATIONEN	
NAME	Kartäuser
GRÖSSE	1,52 - 1,63 m
FARBVARIATIONEN	Meistens Schimmel, auch Fuchs oder Rappe möglich
URSPRUNGSLAND	Spanien

Kartäuser

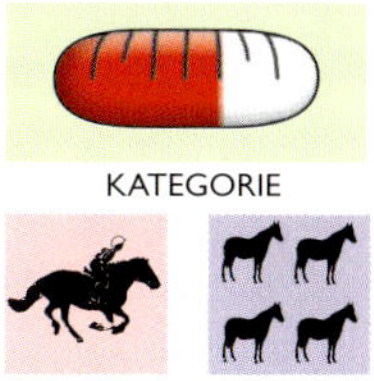

DER KARTÄUSER wird inzwischen eher als Seitenlinie des Andalusiers klassifiziert und nicht als eigenständige Rasse angesehen, auch wenn er sich seine ursprüngliche Form erhalten hat und nicht vollständig von der Rasse des Andalusiers absorbiert wurde. Der Kartäuser hat eine lange, vielschichtige und gut dokumentierte Geschichte und gehört einer der ältesten und reinsten Rassen Spaniens an.

Seine Geschichte begann mit den Gebrüdern Zamora, die mehrere Spanierstuten besaßen. Andrés, der eine der beiden Brüder, erkannte eines Tages in einem alten Wagenpferd den Hengst wieder, den er in der Kavallerie geritten hatte. Er kaufte das Pferd, das den Namen El Soldado trug, und ließ ihn zwei seiner Spanierstuten decken. Eine der Stuten gebar ein Hengstfohlen, das auf den Namen Esclavo getauft wurde und der Stammvater des Kartäusers werden sollte. Esclavo galt in Bezug auf Temperament und Exterieur als perfektes Pferd und zeugte viele hervorragende Fohlen. Eines Tages, als Andrés außer Haus war, verkaufte sein Bruder Esclavo in Portugal für eine große Summe Geldes. Andrés war darüber so bekümmert, dass er kurz darauf starb.

Einige von Esclavos Nachkommen wurden um 1736 an Don Pedro verkauft, der einige der Stuten wiederum an die Kartäusermönche weitergab. Die Kartäusermönche sorgten für den Fortbestand und die Weiterentwicklung des Kartäusers und, was noch wichtiger war, bewahrten seine Reinrassigkeit. Heute unterliegt die Zucht, Unterhaltung und Überwachung des Kartäusers der Verantwortung der Staatsgestüte von Cordoba, Jérez de la Frontera und Badajoz. Esclavo gab sein Exterieur und seine Eigenschaften an seine Nachkommenschaft weiter, die sich seine Form größtenteils erhalten hat. Er besaß mehrere absonderliche Merkmale, wie z. B. Warzen unter dem Schweif, die in vielen Fällen weitervererbt wurden, und merkwürdige knöcherne Auswüchse an der Stirn, die kleinen Hörnern ähneln. Es gab sogar eine Zeit, wo ein Pferd, dass keine Warzen unter dem Schweif hatte, nicht als echter Nachfahre Esclavos angesehen wurde. Esclavo gab auch seine graue Farbe weiter, und der Grauschimmel ist inzwischen die dominierende Fellfarbe innerhalb der Rasse, obwohl auch Fuchs oder Rappe vertreten sind.

Der Kartäuser hat einen edlen Kopf, der gut auf einem gebogenen und muskulösen Hals angesetzt ist. Seine Schultern fallen in einem guten Winkel ab, seine Brust ist tief, und Rücken und Hinterhand sind gut proportioniert. Er besitzt im Allgemeinen ein gutes Exterieur von ausgewogener Proportion und Balance. Sein Stockmaß beträgt 1,52 m bis 1,63 m.

Oben
Der Kartäuser gehört zu den ältesten Rassen Spaniens und ist gewöhnlich grau.

Unten
Diese Rasse besitzt eine sanfte und lebhafte Wesensart. Rücken und Hinterhand sind kräftig.

KATEGORIE

VERWENDUNG TEMPERAMENT

WISSENSWERTES: Die Schleppjagd ähnelt der Fuchsjagd, wobei die Meute jedoch nicht einem Fuchs folgt, sondern einer Anis- oder anderen künstlichen Spur, die ein „Schlepper“ auf einer bestimmten Strecke hinter sich her zieht. Bei dieser Art von Jagd werden keine Tiere getötet.

Cleveland Bay

RASSEINFORMATIONEN	
NAME	Cleveland Bay
GRÖSSE	1,68 m
FARBVARIATIONEN	Brauner mit schwarzem Langhaar
URSPRUNGSLAND	Großbritannien

DER CLEVELAND BAY ist eine der ältesten einheimischen Pferderassen Großbritanniens, deren Wurzeln bis in das Mittelalter zurückreichen. Er kommt ursprünglich aus dem Bezirk Cleveland in Yorkshire und entwickelte sich aus dem Chapman, dem Pferd der fahrenden Händler jener

Zeit (genannt „Chapmen“, Anm. d. Übers.). Der Chapman war klein, stämmig gebaut und besaß eine große Zugkraft. Ein wichtiges Merkmal des Chapmans war, dass er gesunde Beine ohne jeden Behang hatte, was angesichts des schweren Lehmbodens in der Gegend äußerst vorteilhaft war. Der Cleveland Bay ging zweifellos aus dem Chapman hervor und wurde wahrscheinlich durch den Berber beeinflusst, der während des 18. Jahrhunderts in die Rasse eingeführt wurde. Einige seiner Merkmale hat er Pferden mit Vollblutanteil zu verdanken. In diesem Zusammenhang sind zwei Hengste zu nennen: Jalep, ein Enkel des berühmten Godolphin Arabian, und Manica, ein Sohn des Darley Arabian.

Während des 18. und 19. Jahrhunderts war der Cleveland ein beliebtes Kutschpferd. Als jedoch das schnelle Yorkshire Coach Horse entwickelt wurde, wertete man den Cleveland Bay als zu langsam ab, sodass das Yorkshire Coach Horse nach und nach seinen Platz einnahm. Das Yorkshire Coach Horse war das Ergebnis einer Kreuzung zwischen Cleveland Bay und Vollblut. 1884 wurde das Cleveland Bay-Stutbuch geöffnet, um die Rasse zu erhalten. Bis 1962 war ihr Bestand jedoch so stark zurückgegangen, dass nur noch vier Zuchthengste übrig blieben. Zu dieser Zeit kaufte Königin Elizabeth II. einen der Hengste, der den Namen Mulgrave Supreme trug und in die Zucht gegeben wurde, um die Rasse wieder zu beleben. Ihr Bestand hat sich seitdem wieder erhöht, was zu einem großen Teil der Schutzherrschaft der englischen Königsfamilie zu verdanken ist. Cleveland Bays werden von den königlichen Stallungen als Kutschpferde eingesetzt. Sie sind sehr gute schwere Jagd- und Reitpferde und werden häufig zur Veredelung anderer Rassen eingesetzt. Der Cleveland Bay hat eine bemerkenswert ruhige und sanfte Wesensart, kann bei Bedarf jedoch auch lebhaft sein.

Er ist ein großes kräftiges Pferd mit Qualität. Sein Kopf ist groß mit spanischem Einschlag und sein Hals muskulös und gebogen. Schultern und Brust sind sehr muskulös und kräftig – ein für ein Kutschpferd typisches Merkmal. Der Rücken des Cleveland Bay ist relativ lang und gerade mit einer kräftigen Hinterhand. Seine Beine sind kurz und ohne Behang. Er ist grundsätzlich braun mit schwarzem Langhaar, und als Abzeichen ist lediglich ein kleiner Stern auf der Stirn zulässig. Sein Stockmaß beträgt ungefähr 1,68 m.

Oben
Der Cleveland Bay ist eine der ältesten einheimischen Pferderassen Großbritanniens, deren Wurzeln bis in das Mittelalter zurückreichen.

Unten
Diese Pferde müssen grundsätzlich braun sein und schwarzes Langhaar besitzen. Ein kleiner Stern auf der Stirn ist jedoch zulässig.

RASSEINFORMATIONEN	
NAME	Colorado Ranger
GRÖSSE	1,44 - 1,62 m
FARBVARIATIONEN	Alle Farben, oftmals Schecke
URSPRUNGSLAND	Vereinigte Staaten

Colorado Ranger

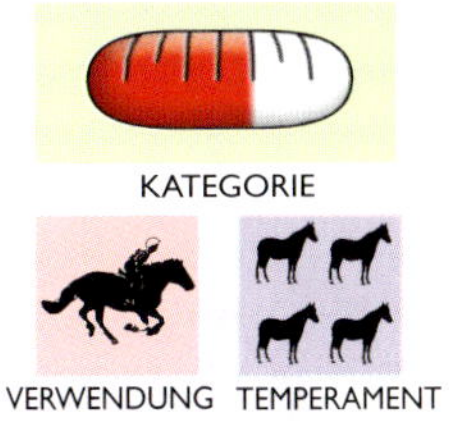

Oben
Innerhalb dieser Rasse sind viele verschiedene Fellfarben vertreten, oftmals auch Schecken.

Unten
Diese Pferde haben eine sanfte Wesensart und sind erstklassige Reittiere, die häufig für die Vieharbeit auf amerikanischen Ranches eingesetzt wird.

DER COLORADO RANGER, der auch „Rangerbred Horse" genannt wird, hat eine gut dokumentierte und interessante Vergangenheit, die bis auf das Jahr 1878 zurückreicht, als General U. S. Grant dem türkischen Sultan Abdul Hamid einen Besuch abstattete. Als Zeichen seiner Anerkennung schenkte der Sultan Grant zwei erstklassige Hengste: einen Araber namens Leopard und einen Berber namens Linden Tree. Sie wurden in den amerikanischen Staat Virginia gebracht und dort Randolph Huntingdon, einem der größten Pferdekenner seiner Zeit, leihweise zur Zucht überlassen. Huntingdon hatte ein leichtes Zugpferd entwickelt und wollte seinen Bestand mit den Hengsten veredeln. Huntingdon setzte Leopard und Linden Tree 14 Jahre lang in der Zucht ein und brachte unter anderem den Americo-Araber hervor. 1906 ging er jedoch leider bankrott, sodass sein Zuchtbestand aufgeteilt und verkauft wurde.

Das nächste Kapitel im Leben von Linden Tree und Leopard begann 1894, als sie auf die Ranch von General Colby in Nebraska gelangten. Hier wurden die beiden betagten Hengste eine Saison lang für die Zucht verwendet und zeugten eine Reihe von Fohlen mit charakteristischen Merkmalen. Die Hengste wurden mit verschiedenen einheimischen Stuten gepaart, und ihre Nachkommenschaft erwies sich bei der Ranch- und Vieharbeit als äußerst wertvoll. Die neue Rasse wurde unter dem Namen Colorado Ranger bekannt. 1918 wurde ein gescheckter Berberhengst namens Spotte in die Rasse eingeführt, von dem nachweislich auch noch viele der heutigen Colorado Rangers abstammen. Ein weiterer wichtiger Hengst war der ebenfalls gescheckte Max, der seine Spuren in all seinen Nachkommen hinterließ.

Innerhalb der Rasse sind viele verschiedene Fellfarben vertreten, zu einem großen Teil auch Schecken. Der Zuchtverband macht hier keine Einschränkungen. Um anerkannt zu werden, muss der Colorado Ranger bestimmte Anforderungen in Bezug auf Exterieur und Abstammung erfüllen, und als Fremdblut sind einzig Vollblut, Quarter Horse, Araber, Appaloosa und Lusitano zulässig. Der Colorado Ranger hat gewöhnlich einen ausgezeichneten Charakter und gute Manieren und ist nicht nur sehr gut als Arbeitspferd für den Viehtrieb geeignet, sondern stellt auch ein erstklassiges Reitpferd dar.

Er hat einen attraktiven Kopf spanischen Typs und wirkt aufgrund seiner beweglichen Ohren sehr aufmerksam. Sein Hals hat im Allgemeinen eine gute Länge und ist sehr muskulös. Er hat eine tiefe und breite Brust mit einem runden Brustkorb und einen kompakten Rücken. Seine Hinterhand ist äußerst kräftig, und er macht alles in allem den Eindruck eines soliden, muskulösen kleinen „Kraftpakets". Sein Stockmaß beträgt 1,44 m bis 1,62 m.

WISSENSWERTES:
„Horse and Hound" ist der internationale Bestseller unter den Pferdefachblättern. Das Wochenmagazin wurde erstmals 1884 veröffentlicht und bietet in jeder Ausgabe eine Fülle an Informationen, interessanten Artikeln, lehrreichen Beiträgen und Kleinanzeigen.

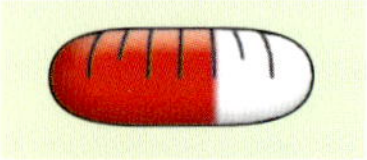

KATEGORIE

VERWENDUNG TEMPERAMENT

Criollo

RASSEINFORMATIONEN	
NAME	Criollo
GRÖSSE	1,42 - 1,52 m
FARBVARIATIONEN	Meistens Falbe, auch alle Vollfarben oder Stichelhaar möglich
URSPRUNGSLAND	Argentinien

DER ARGENTINISCHE CRIOLLO geht auf das 16. Jahrhundert zurück, als Pedro de Mendoza, der Gründer von Buenos Aires, 100 spanische Pferde nach Rio de la Plata brachte. Viele dieser Pferde starben während der Überfahrt; die überlebenden jedoch bildeten den Grundstock für den argentinischen Criollo. Das Wort Criollo bedeutet „Spanisches Pferd", und es ist anzunehmen, dass sich die ursprünglich nach Südamerika verschifften Pferde aus Sorraias, Garranos und Andalusiern zusammensetzten. Der Criollo entwickelte sich aus diesem Grundstock und unterlag wahrscheinlich auch dem Einfluss von Arabern und Berbern. Als Buenos Aires um 1540 von den Indianern geplündert wurde, wurden viele der spanischen Pferde freigelassen oder liefen davon. Sie pflanzten sich in der Wildnis fort, und so entstand der Criollo. Der Criollo ist wahrscheinlich eines der zähesten und ausdauerndsten Pferde der Welt, da er in großem Maße von den Bedingungen seiner Umwelt geprägt wurde.

Das argentinische Klima zeichnet sich durch extreme Hitze und Kälte aus, und der Criollo ist in der Lage, beidem zu widerstehen und Futter- und Wassermangel zu überleben. Er ist äußerst robust und genügsam und kommt mit dem spärlichen Gras gut aus. 1918 wurde ein Criollo-Zuchtverband gegründet, der harte Ausdauerprüfungen durchführt, um die besten Pferde für die Zucht auszuwählen. Bei den Prüfungen muss u. a. innerhalb von 75 Stunden – verteilt über 14 Tage – eine Strecke von 756 km zurückgelegt werden. Während dieser Zeit erhalten die Pferde kein zusätzliches Futter, dürfen nur das Gras fressen, das sie am Wegesrand finden und werden am Ende jedes Tages von einem Tierarzt untersucht. Criollos sind zudem widerstandsfähig gegen Krankheiten, haben eine hohe Lebenserwartung und sind äußerst intelligent. Sie gelten im Allgemeinen als bevorzugtes Reittier der Gauchos und haben einen großen Beitrag zur Entwicklung des argentinischen Poloponys geleistet.

Criollos sind bei einem Stockmaß von 1,42 bis 1,52 m eher klein. Sie haben einen langen Kopf, der ihre spanische Herkunft erkennen lässt, einen langen, muskulösen Hals, schräge Schultern und eine breite Brust. Ihr Rücken ist gewöhnlich kurz und kompakt mit einer muskulösen Hinterhand und einem ausgeprägten Widerrist. Ihre Beine sind kurz und kräftig mit viel Substanz und sehr harten Hufen. Die vorwiegende Fellfarbe dieser Pferde ist Falbe, doch ist auch jede andere Farbe möglich. Sie haben eine willige, fügsame Wesensart.

Oben
Der Criollo hat einen langen Kopf, der den Einfluss des spanischen Pferdes erkennen lässt.

Mitte und unten
Die Pferde werden von den Gauchos und bei traditionellen Feierlichkeiten verwendet.

RASSEINFORMATIONEN	
NAME	Dänisches Warmblut
GRÖSSE	1,68 m
FARBVARIATIONEN	Meistens Brauner, aber alle Vollfarben möglich
URSPRUNGSLAND	Dänemark

Dänisches Warmblut

KATEGORIE

VERWENDUNG TEMPERAMENT

WISSENSWERTES: Das Pferd wurde von vielen amerikanischen Indianerstämmen in hohen Ehren gehalten. Beim Volk der Wishram war es üblich, das Lieblingspferd eines Verstorbenen zu töten, um dem Toten Respekt zu erweisen.

OBWOHL DIE PFERDEZUCHT in Dänemark eine lange Geschichte hat, die bis in das 14. Jahrhundert zurückreicht, wurde der internationale Markt erst in jüngster Zeit auf die erstklassigen Turnierpferde dieses Landes aufmerksam.

Der Grundstock für das Dänische Warmblut wurde zunächst in den Klostergestüten von Holstein und später im Königlichen Gestüt von Frederiksborg gebildet, die den Holsteiner und den Frederiksborger hervorbrachten. Das Dänische Warmblut bzw. „Dänische Sportpferd“, wie es früher genannt wurde, entwickelte sich durch sorgfältige, überlegte selektive Zucht, für die viele verschiedene Rassen verwendet wurden, bis die richtige Kombination gefunden war.

Das Stutbuch für das Dänische Warmblut wurde in den 60er Jahren des letzten Jahrhunderts geöffnet, und ein entsprechender Zuchtverband sorgt für die Förderung und Erhaltung der Rasse. Kreuzungen zwischen Frederiksborger und Vollblut ergaben ein qualitätsvolles, jedoch etwas schweres Reitpferd, das dann durch die Einführung von Trakehnern, Wielkopolskis, Selle Français und weiteren Vollblütern veredelt wurde. Durch selektive Zucht entstand ein charakteristischer Typ, der heute als Dänisches Warmblut bekannt ist. Die besonderen Merkmale der Rasse, die sie von anderen Warmblütern unterscheidet, sind möglicherweise dem Umstand zu verdanken, dass der Hannoveraner bei der Zucht außer Acht gelassen wurde. Dänische Warmbluthengste werden einer harten Prüfung unterzogen, dem so genannten „100-Tage-Test“, und vor der Körung sorgfältig ausgewählt. Auf diese Weise wird der außergewöhnlich hohe Standard der Rasse beibehalten.

Das Dänische Warmblut ist gewöhnlich ein sehr qualitätsvolles Pferd mit dem Aussehen eines Vollblüters, allerdings mit mehr Gewicht und Substanz. Es besitzt nicht nur eine gute Konstitution und ist schnell mit gutem Springvermögen, sondern zeichnet sich häufig auch durch eine schöne, erhabene Gangart aus. Das Dänische Warmblut glänzt sowohl bei der Dressur als auch beim Springen und hat sich in beiden Bereichen einen Namen gemacht.

Es hat einen feinen, attraktiven Kopf, einen muskulösen, schön angesetzten Hals von guter Zügellänge, eine breite und tiefe Brust und schräge Schultern. Sein Rücken ist gewöhnlich kompakt und kräftig und der Schweif gut angesetzt, und die Beine sind muskulös und gesund. Die Gelenke sind kräftig, wobei insbesondere die großen Sprunggelenke auffallen, und die Hufe korrekt geformt. Das Dänische Warmblut hat einen außergewöhnlichen Charakter, ist äußerst zugänglich, zäh und mutig und zeichnet sich durch eine ausgezeichnete frei fließende Aktion aus. Es ist zwar gewöhnlich braun, kann jedoch jede Vollfarbe aufweisen, und erreicht ein Stockmaß von ungefähr 1,68 m.

Oben
Das Dänische Warmblut hat das Aussehen eines Vollblüters, ist jedoch schwerer.

Unten
Die Pferde haben einen edlen Kopf mit einem langen, muskulösen Hals und schrägen Schultern.

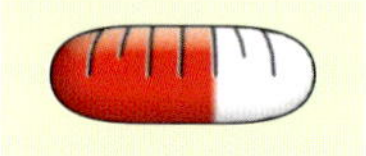

KATEGORIE

VERWENDUNG TEMPERAMENT

Don

RASSEINFORMATIONEN	
NAME	Don
GRÖSSE	1,60 - 1,68 m
FARBVARIATIONEN	Meistens Fuchs oder Brauner
URSPRUNGSLAND	Ehemalige UdSSR

DER DON erhielt seinen Namen vom Fluss Don, der durch die russische Steppe fließt. Da dieses Gebiet von Natur aus schweren Wetterbedingungen ausgesetzt ist, ist der Don unglaublich robust und zäh und kann überleben, wo andere Pferderassen nicht bestehen könnten. Der Don entwickelte sich im 18. und 19. Jahrhundert und stammt vermutlich von einer Kreuzung zwischen dem mongolischen Steppenpferd und Turkmenen-, Karabacher-, Achal-Tekkiner- und Orlow-Hengsten ab. Der Don kam zwischen 1812 und 1814 während der Kampfhandlungen zwischen den Kosaken und den Franzosen zu Ruhm und Ehren. Viele der französischen Pferde konnten der extremen Kälte und den rauen Wintern nicht standhalten und starben, während die Donpferde überlebten und gediehen. Nach diesen Ereignissen wurde der Wert des Dons erkannt, und in den 30er Jahren des 19. Jahrhunderts wurde ernsthaft mit einer selektiven Zucht begonnen.

Die Dons wurden vorwiegend für die Kavallerie gezüchtet, und zwar sowohl als Reittier als auch als Zugtier. Zu Beginn des 20. Jahrhunderts wurden der Rasse Vollblüter und Araber zugeführt, doch seitdem blieb sie von Fremdeinflüssen weitestgehend unberührt. Der Don weist einige größere Gebäudemängel auf, die die Züchter auszumerzen suchen, doch ist er aufgrund seiner Zähigkeit und Ausdauer trotzdem ein äußerst nützliches Tier. In der ehemaligen UdSSR wurde der Don häufig auch anderen sowjetischen Rassen zugeführt, wie z. B. dem Budjonny. Er ist sowohl zum Reiten als auch für leichte Arbeit im Geschirr geeignet und hat gewöhnlich eine ruhige, jedoch lebhafte Wesensart.

Der Don hat einen Kopf mit östlichem Einschlag von durchschnittlicher Größe. Der Hals ist im Allgemeinen wohlgeformt und muskulös, während die Schultern häufig recht steil sind, was zu einem abgehackten und eingeschränkten Gang führt. Die Brust ist tief und breit und der Rücken lang und gerade. Die Hinterhand ist in einigen Fällen schwach mit einer eher geraden Kruppe und einem tief angesetzten Schweif. Die Fesselung ist oft steil, doch sind die Hufe gewöhnlich sehr hart. Dons neigen zur Hochbeinigkeit und weisen häufig Gebäudemängel auf, wie Fassbeine vorn und Säbelbeine hinten. Die am häufigsten vertretenen Farben sind Fuchs oder Brauner, oft mit einem metallenen Schimmer im Fell, der auf den Einfluss des Achal-Tekkiners zurückzuführen ist. Das Stockmaß des Dons beträgt 1,60 bis 1,68 m.

Oben
Der Don ist das Produkt einer extrem rauen Umgebung und folglich sehr robust.

Unten
Diese Pferde sind fügsam mit einer ruhigen Wesensart und gutem Springvermögen.

RASSEINFORMATIONEN

NAME	Holländisches Warmblut
GRÖSSE	1,55 - 1,65 m
FARBVARIATIONEN	Brauner, Schimmel, Fuchs oder Rappe
URSPRUNGSLAND	Niederlande

Holländisches Warmblut

KATEGORIE

VERWENDUNG TEMPERAMENT

DAS HOLLÄNDISCHE WARMBLUT ist eine relativ neue Rasse, die sich zu einem äußerst erfolgreichen und vielseitigen Schlag entwickelt hat. Die Niederlande erfreuten sich als Züchter von Tieren und Pflanzen schon immer eines ausgezeichneten Rufs, und ihre erstklassigen Turnierpferde bilden hier keine Ausnahme. Mit dem Beginn der Mechanisierung ging der Trend weg vom Geschirr- und Zugpferd hin zum leichteren Reitpferd. Im Holländischen Warmblut sind die besten Elemente des Groningers und des Gelderländers vereinigt, daneben Englisches Vollblut, Trakehner und Oldenburger.

Das Vollblut wurde der Rasse zugeführt, um Qualität, Raffinesse, Schnelligkeit und Mut zu erhalten. Trotzdem haben die Züchter sorgfältig darauf geachtet, die fundamentale Sensibilität und die ruhige Wesensart des Warmbluts zu erhalten. Obwohl sich Holländische Warmbluthengste auch im Privatbesitz befinden, wird die Zucht dieser Rasse vom staatlich subventionierten Warmbloed Paardenstamboek Nederland überwacht. Hengste dürfen nur für die Zucht verwendet werden, wenn sie die strengen Prüfungen bestehen, die den sehr hohen Standard der selektiven Zucht gewährleisten. Alle Aspekte des Hengstes werden beurteilt: vom Temperament über athletisches Vermögen bis hin zu Neigungen und Intelligenz, und auch Exterieur und Aktion spielen natürlich eine entscheidende Rolle. Darüber hinaus wird die untere Beinpartie der Pferde geröntgt, um die Möglichkeit von Vererbungsfehlern auszuschließen. Stuten werden ebenfalls geprüft, und die resultierende Nachkommenschaft wird genau überwacht, um Erfolge oder Mängel zu verfolgen. Dieses Prüfverfahren gehört zu den anspruchsvollsten der Welt und hat zu dem schnellen Wachstum und Erfolg dieser Rasse geführt. Das Holländische Warmblut ist oftmals äußerst attraktiv mit frei fließenden und extravaganten Bewegungen, durch das sich die Rasse in der Dressur einen Namen gemacht hat. Darüber hinaus ist es sehr athletisch mit einem ausgezeichneten Springvermögen, und viele dieser Pferde werden auf Springturnieren der höchsten Klassen geritten.

Das Holländische Warmblut hat normalerweise einen gut proportionierten Kopf mit einer breiten Stirn. Der Hals entspricht den Proportionen des Körpers und ist muskulös und gut angesetzt. Die Brust ist breit und tief mit schrägen Schultern und der Rücken gerade mit einer kräftigen Hinterhand und einem gut angesetzten Schweif. Die Beine sind kräftig und gesund mit guten Gelenken und harten, wohlgeformten Hufen. Die Fellfarben des Holländischen Warmbluts sind vorwiegend Brauner, Schimmel, Fuchs oder Rappe, und es erreicht ein Stockmaß von 1,55 bis 1,65 m.

Oben
Das Holländische Warmblut ist ein ausgezeichnetes Turnierpferd mit einem besonders guten Springvermögen.

Unten
Das Pferd hat einen wohlgeformten Kopf, eine tiefe Brust mit schrägen Schultern und gesunde Beine.

WISSENSWERTES:
Bei den amerikanischen Indianern galt das Pferd im Allgemeinen als Zeichen von Wohlstand und Prestige und wurde häufig mit verziertem Sattel- und Zaumzeug geschmückt.

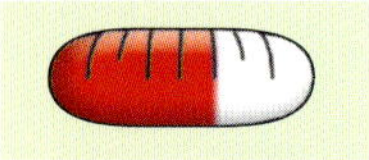

KATEGORIE

VERWENDUNG TEMPERAMENT

Ostbulgare

RASSEINFORMATIONEN

NAME	Ostbulgare
GRÖSSE	1,52 - 1,63 m
FARBVARIATIONEN	Fuchs, Brauner oder Rappe
URSPRUNGSLAND	Bulgarien

Rechts

Der Ostbulgare ist ein schönes Pferd und bringt gute Leistungen bei Dressur- und Springprüfungen.

WISSENSWERTES:
Jagdhunde werden immer paarweise gezählt. Ein Paar wird als „Koppel" bezeichnet. Eine Meute von sieben Koppeln setzt sich somit aus 14 Hunden zusammen.

DER OSTBULGARE wurde gegen Ende des 19. Jahrhunderts in Bulgarien im Gestüt Vassil Kolarov in der Nähe von Shumen und in Bojurishte bei Sofia entwickelt. Er entstand aus Kreuzungen zwischen einheimischen Pferden und Arabern, Anglo-Arabern, Englischen Vollblütern und englischen Halbblütern. Nachdem die Merkmale der Rasse festgelegt waren, wurde nur noch das Englische Vollblut eingesetzt, um die Qualität des Bestands zu veredeln. 1951 wurde die Rasse anerkannt. Der Ostbulgare ist ein sehr attraktives Pferd mit viel Raffinesse und Qualität und kann vom Springen bis zur Dressur in jedem Bereich des Reitsports eingesetzt werden. Auch im Geschirr macht er sich gut.

Er hat normalerweise eine ruhige, jedoch lebhafte Wesensart und ist schön proportioniert mit einem guten Exterieur. Sein edler Kopf hat ein gerades Profil und große sanfte Augen. Der Kopf ist im Allgemeinen gut angesetzt auf einem eleganten, muskulösen Hals, der verhältnismäßig lang ist und in einen ausgeprägten Widerrist übergeht. Der Ostbulgare hat gute kräftige Schultern und eine breite und tiefe Brust. Sein Rücken ist gerade und lang mit einer leicht abfallenden Kruppe. Die Beine sind wohlgeformt, lang und hart. Die vorwiegend vertretene Fellfarbe des Ostbulgaren ist Fuchs, Brauner oder Rappe. Er erreicht ein Stockmaß von 1,52 bis 1,63 m.

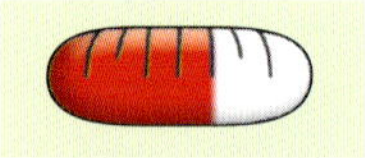

KATEGORIE

VERWENDUNG TEMPERAMENT

Ostfriese

RASSEINFORMATIONEN

NAME	Ostfriese
GRÖSSE	1,54 - 1,63 m
FARBVARIATIONEN	Rappe, Brauner, Schimmel oder Fuchs
URSPRUNGSLAND	Deutschland

DER OSTFRIESE ist in der Bundesrepublik Deutschland beheimatet, und seine Entwicklung verlief bis zur Teilung Deutschlands nach dem Zweiten Weltkrieg in ähnlichen Bahnen wie die des Oldenburgers. Der Ostfriese stammt von Spaniern, Neapolitanern, Anglo-Arabern und Vollblütern ab. Vor nicht allzu langer Zeit wurden der Rasse auch Araberhengste aus dem Gestüt Marbach und der Schimmelhengst Gazal aus dem Gestüt Balbolna in Ungarn zugeführt. Durch die Einführung des Hannoveraners wurde die Rasse weiter veredelt und zu einem allgemeineren Allround-Sportpferd weiterentwickelt.

Der Ostfriese hat einen attraktiven, gut proportionierten Kopf mit intelligenten Augen und sich weitenden Nüstern. Der Hals ist gewöhnlich recht lang und schön gebogen und geht in eine breite Brust und schräge Schultern über. Der Rücken ist lang und gerade mit einer leicht abfallenden Hinterhand. Die Beine sind muskulös mit kräftigen Sehnen und harten Hufen. Der Ostfriese ist im Allgemeinen mutig und lebhaft und zeichnet sich durch eine gute, frei fließende Aktion aus. Seine Fellfarbe ist vorwiegend Rappe, Brauner, Schimmel oder Fuchs, und er erreicht ein Stockmaß von 1,54 bis 1,63 m.

Rechts

Diese Pferde wurden von verschiedenen Rassen geprägt, wie z. B. dem Araber, der vor kurzem zur Veredelung in die Rasse eingeführt wurde.

RASSEINFORMATIONEN	
NAME	Finnisches Universalpferd
GRÖSSE	1,54 m
FARBVARIATIONEN	Meistens Fuchs, auch Brauner, Schimmel oder Rappe möglich
URSPRUNGSLAND	Finnland

Finnisches Universalpferd

KATEGORIE

VERWENDUNG TEMPERAMENT

WISSENSWERTES:
„Year of the Horse" ist nicht, wie man meinen könnte, ein Film über Pferde, sondern ein Dokumentarfilm über die Beziehung zwischen der Rockikone Neil Young und der Band „Crazy Horse".

ES GIBT ZWEI VARIANTEN des Finnischen Pferdes, die im Grunde genommen von derselben einheimischen finnischen Rasse abstammen: das Finnische Universalpferd und das inzwischen selten gewordene Finnische Zugpferd, das im Abschnitt über das schwere Pferd näher beschrieben wird. Das Finnische Universalpferd stammt von verschiedenen alten Warm- und Kaltblutrassen ab. Einheimische Ponys wurden mit verschiedenen anderen europäischen Rassen gekreuzt, bei denen es sich sowohl um leichte Pferde als auch um Kaltblüter handelte und die auch den Oldenburger einschlossen. Auf diese Weise entstand das Finnische Universalpferd. 1907 wurde das Stutbuch geöffnet, und von jenem Zeitpunkt an wurde eine selektive Zucht betrieben, um die Reinheit und die bemerkenswerten Qualitäten der Rasse zu erhalten.

Wie der Name schon sagt, ist das Finnische Universalpferd ein äußerst vielseitiges kleines Pferd mit großer Zugkraft, das schnell, ausdauernd und wendig ist. Auch heute werden Tiere dieses Typs für leichte landwirtschaftliche Arbeiten eingesetzt, insbesondere dort, wo das Gelände für motorisierte Fahrzeuge unzugänglich ist. Auch in der Holzwirtschaft findet das Finnische Universalpferd Verwendung, da es in den Wäldern wesentlich weniger Schaden anrichtet als die üblicherweise verwendeten schweren Fahrzeuge. Es ist jedoch nicht nur als Arbeitspferd geeignet, sondern gibt auch ein gutes Reitpferd ab, das ein Talent zum Springen besitzt und aufgrund seiner ruhigen und sanften Wesensart als Schul- und Trekkingpferd geeignet ist. Das Finnische Universalpferd kann bei Bedarf auch äußerst schnell sein und wird in großen Teilen Finnlands mit großem Erfolg bei Trabrennen eingesetzt. Es ist für seine ruhige und fügsame Natur sowie seine Zähigkeit und hohe Lebenserwartung bekannt.

Das Aussehen des Finnischen Universalpferds ist relativ schlicht, da es eher einen funktionellen als einen ästhetischen Zweck erfüllen soll. Es hat gewöhnlich einen einfachen, jedoch ehrlich wirkenden Kopf mit kleinen, beweglichen Ohren. Der Hals ist von durchschnittlicher Länge, sehr muskulös und geht in äußerst kräftige und bemuskelte Schultern über, ein für ein Zugpferd typisches Merkmal. Die Brust ist breit und tief, der Widerrist recht ausgeprägt und der Rücken gerade und verhältnismäßig lang. Die Hinterhand ist muskulös mit abfallender Kruppe und einem tief angesetzten Schweif. Die Beine sind kurz, jedoch sehr gut proportioniert. Sie haben keinen Behang und sind kräftig mit guten Gelenken und harten Hufen. Die vorwiegende Fellfarbe des Finnischen Universalpferdes ist Fuchs, doch können auch Braune, Schimmel und gelegentlich Schwarzbraune bzw. Rappen vertreten sein. Finnische Universalpferde erreichen ein Stockmaß von ungefähr 1,54 m.

Oben
Diese Pferde haben eine schnelle Aktion und werden häufig bei Trabrennen eingesetzt.

Unten
Viele Finnische Universalpferde haben eine weiße Blesse und eine lange, grobe Stirnlocke und Mähne.

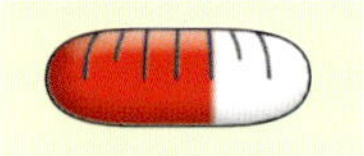

KATEGORIE

VERWENDUNG TEMPERAMENT

Florida Cracker Horse

RASSEINFORMATIONEN

NAME	Florida Cracker Horse
GRÖSSE	1,42 - 1,52 m
FARBVARIATIONEN	Vollfarben und Stichelhaar, aber auch jede andere Farbe möglich
URSPRUNGSLAND	Vereinigte Staaten

WISSENSWERTES: Bei der Jagd darf der Feldführer auf keinen Fall überholt werden. Dies gilt als schwerer Verstoß gegen die Jagdordnung und ist außerdem gefährlich.

DAS FLORIDA CRACKER HORSE hat sehr weit zurückreichende Wurzeln, wird jedoch erst seit 1989 als eigene Rasse geführt. Es stammt von den spanischen Pferden ab, die Anfang des 16. Jahrhunderts von den spanischen Eroberern nach Florida gebracht wurden. Der Wert des spanischen Pferdes wurde schnell erkannt, und Mitte des 17. Jahrhunderts wurden sie als Arbeitspferde für die Land- und Viehwirtschaft gezüchtet.

Das Florida Cracker Horse ist eine Mischung diverser Rassen, zu denen diese ersten Iberischen Pferde aus Spanien sowie der spanische Sorraia, der spanische Jennet, der Berber und der Andalusier gehören. Es weist ähnliche Merkmale auf wie andere, größtenteils auf spanischem Blut basierende Pferde wie etwa der Criollo und der Paso Fino, hat jedoch eigene Gangarten entwickelt. Die Indianer waren die ersten, die sich das Florida Cracker Horse zu Nutze machten, gefolgt von den ersten Farmern, die es für den Viehtrieb einsetzten. Das Florida Cracker Horse hat einen natürlichen „Rinderverstand", und dank seiner Zähigkeit und Ausdauer ist es ausgezeichnet für alle Arten von Rancharbeit geeignet. Es erfüllte früher eine Vielzahl von Zwecken, wurde als Reit- und Zugtier und zum Bestellen des Landes verwendet und zog die damals üblichen Buggys.

Das Florida Cracker Horse wurde das bevorzugte Reittier der ersten Cowboys, da es enorm schnell war und trotz seiner kleinen Statur einen schweren Mann den ganzen Tag lang tragen konnte. Sein Name leitet sich von den Cowboys in Florida ab, die nach dem laut knallenden Geräusch ihrer Peitschen, die sie zum Zusammentreiben ihrer wilden spanischen Rinder benutzten, „Cracker" genannt wurden. Das Florida Cracker Horse ist auch unter den Namen Seminolen-Pony, Chickasaw-Pony, Florida Horse und Florida Cow Pony bekannt. Es gilt als wichtiger Bestandteil des Kulturerbes Floridas, doch hat sich sein Bestand mit den Jahren leider drastisch reduziert. Man hofft, dass die Gründung des Florida Cracker Horse-Zuchtverbands zur Erhaltung der Rasse beitragen kann.

Das Florida Cracker Horse ist bei einem Stockmaß von 1,42 bis 1,52 m recht klein und lässt seine spanischen Vorfahren deutlich erkennen. Sein Kopf hat einen spanischen Einschlag mit einem geraden oder konvexen Profil. Es besitzt einen muskulösen Hals und gute Schultern. Seine Brust ist breit und tief und seine Hinterhand abfallend mit einem verhältnismäßig tief angesetzten Schweif. Das Florida Cracker Horse hat im Allgemeinen einen guten Charakter und wird besonders wegen seiner unglaublichen Ausdauer geschätzt. Diese Pferde sind zudem sehr schnell, und viele von ihnen zeichnen sich durch einen speziellen Rennschritt aus.

Rechts
Dies ist eine äußerst prächtige Rasse, die zudem große Ausdauer besitzt. Viele der Pferde haben einen ungewöhnlichen Rennschritt.

RASSEINFORMATIONEN	
NAME	Frederiksborger
GRÖSSE	1,63 m
FARBVARIATIONEN	Fuchs, gewöhnlich mit hellem Langhaar
URSPRUNGSLAND	Dänemark

Frederiksborger

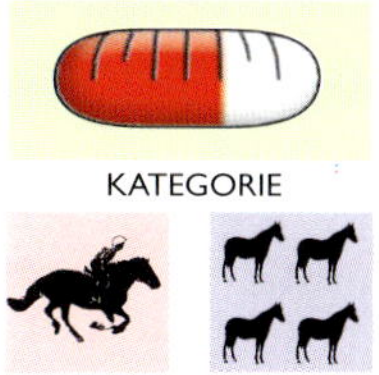

IM JAHRE 1562 GRÜNDETE König Frederik II. von Dänemark das Königliche Gestüt Frederiksborg. Der Frederiksborger wurde aus dem Grundstock des Gestüts entwickelt, der aus spanischen und neopolitanischen Pferden bestand. Mit dem Frederiksborger sollte in erster Linie ein vielseitiges Reit- und Fahrpferd gezüchtet werden, das sowohl als Paradepferd bzw. für die verschiedenen Zeremonien bei Hofe als auch für militärische Zwecke geeignet war. Bis Ende des 17. bzw. Anfang des 18. Jahrhunderts wurde keine wirklich selektive Zucht zur Verbesserung des Frederiksborgers betrieben. Im 18. Jahrhundert wurde dann jedoch ein selektives Zuchtprogramm eingeführt. Ein berühmtes Pferd, das auf diese Weise entstand, war der weiße Hengst Pluto, der 1765 geboren wurde und Mitbegründer einer der Lipizzanerlinien wurde.

Der Frederiksborger hatte sich zu einem erstklassigen Vielseitigkeitspferd entwickelt und gewann im 18., 19. und 20. Jahrhundert zunehmend an Beliebtheit. Die Beliebtheit der Rasse war gleichzeitig ihr Untergang, da viele gute Pferde des Zuchtbestands ins Ausland verkauft wurden. Bis 1839 war der Bestand der Rasse so stark zurückgegangen, dass das Königliche Gestüt Frederiksborg gezwungen war, seine Tore zu schließen.

Einzelne Privatleute und Anhänger der Rasse erhielten sie mehr oder weniger am Leben, obwohl der Trend verstärkt zur Züchtung eines schwereren Typs ging, der eher als Zugtier geeignet war. 1939 wurden erneut Anstrengungen unternommen, die Rasse unter Einsatz von Friesen, Oldenburgern, Vollblütern und Arabern wieder zu etablieren. Rein zahlenmäßig ist der Frederiksborger immer noch recht selten, doch sollte man nicht verkennen, welchen Einfluss und Wert er für andere Rassen hat. Er wurde häufig zur Veredelung des dänischen Jütländers verwendet und war maßgeblich an der Entwicklung des Dänischen Warmbluts beteiligt. Aufgrund seiner extravaganten Aktion und seines lebhaften und intelligenten Wesens gibt er ein gutes Reitpferd ab.

Der Frederiksborger hat einen gut proportionierten Kopf, der den spanischen Anteil seines Bluts erkennen lässt und auf einem muskulösen, jedoch manchmal kurzen Hals sitzt. Der Hals wird häufig eher gerade getragen, und auch die Schultern sind recht steil. Der Widerrist ist niedrig und der Rücken lang und gerade. Die Brust ist im Allgemeinen breit und die Hinterhand rund mit einem gut angesetzten Schweif. Die Beine sind muskulös mit ausgeprägten Sehnen, kräftigen Gelenken und wohlgeformten Hufen. Der Frederiksborger ist grundsätzlich fuchsfarben und erreicht ein Stockmaß von ungefähr 1,63 m.

Oben
Diese Rasse ist immer fuchsfarben und neigt zu einem geraden Hals und steilen Schultern.

Unten
Die Pferde zeichnen sich durch ihre extravagante Aktion und ihr lebhaftes Temperament aus. Sie gewinnen als Reitpferde zunehmend an Beliebtheit.

WISSENSWERTES:
„Year of the Horse" ist nicht, wie man meinen könnte, ein Film über Pferde, sondern ein Dokumentarfilm über die Beziehung zwischen der Rockikone Neil Young und der Band „Crazy Horse".

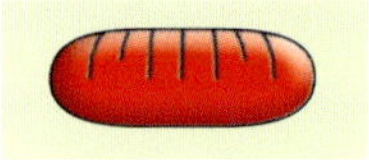

KATEGORIE

VERWENDUNG TEMPERAMENT

Französischer Anglo-Araber

RASSEINFORMATIONEN	
NAME	Französischer Anglo-Araber
GRÖSSE	1,63 - 1,70 m
FARBVARIATIONEN	Fuchs, Brauner oder Schimmel
URSPRUNGSLAND	Frankreich

Oben und Mitte
In den Adern des Französischen Anglo-Arabers müssen mindestens 25% Araberblut fließen.

Unten rechts
Das Pferd hat einen edlen attraktiven Kopf mit einem gebogenen, muskulösen Hals.

DER AUS FRANKREICH stammende Französische Anglo-Araber gilt heutzutage als äußerst bedeutende Pferderasse. Es ist weithin bekannt, dass diese Rasse erstklassige Turnierpferde mit einem besonderen Springvermögen hervorbringt, die ein ausgezeichnetes Exterieur und viel Qualität besitzen. Die Rasse wurde um 1843 von einem Tierarzt namens Eugéne Gayot in den Gestüten Le Pin und Pompadour begründet. Man nimmt an, dass der Französische Anglo-Araber ursprünglich von einer Gruppe orientalischer Stuten abstammt, die nach der Schlacht von Poitiers im Jahre 732 n. Chr. von den Mauren zurückgelassen wurden. Diese Stuten paarten sich vermutlich mit einheimischen Hengsten, wodurch die Rassen des Tarbes und des Limousin entstanden. Weitere Einflüsse durch den Araber und das Englische Vollblut trugen dann wahrscheinlich zur Entwicklung des Grundstocks für den Französischen Anglo-Araber bei.

Die Merkmale und das Exterieur der Rasse wurden durch den Araberhengst Massoud (1814-1843), den türkischen Hengst Aslan, den Hengst Prisme (1890-1917) und die drei Englischen Vollblutstuten Daer, Selim Mare und Comus Mare gefestigt. Die Rasse des Französischen Anglo-Arabers ist durch das Stutbuch streng reglementiert. So wird u. a. vorausgesetzt, dass jedes eingetragene Pferd mindestens 25% Araberblut enthalten muss. Diese Vorschriften tragen zur Erhaltung der ausgezeichneten Eigenschaften der Rasse bei. Die besonderen Qualitäten des Französischen Anglo-Arabers, wie Schnelligkeit, Ausdauer und athletisches Vermögen, wurden schon recht früh in der Geschichte der Rasse festgelegt. Man bediente sich dazu eines strikten selektiven Zuchtprogramms, das die Pferde einer Reihe von Prüfungen unterwarf. Inzwischen gibt es bei den Französischen Anglo-Arabern auch eine Abteilung für Rennpferde, und jedes Jahr finden mehr als 30 Anglo-Araber-Rennen statt, obwohl der Anglo-Araber nicht ganz so schnell ist wie das Vollblut.

Sein Erscheinungsbild ist äußerst attraktiv mit einem edlen, hübschen Kopf, der viel Qualität erkennen lässt. Der Hals ist gewöhnlich muskulös, leicht gebogen und gut angesetzt auf einer breiten tiefen Brust mit langen, schrägen Schultern. Der Widerrist ist recht ausgeprägt, der Rücken gerade und gut proportioniert und die Hinterhand kräftig und muskulös mit einer langen flachen Kruppe und einem gut angesetzten Schweif, der schön getragen wird. Die Beine sind wohlgeformt, kräftig und zäh mit guten, gesunden Gelenken und harten Hufen. Die Fellfarbe des Französischen Anglo-Arabers ist vorwiegend Fuchs, doch sind auch Braune oder Schimmel vertreten. Er erreicht ein Stockmaß von 1,63 bis 1,70 m.

WISSENSWERTES:
Die normale Körpertemperatur eines Pferdes liegt bei 38 °C. Jeder darüber liegende Wert kann ein Anzeichen für eine Infektion oder Fieber sein.

RASSEINFORMATIONEN	
NAME	Französischer Traber
GRÖSSE	1,68 m
FARBVARIATIONEN	Meistens Brauner oder Fuchs, aber auch alle anderen Vollfarben
URSPRUNGSLAND	Frankreich

Französischer Traber

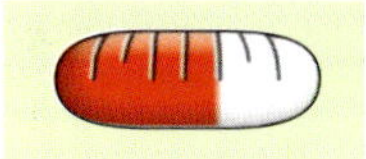

KATEGORIE

VERWENDUNG

TEMPERAMENT

MITTE DES 18. JAHRHUNDERTS wurden in Frankreich erstmals Pferde für Trabrennen selektiv gezüchtet. Der Französische Traber entwickelte sich ursprünglich aus normannischem Grundstock, der mit Englischen Vollblütern und Halbblut-Jagdpferden sowie mit dem Norfolk Roadster und einigen American Standardbreds gekreuzt wurde. Aufgrund des Einflusses des Alten Normannen auf die Rasse wird der Französische Traber manchmal auch „Normannischer Traber" genannt.

Die ersten Französischen Traber waren schwerer und gröber als heute und hatten mehr Ähnlichkeit mit ihren Vorfahren aus der Normandie. Durch die Einkreuzung von Vollblütern wurde die Rasse jedoch veredelt. Frühe bedeutende Einflüsse auf die Entwicklung der Rasse sind dem Hengst Young Rattler zuzuschreiben, der 1811 geboren wurde und dessen Vater ein Vollbluthengst namens Rattler war, während seine Mutter einen hohen Anteil an Norfolk Roadster-Blut hatte. Im Laufe der Zeit wurden fünf beeindruckende Traberlinien begründet, die auf die Hengste Conquérant, Lavater, Normand, Phaeton und Fuchsia zurückgehen. Obwohl es Einkreuzungen mit dem American Standardbred gab, ist der Französische Traber kein Passgänger wie das Standardbred, sondern hat sich seine ungewöhnliche Eigenart erhalten, auf der Diagonalen zu traben.

Der Französische Traber glänzt sowohl bei gerittenen als auch bei gefahrenen Trabrennen und zeichnet sich durch einen besonders ausgeglichenen und gleichmäßigen Gang aus. Durch die Einkreuzung von Vollblütern hat sich das Exterieur der Schultern des Französischen Trabers verbessert. Sie sind nun weniger steil und ermöglichen raumgreifendere Bewegungen. Der Französische Traber besitzt außerdem eine gute Ausdauer. Die ersten Trabrennen in Frankreich fanden in den 30er Jahren des 19. Jahrhunderts in Cherbourg statt und gewannen rasch an Beliebtheit, was auch dazu führte, dass immer mehr Französische Traber gezüchtet wurden.

Da der Französische Traber für funktionelle Zwecke gezüchtet wird und die Ästhetik nur eine untergeordnete Rolle spielt, sind innerhalb der Rasse recht unterschiedliche physische Merkmale zu finden. Die Tiere haben im Allgemeinen jedoch einen etwas schweren und großen Kopf, der zwar recht schlicht ist, jedoch nicht unattraktiv aussieht. Der Hals hat eine gute proportionale Länge und ist gut angesetzt. Die Schultern sind in den letzten Jahren immer schräger geworden. Der Widerrist ist gewöhnlich ziemlich abgerundet und der Rücken breit und kräftig mit einer äußerst muskulösen Hinterhand. Die Beine sind wohlgeformt, kräftig und muskulös mit guten Gelenken, harten kräftigen Knochen und sehr harten Hufen. Die vorwiegende Fellfarbe des Französischen Trabers ist Fuchs oder Brauner, doch ist auch jede andere Vollfarbe möglich. Er erreicht ein Stockmaß von ungefähr 1,68 m.

Oben
Französische Traber haben einen raumgreifenden, ausgeglichenen Gang, der mit der Verbesserung des Exterieurs ihrer Schultern noch ausgeprägter wurde.

Unten
Die Pferde haben einen großen Kopf und einen gut proportionierten Hals, und die Schultern werden durch sorgfältige Zuchtprogramme zunehmend schräger.

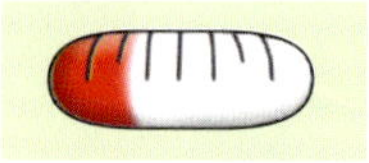

KATEGORIE

VERWENDUNG TEMPERAMENT

Friese

RASSEINFORMATIONEN

NAME	Friese
GRÖSSE	1,52 m
FARBVARIATIONEN	Rappe
URSPRUNGSLAND	Niederlande

DER FRIESE STAMMT vermutlich vom primitiven Waldpferd ab und ist im holländischen Friesland beheimatet. Über den Friesen wurde im Laufe der Geschichte immer wieder berichtet, und er wurde häufig von den alten holländischen Meistern gemalt, wie er einen Ritter in den Kampf trug. Der Friese gehörte zu den bevorzugten Reittieren der Ritter, da er eine außergewöhnlich stolze Haltung und eine extravagant hohe Knieaktion hatte und trotz seiner verhältnismäßig kleinen Statur äußerst kräftig war. Während der Besetzung der Niederlande durch die Spanier in den Jahren 1568 bis 1648 wurde der Friese vermutlich von spanischem Blut beeinflusst, und dieser Einfluss verlieh der Rasse mehr Raffinesse.

Im Laufe der Jahrhunderte hat der Friese seine Anpassungsfähigkeit bewiesen und wurde in vielen verschiedenen Bereichen eingesetzt, u. a. als Arbeitstier in der Landwirtschaft, als Zug- und Reitpferd, in der Dressur, als Kriegspferd, bei Trabrennen und in der Zucht zur Veredelung anderer Rassen. Man nimmt an, dass der Friese die britischen Fell- und Dales-Ponys beeinflusst hat, die eindeutig Ähnlichkeit mit dem Friesen besitzen. Er wurde für die Entwicklung des Old English Black aus den Midlands und des Shires verwendet. Sein Einfluss ist auch im norwegischen Dole-Gudbrandsdal-Pferd zu erkennen, und im deutschen Gestüt Marbach dienten Friesen als Grundstock zur Entwicklung des Württembergers und Oldenburgers. Während des 15. und 16. Jahrhunderts wurde der Friese in den Reitschulen von Frankreich und Spanien verwendet, wo er in der Hohen Schule ausgebildet wurde.

Der Friese ist gewöhnlich ein attraktives, kompaktes und muskulöses kleines Pferd mit viel Ausstrahlung, einer schönen Haltung und einem Kopf mit spanischen Zügen. Er hat einen stolzen Gang, der sich durch einen aktiven Trab mit hoher Knieaktion auszeichnet. Der Friese ist an sich schon ungewöhnlich, da er zu den wenigen leichten Pferden mit Behang gehört, der bei ihm besonders ausgeprägt ist. Aufgrund dieses Merkmals, seines langen und üppigen Langhaars und seiner pechschwarzen Farbe bietet er in Aktion einen wunderschönen Anblick. Der Friese hat eine besonders sanfte und freundliche Wesensart und ist sehr genügsam. Während des 19. Jahrhunderts wurde er häufig in Trabrennen eingesetzt, was die Züchter dazu veranlasste, einen leichteren Typ zu züchten. Der heutige Friese ist daher wesentlich leichter als früher. Er ist grundsätzlich schwarz mit minimalen Abzeichen und erreicht ein Stockmaß von 1,52 m.

WISSENSWERTES: Als Filmpferd wird von Hollywood-Trainern häufig das American Saddlebred bevorzugt, da es intelligent, groß und attraktiv ist.

Oben
Friesen werden heute zu leichteren Pferden gezüchtet als ihre Vorgänger und sind grundsätzlich schwarz.

Unten
Diese Rasse hat eine stolze Haltung mit einem kleinen, eleganten Kopf und aufgestellten Ohren.

RASSEINFORMATIONEN	
NAME	Furioso
GRÖSSE	1,63 m
FARBVARIATIONEN	Brauner, Fuchs oder Rappe
URSPRUNGSLAND	Ungarn

Furioso

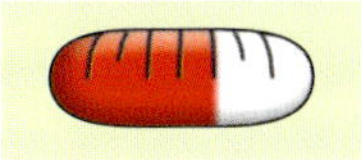

KATEGORIE

VERWENDUNG

TEMPERAMENT

DAS GESTÜT MEZÖHEGYES wurde 1785 vom Kaiser von Österreich und König von Ungarn, Joseph II., gegründet und machte sich schnell einen Namen als eines der besten Zuchtzentren in Europa. Der Furioso bzw. Furioso/North Star wurde dort im 19. Jahrhundert entwickelt und war das Ergebnis einer Kreuzung zwischen dem Grundstock des Gestüts, der in erster Linie aus Nonius-Stuten bestand, und zwei importierten Englischen Vollbluthengsten namens Furioso und North Star. Furioso, der 1841 importiert worden war, zeugte 95 Hengste, die bei der Entwicklung der Rasse eine wesentliche Rolle spielten. North Star war 1844 importiert worden und hatte illustre Vorfahren, zu denen auch der Nordfolk Roadster gehörte. Er war der Enkelsohn von Touchstone, der 1834 das St. Leger und zweimal den Ascot Gold Cup gewonnen hatte. Seine Mutter stammte von Waxy, dem Derbysieger von 1793, und dem berühmten Hengst Eclipse ab.

Zunächst wurden Furioso- und North Star-Linien getrennt voneinander gezüchtet, doch gegen Ende des 19. Jahrhunderts begann man, sie untereinander zu kreuzen, wobei sich die Merkmale von Furioso gegenüber denen von North Star durchsetzten. Der Furioso von heute hat kaum noch Ähnlichkeiten mit seinen Nonius-Vorfahren. Er wird inzwischen im ungarischen Apajpuszta und in weiten Teilen Mitteleuropas gezüchtet. Der Furioso ist ein vielseitiges Reitpferd und edler als sein Verwandter, der Nonius. Er gibt auch in allen wesentlichen Disziplinen ein sehr gutes Turnierpferd ab. Aufgrund seiner angeborenen Zähigkeit leistete er auch als leichtes Arbeitspferd in der Landwirtschaft sehr gute Dienste, doch geht der Trend heute stärker zur Zucht von Reitpferden. Der Furioso ist kräftig und zäh und hat eine ruhige, jedoch lebhafte Wesensart.

Er hat einen gut proportionierten Kopf von recht edlem Aussehen, der eher dem eines Vollblutpferdes gleicht als dem des Nonius. Der Hals entspricht den Proportionen des Körpers und ist muskulös mit einer vollen Mähne. Sein Exterieur wird oftmals als das eines Arbeitspferdes beschrieben und ist ein Erbe des Nonius. Er hat häufig einen langen Rücken, eine muskulöse Hinterhand und kräftige Beine mit gut entwickelten Sprunggelenken. Seine Brust ist in der Regel breit mit schrägen Schultern. In einigen Fällen können Gebäudemängel wie zehenenge Stellung vorn und Kuhhessigkeit hinten auftreten. Die Fellfarbe des Furiosos ist im Allgemeinen Brauner, Fuchs oder Rappe, und er erreicht ein Stockmaß von ungefähr 1,63 m.

Oben
Diese Pferde haben einen langen, intelligenten Kopf mit einem muskulösen Hals und einer vollen Mähne.

Unten
Der Furioso wird heute in weiten Teilen Mitteleuropas gezüchtet und gilt als nützliches Reitpferd.

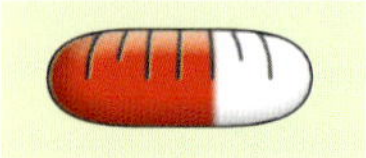

KATEGORIE

VERWENDUNG TEMPERAMENT

Gelderländer

RASSEINFORMATIONEN

NAME	Gelderländer
GRÖSSE	1,60 - 1,68 m
FARBVARIATIONEN	Meistens Fuchs
URSPRUNGSLAND	Niederlande

DER GELDERLÄNDER WURDE vor ungefähr 100 Jahren in der holländischen Provinz Gelderland entwickelt. Er wurde von den Einheimischen in erster Linie als vielseitiges Arbeitspferd gezüchtet, das in der Landwirtschaft eingesetzt werden konnte, jedoch auch ein gutes Reitpferd abgab.

Die Rasse entwickelte sich aus einem ziemlich gemischten Genpool. Dabei wurden einheimische Stuten mit Hengsten verschiedener Rassen gekreuzt, wie Andalusier, Norfolk Roadster, Neapolitaner und Normanne. Weiterhin gab es Einkreuzungen mit Arabern, Anglo-Arabern, Furiosos, Holsteinern und Orlows. Ende des 19. Jahrhunderts wurde die Rasse durch die Einführung von Englischem Vollblütern, Hackneys und Oldenburgern weiter veredelt. Die Nachkommen wurden untereinander gekreuzt, und erstaunlicherweise bildete sich trotz der vielen unterschiedlichen Einflüsse ein fester Typ heraus, der Gelderländer genannt wurde.

WISSENSWERTES: Die Esse eines Hufschmieds kann Metall auf über 2.500 Grad erhitzen.

Er ist äußerst vielseitig und besitzt einen ausgezeichneten Charakter und eine ruhige Wesensart. Der Einfluss des Vollbluts hat der Rasse eine gewisse Eleganz verliehen, und sie lässt sich wahrscheinlich am treffendsten als mittelgewichtiges Kutschpferd beschreiben, das unweigerlich alle Blicke auf sich zieht. Gelderländer sind immer häufiger in Fahrturnieren zu sehen, da sie als Fahrpferde besonders talentiert sind. Viele sind bereits auf internationaler Ebene gestartet. Sie besitzen außerdem eine gute Ausdauer. Sie sind gute mittelgewichtige Reitpferde und häufig recht athletisch mit einem guten natürlichen Sprungvermögen. Allerdings fehlt es ihnen an Schnelligkeit. Gelderländer zeichnen sich durch eine großartige Ausstrahlung und Eleganz aus, die durch einen frei fließenden Gang und einen besonderen Trabstil mit hoher Knieaktion zum Ausdruck kommt. Der Bestand der Gelderländer ist in den letzten Jahren stark zurückgegangen, da sie zunehmend für die Zucht des Holländischen Warmbluts verwendet werden, das als Reitpferd einen wesentlich höheren Wert hat.

Der Gelderländer hat im Allgemeinen ein gutes

Exterieur mit einem langen, manchmal schlichten Kopf und einem geraden Profil. Der Hals ist muskulös und verläuft vom breiten Widerrist zum Genick in einem leichten Bogen. Der Rücken ist verhältnismäßig gerade und lang mit einer muskulösen Hinterhand, die ab der Kruppe recht steil abfällt. Der Schweif ist hoch angesetzt und wird hoch getragen. Die Brust des Gelderländers ist breit und tief, und er hat muskulöse Schultern, die in einigen Fällen ziemlich steil sind. Seine Beine sind muskulös und recht kurz, wobei der Unterarm häufig verhältnismäßig lang ist, und er hat gute kräftige Gelenke und sehr harte Hufe. Die vorwiegende Fellfarbe des Gelderländers ist Fuchs, doch sind auch Braune, Schimmel oder Rappen mit weißen Abzeichen vertreten. Er erreicht ein Stockmaß von 1,60 bis 1,68 m.

Oben und Mitte
Diese Rasse geht gut im Geschirr, ist jedoch nicht so schnell wie z. B. das Holländische Warmblut.

Unten
Der Gelderländer stammt aus den Niederlanden und wurde vor ungefähr 100 Jahren entwickelt.

RASSEINFORMATIONEN	
NAME	Gidran-Araber
GRÖSSE	1,62 - 1,64 m
FARBVARIATIONEN	Meistens Fuchs
URSPRUNGSLAND	Ungarn

Gidran-Araber

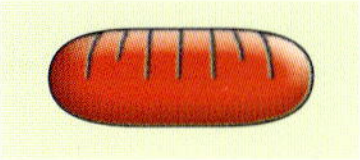

KATEGORIE

VERWENDUNG TEMPERAMENT

DER GIDRAN-ARABER ODER Ungarische Anglo-Araber stammt aus dem 1785 gegründeten ungarischen Gestüt Mezöhegyes. Die Rasse wurde im 19. Jahrhundert entwickelt, und ihre Geschichte lässt sich bis zu dem Hengst Siglavy Gidran zurückverfolgen, der 1816 aus Arabien importiert wurde. Er wurde mit einer spanischen Stute namens Arrogante gepaart, und aus dieser Verbindung ging ein Hengstfohlen hervor, das auf den Namen Gidran II. getauft wurde. Gidran II. wurde der Stammvater der Rasse des Gidran-Arabers.

Die Entwicklung der Rasse begann zunächst mit einer eher willkürlichen Auswahl verschiedener einheimischer und spanischer Stuten. Dann ging man dazu über, Vollblüter und mehrere Araber einzukreuzen, um die Merkmale der Rasse zu festigen. Die Rasse wurde ursprünglich für die Kavallerie entwickelt, da sie großrahmiger war als der Araber. Die Entwicklung des Gidran-Arabers brachte zwei grundlegende Typen hervor: einen schwereren Typ, der für leichte Arbeit in der Landwirtschaft und im Geschirr geeignet war, und einen leichteren, schnelleren Reitpferdtyp. Nachdem die Rasse im Ersten Weltkrieg erhebliche Verluste erlitten hatte, wurde ihr weiteres Araber- und z. T. auch Kisberblut zugeführt. 1977 war der Bestand erneut zurückgegangen, und so wurden zwei Hengste aus Bulgarien eingesetzt, um frisches Blut in die Rasse zu bringen.

Der Gidran-Araber ist ein großes stattliches Pferd mit einem soliden Körperbau, das Qualität und Klasse besitzt. Da er gutes Vermögen besitzt, ist er für den Turniersport geeignet und geht auch im Geschirr. Er hat ein etwas ungestümes Temperament, das er vermutlich von seinem Stammvater Siglavy Gidran geerbt hat, und kann im Umgang etwas schwierig sein.

Der Gidran-Araber ist ein großes, attraktives Pferd und fast immer ein Fuchs. Sein Kopf zeugt von einer gewissen Raffinesse, besitzt jedoch nicht den Adel des Arabers. Der Hals entspricht gewöhnlich den Proportionen des Körpers und ist muskulös und gut angesetzt. Die Schultern fallen in der Regel in einem guten Winkel ab und ermöglichen viel Bewegungsfreiheit. Die Brust ist tief und breit. Der Brustkorb des Gidran-Arabers ist tief, und er hat einen kräftigen, manchmal langen Rücken. Seine Hinterhand ist ebenfalls muskulös, und die Beine sind kräftig mit kurzen, guten Röhrbeinen und wohlgeformten Hufen. Das Stockmaß des Gidran-Arabers liegt gewöhnlich zwischen 1,62 und 1,64 m, kann jedoch bis zu 1,72 m erreichen.

WISSENSWERTES:
Tetanusimpfungen sind für das Pferd genauso wichtig wie für den Menschen. Der Tetanusschutz des Pferdes sollte regelmäßig aufgefrischt werden.

Links
Diese schönen Pferde sind gewöhnlich fuchsfarben und haben unverkennbar einen arabischen Einschlag.

KATEGORIE

VERWENDUNG TEMPERAMENT

Groninger

RASSEINFORMATIONEN	
NAME	Groninger
GRÖSSE	1,54 - 1,62 m
FARBVARIATIONEN	Brauner oder Rappe
URSPRUNGSLAND	Niederlande

Oben
Der Groninger, ein weiteres holländisches Pferd, gehört einer schweren Rasse an, die ursprünglich für die Arbeit im Geschirr verwendet wurde.

Unten
Das Pferd hat einen schweren Kopf und kräftige Schultern, die in den letzten Jahren immer schräger wurden.

DER GRONINGER stammt aus der Provinz Groningen im Norden Hollands und wurde in erster Linie als vielseitiges Arbeitspferd für die Land-wirtschaft entwickelt. Die Rasse entstand aus der Kreuzung einheimischer Stuten mit Oldenburgern, Ostfriesen und Friesen und ist ein typisches Arbeits-pferd schwereren Typs. Der Groninger erfüllte seinen Zweck und verrichtete leichte landwirtschaftliche Arbeiten aller Art, wurde als Fahrpferd eingesetzt und eignete sich auch gut als schweres Reitpferd. Er war viele Jahre lang ein beliebtes Kutschpferd – er war zwar nicht so elegant wie sein Nachbar, der Gelderländer, galt jedoch als äußerst zuverlässig und konnte einen ganzen Tag lang im Geschirr gehen.

Was dem Groninger an Aussehen und Klasse fehlt, macht er durch Gehfreudigkeit, Ausdauer und Vielseitigkeit wett. Er nahm auf andere Rassen kaum Einfluss, spielte bei der Entwicklung des beeindruckenden Holländischen Warmbluts jedoch eine maßgebende Rolle. Ab 1945 nahm der Bestand an Groningern ab, da die Nachfrage nach guten Arbeitspferden zurückging, und in den 70er Jahren waren sie bis auf einen einzigen reinrassigen Hengst praktisch ausgestorben. Seitdem wird von Anhängern der Rasse versucht, sie durch Einkreuzungen mit dem Oldenburger zu erhalten. Der heutige Groninger hat ein besseres Exterieur und ist kompakter mit einer besseren, schrägeren Schulter, was in erster Linie dem Oldenburger zu verdanken ist.

Er gehört einem mittelgewichtigen Schlag mit recht einfachen Merkmalen an, hat jedoch eine natürliche Ausstrahlung und eine gute Haltung. Sein Kopf ist in der Regel recht lang und schlicht mit einem geraden Profil und langen Ohren. Der Hals ist am Ansatz sehr muskulös und breit, während der Widerrist verhältnismäßig ausgeprägt und lang ist. Die ehemals relativ steilen Schultern, die nur einen eher kurzschrittigen Gang ermöglichten, sind in den letzten Jahren schräger geworden. Der Körperbau des Groningers ist kräftig mit einer breiten und tiefen Brust und einer guten Gurtentiefe. Der Rücken ist in einigen Fällen recht lang mit einer flachen Kruppe. Die Hinterhand ist sehr muskulös, und der Schweif ist hoch angesetzt und wird hoch getragen. Die Beine sind zwar kurz, jedoch kräftig mit harten Hufen. Der Groninger hat gewöhnlich einen ausgezeichneten Charakter. Er ist nicht nur fügsam und sanft, sondern auch sehr genügsam. Er kann jede Vollfarbe haben, wobei Braune und Rappen jedoch am häufigsten auftreten, und erreicht ein Stockmaß von 1,54 bis 1,62 m.

RASSEINFORMATIONEN

NAME	Hackney
GRÖSSE	1,42 - 1,60 m
FARBVARIATIONEN	Alle Vollfarben
URSPRUNGSLAND	Großbritannien

Hackney

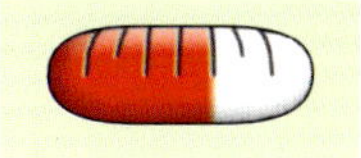
KATEGORIE

VERWENDUNG

TEMPERAMENT

Oben
Der Hackney hat eine eindrucksvolle Aktion und wird häufig bei Trabrennen eingesetzt.

Unten
Der Fortbestand des Hackneys ist weiterhin gesichert, während andere, ähnliche Traberrassen ausstarben.

DER HACKNEY wurde im 18. und 19. Jahrhundert in Großbritannien entwickelt und entstand aus den zwei Traberrassen jener Zeit, dem Norfolk Roadster und dem Yorkshire Roadster, die auch als „Trotter" bezeichnet wurden. Sowohl der

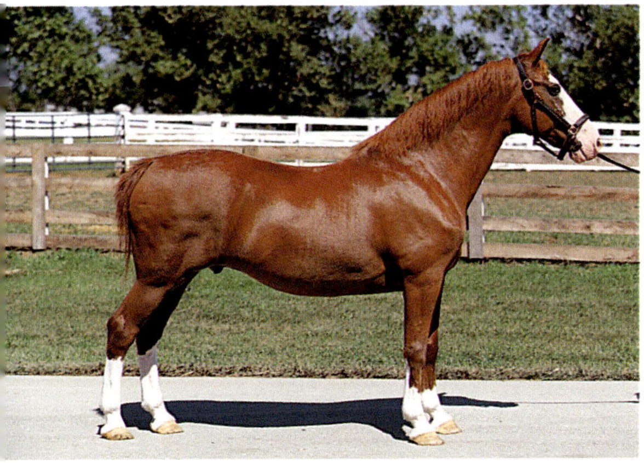

Norfolk Roadster als auch der Yorkshire Roadster waren sich vom Typ her ähnlich, entwickelten sich jedoch in regional unterschiedlicher Weise. Der Norfolk Roadster hatte ein eher cobartiges Exterieur, während der Yorkshire Roadster mehr Qualität besaß.

Der Norfolk Roadster ist vielleicht der bekanntere von beiden und war zu der damaligen Zeit für seine enorme Trabgeschwindigkeit berühmt. Er war auch maßgeblich an der Entwicklung vieler anderer Rassen wie Gelderländer, Furioso, Französischer Traber, Welsh Cob, Maremma, Orlow-Traber, American Saddlebred und American Standardbred beteiligt. Der Norfolk Roadster und der Yorkshire Roadster wurden in erster Linie zu Transportzwecken gezüchtet, ein Bereich, in dem sie sehr gute Leistungen zeigten, da sie nicht nur äußerst schnell waren, sondern auch eine großartige Konstitution und Ausdauer besaßen. Die Linie des Norfolk Roadsters und des Yorkshire Roadsters lässt sich bis zu einem Hengst namens Original Shales zurückverfolgen, der 1755 in East Anglia geboren wurde. Seine Mutter war eine Hackney-Stute, wobei der Begriff „hackney" (mit kleinem Anfangsbuchstaben) zu der damaligen Zeit einfach nur ein Reitpferd bezeichnete, und sein Vater ein Hengst namens Blaze. Blaze hatte illustre Vorfahren, da er der Sohn des berühmten Flying Childers war, dem ersten großen Rennpferd jener Zeit. Sein Großvater war der berühmte Darley Arabian, einer der Stamm-väter des Englischen Vollbluts. Original Shales zeugte zwei Hengste namens Scot Shales und Driver, die den Norfolk Trotter maßgeblich beeinflussten.

Die Entstehung des Hackneys durch die Kombination von Norfolk Roadster und Yorkshire Roadster dürfte größtenteils Robert und Philip Ramsdales zu verdanken sein. Dieses Vater-und-Sohn-Team brachte zwei der ersten Norfolk Roadsters – Wroot's Pretender und Phenomenon – nach Yorkshire und führte Sie Yorkshire-Traberstuten zu. Die aus dieser Verbindung hervorgehende Nachkommenschaft vereinte die besten Elemente beider Elternteile in sich, und 1833 wurde in Norwich die Hackney Horse Society gegründet und das Stutbuch geöffnet. Interessanterweise legte Phenomena, eine der Töchter von Phenomenon mit einem Stockmaß von 1,42 m, im Jahre 1832 eine Strecke von etwas mehr als 27 km in einer Rekordzeit von nur 53 Minuten zurück.

Das Aufkommen der Eisenbahn im 19. Jahrhundert und der Beginn der Mechanisierung führten zu einem drastischen Rückgang der Norfolk und Yorkshire Trotter. Ihr Bestand reduzierte sich so weit, dass sie leider irgendwann ausstarben. Der Hackney jedoch konnte überleben, was wohl größtenteils seiner außergewöhnlichen Pracht und Eleganz zu verdanken ist, die der des Roadsters weit überlegen ist und ihn schließlich in den Schauring führte.

Hackneys erreichen zumeist ein Stockmaß von

WISSENSWERTES:
Der Hippocampus ist ein Meerespferd aus der griechischen Mythologie mit dem Oberkörper eines Pferdes und dem Unterleib eines Fisches. Er hat die Aufgabe, Poseidons Streitwagen über das Meer zu ziehen.

mindestens 1,45 m, können gelegentlich jedoch auch kleiner sein, und sind leicht an ihrer extravaganten hohen Beinaktion zu erkennen. Sie bewegen sich frei aus der Schulter heraus und werfen die Vorderbeine nach vorn, wobei bei jedem Schritt ein kurzer Moment der Schwebe entsteht, sodass das Pferd über dem Boden zu gleiten scheint. Die Aktion der Hinterbeine ist ähnlich, jedoch nicht ganz so hochschnellend. Die Bewegungen des Hackneys sind äußerst eindrucksvoll und wurden u. a. als spektakulär, energisch und mühelos beschrieben. Der Hackney ist in seinem Äußeren und seiner Haltung einzigartig und dürfte in der Weltrangliste der Pferde zu den Besten seiner Klasse zählen. Wie das Hackney-Pony wird auch das Hackney-Pferd in erster Linie als Fahrpferd eingesetzt, und zwar sowohl auf der Straße als auch im Schauring, wo es sich sehr wirkungsvoll in Szene setzt. Hackneys wurden auch sehr erfolgreich mit Vollblütern zu ausgezeichneten Reit- und Springpferden gekreuzt. Sie sind im Allgemeinen fuchsfarben, braun oder schwarz, können jedoch auch in jeder anderen Vollfarbe auftreten und Abzeichen aufweisen.

Ihr Erscheinungsbild zeichnet sich durch einen kleinen, edlen Kopf mit leicht konvexem Profil aus. Durch die kleinen, beweglich Ohren wirken sie sehr aufmerksam, und sie haben in der Regel große und sanfte Augen. Der Hals ist von guter Länge, kräftig und gewölbt. Er ist gewöhnlich recht gerade angesetzt und wird verhältnismäßig hoch getragen. Die Brust ist im Allgemeinen breit, jedoch nicht immer tief, und die Schultern haben normalerweise die Beschaffenheit eines guten Fahrpferdes und sind äußerst kräftig. Der Hackney hat einen kompakten Rücken mit einem nach oben zulaufenden, rundrippigen Brustkorb. Seine Hinterhand ist äußerst kräftig mit einer flachen Kruppe. Der Schweif ist gewöhnlich sehr hoch angesetzt und wird hoch getragen – ein Effekt, der durch die Verwendung des traditionellen Schweifmetzes und Schweifriemens noch verstärkt wird. Die Beine sind sehr kräftig mit guten, breiten Gelenken. Die Sprunggelenke sind besonders tief angesetzt, um den Schub für die schwungvolle Vorwärtsbewegung zu erzeugen. Die Hufe des Hackneys sind sehr hart und fest. Die außerordentliche Solidität seiner Beine und Hufe ist weithin bekannt.

Oben und unten
Aufgrund seiner extremen Gangart ist der Hackney bei Pferdeschauen im Geschirr und bei Trabrennen sehr erfolgreich.

RASSEINFORMATIONEN	
NAME	Hannoveraner
GRÖSSE	1,68 m
FARBVARIATIONEN	Alle Vollfarben
URSPRUNGSLAND	Deutschland

Hannoveraner

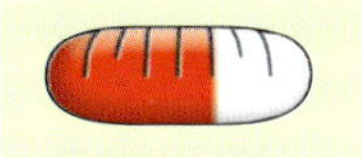

KATEGORIE

VERWENDUNG TEMPERAMENT

DER HEUTIGE HANNOVERANER unterscheidet sich erheblich von seinen Vorvätern und genießt im Turniersport einen ausgezeichneten Ruf als Dressur- und Springpferd. 1735 bestieg Georg Ludwig Kurfürst von Hannover als König Georg II. den englischen Thron und gründete das Landesgestüt Celle in Niedersachsen. Der Grundstock dieses Gestüts wurde nach einem selektiven Zuchtprogramm mit vollblutartigen Pferden sowie mit 14 schwarzen Holsteiner-Hengsten gekreuzt. Diese Holsteiner übten 30 Jahre lang einen bestimmenden Einfluss auf die Entwicklung des Hannoveraners aus.

Das Zuchtziel bestand in erster Linie darin, ein qualitätsvolles Tier zu erzeugen, das sich als Kutsch- und Reitpferd eignete und die meisten landwirtschaftlichen Arbeiten verrichten konnte. Durch die spätere Einkreuzung von Vollblütern wurde die Rasse leichter und eignete sich dadurch besser zum Reiten. Die napoleonischen Kriege der Jahre 1812 und 1813 hatten verheerende Auswirkungen auf das Zuchtprogramm des Hannoveraners, und 1816 waren von den ursprünglich 100 Hengsten nur noch 30 am Leben. Zu dieser Zeit wurden zahlreiche Englische Vollblüter nach Celle importiert, bis der Bestand des Gestüts zu 35 Prozent aus Vollblütern bestand. Dies hatte zur Folge, dass der Hannoveraner erheblich leichter wurde. Aus diesem Grund war er für die landwirtschaftlichen Arbeiten, für die er ursprünglich gedacht war, kaum noch zu gebrauchen. Man bemühte sich daher, ihn im Ganzen etwas großrahmiger zu züchten.

Bis 1924 stieg der Bestand der Hannoveraner rapide an. Im Gestüt Celle standen nun 500 Hengste. Aufgrund dieser großen Zahl wurde in Osnabrück-Eversburg ein weiteres Gestüt mit 100 Hengsten gegründet. Nach dem Zweiten Weltkrieg ging man dazu über, einen leichteren Typ zu züchten, der sich eher zum Reiten eignete. Dazu wurden Trakehner und weitere Vollblüter eingekreuzt. Heute ist der Hannoveraner ein ausgezeichnetes Turnierpferd, das sowohl in der Dressur als auch im Springen hervorragende Leistungen bringt und häufig zur Veredelung anderer Rassen eingesetzt wird. Er ist für seinen ausgezeichneten Charakter sowie für seine Kraft und Ausdauer bekannt.

Der Hannoveraner hat einen attraktiven, gut angesetzten Kopf, einen langen und wohlgeformten Hals und eine breite, tiefe Brust. Seine Schultern fallen in einem guten Winkel ab, und sein Rücken ist lang und gerade mit einer muskulösen Hinterhand und einem gut angesetzten Schweif. Die Beine sind gewöhnlich kräftig mit breiten Gelenken und harten Hufen. Der Hannoveraner besitzt von Natur aus Ausstrahlung und Eleganz und zeichnet sich durch sehr freie, korrekte Bewegungen und eine ausgezeichnete Balance aus. Er ist in allen Vollfarben vertreten und erreicht ein Stockmaß von ungefähr 1,68 m.

Oben
Hannoveraner sind als Springpferde sehr beliebt, da sie äußerst wendig sind.

Unten
Diese Rasse hat einen attraktiven Kopf mit einem muskulösen Hals und guten Schultern.

KATEGORIE

VERWENDUNG TEMPERAMENT

Hispano-Araber

RASSEINFORMATIONEN	
NAME	Hispano-Araber
GRÖSSE	1,45 - 1,62 m
FARBVARIATIONEN	Brauner, Schimmel oder Fuchs
URSPRUNGSLAND	Spanien

DER HISPANO, der auch „Spanischer Anglo-Araber“ genannt wird, stammt aus Spanien und ist das Ergebnis einer Kreuzung von Stuten arabischer und andalusischer Herkunft mit Englischen Vollbluthengsten. Aus diesem Grund wird der Rasse auch nachgesagt, *trés sangres* zu besitzen, d. h. „dreifaches Blut“, womit die drei Blutlinien gemeint sind, auf die sich die Rasse gründet. Der resultierende Hispano-Araber ist ein Pferd mit den Eigenschaften des Arabers, der Qualität und dem Schlag des Vollbluts und den charakteristischen Merkmalen des Andalusiers. Die Pferde dieser Rasse können äußerlich erhebliche Unterschiede aufweisen, je nachdem, ob Araber, Vollblut oder Andalusier dominieren. Hispano-Araber sind für ihre große Kühnheit und ihren Mut bekannt. Sie werden häufig zum Arbeiten der jungen Bullen eingesetzt, die für den Stierkampf vorbereitet werden, und sind auch häufig bei

Wettkämpfen in der Stierkampfarena zu sehen.

Die Verwendung von Stieren in Schau- und Wettkämpfen hat in Spanien eine lange Tradition. Eine dieser Veranstaltungen ist das so genannte *Acoso y derribo*. Dabei muss ein Reiter vom Pferd aus versuchen, einen Stier mit Hilfe einer langen Stange zu Boden zu zwingen. Das Pferd muss äußerst schnell und wendig und sehr gut ausgebildet sein, da die Bullen in der Mehrheit der Fälle wieder aufstehen und angreifen. Der Hispano-Araber hat ein ruhiges, jedoch lebhaftes Temperament und ist äußerst vielseitig und talentiert, wodurch er sich sehr gut als Turnierpferd in der Dressur und beim Springen eignet. Die meisten Pferde dieser Rasse vereinigen die besten Qualitäten der drei Blutlinien in sich und geben daher äußerst begehrenswerte Reitpferde ab.

Sie haben einen korrekt proportionierten, edlen Kopf, dessen Profil gewöhnlich gerade ist, in einigen Fällen jedoch den Einfluss des Arabers erkennen lässt. Ihr leichter Körperbau steht im Widerspruch zu ihrer Zähigkeit und Kraft. Ihr Hals ist elegant, lang und gut angesetzt und verläuft in einem leichten Bogen vom Widerrist zum Genick. Die Brust des Hispano-Arabers ist in der Regel breit und tief mit guten schrägen Schultern, die eine schöne, frei fließende Aktion ermöglichen. Sein Rücken ist gerade, kräftig und relativ kurz mit einer muskulösen Hinterhand und einem gut angesetzten Schweif. Die Beine sind gewöhnlich gesund und zäh mit ausgeprägten Sehnen und kräftigen Hufen. Die Fellfarbe des Hispano-Arabers ist im Allgemeinen Brauner, Schimmel oder Fuchs, und er erreicht ein Stockmaß von 1,45 bis 1,62 m.

Oben und rechts
Diese eleganten Pferde mit arabischem Einschlag wurden in traditionellen spanischen Stierkampf-Sportarten eingesetzt.

Unten
Hispano-Araber sind schnell und wendig und stellen beliebte Reit- und Turnierpferde dar.

RASSEINFORMATIONEN	
NAME	Holsteiner
GRÖSSE	1,63 - 1,73 m
FARBVARIATIONEN	Meistens Brauner oder Fuchs, aber auch alle anderen Vollfarben möglich
URSPRUNGSLAND	Deutschland

Holsteiner

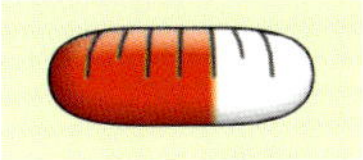

KATEGORIE

VERWENDUNG TEMPERAMENT

DER HOLSTEINER ist eine weitere deutsche Warmblutrasse, die sich im Laufe der Geschichte erheblich verändert hat. Der Name der Rasse verweist auf die Region Holstein, der Gegend, aus der die Tiere ursprünglich stammen. Man nimmt im Allgemeinen an, dass die Rasse im 13. Jahrhundert entwickelt wurde. Belege für die Existenz von Pferden des Holsteiner-Typs reichen bis in das Jahr 1285 zurück, als dem Kloster Uetersen die Erlaubnis erteilt wurde, Pferde auf den privaten Ländereien grasen zu lassen, die das Kloster umgaben. Der Holsteiner stammt wahrscheinlich von einer Mischung aus deutschen, spanischen und orientalischen Pferden ab und war im Mittelalter vermutlich ein schweres, aber elegantes Kriegspferd, das auch in der Landwirtschaft Verwendung fand. Er wurde häufig als Kavalleriepferd eingesetzt oder zog als Kanonenpferd die schwere Artillerie.

Während des 17. Jahrhunderts gewann der Holsteiner als Kutschpferd an Beliebtheit, besaß jedoch immer noch ein recht grobes Aussehen mit einem schweren Körperbau und einer kurzschrittigen Aktion. Ein berühmter Holsteiner des 17. Jahrhunderts war der Schimmelhengst Mignon, der Stammvater der cremefarbenen Pferde, die der Stolz der Kurfürsten von Hannover waren und bis 1920 in den Königlichen Marställen in London verwendet wurden. Während des 19. Jahrhunderts nahm man Einkreuzungen mit Vollblütern vor, um das Exterieur und die Schnelligkeit des Holsteiners zu verbessern. Auch das Yorkshire Coach Horse wurde in der Zucht eingesetzt, dem der Holsteiner seinen ausgezeichneten Charakter und seine raumgreifende Aktion zu verdanken hat.

Nach dem Zweiten Weltkrieg wurden erneut Vollblüter eingekreuzt, sodass der Holsteiner edler und leichter wurde und eine vorwiegende Eignung für den Turniersport zeigte. Er zeichnet sich durch ein wunderbares Temperament aus, das ihn zu einem sehr umgänglichen Pferd macht, und ist äußerst vielseitig. Da er für Dressur und Springen gleichermaßen begabt ist, erfreut er sich als Turnierpferd weltweit großer Beliebtheit. Der Holsteiner ist äußerst athletisch und gehört zu den besten Springpferden der Welt.

Er hat den schön proportionierten und gut angesetzten Kopf eines Vollbluts und einen muskulösen und eleganten Hals. Seine Brust ist gewöhnlich breit und tief mit schrägen Schultern, die eine gute Bewegungsfreiheit ermöglichen. Der Rücken ist relativ lang mit einer muskulösen Hinterhand und kurzen kräftigen Beinen. Der Holsteiner hat häufig lange Röhrbeine mit ausgeprägten Sehnen und wohlgeformten Hufen. Das Fell des Holsteiners ist vorwiegend braun, kann jedoch jede andere Vollfarbe haben. Er erreicht ein Stockmaß von 1,63 bis 1,73 m.

Oben
Diese Pferde zeichnen sich durch eine gute, kraftvolle Aktion und eine ausgezeichnete Haltung aus und sind fügsame Reittiere.

Unten
Holsteiner haben einen kräftigen Kopf mit deutlich sichtbarem Vollbluteinschlag.

WISSENSWERTES:
Der im Jahre 1752 in Newmarket gegründete Jockey Club ist für die Renn-, Zucht- und Lizenzierungsbestimmungen in Großbritannien zuständig, um einen fairen und regulierten Ablauf des Rennsports zu gewährleisten.

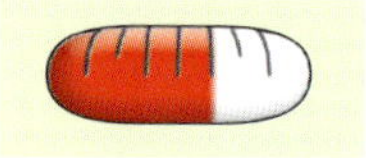

KATEGORIE

VERWENDUNG TEMPERAMENT

Indischer Halbblüter

RASSEINFORMATIONEN	
NAME	Indischer Halbblüter
GRÖSSE	1,52 - 1,63 m
FARBVARIATIONEN	Alle Farben
URSPRUNGSLAND	Indien

Unten
Rein äußerlich gibt es innerhalb der Rasse erhebliche Unterschiede. Die besten Exemplare stammen aus den Armeegestüten in Indien.

DER INDISCHE HALBBLÜTER wurde in den Armeegestüten Indiens entwickelt und sollte in erster Linie als Kavalleriepferd dienen. Er stammt aus einer Mischung von einheimischen Kathiawaris, orientalischen Rassen, australischen Walern und zu einem großen Teil vom Englischen Vollblut ab. Anfang des 20. Jahrhunderts wurde eine große Anzahl von Walern nach Indien importiert, wo sie in der indischen Kavallerie eingesetzt wurden und bis zum Beginn der Mechanisierung das Haupttransportmittel darstellten. Die Armee hatte ursprünglich vorwiegend Araber bzw. Pferde mit Araberanteil für ihre Zwecke verwendet, begann dann jedoch mit dem Import des größeren und besser geeigneten australischen Walers.

Der Halbblüter wird inzwischen in ganz Indien gezüchtet. Zuchtzentren sind jedoch das Armee-Remontendepot in Saharanpur und das Armeegestüt von Babugarh. Die Rasse wird nicht nur in der Armee, sondern auch bei den Polizeikräften in den Städten und insbesondere in den ländlichen Gebieten eingesetzt. Eine zunehmende Anzahl dieser Pferde findet in zivilen Reitvereinen Verwendung und ist inzwischen auch häufiger auf Turnieren zu sehen, wo sie gute Leistungen bringen. Indien ist aufgrund des rauen Klimas, der schlechten Böden und des Mangels an Grünfutter kein ideales Land für die Pferdezucht. Diese Faktoren haben zur zähen und robusten Natur des Halbblüters beigetragen, der gelernt hat, mit dem Klima und dem schlechten Futter bzw. Futtermangel umzugehen. Rein äußerlich kann der Halbblüter von Pferd zu Pferd große Unterschiede aufweisen. Die in den Armeegestüten gezüchteten Pferde haben im Allgemeinen ein besseres Exterieur.

Alles in allem ist der Halbblüter jedoch ein ausgezeichnetes Pferd mit einer gewissen Qualität und Substanz und einer außergewöhnlich ruhigen und gefügigen Wesensart. Sein Erscheinungsbild ist meistens attraktiv und lässt deutlich den Einfluss des Vollbluts erkennen. Er hat einen qualitätsvollen Kopf mit sanften Augen und beweglichen Ohren. In einigen Fällen sind die Ohren nach innen gebogen, was auf den Einfluss des Kathiawari zurückzuführen ist. Der Hals ist von guter Länge und muskulös, die Schultern fallen in einem guten Winkel ab und sind für ein Reitpferd ideal, obwohl mitunter auch Exemplare mit steilen Schultern vorkommen können. Der Indische Halbblüter hat in der Regel eine tiefe Brust, die jedoch recht schmal sein kann, einen relativ geraden, langen Rücken, eine runde Hinterhand und gute, wohlgeformte kräftige Beine. Er tritt in jeder Farbe auf und erreicht ein Stockmaß von 1,52 bis 1,63 m.

WISSENSWERTES:
Das Polospiel wurde vermutlich unter der Herrschaft von Darius I. (522-486 v. Chr.), dem dritten König von Persien, entwickelt.

RASSEINFORMATIONEN	
NAME	Iomud
GRÖSSE	1,52 m
FARBVARIATIONEN	Meistens Schimmel, aber auch Fuchs oder Rappe möglich
URSPRUNGSLAND	Turkmenistan

Iomud

KATEGORIE

VERWENDUNG TEMPERAMENT

DER IOMUD gehört einer alten Rasse an, die eng mit dem Achal-Tekkiner verwandt ist und von den alten turkmenischen Pferden abstammt. Der Iomud entwickelte sich im Süden Turkmenistans. Er wurde im Laufe der Jahrhunderte von Arabern, Kasachen, Mongolen und Turkmenen beeinflusst sowie vor noch nicht allzu langer Zeit auch vom Achal-Tekkiner.

Iomuds wurden normalerweise in Herden gehalten, die durch die Wüsten und Halbwüsten der Region getrieben werden, und sind daher in der Lage, mit minimalen Mengen an Futter und Wasser auszukommen und den extremen Klimabedingungen zu trotzen. Wie der Achal-Tekkiner besitzt auch der Iomud eine Zähigkeit, mit der kaum eine andere Rasse mithalten kann, und seine Konstitution und Ausdauer sind legendär. Er wurde in erster Linie als Reitpferd entwickelt, geht jedoch auch gut im Geschirr und ist sehr vielseitig. Seit 1925 wird er auch im Rennsport eingesetzt und ist dabei bemerkenswert schnell, obwohl die meisten dieser Tiere nicht mit dem Achal-Tekkiner konkurrieren können.

Der Iomud ist inzwischen leider stark vom Aussterben bedroht, auch wenn Anstrengungen unternommen wurden, die Rasse wieder zu etablieren. Einer Veröffentlichung des Jahres 1989 zufolge existierten damals nur noch 616 reinrassige Iomuds. Sie sind ausgezeichnete Reitpferde und haben ein natürliches Springvermögen, das sie in Verbindung mit ihrer Schnelligkeit zu sehr guten Turnierpferden macht. Darüber hinaus haben sie eine besonders gute Konstitution, eine hohe Lebenserwartung und einen guten Charakter.

Der Iomud hat weniger von dem windhundartigen Aussehen des Achal-Tekkiners, sondern ist schwerer und kompakter gebaut. Er hat einen attraktiven Kopf mit einem ehrlichen Ausdruck und weist häufig einen leichten Ramskopf auf. Seine Ohren sind klein und beweglich und lassen auf seine Aufmerksamkeit schließen. Die Augen sind groß und sanft. Der Hals entspricht den Proportionen des Körpers, ist muskulös und wohlgeformt und verläuft vom Widerrist zum Genick in einem leichten Bogen. Der Widerrist selbst ist recht ausgeprägt und der Rücken relativ lang, gerade und muskulös. Die Schultern fallen in einem guten Winkel ab und ermöglichen dem Iomud einen besonders guten, weichen und frei fließenden Gang.

Seine Hinterhand ist muskulös mit einer leicht abfallenden Kruppe. Die Beine sind wie die Hufe außergewöhnlich kräftig und gesund. Die vorwiegende Fellfarbe des Iomuds ist Schimmel, doch kommen auch Rappen oder Braune vor. Er erreicht ein Stockmaß von ungefähr 1,52 m.

Oben
Der Iomud gehört einer alten Rasse an und führt eine große Menge gemischten Blutes.

Unten
Der Iomud hat häufig einen leichten Ramskopf und zeichnet sich durch große, sanfte Augen aus.

KATEGORIE

VERWENDUNG TEMPERAMENT

Irish Hunter

RASSEINFORMATIONEN

NAME	Irish Hunter
GRÖSSE	1,55 - 1,72 m
FARBVARIATIONEN	Alle Farben außer Schecken
URSPRUNGSLAND	Irland

DER IRISH HUNTER, auch „Irish Horse" genannt, stammt aus Irland und ist das Ergebnis einer Kreuzung zwischen Englischem Vollblut und Irish Draught. Technisch gesehen ist der Irish Hunter eigentlich keine eigene Rasse, sondern ein Halbblutpferd, da es zur Hälfte Vollblut und zur Hälfte Irish Draught ist. Alle Irish Hunter besitzen jedoch sehr charakteristische Merkmale und können daher als Rasse klassifiziert werden. Außerdem sind sie schon allein wegen ihrer universellen Bedeutung und ihrer Anziehungskraft erwähnenswert.

Der Irish Hunter vereint die besten Elemente der beiden Rassen in sich: Er besitzt den Verstand, die Ehrlichkeit und das Charisma des Irish Draught und das athletische Vermögen, die Schnelligkeit und die Ausdauer des Vollbluts. Das Irish Draught wurde in Irland ursprünglich für eine Vielzahl von Zwecken verwendet: als Transportmittel, zur Bestellung des Landes und zum Reiten. Mit dem Einzug der Mechanisierung ging die Anzahl der Irish Draughts jedoch zurück, da der Trend nun eher zum Reitpferd ging.

Die Entwicklung des Irish Hunter hat den Bedarf an einem erstklassigen Reitpferd mit viel Vermögen gedeckt, und daher nahm der Bestand an Irish Draughts in letzter Zeit wieder zu. Im Verhältnis zu seiner Größe bringt Irland jedes Jahr eine erstaunliche Anzahl von erstklassigen Pferden hervor, von denen viele für hohe Summen nach Kontinentaleuropa und Amerika verkauft werden. Der Irish Hunter hat gewöhnlich einen wunderbaren Charakter – vielleicht sogar den besten aller Pferderassen, da er von Natur aus ruhig, vernünftig und ehrlich ist, bei Bedarf jedoch auch lebhaft und temperamentvoll sein kann. Er ist außerdem sehr zäh und besitzt eine gute Ausdauer. Der Irish Hunter hat ein natürliches Springvermögen und zeigt Qualität, Vermögen und Mut. Dadurch wurde er zu einem der vielseitigsten und beliebtesten Pferde der heutigen Zeit. Irish Hunter sind erstklassige Vielseitigkeits- und Springpferde und können aufgrund ihrer Manieren und ihres Instinkts auch sehr gut auf Jagden geritten werden.

Dem Aussehen nach lässt sich der Irish Hunter in drei Kategorien unterteilen: leicht, mittelschwer und schwer – je nach seinem Vermögen als Gewichtsträger. Er hat einen attraktiven Kopf, der manchmal ein konvexes Profil haben kann, und einen gut definierten und muskulösen Hals, der gewöhnlich leicht gebogen ist. Seine Schultern sind gut, kräftig und schräg, und sein Rücken ist kompakt mit einer breiten und muskulösen Kruppe. Die Beine sind in der Regel gesund und gut bemuskelt mit guten Hufen. Die Fellfarben des Irish Hunter sind vorwiegend Brauner, Schimmel, Fuchs oder Rappe, und er erreicht ein Stockmaß von 1,55 bis 1,72 m.

Oben
Die selektive Zucht des Irish Hunter hat ein erstklassiges Allround-Reitpferd hervorgebracht.

Unten
Die Pferde können verschiedene Farben aufweisen und ein Stockmaß von 1,55 m bis 1,72 m erreichen.

RASSEINFORMATIONEN	
NAME	Kabardiner
GRÖSSE	1,52 - 1,57 m
FARBVARIATIONEN	Brauner oder Rappe
URSPRUNGSLAND	Ehemalige UdSSR

Kabardiner

KATEGORIE

VERWENDUNG TEMPERAMENT

DER KABARDINER entwickelte sich im 16. Jahrhundert in den Gebirgsregionen des nördlichen Kaukasus im Süden Russlands. Die Rasse entstand durch Kreuzungen zwischen Turkmenen, Arabern, Persern und den Steppenrassen im Süden Russlands, wurde anfangs jedoch insbesondere durch ihre Umgebung beeinflusst.

Der Kabardiner gilt im Allgemeinen als die Elite unter den Gebirgsrassen. Er ist sehr trittsicher auf unwegsamem Gelände und überquert mühelos unberechenbare, steile Bergpfade, und selbst Flussläufe und tiefer Schnee stellen kein Hindernis für ihn dar. Da seine Hufe äußerst fest sind, muss er nur selten beschlagen werden. Er besitzt eine unglaubliche Konstitution und Ausdauer - während eines Rittes um den Kaukasus in den Jahren 1935 bis 1936 legte eine Gruppe von Kabardinern bei schlechtem Wetter in nur 37 Tagen eine Strecke von rund 3.000 km zurück. Kabardiner haben einen außergewöhnlichen Orientierungssinn und sind in der Lage, ihren Weg selbst bei Dunkelheit und schlechtem Wetter zu finden. Während der russischen Revolution im Jahre 1917 gab es unter den Kabardinern große Verluste, und in den 20er Jahren wurden Anstrengungen unternommen, diese wertvolle Rasse wieder aufzubauen.

Die ersten Zuchtprogramme wurden in den Gestüten Kabardin-Balkar und Karachew-Tscherkess durchgeführt. Die besten Kabardiner sind heute in den Gestüten Malokrachew und Malkin zu finden. Der Kabardiner war immer ein recht kleines, drahtiges Pferd, und nach der Revolution führte man der Rasse Turkmenen, Karabacher, Perser und Araber zu, um sie zu verbessern und ihr Stockmaß zu erhöhen. Kabardiner sind sehr wendig, fruchtbar und ausdauernd und haben eine hohe Lebenserwartung. Sie zeichnen sich durch eine ruhige, jedoch lebhafte Wesensart aus und geben vielseitige Reitpferde ab, gehen jedoch auch gut im Geschirr.

Dem Aussehen nach sind sie Orientalen und haben einen attraktiven Kopf, häufig mit einer Ramsnase. Der Hals kann recht kurz und muskulös sein, und die Schultern sind gewöhnlich steil und kräftig. Aufgrund der steilen Schultern hat der Kabardiner eine hohe Aktion, was in gebirgigem Gelände jedoch von Vorteil ist. Im Schritt, Trab und Galopp zeigt der Kabardiner einen guten, weichen Gang, und einige Exemplare sind sogar natürliche Passgänger. Zum Jagd- oder gestreckten Galopp ist er allerdings nicht fähig. Die Rasse ist äußerst kräftig gebaut, weist jedoch einige Gebäudemängel auf. Die Beine des Kabardiners sind gewöhnlich recht kurz, sehr kräftig, jedoch schlank, und er neigt zu Säbelbeinen. Er ist meistens braun oder schwarz und erreicht ein Stockmaß von 1,52 bis 1,57 m.

Oben
Kabardiner haben ein orientalisches Aussehen mit einer leichten Ramsnase.

Unten
Die Pferde stammen aus den zerklüfteten Gebirgsregionen des nördlichen Kaukasus und sind sehr robust und trittsicher.

WISSENSWERTES:
Der römische Schriftsteller Columella, der während des ersten Jahrhunderts n. Chr. eine umfangreiche Abhandlung über Gartenbau und Landwirtschaft schrieb, legte in seinem Werk die Theorie dar, dass Stuten durch den Wind geschwängert werden könnten.

KATEGORIE

VERWENDUNG TEMPERAMENT

Karabacher

RASSEINFORMATIONEN	
NAME	Karabacher
GRÖSSE	1,42 - 1,52 m
FARBVARIATIONEN	Fuchs, Brauner oder Falbe
URSPRUNGSLAND	Aserbaidschan

Oben
Der Karabacher ist eine zähe und robuste Gebirgsrasse.

Unten
Die Fellfarbe dieser Pferde ist normalerweise Fuchs oder Falbe und weist in einigen Fällen einen Aalstrich auf.

DER KARABACHER wurde in der ehemaligen UdSSR entwickelt und stammt aus dem Hochland zwischen den Flüssen Araks und Kura in Aserbaidschan. Er ist ebenfalls eine Gebirgsrasse, die sich gut an ihre raue Umgebung

angepasst hat. Man nimmt an, dass er aus einer Kreuzung zwischen Achal-Tekkiner, Perser, Kabardiner, Turkmene und Araber entstand. In jüngerer Zeit wurde er stark vom schnellen Araber geprägt, dem er seine Schnelligkeit und Wendigkeit zu verdanken hat.

Wie alle Gebirgsrassen ist auch der Karabacher äußerst trittsicher und kann sich schnell über raues Gelände fortbewegen. Er ist anscheinend unempfindlich gegenüber Krankheiten und besitzt eine ausgezeichnete Konstitution. Seine kleinrahmige, drahtige Gestalt steht im Widerspruch zu seiner Kraft und Zähigkeit. Seine kleine Statur scheint ihm jedoch nicht gerade zum Vorteil zu gereichen, da der Bestand der Rasse drastisch zurückgegangen ist. Die Anzahl der Karabacher wurde erstmals 1826 während der iranischen Angriffe reduziert, und danach galt die Rasse als zu klein, um zufriedenstellende Kavalleriepferde abzugeben. Sie werden heute im Gestüt Akdam in Aserbaidschan gezüchtet, doch handelt es sich bei den meisten Pferden um Kreuzungen aus Arabern und Karabachern und nicht um reinrassige Karabacher. Es wäre sehr schade, wenn diese Rasse aussterben würde, da sie sehr viele Qualitäten besitzt und häufig in andere Länder exportiert wurde, um verschiedene Rassen zu veredeln. Der Karabacher ist ein äußerst vielseitiges Reitpferd, das sich durch seine Robustheit, Kraft, Ausdauer und Zähigkeit auszeichnet. Darüber hinaus hat er einen sehr guten Charakter, ist ruhig, fügsam, lebhaft und tapfer.

Er hat einen feinen Kopf, der von der breiten Stirn zu den sich weitenden Nüstern schmal zuläuft. Sein Exterieur ist gut proportioniert mit einem langen, muskulösen und eleganten Hals mit gutem Ansatz, recht steilen Schultern, einer tiefen Brust und einem geraden Rücken mit abfallender Kruppe. Die Beine sind lang und schlank und trotz der verhältnismäßig kleinen Gelenke sehr kräftig. Die Hufe sind äußerst hart und fest. Der Karabacher hat einen recht schmalen Rumpf und keine besonders große Gurtentiefe, was dem Einfluss des Achal-Tekkiners zuzuschreiben ist. Seine Fellfarbe ist häufig Fuchs oder Falbe mit einem ungewöhnlichen metallenen Schimmer, dunklem Langhaar und einem Aalstrich. Braune und Schimmel kommen ebenfalls vor, und auch Abzeichen sind zulässig. Das Stockmaß des Karabachers liegt zwischen 1,42 und 1,52 m.

WISSENSWERTES:
Lipizzaner werden mit dunklem Fell geboren und werden mit zunehmendem Alter immer heller. Manche von ihnen sind bereits im Alter von vier Jahren völlig weiß, andere jedoch erst mit zehn Jahren.

RASSEINFORMATIONEN

NAME	Karabaier
GRÖSSE	1,44 - 1,52 m
FARBVARIATIONEN	Meistens Schimmel, Brauner oder Fuchs
URSPRUNGSLAND	Usbekistan

Karabaier

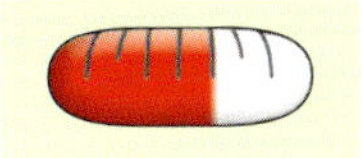

KATEGORIE

VERWENDUNG

TEMPERAMENT

WISSENSWERTES:
Ein „Sprinter" ist ein Pferd, das über kurze Strecken extrem schnell galoppieren kann. Ein „Steher" hingegen kann eine wesentlich größere Strecke zurücklegen, allerdings in einem langsameren Tempo.

DER KARABAIER gehört einer sehr alten Rasse an, deren Anfänge auf Pferde zurückgehen, die bereits vor Beginn der christlichen Zeitrechnung in der Gegend von Usbekistan beheimatet waren. Der Karabaier entwickelte sich vermutlich aus einer Mischung von Araber- und Mongolenblut und wurde später von den Wüstenrassen der benachbarten Länder (z. B. Turkmenistan) und durch weitere Einkreuzungen mit Arabern beeinflusst. In Usbekistan findet sich immer noch eine große Anzahl nomadischer Stämme, die schon seit langem als die hauptsächlichen Züchter des Karabaiers gelten. Ihren Lebensgewohnheiten ist eine Reihe verschiedener Rassen zuzuschreiben, die schließlich zur Entwicklung des Karabaiers führten. Er hat Ähnlichkeit mit dem Araber, insbesondere hinsichtlich seiner angeborenen Zähigkeit und Ausdauer sowie seiner Schnelligkeit und Wendigkeit, hat jedoch kein so elegantes Exterieur.

Das Pferd spielt häufig eine zentrale Rolle im Leben der Usbeken und wird sowohl zum Reiten als auch zum Fahren verwendet. Außerdem wird auf ihm das Spiel Kokpar ausgetragen. Kokpar ist ein wildes Spiel, bei dem es darum geht, eine tote Ziege in seinen Besitz zu bringen – es gibt nur wenige Regeln und viele Verletzte, und aufgrund ihres Mutes und ihrer Schnelligkeit werden fast ausschließlich Karabaier für dieses Spiel verwendet. Der Karabaier hat sich in drei unterschiedliche Typen gleicher Größe entwickelt: Der erste Typ ist für leichte Arbeit im Geschirr sowie als Pack- und Reitpferd geeignet und von schwererem Schlag. Der zweite Typ ist leichter und wird hauptsächlich zum Reiten benutzt. Das Exterieur des dritten Typs ist eher für die schwere Arbeit im Geschirr geeignet. Inzwischen gibt es nicht mehr so große Unterschiede zwischen den dreien: Der schwerere Typ ist fast völlig verschwunden, und die beiden anderen Typen sind mehr oder weniger zu einem Pferd verschmolzen.

Der Karabaier hat das Exterieur eines stämmigen Arabers, besitzt jedoch weniger Qualität. Er hat gewöhnlich einen kleinen, jedoch attraktiven Kopf mit einem geraden Profil und einen gut bemuskelten Hals von guter Länge. Seine Brust ist breit, jedoch nicht besonders tief. Die Schultern sind muskulös und ausreichend schräg. Der Körper des Karabaiers ist schlank und drahtig ohne überschüssiges Fett und mit einer dünnen, feinen Haut. Er hat einen kurzen kompakten Rücken mit einer relativ stark abfallenden Hinterhand. Seine Vorderhand scheint häufig besser entwickelt als seine Hinterhand. Die Beine sind recht schlank, jedoch kräftig, mit wohlgeformten Hufen. Die Fellfarbe des Karabaiers ist im Allgemeinen Schimmel, Brauner oder Fuchs, und er erreicht ein Stockmaß von 1,44 bis 1,52 m.

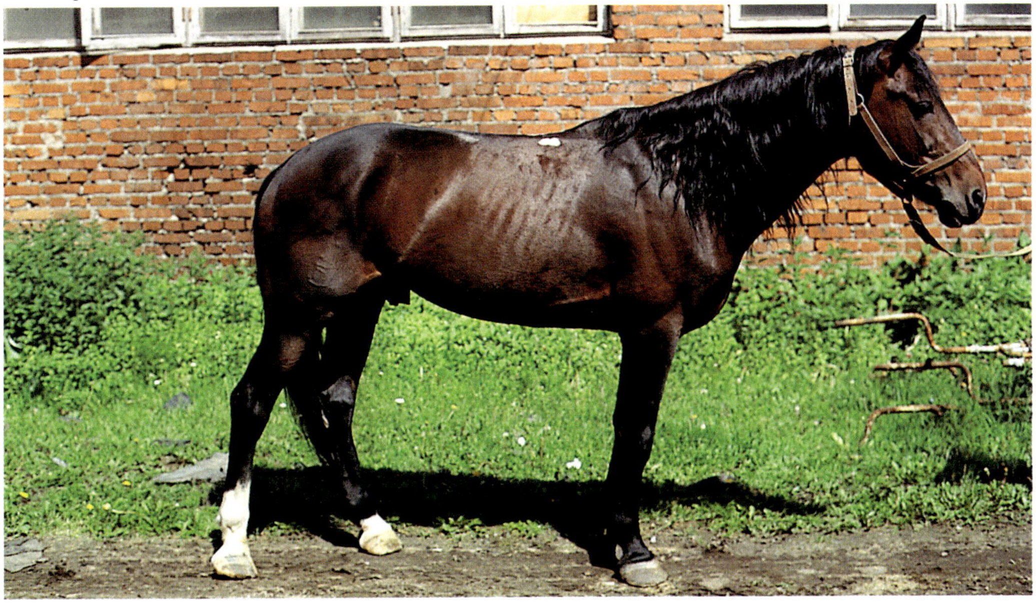

Links
Diese Pferde haben das Aussehen eines stämmigen Arabers, besitzen jedoch kein so gutes Exterieur: Ihrer Brust mangelt es an Tiefe, und sie haben einen leichten und schlanken Körperbau.

KATEGORIE

VERWENDUNG TEMPERAMENT

Kathiawari

RASSEINFORMATIONEN	
NAME	Kathiawari
GRÖSSE	Bis zu 1,48 m
FARBVARIATIONEN	Alle Farben außer Rappe
URSPRUNGSLAND	Indien

DER KATHIAWARI ist eine alte Rasse und stammt von der indischen Halbinsel Kathiawar, der sie auch seinen Namen verdankt. Trotz seiner kleinen Statur gilt der Kathiawari nicht als Pony, sondern als kleines Pferd und weist auch pferdeartige Merkmale auf. Sein genauer Ursprung ist nicht bekannt, doch nimmt man an, dass er sich irgendwann im 14. Jahrhundert durch Kreuzungen zwischen einheimischen Ponys und Arabern sowie anderen orientalischen Linien entwickelte.

Einer Geschichte zufolge kam es vor der indischen Westküste zu einem Schiffbruch, von dem sich einige der an Bord befindlichen Araberpferde an Land retten konnten, wo sie sich mit den einheimischen Ponyrassen paarten. Eine weitere Theorie besagt, dass während der Herrschaft der Moguln Araber und andere orientalische Pferde nach Indien gebracht und dort willkürlich mit den einheimischen Rassen gekreuzt wurden und der Kathiawari auf diese Weise entstand.

Wie auch immer die genauen Ursprünge der Rasse aussehen mögen, es ist zumindest recht offensichtlich, dass sie zu einem großen Teil orientalischer Herkunft ist, da sie viele arabische Merkmale aufweist, wie z. B. eine ausgezeichnete Konstitution und Ausdauer. Der Kathiawari ist in seiner Heimat aufgrund seiner Qualitäten und seines charakteristischen Exterieurs hoch geschätzt. Er wurde traditionell von wohlhabenden Familien gezüchtet, die die jeweilige Linie nach der Stammstute benannten. Heute wird die Zucht hauptsächlich von einem staatlich kontrollierten Gestüt in Junagadh übernommen. Der Kathiawari ist von Natur aus zäh und genügsam, besitzt eine hervorragende Konstitution und ist von seiner Wesensart her eher ruhig, wenn auch manchmal etwas unberechenbar. Interessanterweise hat er häufig einen natürlichen Passgang, der auf den Einfluss zentralasiatischer Rassen hinweist. Er wird von der berittenen Polizei von Gujerat eingesetzt und ist auch als Reittier beim Tent-Pegging beliebt, einem schnellen und wilden Reiterspiel.

Er hat einen edlen Kopf mit charakteristischen großen, beweglichen Ohren, die so weit nach innen gebogen sind, dass sie einander berühren. Sein Hals ist fein und anmutig, und er zeichnet sich im Allgemeinen durch einen schmalen und drahtigen Körperbau aus. Die Schultern haben einen verhältnismäßig guten Winkel, und die Brust ist zwar schmal, aber tief. Der Rücken ist lang und gerade mit einer abfallenden Kruppe und einem hoch angesetzten Schweif, der auch hoch getragen wird. Die Beine sind zumeist schlank, jedoch kräftig mit wohlgeformten, harten Hufen. Alle Kathiawaris neigen zu Kuhhessigkeit und sind nach westlichen Maßstäben recht feinknochig. Ihre Fellfarbe variiert von Fuchs und Braun über Schimmel und Isabell bis zu Braun- und Rappschecke, und sie erreichen ein Stockmaß von bis zu 1,48 m.

Oben
Trotz ihrer kleinen Statur gilt diese Rasse als kleines Pferd und nicht als Pony.

Unten
Die Pferde haben einen charakteristischen Kopf mit großen, beweglichen Ohren.

RASSEINFORMATIONEN	
NAME	Kisber Felver
GRÖSSE	1,54 - 1,72 m
FARBVARIATIONEN	Meistens Fuchs oder Brauner, aber auch alle anderen Vollfarben möglich
URSPRUNGSLAND	Ungarn

Kisber Felver

KATEGORIE

VERWENDUNG TEMPERAMENT

DER KISBER FELVER, auch Kisber-Halbblut genannt, ist eine relativ junge Rasse, die in den letzten 100 Jahren im Gestüt Kisber in Ungarn entwickelt wurde. Das Gestüt Kisber wurde 1853 gegründet und befasste sich in erster Linie mit der Zucht von Vollblütern, und zwar sehr erfolgreich, wie

insbesondere die Stute Kincsem bewies. Kincsem blieb bei 54 Rennen ungeschlagen und sicherte sich dadurch einen Eintrag ins Guinness-Buch der Rekorde.

Der Kisber Felver entstand durch Kreuzungen zwischen Vollblut, Furioso, Trakehner, Araber, Anglo-Araber und Selle Français. Er ist im Wesentlichen ein Halbblut und führt einen hohen Anteil an Vollblüterblut sowie das Blut anderer Rassen. Man nimmt an, dass er ursprünglich als nützliches Sportpferd entwickelt wurde, das mehr Gewicht besaß als der Vollblüter und auch im Geschirr gehen konnte. Nachdem sich ein fester Typ herausgebildet hatte, wurde der Kisber Felver häufig mit einheimischen Pferden gekreuzt, um deren Nachkommenschaft zu verbessern.

Er ist von Natur aus ein attraktives und qualitätsvolles Pferd mit den charakteristischen Merkmalen eines Vollblüters und wird mit großem Erfolg im Turniersport eingesetzt.

Der Kisber Felver hat eine zähe und gesunde Konstitution und ist energiegeladen und lebhaft – Qualitäten, die ihn sowohl als Militärpferd als auch als Reitpferd im Zivilsport auszeichnen. Er ist von Natur aus athletisch und gibt ein gutes Spring- und Vielseitigkeitspferd ab. Leider hat sich der Bestand der Rasse während des Ersten und Zweiten Weltkriegs erheblich reduziert, und 1945 wurde mehr als die Hälfte des Zuchtbestands als Wiedergutmachung für Kriegsschäden beschlagnahmt. Im Jahre 1961 wurden die verbleibenden Pferde in das Gestüt Dalmand gebracht, wo die Rasse auch heute noch gezüchtet wird. Der Kisber Felver ist recht unbekannt, eine Tatsache, die im Widerspruch zu seiner Leistung und seinem Wert als Turnierpferd steht.

Er hat einen attraktiven, edlen und qualitätsvollen Kopf mit beweglichen Ohren. Der Hals ist gut proportioniert und verläuft vom Widerrist zum Genick in einem leichten Bogen. Die Schultern sind wohlgeformt und schräg, und die Brust ist tief und rundrippig. Der Rücken ist häufig recht lang mit einer leicht abfallenden Kruppe. Die Beine sind muskulös, wenn auch die Gelenke manchmal eher klein sind. Der Kisber Felver tritt im Allgemeinen als Fuchs oder Brauner auf, kann jedoch auch jede andere Vollfarbe haben und erreicht ein Stockmaß von 1,54 bis 1,72 m.

Oben
Diese Rasse ist relativ neu und wurde vor ungefähr 100 Jahren entwickelt.

Unten
Die Pferde haben ein schönes Exterieur mit einem kräftigen Kopf und beweglichen Ohren.

WISSENSWERTES:
Großbritannien gewann drei Mal die Weltmeisterschaft im Vielseitigkeitsreiten (1970, 1982 und 1986) und hält damit den Rekord.
Guinness-Buch der Rekorde

KATEGORIE

VERWENDUNG TEMPERAMENT

Kladruber

RASSEINFORMATIONEN	
NAME	Kladruber
GRÖSSE	1,64 - 1,72 m
FARBVARIATIONEN	Schimmel oder Rappe
URSPRUNGSLAND	Ehemalige Tschechoslowakei

WISSENSWERTES: Trigger war der Name des berühmten Pferdes von Roy Rogers. Trigger spielte in 87 verschiedenen Westernfilmen mit und war auch sechseinhalb Jahre lang regelmäßig in der „Roy Rogers Show" im Fernsehen zu sehen. Er beherrschte viele Kunststücke und war sogar stubenrein! Als Trigger 1965 starb, ließ Roy Rogers ihn ausstopfen und im Roy Rogers-Dale Evans Museum im kalifornischen Victorville ausstellen.

DER KLADRUBER wurde während des 16. und 17. Jahrhunderts in der späteren Tschechoslowakei entwickelt. Die Rasse entstand in erster Linie aus einer Mischung von Neapolitaner und Andalusier und entwickelte sich in ähnlicher Weise wie der Lipizzaner, dem der Kladruber in gewisser Weise ähnlich sieht. Das kaiserliche Hofgestüt Kladrub, das wichtigste Zuchtzentrum für den Kladruber, wurde im Jahre 1579 von Kaiser Rudolph II. gegründet. Der Kladruber wurde als imposantes Kutschpferd für den Kaiserhof entwickelt.

Die ersten Kladruber wiesen eine Vielzahl unterschiedlicher Farben auf, wobei neben den gewöhnlichen Vollfarben auch Isabell und Schecke vorkamen. Heute werden sie jedoch nur noch als Rappen oder Schimmel gezüchtet. Leider fielen die Aufzeichnungen aus den ersten 200 Jahren der Kladruberzucht im Jahre 1757 einem Brand zum Opfer, womit ein Großteil der ersten Informationen über die Rasse verloren ging. Ab Mitte des 18. Jahrhunderts wurde die Rasse aus drei Hengsten entwickelt: dem Schimmelhengst Pepoli, dessen Söhne Generale und Generalissimus die Rasse ebenfalls beeinflussten, und zwei Rapphengsten, die beide den Namen Sacromoso trugen. Weiße Kladruber werden auch heute noch im Gestüt Kladrub gezüchtet; die Herde der schwarzen Kladruber wurde leider in den 30er Jahren des letzten Jahrhunderts aufgelöst, wobei viele der Tiere an Rossschlachter verkauft wurden. Einige Rappstuten konnten gerettet werden, und seitdem werden große Anstrengungen unternommen, die Linie nachzuzüchten.

Der Kladruber ist ein kräftiges Pferd mit einer hohen Lebenserwartung und einer ruhigen und energischen Wesensart. Er wird zwar hauptsächlich als Zugpferd eingesetzt, doch wird er auch häufig mit leichteren Rassen gekreuzt, um gute Reitpferde zu erzeugen. Er gibt ein ausgezeichnetes Fahrsportpferd ab, da er Schnelligkeit und Ausdauer besitzt, und ist häufig auf bedeutenden internationalen Fahrturnieren zu sehen.

Er hat einen langen Kopf mit konvexem Profil und sensiblen, freundlichen Augen. Mähne und Schweif sind dick und üppig. Der Hals ist gewöhnlich muskulös und gut angesetzt und verläuft vom Widerrist zum Genick in einem schönen Bogen. Die Schultern sind verhältnismäßig schräg, die Brust ist breit und tief und der Rücken recht lang mit einer muskulösen und kräftigen Hinterhand. Die Beine sind in der Regel behanglos und kräftig mit guten Gelenken, neigen jedoch manchmal zu langen Fesseln. Das Stockmaß des Kladrubers liegt zwischen 1,64 und 1,72 m.

Oben
Diese Pferde sind kräftig und robust und daher gut als Zugtiere geeignet.

Unten
Der Kladruber hat einen langen Kopf mit konvexem Profil und üppiges Langhaar.

RASSEINFORMATIONEN	
NAME	Knabstrupper
GRÖSSE	1,57 m
FARBVARIATIONEN	Schecke, weiß mit braunen oder schwarzen Tupfen
URSPRUNGSLAND	Dänemark

Knabstrupper

KATEGORIE

VERWENDUNG TEMPERAMENT

SCHECKEN traten häufig bei sehr primitiven Pferderassen auf, und es wurden immer wieder Darstellungen von gescheckten Pferden gefunden, die Tausende von Jahren überlebt haben. Ein hervorragendes Beispiel sind die Höhlenmalereien von Vallon-Pont-d'Arc in Frankreich, auf denen unverkennbar einige gescheckte Pferde zu sehen sind

und deren Alter auf rund 20.000 Jahre geschätzt wird, eine schier unglaubliche Zahl. Die Rasse des Knabstruppers entstand allerdings erst 1808 in Dänemark und ist auf eine gescheckte Stute namens Flaebehoppen zurückzuführen. Flaebehoppen war spanischer Herkunft, und der Einfluss seiner spanischen Vorfahren ist im Knabstrupper auch heute noch zu erkennen.

Flaebehoppen wurde von Richter Lunn gekauft und auf sein Gut Knabstrupp gebracht, wo die Rasse entwickelt wurde. Flaebehoppen wurde 1808 mit einem Frederiksborger Hengst gepaart und begründete eine Linie von Schecken, die größtenteils auf ihren Enkelsohn Mikkel zurückzuführen ist. Mikkel wird inzwischen als einer der Stammväter der Rasse anerkannt. Während der 80er Jahre des 19. Jahrhunderts wurde Gut Knabstrupp aufgelöst, und die Anzahl der Knabstrupper ging zurück, bis 1933 ein dänischer Tierarzt eingriff. Er gründete einen Verband zur Erhaltung der gescheckten Pferde, was zu einer Erholung des Knabstrupperbestands führte. Der Verband züchtete viele bemerkenswerte Exemplare des Knabstruppers, so etwa den Hengst Max, der 1938 durch eine Verbeugung vor dem dänischen König Christian X. berühmt wurde.

Die frühen Knabstrupper waren zäh und stämmig und hatten das Exterieur eines Arbeitstiers, während der moderne Typ Qualität besitzt und im Aussehen eher dem Appaloosa gleicht. Der Knabstrupper ist für seine Intelligenz bekannt und war früher ein beliebtes Zirkuspferd, das Kunststücke zeigte und aufgrund seines breiten Rückens für Voltigiernummern verwendet wurde. Er ist auch sehr gut als Reitpferd geeignet, da er eine gute Konstitution, Ausdauer und weiche Gänge besitzt und sehr lernfähig ist. Im Geschirr macht er sich ebenfalls gut. Der frühe Knabstrupper glänzte insbesondere im Geschirr und besaß eher das Exterieur eines Zugpferdes.

Der moderne Typ hat einen recht kleinen, attraktiven Kopf mit der typischen Sklera um die Augen und einem gesprenkelten Maul. Der Hals ist im Allgemeinen kurz, recht dick und leicht gebogen. Die Schultern sind ziemlich steil, während der Rücken lang und gerade sein kann und eine gute Breite besitzt. Die Hinterhand ist zumeist muskulös, und die Beine sind kurz und kräftig. Der Knabstrupper ist grundsätzlich gescheckt und erreicht ein Stockmaß von etwa 1,57 m.

WISSENSWERTES:
Ab dem 16. Jahrhundert kam es bei Herrschern und Adligen in Mode, sich auf dem Rücken eines Pferdes malen zu lassen. Van Dyck (1599-1641) und Velasquez (1599-1660) sind für ihre Reiterporträts bekannt.

Oben
Der Knabstrupper ist grundsätzlich gescheckt und gibt aufgrund seiner großartigen Konstitution ein gutes Allround-Pferd ab.

Unten
Der Kopf ist klein und ungewöhnlich, und die Augen sind immer von Skleren umgeben.

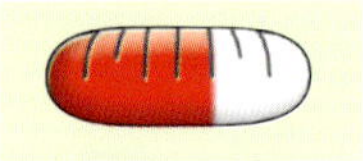

KATEGORIE

VERWENDUNG

TEMPERAMENT

Kustanaier

RASSEINFORMATIONEN

NAME	Kustanaier
GRÖSSE	1,52 - 1,57 m
FARBVARIATIONEN	Alle Vollfarben
URSPRUNGSLAND	Ehemalige UdSSR

Unten
Diese Rasse ist robust und besitzt große Ausdauer. Einige der Pferde weisen die Merkmale eines Vollbluts auf.

DER KUSTANAIER ist eine relativ junge Rasse, die auf den staatlichen Höfen und Gestüten Kasachstans in der ehemaligen UdSSR entwickelt wurde. Die Zucht des Kustanaiers lief sehr gezielt ab, wobei zwei verschiedene Typen gezüchtet wurden, die beide unterschiedlich behandelt wurden. Die Rasse entstand in erster Linie in den drei Staatsgestüten Kustanai, Turgai und Orenburg, die in den Jahren 1888, 1887 bzw. 1890 gegründet wurden. Das Gestüt Kustanai erzielte jedoch die ersten und besten Ergebnisse und kann somit als Begründer der Rasse angesehen werden, die 1951 offiziell anerkannt wurde.

Der Grundstein für den Kustanaier wurde durch die Kreuzung einheimischer Steppenpferde mit Don-Pferden, Kasachen, den inzwischen ausgestorbenen Strelitzern sowie Vollblütern und Halbblütern gelegt. Die ersten Kreuzungen brachten keine nennenswerten Erfolge, doch durch Verwendung verbesserter einheimischer Stuten und weitere Einkreuzungen mit Vollblütern bildete sich allmählich ein fester Typ heraus. Die selektive Zucht der Rasse in zwei Typen begann erst in den 20er Jahren des letzten Jahrhunderts, wobei zwei Gruppen von Kustanaiern unter unterschiedlichen Bedingungen aufgezogen wurden. Die erste Gruppe wurde in einem Stall untergebracht, mit Mais gefüttert und selektiv gezüchtet, während die zweite Gruppe das ganze Jahr über in Weidehaltung blieb und sich willkürlich vermehren konnte. Das Ergebnis war zum einen ein typischer Reitpferdtyp, der für alle Reitsportarten geeignet war und mehr Qualität und Ausstrahlung besaß, und zum anderen ein zäheres und robusteres Pferd von geringerer Qualität, das sowohl zum Reiten als auch für die Arbeit im Geschirr verwendet werden konnte.

Die Zähigkeit und Widerstandsfähigkeit der beiden Kustanaier-Typen ist relativ, da beide Typen wie viele russische Rassen äußerst zäh sind. Sie besitzen normalerweise eine ausgezeichnete Konstitution und Ausdauer sowie ein ruhiges und energisches Wesen, was sie zu äußerst vielseitigen Reit- und Wagenpferden macht. Außerdem sind sie größtenteils attraktive und qualitätsvolle Tiere, wobei einigen der Einfluss des Vollblüters deutlicher anzusehen ist als anderen.

Kustanaier haben einen edlen, leichten Kopf und einen langen, muskulösen Hals, der häufig recht tief angesetzt ist. Ihr Widerrist ist meist ausgeprägt, und sie besitzen schräge Schultern und einen geraden und breiten Rücken mit einer abfallenden Kruppe. Daneben haben sie eine tiefe und breite Brust und lange, muskulöse Beine mit guten Gelenken und harten Hufen. Als Fellfarben sind Fuchs, Schimmel, Brauner, Rappe und Stichelhaar vertreten. Kustanaier erreichen ein Stockmaß von 1,52 bis 1,57 m.

WISSENSWERTES:
Sir Charles Bunbury war der Besitzer von Diomend, dem Pferd, das 1780 das erste Epsom-Derby gewann. Sir Charles Bunbury ließ zusammen mit dem Graf von Derby eine Münze entscheiden, nach welchem der beiden das berühmte Rennen benannt werden sollte – der Graf von Derby gewann.

RASSEINFORMATIONEN	
NAME	Lette
GRÖSSE	1,52 -1,63 m
FARBVARIATIONEN	Rappe, Brauner, gelegentlich Fuchs
URSPRUNGSLAND	Ehemalige UdSSR

KATEGORIE

VERWENDUNG TEMPERAMENT

Lette

DER LETTE BZW. das lettische leichte Zugpferd stammt aus Lettland in der ehemaligen UdSSR, wo es Anfang des 20. Jahrhunderts entwickelt wurde, und kann in drei Typen unterteilt werden. Zum einen gibt es den Standardtyp des lettischen leichten Zugpferdes und den leichten Letten, auf die hier näher eingegangen werden soll, während der dritte und schwerere Typ im Abschnitt „Das schwere Pferd“ vorgestellt und beschrieben wird. Es wird allgemein angenommen, dass das lettische leichte Zugpferd eine alte Rasse ist, die von dem ursprünglichen Grundstock abstammt, auf den alle schweren Zugpferde in Europa zurückgehen. Der Lette wurde im Laufe der Jahre vom Dole-Gundbrand-Pferdsdal, dem Nordschweden, dem Zemaituka, dem Finnischen Kaltblut und dem Oldenburger beeinflusst, und alle diese Rassen haben sich ähnlich entwickelt.

Seit dem 17. Jahrhundert fanden Einkreuzungen mit Englischem Vollblut, Araber und Oldenburger statt, wodurch die Rasse mehr Raffinesse und Qualität erhielt. Der leichte Lette wurde stärker von Vollblüter, Araber und Oldenburger geprägt als der Standard-Lette. Den wahrscheinlich größten Einfluss auf die Entwicklung des modernen Letten übten der Hannoveraner, der Oldenburger und der Holsteiner aus. Zwischen den 20er und 40er Jahren des letzten Jahrhunderts wurde verstärkt Oldenburgerblut in die Rasse eingeführt, als 42 Oldenburger-Stuten und 65 Oldenburger-Hengste aus dem Gestüt Groningen in Holland importiert wurden. Sowohl der leichte als auch der Standard-Lette sind ausgezeichnete Reitpferde und können ebenso gut leichte Arbeit im Geschirr verrichten. Seit den 60er Jahren hat sich der Schwerpunkt der Zucht aufgrund der zunehmenden Beliebtheit des Turniersports jedoch auf den leichten Letten verlagert. Der moderne Lette, der immer noch regelmäßig durch Oldenburger, Hannoveraner und Vollblüter veredelt wird, gibt ein erstklassiges Spring- und Dressurpferd ab. Der Lette hat im Allgemeinen eine ruhige und fügsame Wesensart und ist ein kräftiges Tier mit guter Ausdauer.

Er gehört dem mittelgewichtigen Reitpferdschlag an und hat einen eher großen Kopf und einen muskulösen, aber eleganten Hals. Die Schultern sind gewöhnlich kräftig und fallen in einem schönen Winkel ab, die Brust ist breit und tief und der Rücken gerade und gut proportioniert mit einer muskulösen Hinterhand. Die Beine sind kurz und kräftig mit guten Gelenken und harten Hufen. Als Gebäudemängel treten manchmal Kuhhessigkeit und eine Neigung zu Überbeinen auf. Die vorwiegenden Fellfarben des Letten sind Rappe, Brauner und gelegentlich Fuchs, und er erreicht ein Stockmaß von 1,52 bis 1,63 m.

Oben
Es gibt drei verschiedene Typen des Letten: den Standard-Letten, bei dem es sich um ein schweres Pferd handelt, das leichte lettische Zugpferd und den leichten Letten.

Unten
Die Farbe der Pferde kann zwischen Rappe, Brauner und manchmal auch Fuchs variieren.

KATEGORIE

VERWENDUNG TEMPERAMENT

Lipizzaner

RASSEINFORMATIONEN

NAME	Lipizzaner
GRÖSSE	1,53 - 1,64 m
FARBVARIATIONEN	Meistens Schimmel, gelegentlich Brauner
URSPRUNGSLAND	Slowenien

DER LIPIZZANER WURDE nach dem Gestüt Lipizza in Slowenien benannt, von dem die Rasse stammt. Das Gestüt wurde 1580 von Karl II. gegründet, der neun Hengste und 24 Stuten von der iberischen Halbinsel importierte, um ein eindrucksvolles, vorwiegend weißes Pferd für die herzoglichen Stallungen in Graz und den Marstall in Wien zu züchten.

Die berühmte Spanische Hofreitschule wurde 1572 gegründet, um den Adel zu unterrichten, und wurde so genannt, da hier spanische Pferde eingesetzt wurden. Es gab auch Einkreuzungen mit Neapolitanern, Arabern, dänischen und deutschen Pferden und Vollblütern, wobei die Einführung des Vollblüters jedoch nicht besonders erfolgreich war.

Die Rasse des Lipizzaners wurde von sechs Stammvätern begründet, deren Linien noch heute existieren. Dabei handelte es sich um die folgenden Hengste: Pluto, ein 1765 geborener Schimmel spanischer Herkunft, der vom königlich-dänischen Gestüt erworben wurde; Conversano, ein 1767 geborener neapolitanischer Rappe; Favory, ein 1779 geborener Falbe aus dem Gestüt Kladrup; Neapolitano, ein 1790 geborener brauner Neapolitaner; Siglavy, ein 1810 geborener weißer Araber, sowie Maestoso, ein 1819 geborener Schimmelhengst aus dem ungarischen Gestüt Mezöhegyes. Obwohl der Lipizzaner grundsätzlich weiß sein sollte, waren bis zum 18. Jahrhundert auch andere Fellfarben wie Falbe, Schecke und Brauner vertreten.

Inzwischen werden nur noch Schimmel gezüchtet, obwohl gelegentlich auch ein Brauner vorkommt. Es ist Tradition, dass immer ein brauner Lipizzaner in der Spanischen Hofreitschule steht. Die Lipizzaner für die Spanische Hofreitschule werden seit 1920 im österreichischen Pider gezüchtet. Allerdings gibt es auch in Ungarn, Rumänien und der ehemaligen Tschechoslowakei eine Lipizzanerzucht, und der Lipizzaner wird auch häufig für leichte Arbeit im Geschirr und in der Landwirtschaft eingesetzt. Im Allgemeinen sind die als Arbeitspferde verwendeten Lipizzaner größer als die für die Spanische Hofreitschule.

Der Lipizzaner hat eine hohe Lebenserwartung, ist intelligent und erreicht erst spät seine volle mentale und physische Reife. Er kann selbst in einem Alter von über 20 Jahren noch gearbeitet werden.

Sein Kopf ist attraktiv und kann einen arabischen Einfluss aufweisen, besitzt im Allgemeinen jedoch die typischen Merkmale eines Spaniers. Der Hals ist kurz und muskulös mit einem eher flachen Widerrist, einer tiefen Brust und schrägen Schultern, weshalb die Tiere sowohl zum Reiten als auch für die Arbeit im Geschirr geeignet sind. Der Rücken ist lang mit einer runden Hinterhand und einem gut angesetzten Schweif. Die Beine sind kurz und muskulös und zeichnen sich gewöhnlich durch eine kräftige Knochenstruktur aus. Der Lipizzaner erreicht ein Stockmaß von 1,53 bis 1,64 m.

WISSENSWERTES:
Bei den amerikanischen Indianern steht das Pferd für Liebe, Hingabe und Treue und symbolisiert außerdem Ausdauer, Stärke und Macht. In der indianischen Kunst findet man häufig Darstellungen von einem Schamanen, der auf einem magischen Pferd reitet.

Oben rechts und links
Der Lipizzaner ist ein sehr eindrucksvolles Pferd, das in der berühmten Spanischen Hofreitschule in Wien eingesetzt wird.

Unten
Obwohl die Rasse vornehmlich weiß ist, kommen gelegentlich auch Braune vor.

Lokaier

RASSEINFORMATIONEN	
NAME	Lokaier
GRÖSSE	1,52 m
FARBVARIATIONEN	Schimmel, Brauner oder Fuchs, häufig mit metallenem Schimmer
URSPRUNGSLAND	Ehemalige UdSSR

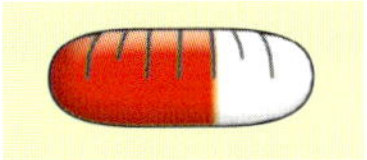

KATEGORIE

VERWENDUNG TEMPERAMENT

Unten
Diese Pferde haben ein recht schlichtes Exterieur und können wie andere alte russische Rassen ein lockiges Fell besitzen.

DER LOKAIER IST im russischen Tadschikistan beheimatet und kann sowohl den Pferden als auch den Ponys zugeordnet werden. Er erreicht ein durchschnittliches Stockmaß von 1,52 m, was ihn als Pferd auszeichnet; die Mehrzahl der Tiere ist jedoch kleiner. Rein äußerlich besitzt er eher die Merkmale eines Pferdes – dies gilt insbesondere für den Kopf. Er gehört einer zentralasiatischen Gebirgsrasse an und ist außergewöhnlich kräftig und robust. Aufgrund seiner Vielseitigkeit eignet er sich gleichermaßen als Pack-, Arbeits- und Reitpferd. Man nimmt an, dass der Lokaier im 16. Jahrhundert von den Lokaiern entwickelt wurde, einem den Usbeken verwandten Nomadenvolk.

Die Rasse gründete sich auf die einheimischen Steppenpferde, die durch Einkreuzungen mit Arabern, Karabaiern und Iomud-Pferden verbessert wurden. Auch Achal-Tekkiner und Turkmene spielten bei der Entwicklung der Rasse eine Rolle. In den vergangenen Jahren wurden auch Vollblüter und Tersker in die Rasse eingeführt. Lokaier werden das ganze Jahr über in Herden im Freien gehalten, wodurch sie sich zu äußerst zähen und ausdauernden kleinen Pferden entwickeln konnten. Sie sind recht schnell, und die Jungtiere werden auf den Rennbahnen von Duschanbe und Taschkent regelmäßigen Leistungstests unterzogen. Lokaier werden häufig auch für das haarsträubende Reiterspiel Kokpar verwendet, bei dem die Reiter um einen Ziegenkadaver kämpfen und das Schnelligkeit und Wendigkeit voraussetzt. Auch im Distanzreiten kommen sie zunehmend zum Einsatz.

Einige Lokaier haben ein besonders lockiges Fell, das auf den Hengst Farfor zurückgeht, einem Rotfuchs mit lockigem Fell, der von 1955 bis 1970 in der Zucht eingesetzt wurde. Derzeit werden experimentelle Zuchtprojekte durchgeführt, um mehr über das „Locken-Gen" herauszufinden. Der Lokaier hat im Allgemeinen einen ausgezeichneten Charakter, ist ruhig und fügsam und besitzt eine großartige Konstitution und Ausdauer.

Er hat einen schlichten Kopf mit einem geraden Profil und einen kurzen und muskulösen Hals. Die Schultern sind verhältnismäßig schräg mit einer breiten und tiefen Brust, einem breiten Widerrist und einem kurzen Rücken mit einer muskulösen Hinterhand. Die Beine sind gewöhnlich kräftig mit ausgeprägten Sehnen, weisen jedoch häufig Gebäudemängel wie Kuhhessigkeit und zehenweite Vorderhufe auf, die sich aber nicht übermäßig auf das Pferd auszuwirken scheinen. Als Fellfarben sind Fuchs, Schimmel und Brauner vertreten, und gelegentlich kommen auch Rappe oder Isabell vor.

WISSENSWERTES:
Pferdefutter ist häufig recht salzarm. Es ist daher ratsam, Salz als Nahrungsergänzung zuzufüttern oder einen Leckstein anzubringen, der für das Pferd jederzeit zugänglich ist.

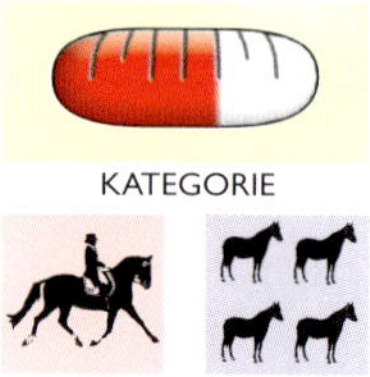

KATEGORIE

VERWENDUNG TEMPERAMENT

Lusitano

RASSEINFORMATIONEN	
NAME	Lusitano
GRÖSSE	1,52 - 1,63 m
FARBVARIATIONEN	Schimmel, Brauner oder Fuchs
URSPRUNGSLAND	Portugal

DER LUSITANO erhielt seinen Namen von „Lusitania", der lateinischen Bezeichnung für sein Ursprungsland Portugal. Er gehört zu den iberischen bzw. spanischen Rassen und ist dem Andalusier und anderen Spaniern sehr ähnlich. Den Namen Lusitano trägt er erst seit 1966. Sowohl der Lusitano als auch der Andalusier haben denselben genetischen Hintergrund und führen einen großen Anteil von Berber- und Sorraia-Blut. Die beiden Rassen weisen jedoch einige bemerkenswerte Unterschiede in ihrem Exterieur auf, die sich insbesondere am Kopf erkennen lassen.

Der Lusitano hat einen ausgeprägten Ramskopf und eine sehr breite Stirn, während der Andalusier einen eher orientalisch anmutenden Kopf mit einem geraderen Profil besitzt. Diese Kopfform ist auf den Einfluss des Arabers im Andalusier zurückzuführen, und aus diesem Grund gilt der Lusitano vielerorts als reinere Rasse. Er hat eine stärker abfallende Kruppe und einen tiefer angesetzten Schweif als der Andalusier, und seine Schultern sind häufig steiler. Der Lusitano genießt in Portugal hohes Ansehen und wird insbesondere als Reittier des *Rejoneadors*, des Stierkämpfers, geschätzt. Portugal hat eine sehr aktive Stierkampfszene, wobei der Stier in der Arena jedoch nicht getötet wird. Der Lusitano wird hier aufgrund seiner Wendigkeit und Schnelligkeit und seiner äußerst ruhigen Wesensart gerne eingesetzt. Er muss sehr geschickt geritten werden, um nicht durch den Stier verletzt zu werden. Es gilt als unverzeihliche Schande, wenn ein *Rejoneador* zulässt, dass sein Pferd verletzt wird.

Der Lusitano wurde ursprünglich als Militär- und Kutschpferd entwickelt. Inzwischen erfreut er sich auch in ganz Europa und Amerika zunehmender Beliebtheit, wird immer häufiger als Freizeitreittier und in der Dressur eingesetzt und findet in Portugal auch in der Landwirtschaft und für leichte Zugarbeit Anwendung. Er ist im Allgemeinen ein ausgezeichnetes Reitpferd mit einer recht bemerkenswerten, ruhigen und unerschütterlichen Wesensart. Der Lusitano zeichnet sich gewöhnlich durch eine großartige Haltung und Balance aus, ist intelligent, vernünftig, fruchtbar und tapfer.

Er hat einen attraktiven Kopf mit spanischem Profil, einen kurzen, dicken Hals und kräftige, gerade Schultern. Seine Brust ist breit und sein Rücken kurz und gerade mit runden Rippen, einer muskulösen Hinterhand und kräftigen Beinen. Der Lusitano ist ein äußerst kräftiges und leistungsfähiges Pferd. Er tritt als Schimmel, Brauner oder Fuchs auf und erreicht ein Stockmaß von 1,52 bis 1,63 m.

Oben rechts und links
Der Lusitano ist eine schöne Rasse, die anderen spanischen Pferden wie z. B. dem Andalusier sehr ähnlich sieht.

Unten
Die Rasse hat eine lange, fließende Mähne und einen schönen Kopf.

RASSEINFORMATIONEN	
NAME	Malapolski
GRÖSSE	1,60 - 1,68 m
FARBVARIATIONEN	Brauner, Fuchs, Rappe oder Schimmel
URSPRUNGSLAND	Polen

Malapolski

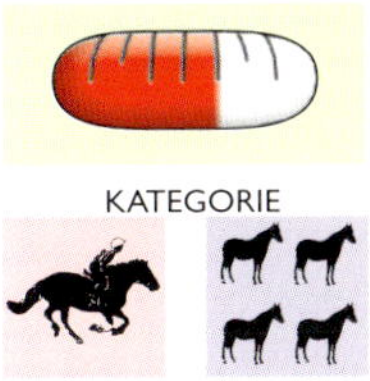

DER MALAPOLSKI IST eine recht junge Rasse, die während des 19. Jahrhunderts in Polen entstand und auch als halbblütiger Anglo-Araber bezeichnet werden könnte. Die Rasse wurde aus einer Kombination von orientalischem Blut, wie Araber, Anglo-Araber, Shagya- und Gidran-Araber, entwickelt, die mit Vollblut, Furioso, Österreich-ungarischem Halbblut und dem Przedswit, einer Art Halbblut auf Basis des Englischen Vollblüters, gekreuzt wurde. Dabei bildeten sich zwei Hauptlinien heraus: Bei der ersten handelte es sich um den Sadecki, der in erster Linie durch die Einführung von Furioso-Blut beeinflusst wurde. Die zweite Linie war der Darbowsko-Tarnowski, der vornehmlich vom Gidran-Araber geprägt wurde.

Die Abstammung des Malapolski ist jedoch noch komplizierter, da es auch regional große Unterschiede zwischen den Typen geben kann und ihr Exterieur innerhalb der Rasse somit sehr unterschiedlich ausfällt. Der Malapolski hat außerdem Ähnlichkeit mit einer weiteren polnischen Rasse, dem Wielkopolski. Der Wielkopolski besitzt jedoch im Allgemeinen prägnantere physische Merkmale. Der Malapolski kommt in Polen recht häufig vor und wird nicht nur in den fünf Staatsgestüten Stubno, Prudnik, Udorz, Walewice und Janow Podlaski, sondern auch von privaten Züchtern in Südost- und Mittelpolen gezüchtet.

Er ist im Allgemeinen ein ausgezeichnetes, vielseitiges Allround-Pferd. In Polen wird er auch heute noch häufig in der Landwirtschaft und für leichte Zugarbeiten eingesetzt, findet jedoch auch als Reitpferd Verwendung und gibt ein sehr gutes Arbeitspferd ab. Er ist recht athletisch und erfreut sich auch im Turniersport zunehmender Beliebtheit, da er ein gutes natürliches Springvermögen und ein mutiges Wesen besitzt. Er wurde bereits erfolgreich bei Hindernisrennen geritten und ist schnell und wendig. Der Malapolski hat einen sehr guten Charakter, ist ruhig und fügsam, kann bei Bedarf jedoch auch energisch sein. Er besitzt außerdem gewöhnlich ein gutes grundlegendes Exterieur und einen weichen Gang, was ihn zu einem angenehmen Reitpferd macht.

Vom Erscheinungsbild her ist er ein klassisches qualitätsvolles Pferd mit einem attraktiven und gut proportionierten Kopf. Der Hals ist muskulös und wohlgeformt und verläuft vom Widerrist zum Genick in einem leichten Bogen. Der Rücken ist eher lang mit einem rundrippigen Rumpf und schrägen Schultern. Des Weiteren hat der Malapolski eine breite und tiefe Brust und eine leicht abfallende, muskulöse Kruppe. Seine Beine sind in der Regel lang und muskulös mit von Natur aus wohlgeformten, harten Hufen. Die Fellfarbe des Malapolskis ist vorwiegend Brauner, Fuchs, Rappe oder Schimmel, und er erreicht ein Stockmaß von 1,60 bis 1,68 m.

Oben
Dieses Pferd ist sehr vielseitig und wird sowohl in der Landwirtschaft als auch als Zug- und Reittier eingesetzt.

Unten
Der Malapolski ist ein gut aussehendes Pferd mit einem guten Exterieur, das sich durch wohlgeformte Schultern und lange Beine auszeichnet.

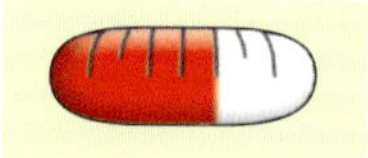

KATEGORIE

VERWENDUNG TEMPERAMENT

Mangalarga Marchador

RASSEINFORMATIONEN	
NAME	Mangalarga Marchador
GRÖSSE	1,44 - 1,52 m
FARBVARIATIONEN	Alle Vollfarben
URSPRUNGSLAND	Brasilien

DER MANGALARGA MARCHADOR gehört zu den einzigartigen Pferderassen der Welt und wurde in den 40er Jahren des 18. Jahrhunderts in Brasilien entwickelt. Ein Portugiese namens João Francisco zog während der 40er Jahre des 18. Jahrhunderts in ein brasilianisches Gebiet im Süden von Minas und gründete dort die Hacienda Campo Alegre. Einer seiner Söhne, der Baron von Alfenas, bekam vom brasilianischen Kaiser Dom Pedro I. (1798-1834) einen Alter-Real-Hengst namens Sublime geschenkt, der einer der Stammväter der Rasse wurde.

Sublime wurde zumeist mit spanischen Jennet-Stuten gepaart, in einigen Fällen jedoch auch mit Criollos und Andalusiern. Auf diese Weise entstand der Grundstock für den Mangalarga Marchador, der ursprünglich Sublime-Pferd genannt wurde. Der Mangalarga Marchador ist von großer Bedeutung, da er viele Eigenschaften des inzwischen leider ausgestorbenen spanischen Jennets besitzt. Eine dieser Eigenschaften ist seine sehr weiche Aktion - der Mangalarga Marchador scheint sich mit Leichtigkeit und Balance über den Boden zu bewegen und gilt als eines der Reitpferde mit dem komfortabelsten Gang. Er weist zwei besondere Gangarten namens *Marcha batida* und *Marcha picada* auf, die beide im Viertakt ablaufen und es dem Pferd ermöglichen, in kurzer Zeit weite Strecken zurückzulegen. Interessanterweise kennt der Mangalarga Marchador keinen Trab, sondern wechselt von seinem schnellen Marschierschritt in einen weichen Galopp.

Diese Pferde sind in Brasilien äußerst beliebt und werden häufig im Viehtrieb eingesetzt, für den sie eine natürliche Begabung besitzen. Sie sind sehr vielseitig und eignen sich für die meisten Reitsportarten, einschließlich Distanz- und Geländereiten. Darüber hinaus besitzen sie einen bemerkenswerten Charakter: Sie sind dermaßen ruhig und sanft, dass sie auch für Kinder und Reitanfänger geeignet sind, können bei Bedarf jedoch auch lebhaft und energisch sein.

Der Mangalarga Marchador ist ein attraktives leichtes Pferd mit prägnantem spanischen Einschlag. Er hat einen sehr attraktiven, edlen Kopf mit geradem Profil, intelligenten Augen und nach innen gebogenen Ohren. Der Hals ist elegant und muskulös und verläuft vom Widerrist zum Genick in einem sanften Bogen. Der Widerrist ist ausgeprägt, die Brust tief und der Rücken im Verhältnis zum Rumpf gut proportioniert mit einer muskulösen Hinterhand. Der Mangalarga Marchador hat eine leicht abfallende Kruppe und gute, schräge Schultern. Seine Beine sind kräftig, muskulös und gesund mit guten Gelenken und harten Hufen. Er kann in allen Vollfarben auftreten und erreicht ein Stockmaß von 1,44 m bis 1,52 m.

Oben
Dieses Pferd wirkt mit seinen kräftigen Beinen und harten Hufen sehr elegant.

Unten
Diese Rasse wird häufig von brasilianischen Gauchos für den Viehtrieb eingesetzt.

RASSEINFORMATIONEN	
NAME	Marwari
GRÖSSE	Bis zu 1,50 m
FARBVARIATIONEN	Brauner, Fuchs oder Schecke
URSPRUNGSLAND	Indien

Marwari

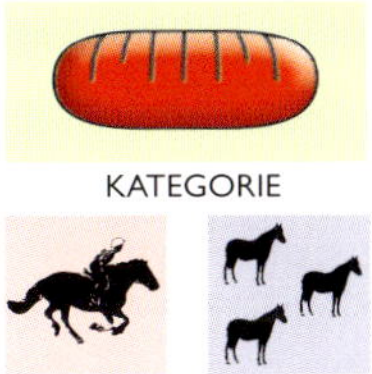

KATEGORIE

VERWENDUNG TEMPERAMENT

DER MARWARI IST EINE alte Rasse, die trotz ihrer kleinen Statur nicht als Pony klassifiziert werden sollte. Sie entwickelte sich im Staat Marwar und möglicherweise auch im Nordwesten Indiens im Grenzgebiet zu Afghanistan. Ihr genauer Ursprung liegt im Ungewissen, doch muss ihre Entwicklung ähnlich verlaufen sein wie die ihres Nachbarn, des Kathiawari, und sie hat einen hohen Anteil an Araberblut. Der Marwari weist außerdem gewisse Ähnlichkeit mit dem alten Turkmenen auf.

Der Marwari war das Schlachtross der Rathor-Herrscher von Marwar und wurde bereits im 12. Jahrhundert selektiv gezüchtet. Er galt jahrhundertelang als edelstes aller Pferde und genoss hohes Ansehen. Es wurde behauptet, dass ein Marwari, wenn er in der Schlacht verletzt wurde, nicht in die Knie ging, bevor er nicht seinen Reiter in Sicherheit gebracht hatte. Weiterhin erzählte man sich, dass er seinen Reiter bewachte, wenn dieser im Kampf gestürzt war oder verletzt wurde. Es gibt viele Legenden über die Heldentaten des Marwaris, und sie alle belegen seine außergewöhnliche Tapferkeit und Treue. Während der Herrschaft des Mogulnkönigs Akbar (1542-1605) umfasste die aus den unbezähmbaren Rajput-Kriegern bestehende kaiserliche Kavallerie mehr als 50.000 Pferde, von denen der überwiegende Teil Marwaris waren.

Links
Dieses charakteristische, edle Pferd führt einen großen Anteil an Araberblut.

Die Tiere erfreuten sich viele Jahre lang großer Beliebtheit und wurden sogar noch im Ersten Weltkrieg eingesetzt, bevor der Niedergang der Rasse einsetzte. Um 1930 war die Rasse nahezu ausgestorben und konnte nur durch die Bemühungen des Maharadschas Umaid Singhji gerettet werden, der einige gute Marwari-Hengste erwarb und sie zusammen mit den besten Marwari-Stuten, die er finden konnte, in die Zucht schickte. Der Bestand hat sich seitdem teilweise erholt, und die indische Regierung und der engagierte Marwari-Zuchtverband setzen sich stark für die Erhaltung der Rasse ein.

Der Marwari ist ein qualitätsvolles Pferd mit einem recht charakteristischen und edlen Exterieur. Sein Kopf ist ein wenig schwer mit stark nach innen gebogenen Ohren, dem besonderen Kennzeichen der Rasse. Er ist im Allgemeinen gut gebaut und kräftig mit einem muskulösen Hals von guter Länge. Der Rücken ist kompakt mit einer guten Gurtentiefe. Die Schultern fallen verhältnismäßig schräg ab, und die Brust ist breit. Die Hinterhand ist muskulös, und die Beine sind kräftig und zäh mit guten Knochen und harten Hufen. Ein gelegentlich auftretender Mangel ist die Kuhhessigkeit. Der Marwari tritt vorwiegend als Brauner, Fuchs und Schecke auf, und sein Stockmaß liegt gewöhnlich unter 1,50 m.

WISSENSWERTES:
FN ist die Abkürzung von „Fédération Equestre National" und steht für die Deutsche Reiterliche Vereinigung e.V., den Hauptverband für die Zucht und Prüfung deutscher Pferde. Die FN bemüht sich um die Verbesserung der Lebensqualität von Pferden und steht ihren Mitgliedern mit einer Fülle von Informationen und Unterstützung zum Thema Pferd zur Seite. Die FN wird durch Mitgliedschaftsbeiträge und Spenden finanziert.

KATEGORIE

VERWENDUNG TEMPERAMENT

Maremma

RASSEINFORMATIONEN

NAME	Maremma
GRÖSSE	1,52 - 1,60 m
FARBVARIATIONEN	Alle Vollfarben, oftmals Rappe
URSPRUNGSLAND	Italien

DIE HERKUNFT des Maremmas ist recht unklar, doch wird vermutet, dass sich die Rasse auf die ersten Pferde, die aus Nordafrika nach Europa kamen, gründet und von Spaniern, Berbern,

Neapolitanern und Arabern beeinflusst wurde. Während des 19. Jahrhunderts kam die Rasse in Kontakt mit dem Vollblüter und wurde wahrscheinlich auch mit dem Norfolk Roadster und einigen Halbbluthengsten gekreuzt. Gegen Ende des 19. Jahrhunderts hatte sich der Maremma zu einem festen Typ herausgebildet, doch erst 1980 wurde das Stutbuch der Rasse geöffnet.

Sie wird hauptsächlich in der Provinz Maremma im Norden der Toskana gezüchtet und konnte erst durch die Bemühungen des Gestüts Grosseto etabliert werden, obwohl es immer noch einige Gebiete in Italien gibt, wo Maremma-Herden halbwild gehalten und gezüchtet werden. Ursprünglich wurde der Maremma vermutlich für die Landwirtschaft gezüchtet und zur Bestellung des Landes und als Zugtier verwendet. Er wurde außerdem als Truppenpferd in der Kavallerie eingesetzt und fand häufig auch bei der berittenen Polizei Verwendung. Der Maremma hat eine ausgeprägte Begabung für die Arbeit mit Rindern. Er wird häufig von den italienischen Rinderhirten, den so genannten *Butteri*, eingesetzt und beweist ähnlich wie das amerikanische Quarter Horse einen enormen „Rinderverstand". Dieser Begiff beschreibt im Grunde genommen den natürlichen Instinkt des Pferdes, den Rindern zu folgen und sie zusammenzutreiben.

Der Maremma ist von Natur aus ein sehr athletisches und wendiges Tier und für sein bemerkenswertes Springvermögen bekannt. Ein Maremma namens Ursus del Laseo gewann 1977 die italienischen Landesmeisterschaften im Springreiten. Heute wird die Rasse häufig mit Vollblütern gekreuzt, um Springpferde zu erzeugen. Der Maremma ist gewöhnlich ein äußerst zähes und robustes Tier mit viel Vermögen und einer guten Ausdauer: Er ist schier unermüdlich und scheint eine sehr gute Konstitution zu besitzen. Darüber hinaus ist er genügsam und wirtschaftlich in der Haltung und beweist trotz der eher willkürlichen Zuchtrichtlinien Vielseitigkeit und einen soliden Charakter, wodurch sein alles andere als perfektes Exterieur ausgeglichen wird.

Sein Kopf ist im Allgemeinen lang und eher schwer, und er hat einen guten muskulösen Hals, einen ausgeprägten Widerrist und eine volle Brust mit schrägen Schultern. Der Rücken ist kurz und gerade mit einer abfallenden Hinterhand und soliden Beinen. Der Maremma kann alle Vollfarben aufweisen und erreicht ein Stockmaß von 1,52 bis 1,60 m.

Oben
Der Maremma führt recht gemischtes Blut und wurde von Arabern, Berbern und spanischen Pferden beeinflusst.

Unten
Die Pferde werden in der rauen Umgebung der Provinz Maremma im Norden der Toskana gezüchtet.

RASSEINFORMATIONEN	
NAME	Missouri Fox Trotter
GRÖSSE	1,42 - 1,63 m
FARBVARIATIONEN	Meistens Fuchs mit weißen Abzeichen
URSPRUNGSLAND	Vereinigte Staaten

Missouri Fox Trotter

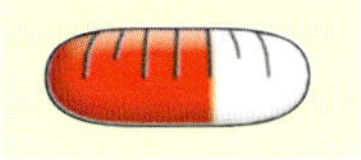

KATEGORIE

VERWENDUNG TEMPERAMENT

DER MISSOURI FOX TROTTER wurde in den 20er Jahren des 19. Jahrhunderts im Bereich des Ozark-Plateaus in den amerikanischen Bundesstaaten Arkansas und Missouri gezüchtet und ist eine der ältesten amerikanischen Rassen. Als Missouri 1821 offiziell als Staat anerkannt wurde, zogen viele Menschen von Tennessee, Kentucky und Virginia dorthin und brachten so verschiedene Reitpferdtypen in die Region. Die Rasse entstand vermutlich durch die Kreuzung von spanischen Pferden, Berbern, Morgan Horses, Arabern und Vollblütern, und es ist bekannt, dass schon früh eine Art Zuchtrichtlinie eingeführt wurde, die die Verwendung von besonders schnellen Pferden vorsah.

Viele der frühen Siedler des Ozark-Plateaus waren maßgeblich an der Entwicklung des Typs beteiligt, aus dem sich der Missouri Fox Trotter entwickeln sollte, so auch die Alsup-Familie. Die Alsups waren für ihre Pferde berühmt, die alle auf das Vollblut-Rennpferd Brimmer zurückgehen und daher auch Brimmer genannt wurden.

Weitere Hengste, die einen maßgeblichen Einfluss auf die Entwicklung der Rasse ausübten, waren Old Skip, eine Kreuzung zwischen Morgan Horse und Vollblut, sowie zwei Saddlebreds namens Chief und Cotham Dare.

Es ist zu vermuten, dass sich die Zucht des Missouri Fox Trotters zu Anfang größtenteils auf die Produktion von Rennpferden konzentrierte. Der Rennsport stellte lange Zeit einen beliebten Zeitvertreib dar, bis er schließlich aus religiösen Gründen an Popularität einbüßte. Daraufhin konzentrierte man sich mit der Zucht eines Pferdes, das weite Strecken zurücklegen konnte und bequem durch das raue Gelände der Umgebung zu reiten war.

Eine der charakteristischsten Eigenschaften des Missouri Fox Trotters ist der für ihn typische Gang, der so genannte Fox Trot, der besonders weich und bequem auszusitzen ist. Der Missouri Fox Trotter besitzt große Ausdauer und eine gute Konstitution und ermüdet wesentlich langsamer als viele andere Rassen. Der Fox Trot ist ein Gang, bei dem sich das Pferd vorne im Schritt und hinten in einem gleitenden Trab bewegt. Dadurch ist die Bewegung im Rücken nur noch minimal, sodass das Pferd äußerst bequem zu reiten ist und lange Strecken in einem schnellen Tempo zurücklegen kann. Auf langen Strecken kann der Missouri Fox Trotter eine Geschwindigkeit von ungefähr 11 km/h halten, während

er über kürzere Strecken rund 16 km/h erreichen kann. In dieser Gangart nickt das Pferd laufend mit dem Kopf, wobei der Schweif im selben Rhythmus auf und ab schlägt.

Die anderen Gänge des Missouri Fox Trotters sind ein sehr raumgreifender Schritt namens „Flat Foot

Oben
Dieses Pferd kann in seinem ungewöhnlichen Gang lange Strecken durch unwegsames Gelände zurücklegen.

Unten
Das Pferd stammt aus dem Ozark-Plateau in Missouri und wurde möglicherweise ursprünglich für den Rennsport gezüchtet.

WISSENSWERTES:
Der Traber Goldsmith Maid gewann zwischen 1864 und 1877 die enorme Zahl von 350 Trabrennen und hält damit den Rekord.
Guinness-Buch der Rekorde

Oben
Der Missouri Fox Trotter verfügt über fünf Gänge, die jedoch nicht die hohe Aktion des Tennessee Walkers oder American Saddlebreds aufweisen.

Walk", bei dem die Hinterbeine über die Spur der Vorderbeine treten, und ein sehr weicher Galopp. Die elegante und extravagante hohe Knieaktion des Saddlebreds oder des Tennessee Walkers beherrscht der Missouri Fox Trotter jedoch nicht.

Für den Missouri Fox Trotter gibt es viele Schauklassen, doch anders als bei anderen Gangpferden dürfen bei dieser Rasse keine künstlichen Hilfsmittel wie etwa besonders schwere Eisen zur Betonung der Beinaktion verwendet werden. Auch wunde Stellen an den Fesseln, die auf die Verwendung von Ketten hindeuten, sind nicht zulässig. Missouri Fox Trotter haben einen natürlichen Schweifansatz, und ihr Schweif darf nicht künstlich abgeknickt werden. Im Schauring wird in erster Linie die Qualität ihres Fox Trot-Gangs beurteilt. Weitere Noten werden für Schritt, Galopp und Exterieur vergeben. Der Missouri Fox Trotter ist jedoch nicht nur auf Pferdeschauen zu sehen, sondern erfreut sich in ganz Amerika auch als Freizeitpferd für Trial- und Distanzritte großer Beliebtheit. Außerdem gibt er ein ausgezeichnetes „Kuhpferd" ab. Im Gegensatz zu vielen anderen Rassen hat der Missouri Fox Trotter die Mechanisierung vermutlich deshalb überlebt, weil er von den Rinderzüchtern und Farmern, die die Bedeutung der Rasse erkannt hatten, unterstützt und weitergezüchtet wurde.

Einer der ersten einflussreichen Stammväter der Rasse war Old Fox, der Anfang des 20. Jahrhunderts größtenteils für die Arbeit mit Rindern eingesetzt wurde. Die Rasse wurde 1948 durch Öffnung eines Stutbuchs offiziell anerkannt. Dieses wurde jedoch 1982 geschlossen, sodass nur noch Pferde, deren Eltern bereits über eine Eintragung verfügen, registriert werden können. Auf diese Weise soll eine Verfälschung der Rasse vermieden werden.

Der Missouri Fox Trotter hat einen ausgezeichneten Charakter, ist ruhig, aufgeschlossen, intelligent und bei Bedarf energisch und wird häufig von Kindern und Reitanfängern geritten. Er ist schön proportioniert und besitzt ein gutes Exterieur. Sein Kopf ist im Allgemeinen gut proportioniert mit einem geraden Profil und lebhaften Augen. Der Hals ist muskulös und geht in sehr kräftige, schräge Schultern über. Die Brust ist gewöhnlich tief und der Rücken kompakt, wobei Hinterhand und Beine sehr muskulös und kräftig sind. Die Fellfarbe des Missouri Fox Trotters ist vorwiegend Fuchs, doch sind auch alle anderen Farben möglich. Er erreicht ein Stockmaß von 1,42 bis 1,63 m.

RASSEINFORMATIONEN	
NAME	Morab
GRÖSSE	1,43 - 1,57 m
FARBVARIATIONEN	Alle Farben außer Schecken
URSPRUNGSLAND	Vereinigte Staaten

Morab

KATEGORIE

VERWENDUNG TEMPERAMENT

DIESE RASSE ENTWICKELTE sich Anfang des 19. Jahrhunderts und basiert – wie der Name vermuten lässt – auf einer Kreuzung zwischen Morgan Horse und Araber. Vermutlich wurde sie anfangs jedoch auch vom amerikanischen Quarter Horse beeinflusst.

Das International Morab Registry (IMR) wurde erst 1992 gegründet. Einer der Stammväter der Rasse war Golddust, der 1855 geboren wurde. Golddust war der Nachkomme des Morgan Horse-Hengstes Vermont Morgan und einer Araberstute, der Tochter des Araberhengstes Zilcaddie. Golddust war sowohl für seinen „Flat-Foot-Walk" bekannt, einen sehr raumgreifenden Schritt, als auch für seine Leistungen als Traber. Er hatte den Ruf, im Schauring und auf der Rennbahn unbesiegbar zu sein und besiegte im Jahre 1861 Iron Duke in einem Rennen über die enorme Summe von $10.000. Bevor er während des Bürgerkriegs getötet wurde, zeugte Golddust 302 Fohlen, von denen 44 zu erfolgreichen Trabern heranwuchsen. Heute können mehr als 100 Morab-Pferde bis zu Golddust zurückverfolgt werden.

Das nächste große Ereignis in der Geschichte des Morabs erfolgte erst in den 20er Jahren des letzten Jahrhunderts und ist William Randolph Hearst zuzuschreiben, der dem Morab seinen Namen gab. Hearst besaß eine Herde hochwertiger Araber, zu denen auch die Hengste Ghazi, Gulastra, Joon, Ksar, Sabag und Rahas gehörten, und er paarte diese mit verschiedenen Morgan Horse-Stuten. Er erwarb außerdem den Morgan Horse-Hengst Moncrest Sellman und kreuzte ihn mit Morab- und Araber-Stuten. Ein weiteres erwähnenswertes Morab-Zuchtprogramm wurde während der 20er, 30er und 40er Jahre von den Gebrüdern Swenson auf ihrer Ranch in Texas durchgeführt. Ihre Morabs wurden insbesondere für ihre guten Qualitäten als Cuttingpferde gelobt. Eines von ihnen war der berühmte, 1943 geborene Wallach Rey Boy. Die Beliebtheit des Morabs hat in den letzten Jahren stetig zugenommen, da er ein sehr gutes Reitpferd abgibt. Er hat einen guten Charakter und ist umgänglich, ruhig und freundlich.

Er hat einen feinen Kopf mit einem geraden oder konkaven Profil sowie einen muskulösen Hals von guter Länge, wohlgeformte schräge Schultern, eine tiefe Brust und einen kurzen, kompakten Rücken mit einer muskulösen Kruppe. Der Schweif ist hoch angesetzt und wird hoch getragen, und die Beine sind im Allgemeinen muskulös, kräftig und gesund. Der Morab kann jede Farbe haben, nur Schecken sind nicht zulässig. Er erreicht ein Stockmaß von 1,43 bis 1,57 m.

Oben
Der Morab hat einen attraktiven Kopf mit dem konkaven Profil eines Arabers.

Unten
Das Pferd ist sowohl für leichte Zugarbeit und Arbeit im Geschirr als auch als Traber geeignet.

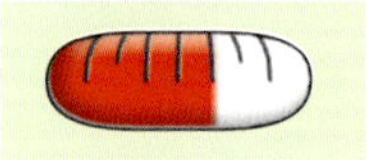

KATEGORIE

VERWENDUNG TEMPERAMENT

Morgan Horse

RASSEINFORMATIONEN	
NAME	Morgan Horse
GRÖSSE	1,44 - 1,57 m
FARBVARIATIONEN	Alle Vollfarben
URSPRUNGSLAND	Vereinigte Staaten

DAS MORGAN HORSE ist möglicherweise eine der wichtigsten amerikanischen Pferderassen, da es viele andere Rassen beeinflusst hat. Insbesondere der Tennessee Walker, das American Standardbred und das American Saddlebred sind hier zu erwähnen. Das Morgan Horse hat eine recht bemerkenswerte Geschichte und kann bis auf einen absolut einzigartigen Hengst zurückverfolgt werden. Dieser Hengst hieß Figure, wurde jedoch später nach einem seiner Besitzer in Justin Morgan umbenannt. Über seine Ursprünge sind nur wenige Fakten bekannt, doch gibt es darüber viele Spekulationen. Eine Theorie besagt, dass sein Stammvater True Briton war, einer der ersten Vollbluttypen, der außerdem Araberblut führte. Andere wiederum nehmen an, dass er möglicherweise von einem Friesen-Hengst gezeugt wurde. Anthony Dent, ein führender Experte in diesem Bereich, ist der Ansicht, dass der Vater von Justin Morgan ein Welsh Cob gewesen sei. Justin Morgan wies im Exterieur große Ähnlichkeit mit dem Welsh Cob auf, führte wahrscheinlich jedoch auch einen gewissen Anteil an Araber- und Vollblut.

Wie auch immer seine Abstammung aussehen mag, Justin Morgan gab die ihm eigenen Merkmale und Eigenschaften an seine Nachkommenschaft weiter und begründete auf diese Weise gewissermaßen völlig allein eine eigenständige neue Rasse. Er wurde 1793 in Springfield, Massachusetts, geboren und wurde als Zweijähriger einem Mann namens Justin Morgan als teilweise Rückzahlung einer Schuld überlassen. Figure, wie das Pferd zunächst genannt wurde, war ein kleines braunes Pferd mit einem Stockmaß von nur 1,42 m. Justin Morgan stand dem kleinen Pferd zunächst skeptisch gegenüber, doch dieses bewies schnell seine bemerkenswerten Talente und erfüllte alle von ihm geforderten Aufgaben mit Bravour. Der Hengst ging Rennen unter dem Sattel und vor dem Wagen und nahm an schweren Zugwettbewerben teil – und wurde nie geschlagen! Er wurde ein sehr gefragter Deckhengst und wurde sein Leben lang äußerst schwer gearbeitet. Nach dem Tod seines Besitzers wurde er in Justin Morgan umbenannt. Er gab seine charakteristischen Merkmale an seine gesamte Nachkommenschaft weiter, die zur Morgan Horse-Rasse wurde.

Das Morgan Horse ist unglaublich kräftig, ausdauernd, mutig und intelligent und gilt in ganz Amerika als beliebtes Freizeitpferd. Es hat einen attraktiven Kopf, einen gebogenen und muskulösen Hals und sehr kräftige Schultern. Die Brust ist breit und der Rücken breit und kurz. Die Brust ist häufig lang und rund mit einem gut angesetzten Schweif. Das Morgan Horse hat solide, kräftige Beine mit kurzem Röhrbein und wohlgeformten Gelenken. Die Rasse hat eine charakteristische Körperhaltung mit weit nach vorne bzw. hinten gestreckten Vorder- und Hinterbeinen. Das Morgan Horse kann jede Vollfarbe haben und erreicht ein Stockmaß von 1,44 bis 1,57 m.

Oben
Dieses bemerkenswerte Pferd gehört zu den bedeutendsten amerikanischen Rassen. Es ist kräftig, mutig und vielseitig.

Unten
Das Morgan Horse hat eine charakteristische Körperhaltung mit weit nach hinten gestreckten Hinterbeinen.

RASSEINFORMATIONEN	
NAME	Murgese
GRÖSSE	1,52 - 1,63 m
FARBVARIATIONEN	Meistens Rappe
URSPRUNGSLAND	Italien

Murgese

KATEGORIE

VERWENDUNG TEMPERAMENT

Oben
Die Ursprünge dieser Rasse sind relativ unklar, sie könnte jedoch von Arabern, Berbern und Neapolitanern beeinflusst worden sein.

Unten
Die Pferde haben eine breite, ausgeprägte Ramsnase und einen kräftigen Kopf.

DER MURGESE kommt von der trockenen Kalksteintafel des Murge im Südosten Italiens und geht auf die Zeit der spanischen Besatzung zurück. Die genaue Herkunft des Murgesen ist recht geheimnisumwoben, doch ist es wahrscheinlich, dass sich die Rasse aus einer Kombination von Neapolitanern, Berbern und Arabern entwickelte und vom Aveligneser und möglicherweise auch vom Italienischen Kaltblut beeinflusst wurde. Die Rasse hat eine eher bunte Vergangenheit und erfreute sich während des 15. und 16. Jahrhunderts insbesondere bei der Kavallerie großer Beliebtheit, verfiel jedoch später und starb praktisch aus. Der moderne Murgese wurde während der 20er Jahre des letzten Jahrhunderts entwickelt und ist vermutlich ein etwas edlerer Typ als das Original.

Bis 1926 gab es innerhalb der Rasse recht große Unterschiede im Exterieur, da keine besonderen Zuchtprogramme verfolgt wurden. Im Jahre 1926 jedoch wurde mit der selektiven Zucht begonnen und ein regionales Institut zur Erhöhung des Zuchtbestands gegründet. Als Stammväter wurden die drei Hengste Nerone, Granduca und Araldo delle Murge verwendet, die die drei wesentlichen Blutlinien begründeten. Der Murgese ist ein vielseitiges leichtes Zug- und Reitpferd, das auch heute noch in der Landwirtschaft beliebt ist, da es zur Verrichtung aller grundlegenden, auf kleinen Höfen anfallenden Arbeiten geeignet ist. Er hat einen fügsamen und lebhaften Charakter und ist zäh und robust. Viele Murgesen wachsen halbwild in den Wäldern von Murge auf, leben das ganze Jahr über im Freien und sind dabei vollkommen auf sich selbst gestellt. Dadurch sind sie zu äußerst ausdauernden Pferden geworden, die gegen viele Pferdekrankheiten immun zu sein scheinen. Auch als Reitpferde gewinnen sie zunehmend an Beliebtheit. Sie sind vor allem für Trekkingritte und für Reitanfänger geeignet, da sie ein ruhiges und versöhnliches Wesen besitzen. Daneben dienen sie häufig als Grundstock für die Züchtung besserer Reitpferde, wobei sie mit Vollblütern oder ähnlichen qualitätsvollen Rassen gekreuzt werden.

Der Murgese hat häufig einen Ramskopf mit einer ausgeprägten Kieferlinie und kleinen Ohren. Der Hals ist muskulös mit einer vollen Mähne, die Brust ist breit und tief und die Schultern sind verhältnismäßig schräg. Der Rücken ist kurz und kann gelegentlich ein Hohlkreuz aufweisen. Die Hinterhand fällt ab und kann in manchen Fällen unterentwickelt sein. Die Beine können leichtknochig sein, wobei die Gelenke häufig klein, aber kräftig sind. Die vorwiegende Fellfarbe des Murgesen ist Rappe, und er erreicht ein Stockmaß von 1,52 m bis 1,63 m.

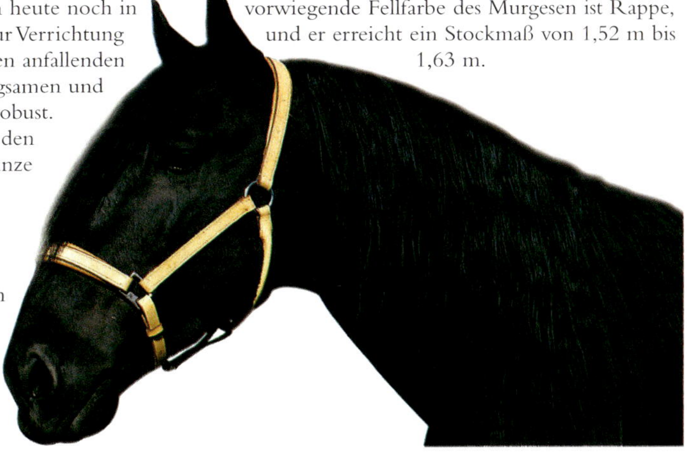

WISSENSWERTES:
Zaumzeug und Gebiss wurden vor Sattel und Steigbügeln erfunden. Bis ins Mittelalter wurde zumeist ohne Sattel geritten.

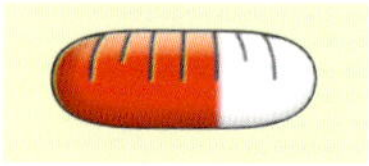

KATEGORIE

VERWENDUNG

TEMPERAMENT

WISSENSWERTES:
Sleepy Tom, ein Passgänger, versetzte die Welt des Reitsports in Erstaunen, da er trotz Blindheit zu einem der schnellsten Passgänger aller Zeiten wurde, wobei er lediglich den Zurufen seines Trainers folgte.

Mustang

RASSEINFORMATIONEN	
NAME	Mustang
GRÖSSE	1,42 - 1,52 m
FARBVARIATIONEN	Alle Farben
URSPRUNGSLAND	Vereinigte Staaten

MUSTANGS heißen die Wildpferde Amerikas, die erstmals im 16. Jahrhundert auftauchten. Sie stammen von den spanischen Pferden ab, die von den Conquistadores, den spanischen Eroberern, nach Amerika gebracht wurden. Einige dieser Pferde liefen davon oder wurden freigelassen und bildeten Wildpferdherden. Der Name „Mustang" leitet sich aus dem spanischen Wort Mesteña ab, das eine Gruppe oder Herde von Pferden bezeichnet.

Im Laufe der Jahrhunderte kamen weitere Pferde hinzu, die davonliefen oder freigelassen wurden und sich ebenfalls zu Herden zusammenschlossen. Es gibt Belege für einen schwereren Typ, der sich wahrscheinlich aus früheren, bei Gefechten entkommenen Artillerie- und Kutschpferden entwickelte. Man nimmt an, dass diese vom beim Militär sehr beliebten Ostfriesen abstammen. Irgendwann hatte die Zahl der Mustangs dermaßen stark zugenommen, dass sie eine Bedrohung für das Weideland von Haustieren darstellten. Daraufhin wurden sie nach einem willkürlichen System gejagt und getötet und zu Hunde- und Katzenfutter verarbeitet, oder sie landeten auf der Speisekarte des Menschen. Das weit verbreitete, wahllose Abschlachten führte zu einer starken Dezimierung der Mustangs, und erst 1971 traten Bestimmungen in Kraft, die diesem Treiben ein Ende bereiteten.

Die Mustangs sind inzwischen gesetzlich geschützt, und ihr Bestand wird vom Bureau of Land Management (BLM) kontrolliert. 1973 wurde ein kontroverses „Pferdeadoptionsprogramm" ins Leben gerufen, das von vielen als sehr hilfreich für die Verwaltung des Mustangbestands angesehen wird. Der vorherrschenden Auffassung zufolge wird der allgemeine Standard des Mustangs durch das Programm des BLM verbessert, da Hengste mit schlechtem Exterieur aussortiert werden und die besseren Exemplare in der Herde bleiben.

Aufgrund ihrer wilden Lebensweise gibt es bei den Mustangs sehr große Unterschiede im Exterieur. Einigen von ihnen ist ihre spanische Herkunft jedoch auch heute noch anzusehen. Mustangs haben häufig einen spanischen Kopf mit einer Ramsnase, einen kurzen Hals und recht steile Schultern. Der Widerrist ist flach und der Rücken kurz und unterentwickelt. Die Beine sind jedoch sehr kräftig. Wie alle wilden Tiere haben sie ein rebellisches und unbeugsames Temperament. Viele Mustangs lassen sich jedoch bei richtiger Behandlung zu guten Reitpferden zähmen. Ihr Stockmaß variiert zwischen 1,42 und 1,52 m.

Oben
Als Mustangs werden die unter Naturschutz stehenden Wildpferde der Vereinigten Staaten bezeichnet.

Unten
Das Exterieur der Mustangs fällt zwar sehr unterschiedlich aus, doch lässt sich in vielen Fällen der Einfluss des Spanischen Pferdes erkennen.

RASSEINFORMATIONEN	
NAME	Nonius
GRÖSSE	1,60 - 1,68 m
FARBVARIATIONEN	Brauner
URSPRUNGSLAND	Ungarn

Nonius

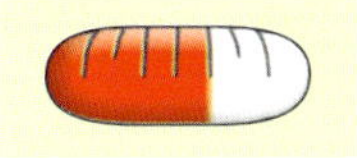

KATEGORIE

VERWENDUNG

TEMPERAMENT

WISSENSWERTES:
648 v. Chr. nahmen an den 33. Olympischen Spielen erstmals auch Reiter teil.

DER NONIUS WURDE zu Beginn des 19. Jahrhunderts in Ungarn entwickelt. Die Rasse wurde nach ihrem Stammvater Nonius Senior benannt, der 1810 in der Normandie geboren wurde und 1813 nach der Niederlage Napoleons bei Leipzig von der ungarischen Kavallerie erbeutet wurde. Nonius Senior kam in das angesehene ungarische Gestüt Mezöhegyes, wo er die nächsten 22 Jahre seines Lebens verbrachte und die Nonius-Rasse begründete. Nonius Senior war der Sohn eines Hengstes namens Orion, der angeblich ein englischer Halbblüter war und vermutlich Norfolk Roadster-Blut führte, und einer Normannen-Stute. Es ist dokumentiert, dass Nonius Senior kein besonders schöner oder attraktiver Hengst war, diese Eigenschaften jedoch glücklicherweise nicht an seine Nachkommenschaft weitergab. Es scheint allerdings merkwürdig, dass ein Hengst mit einem minderwertigen Exterieur in dem berühmten Gestüt Mezöhegyes als Deckhengst eingesetzt wurde. Er wurde mit vielen verschiedenen Stuten gepaart, u. a. Andalusiern, Arabern, Normannen, Kladrubern und englischen Halbblütern.

Später wurde das Englische Vollblut eingesetzt, um das Exterieur und Vermögen des Bestands zu verbessern. Nonius Senior war ein produktiver Hengst, der 15 ausgezeichnete Hengste zeugte, darunter auch Nonius IX., der seinerseits einen wesentlichen Beitrag zur Festigung des Rassetyps leistete. Die Nonius-Rasse bildete zwei Linien aus: einen schwereren größeren Typ, der für leichte Arbeiten im Geschirr und in der Landwirtschaft sowie als Reitpferd geeignet war, und einen kleineren, leichteren Typ, der sich eher zu einem reinen Reitpferd eignete. In den letzten Jahren wurden sehr erfolgreiche Kreuzungen zwischen Nonius-Stuten und Englischen Vollbluthengsten durchgeführt, die erstklassige Turnier- und Sportpferde hervorbrachten. Der Nonius ist kräftig und zäh und besitzt eine umgängliche und lebhafte Wesensart. Er gibt gewöhnlich ein nützliches Allround-Reitpferd ab und ist im Allgemeinen gut gebaut und gesund.

Sein Erscheinungsbild zeichnet sich durch einen langen Kopf mit einem geraden oder konvexen Profil aus sowie durch einen muskulösen Hals, der bei Hengsten gebogen ist. Die Schultern sind kräftig, in einigen Fällen jedoch eher steil, und der Widerrist ist häufig breit und rund. Der Rücken ist ebenfalls breit und recht lang. Die Brust ist breit und tief, und die Beine sind solide und muskulös. Der Nonius ist fast immer braun oder dunkelbraun und erreicht ein Stockmaß von 1,60 bis 1,68 m.

Unten
Die Blutlinie des Nonius wurde durch die Einführung des Vollbluts verbessert.

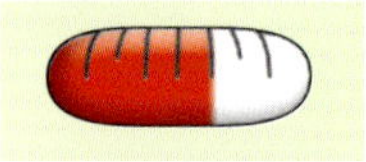

KATEGORIE

VERWENDUNG TEMPERAMENT

Nova Kirgise

RASSEINFORMATIONEN	
NAME	Nova Kirgise
GRÖSSE	1,42 - 1,52 m
FARBVARIATIONEN	Brauner, Schimmel oder Fuchs
URSPRUNGSLAND	Ehemalige UdSSR

DER NOVA KIRGISE ist eine relativ neue Rasse, die in den 30er Jahren des letzten Jahrhunderts in Kirgisien entwickelt wurde und den Alten Kirgisen, von dem sie abstammt, weitgehend verdrängt hat. Der Alte Kirgise war eine Gebirgsrasse aus den

Hochebenen Kirgisiens und Kasachstans und stammte hauptsächlich vom Mongolen ab. Der Nova Kirgise hat sich zu einer feineren und schnelleren Rasse entwickelt, was im Wesentlichen dem Einfluss von Englischem Vollblut, Don und halbblütigen Anglo-Don-Pferden zu verdanken ist, die mit dem Alten Kirgisen gekreuzt wurden. 1918 wurden 48 Vollblüter importiert und in das Gestüt Issyk-Kul gebracht, wo man sie mit Stuten des Alten Kirgisen paarte. Während der 30er und 40er Jahre konnten die Merkmale der Rasse durch wiederholte Kreuzungen zwischen Altem Kirgisen, Vollblut und Don sowie durch Paarung der besten Nachkommenschaft gefestigt werden. Es entstanden drei unterschiedliche Typen: der Basistyp, der massive Typ und der Reitpferdtyp. Der massive Typ war am erfolgreichsten und vielseitigsten und seiner Umgebung sehr gut angepasst.

Er ist gewöhnlich zäh, geht im Geschirr wie auch unter dem Sattel gleichermaßen gut und kann auch in der Landwirtschaft eingesetzt werden. Er ist stämmig und kräftig und wird häufig auch als Packtier im Gebirge verwendet. Der Basistyp und der Reitpferdtyp besaßen keine so gute Konstitution und Ausdauer und waren zudem für das Gebirgsklima weniger gut geeignet. Heute sind die drei Typen gewissermaßen zu einem einzigen, verbesserten Typ verschmolzen. Der Nova Kirgise ist gewöhnlich sehr zäh und kräftig und kann sich mühelos auf jedem Gelände bewegen. Er besitzt eine großartige Konstitution und Ausdauer und einen umgänglichen und energetischen Charakter und wird sowohl als Reitpferd als auch für leichte Zugarbeiten sowie als Packpferd verwendet. Die Stuten dieser Rasse werden auch in der Milchproduktion eingesetzt. Aus ihrer Milch wird ein vergorenes Getränk namens „Kumyss" hergestellt, das einen wichtigen Bestandteil in der Ernährung der einheimischen Bevölkerung darstellt. Die Stuten sind interessanterweise nicht sehr fruchtbar, was der Tatsache zugeschrieben wird, dass die Rasse zu stark durch das Vollblut beeinflusst wurde.

Der Nova Kirgise hat gewöhnlich einen kleinen hübschen Kopf, einen muskulösen, wohlgeformten Hals und gute, schräge Schultern. Weiterhin besitzt er eine gut entwickelte Brust, einen ausgeprägten Widerrist und einen eher langen Rücken mit einer abfallenden Hinterhand. Die Beine sind im Allgemeinen kurz, sehr kräftig und muskulös, neigen jedoch zur Säbelbeinigkeit. Der Nova Kirgise tritt zumeist als Brauner, Schimmel oder Fuchs auf und erreicht ein Stockmaß von 1,42 bis 1,52 m.

Oben
Diese Rasse ist relativ neu, da in den 30er Jahren des letzten Jahrhunderts neues Blut in den Bestand eingeführt wurde.

Unten
Das Pferd hat einen hübschen kleinen Kopf mit einem muskulösen Hals und guten, schrägen Schultern.

RASSEINFORMATIONEN	
NAME	Oldenburger
GRÖSSE	1,64 - 1,74 m
FARBVARIATIONEN	Brauner, Rappe oder Schimmel
URSPRUNGSLAND	Deutschland

Oldenburger

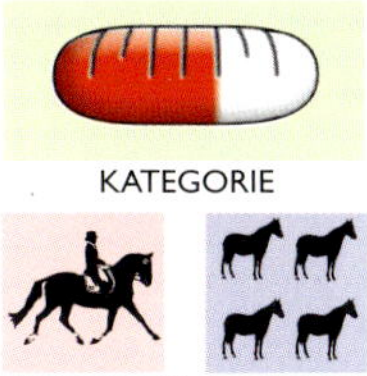

DER OLDENBURGER hat sich recht stark verändert, seit im 17. Jahrhundert in Deutschland der Grundstein der Rasse gelegt wurde. Die Entwicklung der Rasse ist größtenteils Graf Anton Günther zuzuschreiben, der von 1603 bis 1667 am Hof von Oldenburg herrschte. Ursprünglich bestand sein Ziel darin, ein großes qualitätsvolles Kutschpferd zu züchten, das auch in der Landwirtschaft eingesetzt werden konnte. Er gründete Gestüte in der Geest und errichtete außerdem die königlichen Stallungen und die Reitschule von Rastede. Dann begann er, spanische Pferde und Neapolitaner zu importieren, die er mit dem Ostfriesen kreuzte. Ein wichtiger Hengst, der einen maßgeblichen Einfluss auf die anfängliche Entwicklung der Rasse hatte, war der Schimmel Kranich, der von guten spanischen Blutlinien abstammte.

Es ist wahrscheinlich, dass der frühere Oldenburger dem im 16. Jahrhundert entwickelten Kladruber ähnelte. Die ersten Oldenburger hatten vermutlich ein recht schweres Gebäude und ein relativ grobes Exterieur, und es ist belegt, dass sie eine ausgeprägte Ramsnase besaßen. Erst im späten 18. Jahrhundert wurden Anstrengungen unternommen, die Qualität des Oldenburgers zu verbessern, und nach und nach wurden der Rasse Berber, Halbblüter und vollblutartige Pferde zugeführt, deren Blut wahrscheinlich auch zu einem großen Anteil von dem unbezähmbaren Norfolk Roadster stammte.

In der zweiten Hälfte des 19. Jahrhunderts gewann der Oldenburger an Beliebtheit, und zwar insbesondere beim Militär, wo er als Kavalleriepferd eingesetzt wurde, und im Postdienst, wo er die Postkutschen zog.

Zu jener Zeit war der Oldenburger noch immer ein mittelschweres bis schweres Pferd mit einem Exterieur, das sehr viel mit einem leichten Zugtier gemein hatte.

1897 wurde eine Reihe von Englischen Vollblütern in die Zucht eingeführt, von denen einige vermutlich auf den berühmten Eclipse zurückgehen, und auch Cleveland Bay-Hengste wurden eingesetzt.

Der Cleveland Bay war zu jener Zeit ein bemerkenswertes Kutschpferd und gab auch ein äußerst nützliches Reitpferd mit einem guten natürlichen Springvermögen ab – Eigenschaften, die die Rasse des Oldenburgers nur verbessern konnten. Daneben wurden Hannoveraner und auch Normannen eingekreuzt, unter denen sich insbesondere der Hengst Normann hervortat. Der Oldenburger wurde während des Ersten Weltkrieges von der Kavallerie eingesetzt, erlitt in dieser Zeit jedoch schwere Verluste.

Danach wurde der Oldenburger in der Hauptsache wieder im Geschirr und in der Landwirtschaft verwendet, und erst nach dem Zweiten Weltkrieg wurden weitere Bemühungen unternommen, die Rasse leichter zu züchten und zu verbessern. Mit dem Aufkommen

Oben
Der Oldenburger wurde in großem Umfang im Ersten Weltkrieges eingesetzt und erlitt in dieser Zeit schwere Verluste.

Unten
Diese Rasse kann viele verschiedene Fellfarben haben. Auch Schimmel gehören dazu.

WISSENSWERTES:
Der berühmte Jockey Bob Champion errang 1981 beim Grand National-Hindernisrennen den Sieg, nachdem er erst kurz zuvor den Kampf gegen den Krebs gewonnen hatte. Er ritt Aldanti, der sich gerade von einer schweren Beinverletzung erholt hatte.

der Mechanisierung und des Automobils ging der Bestand der Rasse wieder zurück. An diesem Punkt wurde der „neue Oldenburger" ins Leben gerufen, um zu verhindern, dass die Rasse gänzlich von der Bildfläche verschwand. Den Anhängern des Oldenburgers war bewusst, dass es nötig war, sich auf die Zucht eines vielseitigen Reitpferdes zu konzentrieren. Zu diesem Ziel wurde weiteres Vollblut eingeführt; zu erwähnen ist hier insbesondere der Hengst Lupus. Auch Normannenblut kam wieder zum Einsatz, wobei besonders der Hengst Condor von Bedeutung war, der einen hohen Vollblutanteil führte. Damit sich die Eigenschaften des Vollblüters – d. h. sein nervöses, unbändiges Temperament – nicht zu stark durchsetzten, wurden kontinuierlich Einkreuzungen mit Hannoveranern vorgenommen, was dazu beitrug, den ausgezeichneten Charakter des Oldenburgers zu erhalten.

Der moderne Oldenburger ist ein vielseitiges, qualitätsvolles Pferd, dass nicht nur in der Dressur und beim Springreiten hervorragende Leistungen bringt, sondern auch bei Fahrturnieren beliebt ist. Ursprünglich hatte der Oldenburger aufgrund seiner Rolle als Kutschpferd eine recht hohe Knieaktion, doch haben sich diese Aktion und auch das Exterieur der Schultern im Laufe der Jahre leicht verändert. Seine Aktion ist immer noch verhältnismäßig hoch, was seine Leistungen in der Dressur und im Springen jedoch in keiner Weise beeinträchtigt. Der Oldenburger ist nicht für seine Schnelligkeit bekannt, obwohl diese durch den Einfluss des Vollblüters um einiges verbessert werden konnte. Er ist beeindruckend und attraktiv, hat eine hohe Lebenserwartung, entwickelt sich schnell und besitzt ein ruhiges, aber energisches Temperament.

Er ist kräftig gebaut und hat immer noch ein recht massives Gebäude. Sein Kopf ist qualitätsvoll mit gelegentlich konvexer Nasenlinie und großen, sanften Augen. Der Hals ist von guter Länge und muskulös und sitzt auf sehr kräftigen Schultern. Die Brust ist breit und tief mit einem tiefen, rundrippigen Brustkorb. Der Rücken ist häufig recht lang und die Hinterhand sehr muskulös mit einem gut angesetzten Schweif. Die Beine des Oldenburgers sind kräftig und solide mit einer guten Knochenstruktur und ausgezeichneten Hufen. Er tritt vorwiegend als Brauner, Rappe oder Schimmel auf und erreicht ein Stockmaß von 1,64 bis 1,74 m.

Oben
Diese vielseitigen Pferde sind für den Turnier- und Freizeitsport gleichermaßen hervorragend geeignet.

Unten
Die Pferde haben einen guten, kräftigen Kopf, der gelegentlich ein konvexes Profil aufweist.

RASSEINFORMATIONEN	
NAME	Orlow-Traber
GRÖSSE	1,63 m
FARBVARIATIONEN	Meistens Schimmel, auch Brauner oder Fuchs möglich
URSPRUNGSLAND	Ehemalige UdSSR

Orlow-Traber

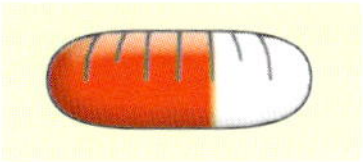

KATEGORIE

VERWENDUNG TEMPERAMENT

DIE ENTWICKLUNG des Orlow-Traber ist dem Grafen Alexei Orlow zu verdanken, der die Rasse auf seinem von ihm 1788 errichteten Gestüt Krenow züchtete. Aufgrund seiner Beteiligung an der Verschwörung zum Sturz von Peter III., die Katharina die Große auf den russischen Zarenthron brachte, wurde er zum Kommandeur der russischen Flotte

ernannt. Er besiegte wenig später die Türken in einer wichtigen Schlacht und erhielt daraufhin von dem türkischen Admiral einen weißen Araberhengst namens Smetanka zum Geschenk. Smetanka wurde mit einer Reihe von dänischen Stuten gepaart, und einer seiner hieraus hervorgehenden Nachkommen, Polkan I., zeugte mit einer holländischen Stute namens Hartsdraver den 1784 geborenen Stammvater des Orlow-Trabers, Bars I. Dieser wurde in das neue Gestüt Krenow verlegt und dort mit einer Reihe von Stuten arabischer, holländischer, dänischer und englischer Abstammung sowie mit einigen Halbblütern und Mecklenburgern gekreuzt. Die besten Exemplare der Nachkommenschaft wurden dann untereinander gepaart, bis der Typ der Rasse gefestigt war. Der Orlow-Traber wurde als qualitätsvolles Kutschpferd und Trabrennpferd entwickelt.

Zwischen 1885 und 1913 wurde häufig das American Standardbred in der Zucht eingesetzt, um die Trabgeschwindigkeiten zu erhöhen. Man erkannte jedoch, dass diese Kreuzungen den festen Typ des Orlow-Trabers allmählich zerstören würden, sodass eine Rückzüchtung der russischen Rasse notwendig wurde.

Der moderne Orlow-Traber kann dem American Standardbred in Sachen Schnelligkeit zwar nicht das Wasser reichen, wird jedoch in Russland bei Trabrennen eingesetzt, die ausschließlich Orlow-Trabern vorbehalten sind. Innerhalb der Rasse gibt es recht große regionale Unterschiede. Die besten Exemplare stammen aus dem Gestüt Krenow. Orlow-Traber werden auch in Dubrow, Novotomnikow und Perm gezüchtet, und die Pferde dieser Gestüte weisen unterschiedliche Eigenschaften auf, sehen jedoch zumeist gewöhnlicher aus.

Der Orlow-Traber ist ein leichtes, aber kräftiges Pferd mit großartiger Konstitution und Ausdauer und einer ruhigen, aber energischen Wesensart. Sein Kopf ist edel und attraktiv, und er hat gewöhnlich einen schön gebogenen Hals, der auf sehr steilen Schultern sitzt. Er hat im Allgemeinen einen langen, geraden Rücken und eine kräftige Hinterhand und neigt zu langen Beinen und wohlgeformten Hufen. Die vorwiegende Fellfarbe des Orlow-Trabers ist Schimmel, doch kommen auch Braune oder Rappen vor. Er erreicht ein Stockmaß von ungefähr 1,63 m.

Oben
Die Fellfarbe dieses schönen Pferdes ist gewöhnlich Schimmel, und es hat üppiges, fließendes Langhaar.

Unten
Die Rasse kann dem American Standardbred in Sachen Schnelligkeit zwar nicht das Wasser reichen, wird jedoch in Russland häufig bei Trabrennen eingesetzt.

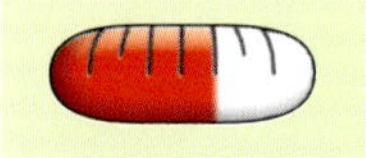

KATEGORIE

VERWENDUNG

TEMPERAMENT

Palomino

RASSEINFORMATIONEN

NAME	Palomino
GRÖSSE	1,45 - 1,63 m
FARBVARIATIONEN	Isabell
URSPRUNGSLAND	Vereinigte Staaten

PALOMINO IST genau genommen das englische Wort für die Farbe Isabell. Der Palomino hat daher keinen Rassestatus, auch wenn die amerikanische Palomino Horse Society und verschiedene ähnliche Verbände weltweit versuchen, durch selektive und sorgfältige Zucht einen festen Typ zu erzeugen. Das goldfarbene Fell dieser Pferde hat wie der Schecke weit zurückreichende Wurzeln und war ursprünglich unter den spanischen Pferden recht weit verbreitet. Tatsächlich ist nicht Amerika das Ursprungsland des Palominos, es waren die spanischen Conquistadores, die ihren spanischen Pferde dieser Farbe in die Neue Welt brachten.

Amerika war jedoch für das erste Palomino-Zuchtregister verantwortlich, und diese Fellfarbe wird inzwischen in weiten Teilen des Landes gezüchtet, insbesondere im Norden und im Süden. Das Pferd bzw. Pony muss bestimmte Anforderungen erfüllen, um in das Palomino-Register aufgenommen zu werden. Die Fellfarbe muss der einer frisch geprägten Goldmünze entsprechen und darf höchstens drei Nuancen heller oder dunkler sein. Der Kopf darf nur minimale weiße Abzeichen aufweisen, und an den Beinen darf es keine weißen Haare oberhalb der Karpal- bzw. Sprunggelenke geben. Mähne und Schweif sollten silberweiß sein, wobei der Anteil an dunklen Haaren nicht mehr als 15% betragen darf. Die Augen müssen dunkel oder haselnussbraun sein – blaue oder verschiedenfarbige Augen schließen eine Eintragung als Palomino aus. Damit ein Pferd eingetragen werden kann, muss einer seiner Elternteile bereits im Register geführt werden, während der andere Elternteil ein Vollblut, Quarter Horse oder Araber sein muss.

Die charakteristische Farbe ist nur schwer zu reproduzieren, im Allgemeinen gilt jedoch, dass Kreuzungen zwischen Palomino und Palomino, zwischen Fuchs und Palomino oder zwischen Fuchs bzw. Palomino und Albino die besten Ergebnisse erzielen. Die beliebteste Kreuzung ist die Paarung eines Palominos mit einem Fuchs, da sie gewöhnlich einen sehr kräftigen Isabellton hervorbringt. Palominos sind gute Reitpferde und werden in allen Bereichen des Reitsports eingesetzt, einschließlich Freizeit- und Trailreiten, Pferdeschauen, Springen usw.

Ihre Beliebtheit hat in den letzten Jahren stetig zugenommen, und sie werden inzwischen aufgrund ihrer Farbe hoch geschätzt. Palominos weisen häufig einige spanische Merkmale auf, was ihrer ursprünglichen Herkunft zuzuschreiben ist, doch gibt es immer noch keinen gleichförmigen Typ. Sie haben im Allgemeinen einen kleinen Kopf mit einem geraden Profil, einen langen und wohlgeformten Hals, eine tiefe Brust und verhältnismäßig schräge Schultern. Der Rücken ist breit und die Hinterhand muskulös. Mähne und Schweif des Palominos sind gewöhnlich üppig, und er erreicht ein Stockmaß von 1,45 bis 1,63 m.

Oben links
Mähne und Schweif dieser attraktiven Pferde sind immer heller als ihr Deckfell.

Oben rechts und unten
Der Palomino ist eher ein Farbtyp als eine Rasse, doch sind verschiedene Zuchtverbände darum bemüht, ihn als Rasse zu etablieren.

RASSEINFORMATIONEN	
NAME	Paso Fino
GRÖSSE	1,42 - 1,52 m
FARBVARIATIONEN	Alle Farben
URSPRUNGSLAND	Puerto Rico

Paso Fino

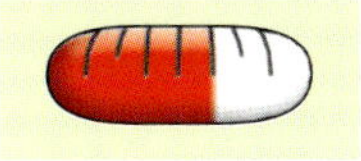

KATEGORIE

VERWENDUNG TEMPERAMENT

DER PASO FINO entwickelte sich im 16. Jahrhundert im südamerikanischen Puerto Rico, als die spanischen Conquistadores ihre Pferde nach Amerika brachten. Die ersten Pferde wurden 1509 von Martin de Salazar nach Puerto Rico verschifft. Im Jahre 1511 gelangten weitere spanische Pferde nach Südamerika, unter anderem auch acht Hengste, und auch in den Jahren 1512, 1517 und 1524 wurden Pferde in das Land importiert. Mitte der 50er Jahre des 16. Jahrhunderts begann man mit der selektiven Zucht. Inzwischen gibt es in ganz Südamerika verschiedene Gangpferderassen, die regionale Unterschiede aufweisen und in der Regel einen eigenen Namen haben. Es wird im Allgemeinen vermutet, dass der Paso Fino aus einer Kreuzung zwischen dem inzwischen ausgestorbenen spanischen Jennet und dem Andalusier entstand und möglicherweise auch vom Berber beeinflusst wurde. Der spanische Jennet war von Natur aus ein Passgänger, der auch andere außergewöhnliche Gänge beherrschte, und hat diese Gabe an den Paso Fino weitergegeben.

In der damaligen Zeit mussten häufig lange Strecken zu Pferde zurückgelegt werden, und der Paso Fino wurde aufgrund seines bequemen Gangs und seiner Ausdauer eigens zu diesem Zweck entwickelt. Neben Schritt und Galopp hat er drei weitere Gänge: den *Paso fino*, den *Paso corto* und den *Paso largo*. Der *Paso fino* ist eine langsame Gangart, bei der sich die Beine sehr schnell nach oben und unten bewegen und die bei Pferdeschauen heute am häufigsten gezeigt wird. Der *Paso corto* entspricht von der Geschwindigkeit her dem Trab und ist eine sehr bequeme Gangart, in der mühelos lange Strecken zurückgelegt werden können. Der *Paso largo* ist der schnellste der drei Gänge und von der Geschwindigkeit her zwischen normalem Galopp und Jagdgalopp anzusiedeln. Er zeichnet sich gewöhnlich durch eine energische Aktion der Vorderhand aus, die durch kraftvolles Untertreten der Hinterbeine unterstützt wird, wobei die Hinterhand gesenkt wird. Dieser Gang ist äußerst gut auszusitzen und kann über einen langen Zeitraum beibehalten werden, da die Stöße durch den Rücken und die Hinterhand des Pferdes aufgefangen werden und den Ritt dadurch sehr weich machen.

Der Paso Fino ist im Allgemeinen fügsam, aber lebhaft und zeichnet sich außerdem durch seine Zähigkeit und seine starke Persönlichkeit aus. Er hat einen hübschen Kopf und einen muskulösen und wohlgeformten Hals. Die Schultern sind sehr kräftig, und die Brust ist breit und tief. Der Körperbau ist sehr großrahmig und lässt viel Raum für die Lungen. Der Rücken ist gewöhnlich kurz mit einer runden Kruppe und sehr kräftigen Beinen. Der Paso Fino kann in allen Vollfarben auftreten und erreicht ein Stockmaß von 1,42 bis 1,52 m.

WISSENSWERTES:
Der Zentaur war ein Fabelwesen, das von der Hüfte aufwärts Mensch war und den Leib eines Pferdes hatte.

Oben
Der Paso Fino ist ein Nachkomme der spanischen Pferde, die mit den spanischen Eroberern nach Amerika kamen.

Unten
Diese Rasse hat fünf unterschiedliche Gänge und ist häufig bei Vorführungen der traditionellen puertoricanischen Reitkünste zu sehen.

KATEGORIE

VERWENDUNG TEMPERAMENT

Persischer Araber

RASSEINFORMATIONEN

NAME	Persischer Araber
GRÖSSE	1,44 - 1,54 m
FARBVARIATIONEN	Schimmel, Brauner oder Fuchs
URSPRUNGSLAND	Iran

DER PERSISCHE ARABER ist eine alte Pferderasse, die vermutlich seit 2000 v. Chr. in Persien existiert und somit rund 1.500 Jahre älter ist als der Araber. Unter dem Namen Persischer

Araber wird eine sehr große Anzahl verschiedener regionaler iranischer Linien zusammengefasst, die nach den Familien benannt wurden, von denen sie gezüchtet wurden. Der Bestand der Persischen Araber ist inzwischen stark zurückgegangen, was z. T. auf die Afrikanische Pferdekrankheit zurückzuführen ist, die sich in den 50er Jahren des letzten Jahrhunderts im Iran ausbreitete und der ein Großteil der Rasse zum Opfer fiel. Der Persische Araber stellte bis zum Aufkommen des Automobils natürlich das wichtigste Transportmittel dar. In der Tat wird das Pferd erst seit relativ kurzer Zeit für sportliche Veranstaltungen wie z. B. Araberrennen verwendet.

Die Araberzucht wurde insbesondere in den südlichen Gebieten von Khusistan vorangetrieben, wo einige bemerkenswerte Linien des Persischen Arabers entwickelt wurden. Dort gelten außerdem sehr strenge Zuchtbestimmungen, die zusammen mit selektiven Zuchtverfahren zur Erhaltung der Reinheit der Rasse beigetragen haben. Hinsichtlich seines Exterieurs und seiner Eigenschaften ähnelt der Persische Araber dem Araber; er hat jedoch einen etwas schwereren Körperbau. Er ist sehr attraktiv, besitzt eine großartige Ausstrahlung und hat von Natur aus eine schöne Haltung. Er ist ein sehr gutes Reitpferd, ist schnell und wendig und besitzt außergewöhnliche Ausdauer und Temperament.

Der Persische Araber hat einen typischen Araberkopf mit einer breiten Stirn, einem konkaven Profil und kleinen, beweglichen Ohren. Sein Rumpf ist kompakt und muskulös, und er hat einen gebogenen Hals, eine breite und tiefe Brust und eine runde Hinterhand mit einem hoch angesetzten Schweif, der auch hoch getragen wird. Die Fellfarbe des Persischen Arabers ist im Allgemeinen Schimmel, Brauner oder Fuchs, und er erreicht ein Stockmaß von 1,44 bis 1,54 m.

Im Iran gibt es zwei Rassen, die sich aus dem Persischen Araber entwickelt haben: der Jaf aus Kurdistan und der Darashouri aus der Provinz Fars. Beide Rassen weisen vorwiegend arabische Merkmale auf, sind temperamentvoll, schnell und äußerst ausdauernd und erreichen ein Stockmaß von ungefähr 1,52 m. Der Jaf besitzt eine bessere Konstitution als der Darashouri und ist den extremen Wüstenbedingungen gegenüber unempfindlicher. Der Darashouri ist jedoch attraktiver und eleganter als der Jaf.

Oben
Der Persische Araber hat den typischen Kopf eines Arabers und trägt seinen Schweif genauso hoch.

Unten
Die Rasse hat ein breites, konkaves Profil und kleine, bewegliche Ohren.

RASSEINFORMATIONEN	
NAME	Peruanischer Paso
GRÖSSE	1,42 - 1,52 m
FARBVARIATIONEN	Meistens Fuchs oder Brauner, aber auch alle anderen Vollfarben möglich
URSPRUNGSLAND	Peru

Peruanischer Paso

KATEGORIE

VERWENDUNG TEMPERAMENT

DER PERUANISCHE PASO entwickelte sich aus den ersten Pferden, die 1531 von Gouverneur Don Francisco Pizarro nach Peru gebracht wurden. Die Rasse stammt fast gänzlich von einer Mischung aus Andalusier und Berber ab, wobei der Anteil des Berbers in ihrem Exterieur jedoch ausgeprägter ist. Da der Peruanische Paso von Natur aus ein Gangpferd ist, könnte er anfänglich auch von dem spanischen Jennet beeinflusst worden sein.

Im Laufe der Jahrhunderte, und insbesondere nach 1823, als Peru seine Unabhängigkeit von der spanischen Regierung erhielt, wurden verschiedene Rassen in das Land importiert, zu denen auch Vollblüter, Hackneys, Araber und Friesen gehörten. Es wird vermutet, dass diese Rassen den Paso in gewisser Weise beeinflussten und das sie auch zur Entwicklung anderer südamerikanischer Pferderassen beigetragen haben. Der Gang des Peruanischen Pasos gilt als einer der weichsten unter den Gangpferden, und die Tiere sind in der Lage, über längere Zeit das recht flotte Tempo von ungefähr 18 km/h beizubehalten – selbst in schwierigem Gelände. Die Nebengangart dieser Rasse ist einzigartig, auch wenn sie gewisse Ähnlichkeiten mit den Gängen des Missouri Fox Trotters und des Tennessee Walking Horse aufweist.

Der Paso bewegt sich mit einer extravaganten Vorhandaktion, die von der muskulösen Hinterhand unterstützt wird, die sich dabei senkt. Der Gang zeichnet sich durch eine hohe Knieaktion und eine ausgeprägt runde Bewegung der Vorderhand aus, während die Hinterhand die Spur der Vorderhand energisch übertritt. Rücken und Hinterhand des Pferdes fangen die Stöße und Bewegungen ab und sorgen somit für einen sehr weichen und ungestörten Ritt. Sowohl Hinterbeine als auch hintere Fesseln sind lang, wodurch die Weichheit der Bewegung noch unterstützt wird.

Der Peruanische Paso ist für seine großartige Konstitution und Ausdauer bekannt und passt sich problemlos unterschiedlichen klimatischen Bedingungen an. Er ist ein attraktives Pferd mit viel Ausstrahlung und Temperament und einem sehr guten Charakter. Sein Kopf ist zumeist qualitätsvoll und sitzt auf einem gebogenen und muskulösen Hals. Er hat einen kompakten Körperbau und besitzt eine gute Gurtentiefe und eine sehr muskulöse Hinterhand. Beine und Hufe sind besonders kräftig und gesund. Die Fellfarbe des Peruanischen Pasos ist fast ausnahmslos Fuchs oder Brauner, und er erreicht ein Stockmaß von 1,42 bis 1,52 m.

Oben
Die Rasse ist elegant mit langer Mähne und langem Schweif und hat einen guten ruhigen und fügsamen Charakter.

Unten
Der Peruanische Paso hat fünf Gänge und kann lange Strecken recht schnell in einem gleichbleibenden Tempo zurücklegen.

WISSENSWERTES:
Der englische König Heinrich VIII. (1491-1547) bemühte sich erfolgreich, die Größe des englischen Pferdes zu erhöhen. Bis dahin hatten die englischen „Pferde" die Größe von Ponys, wodurch ihre Fähigkeiten beim Tragen und Ziehen von Lasten beschränkt waren.

KATEGORIE

VERWENDUNG TEMPERAMENT

Pinto

RASSEINFORMATIONEN	
NAME	Pinto
GRÖSSE	1,52 - 1,63 m
FARBVARIATIONEN	Alle Farben
URSPRUNGSLAND	Vereinigte Staaten

BUNTE PFERDE werden in Deutschland Rapp-, Fuchs- oder Braunschecken genannt, je nachdem, in welcher Farbkombination (schwarzweiß oder braunweiß) sie auftreten. In Amerika sind diese Pferd als Pintos oder Paints bekannt. Diese Fellfarbe hat wie der Tigerschecke (gepunktetes Fell) weit zurückreichende Wurzeln und ist häufig in Höhlenmalereien zu sehen. Die Farbe hat ihren Ursprung wahrscheinlich in Europa oder Russland, doch finden sich die meisten bunten Pferde heute in Amerika, das daher als Ursprungsland bezeichnet wird.

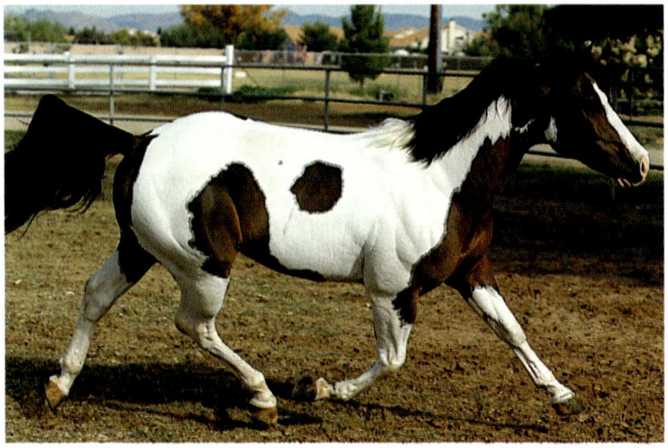

Bei den Indianern waren bunte Pferde hoch geschätzt. Da der Begriff Pinto lediglich die Farbe der Tiere beschreibt, gibt es bei diesen Pferden kein einheitliches Exterieur. In den letzten Jahren wurden allerdings Anstrengungen unternommen, einen festen Typ zu züchten. Zwischen Pinto und Paint gibt es einen wichtigen Unterschied, den man kennen sollte. Es gibt zwei Organisationen in Amerika: die Pinto Horse Association of America und die American Paint Horse Association. Bei der Pinto Horse Association of America kann jedes bunte Pferd eingetragen werden, wobei zwischen vier Abteilungen unterschieden wird: „Stock Type“ (hauptsächlich Quarter Horses), „Hunter Type“ (größtenteils Vollblutnachkommen), „Pleasure Type“ (Pferde mit Araber- oder Morgan Horse-Blut) und „Saddle Type“ (Nachkommen von Saddlebreds, Hackneys oder Tennesse Walking Horses). Die American Paint Horse Association hingegen lässt nur die Eintragung von bunten Pferden zu, die Nachkommen von Vollblütern, Quarter Horses und Paint Horses sind. Die Kriterien für die Eintragung betreffen hier also mehr die Abstammung als die Farbe. Jedes Paint Horse kann somit ins Pinto-Register eingetragen werden, aber nicht jeder Pinto ist zur Eintragung ins Paint-Register berechtigt.

Bei den bunten Pferden unterscheidet man zwei Typen: Tobiano und Overo. Beim Tobiano ist das Fell weiß mit großen Flecken. Die Beine sind meist weiß, und das Weiß kreuzt die Rückenlinie oder den Rumpf. Beim Overo ist das Fell farbig mit weißen Flecken, die sich vom Bauch nach oben hin erstrecken, jedoch selten die Rückenlinie kreuzen. Der Overo hat häufig ein weißes Gesicht mit blauen Augen. Viele der früheren spanischen Pferde hatten ein buntes Fell, und es wird gemeinhin angenommen, dass sich viele der heutigen bunten Pferde aus den spanischen Pferden entwickelten. Bunte Pferde weisen häufig spanische Merkmale auf.

Pintos bzw. Paints sind im Allgemeinen stämmige, gut gebaute und kräftige Tiere mit einem qualitätsvollen Kopf und einer muskulösen Hinterhand. Sie haben im Großen und Ganzen ein gutes Exterieur und geben sehr gute Reitpferde ab. Ihr Stockmaß liegt zwischen 1,52 und 1,63 m, obwohl es natürlich auch bunte Ponys gibt, die größer als 1,52 m sind.

Oben links und rechts
Pintos werden bei den amerikanischen Indianern wegen ihrer ungewöhnlichen Farbe hoch geschätzt.

Unten
Die Rasse hat einen edlen, hübschen Kopf und einen guten Charakter, was sie zu idealen Reitpferden macht.

RASSEINFORMATIONEN

NAME	Pleven
GRÖSSE	1,54 - 1,63 m
FARBVARIATIONEN	Fuchs
URSPRUNGSLAND	Bulgarien

Pleven

KATEGORIE

VERWENDUNG TEMPERAMENT

DIE ENTWICKLUNG des Pleven begann 1898 in Bulgarien in dem ehemaligen Gestüt Klementina, das heute den Namen Landwirtschaftliches Zentrum Georgi Dimitrov trägt. Der Pleven ist im Wesentlichen ein Anglo-Araber, da er aus Kreuzungen zwischen Arabern oder einheimischen Halbblutstuten mit russischen Anglo-Arabern oder Halbbluthengsten entstand. Später wurden auch Gidran-Hengste in die Zucht eingeführt, und 1951 wurde die Rasse offiziell anerkannt. Ungefähr zu dieser Zeit setzte man das Englische Vollblut ein, um der Rasse mehr Raffinesse und Qualität zu verleihen und die Durchschnittsgröße des Pleven zu erhöhen.

Über den Pleven wurde bisher nur wenig geschrieben, und die Rasse ist trotz ihrer Talente und Qualitäten recht unbekannt. Der Pleven ist ein erstklassiges Reit- und Turnierpferd und hat ein ausgezeichnetes natürliches Springvermögen. Er hat außerdem einen besonders schönen Gang, der sich durch sehr gute, frei fließende Bewegungen auszeichnet und ihn daher insbesondere für die Dressur befähigt. Darüber hinaus hat er einen guten Charakter, ist ruhig, gefügig und gehorsam und außerdem genügsam und wirtschaftlich in der Haltung. Der Pleven besitzt gewöhnlich eine sehr gesunde Konstitution und ist zäh und ausdauernd.

Sein Exterieur ist nahezu perfekt, und er hat einen schön proportionierten Kopf mit einem geraden Profil. Der Hals ist recht lang, muskulös und hat im Allgemeinen eine gute Oberlinie. Daneben hat der Pleven eine breite und tiefe Brust und wohlgeformte Schultern von einer guten Schräge, die seine sehr korrekte Aktion begünstigen. Sein Brustkorb ist verhältnismäßig tief und rund, und er hat einen hohen Widerrist und einen recht langen Rücken. Die Hinterhand ist sehr muskulös mit einer leicht abfallenden Kruppe. Der Schweif ist gut angesetzt und wird schön getragen. Die Beine sind zumeist sehr wohlgeformt und muskulös mit kräftigen Knochen und guten, breiten Gelenken. Die Unterarme sind im Allgemeinen muskulös mit kräftigen deutlich ausgeprägten Sehnen und sehr harten wohlgeformten Hufen.

Der Pleven hat von Natur aus eine schöne Haltung und Ausstrahlung und eine hohe Aktion – Qualitäten, die ihm vermutlich von seinen arabischen Vorfahren vererbt wurden. Er ist grundsätzlich fuchsfarben und erreicht ein Stockmaß von 1,54 bis 1,63 m. Der Pleven wird auch heute noch in weiten Teilen Bulgariens selektiv gezüchtet. Ziel ist es, größere Pferde zu erhalten, die sich besser auf dem internationalen Sportpferdemarkt verkaufen lassen, ohne dabei jedoch die ausgezeichneten Qualitäten der Rasse zu beeinträchtigen.

Links
Der Pleven hat ein edles Gesicht mit einem deutlichen arabischen Einschlag. Das Profil ist leicht konkav, und die Ohren sind sehr beweglich.

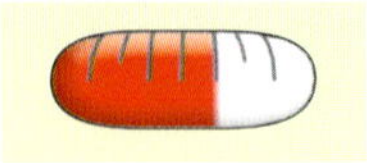

KATEGORIE

VERWENDUNG TEMPERAMENT

Quarter Horse

RASSEINFORMATIONEN	
NAME	Quarter Horse
GRÖSSE	1,52 - 1,60 m
FARBVARIATIONEN	Alle Vollfarben
URSPRUNGSLAND	Vereinigte Staaten

WISSENSWERTES:
In Amerika umfasst die Triple Crown das Kentucky Derby, die Belmont Stakes und die Preakness Stakes. Die Triple Crown-Trophäe wird dem Pferd überreicht, das alle drei Rennen gewinnt.

DAS QUARTER HORSE ist eine der ältesten Pferderassen Amerikas und sicherlich auch die beliebteste. Es entwickelte sich im 17. Jahrhundert aus den Pferden, die von den spanischen Conquistadores nach Amerika gebracht wurden: dem Andalusier, dem Berber und dem Araber. Dieser Grundstock wurde dann mit den frühen Vollbluttypen gekreuzt, die ab 1611 nach Amerika importiert wurden. Auf diese Weise wurde der Grundstein für das Quarter Horse gelegt.

Die ersten englischen Pferde, die 1611 importiert wurden, waren als Rennpferde bekannt und können somit als Vorfahren des Englischen Vollbluts angesehen werden. Sie wurden nach Virginia gebracht, und nachdem der Rennsport um 1620 durch Gouverneur Nicholson legalisiert worden war, wurden allgemeine Anstrengungen unternommen, besonders schnelle Pferde zu züchten. Die ersten Rennen waren fast immer recht kurz – sie gingen gewöhnlich über eine Strecke von einer Viertelmeile – und um 1690 wurden bereits recht beträchtliche Preisgelder ausgesetzt. Vor diesem Hintergrund wurde das Quarter Horse entwickelt, und es wird häufig vermutet, dass das Zuchtziel der Rasse auf ihre Fähigkeiten auf der Rennbahn ausgerichtet war, bevor ihre vielen anderen

Qualitäten entdeckt wurden.

Das frühe Quarter Horse war ein solide gebautes kleines Pferd mit einem Stockmaß von etwa 1,52 m, das sich durch seine äußerst kräftige Hinterhand auszeichnete. Man erkannte schnell, dass das Quarter Horse dem Vollbluttyp auf Kurzstrecken deutlich überlegen war, und dies ist auch heute noch der Fall. Das Quarter Horse wurde zunächst unter dem Namen „Short Horse" bekannt, da es insbesondere auf Kurzstreckenrennen (Short Distance) glänzte. Später wurde es nach den Viertelmeilenrennen (Quarter Mile), die es vorwiegend lief, in „Quarter Horse" umbenannt. Einen großen Einfluss auf die anfängliche Entwicklung des Quarter Horse hatte der Vollbluthengst Janus, der 1752 importiert wurde. Janus hatte einen gleichnamigen Sohn, der die bedeutende Printer-Linie des Quarter Horse begründete. Ein weiterer einflussreicher Vollbluthengst war Sir Archy, Sohn von Diomed, der beim ersten englischen Epsom-Derby den Sieg davongetragen hatte. Bis heute lassen sich verschiedene beeindruckende Quarter Horse-Linien auf Sir Archy zurückverfolgen.

Allmählich gewannen jedoch Langstreckenrennen an Beliebtheit, bei denen das Quarter Horse dem Vollblut nicht mehr gewachsen war. In den 50er Jahren des 19. Jahr-

Oben
Quarter Horses wurden nach der „Quarter Mile" benannt, dem Viertelmeilenrennen, in dem sie aufgrund ihrer schnellen Sprintgeschwindigkeit brillierten.

Unten
Das Pferd hat einen ausgezeichneten Charakter und ist somit hervorragend als Reitpferd geeignet.

hunderts hatten sich die Langstreckenrennen etabliert, und das Quarter Horse wäre sicher allmählich in Vergessenheit geraten, hätte man nicht seine weiteren erstaunlichen Talente entdeckt. Es wurde schnell offensichtlich, dass das Quarter Horse für die Farmarbeit prädestiniert ist, da es einen besonders ausgeprägten „Rinderverstand" besitzt. Es ist mehr als wahrscheinlich, dass ihm dieser natürliche Instinkt für die Arbeit mit Rindern von seinen spanischen Vorfahren vererbt wurde, die auf diesem Gebiet ebenfalls sehr talentiert sind und daher häufig in der Stierkampfarena eingesetzt werden. Das Quarter Horse ist in Bezug auf seine Fähigkeiten als Kuhpferd praktisch einzigartig und seine extreme Wendigkeit, Schnelligkeit und Zähigkeit sowie seine Intelligenz machen es zum beliebtesten Reitpferd der modernen Cowboys. Das Quarter Horse ist ein echtes Universalpferd und bringt in praktisch jedem Bereich gute Leistungen.

Im 19. Jahrhundert, als viele Menschen in den Westen Amerikas zogen, wurde das Quarter Horse häufig sowohl im Geschirr als auch als Reitpferd eingesetzt. Die Tiere verrichteten alle Arbeiten auf den Farmen der ersten Siedler mit Bravour, und sie geben nicht nur gute Sportpferde ab, sondern sind zumeist auch für Kinder und Reitanfänger geeignet. Wohl keine andere Rasse kann es in punkto Vielseitigkeit mit dem Quarter Horse aufnehmen; dabei gründet sich diese Vielseitigkeit einzig und allein auf den außergewöhnlichen Charakter dieser Tiere. Die Quarter Horse Association, die erst 1940 ins Leben gerufen wurde, verfügt mit mit mehr als drei Millionen Einträgen inzwischen über das umfangreichste Zuchtregister der Welt. Das Quarter Horse findet in allen Bereichen Verwendung: als Freizeitpferd, im Turniersport – insbesondere beim Rodeo, für das es praktisch zum Synonym wurde –, bei allen Arten von Farm- und Rinderarbeit und inzwischen auch wieder auf der Rennbahn. In den letzten Jahren haben Quarter Horse-Rennen an Beliebtheit gewonnen, obwohl es von einigen Seiten heißt, die verstärkte Einführung von Vollblut in die Rennlinien des Quarter Horse habe einen schädlichen Einfluss auf die Rasse.

Das Quarter Horse hat gewöhnlich einen ausgezeichneten, ruhigen und ausgeglichenen Charakter und ist hochintelligent, wodurch es sich erstklassig zum Reitpferd eignet. Es besitzt ein ausgezeichnetes, kräftiges Exterieur. Der Kopf ist eher schmal, mit einer breiten Stirn, und der Hals muskulös und wohlgeformt. Die Brust ist breit und tief, und die Schultern sind solide, schräg und kräftig. Der Brustkorb des Quarter Horse ist in der Regel kompakt, und es hat eine überaus kräftige Hinterhand. Die Beine sind wohlgeformt mit kurzem Röhrbein und sehr harten Hufen. Das Quarter Horse kann in allen Vollfarben auftreten und erreicht ein Stockmaß von 1,52 m bis 1,60 m.

WISSENSWERTES:
Die „Black Box" ist eine Art Behandlungssystem, das von einer gewissen Mrs. L. Dower angewendet wird. Der Besitzer des kranken Tieres schneidet ein Stück Mähne hinter den Ohren ab und schickt es Mrs. Dower zu, die es in ein Kästchen – die Black Box – legt. Nach drei Tagen ist sie in der Lage, eine Diagnose zu stellen, und bietet eine Behandlung gegen die Erkrankung an. Diese Methode wird in einigen Veterinär- und Reiterkreisen zwar stark angezweifelt, hatte jedoch schon viele Erfolge.

Oben
Die Vielseitigkeit des Quarter Horse macht es auch zu einem guten Arbeitspferd im Viehtrieb.

Unten
Das Pferd hat einen kleinen hübschen Kopf mit einer breiten Stirn und einem wohlgeformten muskulösen Hals.

KATEGORIE

VERWENDUNG TEMPERAMENT

Rocky-Mountain-Pferd

RASSEINFORMATIONEN

NAME	Rocky-Mountain-Pferd
GRÖSSE	1,44 - 1,62 m
FARBVARIATIONEN	Alle Vollfarben
URSPRUNGSLAND	Vereinigte Staaten

DAS ROCKY-MOUNTAIN-PFERD ist eine neue amerikanische Rasse, die zu Beginn des 20. Jahrhunderts entstand, jedoch erst 1986 einen eigenen Zuchtverband bzw. ein Stutbuch erhielt. Die Rasse wurde von Sam Tuttle in Kentucky entwickelt, der die Zucht mit seinem produktiven Hengst Old Tobe begann. Tuttle besaß einen Reitbetrieb im staatlichen Erholungspark Natural Bridge mit der Genehmigung, Touristen, die z. T. überhaupt keine Reiterfahrung besaßen, auf Trailritten durch das Vorland der Appalachen zu führen. Old Tobe wurde wie auch seine Nachkommen häufig zu diesem Zweck eingesetzt, und eine der ausgezeichneten Eigenschaften des Rocky-Mountain-Pferdes ist sein äußerst ruhiges und sanftes Wesen. Old Tobe gab sein Exterieur, seinen Charakter und seine weichen Nebengangarten an alle seine Nachkommen weiter und begründete somit eine eigene Gruppe von Pferden.

Gebäude und Exterieur des Rocky-Mountain-Pferdes sowie seine Nebengangarten und seine Fellfarbe weisen eindeutig auf eine spanische Herkunft hin. Es ist wahrscheinlich auch mit dem Tennessee Walking Horse und mit dem Saddlebred verwandt, die ebenfalls von spanischen Pferden abstammen. Das Rocky-Mountain-Pferd hat gewöhnlich einen sehr weichen Gang, eine Eigenschaft, die sehr geschätzt wurde, als die Menschen noch lange Strecken durch unwegsames Gelände zurücklegen mussten, und auch bei den heutigen Freizeitreitern beliebt ist. Das Rocky-Mountain-Pferd wird im Allgemeinen als Reittier und auch im leichten Geschirr verwendet und ist ein attraktives und funktionelles Pferd zum Ziehen von Buggys und Kutschen. Die Rasse hat eine großartige Konstitution und Ausdauer und ist in der Lage, längere Strecken mit einer Geschwindigkeit von 11 bis 25 km/h zurückzulegen. Aufgrund seiner Vielseitigkeit, seines Temperaments und seiner ungewöhnlichen Farbe ist das Rocky-Mountain-Pferdes in den Vereinigten Staaten sehr beliebt und gewinnt auch in Kanada zunehmend an Popularität. Es ist außerdem zäh und robust, kälteunempfindlich und besonders freundlich und sanft.

Sein Erscheinungsbild ist äußerst attraktiv mit einem edlen, intelligenten Kopf, einem langen, anmutigen Hals und muskulösen Schultern. Es hat eine tiefe und breite Brust, einen flachen Widerrist und einen schön proportionierten Rücken mit einer wohlgeformten Hinterhand und kräftigen, zähen Beinen. Das Exterieur der Schultern ist im Allgemeinen gut und begünstigt eine weiche, frei fließende Aktion. Die ideale Fellfarbe des Rocky-Mountain-Pferdes ist ein ungewöhnliches und attraktives Schokoladenbraun mit flachsfarbenem Langhaar. Er kann jedoch auch in jeder anderen Vollfarbe auftreten und erreicht ein Stockmaß von 1,44 bis 1,62 m.

Oben und Mitte
Dies ist eine neue, äußerst attraktive Pferderasse, die häufig in einem ungewöhnlichen Schokoladenbraun auftritt.

Unten
Das Rocky-Mountain-Pferd hat einen sanften, intelligenten Kopf und freundliche Augen.

RASSEINFORMATIONEN	
NAME	Russischer Traber
GRÖSSE	1,60 - 1,63 m
FARBVARIATIONEN	Meistens Brauner, auch Rappe, Fuchs oder Schimmel möglich
URSPRUNGSLAND	Ehemalige UdSSR

Russischer Traber

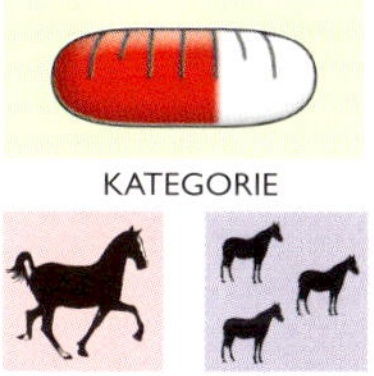

DER RUSSISCHE TRABER wurde in Russland mit dem Ziel entwickelt, ein Pferd zu züchten, das größere Trabgeschwindigkeiten erreichen konnte als die ältere russische Traberrasse, der Orlow-Traber. In den Jahren zwischen 1890 und 1914 wurden 156 Hengste und 220 Stuten der American Standardbred-Rasse nach Russland importiert. Da das American Standardbred die beste und schnellste Rasse auf diesem Gebiet war, wurde beschlossen, es mit dem russischen Orlow-Traber zu kreuzen. Die ersten Kreuzungen brachten ein schnelleres, jedoch kleineres Pferd von geringerer Qualität hervor. Durch weitere selektive Zucht erhielt man schließlich ein größeres Trabrennpferd von besserer Qualität. Die beste Nachkommenschaft dieser ersten Kreuzungen wurden untereinander gepaart und mit weiteren Orlow-Trabern und Standardbreds gekreuzt.

Um 1950 war der Typ gefestigt, und der Russische Traber wurde offiziell als Rasse anerkannt. Trotzdem werden auch heute noch regelmäßig reinrassige Orlow-Traber und Standardbreds eingekreuzt, um die Qualitäten der Rasse zu erhalten. Der Russische Traber ist zwar schneller, besitzt jedoch nicht die Qualität und Raffinesse des Orlow-Trabers und weist einige Gebäudemängel auf. Die Russen haben bestimmte Zuchtrichtlinien für den Russischen Traber festgelegt, um den allgemeinen Standard des Pferdes zu verbessern: Demnach muss das Stockmaß für Stuten mindestens 1,60 m und für Hengste mindestens 1,63 m betragen. Die Gurtentiefe ist auf ungefähr 1,84 m und der Röhrbeinumfang auf 19,9 cm festgelegt. Der Russische Traber hat einen guten Charakter und ist ruhig, jedoch energisch und sehr lernfähig.

Er hat einen schlichten, jedoch gut angesetzten Kopf, einen langen und muskulösen Hals und eine breite und tiefe Brust. Weiterhin zeichnet er sich durch schräge und muskulöse Schultern und einen langen und geraden Rücken aus. Seine Beine sind kräftig mit ausgeprägten Sehnen. Er weist häufig Stellungsfehler auf und steht vorne leicht x-beinig und hinten häufig säbelbeinig. Dadurch bewegen sich die Hufe nach außen in einer halbkreisförmigen Bewegung, was auch als „Bügeln" bezeichnet wird. Obwohl dies rein technisch gesehen ein Mangel ist, ist der Russische Traber so besser in der Lage, sein Tempo zu finden, wenn er seine Schrittlänge vergrößert, und dies kann bei einem Rennen von Vorteil sein. Außerdem ist er eher zu leicht gebaut und hat sehr steile und lange Fesseln. Seine Fellfarbe ist gewöhnlich braun, doch kommen auch Rappe, Schimmel oder Fuchs vor. Der Russische Traber erreicht ein Stockmaß von 1,60 bis 1,63 m.

WISSENSWERTES:
Auf dem Parthenon-Fries in Athen sind viele schöne Basrelief-Darstellungen von Pferden zu sehen, die von jungen griechischen Männern geritten werden. Der Künstler hieß Phidias und erschuf den Fries ungefähr 477 v. Chr., um das griechische Ideal von Perfektion zu zeigen.

Oben
Der Russische Traber ist eine einfache Rasse, erreicht jedoch größere Geschwindigkeiten als der Orlow-Traber.

Unten
Dieses Pferd ist gewöhnlich braun und hat einen gut angesetzten Kopf, Schultern von guter Schräge und lange, kräftige Beine.

KATEGORIE

VERWENDUNG TEMPERAMENT

Salerner Pferd

RASSEINFORMATIONEN

NAME	Salerner Pferd
GRÖSSE	1,63 - 1,73 m
FARBVARIATIONEN	Meistens Brauner, Rappe oder Fuchs
URSPRUNGSLAND	Italien

WISSENSWERTES:
Ich ritt durch klare Frühlingspracht
Auf sturmbehendem Pferde,
Da hab' ich bei mir selbst gedacht:
Wie ist so schön die Erde! Wie rannen im sausenden Luftgezisch
Vorüber die blauen Weiten!
Mir ward so froh, so frei und frisch,
Als wollt' ich gen Himmel reiten.
Aus einem Reiterlied

BIS IN DIE 80ER JAHRE des 18 Jahrhunderts gab es für das Salerner Pferd kein Zucht-programm. Dann ging man im italienischen Gestüt Persano dazu über, selektive Zucht zu betreiben. Hier gab es einen sehr soliden Grundstock, der größtenteils von Neapolitanern, Spaniern und Orientalen abstammte. Die Rasse wurde von Karl III., König von Neapel und später auch von Spanien, gefördert, der auch für die Gründung des Gestüts Persano verantwortlich war. Das Gestüt setzte eine Kombination von einheimischen Pferden und Lipizzanern ein, wobei drei Hengste namens Pluto, Converano und Napoletano besonders großen Einfluss auf die Rasse nahmen und als Stammväter angesehen werden. Die Rasse, die zunächst unter dem Namen Persano-Pferd bekannt wurde, entwickelte sich zu einem qualitätsvollen und nützlichen, recht schweren Reitpferd, das Ähnlichkeit mit seinen spanischen Vorfahren hatte.

Die Zucht in Persano wurde bis 1864 fortgesetzt. Dann wurde das Gestüt geschlossen, und der Bestand der Rasse ging zurück. Erst Anfang des 20. Jahrhunderts erwachte das Interesse an der Rasse wieder, deren Name in dieser Zeit in Salerner Pferd geändert wurde. Im Folgenden wurden Vollblut und wahrscheinlich auch Hackney-Blut eingekreuzt, und das Gestüt Morese, das sich in der Nähe des Gestüts Persano befand, wurde zu einem der einflussreichsten Gestüte für die Rasse.

Durch die Einführung von Vollblut konnte das Salerner Pferd stark veredelt und verbessert werden, wobei sich auch das durchschnittliche Stockmaß erhöhte. Das Salerner Pferd wurde zu einem erstklassigen, qualitätsvollen Reitpferd und war bei der Kavallerie sehr beliebt. Inzwischen ist es leider nur noch selten zu sehen, da der Bestand der Rasse erheblich zurückgegangen ist. Dies sagt jedoch nichts über die vielfältigen Qualitäten der Rasse aus. Das Salerner Pferd besitzt einen sehr guten Charakter und ist ein hervorragendes Sportpferd mit einem guten, natürlich athletischen Springvermögen. Die beiden berühmtesten Salerner Pferde waren vermutlich Merano und Posillipo. Ersterer wurde 1956 von Raimondo d'Inzeo bei der Weltmeisterschaft im Springreiten zum Sieg geritten, und Letzterer brachte ihm 1960 bei den Olympischen Spielen die Goldmedaille in der Einzelwertung ein.

Das Salerner Pferd neigt zu einem leichten, aber gut angesetzten Kopf und einem langen und muskulösen Hals. Der Rücken ist im Allgemeinen gut proportioniert mit abfallenden Schultern, einer muskulösen Hinterhand und schlanken, aber kräftigen Beinen. Die vorwiegende Fellfarbe des Salerner Pferdes ist heute Brauner, Rappe oder Fuchs, und er erreicht ein Stockmaß von 1,63 bis 1,73 m.

Oben
Das Salerner Pferd ist eine Mischung aus Neapolitaner, Spanier und Orientale.

Unten
Das Pferd hat einen leichten Kopf, einen muskulösen Hals, schräge Schultern und gute Beine.

RASSEINFORMATIONEN	
NAME	San Fratello
GRÖSSE	1,53 - 1,63 m
FARBVARIATIONEN	Brauner, Rappe oder Schwarzbrauner
URSPRUNGSLAND	Italien

San Fratello

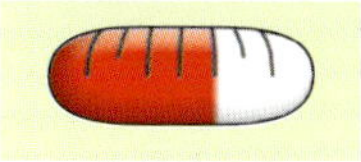
KATEGORIE

VERWENDUNG

TEMPERAMENT

ÜBER DIE HERKUNFT des San Fratello ist nur wenig bekannt. Man nimmt jedoch an, dass sich diese Pferde aus den alten Rassen der sizilianischen Provinz Messina entwickelten. Sie können wahrscheinlich mit dem alten Sizilianischen Pferd in Verbindung gebracht werden, das bekanntermaßen insbesondere bei den Griechen in hohen Ehren gehalten wurde. Ebenso wahrscheinlich ist es, dass der San Fratello in der Vergangenheit von Anglo-Arabern, Salerner Pferd und Hispano-Araber beeinflusst wurde und es vor nicht allzu langer Zeit auch zu Einkreuzungen von Nonius und Englischem Vollblut kam.

Der San Fratello wird nahezu ausschließlich halbwild in den Wäldern von Messina und an den Nordhängen des Ebrodi-Gebirges aufgezogen. Die Pferde sind widrigen Wetterbedingungen ausgesetzt, d. h. heißen und feuchten Sommern und sehr kalten Wintern, und müssen sich ihr häufig recht karges Futter selbst suchen. Diese Umgebung hat ein ausgezeichnetes Pferd mit einer sehr gesunden Konstitution hervorgebracht, das gegen die meisten modernen Pferdekrankheiten immun ist. Darüber hinaus ist es äußerst wirtschaftlich in der Haltung und extrem zäh und ausdauernd. Der Zuchtbestand wird sorgfältig kontrolliert, um die hervorragenden Eigenschaften der Rasse zu erhalten und kontinuierlich zu verbessern. Während der 30er Jahre des letzten Jahrhunderts wurden Anstrengungen unternommen, das Exterieur der Rasse zu verbessern. Dabei ging es insbesondere um den eher schweren Kopf und, was noch wichtiger war, eine Schwäche in den Fesseln. Dazu wurden englische und orientalische Pferde in die Region importiert, was in der Tat eine positive Wirkung zeigte.

Der San Fratello hat einen guten Charakter und besitzt die optimalen Voraussetzungen für ein modernes Sportpferd. Er ist von Natur aus athletisch und gesund sowie mutig und schnell – Qualitäten, die ihn zu einem geeigneten Springpferd machen. Er hat einen attraktiven, jedoch immer noch etwas schweren Kopf mit einem geraden oder konvexen Profil. Sein Hals ist muskulös und häufig eher kurz, und seine Brust breit und tief. Die Schultern konnten in den letzten Jahren verbessert werden und besitzen eine ausreichende Schräge. Der Rücken ist kräftig und verhältnismäßig gerade. Die Hinterhand ist muskulös und wohlgeformt mit einem gut angesetzten Schweif, der auch schön getragen wird. Die Beine sind im Allgemeinen kräftig mit harten Sehnen und guten Hufen. Die Fellfarbe des San Fratello ist grundsätzlich Brauner oder Rappe, und er erreicht ein Stockmaß von 1,53 bis 1,63 m.

Oben
Diese Rasse stammt möglicherweise von den Pferden ab, die im Altertum im sizilianischen Messina beheimatet waren.

Unten
Der San Fratello hat einen guten Charakter und gibt trotz seines Gewichts ein gutes Reitpferd ab.

KATEGORIE

VERWENDUNG TEMPERAMENT

Sardisches Pferd

RASSEINFORMATIONEN

NAME	Sardisches Pferd
GRÖSSE	1,57 m
FARBVARIATIONEN	Brauner
URSPRUNGSLAND	Sardinien

WISSENSWERTES:
Die BETA (British Equestrian Trade Association) ist maßgebend für die Standards in der Reitsportindustrie. Wenn Sie bei einem von der BETA empfohlenen Einzelhändler einkaufen, können Sie ein gutes Preis-Leistungs-Verhältnis, einen effizienten Kundendienst, qualifizierte Beratung und hochwertige Ware erwarten.

Oben
Das Sardische Pferd stammt möglicherweise von Berbern ab, die von nordafrikanischen Händlern auf die Insel gebracht wurden.

Unten
Vor kurzem wurde auch Vollblut eingekreuzt, um die Blutlinie dieser Rasse zu verbessern.

DAS SARDISCHE PFERD, das auch als „Sardischer Anglo-Araber" bezeichnet wird, ist eine alte Rasse und entstand im 15. Jahrhundert auf Sardinien. Aufgrund seiner günstigen geographischen Lage betrieb Sardinien regen Handel mit Nordafrika und importierte jahrhundertelang nordafrikanische Berber und Araber, die dann mit einheimischen Rassen gekreuzt wurden. Auf diese Weise entstand der Grundstock für die Rasse, deren Typ im 15. Jahrhundert gefestigt wurde. Außerdem wurde von Ferdinand von Spanien in der Nähe von Abbasanta ein Gestüt mit spanischen Pferden gegründet.

Das Spanische Pferd, das sich später zum Andalusier entwickelte, spielte eine wichtige Rolle in der Entwicklung des Sardischen Pferdes, und die Gründung weiterer Gestüte in Padromannu, Mores und Monte Minerva trugen ebenfalls zur Förderung der Zucht bei. Die Rasse florierte bis 1720, als Sardinien an das Haus von Savoyen überging und die Pferdezucht stark zurückging. Die Anzahl der Sardischen Pferde nahm bis Anfang des 20. Jahrhunderts stetig ab. Als die Pferdezucht wieder aufgenommen wurde, wurde weiteres Araberblut in die Rasse eingeführt, wodurch die Pferde verbessert wurden und mehr Raffinesse und eine bessere Konstitution erhielten.

In jüngster Zeit wurde auch Englisches Vollblut eingekreuzt, was der Qualität der Pferde ebenfalls zugute kam. Sie sind robust und zäh und besitzen eine gute Konstitution, und da sie fügsam, ruhig und mutig sind, geben sie sehr gute Reitpferde ab. Darüber hinaus haben sie ein natürliches athletisches Springvermögen, und die jüngsten Kreuzungen mit dem Vollblut haben ihre Befähigung zum Sportpferd wesentlich verbessert. Das Sardische Pferd hat ein orientalisches Aussehen, ein eindeutiger Hinweis auf sein arabisches Blut, doch weist sein Exterieur in einigen Fällen einige Mängel auf, was auf die anfänglich eher lockeren Zuchtrichtlinien zurückzuführen ist. Es hat im Allgemeinen einen langen, häufig recht schlichten Kopf und einen schön gebogenen, muskulösen und zumeist eleganten Hals. Seine Schultern sind schräg, und es neigt zu einem langen, geraden Rücken mit einer eher leichten Hinterhand. Die Röhrbeine sind in der Regel zwar lang und schlank, aber zäh und drahtig. Das Sardische Pferd ist normalerweise braun und erreicht ein Stockmaß von 1,57 m.

RASSEINFORMATIONEN

NAME	Selle Français
GRÖSSE	1,60 - 1,68 m
FARBVARIATIONEN	Brauner, Fuchs
URSPRUNGSLAND	Frankreich

Selle Français

KATEGORIE

VERWENDUNG TEMPERAMENT

DAS SELLE FRANÇAIS, bzw. „Cheval de Selle Français", was soviel heißt wie „Französisches Reitpferd", wurde im 19. Jahrhundert in Frankreich aus einem sehr guten Grundstock entwickelt. Das Hauptzuchtgebiet ist bis heute die Normandie, die auf eine lange Tradition bei der Produktion erstklassiger Pferde zurückblicken kann. Die Rasse entstand durch die Kreuzung einheimischer Normannen mit importierten Englischen Vollblütern und Halbbluthengsten. Die einheimischen Normannen, die sehr alter Abstammung waren, wurden wegen ihrer guten Konstitution und Ausdauer hoch gelobt und häufig als Kriegspferde eingesetzt und spielten auch bei der Entwicklung verschiedener englischer Rassen eine Rolle. Die aus England importierten Halbbluthengste führten einen hohen Anteil an Norfolk Roadster-Blut, und in der Tat ist es nicht zuletzt den Einkreuzungen von Traberblut zu verdanken, dass die Rasse ihre hoch geschätzten Eigenschaften erhielt. Die Paarung der Normannenstuten mit den Voll- und Halbbluthengsten führte zur Entstehung des Anglo-Normannen, einem Reitpferd von beeindruckender Klasse und Begabung. Dieser stellte die Grundlage für das Selle Français dar, und das Stutbuch des Selle Français ist in der Tat eigentlich nur eine Fortsetzung des Stutbuchs für den Anglo-Normannen. Wie es auch bei vielen anderen Pferderassen der Fall war, hatten der Erste und der Zweite Weltkrieg verheerende Auswirkungen auf die blühende Rasse des Selle Français. Nach dem Zweiten Weltkrieg wurden jedoch erneut Anstrengungen unternommen, die Rasse zu erhalten. Bedeutende und für die Rasse einflussreiche Vollbluthengste waren Lord Frey, Ivanhoe und Orange Peel, deren Linien auch heute noch bestehen, und vor kurzem wurden auch die Hengste Ultimate und Furioso eingesetzt.

Oben

Das Selle Français wurde in der Normandie gezüchtet und ist aufgrund seines edlen Aussehens heute sehr begehrt.

Unten

Dies ist eine von Natur aus athletische Rasse: Die Tiere sind mutig und kräftig und geben gute Turnierpferde ab.

Heute ist das Selle Français ein ausgezeichnetes Turnierpferd, das ein natürliches athletisches Springvermögen besitzt und mutig und tapfer ist. Es wird häufig von der französischen Nationalmannschaft der Springreiter eingesetzt und beweist besonderes Talent auf diesem Gebiet. Das Selle Français hat gewöhnlich einen kleinen, attraktiven Kopf mit einer breiten Stirn, einen muskulösen und gut angesetzten Hals und eine breite und tiefe Brust. Seine Schultern sind recht schräg, und der Rücken ist gerade mit einer muskulösen und leicht abfallenden Hinterhand. Die Beine sind solide und kräftig mit einem Röhrbeinumfang, der selten unter 20 cm liegt. Das Selle Français tritt im Allgemeinen als Fuchs oder Brauner auf, kann jedoch auch jede andere Vollfarbe haben, und erreicht ein Stockmaß von 1,60 bis 1,68 m.

WISSENSWERTES:

1994 wurde in Amerika das IAES (Institute for Ancient Equestrian Studies) gegründet, das die Herkunft, Entwicklung und Domestikation des Pferdes im Verlauf der Jahrhunderte erforscht.

Shagya-Araber

RASSEINFORMATIONEN

NAME	Shagya-Araber
GRÖSSE	1,52 m
FARBVARIATIONEN	Meistens Schimmel
URSPRUNGSLAND	Ungarn

Oben
Diese attraktiven Pferde sind meistens weiß und weisen mit ihrem konkaven Profil einen starken arabischen Einschlag auf.

Unten
Shagya-Araber sind etwas schwerer als herkömmliche Araber, haben jedoch dasselbe lebhafte und energische Temperament.

IN DEN JAHREN 1526 bis 1686 war Ungarn von den Türken besetzt, und daher wurden viele orientalische Pferde in das Land eingeführt. Diese Tatsache hatte erwiesenermaßen bedeutende Auswirkungen auf die Pferdezucht in Ungarn, und viele der ungarischen Rassen haben Araberblut in den Adern. Der Shagya-Araber entstand allerdings erst im 19. Jahrhundert. Im Jahre 1789 erwarb der österreichisch- ungarische Staat das berühmte, zuvor in Privatbesitz stehende Gestüt Bablona, das vermutlich zur Entlastung des anderen bekannten ungarischen Gestüts Mezöhegyes dienen sollte. Um 1870 wurden in Bablona ausschließlich Araber gezüchtet. Die Ungarn versuchten, durch selektive Zucht einen neuen Araber-Typ zu erzeugen, der großrahmiger und kräftiger als der herkömmliche Araber sein sollte, ohne dessen ausgezeichnete Qualitäten zu verlieren.

1833 wurde der Stammvater Shagya aus Syrien in das Gestüt importiert und gab seine Eigenschaften an seine Nachkommenschaft weiter. Weitere bedeutende Hengste in der Entwicklung der Rasse waren Siglavy Bagdady, Gazal, Kemir, Koheilan, Jussuf, O'Bajan, Kuhaylan Zaid und Mersuch, die alle ihre eigenen Linien innerhalb der Rasse begründeten. Seinen Namen erhielt der Shagya-Araber erst 1982. Zuvor wurde er einfach als Araber bezeichnet. Da Shagya seinen charakteristischen Schlag und seine Fellfarbe an seine gesamte Nachkommenschaft vererbte, wurde die Rasse ihm zu Ehren nach ihm benannt. 1945 war der Bestand der Rasse drastisch zurückgegangen, und auch wenn der Shagya-Araber auch heute noch gezüchtet wird, ist er lange nicht mehr so häufig. Er hat in letzter Zeit in Amerika an Beliebtheit gewonnen und konnte sich inzwischen auch auf internationaler Basis einen Namen machen.

Der Shagya-Araber ist dem Araber in Aussehen und Exterieur ähnlich, hat jedoch einen schwereren Körperbau von größerer Substanz. Wie der Araber ist auch er für seine Schnelligkeit und Ausdauer bekannt und hat ein lebhaftes und energisches Temperament. Er ist ein sehr nützliches, vielseitiges Pferd, das sowohl unter dem Sattel als auch im Geschirr geht und im Turniersport gute Leistungen erzielt. Er hat gewöhnlich einen sehr attraktiven Kopf mit einer breiten Stirn und intelligenten, dunklen Augen. Sein Körperbau ist kompakt mit kräftigen, recht schrägen Schultern, einer breiten und tiefen Brust und einer muskulösen Hinterhand. Die Beine sind insbesondere an der Hinterhand sehr korrekt geformt. Der Shagya-Araber ist grundsätzlich weiß und erreicht ein Stockmaß von ungefähr 1,52 m.

WISSENSWERTES:
Pferde werden vom Boden bis zum Widerrist gemessen. Der Boden muss dabei eben sein. Um ein genaues Messergebnis zu erzielen, sollten sie ohne Hufeisen gemessen werden.

RASSEINFORMATIONEN	
NAME	American Standardbred
GRÖSSE	1,60 m
FARBVARIATIONEN	Brauner oder Fuchs
URSPRUNGSLAND	Vereinigte Staaten

American Standardbred

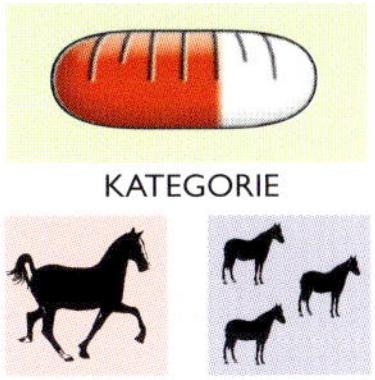

TRABRENNEN haben in Amerika eine lange Tradition, und das American Standardbred ist ohne Zweifel einer der schnellsten und edelsten Traber der Welt. Die Rasse erhielt ihren Namen 1879, als ein Standard für die Eintragung in das

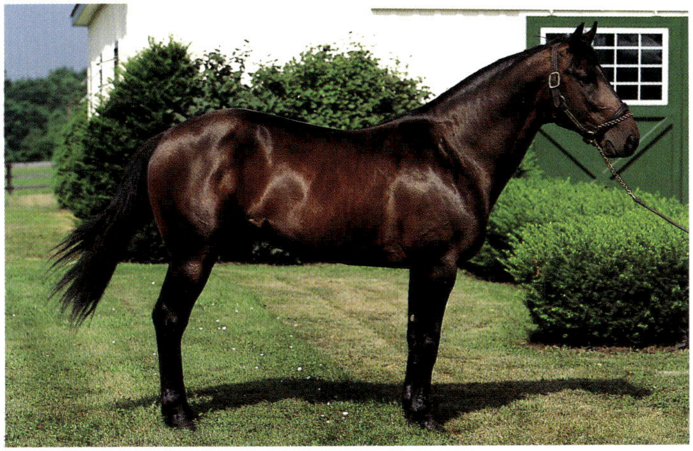

Traberregister festgelegt wurde. Gemäß dem Standard mussten konventionelle Traber eine Meile in zweieinhalb Minuten zurücklegen, während Passgänger für dieselbe Strecke zwei Minuten und 25 Sekunden benötigen durften. Inzwischen haben sich die Trabergeschwindigkeiten durch selektive Zucht erheblich erhöht, und es ist nicht ungewöhnlich, dass ein Pferd die Strecke von einer Meile in weniger als zwei Minuten zurücklegt. Interessanterweise hat Amerika einen wesentlich größeren Anteil an Passgängern (ungefähr vier zu eins), während in Europa immer noch die Anzahl der Diagonaltraber überwiegt. Dies könnte auf einen frühen Einfluss des spanischen Jennets auf den amerikanischen Traber hinweisen, der zwar inzwischen ausgestorben ist, aber ein natürliches Gangpferd war, das den Passgang beherrschte.

Die Geschichte des Standardbred reicht bis in das 18. Jahrhundert zurück und beginnt mit dem Englischen Vollblut Messenger. Messenger wurde 1788 nach einer erfolgreichen Karriere als Flachrennpferd von England nach Amerika importiert. Er hatte einen bemerkenswerten Stammbaum, der sich auf alle drei Stammväter des Vollbluts zurückverfolgen ließ, und führte außerdem das Blut des unbezähmbaren Norfolk Roadster. Messenger verbrachte 20 Jahre in der Zucht und zeugte über 600 Fohlen. Er wurde mit Stuten verschiedener Rassen gepaart, darunter auch Narragansett Pacers und Canadian Pacers, die beide inzwischen ausgestorben sind, und Morgan Horses. Einer der Nachfahren Messengers war ein Pferd namens Hambletonian, das 1849 geboren wurde und zum Stammvater der modernen Standardbred-Rasse wurde. Hambletonian zeugte vier Hengste – George Wilkes, Dictator, Happy Medium und Electioneer – und nahezu alle modernen Standardbreds können auf einen von diesen zurückverfolgt werden.

Das Standardbred hat einen guten Charakter, ist fügsam und von Natur aus ein guter Wettkämpfer. Es wird mit den Oststaaten in Verbindung gebracht, wird inzwischen jedoch im ganzen Land gezüchtet. Das Standardbred hat Ähnlichkeit mit dem Vollblut, ist jedoch robuster und stämmiger mit unglaublich harten und kräftigen Beinen und Hufen. Es ist kräftig gebaut, und seine Kruppe ist häufig höher als der Widerrist, wodurch die Hinterhand mehr Schubkraft erhält. Sein Rücken ist lang mit einer guten Gurtentiefe und viel Raum für Herz und Lunge. Das Standardbred ist gewöhnlich braun oder fuchsfarben und erreicht ein Stockmaß von 1,60 m.

Oben
Das Standardbred ist eines der schnellsten Trabrennpferde der Welt.

Unten
Die Pferde haben ein fügsames Wesen und sind von Natur aus gute Wettkämpfer, weshalb sie sich sehr gut für Trabrennen eignen.

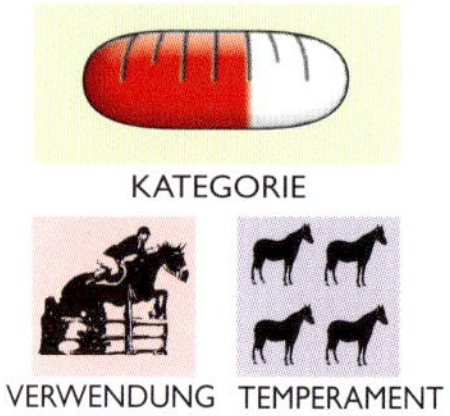

Schwedisches Warmblut

RASSEINFORMATIONEN	
NAME	Schwedisches Warmblut
GRÖSSE	1,68 m
FARBVARIATIONEN	Brauner, Fuchs oder Schimmel
URSPRUNGSLAND	Schweden

DAS SCHWEDISCHE WARMBLUT entstand zu Beginn des 17. Jahrhunderts im schwedischen Gestüt Stromsholm (gegründet 1621) und im königlichen Gestüt Flyinge (gegründet 1658). Die Anfänge der Rasse gründeten auf sehr unterschiedlichen Zuchtverfahren, die keinen einheitlichen Typ ergaben. Die ersten Kreuzungen erfolgten mit spanischen, orientalischen und friesischen Hengsten, die mit einheimischen Pferden gepaart wurden.

Außerdem wurden Pferde aus verschiedenen Ländern importiert, wie der Türkei, Ungarn, England, Russland, Frankreich, Deutschland und Spanien. Obwohl auf dieser Basis kein fester Typ entstehen konnte, brachten diese Kreuzungen nützliche Reitpferde hervor, die bevorzugt in der Kavallerie eingesetzt wurden.

Die ersten Zuchtergebnisse hatten ein recht grobes Aussehen, was wahrscheinlich auf die Verwendung einheimischer Stuten zurückzuführen war, die kein besonders schönes Exterieur besaßen. Später wurde die Nachkommenschaft durch Einkreuzungen von Vollblütern, Hannoveranern, Arabern, und vor allem Trakehnern verbessert. Die besten Exemplare der Nachkommenschaft wurden sorgfältig ausgewählt und untereinander gepaart, sodass schließlich ein fester Typ entstand, der als Schwedisches Warmblut bekannt wurde. Eine besonders wichtige Rolle bei der Entwicklung der Rasse spielten der Vollbluthengst Hampelmann und die Hannoveraner Hamlet, Schwabliso und Tribun. Später prägten die Trakehnerhengste Polarstern Anno, Heinfried und Heristal die Rasse, wobei Letzterer ein direkter Nachfahre des berühmten englischen Rennpferdes Hyperion war.

Um die ausgezeichneten Qualitäten des Schwedischen Warmbluts zu erhalten, werden Stuten und Hengste einem strengen Auswahlverfahren unterzogen, bevor sie zur Zucht zugelassen werden. Hengste werden dabei auf sämtliche Gangarten, Springvermögen, Geländegängigkeit und Temperament geprüft, während die Stuten in allen Gängen eine gute Aktion vorweisen müssen. Das moderne Schwedische Warmblut ist ein großes, qualitätsvolles Pferd, welches bei Dressur-, Spring- und Vielseitigkeitsprüfungen gleichermaßen gute Leistungen bringt. Es hat gewöhnlich ein gutes Exterieur und eine ruhige und ausgeglichene Wesensart.

Sein Kopf ist attraktiv und sein Hals lang und wohlgeformt. Die Schultern sind im Allgemeinen muskulös und schräg, was eine gute Bewegungsfreiheit gewährleistet. Die Brust ist breit und tief und der Rumpf kompakt und rundrippig mit einer muskulösen Hinterhand. Die Beine sind solide und kräftig mit wohlgeformten Hufen. Das Schwedische Warmblut tritt gewöhnlich als Brauner, Fuchs oder Schimmel auf, kann jedoch auch jede andere Vollfarbe aufweisen. Es erreicht ein Stockmaß von ungefähr 1,68 m.

Oben
Das Schwedische Warmblut wird auch heute noch nach einem strengen selektiven Programm gezüchtet, um die Rasse zu verbessern.

Unten
Das Pferd hat einen attraktiven Kopf mit einem langen, wohlgeformten Hals.

RASSEINFORMATIONEN	
NAME	Einsiedler
GRÖSSE	1,60 - 1,68 m
FARBVARIATIONEN	Alle Farben
URSPRUNGSLAND	Schweiz

Einsiedler

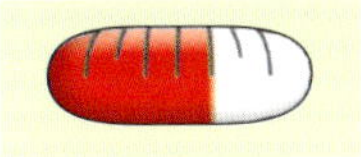

KATEGORIE

VERWENDUNG

TEMPERAMENT

DER EINSIEDLER, der auch „Schweizer Warmblut" genannt wird, hat eine lange Geschichte, die sich bis ins 10. Jahrhundert zum Benediktinerkloster Einsiedeln zurückverfolgen lässt. Dort züchteten die Mönche ein nützliches und vielseitiges Tier, das eine Vielzahl unterschiedlicher Arbeiten verrichten konnte und sich sowohl für die Landwirtschaft als auch für leichte Zugarbeiten und als Reittier eignete. Die Grundlage für die Zucht bildete wahrscheinlich die einheimische Schwyer-Rasse. Bis zum Mittelalter hatten die Mönche ein hochwertiges, qualitätsvolles Pferd entwickelt, das als „Cavallo della Madonna" (Pferd der Madonna) bekannt wurde. Irgendwann wurde die Rasse in „Einsiedler" umbenannt, und um 1655 hatte man ein Stutbuch eingerichtet.

Die Schweiz hat im Hinblick auf den Import von Pferden eine lange Tradition, und während des 17. Jahrhunderts wurden viele türkische, italienische, spanische und friesische Hengste in die Region eingeführt und zur Weiterentwicklung des Einsiedlers eingesetzt. Diese Kreuzungen verbesserten die Rasse jedoch nicht, sondern hatten sogar einen negativen Einfluss, weshalb sich Pater Isidor Moster im Jahre 1784 veranlasst sah, das ursprüngliche Stutbuch zu verwerfen und ein zweites Stutbuch zu erstellen. Im 19. Jahrhundert wurde die Rasse erfolgreich durch einen Yorkshire Coach Horse-Hengst und anglo-normannische Stuten verbessert. Dann führte man auch Holsteiner-Blut in die Rasse ein. Im 20. Jahrhundert wurden auch französische und irische Pferde, Englische Vollblüter sowie deutsche und schwedische Rassen eingesetzt, wiederum mit guten Ergebnissen. Es ist erstaunlich, dass angesichts der vielen verschiedenen Einflüsse ein einheitlicher Typ entstehen konnte, doch war dies der Fall, und der Einsiedler ist bis heute eine äußerst erfolgreiche Rasse geblieben.

Wie viele andere Warmblutrassen wird auch der Einsiedler einem strengen Auswahl- und Prüfverfahren unterzogen, um den hohen Standard der Rasse zu erhalten. Hengste werden im Alter von dreieinhalb und fünf Jahren einer Leistungsprüfung unterzogen, wobei sie sich im Springen, in der Dressur, im Geländespringen und in einigen Fällen auch vor dem Wagen beweisen müssen. Darüber hinaus wird ihr Exterieur bewertet.

Der Einsiedler ist ein sehr vielseitiges, talentiertes und attraktives Pferd, das gleichermaßen für Reit- und Fahrturniere geeignet ist. Er hat im Allgemeinen einen gut proportionierten, qualitätsvollen Kopf, einen muskulösen Hals und eine breite und tiefe Brust. Daneben besitzt er schräge Schultern und einen recht langen und geraden Rücken mit einer abfallenden Hinterhand. Die Beine sind zumeist lang, hart und kräftig mit sehr ausgeprägten Sehnen und wohlgeformten Hufen. Der Einsiedler kann jede Farbe haben und erreicht ein Stockmaß von 1,60 bis 1,68 m.

Oben
Diese Warmblutrasse führt ein recht gemischtes Blut, da während des 17. Jahrhunderts viele Pferde in die Schweiz importiert wurden.

Unten
Der Einsiedler ist heute ein gutes Allround-Pferd, das sowohl in der Dressur als auch im Gelände und im Springen eingesetzt werden kann.

WISSENSWERTES:
Weizenstroh ist als Streu am besten geeignet. Haferstroh wird von Pferden häufig gefressen, und Gerstenstroh kann stachelige Grannen enthalten.

KATEGORIE

VERWENDUNG TEMPERAMENT

Tennessee Walking Horse

RASSEINFORMATIONEN

NAME	Tennessee Walking Horse
GRÖSSE	1,52 - 1,63 m
FARBVARIATIONEN	Meistens Fuchs und Rappe
URSPRUNGSLAND	Vereinigte Staaten

DAS TENNESSEE WALKING HORSE wurde im 19. Jahrhundert im amerikanischen Staat Tennessee entwickelt. Als sich die Pioniere in Tennessee niederließen, benötigten sie ein stilvolles Pferd, das sowohl zur Bestellung des Landes als auch als

Wagen- und Reitpferd verwendet werden konnte und sich für alle Familienmitglieder eignete. Dabei war es besonders wichtig, dass das Pferd einen gute Konstitution und einen bequemen Gang besaß, um lange Strecken über unwegsames Gelände zurücklegen zu können. Die ersten Siedler entwickelten die Rasse aus spanischen Gangpferden, Narragansett Pacers und Canadian Pacers und führten später auch Vollblüter, Morgan Horses, Standardbreds und Saddlebreds ein. Im Jahre 1886 wurde ein schwarzes Hengstfohlen namens Black Allan bzw. Allan F-1 geboren. Black Allans Vater war ein Hengst namens Allandorf, der von der berühmten Hambletonian-Traberlinie abstammte, während es sich bei seiner Mutter um eine Morgan Horse-Stute namens Maggie Marshall handelte.

Black Allan sollte ursprünglich als Trabrennpferd eingesetzt werden, hatte in diesem Bereich aufgrund seines sonderbaren Gangs jedoch wenig Erfolg. Black Allan gab diesen Gang an alle seine Nachkommen weiter, und er wurde zu einem viel gepriesenen Merkmal der Rasse. Als 1935 die Tennessee Walking Horse Breeders Association of America gegründet wurde, galt Black Allan als einflussreichster Hengst innerhalb der Rasse und wurde zu ihrem Stammvater erklärt. Das Tennessee Walking Horse hat drei charakteristische, sehr bequeme Gänge: einen normalen flachen Schritt, einen Rennschritt und einen „Schaukelpferd"-Galopp. Beide Schrittarten laufen im Viertakt ab, wobei der Kopf im Rhythmus nickt und die Hinterbeine über die Spur der Vorderbeine treten. Der Rennschritt ist sehr schnell und wird häufig im Schauring gezeigt. Das Tennessee Walking Horse kann längere Strecken in dieser Gangart bei einem Durchschnittstempo von 9 bis 14 km/h zurücklegen und bei Kurzstrecken sogar die erstaunliche Geschwindigkeit von 24 km/h erreichen. Der Gang wird von einem starken rhythmischen Kopfnicken, einem Schwingen der Ohren und einem Klappern der Zähne begleitet. Die Hinterhand wird dabei gesenkt, und die Gänge sind alle sehr weich. Das Tennessee Walking Horse hat einen hervorragenden Charakter und ist von Natur aus gesellig, ruhig und zugänglich. Es ist deshalb auch für Kinder oder Reitanfänger ausgezeichnet geeignet.

Es hat einen eher großen Kopf mit einem geraden Profil, einen muskulösen und gebogenen Hals und einen ausgeprägten Widerrist. Weiterhin zeichnet es sich durch eine breite Brust, schräge Schultern und einen kurzen Rücken mit einer muskulösen flachen Kruppe aus. Der Schweif ist hoch angesetzt und wird im Allgemeinen geknickt, damit er noch höher getragen wird. Das Tennessee Walking Horse kann in allen Vollfarben auftreten und erreicht ein Stockmaß von 1,52 bis 1,63 m.

Oben
Das Tennessee Walking Horse hat eine ungewöhnliche Haltung, bei der es beide Beinpaare von sich streckt.

Unten
Die Rasse hat einen großen Kopf mit sanften Augen und ist für ihre freundliche, ruhige Wesensart bekannt.

RASSEINFORMATIONEN

NAME	Tersker
GRÖSSE	1,52 m
FARBVARIATIONEN	Meistens Schimmel, gelegentlich Fuchs
URSPRUNGSLAND	Ehemalige UdSSR

Tersker

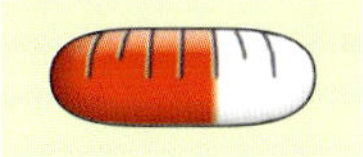

KATEGORIE

VERWENDUNG TEMPERAMENT

DER TERSKER ist eine junge Rasse, die zwischen den 20er und 40er Jahren des letzten Jahrhunderts auf den Gestüten Tersk und Stawropol

im Norden des Kaukasus in der ehemaligen UdSSR entstand. Die Rasse wurde sorgfältig entwickelt und insbesondere durch die Bemühungen von Marschall S. M. Budyonny gefördert. Den Grundstock für die Entwicklung des Terskers bildeten einige der 1920 bereits nahezu ausgestorbenen Strelitz-Araber. Zwei Strelitz-Araberhengste namens Tsenitel und Tsilindr wurden mit verschiedenen Stuten gekreuzt, zu denen Araber, Don-Pferde, Strelitz-Araber, Kabardiner und Kreuzungsstuten gehörten. Auch alle noch vorhandenen Strelitz-Araber flossen in die Zucht des Terskers ein.

Die ersten Kreuzungen brachten einen erfolgreichen Schlag arabischen Typs hervor, der von den drei Araberhengsten Marosh, Nasim und Koheilan noch weiter verbessert wurde. Die Rasse wurde kontinuierlich durch die Einkreuzung von Kabardinern, Vollblütern, Arabern und Don-Pferden verbessert und wurde 1948 offiziell anerkannt. Die Tersker-Zucht war äußerst erfolgreich, und es ist nicht zuletzt dem äußerst sorgfältigen Selektionsverfahren zu verdanken, dass der Typ der Rasse in verhältnismäßig kurzer Zeit festgelegt werden konnte. Der Tersker ist ein äußerst zähes Pferd, eine Tatsache, die im Widerspruch zu seiner außerordentlichen Schönheit und seinem scheinbar zerbrechlichen Aussehen steht. Er ist trotz seines dünnen Fells bemerkenswert unempfindlich gegenüber dem rauen Klima seiner Heimat.

Außerdem zeichnet er sich durch große Ausdauer aus. Bei einem Distanzritt legten alle teilnehmenden Tersker die Strecke von rund 310 km in einer guten Zeit zurück und erreichten ihr Ziel in gutem Zustand. Der Tersker gibt auch ein erstklassiges Turnierpferd ab. Er hat den eleganten Gang des Arabers geerbt und macht deshalb besonders in der Dressur eine gute Figur, ist jedoch auch äußerst athletisch und mutig – ideale Voraussetzungen für das Springen und Vielseitigkeitsreiten. Der Tersker ist sehr schnell und läuft häufig erfolgreich bei Rennen gegen Araber mit. Er hat eine sehr ruhige Wesensart, ist intelligent und lernt schnell.

Sein Erscheinungsbild zeichnet sich durch einen attraktiven, edlen Kopf mit oftmals ausdrucksvollen Augen sowie durch einen wohlgeformten und muskulösen Hals, gute schräge Schultern und eine breite Brust aus. Sein Rücken ist gerade mit einer eher flachen Kruppe und wohlgeformten, muskulösen Beinen. Er ist ein schmalrahmiges Pferd mit einem recht leichten Knochenbau. Dem Rassestandard entsprechend liegt der Röhrbeinumfang bei 19 cm. Tersker sind fast immer Schimmel, können gelegentlich jedoch auch fuchsfarben sein. Sie erreichen ein Stockmaß von ungefähr 1,52 m.

Oben
Der Tersker gehört einer neuen Pferderasse an, die zwischen den 20er und 40er Jahren des letzten Jahrhunderts im Norden des Kaukasus entwickelt wurde.

Mitte und unten
Die Pferde haben ein sehr schönes Exterieur mit einem edlen Kopf. Sie treten zwar im Allgemeinen als Schimmel auf, doch kommen gelegentlich auch fuchsfarbene Exemplare vor.

WISSENSWERTES:
Das Sprunggelenk des Pferdes entspricht mehr oder weniger der Ferse des Menschen.

Englisches Vollblut

RASSEINFORMATIONEN

NAME	Englisches Vollblut
GRÖSSE	1,54 - 1,65 m
FARBVARIATIONEN	Alle Vollfarben
URSPRUNGSLAND	Großbritannien

DER RENNSPORT hat in England eine lange Tradition und gewann insbesondere zu Beginn des 17. Jahrhunderts an Bedeutung, als das Königshaus die Schutzherrschaft über diesen Sport übernahm. Rennpferde gab es auch schon vor der Entstehung des Vollbluts, und diese spielten bei dessen Entwicklung eine entscheidende Rolle.

Man nimmt an, dass die ersten Rennpferde einer Mischung aus Spanier, Neapolitaner und Berber entstammten und vom Irish Hobby (dem Vorfahren des Connemara-Ponys) und verschiedenen einheimischen Ponyrassen beeinflusst wurden.

Die Entstehung des Vollbluts ist größtenteils drei Pferden aus dem Orient zuzuschreiben. Eines davon war Byerley Turk, der beim Kampf gegen die Türken erbeutet wurde. Er wurde von Hauptmann Byerley während der Irlandfeldzüge König Williams als Schlachtross eingesetzt und 1690 in der Grafschaft Durham in die Zucht gegeben. Es ist wahrscheinlich, dass Byerley Turk, der häufig für einen Araber gehalten wurde, in Wirklichkeit ein turkmenisches Pferd war, vermutlich ein Achal-Tekkiner. Er zeugte den Hengst Jig, der wiederum den 1758 geborenen Herod hervorbrachte, den Stammvater einer beeindruckenden Linie von Rennpferden, die zusammen mehr als 1.000 Rennen gewannen.

Der zweite bedeutende Stammvater war Darley Arabian, der 1704, zu Beginn der Herrschaft der Königin Anne, aus Aleppo importiert wurde und ein neues Kapitel in der Pferdezucht schrieb. Er stand in einem Gestüt in East Yorkshire und war vermutlich der einflussreichste der drei Stammväter. Er wurde mit der Stute Betty Leedes gepaart, die eine Nachfahrin der Leedes Arabian-Linie war. Aus dieser Verbindung ging Flying Childers hervor, eines der schnellsten Rennpferde seiner Zeit. Aus derselben Stute stammt auch Bleeding bzw. Barlett's Childers, der Squirt zeugte, den Vater von Marske. Marske war der Erzeuger des berühmten Eclipse. Eclipse war vermutlich eines der berühmtesten Rennpferde aller Zeiten und galt als ungeschlagener König des Turfs. Der dritte Stammvater war

Oben und unten links
Das Vollblut ist seit Jahren die bedeutendste Rennpferderasse Großbritanniens.

Unten rechts
Das Pferd hat ein ausgezeichnetes Exterieur mit einem edlen Kopf und einem eleganten, gebogenen Hals.

Godolphin Arabian (siehe „Berber") – kein Araber, sondern ein Berber. Godolphin Arabian, der wahrscheinlich aus Marokko stammte, gelangte 1728 nach England und wurde 1730 im Gestüt Cambridgeshire von Lord Godolphin als Probierhengst eingesetzt. Ein Hengst namens Hobgoblin sollte mit einer Stute namens Roxana gepaart werden, die jedoch nichts mit ihm zu tun haben wollte. Daher wurde es stattdessen Godolphin Arabian gestattet, sie zu decken. Dieses Paar brachte Lath und Cade hervor. Lath wurde 1731 geboren und stand Flying Childers in Talent und Ruhm nur wenig nach. Cade seinerseits zeugte den Hengst Matchem, der 1748 geboren wurde und die Entwicklung der Rasse entscheidend beeinflusste.

Dies ist die Geschichte der ersten drei großartigen Vollblutlinien, die sich durch Herod, Eclipse und Matchem herausbildeten. Die vierte bemerkenswerte Linie wurde von Highflyer begründet, einem Sohn von Herod. Es gab natürlich auch noch andere Hengste, die Einfluss auf die Rasse nahmen, wie Unknown Arabian, Helmsley Turk, Lister Turk und Darcy's Chestnut. Nach 1770 wurden keine weiteren Einkreuzungen von Araberblut mehr vorgenommen. Im Jahre 1773 wurde James Weatherby zum Zuchtbuchführer des 1750 gegründeten Jockey Clubs ernannt, der bis heute das führende Gremium für den Rennsport in England darstellt. Im Jahre 1791 dann gab Weatherby's, das schon damals als offizieller Vertreter des Jockey Clubs galt, das Buch *An Introduction to a General Stud Book* (Einführung in ein allgemeines Stutbuch) heraus. Der erste Band des Stutbuchs wurde 1808 veröffentlicht (wieder von Weatherby's) und wird bis heute regelmäßig neu aufgelegt. Als Vollblut gilt jedes Pferd, dessen Abstammung in dem Stutbuch verzeichnet ist.

Auch wenn das Vollblut meistens mit dem Rennsport in Verbindung gebracht wird, ist es unglaublich vielseitig und anpassungsfähig und kann in jeder Reitsportdisziplin eingesetzt werden. Es ist insbesondere beim Vielseitigkeitsreiten beliebt, hat sich jedoch auch im Springreiten und auf Pferdeschauen einen Namen gemacht. Das Vollblut kann einen schwierigen Charakter haben, da es schnell auf Einflüsse von außen reagiert und dabei häufig überreagiert. Aus diesem Grund werden Vollblüter im Allgemeinen nur von erfahrenen und qualifizierten Reitern geritten. Kreuzungen zwischen einem Vollblüter und anderen Pferderassen ergeben fast immer ausgezeichnete Reitpferde, die die Ausstrahlung und das Vermögen des Vollbluts besitzen, jedoch eine sanftere Wesensart haben und daher umgänglicher sind. Besonders beliebt ist z. B. die Kreuzung zwischen Vollblut und irischem Pferd.

Das Vollblut hat im Allgemeinen ein ausgezeichnetes Exterieur mit einem fein modellierten Kopf und einem eleganten, gebogenen Hals. Die Schultern sind gewöhnlich schräg mit einem ausgeprägten Widerrist und einem kurzen, kräftigen Rücken. Die Hinterhand ist muskulös mit behanglosen Beinen und gut entwickelten Sprunggelenken. Das Fell des Vollblüters ist häufig seidenweich und kann jede Vollfarbe aufweisen. Weiße Abzeichen sind ebenfalls zulässig. Sein Stockmaß beträgt 1,54 m bis 1,64 m.

Oben
Das Vollblut hat eine muskulöse Hinterhand, behanglose Beine und ein seidenweiches Fell.

Unten
Die Rasse kann manchmal sehr temperamentvoll oder nervös sein, ist im Allgemeinen jedoch ideal für Geländeritte oder Vielseitigkeitsprüfungen geeignet.

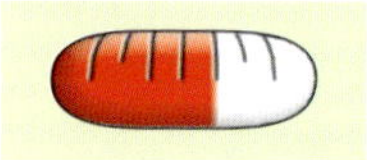

KATEGORIE

VERWENDUNG TEMPERAMENT

WISSENSWERTES:

„Bevor man davon ausgeht, dass das Pferd ein empfindliches Maul hat, muss man sich vergewissern, dass der Reiter eine leichte Hand hat."

Alessandro Alvisi

Trakehner

RASSEINFORMATIONEN	
NAME	Trakehner
GRÖSSE	1,63 - 1,68 m
FARBVARIATIONEN	Alle Vollfarben
URSPRUNGSLAND	Deutschland

DER TRAKEHNER ist eine äußerst alte Rasse aus dem ehemaligen Ostpreußen, das heute zu Polen bzw. Russland gehört. Die Gegend wurde im Altertum von den Skythen besiedelt, die großartige Reiter waren und einen zähen und stämmigen Pferdetyp züchteten, der sowohl als Transportmittel diente als auch als Kriegspferd verwendet wurde. Diese Pferde basierten auf einer Kombination aus der einheimischen, inzwischen ausgestorbenen Schweiken-Rasse, Mongolischen Ponys und vermutlich turkmenischem Blut. Diese alte ursprüngliche Rasse ist zwar in keiner Weise mit dem modernen Trakehner vergleichbar, doch ist es wahrscheinlich, dass der Trakehner seine Zähigkeit, Konstitution und Ausdauer diesen Vorfahren zu verdanken hat.

Bis zum 13. Jahrhundert hatte sich ein feststehendes Pferdezuchtsystem etabliert. Die Pferde wurden für eine Vielzahl von Zwecken gezüchtet und zur Landbestellung, als Zug- und Reittier und für den Krieg verwendet. Bemühungen um die Zucht eines festen Typs von wesentlich größerer Eleganz und Raffinesse fanden jedoch erst 500 Jahre später statt. Im Jahre 1732 eröffnete Friedrich Wilhelm I. von Preußen ein königliches Gestüt in Trakehnen, das zum Zentrum für die Entwicklung einer neuen Rasse wurde. Einheimische Pferde wurden mit Arabern, Turkmenen und frühen Vollbluttypen gekreuzt, und die selektive Paarung der Nachkommenschaft führte schließlich zu einer Rasse mit festen Merkmalen. Das Zuchtziel bestand in erster Linie darin, ein elegantes Kutschpferd zu entwickeln, das auch für den militärischen Einsatz in der Kavallerie geeignet war.

Im Jahre 1787, nach dem Tod von Friedrich Wilhelm I., wurde das Gestüt vom Staat übernommen, und es erfolgten weitere Einkreuzungen mit Vollblütern sowie mit türkischem, dänischem und mecklenburgischem Blut. 1878 wurde schließlich das Stutbuch geöffnet, und es wurden kontinuierlich Araber und Vollblüter eingesetzt, um die Rasse zu veredeln. Der Trakehner gewann schnell an Beliebtheit und war im Ersten Weltkrieg das bevorzugte Reittier der Kavallerie.

Zwischen dem Ersten und dem Zweiten Weltkrieg erreichte die Beliebtheit der Trakehner einen neuen Höhepunkt, da sie bei den Olympischen Spielen von 1924, 1928 und 1936 Siege davontrugen.

In den Jahren 1921 bis 1936 bewiesen die Trakehner ihren Wert, indem sie das haarsträubende Grand Pardubice-Hindernisrennen erstaunliche neun Mal gewannen. Die Folgen des Zweiten Weltkrieges waren jedoch so katastrophal, dass die Rasse nahezu ausradiert wurde. 1945 flüchteten viele Deutsche vor der russischen Armee nach Westdeutschland. Sie führten dabei etwa 800 der besten Trakehner mit.

Oben
Der Trakehner ist eine uralte, aus Ostpreußen stammende Rasse.

Unten
Der moderne Trakehner ist ein wunderbar vielseitiges Pferd, das in allen Bereichen des Turniersports eingesetzt werden kann.

Nur ungefähr 100 Trakehner überlebten diese grausame Reise – die übrigen erlagen unterwegs den Strapazen der Flucht. Die zurückgebliebenen Exemplare wurden von den Russen erbeutet, und bis heute ist eine Linie des russischen Trakehners erhalten geblieben. 1947 wurde in Deutschland ein Zuchtverband gegründet, um die Rasse wieder zu beleben. Dieses Unterfangen war von Erfolg gekrönt: Inzwischen wird der Trakehner in ganz Deutschland gezüchtet.

Die Entwicklung basierte auf sorgfältigen Überlegungen, und obwohl ein großer Vollblutanteil eingesetzt wurde, war man stets bemüht, die Vernunft und Wesensart des Trakehners zu erhalten. Einer der früheren Vollblüter, der die Rasse entscheidend beeinflusste, war Perfectionist, Sohn von Persimmon, der 1896 durch den Sieg beim Epsom-Derby und beim St. Leger zu Ruhm und Ehren kam. Perfectionist zeugte den Hengst Tempelhüter, und die meisten Trakehner können bis auf diese beiden Pferde zurückverfolgt werden. Auch wurde kontinuierlich Araberblut in der Zucht eingesetzt, um mögliche vom Vollblut vererbte Mängel auszugleichen, und auch heute ist der arabische Einschlag in manchen Exemplaren des modernen Trakehners zu erkennen.

Der Trakehner von heute ist eines der vielseitigsten Turnierpferde unserer Zeit und wird auch auf internationaler Ebene als solches anerkannt. Er ist in praktisch jeder Reitsportdisziplin auf höchster Turnierebene zu sehen und hat sich als ausgezeichnetes Dressur- und Springpferd erwiesen. Durch selektive und sorgfältig überwachte Zucht ist der moderne Trakehner zu einem Pferd mit ausgezeichnetem Exterieur und viel Qualität geworden. Er hat von Natur aus eine großartige Konstitution, ist sehr mutig und besitzt ein ruhiges, aber energisches Temperament.

Seinem Kopf ist der Einfluss des Vollbluts anzusehen: Er ist fein modelliert und sehr attraktiv. Er hat einen wohlgeformten und eleganten Hals und kräftige, schräge Schultern, die seine ausgezeichnete, frei fließende Aktion ermöglichen. Sein Körperbau ist kräftig und muskulös, was ihn als schnelles und athletisches Pferd kennzeichnet, und er hat kräftige und harte Beine. Die Brust ist tief und breit mit einem rundrippigen Brustkorb und einem kompakten Rücken mit sehr kräftiger Hinterhand. Der Schweif ist hoch angesetzt und wird hoch getragen, was zur allgemeinen Ausstrahlung und Eleganz des Trakehners beiträgt. Für die Rasse ist jede Vollfarbe zulässig. Das Stockmaß des Trakehners beträgt ungefähr 1,63 bis 1,68 m.

Oben und unten
Der Einfluss des Vollbluts ist an der edlen Kopfform, den kräftigen Schultern und der frei fließenden Aktion deutlich zu erkennen.

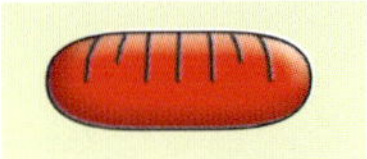

KATEGORIE

VERWENDUNG TEMPERAMENT

Turkmene

RASSEINFORMATIONEN

NAME	Turkmene
GRÖSSE	1,52 - 1,63 m
FARBVARIATIONEN	Alle Vollfarben
URSPRUNGSLAND	Turkmenistan, Iran

DER TURKMENE war eine sehr alte Pferderasse, die in der turkmenischen Region von Zentralasien gezüchtet wurde. Der Achal-Tekkiner und der Iomud sind die modernen Vertreter dieser alten Rasse, die inzwischen technisch ausgestorben ist, obwohl in Turkmenistan aufgezogene Pferde auch heute noch als Turkmenen bezeichnet werden und ähnliche Eigenschaften besitzen. Der Turkmene hat eine einzigartige, äußerst schlanke Körperform und könnte gewissermaßen als der Windhund unter den Pferden bezeichnet werden. Er wurde häufig als unterentwickelt und schwach kritisiert, was allerdings weit von den Tatsachen entfernt ist. Diese alte Rasse und ihre modernen Vertreter gehören nicht nur zu den zähesten Pferden der Welt, sondern waren außerdem maßgeblich an der Entwicklung zahlreicher anderer Rassen beteiligt, nicht zuletzt der des Vollbluts.

Die Aufzucht der Turkmenen erfolgt auf eine sehr ungewöhnliche Weise, die jedoch zu ihren besonderen Eigenschaften beigetragen hat. Die Stuten werden halbwild in großen Herden gehalten, müssen selbst für ihr Futter sorgen und sich vor widrigen Wetterbedingungen und Raubtieren schützen. Die Hengstfohlen werden eingefangen, wenn sie ein Alter von ungefähr sechs Monaten erreicht haben, womit gewissermaßen ihre Ausbildung beginnt.

Turkmenen werden heute hauptsächlich für den Rennsport gezüchtet, für den sie sehr talentiert sind. Die Hengstfohlen werden an langen Stricken oder Ketten gehalten, oftmals ihr Leben lang. Im Alter von nur acht Monaten werden sie gesattelt und von jungen, leichten Reitern geritten, und sobald sie ein Jahr alt sind, laufen sie auf der Rennbahn. Die Pferde erhalten ein ganz spezielles, sehr proteinreiches Futter, das aus gekochtem Hühnerfleisch, Hafer, Datteln, Rosinen, Alfalfa und Hammelfett besteht. Darüber hinaus werden sie mit dicken Filzdecken eingedeckt, die an heißen Tagen zu einer erhöhten Schweißproduktion führen und dazu beitragen, dass die Pferde schlank bleiben und praktisch kein Körperfett aufweisen.

Sie werden sehr sorgfältig gepflegt und ausgebildet und besitzen eine außerordentliche Ausdauer und Konstitution. Sie sind von Natur aus äußerst schnell und haben eine frei fließende, elegante Aktion. Der Turkmene hat einen stolzen Kopf mit einem geraden Profil, einen langen, muskulösen Hals und schräge Schultern. Darüber hinaus zeichnet er sich durch einen langen, Rücken, eine abfallende Hinterhand, einen „eingezogenen“ Bauch und lange, muskulöse Beine aus. Das Fell des Turkmenen kann jede Vollfarbe haben und weist häufig einen metallenen Schimmer auf. Er erreicht ein Stockmaß von 1,52 bis 1,63 m.

Oben
Der Turkmane ist eine sehr alte Pferderasse mit einem schlanken Körper.

Unten
Trotz ihres zerbrechlichen Aussehens ist diese Rasse sehr zäh und äußerst schnell.

RASSEINFORMATIONEN	
NAME	Ukrainisches Reitpferd
GRÖSSE	1,52 - 1,63 m
FARBVARIATIONEN	Brauner und Rappe
URSPRUNGSLAND	Ukraine

Ukrainisches Reitpferd

KATEGORIE

VERWENDUNG TEMPERAMENT

DAS UKRAINISCHE REITPFERD ist eine jüngere Rasse, die nach dem Zweiten Weltkrieg in der Ukraine entwickelt wurde, um den zunehmenden Bedarf an Allround-Sportpferden zu decken. Die Rasse entstand im ukrainischen Gestüt Dnepropetrovsk und wird inzwischen in drei weiteren großen Gestüten in der Ukraine gezüchtet, nämlich in Derkulsk, Yagolnitsk und Aleksandriisk. Die Rasse wurde sehr erfolgreich etabliert. Ihr Typ konnte aufgrund sehr sorgfältiger selektiver Zuchtverfahren in einer relativ kurzen Zeitspanne gefestigt werden.

Der Grundstock der Rasse entwickelte sich aus der Kreuzung von Trakehnern, Hannoveranern und Englischen Vollbluthengsten mit einheimischen Stuten sowie mit Furioso- und Gidran-Araber-Stuten aus Ungarn. Nach einer eingehenden Bewertung der Nachkommenschaft wurden die besten Exemplare dann untereinander gepaart, um einen einheitlichen Typ zu erhalten. Vollblut und Hannoveraner wurden überlegt eingesetzt: Nachkommen, die zu schwer gebaut und von mangelnder Qualität waren, wurden mit Vollblütern gekreuzt, während zu feine Exemplare mit dem Hannoveraner gepaart wurden. Hannoveraner und Vollblut sind die einzigen Rassen, die nach der Begründung des ersten Grundstocks zur Verbesserung, Veredelung und Festigung des Bestands verwendet wurden. Als die Züchter die Grundlage für die Rasse festlegten, konzentrierte man sich auf den Einsatz von Pferden, die das Blut des Russischen Reitpferdes führten, einer inzwischen ausgestorbenen Rasse. Die Bespechny-Linie des Ukrainischen Reitpferdes stammt von diesen Pferden ab.

Die Pferde werden in einer stark regulierten Umgebung gehalten und sehr ausgewogen ernährt. Ihre Ausbildung beginnt kurz vor ihrem zweiten Lebensjahr, und sie werden im Alter von zwei und drei Jahren einer Leistungsprüfung unterzogen, in der sie ihr Können auf der Rennbahn sowie in der Dressur und im Springen unter Beweis stellen müssen. Nur die Besten von ihnen werden zur Zucht zugelassen. Das Ukrainische Reitpferd ist groß und qualitätsvoll mit viel Stehvermögen und ideal für den Turniersport geeignet. Es hat sich durch seine ausgezeichneten Leistungen in der Dressur, im Springen und im Gelände bereits einen Namen gemacht. Es hat einen gut proportionierten, attraktiven Kopf, einen langen und muskulösen Hals und eine breite und tiefe Brust. Die Schultern sind schräg, und der Rücken, der in einigen Fällen ein Hohlkreuz aufweist, ist lang und geht in eine lange, abfallende Kruppe über. Die Beine sind gewöhnlich kräftig mit guten Hufen. Das Ukrainische Reitpferd tritt meistens als Fuchs, Brauner oder Rappe auf und erreicht ein Stockmaß von 1,52 bis 1,63 m.

Oben
Das Ukrainische Reitpferd wird seit den 40er Jahren in der Ukraine gezüchtet, um dem Bedarf an einem Allround-Sportpferd gerecht zu werden.

Unten
Das Pferd hat einen gut proportionierten Kopf und einen langen, muskulösen Hals.

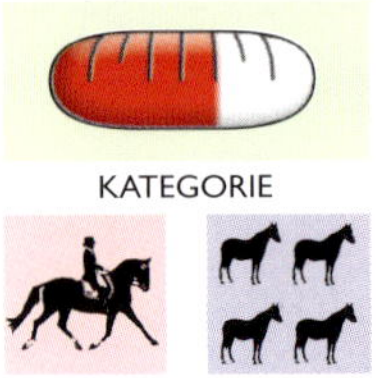

KATEGORIE

VERWENDUNG TEMPERAMENT

Wielkopolski

RASSEINFORMATIONEN

NAME	Wielkopolski
GRÖSSE	1,63 - 1,68 m
FARBVARIATIONEN	Alle Vollfarben
URSPRUNGSLAND	Polen

DER WIELKOPOLSKI wurde gegen Ende des 19. Jahrhunderts in Mittel- und Westpolen entwickelt und ist somit noch eine recht junge Rasse. Er entstand hauptsächlich durch die Kreuzung von zwei polnischen Warmblutrassen, die

leider inzwischen ausgestorben sind. Es handelte sich dabei um den Posen, der von den Gestüten Posadowo, Racot und Gogolewo stammte, und den Masuren, der in der gleichnamigen Region im Gestüt Liski gezüchtet wurde. Sowohl der Pose als auch der Masure waren zwei bemerkenswerte eigenständige Rassen. Der Pose, eine Mischung aus Araber, Vollblut, Trakehner und Hannoveraner, war ein vielseitiges landwirtschaftliches Arbeitspferd von mittlerem Gewicht, das sowohl zum Reiten als auch für alle Arten von landwirtschaftlicher Arbeit geeignet war. Der Masure war ein qualitätsvolles Reitpferd, das in erster Linie vom Trakehner abstammte. Nachdem diese beiden Rassen miteinander gekreuzt wurden, bildete sich ein Grundstock heraus, dem weiteres Vollblut-, Araber- und Anglo-Araber-Blut zugeführt wurde, bis der Typ gefestigt war.

Oben und unten
Der Wielkopolski ist eine relativ junge Pferderasse, die sich zu einem kräftigen, talentierten Warmblüter entwickelt hat.

Der Wielkopolski ist ein äußerst talentiertes und vielseitiges Pferd und zählt möglicherweise zu den besten Warmblutrassen, auch wenn er bisher kaum bekannt ist. Er hat einen ausgezeichneten Charakter, ist kräftig und robust und zeichnet sich durch bequeme, raumgreifende und fließende Gänge aus. Er ist aufgrund seiner Vollblutabstammung von Natur aus athletisch und schnell und gibt daher ein erstklassiges Spring- und Vielseitigkeitspferd ab. Der Wielkopolski hat seine Fähigkeiten auch in den höheren Dressurklassen bewiesen und hat einen natürlichen, ausgeglichenen und eleganten Gang. Er ist äußerst vielseitig und wird im Allgemeinen in zwei Typen gezüchtet: einem leichteren für den Turnierreitsport und einem etwas schwereren, der hervorragend im Geschirr geht und auch ein gutes mittelschweres Reitpferd darstellt.

Der Wielkopolski ist ein attraktives, qualitätsvolles Pferd mit Ausstrahlung und Eleganz. Er hat einen edlen Kopf mit einem geraden Profil und intelligenten Augen. Der Kopf lässt manchmal den Einfluss von Araber und Vollblut erkennen und ist gut angesetzt auf einem eleganten und langen Hals. Die Schultern fallen schräg ab und sind muskulös, und die Brust ist tief und breit. Der Körper ist kompakt und tief mit der sehr muskulösen Hinterhand eines „Kraftpakets“. Die Beine sind häufig lang mit guten Gelenken und ausgeprägten Sehnen. Der Wielkopolski kann in allen Vollfarben auftreten und erreicht ein Stockmaß von 1,63 bis 1,68 m.

RASSEINFORMATIONEN	
NAME	Württemberger
GRÖSSE	1,63 m
FARBVARIATIONEN	Brauner, Fuchs oder Rappe
URSPRUNGSLAND	Deutschland

Württemberger

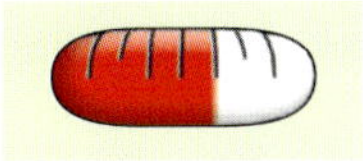

KATEGORIE

VERWENDUNG

TEMPERAMENT

DER WÜRTTEMBERGER entstand im 17. Jahrhundert auf dem Staatsgestüt Marbach in Württemberg. Das Gestüt Marbach gilt bis heute weithin als Zuchtzentrum für Pferde höchster Qualität und konzentrierte sich im 17. Jahrhundert in erster Linie auf die Zucht vielseitiger Reit- und Fahrpferde. Der ursprüngliche Württemberger unterschied sich stark von seinem modernen Pendant. Die Rasse war das Ergebnis einer Kreuzung von einheimischen Warmblutstuten mit Araberhengsten und wurde später auch mit Trakehner, Anglo-Normanne, Friese, Spanier, Berber und Suffolk Punch in Berührung gebracht.

Einen der bedeutendsten frühen Einflüsse auf den Württemberger hatte ein Anglo-Normannen-Hengst namens Faust, der ein cobartiges Exterieur besaß und maßgeblich an der Festigung der früheren Form der Rasse beteiligt war. Der Württemberger ähnelte in Exterieur und Statur ursprünglich eher einem Cob und war sowohl für leichte Zug- und landwirtschaftliche Arbeit als auch zum Reiten geeignet. Mit der Öffnung des Stutbuchs im Jahre 1895 wurde die Rasse offiziell anerkannt. Die Zucht des Württembergers hat sich im Laufe der Zeit jedoch stetig gewandelt und konzentrierte sich mehr und mehr auf das heutige leichtere Sportpferd. Dieser Wandel war insbesondere auf die Einführung von Trakehnerblut zurückzuführen, wobei besonders ein Hengst namens Julmond (gestorben 1965), der die Rasse stark verbesserte, von großer Bedeutung war.

Der Württemberger hat in der Regel einen ausgezeichneten Charakter und ist außerdem äußerst zäh, robust und sehr genügsam. Er gilt im Allgemeinen als vernünftiger Typ, was vermutlich dem frühen Einfluss von Faust zuzuschreiben ist, und verbindet diese Eigenschaft mit einer lebhaften und freien Aktion, einem Erbe seiner arabischen Vorfahren. Für ein Reitpferd ist er sehr korrekt proportioniert und gibt ein ausgezeichnetes Turnierpferd ab, das sowohl beim Springen als auch in der Dressur hervorragende Leistungen bringt.

Der Württemberger ist ein attraktives, mittelgroßes Pferd mit Qualität, das sich durch einen edlen Kopf mit beweglichen Ohren, einen muskulösen Hals und einen ausgeprägten Widerrist auszeichnet. Er hat in der Regel eine tiefe und breite Brust mit einem langen, geraden und kräftigen Rücken. Die Hinterhand ist gewöhnlich abfallend mit einem gut angesetzten Schweif. Die Beine des Württembergers sind sehr kräftig mit harten Hufen, und er hat im Allgemeinen eine gute, freie Aktion. Seine Fellfarbe ist normalerweise Fuchs, Brauner oder Rappe, und er erreicht ein Stockmaß von ungefähr 1,63 m.

Oben
Das Pferd wurde absichtlich zu einem leichteren Typ gezüchtet als früher, da die Rasse dadurch schneller wurde.

Unten
Diese Tiere geben mit ihrem edlen Kopf und sehr kräftigen Beinen gute, qualitätsvolle Reitpferde ab.

WISSENSWERTES:
Der erste richtige, formelle Turf in Amerika wurde 1665 auf Long Island gebaut und ursprünglich nach dem englischen Rennzentrum New Market benannt.

Nützliche Adressen

ZEITSCHRIFTEN UND VERÖFFENTLICHUNGEN

Reiterrevue **(monatlich)**
Paul Parey Zeitschriftenverlag GmbH & Co. KG
Erich-Kästner-Straße 2
D-56379 Singhofen
www.reiter-revue.de

Pferdemarkt - Fachblatt für alle Pferdefreunde **(monatlich)**
Verlag E+E Timm+Sohn GmbH Paul Parey Zeitschriftenverlag GmbH & Co. KG
Hamburger Straße 11
D-22083 Hamburg
www.pferdemarkt.de

St. Georg **(monatlich)**
Jahr Top Special Verlag
D-22767 Hamburg
www.st-georg.de

Pferdesport **(monatlich)**
Multiprint Verlags GmbH
Aarstr. 1
D-65195 Wiesbaden
www.pferdesport-int.com

Freizeit im Sattel **(monatlich)**
fs Verlag GmbH
Droste-Hülshoff-Str. 3
D-53129 Bonn
www.freizeit-im-sattel.de

VEREINE UND VERBÄNDE

Deutsche Reiterliche Vereinigung e.V. (FN)
Freiherr-von-Langen-Str. 13
D-48231 Warendorf
Tel.: (02581) 63 62 0
Fax: (02581) 62 14 4
www.pferd-aktuell.de

Verein zur Förderung des Dressur- und Springsports
In de Bargen 37-39
D-22587 Hamburg
Tel.: (040) 86 98 36

Deutscher Reiter- und Fahrerverband
Roonstr. 54
D-33615 Bielefeld
Tel.: (0521) 123137
Fax: (0521) 12 31 02

Verein Deutscher Distanzreiter- und -fahrer e.V.
Habichtstr. 77
D-45527 Hattingen
Tel.: (02324) 23 84 1
Fax: (02324) 54 19 1

Bundesverband praktischer Tierärzte e.V.
Hahnstr. 70
D-60528 Frankfurt am Main
www.tieraerzteverband.de

Direktorium für Vollblutzucht und Rennen
Rennbahnstr. 154
D-50737 Köln
www.direktorium.de

Pferd und Natur e.V. (Pferdehaltungsforschung)
Bahnhofstr. 29
D-49610 Quakenbrück
Tel.: (05431) 22 81
Fax: (05431) 7334

Deutscher Akademischer Reiterverband e.V.
Buschortstr. 17
D-33775 Versmold
Tel.: (05423) 49 37 1
Fax: (05423) 49 37 3

Veteran Jumping Riders (VETERANENSPRINGREITER)
Kontakt: Uwe Bomberg
Tel.: (05381) 27 36
Fax: (05381) 70 77 9
www.vjr.ch

Interessengemeinschaft der Vielseitigkeitsreiter e.V. (IGV)
Falkenweg 47
D-72076 Tübingen
Tel.: (07071) 96 48 01
Fax: (07071) 96 48 02
www.igv-bw.de

Deutsche Vereinigung zum Schutz des Pferdes e.V.
Wienkamp 11
D-46354 Südlohn
www.members.xoom.com/DVSP

Erster Deutscher Hufbeschlagsschmiede-verband e.V.
Postfach 1228
D-79221 Umkirch
Tel.: (07665) 94 27 34
Fax: (07665) 94 37 25
www.edhv.de

Deutsche Huforthopädische Gesellschaft e.V.
Jochen Biernat (Präsident)
Lindenweg 3
D-54497 Moorbach
www.huforthopaedie.org

Zuchtverband für deutsche Pferde e.V.
Am Nordertor 1
D-27283 Verden
Tel.: (04231) 82 89 2
Fax: (04231) 57 80

Verein Deutscher Besitzertrainer e.V.
Moorbeker Str. 35
D-26197 Großenkneten
www.besitzertrainer.de

Deutsches Kuratorium für therapeutisches Reiten e.V.
Freiherr-von-Langen-Str. 13
D-48231 Warendorf
Tel.: (02581) 63 62 0
Fax: (02581)62 14 4

British Equestrian Trade Association
Stockeld Park Wetherby
West Yorkshire
LS22 4AW
Großbritannien
www.beta-uk.org

Deutscher Trainer- und Jockey-Verband e.V.
Rennbahnstr. 154
D-50737 Köln
www.trainer-und-jockeys.de

Pony- und Pferdesport e.V.
Fasaneriestr. 31
D-63512 Hamburg
Tel.: (06182) 76 45

Reiten im Damensattel e.V.
Ringstr. 57
D-73257 Köngen
Fax: (07024) 81 26 9
E-Mail:
u.wiedensohler@wassermueller.de
www.damensattel-deutschland.de

SCHUTZ- UND KARITATIVE ORGANISATIONEN

Deutsche Vereinigung zum Schutz des Pferdes
Wienkamp 11
D-46354 Südlohn
Tel.: (02862) 81 89
Fax: (02862) 80 13

Menschen für Tierrechte e.V.
Roermonder Str. 4a
D-52072 Aachen
Tel.: (0241) 15 72 14
Fax: (0241) 15 56 42
www.tierrechte.de

Europäischer Pferdeschutzverein Vereinigung für natürliches Reiten e.V.
Fred Rai (Präsident)
Ausbildungszentrum Western City
Dasing bei Augsburg
E-Mail: es@indivisual.at

Deutscher Tierschutzbund e.V.
Baumschulallee 15
D-53115 Bonn
Tel.: (0228) 60 49 60
Fax: (0228) 60 49 64 0

WEITERE NÜTZLICHE ADRESSEN

Pferdekauf-Online
WWW-Online Internet-Publishing
Lange Str. 11
D-32791 Lange
www.pferdekauf.org

Global Animal Identification Internationale zentrale Tierregistrierung
Weiherstraße 8
D-88145 Maria Thann
Tel.: (0180) 52 13 40 2
Fax: (0180) 52 13 40 3

CADMOS Pferdebücher
Cadmos Verlag GmbH
Lüner Rennbahn 14
D-21339 Lüneburg
www.cadmos.de

Fohlennotdienst
Aufzucht mutterloser Fohlen
24-Stunden-Service
Hof Voss/Wittorf, Lüneburg
Tel. (04133) 72 71
Mobil: 0171 / 832 86 49

Literaturverzeichnis und weiterführende Literatur

Anthony Amaral, *Movie Horses, Their Treatment and Training* (1967)

D. W. Antony, R. H. Meadow und H. P. Uerpmann (Herausg.), *Equids in the Ancient World (Domestication of the Horse)* (1991)

Alessandro Alvisi, *Aphorismen und Paradoxe über das Reiten* (Limpert Berlin, 1940)

J. Baker, *Saddlery and Horse Equipment* (Arco Publishing Inc., 1982)

Norman Barrett, *The Daily Telegraph Chronicle of Horse Racing* (Guinness Publishing, 1995)

Maurizio Bongianni, *Handbuch der Pferderassen* (Müller Rüschlikon, 1988)

Stephen Budiansky, *The Nature of Horses* (The Free Press, 1997)

T. Bullfinch, *Bullfinch's Mythology*

Juliet Clutton-Brock, *Sehen, Staunen, Wissen: Pferde - Die faszinierende Welt der Pferde, Ponys, Esel und Zebras* (Gerstenberg, 2000)

E. H. Edwards, *Mein großes Pferdebuch* (Bechtermünz Verlag, 1983); *The Illustrated Encyclopedia of Equestrian Sport* (Chartwell Books, 1982); *Horses* (Dorling Kindersley, 1993); *Die BLV Enzyklopädie der Pferde* (BLV Verlagsgesellschaft mbH, 1998)

Jo French, *The BHSAI Course Companion* (J. A. Allen, 1990)

Sir Ernst Gombrich, *Die Geschichte der Kunst* (S. Fischer, 1999)

B. L. Hendricks, *International Encyclopedia of Horse Breeds* (University of Oklahoma Press, 1995)

Georgie Henschel, *Pferde und Ponys* (München 1980)

J. Hickman und M. Humphrey, *Hickmans Farriery* (J. A. Allen, 1988)

E. D. Hirsch, J. F. Kett und J. Trefil (Herausg.), *Dictionary of Cultural Literacy Second Edition*

D. Machin Goodall, *Pferde der Welt* (Müller Rüschlikon, 1980)

Sandra Olsen (Herausg.), *Horses Through Time* (Roberts Rinehart Publishers for Carnegie Museum of Natural History)

J. Pullein Thompson, *The Batsford Colour Book of Ponies* (Batsford, 1962)

R. J. Riegel und S. E. Hakola, *Clinical Equine Anatomy and Common Disorders of the Horse* (Equistar Publications Ltd, 1996)

D. E. Rubin, *Horse Trivia, A Hippofile's Delight* (Half Halt Press, 1995)

Julian Seaman, *Turfed Out* (Robson Books, 1988)

A. Shinitzky, *Teeth, A Guide to Aging* (Equus Medical Library, 1993)

G. G. Simpson, *Pferde - die Geschichte der Pferdefamilie in der heutigen Zeit und in 60 Millionen Jahren ihrer Entwicklung* (Hamburg 1977)

Colin F. Taylor, *Das Pferd in der Kriegsführung der Plainsindianer* (Verlag für Amerikanistik, 2000)

Der Pony Club und BHS, *The Manual of Horsemanship* (1983)

Robert Vavra, *Classic Book of Horses* (William Morrow & Co Inc, 1992)

J. N. P. Watson (Herausg.), *The Worlds Greatest Horse Stories* (Paddington Press Ltd, 1979)

Glossar

Aalstrich: ein dunkler Strich, der vom Widerrist zum Schweif verläuft. Der Aalstrich kommt am häufigsten bei Falben vor. Gelegentlich tritt er in Verbindung mit einem Schulterkreuz auf. Dabei handelt es sich um Striche, die zu beiden Seiten des Widerrists in Richtung Schulter verlaufen.

Anspruchslos: ein Pferd, das problemlos mit kleinen Futterrationen auskommen kann.

Apfelflecken: eine Fellfarbe, bei der dunkle kreis- oder halbkreisförmige Flecken auf einem helleren Grundton zu sehen sind.

Auf die Weide schicken: Nach der Grundausbildung werden junge Pferde für einen bestimmten Zeitraum auf die Weide gelassen, wo sie natürlich aufwachsen und heranreifen können. Auch Pferde, die normalerweise im Stall gehalten werden, werden gewissermaßen für einen „Sommerurlaub" auf die Weide geschickt. So wird z. B. mit Jagdpferden verfahren, die sich von der harten Arbeit der Jagden in den Wintermonaten erholen sollen.

Ballentritt: eine Verletzung, die sich das Pferd zufügen kann, indem es mit dem Hinterhuf in den Vorderhuf tritt.

Bande: Holzplanken, mit denen die Innenwände des Stalls bis zu einer Höhe von 1,2 m ausgekleidet werden. Sie können auch an der Außenseite von Reitbahnen bzw. den Innenwänden von Reithallen angebracht werden, müssen in diesem Fall jedoch nicht so hoch sein.

Beladene Schultern: übermäßige Bemuskelung der Schultern, die die Bewegungsfreiheit einschränkt.

Behang: langes Haar an den unteren Gliedmaßen, häufig bei Kaltblutpferden und einigen Hochland-ponyrassen zu sehen.

Bejahrt: ein Pferd, das über 15 Jahre alt ist.

Beschäler: der männliche Elternteil eines Pferdes. Der Beschäler von Eclipse war z. B. ein Hengst namens Marsk.

Biegung: Das Pferd gibt dem Gebiss nach und biegt sich im Genick, so dass seine Stirnlinie in der richtigen Position kurz vor der Senkrechten steht. Dabei sollten weder Spannung noch Widerstand zu spüren sein.

Bockhufe: äußerst schmale und steile Hufe, ähnlich denen eines Esels.

Breit und tief: gut strukturierte, solide Brust von angemessener Breite. Wenn direkt unter der Brust zwischen den Vorderbeinen eine Reitermelone Platz findet, ist die Brustgröße im Allgemeinen gut.

Bronco: ein buckelndes Pferd, das normalerweise in den Rodeos des amerikanischen Westens eine Rolle spielt.

Bügeln: eine fehlerhafte Aktion der Vorderhand, bei der die Vorderbeine vom Knie abwärts in einer kreisenden Bewegung nach außen geworfen werden.

Bunt: Rapp-, Fuchs- oder Braunschecke.

Cobartiger Typ: ein Pferd, das ein dem Cob ähnliches Exterieur aufweist (stämmig, robust und kräftig mit kurzen Beinen und einem rundrippigen Rumpf).

Cowboy: berittener Rinderhirte, der sich auf einer Farm mit der Arbeit mit Rindern sein Brot verdient.

Decken: Begattung der Stute durch den Hengst. Die Stute wird dazu zumeist auf die Deckstation eines Gestüts geschickt.

Dressurviereck/Reitbahn: abgeschlossener Bereich, der für die Ausbildung von Pferd und Reiter verwendet wird. Er kann sich in einer Reithalle befinden oder im Freien, wo er gewöhnlich von einem Zaun umgeben ist.

Dünne Sohlen: die Fläche an der Hufunterseite. Wird bei manchen Rassen, wie dem Vollblut, als „dünn" bezeichnet, da sie anfällig für Prellungen ist.

Einreiten: die Grundausbildung oder -erziehung des jungen Pferdes; Gewöhnung an Sattel und Reiter.

Exterieur: Das Äußere des Pferdes unter besonderer Berücksichtigung der Körperproportionen.

Fassbeinig: eine fehlerhafte Beinstellung, bei der die Springgelenke nach außen gebogen sind. Gegenteil von säbelbeinig.

Fliegenschimmel: ein Pferd mit weißer Grundfarbe, die mit kleinen, sommer-sprossenartigen dunklen Flecken gesprenkelt ist.

Fuchs- oder Braunschecke: ein weißes Pferd mit fuchs-farbenen oder braunen Flecken.

Fundament: Ein Pferd besitzt Fundament, wenn seine Brust gut und tief ist, sodass viel Raum zwischen den Beinen verbleibt und es nicht zu schmal aussieht.

Gedrosseltes Karpalgelenk: der Umfang ist unterhalb des Karpalgelenks erheblich geringer als über dem Fesselkopf. Gilt als Gebäudefehler.

Genick: oberer Bereich des Kopfes zwischen den Ohren.

Genügsam: ein Pferd, das wirtschaftlich ist, d. h. seine Leistungsfähigkeit bei kleiner Futterration beibehält.

Geknickter Schweif: gebrochene Schweifhaltung, bei der die Muskulatur unter dem Schweif manipuliert wurde, damit dieser unnatürlich hoch getragen wird.

Geschorene Mähne: komplett abrasierte Mähne; häufig bei Poloponys und Cobs zu sehen.

Gestüt: eine Zuchtstation für Pferde.

Glocken: Filzschuhe, die der Stute angelegt werden, bevor sie von einem Hengst gedeckt wird. Sie sollen den Hengst vor Tritten schützen.

Gurtentiefe: das Maß zwischen Widerrist und Ellbogen. Eine gute Gurtentiefe ist ein wünschenswertes Merkmal, das darauf hindeutet, dass die Lungen viel Raum haben, um sich auszudehnen.

Gut angesetzte Sprunggelenke: Darunter sind kurze Röhrbeine und gut bemuskelte Ober- und Unterschenkel zu verstehen.

Gut angesetzter Hals: Dieser Begriff deutet auf ein gutes Exterieur des Halses hin, wobei der Winkel zwischen Hals und Kopf richtig proportioniert ist.

Rundrippig: ein Pferd mit einem schön gerundeten Brustkasten, der viel Raum für Herz und Lungen bietet.

Gut entwickelte Gliedmaßen: Wenn der Röhrbeinumfang eines Pferdes groß ist, d. h. mindestens 20 cm beträgt, bezeichnet man die Gliedmaßen als gut entwickelt.

Gute Zügellänge: ein gut proportionierter, nicht zu kurzer und gut angesetzter Hals.

Halbblüter: Kreuzung zwischen einem Vollblüter und einer anderen Rasse.

Halbwild: ehemaliges Haustier, das frei gelassen wurde oder davongelaufen ist und sich erfolgreich in freier Wildbahn behauptet.

Harem: eine Gruppe von wild lebenden Stuten, die von einem Hengst angeführt wird.

Hengst: ein unkastriertes männliches Pferd von mehr als vier Jahren.

Hengstfohlen: ein unkastriertes männliches Pferd unter vier Jahren.

Hilfen: Signale, mit denen der Reiter oder Fahrer dem Pferd seine Wünsche mitteilt. Mit der Galopphilfe wird das Pferd z. B. zum Galopp aufgefordert.

Hinter dem Gebiss/Zügel: Haltung eines Pferdes, das seinen Hals aufrollt, sodass das Genick nicht mehr den höchsten Punkt bildet und der Kopf mit seiner Stirnlinie nicht mehr vor der Senkrechten steht.

Hinterhand: hinterer Teil des Pferdekörpers vom hinteren Ende der Flanken bis zum Schweif und hinunter bis zu den Unterschenkeln.

Hirschhals: ein Hals mit konkaver Wölbung der Oberlinie und starker Bemuskelung an der Unterseite. Gilt als Gebäudefehler.

Hoch angesetzter Schweif: hoch an der Hinterhand angesetzter Schweif, der häufig auch hoch getragen wird, was sehr reizvoll aussieht.

Hohe Schule: klassische Reitkunst mit anspruchsvollen Dressurlektionen.

Hufschmied: qualifizierter Fachmann, der für das Beschlagen und Beschneiden von Pferdehufen ausgebildet ist.

Jibbah: schildförmiger Buckel auf der Stirn des Arabers.

Kalibrig: ein Pferd mit einem soliden Knochenbau, guter Bemuskelung und Fundament.

Kapillartest: Drücken Sie mit dem Daumen auf das Zahnfluss, sodass der Blutfluss kurzfristig eingeschränkt wird. Wenn Sie den Daumen entfernen, sollten sich die Kapillaren sofort wieder mit Blut füllen. Ist dies nicht der Fall, könnte dies ein Anzeichen für eine Krankheit sein.

Kehlkopfpfeifen: eine äußerst unerwünschte Untugend, bei der das Pferd mit den Schneidezähnen auf einem festen Gegenstand aufsetzt, seine Halsmuskeln anspannt und Luft schluckt. In schweren Fällen lernt das Pferd, dies auch ohne Aufsetzen zu tun, was zu Verdauungsschwierigkeiten führen kann.

Knabbern: Fellpflege, bei der sich Pferde gegenseitig an Hals, Widerrist und Rücken beknabbern.

Kondition: Die Form, in der sich das Pferd befindet, d. h. Gesundheitszustand, Arbeitsleistung und Futtermenge. Ein Pferd hat eine gute Kondition, wenn es fit und gesund ist und eine gut entwickelte Muskulatur hat. Ein Pferd mit einer schlechten Kondition befindet sich in einem mangelhaften Allgemeinzustand, ist untergewichtig und hat eine unterentwickelte Muskulatur. Als „gut, jedoch schlecht gearbeitet" bezeichnet man die Kondition eines gesunden Pferdes, das nicht vollständig fit ist und dessen Muskulatur daher nicht so gut entwickelt ist.

Koppen/Krippensetzen: eine Untugend, bei der das Pferd mit den Oberkiefer-Schneidezähnen auf der Boxtür, der Futterkrippe, dem Koppelzaun oder einer anderen harten Fläche aufsetzt, die Halsmuskulatur sichtbar anspannt und die Luft hörbar in seinen Kehlkopf strömen lässt. Dauerhaftes Koppen kann zu Kehlkopfpfeifen führen.

Köte: das Hornteilchen an der Rückseite des Fesselgelenks.

Kumyss: ein aus vergorener Stutenmilch hergestelltes Getränk.

Kuhhessig: eine fehlerhafte Beinstellung, bei der die Sprunggelenke zueinander zeigen.

Laden: die Lücke im Unterkiefer zwischen Molaren und Schneidezähnen, in der das Gebiss liegt.

Lenden: unterer Bereich des Rückens hinter dem Sattel und vor der Hinterhand.

Linke Hand: Wenn auf der linken Hand geritten wird, zeigt die linke Schulter des Pferdes zur Mitte der Reitbahn.

Mitbah: der Winkel, in dem der Hals des Arabers an den Kopf angesetzt ist. Daraus ergibt sich ein gebogener Halsansatz, der eine große Bewegungsfreiheit des Kopfes ermöglicht.

Muttertier: der weibliche Elternteil eines Pferdes.

Obere Halslinie: Außenlinie des Halses vom Widerrist zum Genick. Eine gute Halslinie sollte vom Widerrist zum Genick in einem leichten Bogen verlaufen und weist darauf hin, dass das Pferd gut in einer natürlichen Haltung arbeitet.

Ohne Behang: kein Fessel- oder Kötenbehang an den unteren Gliedmaßen.

Orientalisches Pferd: ein aus Zentral- oder Westasien stammendes Pferd.

Pass: eine Gangart, bei der sich die beiden Beine der gleichen Seite gleichzeitig bewegen (hinten links/vorne links und hinten rechts/vorne rechts).

Packpferd: ein Pferd oder Pony, das für den Transport von Gütern eingesetzt wird. Zu diesem Zweck wird gewöhnlich ein Packsattel verwendet.

Pinto: der amerikanische Begriff für ein buntes Pferd (z. B. Rapp-, Fuchs- oder Braunschecke), dessen Grundfarbe Weiß ist und das Flecken einer anderen Farbe aufweist.

Primitiv: ein Pferd, das Merkmale einer primitiven Rasse aufweist, wie z. B. Tarpan oder Przewalskipferd.

Probierhengst: ein Hengst, der eingesetzt wird, um die Paarungsbereitschaft der Stute zu testen.

Qualität: Begriff für gute Abstammung und Raffinesse. Wird häufig in Verbindung mit dem Vollblüter oder Araber verwendet.

Ramskopf: konvexes Kopfprofil; häufiges Merkmal von Kaltblutrassen.

Rappschecke: ein schwarzes Pferd mit weißen Flecken.

Rechte Hand: Wenn auf der rechten Hand geritten wird, zeigt die rechte Schulter des Pferdes zur Mitte der Reitbahn.

Rennpferde: Vollblutpferde, die für den Rennsport gezüchtet werden

Rinderverstand: Ein Pferd mit Rinderverstand besitzt ein besonderes Talent für die Arbeit mit Rindern und scheint die Bewegungen dieser Tiere vorauszuahnen.

Röhrbeinumfang: das Maß rund ums Bein unterhalb des Vorderfußwurzelgelenks. Je größer der Umfang, desto mehr Gewichtsträgervermögen hat das Pferd.

Rossig: eine Stute in der Fruchtbarkeitsphase. Zu diesem Zeitpunkt besteht die Möglichkeit, dass sie bei Paarung mit einem Hengst trächtig wird.

Rumpf: der Körper des Pferdes zwischen Oberarm und Lenden.

Säbelbeinig: ein Gebäudefehler, der sich durch schwache Sprunggelenke und zu stark gewinkelte Röhrbeine auszeichnet.

Satteldecke: eine Schutzdecke, die unter dem Sattel getragen wird.

Sattel- und Zaumzeug: allgemeine Bezeichnung für die Ausrüstung des Pferdes, wie Sattel, Zaum, Gebiss, Zügel usw.

Schmalbrüstig: ein Pferd mit einem „flachen“ Brustkorb.

Schullektionen: die gymnastizierenden Lektionen, die in der Reitbahn geritten werden; auch Schulfiguren genannt.

Schule über der Erde: Lektionen der Hohen Schule, bei denen entweder die Vorderbeine oder alle vier Beine den Boden nicht berühren.

Schulpferd: Erfahrenes Reitpferd.

Senkrücken: ein ungewöhnlich hohler Rücken zwischen Widerrist und Kruppe; kommt oft bei älteren Pferden und Ponys vor.

Sklera: weiße Außenmembran des Augapfels. Tritt häufig beim Appaloosa auf.

Spannkrafttest: Wenn Sie bei einem gesunden Pferd mit Daumen und Zeigefinger ein Stück Haut greifen und es loslassen, sollte die Haut sofort zurückschnellen. Wenn dies nicht der Fall ist, ist das Pferd möglicherweise krank. In manchen Fällen kann dies auch auf Dehydrierung hinweisen.

Stockmaß: die Größe des Pferdes vom Boden bis zum Widerrist. Das Stockmaß wird in Zentimetern gemessen.

Stollbeulen: Eine ei- bis faustgroße Geschwulst am Ellbogen- bzw. Sprunggelenkhöcker, die oft dadurch entsteht, dass sich das Pferd beim Aufstehen und Hinlegen mit den Hufeisen der Vorder- oder Hinterbeine verletzt.

Störrisch: ein Pferd, das sich weigert, in die gewünschte Richtung zu gehen. Es ist starrköpfig und eigensinnig und sperrt sich gegen das Vorwärtsgehen, indem es zurücktritt oder sich dreht. Diese Verhaltensweise ist häufig zu beobachten, wenn ein Pferd aufgefordert wird, eine Gruppe von Pferden oder seinen Stall bzw. seine Koppel zu verlassen.

Stöße: die Erschütterungen, denen der Huf und die unteren Gliedmaßen beim Auftreten ausgesetzt werden. Auf hartem Boden sind die Stöße größer.

Strahl: der keilförmige elastische Hornteil an der Unterseite des Hufs, der als Stoßdämpfer dient und für festen Halt sorgt.

Streichen: eine fehlerhafte Aktion, bei der ein Huf die Fessel bzw. den unteren Beinbereich des gegenüberliegenden Beins streift.

Stutbuch: das vom jeweiligen Zuchtverband geführte Buch, in dem die Abstammung der zur Eintragung berechtigten Pferde verzeichnet ist.

Stute: ausgewachsenes weibliches Pferd.

Stutfohlen: ein junges weibliches Pferd, das das vierte Lebensjahr noch nicht erreicht hat.

Tief angesetzter Schweif: ein Schweif, der tief an der Hinterhand angesetzt ist; deutet häufig auf eine schwache und abfallende Hinterhand hin.

Über dem Gebiss/Zügel: die Haltung eines Pferdes, das den Hals nach vorwärts-aufwärts streckt und sich durch einen weggedrückten Rücken den einwirkenden Hilfen des Reiters entzieht.

Unterarm: oberer Bereich des Vorderbeins über dem Vorderfußwurzelgelenk.

Unterentwickelte Gliedmaßen: Wenn der Röhrbeinumfang im Verhältnis zur Größe des Pferdes zu klein ist, spricht man von unterentwickelten Gliedmaßen. Gelten als Gebäudefehler.

Untertreten: gute, kraftvolle Aktion der Hinterhand, bei der die Hinterbeine gut unter den Körper gebracht werden, ohne „hinterherzuschleifen".

Versammlung: Das Pferd bewegt sich mit einer gesenkten und gut untertretenden Hinterhand mit gebogenen Hanken und einer Aufrichtung im Hals.

Verziehen: Ausdünnen und Kürzen der Mähne durch Entfernen von Haaren an der Unterseite. Der Schweif kann ebenfalls verzogen werden. Dabei werden die Haare an den Seiten und unter der Schweifrübe entfernt, um das Aussehen des Schweifs zu verbessern.

Vor(der)hand: vorderer Teil des Pferdekörpers einschließlich Vorderbeinen, Widerrist, Schultern, Hals und Kopf.

Wallach: ein männliches Pferd, das kastriert wurde und sich daher nicht fortpflanzen kann.

Weben: eine Untugend, bei der sich das Pferd von einer Seite zur anderen

wiegt, wodurch die vorderen Gliedmaßen übermäßig belastet werden können.

X-beinig: fehlerhafte Beinstellung, bei der die Knie zueinander zeigen.

Zeheneng: eine fehlerhafte Beinstellung, bei der die Hufe des Pferdes nach innen gedreht sind.

Bildquellen und Danksagung

Mein Dank gilt Claire Dashwood, Mark Stevens, Polly Willis und Karen Villabona für ihre wertvolle redaktionelle und graphische Unterstützung.

Die Verleger möchten hiermit darauf hinweisen, dass sich die tierärztlichen Behandlungsmethoden von Land zu Land unterscheiden können und dass ärztlicher Rat grundsätzlich vor Ort eingeholt werden sollte.

Anatomische Illustrationen von Suzie Green: 10 (u.), 11 (u.l.), 18 (o.l.), 19 (o.), 47 (alle), 60 (o.l.). **Übrige Illustrationen** von Jennifer Kenna und Helen Courtney, mit freundlicher Unterstützung von Foundry Arts 1999

Sämtliches Fotomaterial mit freundlicher Unterstützung von Bob Langrish Photography. Ausnahmen:

AKG, London: 135 (u.), 144 (u.), 145 (o.), 145 (r.), 145 (u.), 146 (o.), 146 (u.), 147 (u.), 148 (o.), 148 (l.), 148 (u.), 149 (o.), 149 (l.), 149 (u.), 150 (m.), 151 (o.), 151 (u.), 156 (o.), 156 (u.), 157 (o.), 157 (u.l.), 157 (u.r.), 158 (o.), 158 (u.), 159 (o.), 160 (o.r.), 160 (o.l.), 160 (u.l.), 161 (o.), 161 (u.)

Allsport USA: 132 (o.), 132 (u.l.), 132 (u.r.)

Tierfotos: R. Willbie 204 (u.), 214 (u.), 264 (o.), 264 (u.); Sally Anne Thompson 204 (o.), 214 (o.), 216 (o.l.), 216 (m.r.), 216 (u.l.), 237 (o.r.), 251 (u.), 257 (o.), 257 (u.), 266 (o.), 266 (u.), 268 (u.), 270 (o.l.), 270 (o.r.), 300 (u.), 324 (o.), 324 (u.), 327, 331 (u.); V. Nikiforov 220 (o.), 220 (u.), 237 (o.l.)

Ann Ronan von Image Select: 134 (l.)

Ardea: 162 (o.), 236; Ake Lindau 171 (o.); Chris Knights 221 (u.), 235 (o.l.), 235 (u.), 268 (o.l.), 268 (o.l.); Dennis Avon 224 (u.); Hans D. Dossenbach 196, 311 (u.), 317, 331 (o.); Jean-Paul Ferrero 204 (o.l.), 235 (o.r.); Joanna Van Gruisen 172 (m.l.); J. M. Labat & Y. Arthus-Bertrand 223, 322 (o.), 322 (u.); John Daniels 318 (o.), 318 (u.); Monica Dossenbach 348 (o.), 348 (u.); M. Watson 170 (o.), 171 (u.); P. Morris 229 (u.l.); S. Roberts 172 (o.)

Bob Gibbons Natural Image: 38 (o.r.), 38 (l.), 38 (u.r.), 39 (o.l.), 39 (o.r.), 39 (u.)

Bridgeman Art Library: 156 (l.), 158 (l.) 159 (u.), 160 (u.r.)

Bridgeman/Giraudon: 154 (o.)

Christie's Images: 161 (m.r.)

Dorling Kindersley Picture Library: 231, 286, 293 (o.), 293 (u.), 370 (o.), 373

Giraudon: 150 (o.), 150 (u.)

Kit Houghton Photography: 18 (o.r.), 32 (o.r.), 32 (u.l.), 32 (u.r.), 33 (r.), 33 (u.l.), 40 (o.), 41 (o.r.), 41 (l.), 43 (o.r.), 43 (u.), 44 (o.), 45 (l.), 50 (u.), 58 (o.), 59 (o.r.), 62 (o.), 62 (u.), 64 (o.), 64 (u.), 65 (u.r.), 66 (u.l.), 67 (u.r.), 68 (o.l.), 68 (o.r.), 68 (u.r.), 69 (o.), 71 (r.), 71 (u.), 72 (o.), 78 (o.r.), 80 (u.l.), 80 (m.r.), 81 (o.r.), 81 (u.), 98 (o.), 98 (u.), 99 (o.), 107 (u.), 136 (m.), 195, 213 (o.), 236 (o.), 265 (m.r.), 275 (u.), 291, 323 (o.), 323 (u.), 337 (u.), 346 (o.r.), 350 (m.r.), 364 (u.), 368 (u.), 369 (o.)

Topham: 134 (u.), 135 (o.), 136 (u.), 138 (o.), 138 (l.), 138 (u.), 139 (u.), 140 (o.), 140 (u.), 141 (m.r.), 144 (o.), 144 (l.), 147 (o.), 151 (r.), 152 (u.), 153 (o.), 153 (r.), 153 (u.), 154 (l.), 154 (u.), 342

Wir haben uns nach bestem Wissen und Gewissen darum bemüht, mit den Inhabern der Urheberrechte in Kontakt zu treten, und möchten uns an dieser Stelle für eventuelle Auslassungen entschuldigen. Fehlende Danksagungen werden auf jeden Fall in den folgenden Auflagen dieser Publikation berücksichtigt.

Register

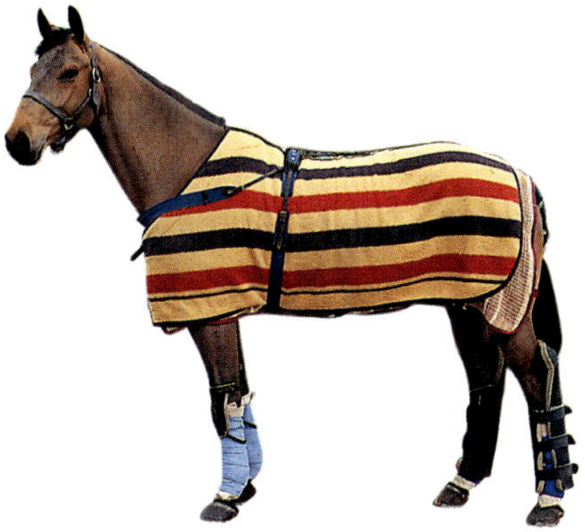